Verhandlungen

des

Einundzwanzigsten Deutschen Juristentages.

Herausgegeben

von

dem Schriftführer-Amt der ständigen Deputation.

Dritter Band.

Berlin.
Commissions-Verlag von J. Guttentag, Verlagsbuchhandlung.
1892.

Inhalts-Verzeichniß.

Statut
des
deutschen Juristentages.

§ 1.

Der Zweck des deutschen Juristentages ist: eine Vereinigung für den lebendigen Meinungsaustausch und den persönlichen Verkehr unter den deutschen Juristen zu bilden; auf den Gebieten des Privatrechts, des Processes und des Strafrechts den Forderungen nach einheitlicher Entwickelung immer größere Anerkennung zu verschaffen, die Hindernisse, welche dieser Entwickelung entgegenstehen, zu bezeichnen und sich über Vorschläge zu verständigen, welche geeignet sind, die Rechtseinheit zu fördern.

§ 2.

Der deutsche Juristentag tritt in der Regel alljährlich zusammen, doch ist die ständige Deputation ermächtigt, aus Gründen der Zweckmäßigkeit ausnahmsweise die Wiedereinberufung des Juristentages erst in dem auf dessen letzten Zusammentritt folgenden zweiten Kalenderjahre vorzunehmen.

§ 3.

Zur Mitgliedschaft berechtigt sind die deutschen Richter, Staatsanwälte, Advocaten und Notare, die Aspiranten des Richteramts, der Anwaltschaft und des Notariats, sowie jeder, der nach seinen Landesgesetzen zum Richteramte, zur Anwaltschaft oder zur Ausübung des Notariats für befähigt erkannt ist, ferner die Lehrer an den deutschen Hochschulen, die Mitglieder der gelehrten Academien, die Doctoren der Rechte und die rechtsgelehrten Mitglieder der Verwaltungsbehörden.

§ 4.

Die Mitgliedschaft beginnt mit dem Empfange der Mitgliedskarte. Sie berechtigt zur Theilnahme an den Verhandlungen und an der Abstimmung.

§ 5.

Der Beitrag der Gesellschaftsmitglieder beträgt Sechs Mark jährlich und ist innerhalb vier Wochen nach Beginn des neuen Jahres zu entrichten, widrigenfalls derselbe durch Postvorschuß eingezogen wird. Nimmt ein Mitglied den mit Postvorschuß beschwerten Brief nicht an, so wird dies einer ausdrücklichen Austrittserklärung gleich erachtet. — Für die am Orte des Juristentages selbst zu lösende Anmeldungskarte sind Drei Mark zu entrichten.

§ 6.

Den Plenarverhandlungen des deutschen Juristentages gehen der Regel nach Abtheilungsberathungen voraus. Zu diesem Zwecke werden durch freiwillige Einzeichnungen der Mitglieder folgende vier Abtheilungen gebildet:

1) Abtheilung für Privatrecht, insbesondere Obligationen- und Pfandrecht, juristisches Studium und praktische Ausbildung.
2) Abtheilung für Handels-, Wechsel-, See- und internationales Recht.
3) Abtheilung für Strafrecht, Strafproceß und Gefängnißwesen.
4) Abtheilung für Gerichtsverfassung und Civilproceß.

Die Abtheilungen wählen ihre Vorsitzenden, Schriftführer, Berichterstatter und benachrichtigen den Vorsitzenden der Plenarversammlung (§ 7), sobald ihre Berathungen über einzelne Gegenstände geschlossen sind; ihre Anträge sind schriftlich zu fassen. In jeder Abtheilung stimmen nur Diejenigen mit, welche sich in die betreffende Abtheilung bereits eingezeichnet haben.

Sämmtliche Beschlüsse der Abtheilungen werden in der Plenarversammlung mitgetheilt. Es findet jedoch eine Erörterung und Entscheidung im Plenum nur dann statt, wenn dieselbe von der betreffenden Abtheilung vorgeschlagen, oder wenn sie von mindestens zehn Mitgliedern beantragt und von der Plenarversammlung beschlossen wird. Ueber die Vorfrage, ob dem von mindestens zehn Mitgliedern gestellten Antrage auf Plenarentscheidung stattzugeben, wird nur einem der Antragsteller und dem Berichterstatter das Wort ertheilt.

§ 7.

Die Verhandlungen der Plenarversammlung leitet ein Vorsitzender, welcher für die Dauer eines jeden Juristentages in der ersten Plenarversammlung durch Stimmzettel oder Acclamation gewählt wird. Derselbe benennt zwei bis vier Stellvertreter und vier Schriftführer. Er bestimmt die Tagesordnung und kann einzelne Gegenstände, ohne Vorberathung in den Abtheilungen (§ 6), unmittelbar zur Plenarberathung stellen. Auch ist er befugt, Nichtmitglieder als Zuhörer zuzulassen.

§ 8.

Bei allen Beschlüssen der Plenarversammlung und der Abtheilungen entscheidet einfache Majorität der anwesenden Mitglieder, bei allen Wahlen relative Majorität und im Falle der Stimmengleichheit das Loos.

§ 9.

Wird Schluß der Debatte beantragt, so wird über diesen Antrag sofort abgestimmt. In der Plenarversammlung sind alle Anträge mit Ausnahme des Antrages auf Schluß der Debatte schriftlich zu stellen.

§ 10.

Vor dem Schlusse eines jeden Juristentages wird von der Plenarversammlung durch Acclamation oder in einem einzigen Scrutinium durch Stimmzettel eine aus neunzehn Mitgliedern und dem Präsidenten des letzten Juristentages als Ehrenpräsidenten bestehende ständige Deputation gewählt. Die Liste der zur Acclamation vorzuschlagenden Personen wird durch den Präsidenten der Plenarversammlung, seine Stellvertreter und je zehn von jeder Abtheilung gewählte Vertrauensmänner gemeinschaftlich festgestellt.

Die ständige Deputation hat folgende Befugnisse und Obliegenheiten:

1) sie sorgt für die Ausführung der von dem Juristentage gefaßten Beschlüsse, veranlaßt nach eigenem Ermessen den Druck der Protocolle und Vorlagen, bewirkt die Vertheilung der Drucksachen an die Mitglieder und verwahrt alle Acten und Schriftstücke des Juristentages;
2) sie bestimmt Zeit und Ort des nächsten Juristentages, trifft die für denselben nöthigen Vorbereitungen, erläßt die Einladungen, stellt die vorläufige Tagesordnung auf, wobei sie in der Regel nur die bis zum 31. Mai des laufenden Jahres eingegangenen Vorlagen zu berücksichtigen hat, und bereitet Abänderungsvorschläge in Betreff der Geschäftsordnung für die Plenarversammlung vor;
3) sie nimmt die Beitrittserklärungen neuer Mitglieder entgegen, fertigt die Mitgliedskarten aus, empfängt die Beiträge, bestreitet die Ausgaben und legt der folgenden Deputation Rechnung;
4) sie ergänzt sich selbst, falls eins oder mehrere Mitglieder während des Geschäftsjahres ausscheiden.

Die Deputation wählt aus ihrer Mitte einen Vorsitzenden, einen Schriftführer, welcher ein von der Deputation festzusetzendes Pauschquantum für baare Auslagen erhält, und einen Cassirer. Der Letztere ist verpflichtet, der ständigen Deputation bei ihrem jedesmaligen Zusammentritt einen Cassenabschluß vorzulegen. Die Deputation läßt durch eines oder mehrere ihrer Mitglieder die Rechnung prüfen und die Casse revidiren.

Die Deputation bestimmt Ort und Zeit ihrer Zusammenkunft. Zur Gültigkeit ihrer Beschlüsse ist die Einladung sämmtlicher Mitglieder, sowie die Mitwirkung von wenigstens fünf Mitgliedern erforderlich.

§ 11.

Abänderungen dieses Statuts können zwar von der Plenarversammlung durch einfache Stimmenmehrheit, jedoch nur auf schriftlichen Antrag, der vier Wochen vor dem Zusammentritt des Juristentages der ständigen Deputation (§ 10) überreicht worden, beschlossen werden.

Bekanntmachung.

Der

XXI. Deutsche Juristentag

findet am

10., 11. und 12. September d. J. zu Cöln a. Rh.

statt.

Vorläufige Tagesordnung:

I. Erste Plenarsitzung:

Donnerstag, den 10. September 1891, Vormittags 9 Uhr.

1. Wahl des Vorsitzenden, seiner Stellvertreter und der Schriftführer.
2. Vertheilung der Berathungsgegenstände an die Abtheilungen.
3. Bericht des Schriftführers, Geh. Justizraths Prof. Dr. Eck zu Berlin über die Rechtsentwickelung in Deutschland seit der letzten Juristentags-Versammlung.
4. Geschäftliche Mittheilungen.

II. Sitzungen der Abtheilungen:

Berathungsgegenstände:

A. Für die erste Abtheilung:

1. Wie ist den Mißbräuchen, welche sich bei den Abzahlungsgeschäften herausgestellt haben, entgegen zu wirken?

Gutachten: 1. des Justizraths Richard Wilke zu Berlin in den Verhandlungen des 21. Juristentages, Bd. II. S. 117;
2. des Privatdocenten, Gerichtsassessors Dr. Heck zu Berlin, ebendaselbst S. 131.

Referenten: 1. Justizrath Makower zu Berlin;
2. Landrichter Dove zu Frankfurt a. M.

2. Empfiehlt es sich, im künftigen deutschen bürgerlichen Gesetzbuch die Anfechtbarkeit der Schenkungen aus dem vom Entwurf aufgestellten Gesichtspunkt des außerordentlichen Pflichttheils oder aus dem des Uebermaßes festzusetzen?

Gutachten: 1. des Professors Dr. Friedrich Endemann zu Königsberg i. Pr. in den Verhandlungen des 20. Juristentages, Bd. II. S. 46;
2. des Justizraths Dr. C. F. Reatz in Gießen ebendas. S. 70.

Referenten: 1. Professor Dr. Th. Kipp zu Kiel;
2. Privatdocent Dr. A. von Tuhr zu Heidelberg.

3. Ueber die zweckmäßigste Regelung des Inventarrechts und die im Entwurf des B.G.B.'s versuchte Gestaltung desselben.

Gutachten: 1. des Landgerichtsraths Munk zu Berlin in den Verhandlungen des 20. Juristentages, Bd. I. S. 30;
2. des Landrichters Dove zu Frankfurt a. M. ebendas. S. 88.

Referenten: 1. Professor Dr. R. Leonhard zu Marburg;
2. Justizrath Richard Wilke zu Berlin.

4. Ist die Bestimmung des § 283 des Entwurfs eines B.G.B.'s zu billigen, wonach die Aufrechnung bewirkt, daß die beiderseitigen Forderungen in dem sich deckenden Betrage mit dem Zeitpunkt als erloschen gelten, in welchem sie als zur Aufrechnung geeignet sich gegenüber getreten sind?

Gutachten: 1. des Privatdocenten Dr. Ludwig Goldschmidt zu Göttingen in den Verhandlungen des 21. Juristentages, Bd. I. S. 121;
2. des Oberlandesgerichtsraths Huber zu Colmar ebendaselbst, Bd. II. S. 10.

Referenten: 1. Justizrath Dr. C. F. Reatz zu Gießen;
2. Professor Dr. Friedrich Endemann zu Königsberg i. Pr.

5. Welche Rechtswirkungen insbesondere hinsichtlich des Regresses sind an die Indossirung von Lagerscheinen (Warrants) zu knüpfen?

Gutachten: 1. des Rechtsanwalts Dr. Max Hachenburg zu Mannheim in den Verhandlungen des 21. Juristentages, Bd. II. S. 196.
2. des Professors Dr. Georg Cohn zu Heidelberg ebendaselbst S. 242.

Referenten: 1. Professor Dr. Konrad Cosack zu Gießen.
2. Rechtsanwalt und Bankdirector Dr. Hermann Simon zu Berlin.

B. Für die zweite Abtheilung:

6. Ist die vom Entwurf des B.G.B.'s. angenommene Stellung des Testamentsvollstreckers zu billigen, und wie ist sie nöthigenfalls anders zu regeln?

Gutachten: 1. des Professors Dr. Gustav Hartmann zu Tübingen in den Verhandlungen des 21. Juristentages, Bd I. S. 3;
2. des Geheimen Justizraths Prof. Dr. von Cuny zu Berlin, ebendaselbst S. 43.

Referenten: 1. Geheimer Justizrath Prof. Dr. Gierke zu Berlin.
2. Justizrath M. Levy zu Berlin.

7. Empfiehlt sich die Beibehaltung der Grundsätze des Entwurfs eines B.G.B.'s. über Verschollenheit und Todeserklärung?

Gutachten: 1. des Professors Dr. Hölder zu Erlangen in den Verhandlungen des 20. Juristentages, Bd. I. S. 258;
2. des Rechtsanwalts Dr. Heinsen zu Hamburg ebendaselbst S. 280.

Referenten: 1. Geheimer Justizrath Prof. Dr. Brunner zu Berlin;
2. Oberlandesgerichtsrath Heinsheimer zu Karlsruhe.

8. Bedarf das System des gesetzlichen Güterstandes in dem Entwurf des B.G.B.'s. einer grundsätzlichen Abänderung, und in welcher Richtung?

Gutachten: 1. des Geh. Hofraths Prof. Dr. Richard Schroeder zu Heidelberg in den Verhandlungen des 21. Juristentages Bd. I. S. 167;
2. des Landgerichtsraths Brühl zu Bautzen ebendas. S. 172.

Referenten: 1. Justizrath Dr. Elven zu Cöln a. Rh.;
2. Amtsrichter Bunsen zu Rostock.

9. Sind die im Entwurf des B.G.B.'s. vorgesehenen Arten des Pfandrechts an Grundstücken, einschließlich der Grundschuld, beizubehalteu?

Gutachten: 1. des Justizraths M. Levy zu Berlin in den Verhandlungen des 20. Juristentages, Bd. III. S. 261;
2. Vgl. die stenographischen Berichte von demselben Juristentage, Bd. IV. S. 238 und 434.

Referenten: 1. Geh. Justizrath Prof. Dr. Dernburg zu Berlin;
2. Professor Dr. Franz Klein zu Wien.

10. In welcher Weise ist die Stellung des Gutsinventars zu den Rechten der Real- und Personalgläubiger und zu dem Pfandrecht des Verpächters zu regeln?

Gutachten: 1. des Geh. Regierungsraths Dr. Hermes zu Berlin in den Verhandlungen des 21. Juristentages, Bd. I. S. 276;
2. des Amtsrichters Bunsen zu Rostock ebendaselbst, Bd. II. S. 34.

Referenten: 1. Professor Dr. Enneccerus zu Marburg;
2. Rechtsanwalt Mörschell zu Würzburg.

C. Für die dritte Abtheilung:

11. Ist die bedingte Verurtheilung im Strafrecht einzuführen?

Gutachten: 1. des Professors Dr. Hugo Meyer zu Tübingen in den Verhandlungen des 21. Juristentages, Bd. I. S. 206;
2. des Geheimen Justizraths Prof. Dr. Hermann Seuffert zu Bonn, ebendaselbst S. 227.

Referenten: 1. Reichsgerichtsrath Loebell zu Leipzig;
2. Reichsgerichtsrath Stenglein zu Leipzig.

12. Soll die Trunksucht als solche strafrechtlich verfolgt werden?

Gutachten: 1. des Rechtsanwalts Dr. Ludwig Fuld zu Mainz in den Verhandlungen des 21. Juristentages, Bd. I. S. 97;

2. des Regierungsraths Prof. Dr. Karl Hiller zu Czernowitz, ebendaselbst Bd. II. S. 70.

Referenten: 1. Senats-Präsident Dr. von Stößer zu Karlsruhe:

2. Bürgermeister und Unterstaatssecretär z. D. Back zu Straßburg i. E.

13. Sind Aenderungen des geltenden Rechts erwünscht in Betreff des Verhältnisses zwischen Geld- und Freiheitsstrafen?

Gutachten: des Reichsgerichtsraths Dr. Mittelstädt zu Leipzig in den Verhandlungen des 21. Juristentages, Bd II. S. 49.

Referenten. 1. Hof- und Gerichtsadvocat Dr. Jaques zu Wien;

2. Prof. Dr. A. Merkel zu Straßburg i. E.

14. Wie ist die Rechtspflege in den Schutzgebieten zu ordnen: a) für die Europäer, b) für die Eingeborenen?

Gutachten: 1. des Prof. Dr. Frhrn. von Stengel zu Würzburg in den Verhandlungen des 21. Juristentages, Bd. I. S. 55;

2. des Professors Dr. Georg Meyer zu Heidelberg ebendaselbst Bd. II. S. 3.

Referenten: 1. Oberstaatsanwalt Hamm zu Cöln a. Rh.;

2. Privatdocent Dr. Preuß zu Berlin.

15. Ist es gerechtfertigt, an Stelle der Ehescheidungsstrafen in der Weise, wie der Entwurf des B.G.B.'s dies beabsichtigt, nur eine Verpflichtung des für den schuldigen Theil erklärten Ehegatten zur Gewährung des Unterhalts an den andern, der Unterstützung bedürftigen Gatten einzuführen?

Gutachten: des Geheimen Justizraths Prof. Dr. Brie zu Breslau in den Verhandlungen des 20. Juristentages, Bd. II. S. 235.

Referenten: 1. Geheimer Justizrath Dr. von Wilmowski zu Berlin;

2. Professor Dr. Zorn zu Königsberg i. Pr.

III. Zweite Plenarsitzung: am 12. September Vormittags 9 Uhr.

Die Tagesordnung für die zweite Plenarsitzung wird in Cöln besonders bekannt gemacht werden.

Berlin, den 1. Juli 1891.

Das Schriftführeramt des deutschen Juristentages.

Dr. Eck,

Geh. Justizrath, Professor.

Verzeichniß der Mitglieder
der
ständigen Deputation
für den **21. Juristentag zu Cöln 1891.**

Nr.	Name.	Stand.	Wohnort.
	Dr. Drechsler	Wirkl. Geh.=Rath u. Reichsgerichts=Senatspräsident	Leipzig. **(Vorsitzender.)**
1	Anschütz	Justizrath	Leipzig.
2	Back	Bürgermeister und Unterstaatssecretär z. D.	Straßburg i. E.
3	Becker	Landgerichtspräsident	Oldenburg.
4	Dr. Brunner	Geh. Justizrath, Professor	Berlin.
5	Dr. Eck	Geh. Justizrath, Professor	Berlin. **(Schriftführer.)**
6	Dr. Enneccerus	Geh. Justizrath, Professor	Marburg i. H.
7	Dr. v. Gneist	Wirkl. Geh. Ober=Justizrath u. Professor	Berlin.
8	Dr. Heinsen	Rechtsanwalt	Hamburg.
9	Dr. Jaques	Hof= u. Gerichts=Advokat	Wien.
10	Kleiner	Landgerichts=Präsident	Schweinfurt.
11	von Köstlin	Oberlandesgerichts=Senats=Präsident	Stuttgart.
12	M. Levy	Justizrath	Berlin.
13	Makower	Justizrath	Berlin. **(Schatzmeister.**
14	Dr. Merkel	Professor	Straßburg i. E.
15	Mörschell	Rechtsanwalt	Würzburg.
16	Dr. Pfaff	Professor	Wien.
17	Dr. v. Stößer	Oberlandesgerichts=Senats=Präsident	Karlsruhe.
18	Thomsen	Landgerichts=Präsident	Münster i. W.
19	Dr. v. Wilmowski	Geh. Justizrath	Berlin.

Alphabetisches Verzeichniß

derjenigen

Mitglieder des deutschen Juristentages

welche

dem Verein im Jahre 1891 angehören.

Name.	Stand.	Wohnort.
Abel	Justizrath	Hannover.
Abt, F.	Rechtsanwalt	Colmar (Elsaß).
Ackermann, Max	Justizrath	Berlin.
Ackermann, Fr.	Geheimer Justizrath	Dessau.
Ackermann, Gustav	Geheimer Hofrath	Dresden.
Adams	Notar	Aachen.
Adickes	Amtsgerichtsrath	Nienburg (Weser).
Dr. Adler	Rechtsanwalt	Cöln a. Rhein.
Adler	Rechtsanwalt	Stuttgart.
Dr. Aegidi	Prof., Geh. Legationsrath z. D.	Berlin.
Mosig v. Aehrenfeld	Rechtsanwalt	Löbau (Sachsen).
Ahn	Referendar	Cöln a. Rhein.
Albert, C.	Rechtsanwalt	Hagenau (Elsaß).
Albrecht	Landgerichtsrath	Potsdam.
Alexander, Moritz	Amtsgerichtsrath	Königsberg (Preußen).
Allonas	Notar	Straßburg (Elsaß).
Alster, G.	Justizrath	Cassel.
Dr. Althoff, Friedr.	Geh. Oberregierungsrath	Berlin.
Amann	Landgerichtspräsident	Offenburg (Baden).
Dr. André	Oberbürgermeister	Chemnitz (Sachsen).
Anhaeuser	Oberlandesgerichtsrath	Cöln a. Rhein.
Anschütz	Justizrath	Leipzig.
Antonetty	Referendar	Cöln a. Rhein.
Anz	Justizrath	Essen a. d. Ruhr.
Dr. Apelt	Ober-Regierungsrath	Dresden.

Name.	Stand.	Wohnort.
Dr. Appelius	Staatsanwalt	Elberfeld.
Dr. Arndt	Oberlandesgerichtsrath	Hamburg.
Arndts	Justizrath	Berlin.
Arndts	Justizrath	Leipzig.
Aron, Erich	Landrichter	Zabern (Elsaß).
Dr. Aschrott	Landrichter	Berlin.
Aschöwer	Amtsrichter	Langenberg (Rheinland).
Asemissen	Rechtsanwalt	Detmold.
v. Auer	Justizrath	München.
Aulig	Rechtsanwalt	Pyritz.
Dr. Baasch, Ernst	Bibliothekar	Hamburg.
Bacher	Rechtsanwalt	Stuttgart.
Dr. Bähr	Reichsgerichtsrath a. D.	Cassel.
Baist	Amtsgerichtsrath	Rinteln.
Dr. v. Bar	Geh. Justizrath, Professor	Göttingen.
Bär	Notar	Brumath.
Dr. Baer, M.	Rechtsanwalt	Frankfurt a. Main.
Dr. Bardeleben	Oberlandesgerichtspräsident	Celle.
Dr. Bartels	Notar	Hamburg.
Bartolomaeus	Geheimer Justizrath, Landgerichtsdirektor	Breslau.
Dr. Bartsch, R.	Rechtsanwalt	Constantinopel.
Bärwinkel, O.	Justizrath	Arnstadt.
Bärwinkel, Emil	Justizrath	Leipzig.
Dr. de Bary, E.	Rechtsanwalt	Frankfurt a. Main.
Bauer	Justizrath	Höchst a. Main.
Dr. Baumann	Rechtsanwalt	Berlin.
Dr. Baumert	Rechtsanwalt	Nauen.
Baunacke, Rob.	Rechtsanwalt	Pegau (Sachsen).
Beck, Ferd.	Rechtsanwalt	Baden-Baden.
Beck, Hugo	Rechtsanwalt	Leipzig.
Beck	Landgerichtsrath	Stuttgart.
Becker	Rechtsanwalt	Düsseldorf.
Becker	Landgerichtspräsident	Oldenburg (Großherzogth.)
Becker	Accessist	Oldenburg (Großherzogth.)
Dr. Beckh, Herm.	Rechtsanwalt	Nürnberg.
Dr. Behagel	Hofrath, Professor	Freiburg (Baden).
Behrnauer	Landgerichtsdirector	Zwickau (Sachsen).
Beiersdorf	Rechtsanwalt	Lauban.
Beisert	Kreisgerichtsdirector a. D.	Berlin.
Beleites	Landgerichtspräsident	Konitz (Westpreußen).
Benfey I	Rechtsanwalt	Hannover.

Name.	Stand.	Wohnort.
Berendes	Landgerichtsrath	Trier.
Berger, Julius	Justizrath	Leipzig.
Berghofer	Justizrath	München.
Bering	Geh. Regierungsrath	Hannover.
Berlein	Rechtsanwalt	Rotenburg a. d. Fulda.
Dr. Berlin, Heinrich	Ober-Amtsrichter	Nürnberg.
Dr. Berlin, Max	Landgerichtsrath	Nürnberg.
Dr. Bernhöft	Professor	Rostock (Mecklenburg).
Dr. Bernstein	Professor	Berlin.
Dr. Berolzheimer	Rechtsanwalt	Nürnberg.
Dr. Bertram	Oberappellationsgerichts-Vice-Präsident a. D.	Wiesbaden.
Dr. Beschütz	Oberlandesgerichtssecretär	Hamburg.
Dr. Beseler	Landgerichtspräsident	Oppeln.
Beutler	Rechtsanwalt	Reichenbach (Voigtland).
Dr. Bielenberg	Rechtsanwalt	Hamburg-Pöseldorf.
Dr. Bierling	Geh. Justizrath, Professor	Greifswald.
Dr. Bingner	Senatspräsident	Leipzig.
Birkenbihl	Amtsgerichtsrath	Wiesbaden.
Dr. Birkmeyer	Professor	Schwabing-München.
Dr. Bischoff, H.	Notar	Diedenhofen.
Blume	Erster Staatsanwalt	Cöslin.
Dr. Blumenfeld	Rechtsanwalt	Hamburg.
Dr. Bockenheimer	Landgerichtsrath	Mainz.
Boecking	Erster Staatsanwalt	Saargemünd.
Böbcher	Oberbürgermeister	Halberstadt.
Dr. Boiselier, Th.	Reichsgerichtsrath	Leipzig.
Bojunga	Justizrath	Hannover.
Bolza, Friedr.	Justizrath	Landau (Pfalz).
Bolza, Willi	Rechtspraktikant	Landau (Pfalz).
Bonhard	Landgerichtsdirector	Darmstadt.
Dr. v. Bönninghausen	Rechtsanwalt	Hamburg.
Dr. Borchardt, Oskar	Assessor	Berlin.
Borchers	Justizrath	Celle.
Dr. Bornhak	Privatdocent	Berlin.
Boschan, Wilhelm	Gerichtsassessor	Potsdam.
Bötzow	Gerichtsassessor	Stettin.
Bourwieg	Justizrath	Stettin.
Boyens	Rechtsanwalt	Stettin.
Boysen	Landgerichtsdirector	Hanau.
Brachvogel	Landrichter	Zabern (Elsaß).
Dr. Brackenhoeft	Rechtsanwalt	Hamburg.

Name.	Stand.	Wohnort.
Braikmann	Syndicus	Stade.
Bramigk	Geheimer Justizrath	Cöthen (Anhalt).
Dr. Brasseur, Xaver	Advocat	Luxemburg.
Dr. Braun, Carl	Justizrath	Freiburg (Baden).
Braunbehrens	Landgerichtspräsident	Greifswald.
Bregenzer	Landgerichtsrath	Tübingen.
Breithaupt	Rechtsanwalt	Göttingen.
Breitung	Rechtsanwalt	Schweinfurt.
Bremer, Heinrich	Notar	Dormagen.
Breyer, Richard	Oberamtsrichter	Eltmann a. Main.
Dr. Brink	Notar	Kastellaun.
Broda, Gustav	Rechtsanwalt	Leipzig.
Broich	Notar	Kerpen.
Dr. Broil	Referendar	Cöln a. Rhein.
Dr. Bromberger	Rechtsanwalt	Hamburg.
Browe	Landgerichtsrath	Berlin.
Dr. Bruch, Ludwig	Rechtsanwalt	Mainz.
Dr. Brück	Justizrath	Wiesbaden.
Dr. Brüger, Carl	Oberlandesgerichtspräsident	Jena.
Brühl	Landgerichtsrath	Bautzen.
Brümmer, W.	Senator	Rostock (Mecklenburg).
Brunnemann	Justizrath	Stettin.
Dr. Brunner	Geh. Justizrath, Professor	Berlin.
Brunner	Justizrath	Gudensberg.
Buff	Reichsgerichtsrath	Leipzig.
Bülau, Ernst	Rechtsanwalt	Zwickau (Sachsen).
Bunsen, Friedrich	Amtsrichter	Rostock (Mecklenburg).
Burchardi	Amtsgerichtsrath	Glückstadt.
Burgheim	Rechtsanwalt	Minden (Westfalen).
v. Buri	Vice-Consul	Zanzibar.
Dr. Busch, Ed.	Rechtsanwalt	M.-Gladbach.
Busch	Notar	Cöln a. Rhein.
Bussenius	Geheimer Justizrath	Leipzig.
Dr. Cadenbach	Landgerichtsdirector	Mannheim.
Cahen	Referendar	Mülheim a. Rhein.
Dr. Callmann	Rechtsanwalt	Cöln a. Rhein.
Callomon, Hugo	Rechtsanwalt	Breslau.
Cappel	Landgerichtsdirector a. D.	Wiesbaden.
Dr. Carlebach, Ed.	Notar	Remilly.
Cäsar	Justizrath	Frankfurt a. Main.
Caspari, Albrecht	Rechtsanwalt	Cassel.

Name.	Stand.	Wohnort.
Dr. Caspari, F.	Rechtsanwalt	Frankfurt a. Main.
Dr. v. Chelius	Landgerichtsrath	Karlsruhe (Baden).
Dr. Chormann, R.	Rechtsanwalt	Mülhausen (Elsaß).
Dr. Cillis	Rechtsanwalt	Bonn.
Dr. Cnyrim	Rechtsanwalt	Frankfurt a. Main.
Dr. Cohen, J.	Rechtsanwalt	Hamburg.
Dr. Cohen, Max	Rechtsanwalt	Hamburg.
Dr. Cohn, Ludwig	Rechtsanwalt	Breslau.
Dr. Cohn, Georg	Professor	Heidelberg.
Cohn	Rechtsanwalt	Neustrelitz.
v. Cöllen	Rechtsanwalt	Cöln a. Rhein.
Dr. Compes	Rechtsanwalt	Cöln a. Rhein.
Cosack	Professor	Gießen.
Courtin	Landgerichtsrath	Freiburg (Baden).
Creutzberger	Rechtsanwalt	Grünberg (Schlesien).
Dr. Crusen	Referendar	Hannover.
Cunow	Rechtsanwalt	Potsdam.
Custodis I, Carl Gottfr.	Rechtsanwalt	Cöln a. Rhein.
Custodis II, Frdr. Aug.	Notar	Cöln a. Rhein.
Dalcke	Oberstaatsanwalt	Stettin.
Dr. Dambach	Wkl. Geh. Ob.-Postrath, Prof.	Berlin.
Danielcik	Landrichter	Allenstein (Ostpreußen).
Daniels	Rechtsanwalt	Wipperfürth.
Dann, Rud.	Notar	Stuttgart.
Dr. Daude	Geheimer Regierungsrath	Berlin.
Daudistel	Justizrath	Mainz.
Daumer	Oberamtsrichter	Ellwangen.
Daus, J.	Rechtsanwalt	Altona.
David, Cornelius	Rechtsanwalt	Frankenthal (Bayern).
David, Hugo	Referendar	Frankenthal (Bayern).
Deeke	Landrichter	Braunschweig.
Deegen	Geh. Ob.-Reg.-Rath a. D.	Berlin.
Dr. v. Degenkolb	Professor	Tübingen.
Degner, Alfred	Oberlandesgerichtspräsident	Dresden.
Dr. Deiß	Rechtsanwalt	Leipzig.
Delbrück	Landrichter	Berlin.
Dr. Delbrück	Rechtsanwalt	Stettin.
Denso	Landgerichtsrath	Berlin.
Dr. Dernburg	Geh. Justizrath, Professor	Berlin.
Dr. Detmold	Professor	Göttingen.
Dettmar, H.	Justizrath	Hildesheim (Hannover).
Deumling	Amtsgerichtsrath	Paderborn.

Name.	Stand.	Wohnort.
Dr. Devens	Gerichtsassessor	Düsseldorf.
Dr. Dickel	Amtsrichter	Berlin.
Dr. Diehl, Th.	Rechtsanwalt	Frankfurt a. Main.
Dr. Dierry	Justizrath	Gießen.
Dietrich	Rechtsanwalt	Prenzlau.
Dr. Dittmar	Ministerialrath	Darmstadt.
Dohrn, Eug.	Rechtsanwalt	Itzehoe.
Dölitzsch, Arthur	Rechtsanwalt	Altenburg (Sachs.-Altenbg.).
Dorner, E.	Ministerialrath	Karlsruhe (Baden).
Dose, Wolf	Rechtsanwalt	Neustadt (Holstein).
Dove, Heinr.	Landrichter	Frankfurt a. Main.
Dr. Drabert	Gerichtsassessor	Berlin.
Dr. Drechsler	Senatspräsident	Leipzig.
Dr. Dreyer	Reichsgerichtsrath	Leipzig.
Dr. Drucker, M.	Rechtsanwalt	Leipzig.
Drühe	Oberlandesgerichtsrath	Cöln a. Rhein.
Duesberg	Justizrath	Bochum.
Dumreicher	Landgerichtsdirector	Elberfeld.
Dürr	Justizrath	München.
v. Dursy	Ministerialrath	Straßburg (Elsaß).
Ebel, Ludw.	Oberamtsrichter	Wald-Michelbach (Odenwald).
Ebel	Justizrath	Wiesbaden.
Eberhard	Justizrath	Hanau.
Ebner	Rechtsanwalt	Ulm.
Dr. Eck	Geh. Justizrath, Professor	Berlin.
v. Eck	Geh. Justizrath	Wiesbaden.
Eckhard, Carl		Mannheim.
Dr. Eddelbüttel	Rechtsanwalt	Hamburg.
Ehrhart, Jos.	Notar	Weyersheim.
Eißner	Rechtsanwalt	Pulsnitz (Sachsen).
Dr. Ekert	Geheimrath	Freiburg (Baden).
Elenz	Oberlandesgerichtsrath	Cöln a. Rhein.
Eller	Amtsrichter	Gartz a. d. Oder.
Elsperger	Landgerichtspräsident	Hof (Bayern).
Eltzbacher	Rechtsanwalt	Cöln a. Rhein.
Elven	Justizrath	Cöln a. Rhein.
Elze, Curt	Rechtsanwalt	Halle a. Saale.
Dr. Emden, Ed.	Rechtsanwalt	Frankfurt a. Main.
Dr. Endemann	Professor	Königsberg (Preußen).
Enderlein, E.	Rechtsanwalt	Ansbach.
Engel, J.	Landgerichtsdirector	Hamburg-Hohenfelde.
Dr. Engel, Max	Amtsrichter	Frankfurt a. Main.

Name.	Stand.	Wohnort.
Engelke	Rechtsanwalt	Stettin.
Engels	Justizrath	Potsdam.
Dr. Enneccerus	Geh. Justizrath, Professor	Marburg (Hessen).
Dr. Enzmann	Justizrath	Chemnitz (Sachsen).
Erler	Justizrath	Leipzig.
Erythropel	Justizrath	Leipzig.
Eschenbach	Gerichtsassessor	Berlin.
Eßer, Robert	Justizrath	Cöln a. Rhein.
Euler	Notar	Bitsch.
Evers	Geheimer Justizrath	Celle.
Eysoldt	Rechtsanwalt	Dresden.
Faas	Rechtsanwalt	Mannheim.
Dr. v. Faber	Staatsminister	Stuttgart.
Falk	Referendar	Cöln a. Rhein.
Falkenbach	Notar	Merzig.
Falkmann	Amtsrichter	Liegnitz.
Dr. Fastenrath	Hofrath	Cöln a. Rhein.
Faull, K.	Rechtsanwalt	Ellwangen.
Fechner	Landgerichtsrath	Frankfurt a. Main.
Dr. Antoine-Feill	Rechtsanwalt	Hamburg.
Feldmann	Rechtsanwalt	Kammin (Pommern).
Fendel	Amtsrichter	Schwelm.
Fenner	Justizrath	Leipzig.
Ferber	Rechtsanwalt	Danzig.
Dr. Fester, Adolf	Rechtsanwalt	Frankfurt a. Main.
Dr. Filinger, L. Ph.	Notar	Hayingen (Lothringen).
Finger	Staatsminister	Darmstadt.
Finkelnburg	Referendar	Coblenz.
Fischer	Bürgermeister	Augsburg.
Dr. Fischer	Professor	Breslau.
Fischer	Landgerichtsrath	Cleve.
Fischer	Amtsrichter	Gnesen.
Fischer, J. J.	Justizrath	Cöln a. Rhein.
Fischer	Referendar	Cöln a. Rhein.
Fischer	Rechtsanwalt	Mülheim a. Rhein.
Flechsig	Advocat	Zwickau (Sachsen).
Fleck, Hugo	Gerichtsassessor	Cöln a. Rhein.
Dr. Fleck, Otto	Gerichtsassessor	Düsseldorf.
Fließ	Rechtsanwalt	Stettin.
Förster	Amtsgerichtsrath	Allenstein (Ostpreußen).
Foertsch	Reichsgerichtsrath	Leipzig.
Dr. Fösser	Rechtsanwalt	Frankfurt a. Main.

Name.	Stand.	Wohnort.
Francke	Amtsgerichtsrath	Alfeld (Hannover).
Francke	Amtsgerichtsrath	Berlin.
Frank	Kreisgerichtsrath	Frankfurt a. Oder.
Dr. Frank, Reinh.	Professor	Gießen.
Frank	Amtsgerichtsrath	Langfuhr b. Danzig.
Freege	Erster Staatsanwalt	Schneidemühl.
Dr. Freese	Staatsanwalt	Stargard (Pommern).
Freiesleben	Rechtsanwalt	Heidenheim (Württemberg).
Frenckel	Justizrath	Kaiserslautern.
Frenkel	Justizrath	Leipzig.
Freund	Justizrath	Breslau.
Frey	Justizrath	Wiesbaden.
Freiherr v. Freyberg	Bezirks-Präsident	Straßburg (Elsaß).
Freytag, Otto, Emil	Rechtsanwalt	Leipzig.
Dr. v. Friedberg	Staatsminister	Berlin.
Dr. Friedberg	Geheimer Hofrath, Professor	Leipzig.
Dr. Friede, Hugo	Rechtsanwalt	Hamburg.
Friedländer, S.	Rechtsanwalt	Berlin.
Dr. Friedländer	Bankdirector	Berlin.
Friedländer	Amtsrichter	Cöln a. Rhein.
Dr. Friedleben, Fritz	Rechtsanwalt	Frankfurt a. Main.
Dr. Friedmann, F.	Rechtsanwalt	Berlin.
Friedmann, Isidor	Rechtsanwalt	Glogau.
Fröhlich	Notar	Cöln a. Rhein.
Fröhlich	Rechtsanwalt	Cöln a. Rhein.
Dr. Fuchs	Rechtsanwalt	Berlin.
Fuchs	Amtsrichter	Hochfelden.
Dr. Fuchs	Prof., Oberlandesgerichtsrath	Jena.
Dr. Fuld, L.	Justizrath	Frankfurt a. Main.
Dr. Fuld, L.	Rechtsanwalt	Mainz.
Funke	Richter	Bremen.
Funke, Rudolf	Amtsrichter	Erstein.
Fürst, Alex.	Rechtsanwalt	Heidelberg.
Gabler	Justizrath	Altenburg (Sachs.-Altenbg.).
Dr. Gaitzsch	Referendar	Chemnitz (Sachsen).
Gättens	Amtsrichter	Hagenow (Mecklenburg).
Gebhard, Carl	Oberlandesgerichtsrath	Bamberg.
Dr. Gebhard	Geheimrath, Professor	Freiburg (Baden).
Dr. Geiger, B.	Rechtsanwalt	Frankfurt a. Main.
Dr. Gentzsch	Rechtsanwalt	Leipzig.
Gerhard, Otto	Rechtsanwalt	Braunschweig.
Gerichten	Amtsrichter	Germersheim a. Rhein.

Name.	Stand.	Wohnort.
Gervinus	Rechtsanwalt	Cassel.
Gesenius	Director d. Pfandbriefamts	Berlin.
Geutebrück	Referendar	Erfurt.
Geyler, Ernst	Oberamtsrichter	Reichenbach (Voigtland).
Dr. Gierke	Geh. Justizrath, Professor	Charlottenburg.
Giersberg	Rechtsanwalt	St. Johann a. d. Saar.
Dr. Gieschen, Heinr.	Rechtsanwalt	Hamburg.
Dr. Gilmer	Landgerichtsrath	Darmstadt.
Dr. Glaß	Rechtsanwalt	Schneidemühl.
Dr. Glöckner	Rechtsanwalt	Frankfurt am Main.
Dr. v. Gneist, Rud.	Wirkl. Geh. Oberjustizrath	Berlin.
Goecke	Notar, Justizrath	Cöln a. Rhein.
v. Goldammer	Staatsanwalt	Mülhausen (Elsaß).
Dr. Goldenring	Landgerichtsrath	Straßburg (Elsaß).
Dr. Goldfeld, Jul.	Rechtsanwalt	Hamburg.
Dr. Goldschmidt	Geh. Justizrath, Professor	Berlin.
Dr. Goldschmidt, J.	Rechtsanwalt	Berlin.
Dr. Goldschmidt, Ldw.	Amtsrichter	Gelsenkirchen.
Göllnitz	Rechtsanwalt	Lengefeld (Erzgebirge).
Dr. Gordan, F.	Erster Staatsanwalt	Duisburg.
Goering, Julius	Notar	Bischweiler.
Dr. Gorius	Rechtsanwalt	Cöln a. Rhein.
Görlitz	Rechtsanwalt	Birkenfeld.
Goerrig	Rechtsanwalt	Cöln a. Rhein.
Görz	Oberlandesgerichtspräsident	Darmstadt.
Dr. Goeschen	Landgerichtsrath	Frankfurt a. Main.
Gotthelf	Justizrath	München.
Götting I., Carl	Justizrath	Hildesheim (Hannover).
Gottschalck, Ferdinand	Rechtsanwalt	Dresden.
Gottschalk, Leop.	Referendar	Ahrweiler.
Dr. Gottschalk	Amtsrichter	Solingen.
Götz	Geheimer Justizrath	Cöln a. Rhein.
Gräfe	Senatspräsident	Berlin.
Gräff	Justizrath	Coblenz.
Dr. vom Grafen	Rechtsanwalt	Cöln a. Rhein.
Gralow, Ferd.	Amtsgerichtsrath	Polzin.
Dr. Graven	Referendar	Cöln a. Rhein.
Grim	Justizrath	Colmar (Elsaß)
Dr. Grimm	Justizrath	Marburg (Hessen).
Grobhoffer	Amtsgerichtsrath	Straßburg (Elsaß).
Groß	Rechtsanwalt	Mergentheim.
Freiherr Dr. von Groß	Staatsminister	Weimar.

Name.	Stand.	Wohnort.
Dr. Grueber, Erwin	Professor	München-Schwabing.
Gruner	Justizrath	Weimar.
Gülde, H.	Rechtsanwalt	Rochlitz.
Gunck	Rechtsanwalt	Odenkirchen.
Gunzenhäuser	Justizrath	Fürth (Bayern).
Dr. Güterbock	Geh. Justizrath, Professor	Königsberg (Preußen).
Dr. Gutfleisch	Rechtsanwalt	Gießen.
Guttmann	Rechtsanwalt	Wiesbaden.
Dr. Häberlin, E. J.	Rechtsanwalt	Frankfurt a. Main.
Dr. Hachenburg, Max	Rechtsanwalt	Mannheim.
Häckermann	Rechtsanwalt	Greifswald.
Hallwachs, L.	Geh. Staatsrath	Darmstadt.
Dr. Hambrook	Reichsgerichtsrath a. D.	Berlin.
Hamburger, Karl	Rechtsanwalt	Berlin.
Dr. Hamburger	Justizrath	Frankfurt a. Main.
Hamm	Oberstaatsanwalt	Cöln a. Rhein.
Hammacher	Dr. jur.	Berlin.
Hammer	Rechtsanwalt	Chemnitz (Sachsen).
Handt	Landrichter	Celle.
Hänel, Arthur	Rechtsanwalt	Dresden-Neustadt.
Hänsel	Rechtsanwalt	Bergen auf Rügen.
Hanssen	Regierungsrath	Altona.
Dr. Harburger	Landgerichtsrath, Privatdocent	München.
v. Harder	Rechtsanwalt	Mannheim.
v. Harlessem	Justizrath	Hannover.
Dr. Harmening	Rechtsanwalt	Jena.
Harseim	Wirkl. Geh. Kriegsrath	Berlin.
Dr. Hartmann K. A.	Oberstaatsanwalt	Plauen (Voigtland).
Hase, Otto	Justizrath	Altenburg (Sachs.-Altenbg.).
Dr. Hasselbach	Referendar	Frankfurt a. Main.
Hattenbach	Oberlandesgerichtsrath	Oldenburg (Großherzogth.).
Hauck	Justizrath	Cöln a. Rhein.
Haufs	Rechtsanwalt	Solingen.
Häusler	Justizrath	Braunschweig.
Hausmann, W.	Rechtsanwalt	Berlin.
Haußmann	Erster Staatsanwalt	Heilbronn.
Dr. Hecht	Hofrath, Bankdirector	Mannheim.
Dr. Heck	Professor	Greifswald.
Hecker	Geheimer Ober-Justizrath	Naumburg a. d. Saale.
v. Hecker, Hermann	Dr. jur.	München.
Dr. Heilbluth	Rechtsanwalt	Hamburg.

Name.	Stand.	Wohnort.
Heilborn	Justizrath	Berlin.
Heilpern, S.	Rechtsanwalt	Leipzig.
Heim, Michael	Rechtsanwalt	Würzburg.
Dr. Heink, Paul, Friedr.	Advocat	Zürich.
Dr. Heinsen, C. J.	Rechtsanwalt	Hamburg.
Dr. Heinsheimer	Landgerichtsrath	Mosbach (Baden).
Heintzmann	Landgerichtsrath a. D.	Dortmund.
Heinzemann	Erster Staatsanwalt	Limburg a. d. Lahn.
Hellekessel	Justizrath	Bonn.
Heller	Amtsgerichtsrath	Wörth a. d. Sauer.
Hellmann	Landgerichtsrath	Aachen.
Dr. Hellmann, Friedr.	Rechtsanwalt	München.
Dr. Hellwig	Professor	Erlangen.
Hemptenmacher	Justizrath	Wanzleben bei Magdeburg.
Hendrichs	Rechtsanwalt	Cöln a. Rhein.
Dr. Ritter v. Henle, S.	Geheimer Hofrath	München.
Hennig	Amtsrichter	Gommern.
Dr. Henning	Rechtsanwalt	Greiz.
Henrich	Rechtsanwalt	Völklingen a. Saar.
Hensel	Landrichter	Stargard (Pommern).
Hentschel, Oscar	Amtsrichter	Augustusburg bei Schellenberg (Sachsen).
Herhaus	Referendar	Oberwinter.
Hermes	Bürgermeister	Röbel (Mecklenburg).
Herr	Rechtsanwalt	Leipzig.
Dr. Hertz, G.	Senator	Hamburg.
Dr. Herz	Justizrath	Wiesbaden.
Herzfeld	Justizrath	Halle a. d. Saale.
Herzog	Oberstaatsanwalt a. D.	Braunschweig.
Dr. Hesdörffer	Rechtsanwalt	Frankfurt a. M.
Dr. Hesekiel	Landgerichtsrath	Berlin.
Hetzer	Landgerichtsdirector	Stettin.
van der Heyde	Rechtsanwalt	Rüdesheim (Rhein).
Dr. Heyden, C.	Syndicus	Essen (Ruhr), Lindengut.
Heymann	Justizrath	Altona.
Dr. Heymann, S.	Rechtsanwalt	Hamburg.
Heymer	Senatspräsident	Cöln a. Rhein.
Dr. Hick	Landgerichtsrath	Constanz.
Dr. Hiedemann	Gerichtsassessor	Cöln a. Rhein.
Hilf	Justizrath	Limburg a. d. Lahn.
Hilpert	Justizrath	Nürnberg.
Dr. Hilse, Benno	Kreisgerichtsrath a. D., Syndicus	Berlin.

Name.	Stand.	Wohnort.
Dr. Hilse, Carl	Syndicus u. Rechtslehrer	Berlin.
Dr. Hinschius	Geh. Justizrath, Professor	Berlin.
Dr. v. Hippel	Privatdocent	Kiel.
Dr. Hirl	Bezirksgerichtsrath a. D.	München.
Dr. Hirschfeld	Rechtsanwalt	Berlin.
Hirschhorn	Rechtsanwalt	Gießen.
Hochapfel, E.	Regierungsassessor	Straßburg (Elsaß).
v. Hochstetter	Oberlandesgerichtsrath	Stuttgart.
Dr. Hoffmann, E.	Geh. Ober-Regierungsrath	Berlin.
Hoffmann	Oberamtsrichter	Nürtingen.
Hoffmann, Th.	Landgerichtsrath	Regensburg.
Hofmann	Amtsrichter	Renerod.
Dr. Hölder	Professor	Erlangen.
Dr. Holdheim	Rechtsanwalt	Frankfurt a. M.
Höniger	Justizrath	Inowrazlaw.
Hopmann	Landgerichtspräsident	Wiesbaden.
Dr. Horwitz	Justizrath	Berlin.
Dr. Horwitz	Rechtsanwalt	Hamburg.
Dr. Hoseus	Geh. Ober-Regierungsrath	Straßburg (Elsaß).
Dr. Hothorn, P.	Rechtsanwalt	Leipzig.
Dr. Hübler,	Geh. Ober-Regierungsrath, Professor.	Berlin.
Dr. Huch	Rechtsanwalt	Braunschweig.
Huck	Justizrath	Gleiwitz.
Humbert	Justizrath	Berlin.
Dr. Humser	Justizrath	Frankfurt a. Main.
Hundt	Notar, Justizrath	Crefeld.
Huschke, Bruno	Justizrath	Erfurt.
Dr. Jacobi, L.	Justizrath, Privatdocent	Berlin.
Jacobi	Rechtsanwalt	Bergen.
Jacob	Amtsgerichtsrath	Braunsberg (Ostpreußen).
Dr. Jäger, Otto	Notar	Rombach (Lothringen).
Dr. Jahrsdörffer	Hofrath	München.
Dr. Ickelheimer	Rechtsanwalt	Frankfurt a. Main.
Dr. Jeidels	Notariats-Aspirant	Würzburg.
Jelito, Emil	Oberamtsrichter	Landau (Pfalz).
Jentzsch, C.	Amtsrichter	Wanzleben b. Magdeburg.
Jerusalem, A.	Landgerichtsrath	Saarbrücken.
Dr. Illig	Notar	Roeschwoog (Unterelsaß).
Joachim	Rechtsanwalt	Berlin.
Jonas, Paul	Rechtsanwalt	Berlin.
Jonas	Rechtsanwalt	Marienthal b. Wandsbeck.

Name.	Stand.	Wohnort.
Jonen	Staatsanwalt	Cöln a. Rhein.
Dr. Jordan	Rechtsanwalt	Mannheim.
Jordan	Regierungsrath	Stuttgart.
Dr. Josephson, C. M.	Rechtsanwalt	Hamburg.
Joesten	Notar	Schweich (Mosel).
Dr. Israel, John	Rechtsanwalt	Hamburg.
Dr. Israel, Simon	Rechtsanwalt	Hamburg.
Jübell, Otto	Justizrath	Hannover.
Dr. Jung, G. J.	Oberlandesgerichtsrath	Frankfurt a. Main.
Dr Jungk	Landrichter	Berlin.
Jüßen, Peter	Rechtsanwalt	Cöln a. Rhein.
Kapferer	Rechtsanwalt	Cöln a. Rhein.
Kassel, Eduard	Rechtsanwalt	Schweidnitz.
Dr. Alexander-Katz	Rechtsanwalt	Berlin.
Dr. Katz, Edwin	Rechtsanwalt	Berlin.
Kaufmann, Felix	Rechtsanwalt	Berlin.
Kaufmann	Amtsgerichtsrath	Straßburg (Elsaß).
Kaulla, Max	Rechtsanwalt	Stuttgart.
Kayser	Amtsrichter	Berlin.
Kayser	Notar	Zabern (Elsaß).
Keck	Gerichtsassessor	Neuwied.
Keferstein	Stadtsyndicus	Lüneburg.
Keibel	Geheimer Oberjustizrath	Berlin.
Dr. Keil	Rechtsanwalt	Weimar.
Keim, W.	Landgerichtsrath	Wiesbaden.
Dr. Keller, A.	Notar	Straßburg (Elsaß).
Kempner	Rechtsanwalt	Berlin.
Kerckhoff	Landgerichtspräsident	Aurich.
Kerckhoff	Notar	Diedenhofen.
Kern	Landgerichtsrath	Waldshut.
Kerstein	Landgerichtsrath	Dortmund.
Kewer	Justizrath	Rheinberg (Rheinland).
Dr. Kierulff	Oberappellationsgerichts-Präsident a. D.	Lübeck.
Dr. Kiesselbach, Th.	Oberlandesgerichtsrath	Hamburg.
Dr. Kilzer, W.	Justizrath	Frankfurt a. Main.
Dr. Kipp	Professor	Kiel.
Dr. Kirch	Notar	Gummersbach.
Dr. v. Kirchbach, W.	Landgerichtsrath	Berlin.
Dr. v. Kirchenheim	Professor	Heidelberg.
Kirchgeßner, Gottfr.	Landgerichtsrath	Würzburg.
Klein, Max	Landgerichtsrath	Ansbach.

Name.	Stand.	Wohnort.
v. Kleiner, Otto	Senatspräsident	Bamberg.
Dr. Kleinfeller, G.	Privatdocent	München.
Kleinschmidt	Hofrath	Tangerhütte.
Dr. Klemm	Rechtsanwalt	Leipzig.
Kletschke	Landgerichtsrath	Schweidnitz.
Dr. Klewitz, A.	Gerichtsassessor	Bockenheim.
Klinger, H.	Rechtsanwalt	Burgstädt.
Klöppel	Rechtsanwalt	Leipzig.
Klotz	Landgerichtsrath	Berlin.
Klotz, Ernst	Bürgermeister	Johann-Georgenstadt.
Klüpfel	Finanzassessor	Essen a. d. Ruhr.
Dr. Knackfuß	Assessor	Chemnitz (Sachsen).
Knein, H.	Amtsrichter	Aachen.
Dr. Kniep	Professor	Jena.
Kobbe	Amtsgerichtsrath	Siegen.
Koch	Justizrath	Buchholz (Sachsen).
Koch	Justizrath	Glatz.
Koch, F. H.	Rechtsanwalt	Leipzig.
Kochann	Amtsgerichtsrath	Berlin.
Kochs	Landgerichtsrath	Cöln a. Rhein.
Dr. Koffka	Landgerichtsrath	Berlin.
Dr. Köhne, Paul	Assessor	Berlin.
König	Landrichter	Trier.
v. Koenigslöw, Otto	Gerichtsassessor	Königswinter.
Koeppel	Rechtsanwalt	Belgard (Pommern).
Körner	Rechtsanwalt	Zwickau (Sachsen).
Kortum, Carl	Justizrath	Naumburg (Saale).
Köster	Landgerichtsrath	Bonn.
Dr. v. Köstlin	Staatsrath	Stuttgart.
Köth, Joseph	Rechtsanwalt	Würzburg.
Kraft, Bernh.	Rechtsanwalt	Berlin.
Krämer	Justizrath	Düsseldorf.
Krampf, Jos.	Rechtsanwalt	Würzburg.
Krause	Notar	Düsseldorf.
Krauß I	Landgerichtsrath	Ravensburg.
Kraußold	Justizrath	München.
Kremer, L.	Landgerichtsrath	München.
Kreppel, Fr. Ludw.	Justizrath	Bamberg.
Dr. Freiherr v. Kreß	Rechtsanwalt	Nürnberg.
Kretschmann	Justizrath	Magdeburg.
Dr. Kretschmar	Professor	Gießen.
Kretzschmar, A. F. J.	Stadtrath	Dresden-Altstadt.

Name.	Stand.	Wohnort.
Krieg, Emil	Rechtsanwalt	Leipzig.
Krieger	Rechtsanwalt	Lennep.
Krobitsch	Erster Staatsanwalt	Hirschberg (Schlesien).
Dr. Kronecker	Landgerichtsrath	Berlin.
Kronecker, W.	Assessor	Berlin.
Dr. Kronfeld	Rechtsanwalt	Berlin.
Dr. Krüger	Amtsrichter	Dammerkirch.
Krüger	Justizrath	Halberstadt.
Krüll	Rechtsanwalt	Elberfeld.
Krumbiegel	Notar	Elberfeld.
Küchendahl	Justizrath	Stettin.
Kühbacher, W.	Rechtsanwalt	Bensberg.
Kühn	Justizrath	Trachenberg (Schlesien).
Kullmann, G.	Landgerichtsrath	Gießen.
v. Kunowski	Landgerichtspräsident	Bielefeld.
v. Kunowski	Wirkl. Geh. Oberjustizrath	Breslau.
Kunreuther	Rechtsanwalt	Frankfurt a. Main.
Dr. Kuntze	Professor	Leipzig.
Dr. Kupfer	Landgerichtsrath	Freiburg (Baden).
Dr. Kurlbaum, C.	Wirkl. Geh. Ober-Justizrath Oberlandesgerichtspräsident	Stettin.
Kusel	Rechtsanwalt	Karlsruhe (Baden).
Labroisse, L.	Rechtsanwalt	Gießen.
Lahode, Max	Landgerichtsrath	Chemnitz (Sachsen).
Lähr	Amtsrichter	Belgard (Pommern).
Dr. Lahr	Amtsrichter	Zwingenberg b. Darmstadt.
Lambrecht	Amtsgerichtsrath a. D.	Naumburg a. d. Saale.
Dr. Lamey	Ministerialpräsident a. D.	Mannheim.
Lamm	Senatspräsident	Dresden.
Dr. Lamprecht	Landrichter	Hamburg.
Dr. Landau	Rechtsanwalt	Berlin.
Dr. v. Lang, H.	Landgerichtsdirector	Rottweil.
Dr. Langbein, Oscar	Rechtsanwalt	Leipzig.
Lange	Rechtsanwalt	Straßburg (Elsaß).
Langenbach	Rechtsanwalt	Darmstadt.
Lanzberg	Amtsgerichtsrath a. D.	Vic (Lothringen).
Laporte	Rechtsanwalt	Linden bei Hannover.
Lasker	Rechtsanwalt	Landsberg a. d. Warthe.
Laué, Walter	Rechtsanwalt	Berlin.
Lauterbach	Notar	Straßburg (Elsaß).
Lautz	Landgerichtspräsident	Metz.
Laux	Landgerichtsrath	Ravensburg.

Name.	Stand.	Wohnort.
Lazarus	Rechtsanwalt	Berlin.
Lebenheim, Georg	Landrichter	Naumburg a. d. Saale.
Dr. Lebin	Justizrath	Berlin.
Lebrecht	Rechtsanwalt	Stuttgart.
Lehmann, Emil	Rechtsanwalt	Dresden-Altstadt.
Dr. Lehmann, Gustav	Justizrath	Dresden.
Dr. Lehmann, Eugen	Senator	Hamburg.
Lehnebach	Rechtsanwalt	Straßburg (Elsaß).
Leiber	Justizrath	Straßburg (Elsaß).
Leipheimer	Rechtsanwalt	Stuttgart.
Dr. Leisler jun.	Rechtsanwalt	Wiesbaden.
Dr. Lenel	Professor	Straßburg (Elsaß).
Dr. Lennig	Rechtsanwalt	Straßburg (Elsaß).
Dr. v. Lenz	Reichsgerichtsrath	Leipzig.
Dr. Leonhard	Professor	Marburg (Hessen).
Leoni	Ministerialrath	Straßburg (Elsaß).
Leske, O. Fr.	Senatspräsident	Breslau.
Lesse	Justizrath	Berlin.
Lesser	Reichsgerichtsrath a. D.	Berlin.
Lettgau	Senatspräsident	Berlin.
Leuchert	Amtsrichter	St. Avold.
Dr. Leuner, Emil Moritz	Landgerichtsrath	Bautzen.
Leuthold	Rechtsanwalt	Schöneck (Vogtland).
Levi	Rechtsanwalt	Bonn.
Dr. Levi, Siegmund	Rechtsanwalt	Mainz.
Levi	Rechtsanwalt	Stuttgart.
Dr. Levita	Justizrath	Mainz.
Levot	Rechtsanwalt	Cöln a. Rhein.
Dr. Levy	Advocat	Amsterdam.
Levy, M.	Justizrath	Berlin.
Levy, Leopold	Referendar	Berlin.
Lewald, C.	Rechtsanwalt	Leipzig.
Lewin	Amtsrichter	Grünberg (Schlesien).
Dr. Lewin	Rechtsanwalt	Stettin.
Lewinsohn	Amtsrichter	Cüstrin.
Leyser	Rechtsanwalt	Charlottenburg.
Lezius	Justizrath	Cöthen (Anhalt).
Libawsky	Justizrath	Kreuzburg (Oberschlesien).
Liebster, Arno	Rechtsanwalt	Leipzig.
Dr. v. Lilienthal	Professor	Marburg (Hessen).
v. Limont, Wery	Amtsrichter	Wiehl (Kr. Gummersbach).
Linckelmann I, Carl	Justizrath	Hannover.

Name.	Stand.	Wohnort.
Dr. Linckelmann II	Rechtsanwalt	Hannover.
Graf v. Linden	Hofmarschall	Stuttgart.
Lindenberg	Rechtsanwalt	Berlin.
Dr. Lindgens, O.	Referendar	Cöln a. Rhein.
Lindner	Justizrath	Danzig.
Dr. v. Lingen	Rechtsanwalt	Bremen.
Graf u. Edler z. Lippe	Regierungsrath	Wiesbaden.
Dr. Lippmann, Julius	Rechtsanwalt	Hamburg.
Dr. v. Liszt	Professor	Halle a. d. Saale.
Litthauer	Rechtsanwalt	Posen.
Loebell	Reichsgerichtsrath	Leipzig.
Dr. Lochte	Justizrath	Magdeburg.
Löhmann, R.	Oberlandesgerichtsrath	Hamburg-Uhlenhorst.
Dr. Lohse, G.	Hofrath	Leipzig.
Dr. Lorey	Rechtsanwalt	Frankfurt a. Main.
Löser, Ottomar	Rechtsanwalt	Frankfurt a. d. Oder.
Dr. Lossen	Landgerichtsrath	Straßburg (Elsaß).
Löwenstein I, Leopold	Rechtsanwalt	Stuttgart.
Löwenthal, F.	Rechtsanwalt	Schwerin (Mecklenburg).
Ludewig	Landgerichtsrath	Stettin.
Dr. Ludolph	Amtsgerichtsrath	Salzuflen.
Ludwig, Königl. Hoheit	Prinz von Bayern	München.
Dr. Lürmann	Bürgermeister	Bremen.
Lurz	Rechtsanwalt	Zabern (Elsaß).
Lustig	Rechtsanwalt	Gleiwitz.
Dr. Maas	Landgerichtsrath	Mannheim.
Machenschein	Landgerichtsrath	Metz.
Dr. Magnus	Rechtsanwalt	Braunschweig.
Mahla	Rechtsanwalt	Landau (Pfalz).
Mahlstedt	Landgerichtsrath	Flensburg.
Mainhardt	Amtsrichter	Buchen (Baden).
Makower	Justizrath	Berlin.
Dr. v. Malblanc	Landgerichtspräsident	Ellwangen.
Mallebrein	Oberamtsrichter	Baden-Baden.
Dr. v. Mandry	Professor	Berlin.
Dr. Mann	Rechtsanwalt	Stettin.
Dr. Mannheim	Rechtsanwalt	Cöln a. Rhein.
Mannsfeld	Oberamtsrichter	Leipzig.
Mansfeld	Landgerichtspräsident	Braunschweig.
v. Martens	Oberamtsrichter	Geislingen (Württemberg).
Dr. Martin, R.	Oberlandesgerichtsrath	Hamburg.
Martini, Oscar	Rechtsanwalt	Meerane (Sachsen).

Name.	Stand.	Wohnort.
Martins	Oberbürgermeister	Glogau.
Martiny	Rechtsanwalt	Danzig.
Marx	Gerichtsassessor	Simmern (Hundsrück).
Matter	Notar	Hochfelden.
Matthaei, F.	Amtsgerichtsrath	Düren.
Maurer	Landgerichtsrath	Mannheim.
Dr. May	Rechtsanwalt	Frankfurt a. Main.
Dr. May, Herm.	Rechtsanwalt	Hamburg.
Mayer, F.	Landgerichtsdirector	Eichstädt.
Dr. Mayer, Moritz	Rechtsanwalt	Frankenthal (Pfalz).
Dr. Mayer, F. Carl	Justizrath	Gotteszell (Württemberg).
Dr. Mayer, Carl	Rechtsanwalt	Cöln a. Rhein.
Dr. Mayer, F. P.	Rechtsanwalt	Mainz.
Mayer, Ph.	Landgerichtspräsident	Neuburg a. d. Donau.
Dr. Mayer, Otto	Professor	Straßburg (Elsaß).
Mecke, W.	Referendar	Bonn.
Mecke	Justizrath	Leipzig.
Dr. Mehnert, P.	Rechtsanwalt	Dresden.
Meibauer	Rechtsanwalt	Konitz (Westpreußen).
Dr. v. Meibom	Reichsgerichtsrath a. D.	Cassel.
Meier, Heinr.	Justizrath	Kiel.
Meischner	Rechtsanwalt	Penig.
Meisner, L.	Rechtsanwalt	Bamberg.
Dr. Meisner	Oberlandesgerichtsrath	Posen.
Meister	Rechtsanwalt	Stettin.
Melchers	Landgerichtsrath	Erfurt.
Melchior	Justizrath	Dortmund.
Dr. Meltzer, M.	Rechtsanwalt	Leipzig.
Memelsdorff	Rechtsanwalt	Limburg a. d. Lahn.
Mencke	Landgerichtsdirector	Aachen.
Menzen	Notar	Hennef (Sieg).
Merckle	Rechtsanwalt	Frankenthal (Pfalz).
Dr. Merkel	Professor	Straßburg (Elsaß).
Dr. Merklinghaus	Referendar	Cöln a. Rhein.
Merleker	Gerichtsassessor	Berlin.
Messerschmidt	Landgerichtsrath	Bromberg.
Metz	Rechtsanwalt	Gießen.
v. Metzsch, Hugo	Rechtsanwalt	Leipzig.
Meurer, G.	Justizrath	Cöln a. Rhein.
Dr. Meurer	Professor	Würzburg.
Meuser	Rechtsanwalt	Cöln a. Rhein.
Meyer, Alexander	Dr. jur.	Berlin.

Name.	Stand.	Wohnort.
Meyer, Sigmund	Justizrath	Berlin.
Meyer, Wilhelm	Notar	Coblenz.
Meyer, Rudolf	Notar	Dülken.
Dr. Meyer, Fritz	Rechtsanwalt	Frankfurt a. Main.
Dr. Meyer, Max	Rechtsanwalt	Frankfurt a. Main.
Dr. Meyer, Aug.	Rentier	Hamburg-Borgfelde.
Dr. Meyer	Geh. Hofrath, Professor	Heidelberg.
Dr. Meyer	Regierungsrath	Cöln a. Rhein.
Meyersburg	Justizrath	Celle.
Mezger	Oberamtsrichter	Blaubeuren.
Michaelis	Landrichter	Saargemünd.
Mies, Anton	Gerichtsassessor	Cöln a. Rhein.
Mies, Josef	Rechtsanwalt	Cöln a. Rhein.
Milch	Stadtrath	Breslau.
Milentz	Amtsgerichtsrath	Stettin.
Dr. Mirus	Rechtsanwalt	Leisnig.
v. Mittelstädt	Justizrath	Neuwied.
Dr. Mittelstraß, A.	Rechtsanwalt	Hamburg.
Mohr, O.	Rechtsanwalt	Rudolstadt.
Moll, H.	Dr. jur.	Berlin.
Moll	Landgerichtsrath	Berlin.
Moll	Landrichter	Tübingen.
Möller	Oberlandesgerichtsrath	Breslau.
Mommsen	Landrichter	Hamburg.
Montigny	Landgerichtsrath	Coblenz.
Morsbach	Rechtsanwalt	Bonn.
Mörschel	Rechtsanwalt	Würzburg.
Moßdorf, Henry	Rechtsanwalt	Erfurt.
Moßler	Notar	Straßburg (Elsaß).
Motty	Rechtsanwalt	Grätz (Posen).
Mugdan	Amtsgerichtsrath	Berlin.
Mügel	Landrichter	Hannover.
Mühlenberg	Referendar	Straßburg (Elsaß).
Dr. Mühlhäuser	Amtsrichter	Niederbronn.
Dr. Mühsam, Benno	Rechtsanwalt	Berlin.
Müller	Rechtsanwalt	Demmin.
Müller, L.	Rechtsanwalt	Erfurt.
Dr. Müller	Justizrath	Cassel.
Müller, Alb.	Justizrath	Cöln a. Rhein.
Dr. Müller, Ernst	Rechtsanwalt	Metz.
Müller	Landgerichtspräsident	Mosbach (Baden).
Müller, Ed.	Landgerichtsrath	Mosbach (Baden).

Name.	Stand.	Wohnort.
Müller	Landgerichtspräsident	Paderborn.
Müller, C. H.	Rechtsanwalt	Rostock (Mecklenburg).
Dr. Mumm	Rechtsanwalt	Straßburg (Elsaß).
Münch	Justizrath	Gera (Reuß j. L.).
Dr. Munck	Gerichtsassessor	Berlin.
Munckel	Rechtsanwalt	Berlin.
Munk	Landgerichtsrath	Berlin.
Münker	Gerichtsassessor	Cöln a. Rhein.
Münster	Notar	Bonn.
Naumann, L.	Justizrath	Lüneburg.
Neitzel	Rechtsanwalt	Zabern (Elsaß).
Nentwig	Erster Staatsanwalt	Beuthen (Ob.-Schlesien).
Neubauer	Kammergerichtsrath	Berlin.
Neuer	Rechtsanwalt	Euskirchen.
Dr. Neukirch	Rechtsanwalt	Frankfurt a. Main.
Neumann I., S.	Rechtsanwalt	Berlin.
Dr. Neumann, Hugo	Rechtsanwalt	Berlin.
Neumann, Ad.	Rechtsanwalt	Sorau (Niederlausitz).
Neumayer, Jos.	Geheimer Hofrath	Kaiserslautern.
Neundorfer	Landrichter	Mainz.
Niemand	Landpfennigmeister	Heide (Holstein).
Nießen, A.	Rechtsanwalt	Cöln a. Rhein.
Nöggerath	Amtsgerichtsrath	Siegburg.
Dr. Nokk, Wilhelm	Ministerialpräsident	Karlsruhe (Baden).
Nokk, Rud.	Reichsgerichtsrath	Leipzig.
Oehme, O. Fr.	Justizrath	Leipzig.
Ohnsorge	Justizrath	Dresden.
Oldenburg, Heinr.	Dr. jur.	Hamburg.
Ollmann	Rechtsanwalt	Greifswald.
Dr. Olshausen	Reichsgerichtsrath	Leipzig.
Omeis	Justizrath, Notar	Nürnberg.
Dr. Oppe	Rechtsanwalt	Chemnitz (Sachsen).
Dr. Oppenheim	Professor	Freiburg (Baden).
Dr. Oppenheim, Ludw.	Rechtsanwalt	Mainz.
Dr. Oppenhoff	Geheimer Oberjustizrath, Landgerichtspräsident	Aachen.
Oppert	Landgerichtsrath	Berlin.
Oppler	Amtsrichter	Diedenhofen.
Oßwald	Oberbürgermeister	Altenburg (Sachs.-Altenbg.).
Dr. Oswalt	Rechtsanwalt	Frankfurt a. Main.
Dr. Oetker	Geheimer Justizrath	Berlin.
Ott, Henri	Rechtsanwalt	Straßburg (Elsaß).

Name.	Stand.	Wohnort.
Dr. Otto, Victor	Geheimer Justizrath	Dresden.
Dr. von Oven	Senator	Frankfurt a. Main.
Pape	Oberlandesgerichtsrath	Cöln a. Rhein.
Dr. Pappenheim	Professor	Kiel.
Pauli, Emil	Amtsrichter	Stepenitz.
Dr. Pauli	Landgerichtspräsident	Straßburg (Elsaß).
Dr. Pechwell, Alfr.	Oberkriegsgerichtsrath	Dresden.
Dr. Peine	Amtsrichter	Hamburg.
Dr. Pels, Rich.	Rechtsanwalt	Hamburg.
Peltasohn, Leop.	Rechtsanwalt	Liegnitz.
Dr. Peppler	Referendar	Berlin.
Dr. Pernice	Geh. Justizrath, Professor	Berlin.
Dr. Pescatore	Professor	Greifswald.
Peters	Rechtsanwalt	Dülken.
Dr. W. Peters	Landgerichtsrath	Potsdam.
Petersen, Ludwig	Rechtsanwalt	Dresden.
Dr. Petersen, Julius	Reichsgerichtsrath	Leipzig.
Petri	Ober-Staatsanwalt	Bautzen.
Dr. Petri, Emil	Rechtsanwalt	Straßburg (Elsaß).
Petrich	Amtsrichter	Ohlau.
Pfaff	Landgerichtsdirector	Ulm.
Pfannenstiel	Justizrath	Colmar (Elsaß).
Pfeifer	Domänenrath	Donaueschingen.
Pfizer, G.	Landgerichtsrath	Ulm.
Dr. Pflüger	Privatdocent	Bonn.
Philipp	Justizrath	Altona.
Dr. Pilling, Carl	Rechtsanwalt	Dresden.
Pinckert	Justizrath	Erfurt.
Pinner	Referendar	Cöln a. Rhein.
Dr. Planck	Geh. Justizrath, Professor	Göttingen.
Dr. v. Planck	Geheimrath, Professor	München.
Dr. Pleißner	Rechtsanwalt	Dresden-Altstadt.
Plitt	Justizrath	Borken (R.-B. Cassel).
Pohl	Justizrath	Frohburg (Sachsen).
Dr. Preuß	Privatdocent	Berlin.
Preußer	Landgerichtsrath	Neuwied.
Priber	Rechtsanwalt	Frankenberg (Sachsen).
Dr. Freiherr v. Proff-Iring u.-Menden	Landgerichtsrath	Bonn.
Proma	Notar	Sierck.
Protzen	Amtsgerichtsrath	Ratibor.
Pückel	Landgerichtsrath	Gießen.

Name.	Stand.	Wohnort.
Pürckhauer	Notar	München.
v. Puttkamer	Appellationsgerichtsrath a.D.	Deutsch-Carstenitz b. Hebron-Damnitz.
v. Puttkamer	Staatssecretär	Straßburg (Elsaß).
Putz, Walther	Rechtsanwalt	Opladen.
Rabe	Erster Staatsanwalt	Aachen.
Rabenhofer, Jos.	Landgerichtsrath	München.
Raht	Justizrath	Weilburg.
Dr. Rang	Gerichtsassessor	Cöln a. Rhein.
Rasquin	Notar	Burtscheid (Bez. Aachen).
Rath	Amtsgerichtsrath	Grevenbroich.
Dr. Rau	Justizrath	München.
Dr. Reatz	Justizrath	Gießen.
v. Reden	Oberlandesgerichtsrath	Celle.
Dr. Regelsberger	Geh. Justizrath, Professor	Göttingen.
Dr. Regensburger	Rechtsanwalt	Karlsruhe (Baden).
Rehm, Heinrich	Landgerichtsrath	Bayreuth.
Reich	Geheimer Justizrath	Magdeburg.
Reiche-Eisenstuck	Ober-Staatsanwalt	Dresden.
Reichensperger	Landgerichtsrath	Cöln a. Rhein.
Dr. Reinach, Carl	Justizrath	Mainz.
Dr. Reinach	Rechtsanwalt	Mühlhausen (Elsaß).
Dr. Reinartz	Rechtsanwalt	Düsseldorf.
Reincke	Reichsgerichtsrath	Leipzig.
Reinholdt	Rechtsanwalt	Frankenberg (Sachsen).
Reiß, Paul	Rechtsanwalt	Frankfurt a. Main.
Dr. Remy	Amtsrichter	Remscheid.
Renz, Ad.	Landgerichtsrath	Schw. Hall.
Dr. Reuling	Justizrath	Leipzig.
Rheinwald	Oberlandesgerichtsrath	Stuttgart.
Richter	Justizrath	Leipzig.
Riefenstahl	Amtsgerichtsrath	Bonn.
Dr. Rieke, Gust.	Landrichter	Hamburg-Hohenfelde.
Dr. Riesenfeld	Referendar	Breslau.
Rieß	Justizrath	Cassel.
Dr. Rießer, J.	Bankdirector	Berlin.
Rieth	Justizrath	Cöln a. Rhein.
Riff	Rechtsanwalt	Straßburg (Elsaß).
Riffart, J.	Justizrath	Cöln a. Rhein.
Ring	Amtsrichter	Berlin.
Ritleng sen., Alfr.	Notar	Straßburg (Esaß).
Ritter, Eug.	Königlicher Hofrath	Stuttgart.

Name.	Stand.	Wohnort.
Rive	Landgerichtsrath	Coblenz.
Dr. Röchling, C.	Amtsrichter	Düsseldorf.
Dr. Rockinger, Ludw.	Reichsarchivdirector, Prof.	München.
Dr. Roedler	Landgerichtsdirector	Metz.
Romberg	Justizrath	Leipzig.
Dr. Römer	Amtsgerichtsrath	Frankfurt a. M.
Roos, Carl	Oberlandesgerichtsrath	Karlsruhe (Baden).
Dr. Roscher, W.	Geh. Ober-Justizrath	Göttingen.
Dr. Roscher, Th.	Rechtsanwalt	Hannover.
Dr. Rosenfeld	Rechtsanwalt	Mannheim.
Dr. Rosenthal, F.	Rechtsanwalt	München.
Dr. Rosin	Professor	Freiburg (Baden).
Rospatt	Reichsgerichtsrath	Leipzig.
Dr. v. Roth, P.	Professor	München.
Rothschild	Gerichtsassessor	Bonn.
Rothschild	Referendar	Cöln a. Rhein.
Dr. Rubo	Professor, Amtsgerichtsrath	Berlin.
Ruhmkopf, Karl	Referendar	Berum (Ostfriesland).
Dr. Rumpf	Landgerichtsdirector	Wiesbaden.
Saaßen, J. H.	Notar	Wittlich.
Sachs, Emil	Justizrath	Leipzig.
Dr. Salomon, A.	Rechtsanwalt	Berlin.
Dr. Samter	Rechtsanwalt	Berlin.
Sänger	Rechtsanwalt	Ulm.
Schaaffhausen	Landgerichtsrath	Cöln a. Rhein.
Dr. Schall, R.	Rechtsanwalt	Stuttgart.
v. Schamberger, Ad.	Generaldirector	München.
Schanz, Rich.	Rechtsanwalt	Dresden-Altstadt.
Schaper	Reichsgerichtsrath	Leipzig.
Dr. Scharlach	Rechtsanwalt	Hamburg.
Scharmann	Justizrath	Darmstadt.
Schaumburg	Landgerichtsdirector	Naumburg a. d. Saale.
Dr. Scheiff	Gerichtsassessor	Opladen.
Schenck	Anwalt	Berlin.
Schenke, Friedr.	Gerichtsassessor	Sömmerda.
Scherer	Justizrath	Aschaffenburg.
Dr. Scherer, M.	Rechtsanwalt	Leipzig.
Dr. Scherer	Rechtsanwalt	Mainz.
Dr. Scherlensky	Rechtsanwalt	Frankfurt a. Main.
Scheuer	Amtsgerichtsrath	Aachen.
Scheuffgen	Amtsrichter	Busendorf.
Scheuffler, Lebrecht	Rechtsanwalt	Leipzig.

Name.	Stand.	Wohnort.
Schlegel I, Frz. Arthur	Rechtsanwalt	Dresden-Altstadt.
Schlick, Georg	Rechtsanwalt	Schleiz.
Schlieckmann, Alb.	Justizrath	Halle a. d. Saale.
Schloß	Rechtsanwalt	Heilbronn.
Schlößer, E.	Staatsanwalt	Crefeld.
Dr. Schloßmann	Professor	Kiel.
Schlüter,	Senatspräsident	Hamm (Westfalen).
Schmidt, Alex.	Landgerichtsdirector	Berlin.
Schmidt	Geh. Oberjustizrath	Celle.
Dr. Schmidt	Staatsanwalt	Darmstadt.
Schmidt, Fr. Chr.	Rechtsanwalt	Dresden-Altstadt.
Dr. Schmidt-Polex, K.	Rechtsanwalt	Frankfurt a. M.
Dr. Schmidt, Karl	Rechtsanwalt	Fürth (Bayern).
Schmidt	Generalpostdirectionsrath a. D.	Cassel.
Dr. Schmidt, Karl	Oberlandesgerichtsrath	Colmar (Elsaß).
Dr. Schmidt, Florian	Rechtsanwalt	Luxemburg.
Schmidt	Ministerialdirector	Schwerin (Mecklenburg).
Schmitz, Emil	Rechtsanwalt	Cöln a. Rhein.
Schmitz, Otto	Gerichtsassessor	Cöln a. Rhein.
Schmitz-Pranghe	Justizrath	Cöln a. Rhein.
Dr. Schneegans	Justizrath	Straßburg (Elsaß).
Dr. v. Schneider	Senatspräsident	München.
Schniewind	Rechtsanwalt	Cöln a. Rhein.
Schnitzler, Robert	Amtsrichter	Cöln a. Rhein.
Dr. Schnitzler, Victor	Gerichtsassessor	Cöln a. Rhein.
Schnitzler I	Gerichtsassessor	Cöln a. Rhein.
Dr. Schöller	Gerichtsassessor	Aachen.
Dr. Scholz	Kammergerichtsrath	Berlin.
Scholz	Justizrath	Wiesbaden.
Schorcht	Rechtsanwalt	Hameln a. Weser.
Schorn	Rechtsanwalt	Ottweiler (Reg. Trier).
Freiherr v. Schottenstein	Rechtsanwalt	Straßburg (Elsaß).
Schramm, G.	Garnisonauditeur	Dresden.
Dr. Schreiner	Rechtsanwalt	Cöln a. Rhein.
Schrey	Rechtsanwalt	Leipzig.
Schröder	Justizrath	Altona.
Schröder, W.	Geheimer Justizrath	Berlin.
Schröder	Justizrath	Eisleben.
Dr. Schröder	Geh. Hofrath, Professor	Heidelberg.
Schubarth	Rechtsanwalt	Markneukirchen.

Name.	Stand.	Wohnort.
Schuberth	Oberlandesgerichtsrath	München.
Dr. v. Schulte	Geh. Oberjustizrath, Prof.	Bonn.
Dr. Schultz	Justizrath	Hagen (Westfalen).
Schultze	Gerichtsassessor	Bieberich a. Rhein.
Schultze, Gust.	Rechtsanwalt	Leipzig.
Dr. Schulz	Professor, Bibliothekar	Leipzig.
Schulz	Landgerichtspräsident	Osnabrück.
Schulze, O.	Rechtsanwalt	Cöln a. Rhein.
Schumacher	Rechtsanwalt	Cöln a. Rhein.
Schumann, Heinr.	Rechtsanwalt	Mosbach (Baden).
Schüttel	Notar	Busendorf.
Schwabach	Regierungsrath	Cöln a. Rhein.
Schwartz	Landrichter	Tübingen.
Schwarz	Reichsgerichtsrath	Leipzig.
Dr. v. Schwarze, Joh.	Landgerichtsrath	Dresden.
Dr. v. Seeger	Professor	Tübingen.
Dr. Seelemann	Rechtsanwalt	Hamburg.
Dr. Seelig	Justizrath	Leipzig.
Dr. Segalla	Rechtsanwalt	Hamburg.
Sehlmacher	Justizrath	Stettin.
Seibert	Amtsrichter	Darmstadt.
Dr. Seitz, Karl Josef	Landgerichtsrath a. D.	München.
Seligmann	Justizrath	Coblenz.
Seligmann, Moritz	Handelsrichter	Cöln a. Rhein.
Dr. Seligsohn	Rechtsanwalt	Berlin.
Seligsohn	Rechtsanwalt	Wiesbaden.
Senff	Rechtsanwalt	Berlin.
Dr. Seuffert, H.	Geh. Justizrath, Professor	Bonn.
Seuven, J,	Amtsrichter	Crefeld.
Dr. v. Seydewitz	Landgerichtspräsident	Potsdam.
Seyfert, E. H.	Oberlandesgerichtsrath	Dresden.
Dr. v. Sicherer	Professor	München.
Dr. Siebert	Justizrath	Frankfurt a. Main.
Siebert	Oberamtsrichter	Höchst (Odenwald).
Siebert	Rechtsanwalt	Wiesbaden.
Siegel	Rechtsanwalt	München.
Dr. Sieger, F.	Rechtsanwalt	Frankfurt a. Main.
Sieger	Justizrath	Cöln a. Rhein.
Siegfried, Herm.	Geh. Justizrath	Cöln a. Rhein.
Sieveking	Rechtsanwalt	Altona.
Dr. Simon, H. V.	Rechtsanwalt	Berlin.
Dr. Simon	Landgerichtsrath	Hannover.

Name.	Stand.	Wohnort.
Dr. Simonis	Bürgermeister	Rostock (Mecklenburg).
Simons	Gerichtsassessor	Solingen.
Simonson	Amtsrichter	Berlin.
Dr. v. Simson	Wirkl. Geheimrath, Präsident	Berlin.
Sitz, Wilhelm	Referendar	Straßburg (Elsaß).
Slavyk, Vincenz	Rechtsanwalt	Nordhausen.
Dr. Sobernheim	Rechtsanwalt	Berlin.
Sommer	Justizrath	Grottkau (Reg.-Bz. Oppeln).
Spahn	Landgerichtsrath	Berlin.
Dr. Spaltenstein	Rechtsanwalt	Straßburg (Elsaß).
Spangenberg	Rechtsanwalt	Hannover.
Spaucken	Landgerichtsdirector	Coblenz.
Freiherr v. Spiegel	Landgerichtsrath	Düsseldorf.
Splinter	Amtsrichter	Gemünd (Eifel).
Stangl, Franz	Amtsrichter	Bischofsheim (Bayern).
Stapff, A.	Rechtsanwalt	Weimar.
Stapper	Rechtsanwalt	Düsseldorf.
Statz	Rechtsanwalt	Mettmann.
Dr. Staub	Rechtsanwalt	Berlin.
Steinbach	Geheimer Justizrath	Magdeburg.
Steinhausen	Geheimer Justizrath	Berlin.
Stellmacher	Reichsgerichtsrath	Leipzig.
Dr. Freiherr v. Stengel	Professor	Würzburg.
Stenglein	Reichsgerichtsrath	Leipzig.
Stentzler	Rechtsanwalt	Straßburg (Elsaß).
Stern, Max	Gerichtsassessor	Cöln a. Rhein.
Dr. Stern	Rechtsanwalt	Mannheim.
Dr. v. Stößer	Senatspräsident	Karlsruhe (Baden).
Dr. Strauß	Rechtsanwalt	M.-Gladbach.
Struckmann	Geheimer Regierungsrath	Berlin.
Dr. Struckmann	Wirkl. Geh. Ober-Justizrath	Cöln a. Rhein.
Dr. Struckmann	Referendar	Cöln a. Rhein.
Strützki	Kammergerichtsrath	Berlin.
Stryck	Rechtsanwalt	Cöln a. Rhein.
Stüler, Ludw.	Amtsgerichtsrath	Heiligenstadt (Eichsfeld).
Stumpff	Oberlandesgerichtsrath	Frankfurt a. Main.
Stupp	Rechtsanwalt	Cöln a. Rhein.
Süpfle, H.	Oberamtsrichter	Heidelberg.
Süpfle, Julius	Rechtsanwalt	Karlsruhe (Baden).
Sutro	Justizrath	Bochum.
Tafel, Herm.	Rechtsanwalt	Stuttgart.
Dr. Talbot	Gerichtsassessor	Aachen.

Name.	Stand.	Wohnort.
Dr. Täschner, Ad.	Rechtsanwalt	Leipzig.
Teichen	Syndicus	Berlin.
Dr. Teuscher	Rechtsanwalt	Sommerfeld (Bz. Frankfurt a. d. O.).
Thalmann	Rechtsanwalt	Frankenthal (Pfalz).
Theremin	Landgerichtsrath	Schweidnitz.
Thewalt	Amtsgerichtsrath	Königstein (Taunus).
Thomsen	Amtsgerichtsrath	Emden.
Dr. Thomsen	Rechtsanwalt	Leipzig.
Thomsen	Landgerichtspräsident	Münster (Westfalen).
Thomsen	Dr. jur.	Münster (Westfalen).
Throner	Notar	Bad Kissingen.
Thurm, E.	Notar	Cöln a. Rhein.
Tiemann, Emil	Bürgermeister a. D.	Bielefeld.
Tietz	Rechtsanwalt	Greifenberg (Pommern).
Dr. Tiktin, G.	Rechtsanwalt	Berlin.
Timendorfer	Rechtsanwalt	Berlin.
Tonn	Rechtsanwalt	Mogilno.
Tornau	Rechtsanwalt	Bitterfeld.
Traub, Berth.	Landgerichtsrath	Mannheim.
Dr. Tröndlin	Justizrath, Bürgermeister	Leipzig.
Dr. v. Tuhr, A.	Professor	Basel.
Dr. Türck	Amtsrichter	Battenberg.
Dr. Turban	Staatsminister	Karlsruhe (Baden).
Dr. Ullrich, W.	Oberlandesgerichtsrath a. D.	Hamburg.
Varenkamp	Rechtsanwalt	Düsseldorf.
Velde	Justizrath	Diez a. d. Lahn.
Velder	Notar	Crefeld.
Dr. Versmann	Senator	Hamburg.
Vierkotten	Rechtsanwalt	Euskirchen.
Viëtor	Landgerichtsrath	Hildesheim.
Vleugels	Notar	Perl.
Volland	Kreisgerichtsrath a. D.	Suhl.
Dr. Vollert	Geheimer Staatsrath	Gera (Reuß j. L.).
Dr. Vondey, R.	Amtsrichter	Düsseldorf.
Dr. Wach	Professor	Leipzig.
Wächter	Amtsgerichtsrath	Hameln a. d. Weser.
Wagner	Notar	Niederbronn.
Walter	Notar	Hegenheim (Elsaß).
Walther	Landrichter	Frankfurt a. Main.
Dr. Warburg	Rechtsanwalt	Altona.
Warmuth	Landgerichtsrath	Augsburg.
Wassermeyer	Justizrath	Bonn.

Name.	Stand.	Wohnort.
Dr. Weber	Justizrath	München.
Dr. Weber	Justizrath	Offenbach a. Main.
Wedekind, Otto	Rechtsanwalt	Altona.
Wedekind	Landgerichtsrath	Danzig.
Wegner	Justizrath	Berlin.
Wegner	Oberlandesgerichtsrath	Naumburg a. d. Saale.
Weichsel	Landgerichtsrath a. D.	Stolp (Pommern).
Weidig	Amtsrichter	Vilbel (Oberhessen).
Weidling	Dr. jur.	Berlin.
Weigert	Landgerichtsrath	Stettin.
Weill, F.	Rechtsanwalt	Karlsruhe (Baden).
Weißleder	Amtsgerichtsrath	Posen.
Weizsäcker	Gerichtsassessor	Cöpenick bei Berlin.
Welter, C.	Rechtsanwalt	Düsseldorf, Eckstraße 10.
Wendelstadt, Adolf	Staatsanwalt	Cöln a. Rhein.
Dr. Wendler sen.	Rechtsanwalt u. Domprobst	Leipzig.
Wenning	Rechtsanwalt	Cassel.
van Werden	Rechtsanwalt	Elberfeld.
Werner	Oberlandesgerichtsrath	Celle.
Werner	Justizrath	Naumburg a. d. Saale.
Werner	Justizrath	Stettin.
Werren	Rechtsanwalt	Aschersleben.
Dr. Werthauer	Rechtsanwalt	Leipzig.
Dr. Wertheimer	Rechtsanwalt	Baden-Baden.
Westerkamp	Professor	Marburg (Hessen).
Wettke	Landgerichtspräsident	Meseritz.
Dr. Weyer	Landgerichtsrath	Straßburg (Elsaß).
Dr. Weyl, Ludw.	Rechtsanwalt	Karlsruhe (Baden).
Dr. Wieland, Fr.	Präsident des Verwaltungsgerichtshofes	Karlsruhe (Baden).
Wielandt, K.	Reichsgerichtsrath	Leipzig.
Dr. Wiener	Senatspräsident	Leipzig.
Wiener	Amtsrichter	Ratibor.
Wieruszowski	Amtsrichter	Siegen.
Wiester	Justizrath	Hirschberg (Schlesien).
Wiethaus	Landgerichtsrath	Hagen (Westfalen).
Wilhelmi, Aug.	Obergerichtsprocurator a. D.	Hattenheim.
Wilhelmy	Landgerichtsrath	Wiesbaden.
Wilke	Justizrath	Berlin.
Willert	Amtsrichter	Woldegk (Mecklenburg).
Dr. v. Wilmowski	Geheimer Justizrath	Berlin.
Wilms	Referendar	Cöln a. Rhein.
Windscheid	Justizrath	Cöln a. Rhein.

Name.	Stand.	Wohnort.
Dr. v. Windscheid	Geheimrath, Professor	Leipzig.
Winkler	Erster Staatsanwalt	Cöln a. Rhein.
Winter	Rechtsanwalt	Neuburg a. d. Donau.
Wintterlin	Director	Stuttgart.
Witte	Landgerichtspräsident	Düsseldorf.
Dr. Wittelshöfer	Rechtsanwalt	Fürth (Bayern).
v. Wittgenstein, Fr.	Handelsrichter	Cöln a. Rhein.
Dr. Wolf I	Justizrath	Dresden.
Wölfel	Rechtsanwalt	Merseburg.
Wolfenstetter	Landgerichtsrath	Bamberg.
Wolff, Gust. Wilh.	Notar	St. Avold.
Wolff, Max	Justizrath	Berlin.
Dr. Wolffsohn, J.	Rechtsanwalt	Hamburg.
Dr. Wolfskehl	Rechtsanwalt	Mainz.
v. Wolleib	Landgerichtsdirector	Ulm.
Wreschner I, Ludw.	Rechtsanwalt	Berlin.
Wronker	Rechtsanwalt	Berlin.
Wulfert	Reichsgerichtsrath	Leipzig.
Wümbisch	Rechtsanwalt	Zabern (Elsaß).
Wüstenfeld	Reichsgerichtsrath	Leipzig.
Zacke	Amtsgerichtsrath	Halle a. d. Saale.
Dr. Zehme, F.	Rechtsanwalt	Leipzig.
Zehnpfennig	Amtsrichter	Cöln a. Rhein.
Zeidler	Rechtsanwalt	Greifenhagen.
Dr. Zeller	Regierungsrath	Darmstadt.
Zelter	Gerichtsassessor	Stettin.
Dr. Zenker, Oskar	Rechtsanwalt	Leipzig.
Zickermann	Rechtsanwalt	Schwerin (Mecklenburg).
Ziegenhain	Notar	Bolchen.
Dr. Ziegler, A. Gottfr.	Privatier	Würzburg.
Ziehm, H.	Syndicus	Friedland (Mecklenburg).
Ziemssen	Landrichter	Berlin.
Zinkeisen, Alex.	Rechtsanwalt	Leipzig.
Zirndorfer	Rechtsanwalt	Frankfurt a. Main.
Dr. Zitelmann	Professor	Bonn.
Dr. Zorn	Professor	Königsberg (Preußen).
Zschucke, Th.	Amtsrichter	Leipzig.
Zückler	Rechtsanwalt	Glauchau.
Zündorf	Rechtsanwalt	Cöln a. Rhein.
Zutt, Otto	Rechtsanwalt	Mosbach (Baden).
Niederländischer Juristenverein	z. H. d. Königl. Obertribunalrath Dr. A. P. Th. Eyssel.	Haag (Holland) Bankastraat 28.

Verzeichniß
der
österreichisch-ungarischen Mitglieder des Deutschen Juristentages
im Jahre 1891.

Name.	Stand.	Wohnort.
Dr. Adensamer	Advocat	Wien.
Dr. Anthofer	Oberlandesgerichtsrath	Wien.
Aull, Ritt. von	Oberlandesgerichtsrath	Smichov bei Prag.
Dr. Bareuther	Reichsraths-Abgeordneter	Wien.
Dr. Biach	Advocat	Wien.
Dr. von Bozoki	Königl. Rath, Director der Königl. Rechtsakademie	Großwardein.
Dr. Brezina	Advocat	Wien.
Dr. Brezina	Notar	Wien.
Dr. Brichta	Advocat	Wien.
Csemeghi, Carl von, Excellenz	Wirkl. Geh. Rath, Senats-Präsident am obersten Gerichtshof	Budapest.
Czuka, Eduard	Advocat	S. a. Ujhely Zempliner Com.
Dr. Demel, Ritt. von	Advocat	Teschen.
Dr. Exner	Universitäts-Professor	Wien.
Dr. Fayer	Universitäts-Professor	Budapest.
Dr. Feistmantel, Carl Ritt. von	Advocat	Wien.
Feld	Advocat	Fünfkirchen.
Dr. Mündel-Feldberg, Ritt. von	Advocat	Wien.
Dr. Floch, Ritt. von	Finanzrath u. Advocat	Budapest.
Dr. Fochtmann	Notar	Dauba (Böhmen).
Dr. Foltanek	Notar	Wien.
Dr. Friedmann, Otto	Gerichtsadjunct u. Universitäts-Docent	Wien.
Fürstenberg, Landgraf zu, Excellenz	Wirkl. Geh. Rath, Senats-Präsident des obersten Gerichtshofes	Wien.
Fürth	Notar	Steyr.
Dr. Geller	Advocat	Wien.
Dr. Glanz, Ritt. von	Advocat	Wien.
Dr. Hye-Glunek, Freiherr von, Excellenz	Wirkl. Geh. Rath	Wien.

Name.	Stand.	Wohnort.
Dr. v. Windscheid	Geheimrath, Professor	Leipzig.
Winkler	Erster Staatsanwalt	Cöln a. Rhein.
Winter	Rechtsanwalt	Neuburg a. d. Donau.
Wintterlin	Director	Stuttgart.
Witte	Landgerichtspräsident	Düsseldorf.
Dr. Wittelshöfer	Rechtsanwalt	Fürth (Bayern).
v. Wittgenstein, Fr.	Handelsrichter	Cöln a. Rhein.
Dr. Wolf I	Justizrath	Dresden.
Wölfel	Rechtsanwalt	Merseburg.
Wolfenstetter	Landgerichtsrath	Bamberg.
Wolff, Gust. Wilh.	Notar	St. Avold.
Wolff, Max	Justizrath	Berlin.
Dr. Wolffsohn, J.	Rechtsanwalt	Hamburg.
Dr. Wolfskehl	Rechtsanwalt	Mainz.
v. Wolleib	Landgerichtsdirector	Ulm.
Wreschner I, Ludw.	Rechtsanwalt	Berlin.
Wronker	Rechtsanwalt	Berlin.
Wulfert	Reichsgerichtsrath	Leipzig.
Wümdisch	Rechtsanwalt	Zabern (Elsaß).
Wüstenfeld	Reichsgerichtsrath	Leipzig.
Zacke	Amtsgerichtsrath	Halle a. d. Saale.
Dr. Zehme, F.	Rechtsanwalt	Leipzig.
Zehnpfennig	Amtsrichter	Cöln a. Rhein.
Zeidler	Rechtsanwalt	Greifenhagen.
Dr. Zeller	Regierungsrath	Darmstadt.
Zelter	Gerichtsassessor	Stettin.
Dr. Zenker, Oskar	Rechtsanwalt	Leipzig.
Zickermann	Rechtsanwalt	Schwerin (Mecklenburg).
Ziegenhain	Notar	Bolchen.
Dr. Ziegler, A. Gottfr.	Privatier	Würzburg.
Ziehm, H.	Syndicus	Friedland (Mecklenburg).
Ziemssen	Landrichter	Berlin.
Zinkeisen, Alex.	Rechtsanwalt	Leipzig.
Zirndorfer	Rechtsanwalt	Frankfurt a. Main.
Dr. Zitelmann	Professor	Bonn.
Dr. Zorn	Professor	Königsberg (Preußen).
Zschucke, Th.	Amtsrichter	Leipzig.
Zückler	Rechtsanwalt	Glauchau.
Zündorf	Rechtsanwalt	Cöln a. Rhein.
Zutt, Otto	Rechtsanwalt	Mosbach (Baden).
Niederländischer Juristenverein	z. H. d. Königl. Obertribunalrath Dr. A. P. Th. Eyssel.	Haag (Holland) Bankastraat 28.

Name.	Stand.	Wohnort.
Dr. Kunwald	Advocat	Wien.
Dr. Libitzky	Advocat	Wien.
Dr. Lichtenstern, Ldw.	Advocat	Wien.
Dr. Links	Advocat	Wien.
Dr. Löwy, M.	Advocat	Wien.
Dr. Machek	Advocat	Chrudim.
Dr. Menger, Max von	Advocat	Wien.
Dr. Millanich	Advocat	Wien.
Dr. Mitlacher	Advocat	Wien.
Dr. Mitscha, Ritt. von	Regierungsrath	Wien.
Dr. Moosmann	Advocat	Ravelsbach
Dr. Nagel, von	Advocat	Mattighofen (Ober-Oesterr.).
Dr. Neumann, Herm.	Advocat	Budapest.
Dr. Neußer	Advocat	Troppau.
Dr. Pann, Arnold	Regierungsrath u. Advocat	Wien.
Dr. Pfaff	Professor	Wien.
Dr. Pfaff, Ivo	—	Wien.
Dr. Pisko	Advocat	Wien.
Dr. Plattner	Advocat	Steyr.
Dr. Pokorny, Eduard	Advocat	Wien.
Prusik, Eduard	Stadtrath	Iglau.
Dr. Raimann, Ritt. v.	Oberlandesgerichtsrath	Wien.
Dr. Schrutka-Rechtenstamm, von	Professor	Wien.
Dr. Reif	Advocat	Wien.
Reindl	Notar	Urfahr-Linz.
Dr. Reiser	Advocat	Wien.
Dr. Reiser	Notar	Marburg.
Dr. Reissig	Advocat	Brünn.
Dr. Riehl	Advocat	Wiener Neustadt.
Dr. Rosenbacher, Arnold	Advocat	Prag.
Dr. Rosian	Advocat	Salzburg.
Dr. Saxel	Advocat	Wien.
Dr. Schmerling, Ritt. von, Excellenz	Wirkl. Geh. Rath	Wien.
Dr. Schmettan	Advocat	Freiwaldau.
Dr. Schmeykal	Advocat	Prag.
Dr. Schmidt	Advocat	Elbogen.
Dr. Schmidt, Oscar	Advocat und Vorstand des Wiener Bureaus des Deutschen Juristentages	Wien, Nibelungengasse 10.

Name.	Stand.	Wohnort.
Dr. Schreiter, Franz	Advocat	Komotau.
Dr. Schüßler	Advocat	Wien.
Schustler	Notar	Mährisch-Weißkirchen.
Dr. Sommaruga, Freiherr von	Advocat	Wien.
Stahl, Ritt., von	Ministerial-Secretär a. D.	Wien.
Dr. Steinwender, Paul	Notar	Leonfelden.
Dr. Stern, Alfred	Advocat	Wien.
Dr. Strasser	Notar	Ried.
Dr. Strauß	Advocat	Wien.
Dr. Thanner	Professor	Innsbruck.
Theumer	Notar	Elbogen.
Theumer	Hofrath	Prag.
Dr. Tremel	Advocat	Wien.
Dr. Unger, Excellenz	Wirkl. Geh. Rath, Präsident des Reichsgerichtes	Wien.
Dr. Vaszary, von	Advocat	Kaposvar.
Dr. Volkelt	Advocat	Prag.
Dr. Wahlberg	Hofrath und Professor	Wien.
Wallaschek	Notar	Brünn.
Weinert	Bezirksrichter	Eger.
Dr. Weißel, Edmund	Advocat	Wien.
Dr. Weitlof	Advocat	Wien.
Dr. Widmann	Advocat	Salzburg.
Dr. Wiedenfeld, Ritt., v.	Advocat	Wien.
Dr. Wlassics, von	Universitätsprofessor	Budapest.
Dr. Zatecky	Advocat	Wien.
Dr. Zimmermann	Advocat	Wien.
Dr. Zoll	Regierungsrath u. Professor	Krakau.

Abschluß der Kasse

Soll.

1890		M.	₰
23. Januar	Zahlung an den Schriftführer Professor Eck . .	600	
16. Mai	An M. 5500 Landschaftliche 3½ prozent. Central-Pfandbriefe	5 538	95
22. „	Zahlung an Geh. Rath v. Wilmowski (Pfingstkonferenz)	1 500	
	Porti	8	53
	Saldo	472	15
	Summa	8 111	63

1890		M.	₰
9. Juli	Zahlung an den Schriftführer Professor Eck . .	600	
10. November	„ „ Rechtsanwalt Moses	100	
22. „	Honorare für 10 Gutachten	1 040	
3. Dezember	Zahlung an J. Guttentag	1 900	
	Porti	3	90
	Saldo	194	45
	Summa	3 838	35

1891		M.	₰
12. Januar	Zahlung an den Schriftführer Professor Eck . .	600	
11. Mai	An M. 5000 Landschaftliche 3½ proz. Central-Pfandbriefe	4 893	05
15. „	Zahlung an Geh. Rath v. Wilmowski (Pfingstkonferenz)	1 500	
6. Juni	Zahlung an Leop. Seligmann in Köln . . .	3 000	
30. „	„ „ den Schriftführer Professor Eck . .	602	
	Porto und Spesen	3	79
	Summa	10 598	84

1891		M.	₰
1. Juli	Saldo	2 083	
13. „	Honorare für 9 Gutachten	963	
19. August	Zahlung an J. Guttentag	1 750	
24. Oktober	„ „ das stenograph. Institut zu Dresden	1 703	45
31. Dezember	Zinsenbilanz	2	90
	Porti und Spesen	5	43
	Saldo	1 322	25
	Summa	7 830	03

des deutschen Juristentages.

Haben.

1890		ℳ	₰
1. Januar	Saldo	363	45
4. "	Coupons von Pommerschen 3½ proz. Pfandbriefen	388	50
4. Februar	" " Badischer Prämien-Anleihe	42	
19. April	Zahlung durch J.-R. Makower	500	
21. "	" " " "	600	
14. Mai	" " J. Guttentag	5 756	88
30. "	" " J.-R. Makower	365	
3. Juni	Coupons von Bayerischer Prämien-Anleihe	72	
30. "	Zinsen	23	80
	Summa	8 111	63

1890		ℳ	₰
1. Juli	Saldo	472	15
8. "	Diverse Coupons	484	75
14. August	Coupons von Badischer Prämien-Anleihe	42	
4. Dezember	Für ℳ 2400 Pommersche Pfandbriefe	2 349	80
4. "	" " 500 Landschaftliche Central-Pfandbriefe	485	65
31. "	Zinsen	4	
	Summa	3 838	35

1891		ℳ	₰
1. Januar	Saldo	194	45
5. "	Diverse Coupons	434	
3. Februar	Coupons von Badischer Prämien-Anleihe	42	
6. Mai	Zahlung durch J. Guttentag	6 959	09
8. "	" " J.-R. Makower	600	
22. "	" " " " "	212	
4. Juni	Coupons von Bayerischer Prämien-Anleihe	72	
30. "	Zinsen	2	30
	Saldo	2 083	
	Summa	10 598	84

1891		ℳ	₰
1. Juli	Für ℳ 2100 Pommersche 3½ proz. Pfandbriefe	2 033	05
2. "	Diverse Coupons	521	50
4. August	Coupons von Badischer Prämien-Anleihe	42	
19. "	Für ℳ 2100 Pommersche 3½ proz. Pfandbriefe	2 027	30
26. Oktober	" " 2000 Landschaftliche 3½ proz. Pfandbriefe	1 916	35
3. Dezember	Giro-Ueberweisung durch L. Seligmann in Cöln	1 289	83
	Summa	7 830	03

Wenden!

1892 1. Januar	Saldo	1 322	25

Bestand an Werthpapieren
am 31. Dezember 1891.

M	1 800	Bayerische 4 proz. Prämien-Anleihe.
"	2 100	Badische " " "
"	15 600	Pommersche $3^1/_2$ proz. Pfandbriefe.
"	8 000	Landschaftliche $3^1/_2$ proz. Central-Pfandbriefe.

Stenographische Berichte.

Erste Plenarsitzung

des

Einundzwanzigsten Deutschen Juristentages

im

großen Saale der Lesegesellschaft zu Köln a./Rh.

am

Donnerstag, den 10. September 1891.

(Beginn: Vormittags 9 Uhr.)

Senatspräsident Dr. **von Stößer** (Karlsruhe): Hochgeehrte Herren! Im Namen der ständigen Deputation habe ich die Ehre, den XXI. Deutschen Juristentag zu eröffnen und Sie zu bitten, sofort zu unserer ersten Aufgabe zu schreiten: zur Wahl eines Präsidenten.

Da wir die Freude haben, Herrn Wirklichen Geheimen Rath und Präsident Dr. Drechsler aus Leipzig in unserer Mitte zu sehen, der sich so große Verdienste auch um den deutschen Juristenstand erworben und schon wiederholt diesen Präsidentenstuhl geziert hat, so erlauben wir uns den Vorschlag, Herrn Wirklichen Geheimen Rath Dr. Drechsler zum Präsidenten zu wählen.

(Bravo!)

M. H.! Ihr Zuruf enthebt mich der weiteren Frage, ob der Präsident durch Zuruf oder Wahlzettel erwählt werden soll. Aus Ihrem einstimmigen freudigen Zuruf entnehme ich, daß Sie mit dem Vorschlage der ständigen Deputation einverstanden sind.

Demgemäß verkünde ich als Präsidenten des XXI. Deutschen Juristentages Herrn Wirklichen Geheimen Rath Dr. Drechsler und ersuche denselben diesen Ehrenplatz einzunehmen.

Präsident Dr. **Drechsler:** M. H.! Ich kann ja nicht anders, als die Wahl, die Sie soeben beschlossen haben, annehmen. Leider entbehren wir den vieljährigen Präsidenten, den Geheimen Rath Professor Dr.

von Gneist. Er ist durch sein Befinden verhindert, den diesjährigen Arbeiten des Juristentages, an denen er von Anfang an theilgenommen hat, beizuwohnen. Sie werden mit mir übereinstimmen, daß wir ihm unser Bedauern darüber ausdrücken und ihm den besten Gruß von hier aus zusenden.

(Zustimmung.)

Wenn ich nun die Wahl angenommen habe, so bitte ich Sie, von mir nicht zu erwarten, daß ich in derselben, Ihnen so zusagenden Weise die Verhandlungen leite, wie Prof. Gneist. Jeder hat so seine Art. Ich werde mich aber bemühen, den Platz auszufüllen, den Sie mir anvertraut haben.

Da muß ich Sie nun zunächst, um die Geschäfte in Gang zu setzen, mit einigen formellen Dingen beschäftigen.

Es liegt mir ob, das Bureau zu vervollständigen, damit wir in die Arbeiten eintreten können. Ich habe nach den Statuten des Juristentags das Recht, die Präsidenten, welche als Stellvertreter eintreten sollen, zu ernennen, und ich ernenne demgemäß

den Wirklichen Geh. Oberjustizrath, Oberlandesgerichts-Präsidenten Herrn Dr. Struckmann als ersten Vicepräsidenten,

den Rector der Universität Bonn, Geh. Justizrath, Herrn Prof. Dr. Hüffer als zweiten,

den Geh. Justizrath Herrn Götz von hier als dritten und

den Geh. Justizrath Herrn Prof. Dr. Brunner (Berlin) als vierten Vicepräsidenten.

Als Schriftführer erwähle ich — und bitte die Herren sich dieser Mühwaltung zu unterziehen —

Herrn Prof. Dr. Heck (Berlin),
Herrn Landgerichtsrath Morkramer (Cöln),
Herrn Justizrath Rieth (Cöln) und
Herrn Prof. Dr. Hanausek (Wien).

Damit ist das Bureau constituirt.

Wir haben uns weiter zu beschäftigen mit der Vertheilung der Gegenstände der Berathung auf die einzelnen Abtheilungen.

Vorher aber ertheile ich noch dem Herrn Oberbürgermeister Becker von Cöln das Wort.

Oberbürgermeister **Becker** (Cöln): Meine hochverehrten Herren vom Deutschen Juristentage! Gestatten Sie mir als Oberbürgermeister dieser Stadt Sie namens der städtischen Behörden und namens der gesammten Bürgerschaft in unserer Mitte auf's Herzlichste willkommen zu heißen.

Sie sind uns besonders sympathische Gäste. Wie jetzt aller Orten in Ihrem Vereinsgebiete, so stand bei uns im Cölnischen von Alters her die Rechtsprechung und der Juristenstand in hohem Ansehen. Schon in den jahrhundertelangen Streitigkeiten der mittelalterlichen Stadt mit ihren Erzbischöfen handelte es sich wesentlich um die Jurisdiktion; es war vor Allem ein Streit um die Ausübung der Rechtspflege, auf die die Stadt schon damals großen Werth legte. Auch an der alten Cölner Universität, deren Schöpfung wesentlich mit Verdienst der Stadt war, stand gerade die juristische Facultät in hoher Blüthe, und wie zahlreich und hervorragend ihre Lehrer waren, das sehen Sie, m. v. H., am besten aus dem in der Festschrift enthaltenen Artikel des Herrn Dr. Keußen über die Cölner juristische Facultät im Mittelalter. Noch im 16. Jahrhundert wirkten hier die hervorragendsten Juristen, deren Namen bis auf den heutigen Tag einen guten Klang haben. Unsere jetzigen Gerichtsbehörden, besonders unser Oberlandesgericht, sind stets unser Stolz gewesen und besonders in jetziger Zeit, wo die ersten Vertreter desselben nicht bloß hervorragende Juristen sind, sondern auch ein warmes Verständniß für die sonstigen Interessen unseres öffentlichen Lebens haben.

Darum, m. v. H., hätten Sie nicht 31 Jahre verstreichen lassen sollen, bis Sie die Güte hatten, uns mit Ihrem Besuche zu beehren; Sie wären uns jederzeit hochwillkommene Gäste gewesen.

Mit gehobener Stimmung sehe ich in dieser hochansehnlichen Versammlung hervorragende Vertreter der juristischen Praxis in verständnißvoller Vereinigung mit den ersten Vertretern der Wissenschaft. Diese Vereinigung giebt die beste Bürgschaft, daß Ihre Berathungen, m. v. H., für die lebendige Fortentwicklung unseres vaterländischen Rechts von Segen sein werden.

Mit besonderer Freude habe ich aus Ihren Themata ersehen, daß Sie hauptsächlich sich mit den Bestimmungen des Entwurfes unseres neuen Bürgerlichen Gesetzbuches in diesen Verhandlungen befassen wollen. Meine hochverehrten Herren, möchten Ihre Berathungen auch auf das baldige Zustandekommen dieses ersehnten, wichtigen Werkes, welches ich für ein Hauptbedürfniß des deutschen Volkes wohl mit Ihnen allen erklären, und in welchem ich einen neuen Grundpfeiler der deutschen Einheit erblicken möchte, von recht förderndem Einfluß sein. (Bravo!)

Aber, meine hochverehrten Herren, bei uns Deutschen fordern Geist und Gemüth gleiche Rechte. Darum haben wir uns erlaubt, Sie mit Ihren Damen, für deren Begleitung ich Ihnen besonders dankbar bin, zu einem bescheidenen Festtrunk zu morgen einzuladen. Ich möchte die Einladung mit der Bitte wiederholen, daß Sie derselben recht vollzählig und mit recht gutem Humor Folge leisten, und ich hoffe, daß Sie auch recht schönes Wetter mit zur Stelle bringen.

Schließlich möchte ich aber auch noch den lebhaften Wunsch aussprechen, daß Sie sich mit Ihren Damen bei uns recht wohl befinden, recht frohe glückliche Tage bei uns verbringen und auf die hier verlebte Zeit mit einer Genugthuung zurückblicken möchten, die der Herzlichkeit entspricht, mit der wir Sie hier willkommen heißen. (Bravo!)

Präsident: M. H., gestatten Sie mir, dem Herrn Oberbürgermeister für die freundlichen Worte zu danken, die er an die Versammlung gerichtet hat. Es ist uns nun heute zum zweiten Male die Verwunderung darüber ausgesprochen worden, weshalb wir Juristen nicht längst schon, sondern erst nach 31 Jahren Cöln als Versammlungsort aufgesucht haben. M. H., es ist ein alter Spruch, der uns vielleicht abgehalten hat; es heißt in einem Liede, das Ihnen gewiß bekannt ist: „Mein Sohn, zieh' nicht an den Rhein; denn es könnte dir passiren, daß du nicht so wiederkämst, wie du hingegangen bist." (Heiterkeit.) Und so muß ich denn sagen: nach dem, was uns hier von dem Vergnügungsausschuß angekündigt ist, und nach dem, was der Herr Oberbürgermeister insbesondere in Bezug auf das Gartenfest hervorgehoben hat, fürchte ich, daß der Spruch in gewisser Weise eine Wahrheit erbringen wird, indem wir uns sehr schwer wieder von Cöln trennen werden. Aber haben Sie Dank für die an uns gerichteten, freundlichen Worte.

Ich habe mir erlaubt, als Vicepräsidenten auch Herrn Geheimrath Prof. Dr. Hüffer, Rector der Universität Bonn, in Vorschlag zu bringen. Ich höre, daß er soeben eingetreten ist und hoffe, daß er die Wahl zu diesem Amte annimmt.

Rector der Universität Bonn Geh. Justizrath Prof. Dr. **Hüffer:** Meine hochgeehrten Herren: Gestatten Sie mir, daß ich zunächst für die große unverdiente Ehre, die Sie mir oder eigentlich der Bonner Hochschule erwiesen haben, den verbindlichsten Dank abstatte. Ich werde, falls sich die Gelegenheit bieten sollte, das Amt eines Vicepräsidenten nach besten Kräften wahrnehmen. Möge mir aber als dem zeitigen Rector der rheinischen Friedrich-Wilhelms-Universität im Namen der Hochschule, die zu vertreten ich die Ehre habe, noch ein besonderer Ausdruck der Freude und des Dankes vergönnt sein, der Freude und des Dankes dafür, daß der Juristentag, wie es schon lange gewünscht wurde, diese rheinischen Lande, diese altberühmte, mit der Bonner Hochschule so eng und nahe verbundene Stadt Cöln durch seine Anwesenheit beehrt. Nicht bloß die juristische Facultät, die Mitglieder aller Facultäten empfinden das Wichtige und Erfreuliche dieses Vorganges, und derjenige verdiente wahrlich nicht den Namen des Lehrers an einer universitas, der nicht begreifen wollte, daß das, was der einen Wissenschaft zum Vortheil gereicht, auch allen übrigen zu Gute kommt. Allerdings hat aber die juristische Facultät ganz vorzügliche Gründe, auf die Thätigkeit des Deutschen Juristentages hohen Werth zu legen. Vielleicht auf keinem Felde menschlicher Entwickelung stehen Theorie und Praxis in so inniger, nothwendiger Verbindung als auf dem juristischen Gebiete. Die Praxis muß verflachen und verkümmern, wenn sie nicht durch wissenschaftliche Anschauungen gehoben wird, und die Wissenschaft läuft Gefahr, sich in's Unbestimmte und Nebelhafte zu verlieren, wenn sie nicht in den Gestaltungen des thatsächlichen Lebens ein deutliches Ziel und sicheren Halt gewinnt. Keine andere Institution hat aber die Verbindung von Theorie und Praxis wirksamer gefördert, als der Deutsche Juristentag. Dreißig Jahre hindurch, auf zwanzig verschiedenen Versammlungen hat diese Wirksamkeit sich bethätigt, und so wird auch die 21. Versammlung einen neuen Erfolg zu verzeichnen haben. M. H.! Aus der Festschrift, welche unter uns vertheilt wurde, haben wir ersehen, daß schon vor 500 Jahren in Cöln eine juristische Facultät eine bedeutende Wirksamkeit entfalten konnte. Auf diesem historisch merkwürdigen Boden, auf der Grenzscheide, wo drei große Rechtsgebiete, das gemeine deutsche Recht, das preußische Landrecht und das französische Recht aneinanderstoßen, werden in den nächsten Tagen mehrere hundert deutsche Männer, mit deutschem Rechtssinn wichtige Rechtsfragen zur Erörterung und Entscheidung bringen, in einer Versammlung, welche schon durch ihre Zusammensetzung einen günstigen Erfolg zu verbürgen geeignet ist. Wir vermissen freilich den langjährigen weit über Deutschlands Grenzen hochberühmten Präsidenten, in welchem gewiß mit mir noch Viele unseren akademischen Lehrer verehren, aber der ausgezeichnete Mann, dem Sie die Leitung unserer diesjährigen Verhandlungen anvertrauten, wird uns die Abwesenheit Rudolf's von Gneist so wenig als möglich empfinden lassen. Wir sehen hier eine Reihe ausgezeichneter Gelehrten, hohe Zierden deutscher Wissenschaft, und mit ihnen vereint die ruhmvoll bewährten Vorsitzer und Leiter, Mitglieder höchster Gerichtshöfe, wir sehen Theilnehmer an der legislatorischen Thätigkeit unserer parlamentarischen Versammlungen, dazu eine große Zahl durch Erfolge und Erfahrung ausgezeichneter Anwälte und einen jugendlichen Nachwuchs, dem die Hoffnungen und Errungenschaften einer großen neuen Zeit schon beim ersten Eintritt in das juristische Leben entgegenleuchten. Man darf sagen, daß die entscheidenden Factoren, welche für die gedeihliche Entwickelung unserer rechtlichen Zustände unentbehrlich sind, daß die wichtigen Interessen, welche dabei Berücksichtigung verlangen, alle ohne

Ausnahme in dieser Versammlung eine vorzügliche Vertretung finden. Und so beweist auch das Programm, welches der Deutsche Juristentag für seine diesjährige Thätigkeit sich vorgezeichnet hat, wie hoch und wie eingehend er seine Aufgabe erfaßt, wie er zugleich von wissenschaftlichem Sinn getragen und von scharfem Blick für die Bedürfnisse des täglichen Verkehrs geleitet wird, wie er über den Anforderungen des Privatlebens die großen öffentlichen Interessen unseres Vaterlandes nicht aus den Augen verliert. Erscheint doch die Erfüllung des sehnlichen Wunsches unserer Väter, die Fertigstellung des Bürgerlichen Gesetzbuches, das, man könnte sagen, den Schlußstein in der Kuppel unseres deutschen Einheitsbaues bilden soll, als ein bevorzugtes Ziel seiner Bestrebungen. Daneben aber arbeitet man auch an den Außenwerken, wenn die Gestaltung des Rechtslebens in den deutschen Schutzgebieten in den Kreis der Berathung gezogen wird.

So, meine verehrten Herren, dürfen wir uns versichert halten, daß der Deutsche Juristentag den Hoffnungen und Wünschen, die von vielen Seiten an ihn gestellt werden, auch in diesem Jahre, wie in so manchen früheren, vollauf gerecht werden, daß er den juristischen Sinn in den Rheinlanden beleben und erwärmen, daß er auch für das juristische Studium an der Bonner Hochschule sich anregend, erfrischend, belehrend, in jeder Weise fördernd zeigen werde. Und in dieser Hoffnung bitte ich noch einmal, diese unzureichenden, aber deshalb nicht weniger herzlich empfundenen Worte des Willkommens und des Dankes freundlich entgegenzunehmen. (Lebhafter Beifall.)

Präsident: M. H.! Seine Magnificenz der Rector der Universität Bonn hat so freundliche Worte an uns gerichtet, daß ich dieselben nicht ohne Erwidrung lassen kann. Wenn alles das wahr ist — und ich nehme an, daß es optima fide von ihm gesagt ist und daß wir es darum bei seiner scharfsinnigen Beurtheilung aller Verhältnisse auch hinnehmen können. — daß wir etwas geleistet haben für die Verwirklichung des Zweckes unserer Statuten: herbeizuführen eine Einheit des Rechts für Deutschland; wenn wir also im Stande sind, auch auf dem gegenwärtigen Juristentage den Anforderungen, die uns in der heutigen Anrede des Herrn Rectors gestellt sind, zu genügen, so haben wir gewiß unsere Pflicht erfüllt. Ich glaube, daß diese Ermahnung, die uns hierin zu Theil geworden ist, geeignet ist, den Eifer aller der Herren, wenn es noch irgend nöthig wäre, anzuspornen. (Bravo.)

M. H.! Wir haben uns nun zu beschäftigen mit der Vertheilung der einzelnen Fragen, die auf dem gegenwärtigen Juristentage zur Erörterung gelangen, auf die Abtheilungen. — Der Juristentag hat in seinen Statuten den Zweck, den er verfolgt, näher bezeichnet; aber die Verwirklichung dieses Zweckes ist durch die Zeit in gewisser Weise überholt. Auf den beiden letzten Juristentagen haben wir uns wesentlich damit beschäftigen können und beschäftigen müssen, Fragen zu stellen und zur Erörterung zu bringen, die sich auf die bürgerliche Gesetzgebung bezogen, wie sie dargestellt wird in dem Entwurfe des Bürgerlichen Gesetzbuches für Deutschland, der in einer Commission nach, wie ich glaube, viel zu langem Arbeiten endlich fertig geworden. Auf dem gegenwärtigen Juristentage haben wir dieses Ziel auch wieder vor Augen, mitzuwirken, soweit es an uns ist, zur Verbesserung des Entwurfes in wichtigen Fragen; aber auch zur Ergänzung des Entwurfes sind zwei Fragen gestellt. Aber damit nicht genug, wir konnten nicht länger damit zurückhalten, auch einige Fragen des Strafrechts, die in anderen Versammlungen gewissermaßen schon vorbereitet sind, als Themata für unsere Berathungen hinzustellen.

Wir dürfen wohl die Hoffnung hegen, daß nunmehr, nachdem eine zweite Commission zur Revision der Arbeit der ersten großen Commission thätig geworden ist, ein wirklich brauchbares Gesetzbuch, nicht blos dem Inhalte, sondern auch insbesondere der Form nach, aus diesen Berathungen hervorgehen wird. Wir können uns ja bei unseren Berathungen nicht in die Details der einzelnen Materien einlassen, wir können nur die Gesichtspunkte bezeichnen, die Ziele, die anzustreben sind. Die Redaction wird immer die Sache einer kleineren Versammlung sein müssen. Möge es dieser Redactionscommission nun gelingen, das, was mit Recht getadelt worden ist, auszumerzen und ein brauchbares Gesetzbuch herzustellen als den besten Kitt für die Einheit des deutschen Volks!

Die Vertheilung der Gegenstände unserer Berathung auf die Abtheilungen ist nach der Ansicht der ständigen Deputation auch heute noch am besten so zu gestalten, wie es schon in der vorläufigen Tagesordnung für die heutige Sitzung Ihnen mitgetheilt worden ist, so daß es nicht nöthig ist, darüber noch speciell etwas auszuführen, zumal sich die Tagesordnung gedruckt in Ihren Händen befindet. Ich habe nun zu bemerken, daß alle drei Abtheilungen in dem Hause, in dem wir uns gegenwärtig befinden, sich zusammenfinden werden, und zwar die erste Abtheilung im Parterre, die zweite Abtheilung eine Treppe hoch, die dritte Abtheilung hier im Plenarsitzungs-Saale, da wir voraussetzen, daß die Fragen, die diese Abtheilung behandelt, die meisten Theilnehmer heranziehen werden. Eine Anzahl Druckschriften, theils über diese theils über andere Fragen, sind uns zur Vertheilung übersandt und liegen hier aus, so daß jeder, der es wünscht, sich ein Exemplar nehmen kann.

Damit würde der Gegenstand Nr. 2 unserer heutigen Tagesordnung erledigt sein, und wir haben nun entgegenzunehmen

3. den Bericht des Schriftführers, Geheimen Justizraths Professors Dr. **Eck** zu Berlin über **die Rechtsentwickelung in Deutschland seit der letzten Juristentags-Versammlung.**

I.

Geheimer Justizrath Professor Dr. **Eck** (Berlin): M. H., in den letzten zwei Jahren sind diesmal I. für das **Deutsche Reich** Gesetze, welche ganz oder überwiegend dem Privatrecht angehören, nur in geringer Zahl ergangen.

So zunächst das Gesetz betreffend das Reichsschuldbuch vom 31. Mai 1891. Danach können Schuldverschreibungen der Reichsanleihen in Buchschulden des Reichs auf den Namen eines bestimmten Gläubigers umgewandelt werden. Gegen Einlieferung von Reichsschuldverschreibungen erfolgt die Eintragung des Gläubigers in das Reichsschuldbuch, das bei der Reichsschuldenverwaltung geführt wird. Eine Abschrift desselben wird getrennt aufbewahrt. Die eingetragenen Forderungen können durch Zuschreibung erhöht, ganz oder theilweise auf andere Conten übertragen und ganz oder theilweise gelöscht werden. Die Gültigkeit der den Anträgen auf solche Aenderung zu Grunde liegenden Rechtsgeschäfte wird von der Reichsschuldenverwaltung nicht geprüft. Im Falle der Löschung erhält der Berechtigte neue Schuldverschreibungen zu gleichem Zinssatz und gleichem Nennwerth. Die Zinsen werden nur im Inlande gezahlt durch eine Reichs- oder Landeskasse oder durch die Reichsbank oder auf Gefahr und Kosten des Berechtigten mittelst Uebersendung durch die Post. Soweit zur Anlegung von Mündelgeldern Reichsschuldverschreibungen geeignet sind, gilt dasselbe auch von Reichsbuchschulden. Das Vormundschaftsgericht kann an Stelle der Hinterlegung oder Außercurssetzung von Reichsschuldverschreibungen die Umwandlung in Reichsbuchschulden anordnen.

Ein neues Patentgesetz vom 7. Mai 1891 hat die ersten vierzig Paragraphen des bestehenden Reichspatentgesetzes vom 25. Mai 1877 durch neue Bestimmungen ersetzt. Ferner schützt ein Gesetz vom 1. Juni 1891 als Gebrauchsmuster nach Analogie des Patentsrechts auch Modelle von Arbeitsgeräthschaften oder Gebrauchsgegenständen oder von Theilen derselben, insoweit sie dem Arbeits- oder Gebrauchszweck durch eine neue Gestaltung, Anordnung oder Vorrichtung dienen sollen.

Zum öffentlichen Recht führt hinüber ein Gesetz vom 1. Juni 1891 betr. Abänderungen der Gewerbeordnung. In demselben wird namentlich dem Titel VII (Gewerbliche Arbeiter) eine völlig neue Fassung gegeben, durch welche die Sonntagsheiligung und der Schutz der Arbeiter erheblich ausgedehnt sind. Die Strafandrohungen wegen Uebertretung von Vorschriften der Gewerbeordnung sind vermehrt und verschärft.

Hiermit hängt zusammen ein Gesetz betr. die Gewerbegerichte vom 29. Juli 1890. Solche Gerichte bestanden bisher nur kraft Landesrechts und in ungleichmäßiger Gestaltung. Sie können nunmehr nach Reichsrecht für den Bezirk jeder Gemeinde durch Ortsstatut errichtet werden. Sie bestehen aus einem Vorsitzenden und mindestens vier Beisitzern. Der Vorsitzende darf weder Arbeitgeber noch Arbeiter sein. Die Beisitzer werden zur Hälfte aus den Arbeitgebern, zur Hälfte aus den Arbeitern erwählt. Durch die Zuständigkeit eines Gewerbegerichts wird die des ordentlichen Gerichts ausgeschlossen. Das Verfahren ist im Ganzen dem amtsgerichtlichen nachgebildet. Die ordentlichen Gerichte haben den Gewerbegerichten Rechtshilfe zu leisten. Außer zur Entscheidung von Streitigkeiten kann das Gewerbegericht auch als Einigungsamt angerufen werden. Die Anrufung muß von den streitenden Arbeitgebern und Arbeitern gemeinsam erfolgen, und jeder Theil muß zur Verhandlung einen Vertreter bestellen. Gelingt es dem Einigungsamt nicht, eine Vereinbarung herbeizuführen, so hat es einen Schiedsspruch abzugeben, und die streitenden Theile haben zu erklären, ob sie sich demselben unterwerfen oder nicht. Der Spruch und die Parteierklärungen werden öffentlich bekannt gemacht. Die Gewerbegerichte sind auch verpflichtet, auf Ansuchen von Behörden Gutachten abzugeben, und berechtigt, an Behörden Anträge zu richten. In Ermangelung eines zuständigen Gewerbegerichts kann auch der Gemeindevorsteher um eine vorläufige Entscheidung angerufen werden, welche dann in Rechtskraft übergeht, wenn nicht eine der beiden Parteien binnen zehn Tagen bei dem ordentlichen Gericht Klage erhebt.

Verwandt mit diesem Gesetze ist das vom 1. December 1890 über das Verfahren vor den Schiedsgerichten, die auf Grund des Invaliditäts- und Altersversicherungsgesetzes zu errichten sind. Das Verfahren wird regelmäßig durch einen Schriftwechsel vorbereitet und dann in mündlicher und öffentlicher Verhandlung zum Schluß geführt.

Desgleichen ist durch Verordnung vom 20. December 1890 für die Angelegenheiten der Invaliditäts- und Altersversicherung im Reichsversicherungsamt eine besondere Abtheilung mit einem eigenen vom Kaiser zu ernennenden Vorsitzenden errichtet und das Verfahren und der Geschäftsgang für die genannten Angelegenheiten neu geregelt worden.

Ein umfassendes Gesetz vom 31. Mai 1891 hat die Besteuerung des Zuckers neu bestimmt und zwar hauptsächlich die des inländischen Rübenzuckers, zugleich aber auch den Eingangszoll von ausländischem Zucker.

Ferner ist durch Gesetz vom 27. Januar 1890 betr. den Verkehr mit Arzneimitteln angeordnet worden, daß der Verkauf der daselbst in zwei großen Verzeichnissen aufgeführten Heilmittel, Droguen und chemischen Präparate nur in Apotheken stattfinden darf.

Das Reichsstrafgesetzbuch hat durch Gesetz vom 31. Mai 1891 eine Anzahl von Abänderungen und Ergänzungen erfahren, welche fast sämmtlich Vergehen oder Uebertretungen in Bezug auf Post- oder Telegraphen-Werthzeichen, Telegraphen- oder Rohrpost-Anlagen, behördliche Stempel, Siegel u. dgl. m. zum Gegenstande haben.

Die Militärstrafgerichtsordnung ist durch Gesetz vom 3. Mai 1890 dahin abgeändert, daß verabschiedete Officiere der Militärgerichtsbarkeit nicht mehr unterworfen sind.

In Bezug auf die Wehrpflicht der Geistlichen hat das Gesetz vom 8. Februar 1890 bestimmt, daß Militärpflichtige römisch-katholischer Confession, welche sich dem Studium der Theologie widmen, während dieses Studiums bis zum 1. April des siebenten Militärjahres zurückgestellt und wenn sie bis dahin die Subdiakonatsweihe empfangen haben, der Ersatzreserve überwiesen werden und von Uebungen befreit bleiben.

Das frühere Reichsgesetz betr. die Verhinderung der unbefugten Ausübung von Kirchenämtern vom 4. Mai 1874 ist durch Gesetz vom 6. Mai 1890 aufgehoben worden.

Zwischen dem Deutschen Reich und der Schweizerischen Eidgenossenschaft ist ein Niederlassungsvertrag unter dem 31. Mai 1890 abgeschlossen worden.

Endlich ist durch Gesetz vom 15. December 1890 die Insel Helgoland mit dem Deutschen Reich vereinigt, und zugleich die Zustimmung des letzteren zur Einverleibung der Insel in den Preußischen Staat ausgesprochen worden. Demnächst hat das Gesetz vom 22. März 1891 die wichtigsten Reichsgesetze für Helgoland in Kraft gesetzt.

Außer diesen Gesetzen sind dann noch eine erhebliche Anzahl in Bezug auf die deutschen Schutzgebiete ergangen.

Durch Allerhöchsten Erlaß vom 10. October 1890 ist die Errichtung eines Kolonialraths als sachverständigen Beiraths für koloniale Angelegenheiten bei der Kolonial-Abtheilung des Auswärtigen Amts genehmigt worden.

Für das Schutzgebiet der Marschallinseln hat die Verordnung vom 7. Februar 1890 eine Anzahl civil- und strafproceßrechtlicher Neuerungen geschaffen.

Im Schutzgebiet der Neu-Guinea-Compagnie sind, nachdem die Landesverwaltung desselben vom Reich übernommen ist, durch Verordnung vom 6. Mai 1890 die richterlichen und Verwaltungs-Befugnisse des ehemaligen Landeshauptmanns auf den Kaiserlichen Kommissar übertragen.

Für die Inseln von Samoa ist durch Gesetz vom 6. Juli und Verordnung vom 29. October 1890 die Gerichtsbarkeit des dortigen deutschen Consuls dahin eingeschränkt worden, daß die deutschen Reichsangehörigen und Schutzgenossen für bürgerliche Rechtsstreitigkeiten um Grundeigenthum oder mit Eingeborenen oder Fremden dem dortigen obersten Gerichtshof und für gewisse Strafsachen dem Municipalrath von Apia unterstellt sind.

Die Rechtsverhältnisse im südwestafrikanischen Schutzgebiet und die in Deutsch-Ostafrika sind durch zwei großen Theils gleichlautende Verordnungen vom 10. August 1890 und 1. Januar 1891 fortgebildet worden. Es werden daselbst Gerichtsbehörden erster Instanz an den vom Reichskanzler zu bestimmenden Orten, und als Berufungs- und Beschwerdegericht eine Gerichtsbehörde zweiter Instanz am Sitze des Kaiserlichen Kommissars bezw. Gouverneurs errichtet. Die Grundzüge des Civil- und Strafverfahrens sind nach dem Vorbild der deutschen Gesetze bestimmt. Gerichtskostengesetz und Gebührenordnungen finden keine Anwendung, sondern werden durch Vorschriften, die der Reichskanzler erläßt, ersetzt.

Endlich ist durch Gesetz vom 22. März 1891 für Deutsch-Ostafrika die Bildung einer Schutztruppe angeordnet, welche theils aus Officieren und Unterofficieren des Reichsheeres, die sich freiwillig melden, theils aus angeworbenen Farbigen herzustellen ist. Die Rechtsverhältnisse der zugehörigen Personen, sowie ihre Versorgungsansprüche sind bestimmt. Bei der Pensionirung wird die Zeit der Verwendung in Afrika doppelt gerechnet.

Im Reichsland Elsaß-Lothringen ist zunächst ein Gesetz vom 18. Juli 1890 über den Viehverstellungsvertrag (bail à cheptel) ergangen, welches bestimmt ist, den kleinen Bauer gegen Uebervortheilung durch den ihm überlegenen Handelsmann zu schützen. Der Vertrag muß bei Strafe dem Ortsbürgermeister angezeigt werden. In jeder Gemeinde werden Schätzer bestellt, bei welchen der Viehversteller zu Anfang und zu Ende des Vertragsverhältnisses die Schätzung des Viehes zu erwirken hat. Die Verstellung von zu jungem Vieh ist ungültig. Das Gesetz wirkt so kräftig, daß schon jetzt Klagen laut werden über die für den kleinen Bauer entstehende Schwierigkeit, Vieh zu bekommen.

Ein Gesetz vom 30. Juli 1890 betrifft die autorisirten Genossenschaften zum Zweck der Regelung von Feldwegen, sowie der Herstellung von Bewässerungen und Entwässerungen. Zu solchen Genossenschaften (associations syndicales autorisées) können auf Grund des französischen Ges. v. 21. Juni 1865 die Interessenten durch Mehrheitsbeschluß zwangsweise vereinigt werden. Nachdem die Thätigkeit dieser Genossenschaften bereits durch die elsaß-lothringischen Gesetze vom 11. Mai 1877 und vom 14. April 1884 erweitert und neu geordnet worden ist, wird durch das neue Gesetz auch eine Vertauschung von Grundstücken im Zwangswege nach dem Muster der deutschen Zusammenlegungsgesetze eingeführt. Die Grundstücke werden in eine Masse geworfen, und nach Abzug der für das gemeinsame Unternehmen nöthigen Flächen erhält jeder Betheiligte so viel Grund und Boden, als seiner Einlage entspricht, zurück. In dieser Neuerung tritt die der deutschen Gesetzgebung eigene energische Betonung des socialen Gedankens im Gegensatze zu der französischen Zurückhaltung gegenüber der Souveränität des Privateigenthums scharf hervor.

Ein Gesetz vom 18. Juni 1890 bestimmt die Rechtsverhältnisse der Professoren an der Kaiser Wilhelms-Universität zu Straßburg. Diese waren bei der Erstreckung des Reichsbeamtengesetzes auf die elsaß-lothringischen Landesbeamten im Gesetz vom 23. December 1873 ausdrücklich ausgenommen worden. Sie werden nunmehr zwar dem gemeinen Rechte der Landesbeamten unterworfen, jedoch mit erheblichen Abweichungen. Im Disciplinarverfahren gegen einen Professor treten der Disciplinarkammer zwei ordentliche Professoren hinzu, welche nach Anhörung des Senats ernannt werden. Die Verhängung von Geldstrafen findet nur im ordentlichen Disciplinarverfahren statt. In Bezug auf Abgabe von Gutachten und Uebernahme bezahlter Nebenbeschäftigungen sind die Professoren von den Vorschriften des Reichsbeamtengesetzes in gewissem Umfange befreit unter Vorbehalt eines Verbots durch die vorgesetzte Behörde für den Einzelfall. Vorgesetzte Behörde ist gemäß Ausführungsverordnung vom 3. August 1890 unmittelbar der Staatssekretär.

II.

Aus **Preußen** sind zahlreiche und wichtige Neuerungen hervorzuheben.

Im Privatrecht erweckt das Gesetz über Rentengüter vom 27. Juni 1890 eine im älteren deutschen Recht heimische Rechtsform zu neuem Leben: es gestattet wieder die Veräußerung eines Grundstücks zu Eigenthum gegen Uebernahme einer festen Geldrente, deren Ablösbarkeit von der Zustimmung beider Theile abhängig gemacht wird. Ablösungsbetrag und Kündigungsfrist unterliegen der freien Vereinbarung; doch darf der Rentenberechtigte, wenn er kündigt, höchstens den fünfundzwanzigfachen Betrag der Rente fordern. Ist über diese Punkte eine Eintragung in das Grundbuch nicht erfolgt, so gilt Dritten gegenüber eine Berechtigung des Verpflichteten, die Rente nach sechsmonatiger Kündigung mit dem zwanzigfachen Betrage abzulösen. Der Veräußerung zur Bildung von Rentengütern kommen die gesetzlichen Bestimmungen über den erleichterten Abverkauf von Grundstücken zu Gute, und zwar kann auch bei der Abveräußerung größerer Trennstücke, wenn die Sicherheit der Realberechtigten dadurch nicht vermindert wird, das Unschädlichkeitsattest ertheilt werden. Sind im Vertrage dem Rentengutserwerber gewisse Beschränkungen in Bezug auf die Zertheilung des Gutes, oder sind ihm gewisse Verpflichtungen, um die wirthschaftliche Selbständigkeit des Gutes dauernd zu sichern, auferlegt, so kann er durch Entscheidung der Auseinandersetzungsbehörde davon befreit werden.

Zur Beförderung der Einrichtung von Rentengütern ist dann noch das Gesetz vom 7. Juli 1891 ergangen. Dasselbe eröffnet bei Rentengütern von mittlerem oder kleinerem Umfang den Betheiligten die Vermittelung der Rentenbank sowohl zur Ablösung der Rente, als zur Erlangung der Geldmittel für die erstmalige Einrichtung des Gutes durch Aufführung der nothwendigen Wohn- und Wirthschaftsgebäude; sodann aber auch die Vermittelung der Generalkommission zur Begründung eines Rentengutes.

Die wirthschaftliche Wichtigkeit und Zweckmäßigkeit dieser Gesetze dürfte sich am besten daraus ergeben, daß nach den öffentlichen Blättern (Nat.-Zeitung vom 18. Aug. 1891) schon jetzt nicht bloß die Errichtung zahlreicher einzelner Rentengüter vorbereitet, sondern, z. B. in Hinterpommern, die Auftheilung ganzer Gutsbezirke in Rentengüter geplant und dabei bereits über den Mangel an dem erforderlichen Personal, zumal an Landmessern, geklagt wird.

Mit diesen Gesetzen berührt sich ein anderes vom 15. Juli 1890, betr. die Erleichterung unentgeltlicher Abtretungen einzelner Gutstheile oder Zubehörstücke zu öffentlichen Zwecken. Eine solche Abtretung darf auch ohne Einwilligung der Lehns- und Fideicommiß-Berechtigten, der Hypotheken- und Realgläubiger erfolgen, sofern bei landschaftlich beliehenen Gütern die Creditdirektion, bei anderen die Auseinandersetzungsbehörde ein Unschädlichkeitszeugniß ausstellen.

Privatrechtlich ist ferner das Gesetz vom 4. Juni 1890, nach dem in Schleswig-Holstein, Hannover und Nassau bei Wohnungsmiethen unter den auf Ostern, Johannis, Michaelis oder Weihnachten verabredeten Terminen der 1. April, 1. Juli, 1. October und 1. Januar verstanden werden sollen, und ferner die Ortspolizeibehörde berechtigt ist, durch Verordnung für die Räumung von Wohnungen mehrtägige Räumungsfristen festzusetzen.

Endlich ist noch eine viel umstrittene Frage des Privatrechts abschließend entschieden worden durch das Wildschadengesetz vom 11. Juli 1891. Der Anspruch auf Ersatz des Wildschadens war in verschiedenen deutschen Ländern (z. B. Bayern, Großherzogthum Hessen) und so auch in den preußischen Provinzen Hannover und dem vormaligen Kurfürstenthum Hessen schon längst geltendes Recht. Nunmehr ist er, unter Abänderung von § 25 des Jagdpolizeigesetzes vom 7. März 1850 sowie der ihm nachgebildeten Gesetze, auch für die übrigen preußischen Landestheile wenigstens in der Beschränkung anerkannt worden, daß der durch Schwarz-, Roth-, Elch- und Damwild, sowie durch Rehwild und Fasanen auf und an Grundstücken angerichtete Schaden dem Nutzungsberechtigten zu ersetzen ist. Ersatzpflichtig sind in einem gemeinschaftlichen Jagdbezirk die Grundbesitzer des Bezirks nach Verhältniß der Größe der betheiligten Fläche. Dieselben werden durch die Gemeindebehörde vertreten, der es überlassen ist, bei Verpachtung der Jagd die Wiedererstattung der zu zahlenden Wildschadenbeträge durch den Jagdpächter auszubedingen. Zur Ermittlung und Schätzung eines angemeldeten Wildschadens ist die Ortspolizeibehörde zuständig. Gegen ihren Vorbescheid findet eine Klage beim Kreis- bezw. Bezirksausschusse statt. Wenn während eines Kalenderjahres wiederholt ein durch Roth- oder Damwild verursachter Wildschaden festgestellt ist, so kann die Aufsichtsbehörde auf Antrag außerordentliche Abhilfemaßregeln, wie zeitliche Aufhebung der Schonzeit u. dergl. m. anordnen. Schwarzwild darf überhaupt nur in Einfriedigungen gehegt werden. Der Jagdberechtigte, aus dessen Gehege es austritt, haftet für den Schaden, den es verursacht. Auch darf jeder Grundbesitzer oder Nutzungsberechtigte das auf seinem Grundstück betroffene Schwarzwild fangen, tödten und behalten. Außerdem hat die Aufsichtsbehörde zur Vertilgung uneingefriedigten Schwarzwildes alles Nöthige anzuordnen. Wilde Kaninchen sind sogar aus dem Kreise des jagdbaren Wildes ausgeschieden und dem freien Thierfang unterworfen.

Theils dem Privat- theils dem öffentlichen Rechte ist angehörig das Gesetz vom 15. Juli 1890 über das Notariat und die gerichtliche oder notarielle Beglaubigung von Unterschriften oder Handzeichen. Zur Bekleidung der Stelle eines Notars wird für fähig erklärt, wer in einem deutschen Bundesstaat die Fähigkeit zum Richteramt erlangt hat. Der Geschäftsbezirk eines Notars umfaßt den ganzen Oberlandesgerichtsbezirk. Die Pflichten der Notare zur Führung eines Registers und eines Verwahrungsbuchs, die Bestellung eines Vertreters u. s. w. sind neu geregelt. Zur Aufnahme notarieller Verhandlungen ist wenigstens bei Rechtsgeschäften unter Lebenden die Zuziehung von Testamentszeugen oder einem zweiten Notar fortan nicht mehr erforderlich, außer wenn die erklärende Partei blind, taub oder stumm ist. Kann eine Person nicht unterschreiben, so bedarf es eines Schreibzeugen und einer Unterzeichnung durch diesen. Für die Beglaubigung von Unterschriften oder Handzeichen werden die Amtsgerichte und Notare für zuständig erklärt und genaue Vorschriften über die Art der Ausführung aufgestellt.

Im öffentlichen Recht hat unter Abänderung des Beamten-Pensionsgesetzes ein Gesetz vom 20. März 1890 die Einrechnung gewisser Zeiten außerordentlicher Thätigkeit in die Dienstzeit neu bestimmt; und in demselben Sinne ein Gesetz vom 26. April 1890 die Pensionirung der Lehrer und Lehrerinnen an den öffentlichen Volksschulen günstiger gestaltet. Desgleichen ist für die hinterbliebenen Kinder der Volksschullehrer durch Gewährung eines Waisengeldes in dem Gesetz vom 27. Juni 1890 Sorge getragen.

Endlich ist in demselben Jahre auch noch die Zuständigkeit verschiedener Behörden geändert worden. Die Verwaltung des Berg-, Hütten- und Salinenwesens ist durch Gesetz v. 26. März 1890 an Stelle des Ministers der öffentlichen Arbeiten dem Minister für Handel und Gewerbe übertragen; und nach zwei Verordnungen vom 28. Mai 1890, betr. den Instanzenzug im Verwaltungsstreitverfahren, hat über die Auflösung eingetragener Erwerbs- und Wirthschaftsgenossenschaften auf Klage des Regierungspräsidenten der Bezirksausschuß zu entscheiden, und über die nach dem Reichsgesetz betr. die Invaliditäts- und Altersversicherung § 12 Abs. 2 u. 3 zu beurteilenden Streitigkeiten ebenfalls, jedoch mit Vorbehalt der Revision, der Bezirksausschuß.

Von erhöhter Wichtigkeit sind einige gleichfalls öffentlich-rechtliche Gesetze aus dem Jahre 1891. Vor allem das Einkommensteuergesetz vom 24. Juni 1891.

Der Hauptzweck dieses Gesetzes ist bekanntlich nicht eine Vermehrung der Staatseinnahmen, sondern lediglich eine gerechtere Vertheilung der Steuerlast, unter Anpassung an die gegenwärtigen Verhältnisse. Damit soll sich eine Erleichterung der Ueberlasteten verbinden, nach Maßgabe der den steuerkräftigeren Elementen zufallenden Mehrleistungen. Zur Erreichung dieser Zwecke ist die bisher nach dem Gesetz vom 1. Mai 1851 bestehende Klassensteuer und klassificirte Einkommensteuer zu einer einheitlichen Einkommensteuer verschmolzen. Der Steuertarif ist verbessert, indem die Zwischenräume, nach denen die einzelnen Stufen sich bestimmen, verengert, und daher die Stufen sehr erheblich vermehrt sind. Den minder bemittelten Bevölkerungsschichten sind weitgehende Erleichterungen gewährt: denn die Steuerpflicht beginnt erst bei einem Einkommen von 900 Mk., für das sie 6 M., also nur $^2/_3$ pCt., beträgt, während sie für ein Einkommen von 9500 Mk. sich auf 300 Mk., also auf beinahe 3 pCt. beläuft und bei noch höheren Stufen sogar den Satz von 4 pCt. erreicht. Außerdem ist es bei Einkommen bis zu 9500 Mark gestattet, wegen besonderer wirthschaftlicher Verhältnisse des Steuerpflichtigen seinen Steuersatz zu ermäßigen, z. B. wegen Belastung durch Unterhalt von Kindern oder mittellosen Angehörigen, durch Krankheit oder Unglücksfälle.

Behufs richtigerer Veranlagung ist dem Steuerpflichtigen die Selbstangabe seines steuerpflichtigen Einkommens auferlegt, wie dies in anderen Ländern, auch in einigen deutschen Staaten (Königreich Sachsen, Baden, den Hansestädten u. s. w.) bereits Rechtens ist. Als Strafe für wissentliche Verkürzung des Staats ist der vier- bis zehnfache Betrag der Verkürzung angedroht. Zugleich sind die Formen der Veranlagung vereinfacht und geeignetere Veranlagungsorgane geschaffen. Endlich ist die Einheitlichkeit und Unparteilichkeit der Besteuerung dadurch sicher gestellt, daß auf Beschwerde über dieselbe in letzter Instanz das Oberverwaltungsgericht zu entscheiden hat.

Eine Ausführungsanweisung zum Einkommensteuergesetz ist unterm 5. August 1871 vom Finanzminister erlassen, und das Gesetz wird bereits bei der Veranlagung für das Steuerjahr 1892/93 zur Anwendung kommen.

Es ist bekannt, zu welcher Bedeutung im Staats- und Gemeindehaushalt schon die bisherige so reformbedürftige Einkommensteuer herangewachsen ist, während noch nach dem Gesetz vom 30. Mai 1820 die damals neu geschaffene Klassensteuer nur in vier, höchstens sechs Stufen nach der Stellung des Steuerpflichtigen in der bürgerlichen Gesellschaft erhoben werden und selbst den reichsten Handelsherrn und den größten

Grundbesitzer mit nicht mehr als 48 Thalern treffen sollte! Im Hinblick auf diese Entwicklung darf man erwarten, daß nach dem neuen Gesetz die Einkommensteuer im Gebiet der directen Besteuerung immer mehr eine herrschende Stellung erringen, eine weitere Ausbildung einzelner Ertragssteuern, wie namentlich der Grund- und Gebäudesteuer, unnöthig machen und sogar die Ueberweisung eines Theils derselben an kommunale Verbände ermöglichen wird.

Da durch diese Neugestaltung der Einkommensteuer zahlreiche Personen von der bisherigen Klassensteuer befreit worden sind, die Veranlagung zur letzteren aber vielfach bedingend war für die Betheiligung an den Wahlen zur Volks- und zur Gemeindevertretung, so bedurfte es nunmehr auch einer Aenderung der Wahlgesetze, wenn jene Personen nicht ihres Wahlrechts verlustig gehen sollten. Diese Aenderung ist durch das Gesetz vom 24. Juni 1891 erfolgt, nach welchem behufs Bildung der Wählerabtheilungen für jede nicht zur Einkommensteuer veranlagte Person ein Steuerbetrag von 3 Mk. zum Ansatz zu bringen ist.

In Zusammenhang mit der Einkommensteuerreform steht auch ein neues Gewerbesteuergesetz vom 24. Juni 1891. Darnach werden vier Gewerbesteuerklassen gebildet je nach dem jährlichen Ertrage des Betriebes oder dem Werth des Anlage- und Betriebskapitals. Betriebe mit weniger als 1500 Mk. Ertrag und weniger als 3000 Mk. Anlagekapital bleiben steuerfrei. Die Steuer der Betriebe erster Klasse (mit einem Ertrage von mindestens 50 000 Mk. oder einem Kapital von mindestens 1 000 000 Mk.) ist auf 1 pCt. festgesetzt; Veranlagungsbezirke für dieselben sind die einzelnen Provinzen und die Stadt Berlin, für welche je ein Steuerausschuß und zwar zu $^2/_3$ durch Wahl von Vertretungskörperschaften, zu $^1/_3$ durch ministerielle Ernennung gebildet wird. Für Klasse II gelten als Veranlagungsbezirke die Regierungsbezirke, für Klasse III und IV die Kreise. Nur Berlin ist auch hier ein eigener Bezirk. Die Steuersätze dieser drei Klassen sind zunächst als Mittelsätze von 300, 80 und 16 Mk. bestimmt, welche aber bis zu gewissen zulässigen Maximal- oder Minimalsätzen gesteigert oder ermäßigt werden können. Die Summe der für jeden Betrieb in Ansatz kommenden Mittelsätze muß von der Gesammtheit der Steuerpflichtigen eines Bezirks, die zusammen eine Steuergesellschaft bilden, aufgebracht werden. Für die Veranlagung in den unteren drei Klassen werden ebenfalls Steuerausschüsse, hauptsächlich durch Wahl von Seiten der Steuergesellschaft gebildet. Gegen die Entscheidung des Steuerausschusses findet Berufung an die Bezirksregierung statt und gegen deren Entscheidung Beschwerde beim Oberverwaltungsgericht. Auch für die Gewerbesteuer gilt die Verpflichtung eines jeden Gewerbetreibenden, auf Verlangen Selbstangaben über den Ertrag seines Betriebes und über den Werth seines Anlage- und Betriebskapitals zu machen. Eine besondere Betriebssteuer gilt für Gast- und Schankwirthschaften und den Kleinhandel mit Branntwein und Spiritus.

Ebenfalls auf die Steuerverhältnisse bezieht sich das Gesetz vom 19. Mai 1891 betr. Abänderung des Erbschaftssteuergesetzes vom 30. Mai 1873, welches in der neuen Fassung zugleich neu publizirt ist.

Vielleicht das bedeutsamste aller neuen preußischen Gesetze ist die Landgemeindeordnung für die sieben östlichen Provinzen der Monarchie vom 3. Juli 1891. Während das bisherige öffentliche Recht der Landgemeinden auf einer Fülle sich kreuzender Einzelbestimmungen beruhte, ist nunmehr unter Vermeidung weiterer Novellengesetzgebung, wie sie von gewisser Seite empfohlen wurde, eine einheitliche Codification nicht ohne schwere Kämpfe zu Stande gebracht. Die Landgemeinden sind neu organisirt und für die Selbstverwaltung ihrer Angelegenheiten fähig gemacht. Sie haben das Recht erhalten, statutarische Anordnungen zu erlassen und Gemeindeabgaben, directe und indirecte, sowie Leistungen von Hand- und Spanndiensten zu beschließen. Dabei bleibt Genehmigung des Kreisausschusses, bezw. im einzelnen Falle Klage im Verwaltungsstreitverfahren vorbehalten. Den Mitgliedern sind gewisse Gemeinderechte, besonders Stimm- und Wahlrechte gewährleistet. Für Landgemeinden mit höchstens 40 stimmberechtigten Mitgliedern ist das Willensorgan die Gemeindeversammlung, bei solchen mit mehr Mitgliedern eine Gemeindevertretung. Die Gemeindevertreter, welche Gemeindeverordnete heißen, werden nach dem Dreiklassensystem gewählt. Das Gemeindevermögen, das den Zwecken des Gemeindehaushalts dient, und das den Nutzungen der Gemeindeangehörigen unterworfene, sog. Gemeindegliedervermögen (Allmende) sind streng geschieden und jedes besonders geregelt. Zur Verwaltung der Landgemeinde werden ein Gemeindevorsteher (Schulze, Richter) und zwei Schöffen oder Gerichtsmänner von der Gemeindeversammlung bezw. Vertretung auf sechs Jahre gewählt; die Schöffen haben den Vorsteher in seinen Amtsgeschäften zu unterstützen und in Behinderungsfällen zu vertreten; in größeren Gemeinden kann aus ihnen und dem Vorsteher ein collegialischer Gemeindevorstand gebildet werden.

In Gemeinden mit mehr als 3000 Einwohnern ist die Gemeindevertretung auch befugt, einen besoldeten Gemeindevorsteher auf zwölf Jahre zu wählen. Alle Gewählten bedürfen der Bestätigung durch den Landrath. Der Gemeindevorsteher erhält von der Gemeinde eine Entschädigung nach Verhältniß seiner amtlichen Mühewaltung. Er verwaltet die Gemeinde und vertritt sie nach außen. Urkunden über Rechtsgeschäfte, welche die Gemeinde gegen Dritte verbinden sollen, ingleichen Vollmachten müssen unter Anführung des betreffenden Gemeindebeschlusses nebst seiner etwaigen Bestätigung im Namen der Gemeinde von dem Vorsteher und einem Schöffen unterschrieben und mit dem Gemeindesiegel versehen sein. Eine so ausgestellte Vollmacht gilt einer gerichtlichen oder notariellen gleich. Der Gemeindevorsteher ist auch Organ des Amtsvorstehers für die Polizeiverwaltung.

Die Institution des Lehnschulzenamts ist aufgehoben, und über die Auseinandersetzung zwischen dem Schulzengutsbesitzer und der Gemeinde näheres bestimmt. Zuständigkeit und Geschäftsführung der Gemeindeversammlung bezw. Vertretung, insbesondere die Frage der Veräußerung von Gemeindegrundstücken sind genau geregelt. Auch besoldete Gemeindebeamte können für einzelne Dienstzweige oder Dienstverrichtungen von den Landgemeinden angestellt werden. Endlich muß für jedes Rechnungsjahr ein Gemeindehaushalt der Gemeindeversammlung bezw. Vertretung vorgelegt und von dieser festgestellt werden.

Neben den Landgemeinden stehen die selbständigen Gutsbezirke, für welche der Besitzer des Gutes zu den Pflichten und Leistungen, die sonst den Gemeinden obliegen, verbunden ist. Derselbe kann seine polizeilichen Befugnisse und Pflichten durch einen Stellvertreter als Gutsvorsteher ausüben lassen. Für gewisse Fälle ist die Bestellung eines solchen sogar vorgeschrieben. Der Gutsbesitzer sowie sein Stellvertreter bedürfen als Gutsvorsteher der Bestätigung durch den Landrath.

Einen besonders schwierigen und bestrittenen Punkt bildete bei der Berathung des Gesetzes noch die Frage, unter welchen Voraussetzungen es zulässig sein sollte, eine Aenderung und Neubildung von Landgemeinden aus Gutsbezirken vorzunehmen, insbesondere mehrere solcher, die für sich allein ihren öffentlich-rechtlichen Verpflichtungen nicht gewachsen sind, mit einander zu vereinigen, und ferner zwischen Nachbargemeinden und Gutsbezirken behufs gemeinsamer Wahrnehmung einzelner communaler Angelegenheiten einen Verband zu bilden. Solche Umbildungen können im Allgemeinen nach Anhörung der Betheiligten durch Beschluß des Kreisausschusses mit Königlicher Genehmigung erfolgen. In den wichtigsten Fällen geht aber ein Instanzenzug vom Kreisausschuß weiter an den Bezirksausschuß, den Provinzialrath und endlich an das Staatsministerium (§ 2 Nr. 3. 4). Ebenso ist zur Bildung von Verbänden zwischen mehreren Gemeinden und Gutsbezirken in Ermangelung einer Einigung der Betheiligten, nachdem der Kreisausschuß dieselbe durch seinen Beschluß ersetzt hat, der Oberpräsident für zuständig erkärt (§ 128). Im Ganzen ist daher der Schwerpunkt communaler Neuorganisationen in die Hand der Regierung gelegt. Zugleich ist auch über die gesammte Verwaltung der Landgemeinden, Gutsbezirke und Verbände — unbeschadet der gesetzlichen Mitwirkung des Kreis- und des Bezirksausschusses — die Staatsaufsicht vorbehalten und in erster Instanz dem Landrath, in höherer und letzter dem Regierungspräsidenten zugewiesen.

Nachdem auf diese Weise einerseits den Landgemeinden ein reiches und klar bestimmtes Maß von Selbstverwaltung gesichert, andrerseits der Gefahr von hemmenden Einflüssen und von Ausschreitungen durch ein weitgehendes Eingriffsrecht der Regierung vorgebeugt ist, steht zu hoffen, daß die Landgemeinden auch im Osten der Monarchie sich je länger je mehr zu selbständigen und leistungsfähigen Gemeinwesen entwickeln und in materiellen wie ideellen Fortschritten den Stadtgemeinden nacheifern werden.

Es bleibt noch zu erwähnen das sog. Verwendungsgesetz vom 24. Juni 1891, nach welchem die Staatsmittel, welche durch Einstellung der Leistungen an die römisch-katholischen Bisthümer und Geistlichen in Gemäßheit des Culturkampfgesetzes vom 22. April 1875 aufgesammelt waren, in Höhe von 16 Millionen Mark zu Gunsten der durch jene Einstellung geschädigten Institute und Personen, bezw. der Erben derselben, herausgegeben werden sollen. Jeder Diöcese ist ein bestimmter Betrag zugewiesen. Aus demselben erfolgen die Bewilligungen durch eine Commission von fünf Mitgliedern, die der Minister der geistlichen Angelegenheiten im Einvernehmen mit dem Diöcesanobern ernennt. Die Zahlung erfolgt an die Empfangsberechtigten aus der Staatskasse. Die nach Erledigung der Anträge übrig bleibende Summe wird an das Bisthum ausgezahlt und zu einem Diöcesanfonds angelegt, aus dessen Ertrage nach Vereinbarung zwischen dem Minister der geistlichen Angelegenheiten und dem Diöcesanobern emeritirte Geistliche unterstützt, auch die Gehälter von Domherrn u. s. w. aufgebessert, oder an arme Kirchengemeinden Unterstützungen zur Wiederherstellung kirchlicher Gebäude gewährt werden können. Nach Ausschüttung der 16 Millionen ist dem Landtage über die Verwendung Mittheilung zu machen.

Endlich die letzten beiden hier aufzuführenden Gesetze sind die vom 18. Februar und vom 22. März 1891, durch welche die **Insel Helgoland** mit Preußen vereinigt und in derselben eine Anzahl preußischer Landesgesetze, hauptsächlich öffentlich-rechtlichen und proceßrechtlichen Inhalts eingeführt worden sind.

III.

In **Bayern** sind durch Gesetz vom 22. December 1889 über das Gebührenwesen bei Handlungen der freiwilligen Gerichtsbarkeit neue Bestimmungen getroffen, ferner durch Gesetz vom 5. Mai 1890 die Formen einiger Rechtsgeschäfte, die bisher in den bayerischen Particularrechten ungleich gestaltet waren, ausgeglichen, insbesondere die Vorschriften aufgehoben werden, nach denen noch gerichtliche Bestätigung erforderlich war bei Gutsübergabe-, Leibgedings- und ähnlichen Verträgen, bei Veräußerung unbeweglicher Gutszubehörungen, bei Belastung von Grundstücken mit Dienstbarkeiten, bei größeren Schenkungen und bei Vergleichen über Ansprüche auf künftige Unterhaltsleistungen; endlich ist durch Gesetz vom 5. Mai 1890 die Bestimmung über Art und Weise der Vollstreckung der durch Militärgerichte erkannten Todesstrafen den dienstlichen Vollzugsvorschriften überwiesen worden.

IV.

Im Königreich **Sachsen** hat eine Verordnung vom 30. März 1890 betr. die Stellvertretung von Rechtsanwälten die Bestimmungen hierüber dem Präsidenten des Oberlandes·erichts bezw. dem betreffenden Landgerichtspräsidenten zugewiesen, ferner ein Gesetz v. 30. Januar 1890 die Notariats-Ordnung vom 3. Juni 1859 abgeändert, und ein Gesetz vom 4. Nov. 1890 die Beglaubigung von Privaturkunden neu geregelt. Außerdem sind zu erwähnen ein Gesetz v. 29. April 1890, wonach zur Wahrnehmung gemeinsamer Angelegenheiten einer Zusammenlegungs-Genossenschaft eine Vertretung derselben mit dem Rechte der juristischen Persönlichkeit eingesetzt werden kann; ein Gesetz vom 6. November 1890, welches für die Erledigung gerichtlicher Angelegenheiten, soweit nicht Reichsgesetze Platz greifen, die zu zahlenden Gebühren und Auslagen feststellt, und ein Gesetz v. 10. Januar 1891, das in Angelegenheiten der nichtstreitigen Gerichtsbarkeit die Zustellung und Bestellung von Schriftstücken abweichend von den Vorschriften der R.C.P.O. regelt. Außerdem sind zur Ausführung von Reichsgesetzen eine Anzahl Verordnungen der betreffenden Ministerien ergangen.

V.

Aus **Württemberg** ist ein erheblicher Akt der Rechtsentwicklung nicht zu verzeichnen.

VI.

Im Großherzogthum **Hessen** ist zunächst das bisherige Gesetz vom 23. April 1875 über den Mißbrauch der geistlichen Amtsgewalt abgeändert durch ein Gesetz vom 7. September 1889. Dadurch sind insbesondere aufgehoben die Bestimmungen über die Entlassung von Geistlichen aus ihrem Amte auf Antrag der Staatsbehörde und durch Urtheil des Gerichtshofes für kirchliche Angelegenheiten (Oberlandesgerichts), im Falle gesteigerten Ungehorsams gegen die Staatsgesetze, und es ist auf solche Weise der Rechtszustand Hessens mit demjenigen von Preußen, Württemberg und Baden in Uebereinstimmung gebracht. Ein Gesetz vom 20. September 1890 betrifft die Einführung des Verwaltungsstrafbescheides bei Zuwiderhandlungen gegen die Vorschriften über die Erhebung öffentlicher Abgaben und Gefälle. Die Behörden, in deren Geschäftsbereich solche Erhebung zu erfolgen hat, können nach Maßgabe der §§ 459—469 der St.P.O. Strafbescheide erlassen und vollstrecken, und die Beschuldigten gegen dieselben entweder gerichtliche Entscheidung anrufen oder bei dem vorgesetzten Ministerium Beschwerde anbringen; doch schließt das eine Verfahren das andere aus.

Endlich hat noch ein Gesetz vom 30. September 1890 das bisherige Verfahren in Forst- und Feld-Rügesachen geändert. Der Einspruch gegen einen Strafbefehl soll nicht mehr wie bisher vor dem periodischen Forst- und Feldgericht mündlich und erst in demselben Termin, in welchem alsdann auch die Hauptverhandlung über den Einspruch erfolgt, angebracht werden, sondern bereits vorher gemäß § 449 der St.P.O. innerhalb einer Woche nach Zustellung des Strafbefehls beim Amtsgericht, entweder schriftlich oder zu Protokoll des Gerichtsschreibers, widrigenfalls der Strafbefehl vollstreckbar wird.

Endlich sind noch ergangen eine revidirte Brandversicherungsordnung für Gebäude vom 28. September 1890, welche die Versicherung bei der Landesversicherungsanstalt obligatorisch macht; ein Gesetz über Errichtung einer Landescreditcasse vom 15. October 1890 und ein Gesetz über Ableistung des Diensteides vom 12. October 1890.

VII.

In **Baden** ist die Gesetzgebung in besonderem Maße thätig gewesen.

Auf dem Gebiete der Aemter-Organisation sind im Anschluß an das im vorigen Bericht erwähnte neue Beamtengesetz v. 24. Juli 1888 mehrere Vollzugsverordnungen ergangen; darunter namentlich eine vom 27. December 1889 über die Pflichten der Beamten betr. das Amtsgeheimniß, die Annahme von Auszeichnungen und Geschenken, Entfernung vom Amte und Urlaub, die Verehelichung, die vorher anzuzeigen ist, unter Umständen beanstandet werden kann und bei gewissen Classen sogar eine Erlaubniß nothwendig macht u. a. m., sowie ferner eine zweite vom 19. Juni 1890 über Entfernung vom Amte und Urlaub der Richter, Gerichtsnotare und Notare.

Da die freiwilligc Gerichtsbarkeit (Rechtspolizei) in Baden hauptsächlich den Amtsgerichten obliegt, so ist für diese eine Rechtspolizeiordnung vom 2. November 1889 in 126 Paragraphen, und ebenso für die Notare eine Notariatsordnung von demselben Tage in 209 Paragraphen nebst beigefügten Formularen ergangen und damit eine Reihe von 21 älteren Verordnungen außer Kraft gesetzt. Desgleichen ist eine Waisenrichterordnung vom 30. October 1889 erlassen.

Auf das bürgerliche und Handelsrecht beziehen sich, außer den zu gewissen Reichsgesetzen ergangenen Vollzugsverordnungen:

1. Das Fischereigesetz vom 29. März 1890 nebst Verordnung vom 5. April 1890, welche beide, um die Fischzucht zu fördern, insbesondere das Recht der Fischerei in Canälen von den bisher berechtigten Eigenthümern auf die Gemarkungsgemeinden übertragen und zugleich dasselbe auf das Sammeln von Perlmuscheln und den Fang von Krebsen ausdehnen.

2. Das Gesetz über die Vorzugs- uud Unterpfandrechte vom 29. März 1890 nebst mehreren Ausführungsverordnungen. Dies Gesetz stellt unter Aufhebung gewisser Bestimmungen des badischen Landrechts den Grundsatz der Specialität auf und läßt deshalb Vorzugsrechte auf Liegenschaften, sowie gesetzliche und richterliche Unterpfandsrechte nur dann als wirksam gelten, wenn sie auf bestimmte, laut des Grundbuchs dem Schuldner bereits gehörige Liegenschaften und für bestimmte, nöthigenfalls zu veranschlagende Schuldsummen eingetragen sind. Dementsprechend müssen auch die bisherigen generellen und des Eintrags nicht bedürftigen Pfandrechte nunmehr einzeln auf bestimmte Liegenschaften eingetragen werden, und sind im Gesetz das Mündelpfandrecht und das Unterpfandrecht der Ehefrau näher geregelt.

3. Das Berggesetz vom 22. Juni 1890 ist in 167 Paragraphen dem preußischen Berggesetz nachgebildet, und zu ihm gehören noch eine Anzahl Verordnungen über das Verfahren in Bergsachen, über den Schutz der Mineral- und Thermalquellen und insbesondere die Bergpolizeiordnung vom 20. Mai 1891. Veranlaßt durch die in neuester Zeit eingetretene Wiederbelebung des Bergbaues haben diese Gesetze zunächst gewisse Mineralien vom Verfügungsrechte des Grundeigenthümers ausgeschlossen, sodann aber Regeln aufgestellt über Erwerbung des Bergwerkeigenthums, Schürfen, Muthen, Verleihen und Vermessen, über den Inhalt des Bergwerkeigenthums, Betrieb und Verwaltung, über die

Rechtsverhältnisse der Betheiligten, besonders den Schadensersatz an den Grundeigenthümer, endlich über Aufhebung des Bergwerkseigenthums und die Bergpolizei.

Im Gebiete des Strafrechts ist zunächst für gewisse vom Reichsstrafgesetzbuch der Landesgesetzgebung mehr oder minder vorbehaltene Materien das Gesetz vom 7. Mai 1890 nebst einigen Verordnungen ergangen. Insbesondere gestattet dasselbe in § 76a gegen gewohnheitsmäßige Trunkenbolde ein Verbot des Betretens von öffentlichen Schankstätten u. dgl. bis zur Dauer von zwei Jahren und bedroht Zuwiderhandelnde mit Geldbuße oder Haftstrafe, sowie die Schankwirthe mit Geldbuße. Ferner wird mit Strafe bedroht der gewerbsmäßige Absatz von Anlehens- oder Lotterie-Loosen gegen Leistung von Theilzahlungen und ohne gleichzeitige Uebertragung des Besitzes der Loose (V.O. v. 9. October 1890) und die Bezeichnung eines Geschäftsbetriebs, um die Täuschung hervorzurufen, als ob derselbe obrigkeitlich genehmigt wäre. — Auch über die correctionelle Nachhaft, den Vollzug der Freiheitsstrafen, die vorläufige Entlassung und die Erhebung polizeilicher Geldstrafen sind Verordnungen erlassen.

Endlich haben auch das Gerichtskosten- und das Gerichtsvollzieherwesen mannigfache Abänderungen erfahren. Das erstere ist vollständig neu geregelt durch die Gerichtskostenordnung v. 2. Januar 1890 und ergänzende Verordnungen v. 14. April 1891, v. 20. Februar 1890 und vom 12. Juni 1891; die bisherige Gerichtsvollzieherordnung v. 28. November 1884 ist mehrfach geändert in Bezug auf Cautionen, Diensteinkommen, Nebenämter und Verhängung von Strafen durch die Verordnung vom 7. Januar 1891, und ebenso das bisherige Verfahren bei Zwangsvollstreckungen in Liegenschaften durch die Verordnung vom 18. Juni 1891.

VIII.

In **Oldenburg** sind durch die demnächst in Kraft tretende neue Grundbuchordnung zwei Gesetze vom 23. März 1891 veranlaßt. Das eine erklärt bei Veräußerung von Grundstücken, für welche das Grundbuch angelegt ist, eine Convocation zur Anmeldung von Ansprüchen (Aufgebotsverfahren) für nicht mehr zulässig; das andre enthält für solche Grundstücke eine neue Zwangsvollstreckungsordnung. Ferner ist durch Gesetz vom 2. April 1891 der Verkauf und das Ausbieten von Loosen auswärtiger öffentlicher Lotterien nur noch nach Zulassung vom Staatsministerium gestattet, bei Vermeidung von Geldstrafe bis zu 500 Mk. oder Gefängniß bis zu 3 Monaten. Deutsche Staatslotterien sind von dieser Beschränkung befreit, öffentlich veranstaltete Ausspielungen ihr mit unterworfen. Endlich ist ein neues Einkommensteuergesetz ergangen, das auf Selbsteinschätzung sowohl des Kapitalvermögens als des Einkommens beruht.

IX.

Von den **Thüringischen** Staaten ist zunächst mit dem Königreich Preußen zu dem Staatsvertrage vom 11. November 1878 ein Nachtrag vom 30. März 1889 vereinbart worden und mit dem 1. Jan. 1890 in Kraft getreten, laut dessen die Bezirke der zum Oberlandesgericht Jena gehörigen acht Landgerichte mit Einschluß der preußischen Kreise Schleusingen, Schmalkalden und Ziegenrück in drei Schwurgerichtsbezirke zusammengelegt werden; eine Nebenübereinkunft enthält eine anderweite Festsetzung der nach § 86 des Gerichtsverfassungsgesetzes vorzuschlagenden Zahl der Geschworenen.

Außerdem ist ergangen:

a) Im Großherzogthum Sachsen-Weimar ein Gesetz v. 5. Juni 1889 betr. die Aufbringung der an Kirchen, geistliche oder Schul-Stellen zu zahlenden Ablösungskapitalien durch Vermittlung der Gemeinde.

b) Im Großherzogthum Sachsen-Meiningen ein Gesetz vom 18. März 1890 betr. die Aufhebung des Chausseegeldes und ein Gesetz vom 18. März 1890 betr. die Einkommensteuer, zu welcher die Jahreseinkommen von 600 Mk. aufwärts in progressiver Steigerung herangezogen werden.

c) Im Fürstenthum Reuß j. L. ein Gesetz vom 16. Mai 1890 betr. die Erhebung der Einkommensteuer, durch welches die Einkommen bis zu 3000 Mk. und die höheren verschieden behandelt werden.

X.

Die Hansestädte **Hamburg, Bremen** und **Lübeck** haben am 4. Mai 1890 einen Vertrag abgeschlossen über Errichtung einer gemeinsamen Anstalt für Invaliditäts- und Altersversicherung unter dem Titel: Hanseatische Versicherungsanstalt, mit dem Sitze in Lübeck.

In Hamburg sind ergangen am 22. November 1889 eine Verordnung betr. die Führung und Behandlung des Schiffsjournals, am 9. Mai 1890 ein Gesetz betr. die Vernichtung der Civilproceßacten aus der Zeit vor dem 1. October 1879; am 16. Juli 1890 ein Gesetz über die Krankenversicherung der Dienstboten; am 30. Januar 1891 ein Gesetz über das Verklarungswesen, wonach auch Flußfahrzeuge zur Belegung einer Verklarung zugelassen sind; endlich am 6. Mai 1891 ein Gesetz über das Einwohnermeldewesen.

Bremen hat neue Gesetze erhalten über die Jagdordnung vom 27. September 1889, über Beiträge zu den Kirchenlasten im Landgebiet vom 27. November 1889, über Führung und Behandlung des Schiffsjournals von demselben Tage, über die Rechtsverhältnisse des Grundbesitzes im Landgebiet, namentlich das Höferecht vom 14. Mai 1890, endlich eine neue Hafenordnung für Bremerhaven vom 20. December 1890.

In Lübeck ist durch ein Gesetz vom 23. Juni 1890 die Einsetzung eines Einigungsamts zur Ausgleichung von Streitigkeiten zwischen Arbeitgebern und Arbeitnehmern erfolgt, ferner durch Verordnung vom 30. Juli 1890 eine neue Regelung des Verklarungswesens, endlich durch Gesetz vom 29. November 1890 die Einführung einer Grund- und Gebäudesteuer für die Stadt Lübeck und deren Vorstädte, womit eine Mehrzahl kleinerer, bis dahin bestehender Steuern in Wegfall gekommen ist.

XI.

Die Gesetzgebung **Oesterreichs** hat vor Allem weiter gebaut an den in den letzten Jahren eingeführten socialpolitischen Institutionen. Es genügt ein kurzer Hinweis auf die Verordnungen vom 4. und vom 29. Mai 1890, von denen die erste Bestimmungen über die Art und Weise trifft, in welcher den in einem unfallversicherungspflichtigen Betrieb beschäftigten Personen die ihnen zur Last fallende Quote des Versicherungsbetrages von Seiten des Betriebsunternehmers bekannt zu geben ist, während die zweite die Richtungen bezeichnet, in welchen die Staatsaufsicht über die berufsgenossenschaftliche Unfallversicherungsanstalt der österreichischen Eisenbahnen theils durch das Ministerium des Innern, theils durch das des Handels (bezw. die Generalinspection der Eisenbahnen) geübt werden soll. Genauere Betrachtung aber verdient die neue Regelung des knappschaftlichen Bruderladenwesens. Es ist dies bekanntlich jenes Gebiet, das schon seit Jahrhunderten am stärksten von socialpolitischen Rechtsideen erfüllt war. Die neue socialpolitische Gesetzgebung hat die Wirkung gehabt, daß man die Mängel und Lücken der älteren Gesetzgebung lebhafter empfunden hat, und so erwuchs gerade aus der Erwägung, daß die älteste socialpolitische Einrichtung nicht zurückbleiben dürfe hinter den Institutionen der neuesten Zeit, jene Neuordnung der Bruderladen, die enthalten ist in dem (Haupt-) Gesetze vom 28. Juli 1889, der Ausführungsverordnung vom 11. November 1889, der Verordnung vom 11. September 1889 und dem (mehrere

Bestimmungen des erstgenannten Gesetzes abändernden) Gesetze vom 17. Januar 1890.

Die ältere Gesetzgebung, insbesondere das Berggesetz von 1854 behandelte die einschlagenden Fragen meist sehr dürftig und begnügte sich in vielen Beziehungen mit der Aufstellung eines ganz vagen Rahmens, dessen Ausfüllung in ganz verschiedener Weise erfolgen mochte. Sie sagte z. B., die Bruderladen seien zur Unterstützung hülfsbedürftiger Bergarbeiter und ihrer Wittwen und Waisen bestimmt, und jeder bei einem Bergwerke aufgenommene Aufseher oder Bergarbeiter sei verpflichtet, der Bruderlade beizutreten und zu derselben den festgesetzten Beitrag zu leisten. Genaueres war darüber nicht bestimmt. Das neue Gesetz unterscheidet bei jeder Bruderlade eine Verwaltungsabtheilung, Krankenkasse, welche Krankenunterstützungen (und zwar nicht ungünstiger, als nach dem Maße des Arbeiterkrankenversicherungsgesetzes) und Begräbnißgelder zu gewähren hat, und eine in Einnahmen, Ausgaben und Verrechnung von dieser getrennte Provisionskasse, welche an invalide Mitglieder und an die Wittwen und Waisen ihrer Mitglieder Provisionen gewähren muß. Die Rente für die dauernd durch Krankheit, Alter, Unfall erwerbsunfähig gewordenen Mitglieder kann für alle Fälle gleich sein oder mit der Dauer der Mitgliedschaft steigen, soll aber nicht weniger als 100 fl. jährlich für männliche, nicht weniger als 50 fl. für weibliche Mitglieder betragen. Die der Wittwe — vorausgesetzt, daß sie die Ehe nicht nach der Provisionirung des Mannes geschlossen hat — auf Lebenszeit oder bis zur Wiederverheirathung gebührende Rente muß mindestens $^1/_3$ der dem Verstorbenen zukömmlichen Rente, und die bis zum vollendeten 14. Lebensjahre gebührende Waisenprovision muß für jedes eheliche vaterlose Kind $^1/_6$, für jedes vater- und mutterlose Kind $^1/_3$ der Vaterprovision betragen, doch darf die Wittwen- und Waisenprovision zusammen $^3/_4$ der Vaterprovision nicht überschreiten. Ist die Erwerbsunfähigkeit durch eine vorsätzliche Handlung des Mitgliedes herbeigeführt, so ist sein Provisionsanspruch verloren, während die Hinterbliebenen ihn behalten, wenn das Mitglied seinen Tod durch eine vorsätzliche Handlung herbeigeführt hat. Beim Uebertritt zu einer anderen Bruderlade findet Ueberweisung des Antheils des betreffenden Mitglieds an der Reserve der Provisionskasse statt. Auch beurlaubten oder zum Militärdienst einberufenen Mitgliedern bleiben ihre Rechte vorbehalten.

Die Scheidung der Bruderlade in eine Kranken- und in eine Provisionskasse ist namentlich wichtig für den Umfang der Beitragspflicht. Es müssen nämlich versichert sein:

1. alle Bergbauarbeiter, welche bei dem Bergbaubetriebe beschäftigt sind, in beiden Abtheilungen und sämmtlichen Versicherungszweigen;

2. nicht ständige Arbeiter nur bei der Krankenkasse; bloß für den Fall einer aus einem Betriebsunfall herrührenden Erwerbsunfähigkeit auch bei der Provisionskasse;

3. die Betriebsbeamten bei der Krankenkasse; diejenigen mit nicht mehr als 1200 fl. Jahresverdienst auch bei der Provisionskasse, wie die nicht ständigen Arbeiter.

Lehrlinge, Volontäre, Praktikanten sind nach 1., 2. oder 3. zu behandeln, je nachdem sie in einem dieser Dienstzweige beschäftigt sind. — Das Statut kann auch Arbeitern und Beamten bei den nicht der Aufsicht der Bergbehörde unterstehenden Gewerbeanlagen den Beitritt gestatten, und es gilt solcher Beitritt zugleich als Erfüllung der nach den anderen socialpolitischen Gesetzen bestehenden Versicherungspflicht. Dagegen findet das Gesetz keine Anwendung auf Bedienstete in Betrieben des Staates, des Landes, einer Gemeinde oder eines öffentlichen Fonds, wenn jene mit festem Gehalt angestellt sind und dieses auch während einer Krankheit zu genießen haben und ihnen (bezw. den Ihrigen) für den Fall der Invalidität ein Anspruch auf eine Pension zusteht, die nicht geringer ist, als die Provisionen nach diesem Gesetze. Solche Bedienstete jedoch, die beim Inslebentreten dieses Gesetzes bereits Mitglieder einer Bruderlade waren, verbleiben auch fortan Mitglieder derselben.

Eingehend ordnet das Gesetz den nothwendigen und den zulässigen Inhalt des für jede Bruderlade aufzustellenden Statuts und dessen Prüfung durch die Berghauptmannschaft, die demselben die Bestätigung insbesondere dann zu versagen hat, wenn sie findet, daß die Bruderlade nach versicherungstechnischen Grundsätzen nicht ausreichend dotirt wäre.

Was die Organisation der Bruderlade selbst angeht, so hat sie die Rechte einer juristischen Person, und ihr ordentlicher Gerichtsstand ist bei dem zur Ausübung der Berggerichtsbarkeit bestimmten Gerichtshof, in dessen Sprengel sie ihren Sitz hat. Ihr Vorstand besteht aus Bruderlademitgliedern, die von der Generalversammlung gewählt werden, und (höchstens bis zu einem Drittel der Stimmen) aus Werksbesitzern oder von diesen ernannten Mitgliedern. Ein Werksbesitzer oder sein Stellvertreter führt den Vorsitz. Der Vorstand besorgt alle Angelegenheiten der Bruderlade, die nicht der Generalversammlung vorbehalten sind. Die letztere besteht aus den eigenberechtigten Mitgliedern der Bruderlade. Nur wenn deren Zahl 300 überschreitet, wird die Generalversammlung von Wahlmännern gebildet, über deren Anzahl, Wahl und Functionsdauer das Statut bestimmt. Auch in der Generalversammlung sind die Werksbesitzer bis zu $^1/_3$ der Gesammtstimmenzahl vertreten. Die Generalversammlung wählt die Vorstandsmitglieder, faßt Beschluß über den Jahresbericht des Vorstandes, verfolgt Ansprüche gegen Mitglieder des Vorstandes oder Ueberwachungsausschusses aus dessen Amtsführung und faßt Beschluß über die Fusion mit anderen Bruderladen und über Abänderung des Statuts.

Für die Bruderladen je eines Revierbergamtes wird ein Schiedsgericht unter dem Vorsitz eines hierzu auf unbestimmte Zeit von der Berghauptmannschaft ernannten Beamten errichtet; in dieses Schiedsgericht werden zwei Beisitzer von dem Vorsitzenden aus der Zahl der ansässigen Werksbesitzer berufen, zwei von den Bruderladevorständen gewählt, und zwar auf 4 Jahre, wobei nach zwei Jahren die Hälfte auszuscheiden hat. Ebenso werden die erforderlichen Stellvertreter bestellt. Das Schiedsgericht ist competent in allen, aus dem Versicherungsverhältniß entstehenden Streitigkeiten zwischen den Bruderladen seines Bezirkes unter einander, sowie zwischen den Mitgliedern oder Provisionisten einerseits und den Bruderladen seines Bezirkes andererseits. Gehören die streitenden Theile verschiedenen Revieramtsbezirken an, dann sequitur actor forum rei. Dagegen gehören Streitigkeiten aus dem Versicherungsverhältniß zwischen den Werksbesitzern einerseits und den Bruderladen oder deren Mitgliedern andererseits nicht vor das Schiedsgericht, sondern werden von der politischen Behörde im Einklang mit der Bergbehörde ausgetragen. Im Verfahren vor den Schiedsgerichten gilt der Grundsatz der Oeffentlichkeit, Mündlichkeit und Unmittelbarkeit und die freie Würdigung der Beweise. Rechtsmittel und Klagen gegen die schiedsrichterlichen Erkenntnisse sind unzulässig; die Zwangsvollstreckung erfolgt durch die ordentlichen Gerichte.

Die Berghauptmannschaft kann nach ihrem Ermessen zwei oder mehrere der Erfüllung ihrer Aufgaben nicht gewachsene Bruderladen ihres Bezirkes zwangsweise vereinigen; das gleiche kann durch übereinstimmende Generalversammlungsbeschlüsse freiwillig geschehen. Selbst sämmtliche Bruderladen einer Berghauptmannschaft oder eines Revierbergamtes können für die Zwecke ihrer Krankenkassen einen Verband gründen, welcher Verträge mit Aerzten, Apothekern und Krankenanstalten abschließen, solche Anstalten selbst errichten, gemeinsame Beamte anstellen kann und dergleichen.

Die Regelung der Beaufsichtigung der Bruderladen durch die Behörden kann hier übergangen werden. Um so wichtiger sind die (dauernden) Bestimmungen über die Finanzgebahrung der Bruderladen. Es werden nämlich die nach versicherungstechnischen Grundsätzen erforderlichen Mittel zur Bestreitung der Ausgaben durch Beiträge aufgebracht, die von den Versicherten und den Werkbesitzern je zur Hälfte zu bestreiten sind. Ausnahmsweise haben die Werksbesitzer allein den Beitrag für jene Mitglieder zu zahlen, welche einen Arbeitsverdienst in Geld nicht beziehen; umgekehrt haben Betriebsbeamte, deren Jahresverdienst 1200 fl. übersteigt, die Beiträge ganz aus eigenen Mitteln zu tragen. Auch die den Versicherten zur Last fallende Quote der Beiträge haben die Werksbesitzer an die Bruderlade zu entrichten, sie rechnen ihnen aber dieselbe auf ihren Lohn oder Gehalt an; unterlassen sie dies bei einer Lohn- oder Gehaltszahlung, so können sie die fragliche Quote höchstens noch in der folgenden Monatszahlung abziehen. Auch ist es Pflicht der Werksbesitzer, ihre versicherungspflichtigen Arbeiter und Beamten binnen drei Tagen nach ihrem Dienstantritt oder Austritt bei der Bruderlade an- und abzumelden.

Die Krankenkassen müssen von Jahr zu Jahr Sorge tragen für die Erhaltung des Gleichgewichts ihrer Einnahmen und Ausgaben, sowie für die Dotirung des Reservefonds, der im Betrage von mindestens der zweifachen durchschnittlichen Jahresausgabe angesammelt werden soll. Dementsprechend müssen die Beiträge herabgesetzt oder erhöht, die Unterstützungen erhöht oder herabgesetzt werden. Reichen diese Maßregeln nicht aus, so muß der Werksbesitzer unverzinsliche, nach Flüssigmachung der erforderlichen Mittel zu erstattende Vorschüsse geben. — Ebenso müssen die Provisionskassen für die versicherungstechnische Deckung ihrer Verpflichtungen sorgen und diesfalls alle 5 Jahre eine Prüfung veranlassen, deren Ergebniß den Behörden mitgetheilt und den Mitgliedern zugänglich gemacht werden muß. Je nach dem Ergebniß können auch hier die Beiträge an die Kasse oder die Leistungen derselben erhöht oder ermäßigt werden.

Ferner ist sämmtlichen Werksbesitzern auferlegt, einen Centralreservefonds zur Ertheilung von Unterstützungen an jene Provisionskassen zu gründen, welchen in Folge von Massenunglücken, d. h. Unfällen mit mehr als fünf getödteten oder invalid gewordenen Versicherten Mehrauslagen erwachsen sind. Und zwar haben zu diesem Behufe die Werksbesitzer Beiträge nach dem Verhältniß der in ihren Werken im letzten Jahre bezahlten Gesammtlöhne zu leisten, doch nicht über 1 pCt. der letzteren. Die Verwaltung des Fonds ist unter dem Vorsitz des Ackerbauministers einer Commission übertragen, in welcher auch wieder Werksbesitzer und Bergarbeiter ihre ausreichende Vertretung finden. Diese Commission entscheidet über die Höhe der Jahresbeiträge und die Zuerkennung der Unterstützungen und erstattet alljährlich dem Reichsrath Bericht.

Die Strafbestimmungen, insbesondere gegen Simulanten brauchen hier nicht angeführt zu werden. Von den Begünstigungen sei genannt die Befreiung der den Versicherten zustehenden Forderungen von Executions- und Sicherungsmaßregeln.

Endlich darf aus dieser Gruppe nicht übergangen werden die Verordnung vom 8. Juni 1891, welche die im Jahre 1884 für die Gerichtshofsprengel Wien, Korneuburg und Wiener Neustadt getroffenen Ausnahmeverfügungen im Wesentlichen wieder beseitigt und die normalen Bestimmungen über Hausdurchsuchungen, Beschlagnahme von Briefen, über Vereine, Versammlungen, Druckschriften und Verhaftungen wieder zur Geltung gebracht hat.

Dem Gebiete des Verkehrsrechts gehört an das wichtige Gesetz vom 6. Januar 1890 betreffend den Markenschutz. Auch bei diesem handelt es sich nur um eine Neuregelung schon vorlängst (durch das Kaiserl. Patent v. 7. December 1858) geordneter Verhältnisse, da die Erfahrung ergeben hat, daß das geltende Recht den Verkehrsbedürfnissen längst nicht mehr entsprach. Doch ist auch Vieles aus dem Inhalt des alten Gesetzes in das neue übergegangen.

Festgehalten ist vor Allem an dem Grundsatz, daß ein Alleinrecht zum Gebrauche einer Marke nur durch die gesetzmäßige Registrirung derselben erlangt wird, während Namen, Firma, Wappen und geschäftliche Benennung des Etablissements auch ohne Registrirung geschützt sind, so daß es als selbstverständlich erscheint, daß kein Dritter davon ohne Einwilligung des Betheiligten zur Bezeichnung von Waaren oder Erzeugnissen Gebrauch machen darf. Zu den Marken aber, deren Registrirung ausgeschlossen ist, auf deren Gebrauch daher kein Alleinrecht erworben werden kann (Freizeichen, Marken bestehend bloß aus Buchstaben, Worten oder Zahlen, Staats- oder anderen öffentlichen Wappen), fügt das Gesetz noch mehrere Kategorien hinzu, unter denen namentlich die sogenannten Deceptivmarken hervorzuheben sind — einer der wenigen Punkte, in welchen das Gesetz sich nicht von dem Gesichtspunkt des Schutzes der Markenberechtigten, sondern von dem des Schutzes der Consumenten leiten läßt. Ferner giebt es kein Alleinrecht auf Waarenzeichen, welche ausschließlich Bildnisse des Kaisers oder von Mitgliedern der kaiserlichen Hauses enthalten; und solche Marken, welche als Bestandtheile derartige Bildnisse, eine Auszeichnung oder ein öffentliches Wappen enthalten, dürfen nur dann registrirt werden, wenn das Recht zur Benutzung derselben vorher nachgewiesen ist.

Die Benutzung der registrirten Marken ist in der Regel facultativ; doch kann der Handelsminister — auch wieder im Interesse der Consumenten — für bestimmte Waarengattungen Markenzwang anordnen, wie auch bereits in der Verordnung v. 16. April 1890 bezüglich der Sensen, Sicheln und Strohmesser geschehen ist. Uebertretungen solcher Markenzwangsvorschriften werden von der politischen Behörde nach der Gewerbeordnung bestraft, wobei auch stets auf den Verfall der betreffenden Waaren zu erkennen ist. Auch an der Geltung der Punzirungsvorschriften ändert das Gesetz nichts.

Geschützt wird der die Marke anmeldende Unternehmer (nicht etwa nur registrirte Firmen); er kann für verschiedene Waarengattungen oder auch für dieselbe Waarengattung unbedenklich auch mehrere Marken registriren lassen. Doch schließt das Alleinrecht des Einen an einer Marke nicht aus, daß ein Anderer dieselbe Marke zur Bezeichnung einer anderen Waarengattung in Gebrauch nehme. Im Falle eines Zweifels bezüglich der Gleichartigkeit dieser Waarengattung entscheidet der Handelsminister nach Einvernehmung der Handels- und Gewerbekammer.

Das Markenrecht klebt an dem Unternehmen, für welches die Marke bestimmt ist, erlischt mit demselben und geht mit ihm auf den neuen Besitzer des Unternehmens über; nur muß dieser zur Vermeidung einer Erlöschung des Rechtes die Marke binnen drei Monaten auf seinen Namen umschreiben lassen, eine Verpflichtung, die jedoch entfällt, wenn das Unternehmen von der Wittwe oder einem minderjährigen Erben des Inhabers oder für Rechnung der Erbschaft oder der Concursmasse desselben fortgesetzt wird.

Der Schutzwerber muß behufs Registrirung der Marke dieselbe in vier (bisher zwei) Exemplaren bei der Handels- und Gewerbekammer des Bezirkes der Unternehmung, außerdem einen (nach gemachtem Gebrauch zurückzustellenden) Bildstock (Cliché) der Marke und bei Marken für gewisse Materialien auch wenigstens drei Probestücke von Waaren mit aufgeprägtem Markenbild überreichen; zwei von den vier Markenexemplaren werden dem Handelsminister vorgelegt, ein drittes wird dem von der Kammer zu führenden Markenregister beigelegt, das vierte mit der entsprechenden Bestätigung der Partei zurückgestellt. Auf jedem Exemplar hat das Organ der Kammer die Registernummer, Tag und Stunde der Einreichung, Namen oder Firma der Partei und die Bezeichnung des Unternehmens und der Waare anzumerken und die gleichen Eintragungen in das bei der Kammer zur Einsicht aufliegende Markenregister zu machen. Da die Kammer ordnungswidrige Anmeldungen zurückzuweisen hat, so muß sie die Ordnungsmäßigkeit der Anmeldung und die Registerfähigkeit der Marke ohne Zweifel prüfen; doch sagt das Gesetz nicht, durch welches Organ die Kammer diese Entscheidungen fälle.

Für die Registrirung jeder Marke ist an die Kasse der Handels- und Gewerbekammer eine Taxe von 5 fl. zu bezahlen, wie das auch früher vorgeschrieben war; das neue Gesetz schreibt aber noch weiter vor, daß die Registrirung der Marke von zehn zu zehn Jahren gegen neuerliche Entrichtung der Taxe bei sonstiger Erlöschung des Markenrechtes zu erneuern ist.

Beim Handelsministerium ist ein Centralmarkenregister zu führen, welches schon nach den Bestimmungen des Zoll- und Handelsbündnisses mit Ungarn auch die bei den ungarischen Kammern angemeldeten Marken umfaßt. Die Marken werden eingetragen nach der Reihenfolge ihres Einlangens und ist für die Publicität dieses Registers, der Probestücke und Clichés geeignete Vorsorge getroffen.

Eine besonders wichtige Neuerung ist die Einführung des sog. avis préalable, der jedoch in der ihm hier gegebenen Gestalt von der Resolution des Pariser Congresses von 1878 stark abweicht: der Handelsminister verständigt nämlich, eventuell nach Einvernehmung von Fachmännern, den Schutzwerber, wenn eine mit der eben angemeldeten neuen Marke identische oder ähnliche Marke für dieselbe Waarengattung bereits besteht, damit dieser nach seinem Ermessen die Anmeldung aufrecht halte, modificire oder zurückziehe; es wird aber von dieser Verständigung gleichzeitig auch der Besitzer der früher angemeldeten Marke in Kenntniß gesetzt.

Das Alleinrecht zum Gebrauch der Marke seitens des Hinterlegers beginnt mit dem Tage und der Stunde der Einreichung derselben bei der Kammer; hiernach (nicht nach dem thatsächlichen Gebrauch) wird die Priorität des Anspruchs beurtheilt, wenn die gleiche Marke von mehreren Schutzwerbern bei der nämlichen oder bei verschiedenen Kammern überreicht werden sollte.

Erwirbt Jemand ein Unternehmen, an dem ein Markenrecht klebt, so muß er zum Zwecke der Umschreibung des letzteren den Beweis der Erwerbung des Unternehmens erbringen und die Taxe entrichten.

Die Löschung des Markenrechts erfolgt auf Verlangen des Berechtigten, sodann wegen versäumter Erneuerung oder nicht rechtzeitiger Umschreibung (in diesen drei Fällen durch die Handelskammer), sodann wenn der Handelsminister erkennt, daß diese Marke gar nicht hätte registrirt werden sollen, und endlich in Folge eines im Streit über den Bestand des Markenrechts ergangenen Erkenntnisses des Handelsministers. Auch die Löschung ist auf der Marke und in beiden Registern anzumerken und zu veröffentlichen.

Die wesentlichste Neuerung des Gesetzes betrifft aber die Abgrenzung der in Frage kommenden Eingriffe in das Markenrecht und die Art, in welcher die Rechtsordnung gegen sie reagirt. Das ältere Gesetz unterschied zwischen unwissentlichen und wissentlichen Eingriffen; nur die Schadenersatzansprüche unterstanden der Competenz der Civilgerichte, die Verhandlung und Entscheidung über alle übrigen durch den Eingriff angeregten Fragen kam den politischen Behörden erster Instanz nach den Vorschriften über Gewerbsstörungen zu. Bei wissentlichen Eingriffen war zwar das Einschreiten des Strafgerichts und Bestrafung nach dem Strafgesetzbuch nicht ausgeschlossen, die Praxis machte aber von diesem Rechtssatze so gut wie keinen Gebrauch, und so war denn die Ahndung regelmäßig eine sehr milde. Das neue Gesetz faßt den Begriff des Eingriffs enger, ahndet ihn aber weitaus strenger. Wer nämlich Waaren, die mit einer einem Anderen gehörenden Marke unbefugt bezeichnet sind, wissentlich in Verkehr setzt oder feilhält, ferner wer zu diesem Zwecke wissentlich eine Marke nachmacht, macht sich eines Vergehens schuldig und wird mit 500—2000 fl. oder mit Arrest von drei Monaten bis zu zwei Jahren, womit Geldstrafe bis 2000 fl. verbunden werden kann, bestraft. Hierdurch ist die „gleichzeitige" Anwendung der strengeren Bestimmungen des Strafgesetzbuches, insbesondere über das Verbrechen des Betruges nicht ausgeschlossen. Die nämliche Behandlung erleidet auch, wer Waaren, die mit Namen, Firma, Wappen, geschäftlicher Benennung des Etablissements eines Producenten oder Kaufmanns unbefugt bezeichnet sind, wissentlich in Verkehr setzt oder feilhält, und derjenige, der zu diesem Zwecke wissentlich die erwähnten Bezeichnungen anfertigt. Die Strafbarkeit wird auch dadurch nicht ausgeschlossen, daß Marke, Namen, Firma u. s. f. mit so geringen Abänderungen oder so undeutlich wiedergegeben sind, daß der Unterschied von dem gewöhnlichen Käufer nur durch Anwendung besonderer Aufmerksamkeit wahrgenommen werden könnte. Zum Verfahren und zur Urtheilsfällung über dieses Vergehen sind die ordentlichen Gerichte berufen. Die Verfolgung findet nur auf Verlangen des Verletzten statt. Dieser kann auch verlangen, daß die ausschließlich oder vorzugsweise zur Nachahmung oder unbefugten Bezeichnung dienenden Werkzeuge und Vorrichtungen für diesen Zweck unbrauchbar gemacht, Vorräthe von nachgemachten Marken und Bezeichnungen vernichtet, die unbefugt angebrachten von den im Besitz des Verurtheilten befindlichen Waaren (oder deren Verpackung) auch dann beseitigt werden, wenn dies die Vernichtung der Waaren zur Folge hätte; auch ist ihm die Befugniß zuzusprechen, die Verurtheilung des Schuldigen auf dessen Kosten öffentlich bekannt zu machen. An Stelle der dem Verletzten nach dem Privatrecht gebührenden Entschädigung kann auf

Verlangen desselben neben der Strafe auch auf eine an den Verletzten zu entrichtende, von dem Strafgericht nach freiem Ermessen zu bestimmende Geldbuße bis 5000 fl. erkannt werden, wobei mehrere zur Zahlung der Buße Verurtheilte in solidum haften. Auf Buße kann auch erkannt werden, wenn die Verurtheilung nach einer strengeren Bestimmung des Strafgesetzbuches erfolgt. Weist aber der Richter das Begehren auf Geldbuße ab, so kann doch die privatrechtliche Entschädigung noch immer begehrt werden, und auch über dieses Begehren entscheidet der (Civil-) Richter nach freiem Ermessen.

Schon vor der Fällung des Straferkenntnisses kann der Verletzte Beschlagnahme der zur Nachahmung dienenden Werkzeuge und Vorrichtungen, der Vorräthe an nachgemachten Marken u. dgl. und Einleitung der zur Verhinderung einer Wiederholung der strafbaren Handlung erforderlichen Maßnahmen begehren, was eventuell nur gegen Cautionsbestellung zu bewilligen ist.

Ueber die Frage, ob ein Alleinrecht jemandem zustehe, sowie über die Priorität und Uebertragung dieses Rechtes und über die Frage, ob eine registrirte Marke von einem Dritten für eine andere Waarengattung benutzt werden könne, entscheidet der Handelsminister. Ist eine Frage dieser Art für die Entscheidung des Strafrichters präjudiciell, so ist die Entscheidung des Handelsministers abzuwarten.

Aeltere Marken, die noch nicht zehn Jahre alt sind, genießen den Schutz des neuen Gesetzes bis zum Ablauf der zehn Jahre; noch ältere sind nach Ablauf von drei Monaten, vom Tage der Wirksamkeit des Gesetzes, aus den Registern zu streichen, wenn der Eigenthümer sie inzwischen nicht zur Neuregistrirung gebracht hat.

Hinsichtlich des Schutzes von Marken, Namen, Firmen u. s. w. ausländischer Unternehmungen sind die mit den betreffenden Staaten geschlossenen Verträge maßgebend. Mit Rücksicht auf diese Erweiterung des Schutzes haben mehrere Sätze des alten Gesetzes, in denen nur von „inländischen" Producenten gesprochen war, im neuen Gesetze eine erweiterte Fassung erhalten.

Aus dem wichtigen Gesetz vom 21. März 1890, betreffend die Regelung der (vielfach verworrenen) äußeren Rechtsverhältnisse der *israelitischen Religionsgesellschaft* sei hier nur die eine, dem *Familienrecht* angehörende Bestimmung erwähnt, daß von dem Zeitpunkte ab, da die Feststellung der Cultusgemeindesprengel in Wirksamkeit tritt, die nach dem b. G. B. den Rabbinern oder Religionslehrern hinsichtlich des Eheaufgebots, der Trauung, Scheidung und Trennung übertragenen Functionen nur von einem in Gemäßheit dieses (neuen) Gesetzes angestellten Rabbiner oder (während der Erledigung des Rabbinats oder der Verhinderung des Rabbiners) von seinem Stellvertreter vorgenommen werden können. Hat eine Cultusgemeinde mehrere angestellte Rabbiner, so kann jeder derselben diese Functionen rechtswirksam vornehmen; die von der Cultusgemeinde diesfalls etwa getroffenen Einschränkungen sind für den staatlichen Bereich wirkungslos.

Die Bestimmung des Allg. Grundbuchgesetzes von 1871, daß die Einverleibung nur auf Grund öffentlicher oder solcher Privaturkunden geschehen könne, auf welchen die Unterschriften gerichtlich oder notariell beglaubigt sind, ist so vielseitig und nachhaltig angegriffen worden, daß nun ein Gesetz vom 5. Juni 1890 für geringfügige Grundbuchssachen eine Ausnahme zugelassen hat. Das Gesetz greift zurück auf den § 434 des b. G. B., der zwei glaubwürdige Männer als Tabularzeugen forderte, verschärft jedoch die Bestimmung dahin, daß diese zwei Tabularzeugen nur genügen sollen, wenn die Einverleibung in dem — einem Gerichtshof erster Instanz zugewiesenen — Sprengel erfolgen soll, in dem die Urkunde errichtet wurde. Außerdem wird verlangt, daß die Zeugen Vor- und Zunamen, Gewerbe oder Beschäftigung, Wohnort und Alter und die Erklärung eigenhändig beisetzen, daß ihnen Derjenige, dessen Unterschrift sie bestätigen, persönlich bekannt sei.

Ueberhaupt aber treten diese Erleichterungen nicht ein bei landtäflichen Urkunden, bei Vollmachten und bei solchen Urkunden, in welchen der Betrag der Forderung, oder der Preis oder Werth der Liegenschaft oder eines Rechtes überhaupt nicht bestimmt ist, oder in welchen die angegebene Summe ohne Zinsen und Nebengebühren den Betrag von 100 fl. übersteigt. Innerhalb dieser Grenzen hat die Landesgesetzgebung zu bestimmen, welche Grundbuchssachen als geringfügig anzusehen sind; erst wenn dies landesgesetzlich bestimmt ist, tritt das Gesetz in dem betreffenden Lande in Kraft.

Schließlich ist noch hervorzuheben der Erlaß des von Vielen lange herbeigesehnten Currentientarifs. Das Gesetz vom 26. März 1890 ermächtigte den Justizminister bezüglich solcher Leistungen der Advocaten und ihrer Kanzleien im gerichtlichen Verfahren, welche wegen ihrer Einfachheit und Wiederkehr eine durchschnittliche Bewerthung zulassen, im Verordnungswege einen Tarif zu erlassen, der örtlich verschieden sein kann, aber (unter Wahrung des Rechtes der freien Vereinbarung und der richterlichen Befugniß, die Nothwendigkeit und Zweckmäßigkeit der einzelnen Leistungen zu prüfen), maßgebend sein soll, sowohl im Verhältniß des Advocaten zu seinem eigenen Clienten als auch bei dem vom Gegner zu leistenden Kostenersatz im streitigen Verfahren. Zu solchen Leistungen werden gerechnet: gerichtliche Eingaben im Verfahren in und außer Streitsachen, die an sich oder wegen der im Wesentlichen stets gleichbleibenden Art ihrer Abfassung und Behandlung keine besondere Mühewaltung erheischen, Besprechungen mit der Partei, Einholung von Erkundigungen bei Behörden, Verrichtung von Tagsatzungen ohne meritorische Verhandlung, Gebahrung mit Geld und Werthpapieren, Reisen der Advocaten und ihrer Bediensteten, die eigentlichen Kanzleigeschäfte u. s. w. Von der Ermächtigung zur Erlassung dieses Tarifs hat nun der Justizminister, indem er die Verordnung vom 25. Juni 1890 (die jedoch in Dalmatien, Tyrol und Vorarlberg nicht gilt) erließ, Gebrauch gemacht. Den Gerichten bleibt aber vorbehalten, in einzelnen Fällen höhere Entlohnungen zu bemessen, wo die Voraussetzungen einer Durchschnittsbewerthung nicht zutreffen.

Der Tarif hat 3 Klassen: die erste für Wien und die im Wiener Polizeirayon gelegenen Orte; die zweite für Prag, Brünn, Lemberg, Krakau, Graz und Triest; die dritte für alle anderen Orte. Die Entlohnung richtet sich nach der für den Wohnsitz des Advocaten geltenden Klasse; läßt er aber ein Geschäft durch einen anderen Advocaten besorgen, dann ist für dieses die Tarifklasse am Wohnort des letzteren entscheidend. Wo der Werth des für die Bemessung des Betrages maßgebenden Hauptanspruchs (oder Leistungsgegenstandes) nicht mit einer bestimmten Ziffer ausgedrückt ist und auch sonst aus den vorliegenden Daten nicht erhellt, da kommt der für Gegenstände im Werthe von 200—500 fl. geltende Tarifsatz zur Anwendung. Gewisse Leistungen (die für andere vorbereitende Bedeutung haben), werden übrigens gar nicht besonders entlohnt. Und wurden gewisse Geschäfte, die von Kanzleibediensteten besorgt zu werden pflegen, von dem Advocaten oder von einem Advocaturscandidaten besorgt, so werden sie darum allein noch keineswegs höher entlohnt, wie auch Reisekosten nur einmal (einfach) zu verrechnen sind, wenn während derselben Reise mehrere Geschäfte besorgt wurden.

Die drei Klassen sind in einzelnen Sätzen gleich, insbesondere die Reisegebühren, die sich nur danach abstufen, ob die Reise von dem Advocaten, dem Advocatencandidaten oder einem Kanzleibediensteten unternommen wurde, und sämmtliche Manipulationsgebühren. Bei den übrigen Leistungen richtet sich die Abstufung gewöhnlich nach dem Werth oder Betrag (z. B. unter 50 fl.; von 50—200 fl.; zwischen 200 u. 500, zwischen 500 u. 1000, über 1000 fl.), und hier ist dann, jedoch nicht nach gleichmäßig festgehaltenen Sätzen, meist die erste Klasse am höchsten taxirt, zuweilen auch ein absolutes Maximum bestimmt, welches auch beim höchsten Werth oder Betrag nicht überschritten werden soll.

Im Ganzen haben die Neuerungen dieses Tarifs die Stellung der österreichischen Anwälte nicht eben wohlthuend berührt, aber man wird über den Erfolg erst nach längerer Dauer der Geltung urtheilen können.

Blicken wir zurück auf die diesmalige Uebersicht der Rechtsentwicklung, so zeigt sie uns, daß es großentheils gleichartige Aufgaben sind, mit deren Bewältigung sich die Gesetzgebung der sämmtlichen deutschen Stämme beschäftigt. Je gleichmäßiger die Lösung dieser Aufgaben ausfällt, desto mehr muß überall das Bewußtsein der staatlichen Getrenntheit gegen dasjenige der nationalen Zusammengehörigkeit zurücktreten.

(Beifall.)

Präsident: Wir haben dem Herrn Berichterstatter unseren Dank abzustatten für seinen Bericht, der den Mitgliedern vollständig in den Drucksachen mitgetheilt werden wird.

M. H., nun kommen wir zum vierten Gegenstande: Geschäftliche Mittheilungen.

Vor allen Dingen eine interessante Mittheilung, die Sie gewiß gern vernehmen werden. Die internationale criminalistische Vereinigung, die zu Christiania in Norwegen getagt hat, hat beschlossen, einen Holtzendorff-Fonds zu gründen in Anerkennung der Verdienste unseres früheren Mitgliedes, das ja bei der Stiftung des Juristentages sich sehr eingehend und wirksam betheiligt hat, des verstorbenen Professors von Holtzendorff. Es ist das Ersuchen an die ständige Deputation gerichtet worden, zu diesem Fonds einen Beitrag zu geben, und es hat die Deputation beschlossen, Ihnen zu empfehlen, aus unseren Mitteln 500 Mark wegen der persönlichen Verdienste Holtzendorff's um den Juristentag zu bewilligen.

(Bravo!).

Ich darf annehmen, daß Widerspruch dagegen von Ihrer Seite nicht erhoben wird.

(Es folgt die Anweisung über die Bezeichnung von Vertrauensmännern für die Wahl der ständigen Deputation.)

Es wird zweckmäßig sein, übermorgen Vormittags vor der Sitzung die Vertrauensmänner zusammenzuberufen, und ich bitte, mich zu benachrichtigen über die Personen, welche gewählt worden sind. Ich erinnere daran, daß 9 Mitglieder aus jeder Abtheilung zu benennen sind. Dazu tritt der Präsident der Abtheilung nach Herkommen, so daß 30 Mitglieder zu berufen sind: je 9 durch Wahlen und der Präsident der Abtheilung. Hierzu kommen dann noch der Präsident des Plenums und die Vicepräsidenten, so daß der Vertrauensmänner-Ausschuß im Ganzen aus 35 Personen besteht.

Sodann habe ich Ihnen noch anzuzeigen, daß die Sitzungen der Abtheilungen in den Localen, die ich bereits angegeben habe, heute präcise 11 Uhr beginnen und daß wir eine halbstündige Pause jetzt zur Verfügung haben. Ich bitte Sie, sich recht präcise wieder einzufinden, damit die Arbeiten rechtzeitig beginnen können.

Folgen einige geschäftliche Mittheilungen. —

(Schluß der Sitzung 10 Uhr 20 Minuten.)

Erste Sitzung der ersten Abtheilung
am Donnerstag, den 10. September 1891.

(Beginn: Vormittags 11 Uhr.)

Auf den Vorschlag des Justizraths Makower aus Ber' im Auftrage der ständigen Deputation die Sitzung eröffnet Reichsgerichts=Senatspräsident Dr. Drechsler aus Leipzig ' mation zum Vorsitzenden gewählt, welcher seinerseits dc Präsidenten Thomsen aus Münster zum stellvertretend und die Professoren Dr. Kipp aus Kiel und Dr. Fr aus Königsberg zu Schriftführern beruft.

Vorsitzender: Der ersten Abtheilung sind zugewiesen die in der vorläufigen Tagesordnung Nr. 1—5 verzeichneten Gegenstände. Wir wollen für die Berathung die dort festgestellte Reihenfolge innehalten und haben daher zunächst die Frage 1. zu erörtern:

> Wie ist den Mißbräuchen, welche sich bei den Abzahlungsgeschäften herausgestellt haben, entgegenzuwirken?

Es liegen Gutachten vor von den Herren Justizrath Wilke und Professor Dr. Heck in Berlin. Als Referenten sind bestellt die Herren Justizrath Makower zu Berlin und Landrichter Dove zu Frankfurt a. M. Wie mir Herr Justizrath Makower mittheilt, wird der letztere zuerst die Güte haben, uns seinen Bericht zu geben, und ich ersuche ihn, das Wort zu nehmen.

Referent Landrichter **Dove** (Frankfurt a. M.): M. H.! Ehe ich zur Sache selbst übergehe, gestatten Sie mir, die Grenzen zu bezeichnen, in denen meine Ausführungen sich bewegen. Dieselben sind zunächst durch die Stellung der Frage selbst gegeben. Es wird nicht gefragt, ob sich bei den Abzahlungsgeschäften Mißbräuche herausgestellt haben, sondern das Vorhandensein dieser Mißstände wird unterstellt. Auf der anderen Seite ist die gänzliche Beseitigung des Instituts nicht in's Auge gefaßt, sondern es werden nur Vorschläge verlangt, wie den vorhandenen Miß=

ständen zu steuern ist. Es muß das gleich von vornherein hervorgehoben werden, denn die Kreise, von denen hauptsächlich die Agitation gegen die Abzahlungsgeschäfte ausgeht, die Vereine, die unter allerhand wohlklingenden Namen doch in erster Linie die Interessen ihrer Mitglieder wahrnehmen, sind durchaus nicht blöde gewesen und haben zum Theil die gänzliche Beseitigung der Abzahlungsgeschäfte verlangt. Der Verein zur Wahrung der gewerblichen Interessen für Aachen und Burtscheid will sie sogar dreimal todtschlagen, indem er verlangt, einmal: Verträge dieser Geschäfte sollen für rechtsungültig erklärt werden, zweitens: die Geschäfte selbst sollen unter strenge polizeiliche Controle gestellt werden, und außerdem will er sie noch besonders besteuern. Warum die rechtsunfähige Leiche noch polizeilich überwacht werden soll, und was besteuert werden soll, das wird dabei allerdings nicht klar, wie überhaupt die Eingabe dieses Vereins zwar von Beschuldigungen wimmelt, aber sehr wenige greifbare Thatsachen mittheilt. Als Gegenstück mag eine andere Petition an den Reichstag erwähnt werden, in welcher ein gesetzliches Verbot aller Agitationen und Angriffe gegen die Abzahlungsgeschäfte gefordert wird.

M. H.! Weiterhin haben wir es hier mit einer Frage de lege ferenda zu thun. Wenn auch der herrschende Rechtszustand berührt werden darf und berührt werden muß, so ist es doch nicht Sache des Juristentages, die Lösung von Schwierigkeiten, die sich in der Praxis bieten, auf dem Boden des geltenden Rechts zu suchen, sondern er wird auch in diesem Falle, wie er es über ein Vierteljahrhundert gethan hat, bestrebt sein, der Gesetzgebung vorzuarbeiten; und in diesem Stadium befindet sich die Frage auch. In Oesterreich liegt bereits ein Gesetzentwurf vor und hat den Gegenstand der Berathung im Reichsrathe gebildet, und bei uns in Deutschland werden ebenfalls Vorbereitungen getroffen, um die Gesetzgebung in Bewegung zu setzen. Ich möchte dabei gleich erwähnen, daß ich mich auch in localer Beziehung begrenzen und zwar mich beschränken werde auf das Deutsche Reich, denn wenn auch der Juristentag zu seiner Freude Mitglieder aus Oesterreich in seiner Mitte zählt, so ist doch sein Augenmerk vorwiegend auf die Entwickelung des Rechtszustandes im Deutschen Reiche gerichtet, und das Stadium, in welchem sich die Angelegenheit in Oesterreich befindet, gebietet den Factoren, die nicht zur Gesetzgebung berufen sind, eine gewisse Zurückhaltung und Enthaltsamkeit. Ist nun auch zuzugeben, daß die parallele Entwickelung des Rechtszustandes in beiden Ländern Analogien bietet, und daß die Erfahrungen des einen für das andere nutzbar gemacht werden können, so ist auf der anderen Seite nicht zu übersehen, daß es sich um nicht nur staatlich, sondern auch volkswirthschaftlich von einander abgegrenzte Gebiete handelt, so daß die Erscheinungen in dem einen sich keineswegs mit denjenigen in dem anderen decken, und daß ebenso auch die Folgerungen, die aus diesen Erscheinungen zu ziehen sind, nur mit großer Vorsicht übertragen werden dürfen von dem einen Gebiet auf das andere. Ueberhaupt bewegen wir uns auf einem Gebiete, auf dem Vorsicht dringend erforderlich und rathsam ist. Klagen werden zwar genug erhoben, weniger freilich von den angeblich Geschädigten, als vorwiegend von den Eingangs erwähnten Concurrenten; aber um diese Klagen auf ihre Berechtigung hin zu prüfen, dazu fehlt vielfach das nöthige thatsächliche Material. Es liegt eine Reihe von Handelskammerberichten vor, ferner einige dankenswerthe Monographien, unter anderen von Cohen und Hausmann und die Gutachten unserer beiden Herren Collegen, Justizrath Wilke und Professor Dr. Heck; was uns aber fehlt, das ist eine in's Einzelne gehende sorgsame Enquete, die sich an die Quelle direct wendet und diejenigen befragt, die es angeht, die Verkäufer auf Abzahlung und insbesondere die Käufer, wie überhaupt bei uns die Methode derartiger Erhebungen, im Vergleich beispielsweise mit der englischen, noch weit zurück ist. Und das gilt nicht nur von unseren officiellen Erhebungen, sondern auch von der Methode unserer socialen Wissenschaft, die noch immer vorwiegend deductiv verfährt mit einzelnen rühmlichen Ausnahmen. Sind wir so auf ein ziemlich enges Material beschränkt, so werden wir bemüht sein müssen, dasselbe, soweit es möglich ist, nutzbar zu machen, aus den vorhandenen Erscheinungen die vorhandenen Mißstände zu erklären und auf Mittel zu sinnen, um ihnen abzuhelfen. Vor zweierlei werden wir uns aber dabei hüten müssen, einmal davor, unserem Rechte Gewalt anzuthun, um den gewünschten Erfolg zu erreichen, und zweitens davor, gleich dem Bären, der seinen schlafenden Herrn bewacht, zum Felsblock zu greifen, um die stets wiederkehrende Fliege zu verscheuchen, und dabei den Schädel des Schlummernden zu zertrümmern.

Gehe ich nun zur Sache selbst über. Das Abzahlungsgeschäft ist keine Erscheinung neuestens Datums, aber es hat doch im neueren wirthschaftlichen Leben, in der neueren wirthschaftlichen Entwicklung eine gegen früher sehr erheblich gesteigerte Bedeutung und einen sehr erheblich gesteigerten Umfang erlangt. Es tritt unter verschiedenen Rechtsformen auf und zwar je nach dem Rechtsgebiet, in dem es zur Wirksamkeit kommen soll, und es sucht auf diese Weise den Conflict mit den Vorschriften des betreffenden Rechtsgebiets zu vermeiden. Diese Proteusnatur der Abzahlungsgeschäfte hat öfter dazu geführt, daß man die betreffenden Verträge als simulirt oder in fraudem legis geschlossen und deshalb als ungültig hat behandeln wollen, meines Erachtens mit Unrecht. Es ist nur so viel richtig, daß die Parteien den wirthschaftlichen Erfolg, den der Gesetzgeber durch das Verbot oder die Beschränkung eines Rechtsbehelfs hat verhindern wollen, also z. B. den Erfolg des Eigenthumsvorbehalts oder der Mobiliarhypothek, auf einem anderen Wege zu erreichen suchen; aber sie wollen nichts anderes als sie sagen, sie wollen z. B. in der That zunächst nicht kaufen oder verkaufen, sondern sie wollen einen Miethvertrag abschließen, diesen erst später in einen Kaufvertrag übergehen lassen und den letzteren an die Suspensivbedingung der letzten Ratenzahlung knüpfen. Sie simuliren also nicht; sie wollen das Gesagte, weil sie unter Eigenthumsvorbehalt nicht verkaufen und kaufen dürfen; aber sie suchen nicht das verbotene Rechtsinstitut etwa durch die Hinterthür hineinzubringen, sondern sie suchen andere Wege, um zu demselben Resultate zu kommen, Wege, die ihnen die Vorschriften des Rechts nicht verlegen. Das mag Schlauheit sein, es ist aber meines Erachtens keine fraus, und demgemäß sind ihre Verträge de lege lata nicht zu beanstanden. Dasjenige, was nun charakteristisch ist für das Abzahlungsgeschäft in allen seinen verschiedenen Formen, das ist der Gedanke der Ausdehnung des Credits auf Volkskreise, die vermöge der geringen Sicherheit, die sie infolge ihrer Vermögenslage bieten, an sich diesen Credit nicht genießen, die aber um so mehr seiner bedürftig sind, als sie nicht in der Lage sind, selbst über Kapital zu verfügen oder solches anzusammeln. Wie wird der betreffende Erfolg nun erreicht? Da, wo der Eigenthumsvorbehalt zulässig ist, also im Wesentlichen im Gebiete des gemeinen Rechts, wird vereinbart, daß das Eigenthum der verkauften Sache vorbehalten bleiben soll dem Verkäufer und erst dann auf den Käufer übergehen soll, wenn der Kaufpreis in Raten vollkommen gezahlt ist. Die gemeinrechtliche Streitfrage, ob dem pactum reservati dominii die Bedeutung einer Suspensiv- oder einer Resolutivbedingung zukommt, wird durch den zweifellosen Wortlaut der Verträge in der Regel in dem Sinne entschieden, daß im vorliegenden Falle die Clausel die Bedeutung der Suspensivbedingung haben soll. Daß das zulässig ist, daß insoweit die Disposition der Parteien rechtsbeständig ist, wird wohl allgemein im gemeinen Recht angenommen. Die betreffende Streitfrage ist im preußischen Landrecht bekanntlich im entgegengesetzten Sinne entschieden worden, indem nach Theil I Titel 11 § 266 dem Eigenthumsvorbehalt die Bedeutung einer Resolutivbedingung kraft des Gesetzes beigelegt ist. Aber auch diese Bestimmung hat nach der Rechtsprechung des Obertribunals lediglich dispositive Bedeutung, unterliegt also der Abänderung der Parteien im einzelnen Falle. Dennoch hat sich im Gebiete des preußischen Landrechts, sei es vor der Entscheidung des Obertribunals sei es aus Mangel an Vertrauen in die Beständigkeit der Rechtsprechung mehr die andere Form, die des sogenannten Möbelleihvertrags ausgebildet. Bei diesem wird zunächst ein Miethsverhältnis constituirt, und es wird bestimmt, daß, wenn die gezahlten Miethsraten den von vornherein fixirten Werth der gemietheten Sache erreichen, dann das Eigenthum der erkauften Sache auf den Miether übertragen werden soll. Im Einzelnen sind natürlich die Formulare, die verwendet werden, sehr verschieden; ich kann da auf die sehr dankenswerthe Zusammenstellung in den beiden Monographien von Hausmann und Cohen verweisen, falls einige von Ihnen sich im Einzelnen dafür interessiren; aber die beiden angegebenen Formen erscheinen als die typischen Grundformen.

Wenn wir uns nun fragen, welche Vortheile und welche Nachtheile das betreffende Rechtsinstitut hat, so liegt einerseits der Gedanke nahe, daß, da es sich im wirthschaftlichen Leben ausgebildet hat, es auch einem wirthschaftlichen Bedürfniß entspricht, und so ist es auch. Wie ich bereits erwähnte, ist der Grundgedanke derjenige der Ausdehnung des Credits auf an sich infolge ihrer Vermögenslage nicht creditfähige und creditwürdige Kreise. In dem großen Concurrenzkampfe, den gerade in unserer Zeit der Großbetrieb mit dem Kleinbetriebe führt, ist es eins der wesentlichsten Momente, welche das erdrückende Uebergewicht des großen über den kleinen Producenten begründen, daß der große im Stande ist, vermöge seines Kapitals und seines Credits Maschinen anzuschaffen, daß er im Stande ist, die Kräfte der Natur und die Hilfsmittel einer hochentwickelten Technik sich zu Nutze zu machen, während der Weber im Eulengebirge und der sonstige Hausindustrielle, über sein Arbeitstischchen gebeugt, in langen mühevollen Stunden nicht das zu Stande bringt, was wenige heiße Athemzüge aus den Fabrikschloten im Umsehen schaffen. Die Technik ist jetzt bemüht, das Unrecht, das sie an den Menschen durch Erweiterung der socialen Kluft begangen hat, dadurch wieder gut zu machen, daß sie durch Erfindung und Einführung kleiner Motoren auch dem Kleinen und Armen ermöglicht, sich die Kräfte der Natur und die Hilfsmittel der Technik dienstbar zu machen und so in dem harten Kampfe, den er zu bestehen hat, besser ausgerüstet zu erscheinen. Das Recht durfte nicht zurückbleiben, und eine Rechtsform, um dieses Ziel zu erreichen, ist das Abzahlungsgeschäft. Das ist seine berechtigtste Function, eine so berechtigte, daß wir bei jedem Schritt, den wir bei der Bekämpfung der Mißbräuche thun, uns die Frage vorlegen müssen, ob die betreffenden Maßregeln, die vorgeschlagen sind, auch dem Geschäft noch die Lebensbedingungen erhalten oder sie ihm abschneiden.

Es ist nun keine Frage, daß andererseits eine erhebliche Anzahl von

Mißbräuchen bei diesem Geschäftsbetrieb vorkommt. Der Grundgedanke, wie ich hervorhob, ist berechtigt da, wo es sich um die Veräußerung von Productionsmitteln handelt — es sind die Beispiele, die da angeführt werden, die typischen Beispiele, vor Allem die Nähmaschine der armen Näherin, die in allen Handelskammerberichten vorkommt; und wie groß der Umfang dieser Industrie und des Vertriebes der betreffenden Maschinen ist, geht daraus hervor, daß nach dem Bericht der „Concordia, Verein deutscher Nähmaschinenfabrikanten", über die Hälfte sämmtlicher Nähmaschinen auf Abzahlung erkauft wird, und nach dem Berichte der Handelskammer in Bielefeld in ihrem Bezirke mehr als zwei Drittel aller daselbst angefertigten Nähmaschinen. Bei anderen Industrien ist es ähnlich, z. B. bei den Clavierfabriken; ferner hebt ein sächsischer Handelskammerbericht hervor, daß dort die Stickmaschinen vorwiegend im Wege des Abzahlungsgeschäfts verkauft werden.

Ich bemerkte, daß dies die berechtigtste Function der Abzahlungsgeschäfte ist; sie sind auch da berechtigt, wo es sich darum handelt, die Anschaffung von Gegenständen von dauerndem Werth, Hauseinrichtungen u. s. w. dem Einzelnen zu ermöglichen. Dagegen läßt sich nicht verkennen, daß es ein arger Mißstand ist, und daß der berechtigte Grundgedanke zur Carricatur wird, wenn allerhand Flittertand, Ratenloose, Uhrketten, Spiegel und was dergleichen Dinge mehr sind, im Wege des Abzahlungsgeschäfts veräußert, von Haus zu Haus getragen werden. Wir stehen nicht mehr auf dem Standpunkte, von Obrigkeitswegen das Maß des einer jeden socialen Classe zukommenden Luxus und Aufwandes bestimmen zu wollen; aber es läßt sich nicht bestreiten, daß hier in der für den Augenblick erleichterten Form des Erwerbes, in dem geringen Opfer, das zunächst der Erwerber eines auf Abzahlung verkauften Gegenstandes zu bringen hat, ein Mißstand zu erblicken ist, und in der That wird dieses auch von Vielen als einer der erheblichsten Mißstände hervorgehoben. Ehe ich aber dazu übergehe, die Heilmittel, die von verschiedenen Seiten vorgeschlagen sind, hier vorzuführen, sei mir gestattet, kurz die sonstigen Vorzüge und Nachtheile, die dem Institute nachgerühmt bezw. ihm vorgehalten werden, hier anzuführen.

Es wird als Vorzug insbesondere geltend gemacht, daß das Abzahlungsgeschäft den Spartrieb befördert, daß es dem Geldborgsystem und damit dem Geldwucher entgegenwirkt, daß es ferner die Eheschließung befördert, was ja auch wirthschaftlich im Allgemeinen als ein Vortheil angesehen wird, (Bewegung), und daß es außerdem dem Einzelnen, der in eine schwierige und schlimme Lage gekommen ist, ermöglicht, sich den pfandfreien Besitz einer Anzahl für sein Weiterkommen und sein Herausarbeiten aus seiner schwierigen Lage nothwendigen Gegenstände zu verschaffen. Als Nachtheile werden auf der anderen Seite hervorgehoben die häufig schlechte Qualität der erkauften Waaren, die Uebermäßigkeit der gezahlten Preise, selbst unter Berücksichtigung des Verzugszinses und der Gefahrenprämie, die ja selbstverständlich auf den Kaufpreis geschlagen werden muß, und hauptsächlich die übliche Form dieser Verträge, der zum Vorwurf gemacht wird, daß durch sie das ohnehin vorhandene Uebergewicht des wirthschaftlich stärkeren Verkäufers über den Käufer erheblich gesteigert und zu einem erdrückenden gemacht, und daß dadurch die Gefahr der Ausbeutung nahegelegt werde. Als diejenigen Vertragsbestimmungen, denen man eine derartige schädliche Function insbesondere nachsagt, sind zu erwähnen der Eigenthumsvorbehalt, sodann die sogenannte Verwirkungsclausel, wonach im Falle des Ausbleibens einer Rate die betreffende auf Abzahlung, unter Eigenthumsvorbehalt verkaufte oder vermiethetete Sache zurückgenommen werden kann, die bisher gezahlten Raten aber gleichsam als Conventionalstrafe dem Veräußerer verfallen sind; ferner die Fälligkeitsclausel, wonach die gleiche Voraussetzung die Fälligkeit der späteren, sonst noch nicht fälligen Raten herbeiführt, die Clausel, die uns Allen ja aus den gerichtlichen Vergleichen sehr bekannt ist. Ich will gleich bemerken, daß die letztere Clausel in Deutschland weit weniger zu Klagen Anlaß gegeben hat als in Oesterreich, daß bei uns der Streit wesentlich um die Verwirklichung der Verwirkungsclausel sich dreht. Was noch nebenher erwähnt wird, sind eigentlich Dinge, die dem Abzahlungsgeschäft nicht charakteristisch sind, von denen aber gesagt wird, daß sie hier in besonders scharfer und besonders schädlicher Weise hervortreten. Es ist das insbesondere die Clausel, vermöge welcher der Käufer sich verpflichtet, das Eindringen des Verkäufers in seine Wohnung und das Verweilen in derselben zur Abholung der nicht voll bezahlten Gegenstände jederzeit zu gestatten, insofern also auf die Geltendmachung seines Hausrechts zu verzichten, eine Clausel, die nach meinem Dafürhalten zwar rechtsungültig ist, da sie die Verfügung über ein Recht enthält, über das der Privatperson die Verfügung nicht zusteht, die aber immerhin einschüchternd wirken mag. Weiterhin wird die Clausel, wonach der Käufer verpflichtet ist, die Kosten etwaiger Interventionsprocesse zu tragen, ferner diejenige, wonach er sich verpflichtet, jede Wohnungsänderung binnen einer bestimmten Frist dem Verkäufer anzuzeigen, als beschwerlich hervorgehoben. Endlich klagt man auch noch über allerlei, was sich beim Abzahlungsgeschäft nicht mehr und nicht weniger findet als bei andern Geschäften; dahin gehört die Klage über übermäßige Reclame, über Zudringlichkeit und

Unverschämtheit der Verkäufer und Agenten, ferner darüber, daß die Käufer die Verträge unterschreiben, ohne sie zu lesen, und was dergleichen Klagen mehr sind.

Was nun die Mittel betrifft, um diesen Mißständen abzuhelfen, so sind dieselben so zahlreich wie die Aerzte, die sie verschrieben haben, ja noch zahlreicher, denn einzelne von ihnen warten mit einer ganzen Reihe von Vorschlägen auf. Herr Professor Heck, unser Gutachter, hat sich das große Verdienst erworben, eine übersichtliche und orientirende Zusammenstellung aller verschiedenen Verbesserungsvorschläge am Schlusse seines Gutachtens zu geben, das Ihnen Allen zur Hand ist. Wenn ich freilich die stattliche Anzahl seiner eigenen Vorschläge, die er in die Form eines Gesetzentwurfs gebracht hat, ansehe, so komme ich zu dem Resultat: dabei kann ein Abzahlungsgeschäft nicht bestehen, es wird auch so todtgeschlagen, zwar nicht auf einmal, aber doch in Raten. Es giebt nun verschiedene Gebiete, auf denen die Hilfe gegen die vorhandenen Mißstände gesucht wird. Man kann als Kategorien aufstellen das Gebiet des Civilrechts, das Gebiet des Strafrechts, das Gebiet des Gewerbepolizeirechts und das Gebiet des Besteuerungswesens. Um das letztere vorwegzunehmen, so hat der Gedanke, die Abzahlungsgeschäfte einer besonderen Steuer gleich den Wanderlagern zu unterwerfen, sehr wenig Anklang gefunden. Man ist mit Recht von der Erwägung ausgegangen, daß, wenn man die Berechtigung des Instituts anerkennt — und das thun eigentlich alle nicht interessirten Beurtheiler, beseitigen will es ausdrücklich Niemand — dann eine Steuer das Geschäft entweder todt macht oder, wenn es dabei existiren kann, wesentlich die Folge haben würde, daß durch Zuschläge zum Kaufpreise die Steuer, die den Verkäufer treffen soll, auf den Käufer abgewälzt wird, dem doch gerade geholfen werden soll; wie denn überhaupt der Gesichtspunkt nicht aus den Augen gelassen werden kann, daß zu große Erschwerung der Lebensbedingungen eines Geschäfts häufig den entgegengesetzten Erfolg herbeiführt, als beabsichtigt ist, indem die Bedingungen, die den Käufern gestellt werden, alsdann um so härter werden.

Uns als Juristen interessiren natürlich diejenigen Reformvorschläge vorwiegend, die sich auf dem Gebiete des Rechts, und zwar besonders auf dem Gebiete des Civilrechts bewegen. Diese Vorschläge haben von vornherein mit zwei Momenten zu rechnen, einmal mit dem Moment, daß die Abzahlungsgeschäfte nach dem herrschenden Rechtszustande dem Handelsrechte unterliegen, daß sie also die Privilegien des Handelsrechts gegenüber den im Civilrecht noch bestehenden Beschränkungen der Vertragsfreiheit genießen, und zweitens mit dem Moment des am Horizonte auftauchenden bürgerlichen Gesetzbuchs. Was den ersteren Gesichtspunkt betrifft, so hat er wiederholt zu dem Vorschlage geführt, das Handelsrecht für den Specialbetrieb der Abzahlungsgeschäfte wenigstens insoweit auszuschließen, als das Geschäft sich nicht auf Seiten des Erwerbers als ein Handelsgeschäft darstellt. Ich kann diesem Vorschlage nicht zustimmen. Sofern man dessen Ausführung durch das bürgerliche Gesetzbuch im Auge hat, kann man sie diesem überlassen; denn es wird doch nöthig sein, daß das bürgerliche Gesetzbuch sich mit dem Handelsgesetzbuch auseinandersetzt über die Stellung, die es ihm gegenüber einzunehmen hat, sei es, daß das mit einer Revision des Handelsgesetzbuchs verbunden wird, oder auf irgend eine andere Weise. Soweit man aber die Ausführung durch ein Specialgesetz im Auge hat, würde dieses Specialgesetz den allgemeinen Bestimmungen des Handelsgesetzbuchs für den Betrieb der Abzahlungsgeschäfte derogiren. Es wäre deßhalb auch vom Standpunkt derjenigen, welche die betreffenden Aenderungen wünschen, meines Erachtens nicht rathsam, eine solche Neuerung eintreten zu lassen; sie wäre aber auch auf der anderen Seite meines Erachtens schädlich, denn derartige Bestimmungen würden an die Stelle des gemeinen Rechts ein Sonderrecht setzen, es würde dies also einen Rückschritt in dem so wünschenswerthen Streben nach Rechtseinheit darstellen. Was sodann das Verhältniß zum bürgerlichen Gesetzbuch betrifft, so ist es ja erklärlich, daß die Reformfreunde sich nicht gern auf die Fata morgana vertrösten lassen; es läßt sich aber auch auf der anderen Seite nicht verkennen, daß eine grundstürzende Aenderung wesentlicher Rechtsgebiete ohne Rücksicht auf das bürgerliche Gesetzbuch, ohne Rücksicht auf den Entwurf des bürgerlichen Gesetzbuchs nicht gut möglich erscheint. Was den Entwurf angeht, so meine ich, können wir mit ihm nur in der Form rechnen, wie er vorliegt, und es steht noch dahin, ob die Hoffnungen auf einen socialpolitischen Messias, der bei Gelegenheit der Regelung unseres bürgerlichen Rechts dem tausendfältigen Weh und Ach, das im wirthschaftlichen Leben zu Tage tritt, abhilft, im vollen Maße berechtigt sind und in Erfüllung gehen können. Rechnen wir aber mit dem Entwurfe, wie er vorliegt, so haben wir zunächst hervorzuheben, daß der Entwurf den Eigenthumsvorbehalt zwar nicht ausdrücklich, aber stillschweigend mangels entgegenstehender Rechtsvorschriften anerkennt, eine Auffassung, die in den Motiven durchaus bestätigt wird. Da würde es nun allerdings nach meinem Dafürhalten einem Specialgesetze nicht zukommen, ihn gerade auf dem Gebiete, auf dem er seine wesentlichste Anwendung zu finden hat, zu beseitigen. In der That verkennen auch die Schriftsteller über die Abzahlungsgeschäfte fast durchweg nicht, daß es der Gewährung starker und daher dinglicher Sicherungsmittel bedarf, um den Veräußerer sicher zu stellen. Es handelt sich dabei nicht lediglich um das Verhältniß des Veräußerers und des Käufers, sondern es handelt sich sehr häufig, wie wir das in der Praxis zu beobachten Gelegenheit haben, um das Verhältniß zu den dritten Gläubigern des Käufers. Dieser Gesichtspunkt ist so wesentlich, daß ich aus meiner, allerdings nicht sehr umfassenden Praxis auf diesem Gebiete sagen kann: mir ist der Fall am häufigsten vorgekommen, daß der Verkäufer und der Käufer, um mich vulgär auszudrücken, an demselben Strange ziehen, daß sie gleiche Interessen, parallele Interessen vertreten, der Veräußerer sein Eigenthums-, der Käufer sein Nutzungsrecht, beide aber gegenüber dem dritten Gläubiger.

Man hat nun aber die Frage in Verbindung gebracht mit der Reform unseres Mobilienpfandrechts, die ja auch sonst als wünschenswerth erkannt ist. Eine so wichtige und wesentliche Stimme wie die Otto Bähr's hat auf diesem Gebiete Abhilfe der vorhandenen Mißstände gesucht; er hat gelegentlich der Besprechung einer Leist'schen Schrift über die Sicherung der Forderungen vorgeschlagen, dem Eigenthumsvorbehalt, welchen der Verkäufer einer beweglichen Sache constituirt zur Sicherung für den rückständigen Kaufpreis, nur die Bedeutung eines Pfandrechts beizulegen, insoweit also das Verbot der Mobiliarhypothek aufzuheben. Auch von anderen Seiten sind ähnliche Vorschläge gemacht worden. Es berühren sich jene Vorschläge insofern, als sie an die Stelle des Eigenthums lediglich ein Verkaufsrecht setzen, mit den meisten die Verwirkungsclausel berührenden Vorschlägen, insbesondere mit denen unserer Herren Gutachter — wenigstens kommen auch in ihren Gutachten solche vor — Justizrath Wilke und Professor Heck, sowie mit denen von Hausmann und Cohen und von Cosack. Cosack zieht die Analogie des Verbots der lex commissoria beim Pfandvertrage heran und erachtet sogar das Verbot der lex commissoria beim Pfandvertrage direct anwendbar auf den Eigenthumsvorbehalt, indem er jeden Vertrag, durch welchen einem Gläubiger für eine außenstehende Schuld ein dingliches Recht an einer beweglichen Sache vorbehalten oder eingeräumt wird, den Regeln des Faustpfandes unterworfen wissen will. Die Vorschläge, die dieses Gebiet betreffen, sind sehr mannichfaltig und gehen weit auseinander, aber sie haben, wie gesagt, gewisse Grundgedanken gemein. Cohen und Hausmann sind selbstständig, ohne voneinander zu wissen, auf denselben Gedanken gekommen. Sie knüpfen ihren Vorschlag in sehr glücklicher Weise an die Bestimmungen des Entwurfs eines bürgerlichen Gesetzbuchs in § 427, der von den Wirkungen der Vertragsauflösung handelt, an, indem sie die Bestimmungen, die im Entwurfe nur dispositiv hingestellt, also der Abänderung durch die Parteien unterworfen werden sollen, absolut hinstellen wollen, so daß bei der Auflösung auch des Ratenverkaufs der alte Zustand herbeizuführen sein würde, daß die Sache zwar herauszugeben, andererseits aber auch die gezahlten Raten zu erstatten sein würden, soweit dieselben nicht durch die bisherige Nutzung und Abnutzung der herauszugebenden Sache etwa consumirt sein sollten. Wie gesagt, sind die Vorschläge sehr mannigfaltig, und man kann sagen, der Eine widerlegt immer den Andern. Gegen Bähr und Cosack spricht neben anderen Gründen, die hier im einzelnen auszuführen zu weit führen würde und die namentlich Hausmann sehr hübsch entwickelt, vor Allem der Gesichtspunkt, daß nach der herrschenden Praxis, die ich auch, wie ich bereits bemerkte, für richtig halte, ihre Vorschläge den sogenannten Möbelleihvertrag nicht treffen. Um diesen Erfolg herbeizuführen, will unser Herr Gutachter Justizrath Wilke eine Bestimmung aufnehmen, vermöge deren jeder Vertrag, der die Erlangung des Eigenthums an einer beweglichen Sache gegen allmähliche Abzahlung zum Ziele oder zum Ergebniß hat, als Kaufvertrag anzusehen ist. Es ist keine Frage, daß es einer derartigen Bestimmung bedürfen würde, um den Vorschlägen zweifellose Wirksamkeit zu verschaffen; ich muß aber gestehen, daß ich kein Freund von Vorschriften bin, welche den Willen der Parteien von Rechts wegen in sein Gegentheil verkehren.

Man hat dann auf anderen Gebieten noch Abhilfe zu schaffen gesucht. Näher als die Analogie der lex commissoria beim Pfande liegt die der Conventionalstrafe, denn es ist keine Frage, daß der Verwirkungsclausel die Bedeutung einer Conventionalstrafe zukommt. Es ist doch der wesentliche Unterschied zwischen dieser Clausel und dem Verfall des Pfandes, daß beim Verfall des Pfandes die eigene Sache des Verpfänders ihm abhanden kommt, daß er also ein damnum emergens erleidet, während bei der Wegnahme der auf Abzahlung verkauften Sache eine dem Käufer nicht gehörige Sache ihm entzogen wird, insofern nur lucrum cessans vorliegt, und sein Schaden doch nur besteht in dem Verlust der bezahlten Raten, soweit deren Betrag die billige Entschädigung für die bisher genossene Nutzung und die billige Entschädigung für die Abnutzung der Sache übersteigt.

Ich muß aber noch einmal zurückgreifen auf die vorhin erwähnten Vorschläge von Bähr, Cosack, Cohen, Hausmann und unseren Gutachtern, weil ich vergessen habe zu erwähnen, daß ein sehr zweifelhafter und schwieriger Punkt dabei noch der folgende ist. Es wird nicht verkannt, daß dem Veräußerer nicht nur der Kaufpreis zusteht, sondern auch eine Entschädigung für die Gewährung der Nutzung und, wenn er die Sache wieder erhält, eine Entschädigung für deren Abnutzung. Es ergiebt sich nun aber die sehr schwierige Frage, wie diese Entschädigungssumme festzustellen ist. Wilke will diesen Zweck dadurch erreichen, daß er die öffentliche Versteigerung der betreffenden Sache eintreten läßt, die nur so weit durchgeführt werden soll, bis der Kaufpreis nebst 5 pCt. Zinsen bis zum Tage der Zahlung gedeckt ist, während das Eigenthum der übrigen Sachen dann dem Käufer wieder zufällt. M. H., ich glaube, Herr Justizrath Wilke macht sich da eine zu optimistische Vorstellung von dem Zustande, in dem sich die Sachen zu befinden pflegen, wenn sie wieder zurückgenommen werden und zur Veräußerung gelangen können. Ich glaube, daß sie in der Regel den Kaufpreis kaum decken werden, und es ist auch von Herrn Professor Heck mit vollem Recht dagegen geltend gemacht worden, daß dieses Verfahren die Gefahr der Verschleuderung und die Gefahr in sich birgt, daß durch Strohmänner oder auf sonstigem Wege wieder der Veräußerer den Besitz der Sache sich verschafft. Will man nun aber das Verkaufsrecht nicht, so ergiebt sich die weitere Frage, wie das Maß der Abnutzung festzustellen ist. Eine Einigung der einmal in Conflict gerathenen Parteien wird fast in allen Fällen ausgeschlossen sein, es wird zum Proceß kommen und in diesem zur Abschätzung durch Sachverständige. Das kostet bekanntlich Geld, und der Trost, daß der Unterliegende die Proceßkosten trägt, ist doch ein ziemlich leidiger, weil es sich hier um die stets unsichere Frage der Schätzung handelt und ferner, weil vermöge des Armenrechts in diesem Falle sehr häufig auch derjenige, der den Proceß gewinnt, schließlich die Kosten zu tragen haben wird.

Ich gehe nun zur Conventionalstrafe zurück. Ich sagte: es hat ja die Analogie der Conventionalstrafe viel für sich, es liegt in der That eine Art Conventionalstrafen-Moment in der Verwirkungsclausel drin, und es läßt sich auch auf der anderen Seite nicht verkennen, daß wenn die Freiheit der Conventionalstrafe bestehen bliebe neben irgend welchen, das Abzahlungsgeschäft und die Verwirkungsclausel betreffenden Verbotsgesetzen, dann die Gefahr immer die wäre, daß einfach durch Abschluß eines Conventionalstrafengedings das Gesetz umgangen würde. Es ist daher nur consequent, wenn Wilke auch auf diesem Gebiete Abhilfe schaffen und das Conventionalstrafengeding in diesem Falle für nichtig erklären will. Nun haben Sie, m. H., bei dem vorigen Juristentage beschlossen, ein richterliches Ermäßigungsrecht der Conventionalstrafe zu empfehlen. Ich muß mich der Ketzerei schuldig bekennen, einer der Wenigen gewesen zu sein, die gegen diese Resolution gestimmt haben, da ich kein Freund weitgehenden richterlichen Ermessens bin. Wenn es ein Weiser ist, der richtet, ist der Kadi gewiß der beste Richter; aber sie sind leider nicht Alle Weise, und die Conventionalstrafe wird doch gerade von den Parteien vereinbart, um dem unberechenbaren Ermessen des Richters entzogen zu sein. Man hört ja vielfach den Vorwurf gegen unsere Praxis, daß sie in der Taxe, in der Schätzung der Schäden viel zu bedenklich und unvollkommen sei! Aber, m. H., ich will mich auf den Boden Ihres Wunsches stellen und glaube, daß allerdings hier vielleicht der Hebel angesetzt werden kann, nur möchte es wohl gewisser Richtschnuren und gewisser Einschränkungen des richterlichen Ermessens bedürfen. Da bin ich nun zunächst mit Hausmann der Ansicht, daß nur derjenige unseres Schutzes würdig ist, der ohne Verschulden in die Lage gekommen ist, seinen Vertragsverpflichtungen nicht nachzukommen. Nimmt man an, daß bei der Conventionalstrafe bereits ein Schuldmoment Voraussetzung ist, so würde es durchaus angemessen sein, nur an die Voraussetzung eines Verschuldens den Verfall der gezahlten Raten zu knüpfen. Aber es wird doch auch noch gewisser anderer Richtschnuren für den Richter bedürfen, es wird auch zum Ausdruck gebracht werden müssen, daß ein ganz erhebliches Mißverhältniß zwischen der bisherigen Nutzung der Sache und dem dadurch dem Käufer erwachsenen Vortheil auf der einen Seite und dem durch den Ratenverfall dem Verkäufer zukommenden Vortheil auf der anderen Seite vorliegen muß; denn es soll doch nur der wirklichen Ausbeutung entgegengewirkt werden, und was ich bereits einmal erwähnte: wenn man darüber hinausgeht, unterliegt man der Gefahr, nur noch zu verschlimmern, die Bedingungen für den Käufer nur noch schlechter zu gestalten. Da liegt der Gedanke sehr nahe, die Abhilfe auf dem Gebiete der Wuchergesetzgebung zu suchen. Auch hier ist es der Gesichtspunkt der Ausbeutung der Creditnoth und zwar der Ausbeutung zu dem Zwecke, um sich übermäßige Vortheile versprechen zu lassen für die Gewährung des Credits, und es ist in der That schwer abzusehen, weshalb diese Ausbeutung der Creditnoth nur beim Darlehn strafbar und weshalb die betreffenden Verträge nur auf dem Gebiete des Darlehnsverkehrs nichtig sein sollen. Erkennt man eine segensreiche Wirkung des Wuchergesetzes an — die Frage ist bekanntlich nicht unbestritten; indessen wird ziemlich allgemein zugegeben, daß weniger direkte praktische Wirkung als eine gewisse Abschreckung dem Wuchergesetze nachzurühmen ist — erkennt man diese an, so wird es sehr nahe liegen, auf diesem Gebiete Abhilfe zu suchen, indem man eine Bestimmung dem Wuchergesetze hinzufügt, durch welche angeordnet wird, daß auch die Stundung des Kaufpreises einer auf Credit erkauften Sache als Stundung einer Geldsumme im Sinne des Wuchergesetzes anzusehen ist. Damit, m. H., hätten wir das Gebiet des reinen Civilrechts verlassen und uns auf ein Gebiet eines gemischten Systems von Civil- und Strafrecht begeben. Was sonst das Strafrecht betrifft, so ist seine Anwendung auf diesem Gebiete verhältnißmäßig beschränkt, es kommt ihm nur zu, die auf dem Wege des Civilrechts getroffenen Anordnungen zu leges perfectae zu machen.

Es giebt aber noch ein anderes Gebiet, auf welchem die Abhilfe der Mißstände gesucht wird, das ist das Gewerbepolizeirecht; ich möchte wenigstens diesem Gebiete noch zurechnen, obgleich es zweifelhaft erscheinen könnte, die Vorschläge, die gemacht werden, die Abzahlungsgeschäfte auf gewisse Gegenstände zu beschränken, also der von mir im Eingang erwähnten mißbräuchlichen Anwendung der Geschäftsform auf an sich ungeeignete und zu unnützem Aufwande führende Gegenstände entgegenzutreten durch ein Verbotsgesetz, sei es daß man es direct macht oder daß man den Erfolg indirect zu erreichen sucht, indem man die für die Abzahlungsgeschäfte charakteristischen Rechtsbehelfe den betreffenden Verträgen entzieht. Der Kreis der Sachen, die so von der uns beschäftigenden Geschäftsform ausgenommen werden, wird bald weiter, bald enger gezogen. Alle, die hier den Hebel ansetzen wollen, sind wohl darin einig, daß der Loosverkauf auszuschließen ist, denn der Spieltrieb verdient gewiß keine Förderung, die ihm ohnehin durch andere staatliche Einrichtungen zu Theil wird. Wenn man weitergeht, wie Wilke und wie Andere es thun wollen, und alle Luxusgegenstände ausschließen will, so unterliegt man der Gefahr, daß dieser Begriff ein außerordentlich zweifelhafter ist, und daß im einzelnen Falle etwas als Luxus angesehen werden kann oder nicht angesehen werden kann. Die Grenzen sind da außerordentlich fein. Ich erinnere z. B. an eine Uhr, die unter Umständen Luxus, unter Umständen ein sehr nothwendiges Möbel ist, und es kann meines Erachtens ein Geschäftsbetrieb sich darauf nicht einlassen, auf ein Treffen dieser feinen Grenze von Seiten des Richters im einzelnen Falle sich zu verlassen und darauf eine Industrie zu begründen. Ich glaube also, daß das zu weit geht. Ich würde aber nichts dagegen haben, dem Handel mit Werthpapieren die Geschäftsform des Abzahlungsgeschäfts zu verschließen. Bei den einem schwankenden Course unterliegenden Werthpapieren ist es ja besonders schwer für den geringen Mann, den wirklichen Werth der Sache festzustellen. Er hat den Courszettel nicht zur Hand, und wenn er ihn zur Hand hat, ist er nicht in der Lage, sich darin zurechtzufinden. Ich habe auch aus den Akten der Frankfurter Handelskammer, die mir zugänglich gewesen sind, festgestellt, daß gerade dieses Gebiet das einzige ist, auf dem die Klagen spontan aus den Kreisen der Geschädigten hervorgehen, während im Uebrigen lediglich die Vereine der Concurrenten es sind, die immer von Neuem die Frage zur Anregung bringen. Aber gerade auf dem Gebiete des Handels mit Werthpapieren scheint wirklich ein schwindelhaftes Verhalten häufig zu sein.

Man hat dann weiter die analogen Bestimmungen über die Pfandleiher anwenden wollen auf das uns beschäftigende Rechtsgeschäft. Herr Professor Heck geht auch in diesem Puncte außerordentlich weit; die Concessionspflicht empfiehlt außer ihm, meines Wissens, nur eine kleine Anzahl von Handelskammern. Ich weiß es nicht, ob die Pfandleiher, die man zur Zeit als eine Art Idealtypus von Geschäftsmännern hinstellt, wirklich alle Gentlemen sind; so viel weiß ich aber, daß es dem in Noth Gerathenen, der eine Sache zum Pfandhause trägt und später die Sache verfallen lassen muß, gleichgültig ist, ob er die hohen Zinsen von Rechtswegen zahlt, von Gesetzeswegen oder nicht, und ob die Sache verfällt zu Gunsten eines concessionirten oder eines nicht concessionirten Pfandleihers. Ich erwähne das nur, um darauf hinzuweisen, daß viel Elend und Noth an den Pfandhäusern klebt, und daß da keine Concession etwas hilft. Dazu kommen aber alle Nachtheile, welche die Concessionirung eines Gewerbebetriebs mit sich führt. Es ist ganz richtig, was Hausmann sagt, daß der Staat dann für jeden geleimten Stuhl verantwortlich gemacht werden wird, zwar nicht von verständigen Menschen, — aber mit denen haben wir es ja nicht zu thun, wir gehen gerade davon aus, daß wir die Unverständigen schützen wollen. Es kommt dazu, daß in unsere, ohnehin von Jahr zu Jahr mehr durchlöcherte Gewerbefreiheit eine weitere Bresche gelegt werden würde, daß noch mehr abhängige Existenzen geschaffen werden würden. Fernerhin würde es außerordentlich schwierig sein, die Grenze des concessionspflichtigen Gewerbebetriebes zu bestimmen. Jeden Nähmaschinenfabricanten, jeden Möbelhändler und jeden Pianofortefabricanten, der Abzahlungsgeschäfte abschließt, concessionspflichtig zu machen und unter polizeiliche Aufsicht zu stellen, so weit geht wohl Niemand, — das wäre die Vernichtung der Gewerbefreiheit — so weit geht auch Professor Heck nicht; aber sein Abzahlungsbazar ist, meines Erachtens, ein nicht genügend klarer Begriff, und er wird auch dadurch nicht klarer, daß das Kriterium aufgestellt wird: ein Geschäft, welches durch öffentliche Ankündigung oder durch die Bezeichnung des Geschäfts die allgemeine Gewährung von Credit in Aussicht stellt.

Muß ich mich so gegen die Concessionspflicht aussprechen, so ist es doch wohl möglich, der Anwendung anderer Gewerbeordnungsbestimmungen auf den Specialbetrieb der Abzahlungsgeschäfte ohne Gefährdung zuzustimmen. Ich stimme zunächst mit Herrn Justizrath Wilke darin überein, daß es gut sein würde, die Beurkundungspflicht der betreffenden Verträge anzuordnen, sowie die Aushändigung eines Exemplars des geschlossenen Vertrags an den Käufer, damit dessen begründetem oder unbegründetem Einwande, er habe das Ding nicht gelesen, auch auf diesem Gebiete ein Ende gemacht wird. Liest er ihn dann noch nicht, nun, dann müssen wir mit dem alten Ulpian sagen: stultis succurri non potest. Dann wird weiter geklagt in den interessanten Ausführungen, die Cohen in dieser Beziehung macht, über die Agenten und über die Verkäufer und deren theils brutales, theils unverschämtes Auftreten den Käufern gegenüber. Es ist ja sehr erklärlich, daß die Elemente, die aus anderen Theilen des Gewerbebetriebs vertrieben worden sind durch die Bestimmungen unserer Gewerbeordnungsnovelle, zum Theil gerade auf diesen Betrieb sich geworfen haben, in dem sie besonders unheilvoll wirken, und es liegt da der Gedanke nahe, die Bestimmungen der Gewerbeordnung — wenn dieselben sich bewährt haben, worüber mir das Material nicht zugänglich ist — über die Lösung einer Legitimationskarte und dergl. auszudehnen auf die sogenannten Stadtreisenden. Gründliche Abhilfe wird man allerdings den Klagen auf diese Weise auch nicht schaffen; sie kommen hauptsächlich daher, daß bei uns die Wahrnehmung des Hausrechts vielfach eine noch viel zu zaghafte ist. Doch das ist eine Frage, die dem Gebiete der sogenannten Selbsthilfe angehört, die aus meinen Erörterungen ausgeschlossen bleiben muß. Gerade auf diesem Gebiete bewegt sich eine Anzahl von Reformvorschlägen, auch von Reformvorschlägen, welche communale Einrichtungen, communale Abzahlungsgeschäfte und dergl. zum Gegenstande haben; aber ich glaube, wie gesagt, dieses Gebiet aus meinen Ausführungen ausschließen zu sollen.

Es ist aber noch weiter ein Hauptgesichtspunkt zu erwähnen, der als besonderer Mißstand hervorgehoben wird, das ist die Schädigung, die dem allgemeinen Credit dadurch erwachse, daß durch den Besitz der nicht im Eigenthum des Erwerbers befindlichen Sachen das Publicum über das Eigenthum dieser Sachen und mithin über die Creditwürdigkeit des betreffenden Erwerbers getäuscht werde. Man hat, um diesem Mißstande abzuhelfen, die Anbringung von Pfand- und Vorbehaltszeichen anordnen wollen. M. H., auch diesem Vorschlage kann ich mich nicht anschließen. Es heißt in der That, für einen Specialbetrieb unser ganzes Mobiliarpfandrecht auf den Kopf stellen, wenn man Derartiges anordnen will, und es würde außerdem die Folge davon wohl die sein, daß die Pfandzeichen in einer Art angebracht würden, daß der Zweck, den man erreichen will, doch nicht erreicht würde, daß sie irgendwo unsichtbar angebracht würden. Schließlich ist doch hervorzuheben, daß derjenige, der Credit giebt, sich vorsehen soll, und hier handelt es sich gewiß nicht um den Schutz des wirthschaftlich Schwachen. Zudem giebt es noch ein anderes Rechtsinstitut, welches die unberechtigte Präsumtion, daß Alles, was Jemand im Gewahrsam habe, sein Eigenthum sei, vollkommen über den Haufen wirft; das ist die Miethe und die Leihe. Ich glaube, daß die Mißstände, die auf diesem Gebiete vorliegen, nicht so erheblich sind, daß wir deswegen zu einer Umgestaltung unseres gesammten Mobiliarpfandrechts schreiten müßten.

Eine Clausel, die ich in der Praxis erlebt habe, und die allerdings auf diesem Gebiete, meines Erachtens, zu weit geht, so daß man sie deshalb untersagen könnte, ist die, daß der Eigenthumsvorbehalt ausgedehnt wird, daß also das ursprünglich geschlossene Geschäft durch den Hinzutritt später gekaufter Sachen prolongirt und nun das Eigenthum an sämmtlichen Gegenständen wieder vorbehalten wird bis zur schließlichen Bezahlung der letzten Kaufsumme, wodurch es in der That möglich ist, daß der Erwerber beständig im Besitze eines Mobiliarvermögens sich befindet, an das kein anderer Gläubiger heran kann. Das geht mir zu weit. Ich habe mir schon den Kopf zerbrochen, ob vom Standpunkt des geltenden Rechts dem beizukommen ist. Das ist nicht der Fall, und ich glaube, daß allerdings wohl das Verbot dieser Clausel angezeigt wäre. Ebenso dürfte dies bezüglich derjenigen Clausel angezeigt sein, in welcher auf die Geltendmachung des Hausrechts verzichtet wird; wenn sie auch ungültig ist, so wirkt sie doch, wie ich bemerkte, in einzelnen Fällen einschüchternd.

Was die sonst üblichen Clauseln betrifft, so will Herr Justizrath Wilke auch die Auflegung der Verpflichtung, die Kosten von Interventionsprocessen zu tragen, untersagen. Ich weiß eigentlich nicht, warum; ich finde, daß diese Vereinbarung nicht als unberechtigt erscheint, da es immerhin ein Moment ist, das der Verkäufer in seine Berechnung aufnehmen muß, und Interventionsprocesse auf diesem Gebiete in der That sehr häufig sind.

M. H.! Ich bin mit meinen Ausführungen am Schlusse. Sie werden nun von mir eine Resolution erwarten; ich muß aber gestehen, daß ich zunächst Bedenken trage, mit einer solchen hervorzutreten. Ich hatte eine Anzahl Resolutionen aufgestellt, die leider nicht rechtzeitig zum Druck kommen konnten. Aber ich glaube, die Debatte wird an Vorschlägen sehr fruchtbar sein, sodann aber werden wir bei der Unvollkommenheit des Materials auf der einen, bei der Art und Zusammensetzung des Juristentages auf der anderen Seite über sehr allgemein gehaltene nicht hinauskommen, und ich behalte mir vor, meinerseits Anträge im Laufe der Debatte zu stellen, eventuell mich dem von dem ersten Herrn Referenten, soviel ich weiß, vorbereiteten Antrage, den ich leider noch nicht seinem Wortlaute nach kenne, anzuschließen.

(Bravo!)

Referent Justizrath **Makower** (Berlin): M. H.! Es wird Ihnen von mir folgender Antrag unterbreitet:

Der Deutsche Juristentag wolle beschließen:

Macht bei einem Abzahlungsgeschäfte der Veräußerer von dem Rechte Gebrauch, die bedingt veräußerte Sache wegen unpünktlicher Zahlung einer Rate seitens des Käufers zurückzufordern, so hat er außerdem nur Anspruch auf eine angemessene Vergütung für den Gebrauch und die außergewöhnliche Abnutzung der Sache bis zum Rückempfang.

Diese Vergütung hat im Streitfalle der Richter nach freiem Ermessen festzusetzen und zu bestimmen, wie viel bei Rücklieferung der Sache der Veräußerer zurückzuzahlen oder der Käufer noch nachzuzahlen hat.

Sind mehrere Sachen gleichzeitig oder nacheinander für einen Gesammtpreis bedingt veräußert, so hat der Richter außerdem zu bestimmen, welche einzelnen Gegenstände als durch die Raten vollbezahlt zu erachten sind und dem Käufer zu Eigenthum verbleiben sollen.

Entgegenstehende Abreden sind ungültig.

Zu diesem Antrag bin ich durch folgende Erwägungen gelangt.

Jedes Rechtsgeschäft kann zu guten Zwecken dienen, aber auch mißbraucht werden. Lenkt man nun die Aufmerksamkeit auf ein bestimmtes Rechtsgeschäft, und fragt man nach den Mißbräuchen, welche bei demselben vorkommen, so findet man natürlich bei diesem auch solche, die bei allen anderen Rechtsgeschäften vorkommen. Diese allgemeinen Uebelstände muß man so gut es geht, durch allgemeine Vorschriften bekämpfen und soweit dies nicht angeht, mit der Erkenntniß sich begnügen, daß die Gesetze nicht allen Uebeln steuern können.

Um klarer zu sein, gebe ich einige Beispiele. Viele Menschen kaufen Sachen, welche ihnen von keinem Nutzen oder jedenfalls entbehrlich sind; geschickte Verkäufer verleiten zu Ankäufen, an welche man nicht gedacht hat. Natürlich kommt dies auch bei Abzahlungsgeschäften vor. Aber dies ist kein Grund, für einfache Verkäufe auf Credit nicht, wohl aber für Verkäufe auf Abzahlung eine verhütende Vorschrift zu geben. Weshalb soll man hier den Unverstand und den Leichtsinn schützen und dort nicht?

Verträge, welche nach Formularen geschlossen werden, enthalten zahlreiche Bestimmungen, welche nicht besprochen und überaus selten ganz gelesen werden. Ich kenne wohlgebildete und gutgestellte Leute, welche solche Verträge unterschreiben, ohne sie vollständig gelesen zu haben. Man denke z. B. an die langathmigen Berliner Miethsverträge über Wohnungen. Noch seltener werden die Urkunden gelesen, welche in dergleichen Verträgen als dem Unterschreibenden bekannt angegeben werden, z. B. die Statuten oder Reglements der betreffenden Gesellschaften. Ich wage nicht zu unterscheiden, inwieweit der Gegenbeweis hinsichtlich der Unkenntniß der einen oder anderen Bestimmung zugelassen werden soll, und auch nicht, inwieweit die Erklärungen, welche der das Geschäft vermittelnde Agent gegeben hat, verbindlich sein sollen, aber als zweifellos erscheint mir, daß man diese weitgreifenden, bisher noch nicht genügend erörterten Fragen nicht allein für das Abzahlungsgeschäft regeln kann.

Ein drittes Beispiel ist die angeregte Beschränkung der Verabredung eines Gerichtsstandes am Wohnsitze des Verkäufers.

Stehen die Versicherten hinsichtlich der geringen an die Versicherungsgesellschaften zu zahlenden Prämien oder Nachschüsse in Rücksicht auf den Gerichtsstand nicht ebenso wie die Käufer bei den Abzahlungsgeschäften? Die C.P.O. hat eben erst die Vereinbarung des Forums trotz der sehr wohlbekannten entgegenstehenden Bedenken zugelassen. Soll man dies Princip gerade für die Abzahlungsgeschäfte durchbrechen?

Ein viertes Beispiel ist die gewünschte Beschränkung der Conventionalstrafe für Abzahlungsgeschäfte. Auf dem letzten Juristentage habe ich den allgemeinen Satz verfochten, daß der Richter ein Mäßigungsrecht haben müsse. Hierüber aber etwas nur für die Abzahlungsgeschäfte zu bestimmen, erscheint bedenklich, denn der Mißbrauch der Conventionalstrafen ist fast bei allen anderen Verträgen ebenso groß oder größer als gerade bei diesen.

Diese und ähnliche Erwägungen für mehrere aufgetauchte Vorschläge bestimmen mich, davon abzurathen, den Schutz der Schwachen in deren Bevormundung umzugestalten und für Abzahlungsgeschäfte neues Recht zu erfinden. Willkürliches Recht mag gesetzliches Recht und sehr wohlgemeint sein, ist aber Unrecht und stört die Rechtsordnung, weil es keine ausdehnende, keine analoge Anwendung duldet. Das Einzige, wozu ich mich verstehen könnte und was ich befürworten möchte, ist: die Folgerung aus einem zweifellos längst vorhandenen Rechtssatze durch Gesetz zu ziehen. Dieser Rechtssatz besagt: Niemand kann die Sache und das Kaufgeld verlangen. Angewendet auf die in Deutschland üblichen Abzahlungsgeschäfte stellt sich die Sache wie folgt:

Die Parteien beabsichtigen, daß der Käufer schließlich das Eigenthum erwerben soll; er zahlt den Kaufpreis in Raten. Schwierigkeit entsteht, wenn die Zahlung einer Rate ausbleibt, und der Verkäufer nicht diese einfordert oder den Rest des Kaufgeldes, sondern die Sache zurückfordert. Dieses durch Eigenthumsvorbehalt vertraglich festgestellte Recht soll ihm bleiben. Er erhält dann die Sache zurück, hat inzwischen aber bereits einen Theil des Kaufgeldes bezogen. Müßte er dieses ganz zurückgeben, dann geschähe ihm Unrecht, zumal nicht er, sondern der Käufer den Vertrag nicht inne gehalten hat. Es entspricht daher dem Rechte, daß ihm von den empfangenen Raten so viel verbleiben muß, daß er wenigstens ohne jeden Schaden aus dem Geschäft herauskommt, d. h. er muß so gestellt werden, daß er für die entbehrte Nutzung der Sache während derjenigen Zeit, während welcher der Käufer die Sache hatte, und für außergewöhnliche Abnutzung Ersatz erhält. Diese Summe im Streitfalle festzusetzen, ist keine zu schwere Aufgabe für das richterliche Ermessen. Die üblichen Miethssätze werden bald bekannt sein, und zwar um so schneller, wenn die gleichartigen Klagen in demselben Gerichtsstand angestellt werden. Steht diese Summe fest, dann ist leicht zu berechnen, was der Verkäufer, welcher die Sache zurücknimmt, von den Raten herauszuzahlen oder von dem Käufer noch zu empfangen hat.

Diese Lösung steht im Einklang mit allgemeinen Rechtsgrundsätzen und entspricht der Billigkeit.

Nicht so einfach gestaltet sich die Sache, wenn mehrere Gegenstände gleichzeitig oder nach einander uno pretio auf Abzahlung verkauft sind, denn alsdann können die gezahlten Raten bereits den Kaufpreis einzelner Gegenstände voll decken, obschon jede einzelne Sache vielleicht gar nicht von den Parteien im Vertrage taxirt ist. Dieser Fall läßt sich nach der Analogie aller Theilungen von Gemeinschaften lösen. Der Käufer hat einen Theil der Sachen bezahlt; welche einzelne Gegenstände als ganz bezahlt erachtet werden sollen, bestimmt im Streitfalle der Richter mit Rücksicht auf ihren Werth und ihre isolirte Brauchbarkeit für den Käufer, er erwägt dagegen, wieviel die dem Verkäufer verbleibenden Gegenstände in Folge ihrer Trennung von den übrigen und ihrer ordentlichen und außerordentlichen Abnutzung minderwerthig geworden sind, und bestimmt hiernach: welche Gegenstände dem Käufer, welche dem Verkäufer verbleiben, und wieviel der Eine dem Anderen behufs Ausgleichung zu zahlen hat. Dies judicium divisorium nach Anhörung der Parteien und wenn nöthig von Sachverständigen wird in der Regel das Billige und Sachgemäße treffen und unterliegt nicht größeren Bedenken, als alle sonstigen Theilungen.

Mein verehrter Freund Wilke will, um ganz gerecht zu sein, den öffentlichen Verkauf der Sachen unbedingt vorschreiben, um den gegenwärtigen Werth derselben zu ermitteln. Diesem Vorschlage kann ich mich nicht anschließen, weil er zu den härtesten Folgen für den Käufer führen würde, der gerade geschützt werden soll. Man weiß, daß bei Auctionen von Mobilien dieselben häufig verschleudert werden. Der hierbei nothwendig — ganz abgesehen von den Transport-, Verwahrungs- und Versteigerungskosten — entstehende Verlust träfe den Käufer, welchem der College Wilke wahrscheinlich auch noch die Kosten der von ihm vorgeschlagenen, wie mir scheint, entbehrlichen einstweiligen Verfügung auferlegen will. Dieser Verschleuderung an Werth und Kosten wird durch das von mir vorgeschlagene Theilungsurtheil vorgebeugt. Der Käufer behält, wenn er viele Raten bezahlt hat, den größten Theil der Sachen, und die Ausgleichssumme wird sofort festgesetzt.

Bei der von mir befürworteten Regelung bleibt das sonst bestehende Recht vollkommen unberührt, und dies ist von großem Vortheil. Es sind auch Alle, welche mit der Frage sich beschäftigt haben, darüber einig, daß der schwerste Uebelstand, der sich bei uns gezeigt hat, lediglich darin beruht, daß die Verkäufer die Sachen zurücknehmen und die Raten behalten.

Wird mein Vorschlag angenommen, dann muß diese gesetzliche Regelung nicht durch Abreden der Parteien oder Conventionalstrafen geändert werden können. Darauf zielt der letzte Satz des Vorschlages hin. (Bravo!)

Professor Dr. **Heck** (Berlin): M. H.! Ich hatte einen doppelten Antrag gestellt, der auch zu weiterer Vertheilung vorliegt. Ich hatte beantragt:

Es empfiehlt sich:

1. die übliche Verwirkungsklausel für ungültig zu erklären;
2. durch ein besonderes Gesetz die für selbständige Creditgeschäfte, insbesondere für die gewerbsmäßige Pfandleihe bestehenden Beschränkungen in sachgemäßer Auswahl und Ausgestaltung auf die Abzahlungsgeschäfte zu übertragen.

M. H., den ersten Theil meines Antrags ziehe ich zu Gunsten des Antrags Makower zurück. Mein Antrag hat nur eine kürzere Fassung; sachlich stimme ich hinsichtlich der Regelung dieser einen Frage mit Herrn Justizrath Makower ganz überein. Dagegen glaube ich auf meinen zweiten Antrag nicht verzichten zu können. M. H., durch diesen zweiten Antrag will ich zunächst hervorheben, daß meiner Meinung nach Mißstände im Abzahlungsverkehr vorhanden sind, deren Beseitigung durch die bloße Aufhebung der Verwirkungsclausel nicht zu hoffen ist, daß also noch weitere gesetzgeberische Maßnahmen erforderlich erscheinen, und ich will zweitens, ohne die Einzelheiten zu erschöpfen, die hier bei der uns zu Gebote stehenden beschränkten Zeit nicht vollständig erörtert werden können, kurz den Weg andeuten, den meines Erachtens die gesetzliche Reform in dieser Richtung zu gehen hat. Was die erste Bedeutung dieses Antrags anlangt, das Vorhandensein von Mißständen, so sind dieselben auch von den beiden Herren Referenten in keiner Weise geleugnet worden; ich glaube nur, daß ihre Bedeutung höher zu schätzen ist. Herr Landrichter Dove hat hervorgehoben, daß in Bezug auf das Vorhandensein der Mißstände es doch an objectiven Ermittelungen mangele, daß die Klagen nur zum gewissen Theil ausgegangen seien von den eigentlichen Beschädigten, hauptsächlich vielmehr von den Concurrenten. M. H., daraus, daß die eigentlichen Geschädigten, die Abnehmer, die Kunden der Abzahlungsgeschäfte nicht in umfassender Weise als Kläger aufgetreten sind, kann doch nicht der Schluß gezogen werden, daß sie keine Benachtheiligung erleiden, daß sie sich nicht geschädigt fühlen. Es sind das eben Klassen der Bevölkerung, die regelmäßig nicht in der Lage sind, litterarisch ihre Stimme laut werden zu lassen. Die Arbeiter- und Fabrikbevölkerung entbehrt in der Litteratur einer selbständigen Vertretung, sie bedarf der Unterstützung durch Andere.

Die Unterstützung durch Andere und zwar objective Beurtheiler ist aber in umfassender Weise erfolgt. Herr Landrichter Dove vermißt eine Enquete. Nun hat eine Enquete, zwar nicht bei uns, aber in Oesterreich stattgefunden, die gerade durch die Gerichte bewirkt worden ist, also durch jedenfalls objective, nicht durch Concurrenzrücksichten beeinflußte Beurtheiler, und gerade diese Enquete hat die schreiendsten Mißstände zu Tage gefördert. Gerade sie hat die österreichische Regierung bestimmt, einen sehr weitgehenden Entwurf in Bezug auf die Ratengeschäfte vorzulegen. Soweit also eine objective Ermittelung stattgefunden hat, ist sie zu Gunsten des gesetzlichen Eingriffs ausgefallen. Herr Justizrath Makower hat nun gegen die besondere gesetzliche Berücksichtigung dieser Mißstände geltend gemacht, daß diese Mißstände auch anderwärts hervortreten, daß der Mißbrauch der Conventionalstrafe, wie er in der Verwirkungsclausel hervortritt, auch auf anderen Gebieten sich zeigt, daß auch auf anderen Gebieten leichtsinnige Kaufgeschäfte abgeschlossen werden. M. H., das ist vollständig zuzugeben; aber daraus, daß wir nicht auf allen Gebieten Hilfe leisten können, ist nicht zu schließen, daß wir sie nicht da leisten dürfen, wo dies möglich und besonders dringend ist. Gewiß werden auch anderwärts leichtsinnige Verkäufe abgeschlossen, aber nirgends werden leichtsinnige Verkäufe so massenhaft abgeschlossen als bei den Abzahlungsgeschäften, und dies ist auch ganz erklärlich. Es ist bei den Abzahlungsgeschäften ein besonderer Anreiz, die Gewährleistung eines augenblicklichen Genusses, die Reizung der Menschen, die künftigen Verbindlichkeiten zu unterschätzen, welche hinzukommt, welche die Gefahren dieser Geschäftsart besonders steigert, und zwar deshalb besonders steigert, weil die Klassen der Bevölkerung, welche besonders auf Abzahlung kaufen, am wenigsten geschult, am wenigsten in der Lage sind, geschäftliche Rücksichten zu beobachten, am meisten der Ausbeutung preisgegeben sind.

Ich glaube, daß es ganz berechtigt ist, hier einen Schutz eintreten zu lassen, wo es sich um ein Geschäft handelt, das gerade von weniger geschäftsmäßig erfahrenen Classen abgeschlossen wird, einen Schutz, den wir auf anderen Gebieten, wo dieses Uebel in geringerem Maße auftritt, versagen. Ich glaube also, daß dieser Umstand nicht maßgebend sein kann, den Schutz auf unserm Gebiete abzulehnen.

Was nun den Weg des Schutzes anbetrifft, so beantrage ich, diesen Schutz zu gewähren in Anlehnung an die für selbständige Rechtsgeschäfte, insbesondere für die sogenannte Pfandleihe bestehenden Beschränkungen. M. H.! Wenn sich auf einem Gebiete des Verkehrslebens Mißstände zeigen, und der Ruf nach gesetzlicher Regelung laut wird, dann ist es doch naheliegend, daß wir zunächst fragen, ob nicht auf einem verwandten Gebiete ähnliche Klagen laut geworden und in befriedigender Weise erledigt worden sind, und ich glaube, daß diese Klagen über Verleitung, über Uebervortheilung, über Ausbeutung durch allzuharte Geschäftsbedingungen nicht etwas Neues und Eigenthümliches sind, sondern daß die Klagen überall hervorgetreten sind, wo besonders die ärmeren, weniger geschäftserfahrenen Classen der Bevölkerung in umfassender Weise den Credit in Anspruch zu nehmen in der Lage waren. In der That weist auch bereits das bestehende, nicht ein neu zu erfindendes Recht eine ganze Reihe von Sätzen auf, welche bei selbständigen Creditgeschäften, bei Darlehen den Creditnehmer schützen sollen gegen Uebervortheilung, gegen Ausbeutung. Das Wuchergesetz gilt für selbständige Darlehen. Gerade für diejenige Form der selbständigen Darlehen, welche für den Verkehr mit den ärmeren Classen bestimmt ist, für die Pfandleihe, gilt eine ganze Reihe von Bestimmungen, und daß diese Bestimmungen speciell für die gewerbsmäßige Pfandleihe gelten, auf andere Darlehnsgeschäfte aber nicht Anwendung finden, erklärt sich lediglich aus den Klassen der Bevölkerung, welche diese Form des Credits in Anspruch nehmen. Nun ist aber diesen Klassen der Bevölkerung durchaus identisch diejenige, welche durch die Abzahlungsgeschäfte geschädigt wird; die Vermuthung liegt also nahe, daß die Mittel, welche durch die Gesetzgebung bereits erprobt sind auf dem Gebiete des Pfandleihgewerbes, auch auf dem Gebiete der Abzahlungsgeschäfte eine ähnlich günstige Wirkung üben werden, und deshalb halte ich principiell eine solche Anlehnung für wünschenswerth.

Was nun die einzelnen Vorschriften anlangt, so hebe ich ausdrücklich hervor, daß diese beschränkt, in sachgemäßer Auswahl und Ausgestaltung auf die Abzahlungsgeschäfte zu übertragen sind, daß es eine ganze Reihe von Vorschriften für das Pfandleihgewerbe giebt, deren Uebertragung auf die Abzahlungsgeschäfte ich vollständig ablehne. Dahin gehört namentlich die Zinstaxe, welche auf die Abzahlungsgeschäfte meines Erachtens nicht anwendbar ist; dahin gehört die behördliche Ueberwachung, welche ich gleichfalls für das Abzahlungsgeschäft, das in umfassender Weise mit anderen Geschäften combinirt ist, für durchaus unangemessen halte. Es ist vorhin von Herrn Landrichter Dove als eine Folge dieser Anlehnung an die Pfandleihgesetzgebung hervorgehoben worden, daß die Concessionirung des Pfandleihgewerbes ausgedehnt werden muß auf die Abzahlungsgeschäfte. Ich halte das auch für zutreffend, möchte aber hervorheben, daß unter der Concessionirung in diesem Sinne nicht eine willkürliche oder nach freiem Ermessen zu ertheilende Erlaubniß Seitens der Obrigkeit zu verstehen ist, sondern daß nach der Gewerbeordnung die Erlaubniß ertheilt werden muß, wenn nicht Thatsachen vorliegen, welche die Unzuverlässigkeit des Gewerbtreibenden in Bezug auf diesen Gewerbebetrieb darthun. Diese ganze Concessionirung hat also nur den Zweck, notorisch unzuverlässige Elemente von dem Gewerbebetriebe auszuschließen, und sie erklärt und rechtfertigt sich dadurch, daß bei einem solchen Verkehr mit creditsuchenden, in Noth befindlichen und wenig geschäftserfahrenen Personen die Gefahr der Ausbeutung durch unzuverlässige Elemente besonders nahe liegt. Ich glaube, daß dieser Grund auch für die Abzahlungsgeschäfte vorliegt. Das andere Moment, daß dem Betreffenden ein Trost gewährt werden soll dadurch, daß, wenn er sein Gut einbüßt, es einer behördlich concessionirten Person zu Theil wird — ich glaube nicht, daß dieses Moment, welches Herr Landrichter Dove bekämpft hat, überhaupt irgend zu Gunsten der behördlichen Erlaubniß für das Pfandleihgewerbe oder für das Abzahlungsgeschäft geltend gemacht worden ist. Im übrigen glaube ich, daß die vorgeschlagene Uebertragung zu manchen anderen Sätzen führen würde, welche Herr Landrichter Dove gebilligt hat. Diese Uebertragung tritt hervor bei der Anwendung des Wuchergesetzes, sie würde ferner führen zur Vorschrift der Beurkundung unter Angabe eines specielleren Details dessen, was beurkundet werden muß; sie würde ferner dahin führen, einzelne Clauseln auszuschließen oder nur unter Beschränkungen zu gestatten.

Auf die einzelnen Vorschläge kann ich an dieser Stelle nicht eingehen. Ich will nur erwähnen, daß speciell, was die Regelung des Realcredits anbetrifft, der Vorschlag, den ich in meinem Gutachten gemacht habe, das Bedürfniß einerseits nach einer Publicität der Creditverhältnisse, andererseits nach der Ermöglichung, Gebrauchsgegenstände gleichzeitig zu Creditzwecken zu verwenden, ohne sie aus dem Besitz zu geben, daß der Vorschlag, diese beiden Bedürfnisse zugleich zu befriedigen durch Anbringung von Pfandzeichen an solche Gegenstände, die im Gewahrsam des Schuldners bleiben, aus einem doppelten Grunde von Herrn Landrichter Dove bekämpft worden ist. Herr Landrichter Dove hat gesagt, einmal liege darin ein Bruch mit unserem bestehenden Pfandrecht, es wäre ein Bruch mit unserer ganzen Gesetzgebung, der unter allen Umständen zu vermeiden sei; andererseits meint er, daß überhaupt das Bedürfniß der Publicität nicht so groß sei, um eine derartige Ausnahmemaßregel zu rechtfertigen. Ich will nur hervorheben, daß, wenn man entsprechend der heutigen Praxis den Eigenthumsvorbehalt als dinglich wirksam anerkennt ohne Pfandzeichen, man da thatsächlich einen viel stärkeren Bruch mit den Principien unserer heutigen Pfandgesetzgebung vollzieht, als der ist, den ich vorschlage. Mein Antrag will gerade unsere heutige Pfandgesetzgebung aufrecht erhalten und den Gedanken der Publicität jeder realen Sicherheit durchführen gegenüber dem Bedürfniß andererseits, einen Gebrauchsgegenstand zu verpfänden, ohne ihn aus dem Gewahrsam zu geben.

M. H., ich kann auf diese einzelnen Vorschläge, die einzelnen Consequenzen nicht eingehen, ich möchte nur hervorheben, daß durch Annahme meines Antrages, weil es ausdrücklich heißt: „in sachgemäßer Auswahl und Ausgestaltung", in keiner Weise ein Präjudiz geschaffen wird. Ich will durch meinen Antrag, wie ich nochmals bemerke, zweierlei bewirken: ich will constatiren, daß Mißstände vorhanden sind, welche eine weitergehende gesetzliche Regelung erheischen als die bloße Beseitigung der Verwirkungsclausel, und ich will zweitens darauf hindeuten, daß möglichst Anschluß gesucht werden muß an das bestehende Recht, welches sich bewährt hat, welches insbesondere bewiesen hat, daß andere Creditgeschäfte unter diesen Beschränkungen forteristiren können, welches also auch für den Abzahlungsverkehr den Schluß gestattet, daß durch sachgemäße Beschränkungen unter Anlehnung an das bestehende Recht die Geschäfte selbst nicht beseitigt werden.

Rechtsanwalt Dr. **Strauß** (M.-Gladbach): Meine geehrten Herren! Ich bin kein Feind der reellen Abzahlungsgeschäfte und finde daher die Fragestellung, die seitens der ständigen Deputation des Juristentages für die heutige Verhandlung gewählt worden ist, ganz in der Ordnung; dieselbe geht im Wesentlichen dahin: welche Mißstände haben sich bei den Abzahlungsgeschäften gezeigt und auf welche Weise können diese Mißstände bekämpft werden? Im Allgemeinen, m. H., sind drei Kategorien von Mißständen hier hervorgehoben worden, bei denen im Wesentlichen der Standpunkt des Schuldners in Betracht gezogen ist. Man hat nämlich einmal gesagt: die Abzahlungsgeschäfte verleiten das Publicum zu überflüssigen und unnützen und unwirthschaftlichen Anschaffungen; zweitens: der Abzahlungsverkäufer beansprucht für den Credit, welchen er dem Käufer gewährt, eine ganz übermäßige Vergütung, und drittens: es sind eine Reihe von harten Clauseln, welche dem Schuldner auferlegt werden, unter allen Umständen verdammenswerth und der Abhilfe bedürftig. So weit der Standpunkt des Schuldners. Nun giebt es aber noch einen anderen Standpunkt, m. H., der auch in Betracht gezogen werden muß, und um diesen kurz darzulegen, habe ich mir zu einigen Bemerkungen das Wort erbeten. Ein Gesichtspunkt ist von Seiten des ersten Referenten, des Herrn Landrichter Dove, in ganz zutreffender Weise bereits hervorgehoben worden, wenn er ihn auch nur flüchtig gestreift hat: der Gesichtspunkt nämlich, daß auch das größere Publicum bei den Abzahlungsgeschäften interessirt ist, insofern nämlich der allgemeine Credit des Schuldners unter Umständen durch das Eingreifen des Abzahlungsgeschäfts beeinflußt werden kann. Ich komme sogleich auf diesen Punkt zurück. Weit wichtiger als dieser Umstand erscheint mir noch die Beantwortung der folgenden Fragen, bei denen ich mich auf den Standpunkt des Abzahlungsverkäufers stelle. Welches sind die Ursachen gewesen, die gerade im Abzahlungsgeschäft eine Reihe von Mißbräuchen haben entstehen lassen, die bekämpft werden und bekämpft werden müssen? Giebt es nicht Umstände, die das an sich berechtigte und im Leben nicht zu entbehrende Abzahlungsgeschäft in eine Lage gedrängt haben, daß das Geschäft selbst zu Mitteln hat greifen müssen, die an sich nicht zu billigen sind? Sind nicht Momente vorhanden, die gerade durch ihr Vorhandensein die wunderbaren Verträge, die bei dem Abzahlungsgeschäft thatsächlich in Uebung sind, hervorgerufen haben? Diese Momente bedürfen meiner Ansicht nach sehr wohl eine besondere Erörterung; das Mittel, welches ich in dieser Beziehung vorschlagen möchte, ist nichts Neues, sondern von Herrn Professor Heck oben schon berührt und in seinem Gutachten sehr ausführlich erörtert worden. M. H., bevor ich aber dazu übergehe, dieses Mittel zu besprechen, komme ich noch mit einigen Worten auf diejenigen Verhältnisse zurück, in denen die Allgemeinheit des Publicums in gewissem Sinne bei den Abzahlungsgeschäften und bei den gerügten Mißständen interessirt ist. Man könnte diese Verhältnisse vielleicht nicht ganz unzutreffend mit dem Stichwort „Häufigkeit der Interventionsprocesse“ bezeichnen. Diese Interventionsprocesse sind ja eine Crux in unserem Rechtsleben, und wir Anwälte, die wir in der Praxis stehen, und namentlich die Richter wissen zur Genüge, mit welchen unsäglichen Unzuträglichkeiten bei den Interventionsprocessen zu kämpfen ist. Wenn man einen solchen Proceß als Anwalt anstellt, so befindet man sich meist in einer prekären Lage, und wenn man in einem Interventionsprocesse Gegner ist, so ist die Lage auch eine sehr unangenehme. Wir in der Rheinprovinz leiden noch nicht so sehr an diesem Mißstande in Bezug auf die Abzahlungs-Interventionsprocesse, wenn ich dieses Wort gebrauchen darf; noch mehr tritt dieser Uebelstand zu Tage im Gebiete des Allgemeinen Landrechts. Es kommt dies daher, weil eine gewisse Specialität dieser Interventionsprocesse hier bei uns nicht bekannt ist. Es betrifft dies die Interventionsprocesse, die von den Abzahlungsgeschäften gegenüber dem Pfandrecht der Vermiether angestellt werden. Wir haben hier am Rhein den Rechtsgrundsatz des französischen Rechts, daß alle eingebrachten Sachen — also auch die Sachen Dritter — dem Pfandrechte des Vermiethers unterliegen, und es kommen daher in der Regel nur äußerst selten Ansprüche von Abzahlungsverkäufern gegenüber dem Pfandrechte des Vermiethers zur Geltung. Anders ist das in dem Gebiete des Allgemeinen Landrechts bei dem sog. Möbelleihvertrage. Es ist mir mitgetheilt worden, daß überaus häufig derartige Processe angestellt worden sind, sie sind sogar gewissermaßen künstlich construirt worden durch eine Verbindung der Abzahlungsverkäufer mit den Schuldnern, Beide ziehen, wie Herr Landrichter Dove richtig gesagt hat, an einem Seile. Die Bemühungen Beider laufen darauf hinaus, dem Vermiether das Pfandrecht dadurch zu verkürzen, daß der Abzahlungsverkäufer sein Eigenthum geltend macht und der Miether ihn darin unterstützt, indem dieser sein Eigenthumsrecht aufgiebt und nur das Nutzungsrecht beansprucht. In Altona ist es beispielsweise vorgekommen, daß durch Vermittelung des Abzahlungsgeschäfts fünfmal hintereinander Sachen aus einer Wohnung in die andere durch Vermittelung des Abzahlungsverkäufers, der dazu Hilfsmannschaften stellte, gebracht worden sind. Das sind ganz entschiedene Mißstände, die gerügt und berichtigt werden müssen. Daß es sich hierbei nicht um diejenigen Fälle handelt, in denen das Abzahlungsgeschäft in oft nothwendiger Weise einem in Bedrängniß gerathenen Schuldner zur Beschaffung einer neuen Einrichtung behilflich ist, liegt zu Tage; es handelt sich nur um die Fälle eines nahezu betrüglichen, nur auf Täuschung des Publicums berechneten Einverständnisses der Abzahlungsgeschäfte mit ihren Kunden. Es fragt sich nun, in welcher Weise hier eingegriffen werden kann. Der Grund, der in dieser Beziehung die Uebelstände hervorgerufen hat, ist ja leicht erkennbar: es ist die Nichtsichtbarkeit des Eigenthumsvorbehalts, die Nichtsichtbarkeit des Pfandrechts, welches der Abzahlungsverkäufer etwa geltend zu machen im Stande ist. Wenn man aber über diesen Grund sich klar ist, so kann es meiner Ansicht nach keinem Zweifel unterliegen, daß geeignete Mittel angewendet werden müssen, um ein für allemal diesem Unwesen zu begegnen. Nun, m. H., dieses Mittel ist, wie ich bereits sagte, von Herrn Professor Heck ganz richtig angegeben worden und besteht darin, daß nach Möglichkeit bei dem Mobiliarcredit das Vorhandensein eines Pfandrechts oder Eigenthumsvorbehalts durch Anlegung von Pfandzeichen kenntlich gemacht wird. Ich bin nicht so ängstlich wie Herr Landrichter Dove, der befürchtet, daß damit ein Bruch in unser ganzes Pfandrechtssystem hineingebracht würde. Ich trage zwar auch Bedenken, im Allgemeinen der sog. Dinglichmachung des Mobiliarpfandrechts das Wort zu reden, aber für diesen Fall trage ich durchaus kein Bedenken, mich dem Vorschlage des Herrn Professor Heck anzuschließen und die Zulässigkeit der Pfandzeichen, die wir bei dem Pfändungspfand längst haben, zu befürworten. Ich kann diese Ausdehnung der Anlegung von Pfandzeichen um so mehr befürworten, als dadurch auch der reelle Abzahlungsverkäufer in seinen Rechten wirksam geschützt wird. M. H., viele Uebelstände, die beobachtet und gerügt worden sind, wurzeln zum Theil darin, daß der Abzahlungsverkäufer eine Sache aus den Händen giebt, die für ihn das einzige Werthobject ist, an welchem er sich bei etwaiger Creditunsicherheit des Käufers erholen kann, und daß es oft kaum eine Möglichkeit giebt, diesen Anspruch in anderer Weise wirksam zu machen, als durch die wunderlichsten und verclausulirtesten Verträge, die die Abzahlungsgeschäfte den Käufer unterschreiben lassen. M. H., geben Sie dem Verkäufer das Recht, sein Pfandrecht nach außen und gegen Dritte durch Anlegung von Pfandzeichen unzweifelhaft und unbestreitbar zu machen, dann kann es für mich keinem Zweifel unterliegen, daß eine Menge von Uebelständen, die bislang beobachtet worden sind, schon durch diesen Schutz, den sie den Abzahlungsverkäufern angedeihen lassen, beseitigt werden.

M. H., ich will mich enthalten, bei den zahlreichen bereits vorliegenden Anträgen noch einen Antrag zu stellen. Ich glaube, daß der Antrag Heck, der eben verlesen worden ist, in seinem zweiten Absatze wohl im Wesentlichen das ersprießlichste und richtigste Resultat geben würde. Es liegen ja so zahlreiche Anträge vor, daß, wenn ich den Antrag noch stellen wollte, die Möglichkeit der Anlegung von Pfandzeichen als empfehlenswerth hinzustellen, ich fürchten müßte, doch nicht durchzudringen. Ich glaube daher, daß der Antrag, den Herr Professor Heck gestellt hat:

> durch ein besonderes Gesetz die für selbstständige Creditgeschäfte, insbesondere für die gewerbsmäßige Pfandleihe bestehenden Beschränkungen in sachgemäßer Auswahl und Ausgestaltung auf die Abzahlungsgeschäfte zu übertragen,

allein genügen würde, um ein Resultat der heutigen Verhandlung zu Stande zu bringen.

Ich wünschte dabei allerdings, daß Herr Professor Heck diesen Antrag dahin modificirt, daß er sagte, es sollen durch das Gesetz nicht ausschließlich die für die gewerbsmäßige Pfandleihe bestehenden Beschränkungen, sondern überhaupt geeignete Beschränkungen für das Abzahlungsgeschäft eingeführt werden. Hierdurch würde es möglich, auch die übrigen vorliegenden Anträge zur Berücksichtigung kommen zu lassen. Es würde auch der Anschein vermieden, daß gerade die für die gewerbsmäßige *Pfandleihe* bestehenden Beschränkungen allein maßgebend sein sollten, was gewiß nicht aller Ansicht sein dürfte. Ich würde mich daher freuen, wenn Herr Professor Heck diesen Zusatz gutheißen wollte, wodurch er der geehrten Versammlung die Annahme seines Antrags erleichten würde. Es würde dann in dem Antrag Heck hinter die Worte: „für die gewerbsmäßige Pfandleihe bestehenden“ noch einzuschalten sein:

> „*oder sonst geeignete*“.

Wenn das eingeschaltet wird, so ist die Nr. 2 dieses Antrags für mich ganz unbedenklich und ich würde unter allen Umständen hierfür mich erklären. Die Nr. 1 des Antrags würde dann aber, ebenso wie alle anderen Anträge lediglich als Material der demnächstigen Prüfung unter breitet werden müssen.

Professor Dr. **Heck** (Berlin): Ich würde mich mit dieser Einschaltung einverstanden erklären.

Amtsrichter **Wieruszowski** (Siegen): M. H.! Das Ziel meiner Worte ist, die vorhin von dem Herrn Referenten bekämpfte Ansicht Bährs wieder zur Geltung zu bringen, und die Umwandlung des üblichen Eigenthumsvorbehalts in einen Pfandrechtsvorbehalt zu befürworten. Es ist ja von dem Herrn Referenten, Landrichter Dove sehr zutreffend hervorgehoben worden, und diese Ansicht wird auch von den meisten Schriftstellern über die Abzahlungsgeschäfte getheilt, daß ohne ein dingliches Sicherungsrecht des Veräußerers die Abzahlungsgeschäfte nicht bestehen könnten, und daß der Fortfall eines solchen in gewisser Weise auf eine wucherliche Erhöhung der Preise hinwirken würde. Es ist nun nach Lage der Gesetzgebung üblich geworden, daß dieses Sicherungsrecht nicht als accessorisch-dingliches, wie das Pfandrecht, sondern als principal-dingliches in Form des Eigenthumsvorbehaltes in Erscheinung tritt. Dieser Eigenthumsvorbehalt geht über das Maß eines eigentlichen Sicherungsrechtes weit hinaus und hat dadurch wesentliche Nachtheile für den Schuldner zur Folge.

Hierhin gehört in erster Linie die Beschränkung der freien Verfügung des Abzahlungsschuldners während der Dauer seines Nichteigenthums, das häufige Vorkommen strafbarer Unterschlagungen, die sich an den Eigenthumsvorbehalt knüpfen, indem die Leute, welche die Sachen bereits als die ihren betrachten, dieselben gelegentlich zu veräußern oder zu verpfänden Veranlassung nehmen. Sodann aber hat der Eigenthumsvorbehalt die sogenannte Eintritts- oder Selbsthilfeklausel zu einem fast selbstverständlichen Bestandtheile aller Abzahlungsverträge gemacht und damit in diese Verträge ein die Interessen des Schuldners schwer schädigendes und mit Recht als geradezu unsittlich bezeichnetes Element hineingebracht.

Endlich aber gewährt der Eigenthumsvorbehalt in Verbindung mit der sogenannten Verfallclausel die Möglichkeit einer außerordentlich leichten Verwirklichung des Rücktrittsrechts zum Nachtheile des Schuldners. Wenn eine Rate nicht bezahlt wird, so verschafft sich der Veräußerer mittels der Eintrittsclausel den Eingang in die Wohnung des Schuldners, nimmt diesem einfach die Sache weg und behält die gezahlten Raten. Diese außerordentlich einfache Procedur, seine Rechtsansprüche zu verwirklichen, hat wohl nicht am wenigsten dazu beigetragen, daß die von allen Seiten als durchaus verwerflich anerkannte Verwirkungsclausel in fast allen Abzahlungsverträgen ihren Platz gefunden hat. Man hat allerdings — und das ist namentlich in der Schrift von Rechtsanwalt Hausmann geschehen — zu Gunsten des Eigenthumsvorbehalts angeführt, daß derselbe dem Schuldner ein pfändungssicheres Heim verschaffe. Hausmann macht darauf aufmerksam, daß der Veräußerer in Folge des ihm vorbehaltenen Eigenthums dritten Gläubigern des Käufers mit einer Interventionsklage entgegentreten könne, auf diese Weise denselben im Besitze der gekauften meist schwer entbehrlichen Sachen schütze und ihn so in eine gesicherte Lage bringe, in der es ihm möglich sei, in Ruhe weiter zu arbeiten und am Ende alle seine Gläubiger zu befriedigen. Dieser Standpunkt hat allerdings einen gewissen Schein von Berechtigung; allein Hausmann übersieht dabei, daß andererseits hierdurch dem auf Täuschung berechneten Creditnehmen Vorschub geleistet, und damit der Personalcredit jener Leute auf's Empfindlichste geschädigt wird, der sich ja hauptsächlich auf den Mobiliarbesitz stützt. Man macht damit aus der Noth, daß der Käufer nun einmal nicht sofort freies Eigenthum erwerben kann, die doch sehr zweifelhafte Tugend, daß der Käufer in die Lage gesetzt ist, seine Gläubiger einfach hinter's Licht zu führen. Es ist doch wohl auch zweifellos im Interesse des Käufers wünschenswerth, daß der Schwebezustand, welcher herrscht, solange das Kaufgeld noch nicht bezahlt ist, möglichst rasch aus der Welt geschafft wird. Hausmann aber proclamirt einen Grundsatz, wonach dem betreffenden Abzahlungskäufer die Perpetuirung dieses Schwebezustandes als besonders förderlich erscheinen muß. Kann man also auch dieses pfändungssichere Heim nicht als eine günstige Folge des Eigenthumsvorbehalts bezeichnen, so wird eine Gestaltung der Rechtsverhältnisse anzustreben sein, die dem Verkäufer die nöthige Sicherheit schafft, die Interessen des Schuldners aber und des allgemeinen Personalcredits nicht in der empfindlichen Weise schädigt, wie die Consequenzen des Eigenthumsvorbehaltes. Diese Gestaltung aber finde ich in dem Vorschlage Bährs, den Eigenthumsvorbehalt entsprechend den Sicherungszwecken, denen er dienen soll, nur als vorbehaltenes Pfandrecht gelten zu lassen. Man hat gegen diesen Vorschlag zwei recht bedeutsame Einwendungen erhoben. Man hat gesagt, daß dadurch mit dem Systeme des Besitzpfandrechts gebrochen werde, und man hat ferner eingewendet, daß das vorbehaltene Pfandrecht den Eigenthumsvorbehalt doch nicht ausschließen würde, da die Contrahenten in der Lage seien, demselben durch Abschluß eines Mieth- oder Leihvertrages wieder Eingang zu verschaffen.

Ich kann die Richtigkeit beider Einwände nicht anerkennen. Was den ersten Einwand anbelangt, so begreife ich zunächst nicht, wie man bei der hier in Rede stehenden Reform, bei der man mit so vielen Principien, namentlich mit dem der Vertragsfreiheit brechen will, auf einmal mit diesem pietätvollen Einwande kommt.

Wenn sich der Veräußerer das Eigenthum der Sache vorbehalten darf, weshalb nicht das Minus des Pfandrechts? Der Eigenthumsvorbehalt knüpft bei den Abzahlungsgeschäften an die Unmöglichkeit an, den Kaufgelderanspruch des Verkäufers an den Käufer durch Pfandrecht an der veräußerten Sache zu sichern, und er hat auch, wie Bähr und Wilke ganz zutreffend hervorheben, gar keinen anderen Zweck, als die Sicherung des Verkäufers. Ist das aber der Fall, so gebe man auch dem Parteiwillen die correcte Form, indem man den Eigenthumsvorbehalt nicht als principal dingliches, sondern nur als accessorisch dingliches Recht, als ein die Forderung des Gläubigers sicherndes Pfandrecht aufrecht erhält.

Was den zweiten Einwand anbetrifft, daß man den Eigenthumsvorbehalt doch sehr leicht durch den Abschluß eines Mieth- oder Leihvertrages wieder einschlüpfen lassen könne, so bin ich allerdings der Ansicht, daß eine Bestimmung getroffen werden muß, welche jede Umgehung der für die Abzahlungsgeschäfte getroffenen Bestimmungen durch die Wahl einer anderen Vertragsform unmöglich macht.

Herr Professor Heck will die Bestimmungen seines Entwurfes auf alle „Erwerbsgeschäfte", also alle Verträge, deren Endzweck auf den Erwerb, nicht bloß den Gebrauch des Gegenstandes, gerichtet ist, angewendet wissen. Das ist meines Erachtens ein vollständig scharfer, wohl verwendbarer juristischer Begriff, mit welchem man auch in der Praxis allen Umgehungsversuchen mit Erfolg entgegentreten kann. Hält man nun den Eigenthumsvorbehalt nur als Pfandrechtsvorbehalt aufrecht, so würden sich die Rechtsverhältnisse ungemein einfach gestalten. Der Verkäufer überträgt dem Schuldner die Sache zu vollem Eigenthum und ist wegen seiner Forderung auf das Kaufgeld durch ein Pfandrecht an dem betreffenden Gegenstande gesichert. Dies hat meines Erachtens zunächst den großen Vorzug, daß der Schuldner in der freien Verfügung, namentlich in der Veräußerung und Verpfändung der Sache, nicht in dem Maße gehindert ist, wie unter dem Drucke des Eigenthumsvorbehalts. Wenigstens würde eine weitere Verpfändung der Sache durch den Käufer auch ohne dolose Absicht denkbar sein. Damit im Zusammenhange würden vielleicht auch die traurigen Folgen der Abzahlungsgeschäfte, wie sie sich jetzt häufig vor dem Strafrichter abspielen, verschwinden. Ferner aber würde bei Annahme des Pfandrechts die Nothwendigkeit der sogenannten Eintritts- oder Selbsthilfeklausel wegfallen; der Pfandgläubiger, der sein Recht nur im Wege der Klage ausüben könnte, würde keine Veranlassung mehr haben, sich diese nach heutiger Rechtsanschauung zwar ungültige, aber doch immerhin einschüchternd wirkende Klausel vorzubehalten.

Besonderes Gewicht aber lege ich auf die Realisirung der Gläubigerrechte durch den Pfandverkauf der Sache. Nur durch einen solchen würde der Gläubiger Befriedigung suchen können. Die einfache Rücknahme der Sache und damit die Verfallklausel wäre durch das Verbot der lex commissoria ausgeschlossen. Vom Standpunkte des Eigenthumsvorbehalts aus hat man die schädlichen Wirkungen der Verfallklausel dadurch zu paralysiren gesucht, daß man dem Gläubiger den Rücktritt zwar gestattet, ihn aber für verpflichtet erklärt, die gezahlten Kaufpreisraten, soweit sie die Abnutzung und den üblichen Gebrauchswerth der Sache übersteigen, zurückzugeben. M. H.! Es begegnet dieser Vorschlag zweierlei Bedenken. Das erste ist die Schwierigkeit der Abschätzung dieser Werthe, und wenn wir vorhin gehört haben, daß diese Schwierigkeiten im Grunde genommen doch nicht so große seien, wie man anzunehmen pflege, so braucht man nur einmal in der Praxis erlebt zu haben, welch' schleppenden und kostspieligen Gang derartige Abschätzungen zu nehmen pflegen, um von vornherein dem Vorschlage unsympathisch gegenüberzustehen. Man darf aber auch ferner nicht verkennen, daß der Vorschlag, der Gläubiger solle nur den die gewöhnliche Abnutzung und den Gebrauchswerth übersteigenden Werth zurückerhalten, eine große Härte und Ungerechtigkeit gegen den Gläubiger enthält. Der Gläubiger hat seine Sache an unbekannte, meist wenig creditwürdige Personen hingegeben. Will man ihm nicht eine Gefahrprämie, nicht wenigstens den üblichen Geschäftsprofit zugestehen? Soll er beim Rücktritte nichts weiter haben, als den Werth der Abnutzung, den gewöhnlichen Miethpreis und dazu die zurückgegebene, abgebrauchte und meist werthlose Sache? Das wäre, wie gesagt, eine Ungerechtigkeit, die entschieden zurückgewiesen werden muß.

Das sind in Kürze die Einwände, die ich gegen den Rückfall mit richterlicher Abschätzung zu erheben habe. Wenn wir nun den Verkauf der Pfandsache ins Auge fassen, so hat er den Vorzug, daß der Veräußerer dadurch in den meisten Fällen veranlaßt werden dürfte, Nachsicht zu üben, denn er muß, bevor er zum Pfandverkaufe schreitet, zunächst gegen den Schuldner klagen, um einen vollstreckbaren Titel zu erhalten. Dem Veräußerer mit Wilke ein Selbsthilfeverkaufsrecht zu geben, würde ich nicht geneigt sein. Man hat allerdings gegen den Pfandverkauf eingewendet, daß in Versteigerungen meist eine Verschleuderung der Gegenstände eintrete, und daß deshalb der durch die Versteigerung erzielte Preis für den jetzigen Werth der Sache nicht maßgebend sein dürfte. Das aber ist m. E. eine ganz unerwiesene Behauptung. Wer in die

Praxis der Gerichtsvollzieher hineingesehen hat, wird wissen, daß es bei derartigen Versteigerungen durchaus nicht immer, wenigstens nicht bei kleineren Gerichten, zu einer Verschleuderung der zur Versteigerung stehenden Gegenstände kommt.

(Widerspruch.)

Immerhin dürften die durch eine gerichtliche Schätzung veranlaßten Kostenumstände so bedeutende sein, daß dagegen eine etwaige Minderwertherzielung, wie sie bei den gerichtlichen Verkäufen vorkommen könnte, nicht so wesentlich ins Gewicht fiele. Ein ganz besonderer weiterer Vorzug des Pfandrechts würde aber noch sein, daß es vor allen Dingen den Personalcredit wieder auf eine gesunde Grundlage stellt. Auch der dritte Gläubiger des Abzahlungskäufers würde dann in der Lage sein, auf die Gegenstände Beschlag zu legen und sie zu seiner Befriedigung zu verwenden, was er jetzt nicht oder nur unter besonders erschwerten Umständen kann. Man könnte außerdem dem Zugriff dritter Gläubiger eine sehr einfache Form geben, indem man den § 710 der Civilproceßordnung auf derartige Pfändungen für anwendbar erklärt und dem Verkäufer, welcher sich nicht im Besitze der gepfändeten Sache befindet, nicht den Widerspruch gegen die Pfändung, sondern nur ein Vorrecht auf den Erlös der Sache zugesteht. Hervorzuheben aber ist noch, daß wenn man den Eigenthumsvorbehalt in ein Pfandrecht umwandelt, man damit noch nicht der Möglichkeit des Wiederauflebens der Verwirkungsclausel unter einer andern Form, als der des Rücktrittes vom Vertrage entgegentritt. Es könnte die Verwirkungsclausel immer noch als Conventionalstrafe für andere Zuwiderhandlungen gegen den Vertrag festgestellt werden. Dagegen giebt es kein anderes Mittel, als das von Herrn Justizrath Wilke vorgeschlagene, nämlich die Conventionalstrafe bei derartigen Abzahlungskäufen vollständig zu verbieten.

Präsident: Ich habe zunächst den Antrag des Herrn Landrichters Dove mitzutheilen;

I. Die Mißstände, welche bei den Abzahlungsgeschäften hervorgetreten sind, sind, soweit das Civilrecht dabei in Betracht kommt, gelegentlich der Regelung desselben im Civilgesetzbuch an die Gestaltung des Mobiliarpfandrechts und des Rechts der Conventionalstrafe anzuschließen.

II. Bis dahin ist die Gefahr der Ausbeutung der Creditnoth durch Gleichstellung der Stundung des Kaufpreises beim Abzahlungsgeschäft mit der einer Geldsumme beim Darlehnsgeschäft im Sinne des Wuchergesetzes zu bekämpfen.

III. a) Einzelnen Mißständen kann auf dem Gebiete der Gewerbe-Gesetzgebung entgegengetreten werden.

b) Die Concessionspflicht ist zu verwerfen.

(IIIb gleichzeitig Amendement zum Antrag Heck 2.)

Justizrath **Wilke** (Berlin): M. H.! Die Herren Referenten standen mir der Sache etwas zu kühl gegenüber, was ich namentlich daraus folgere, daß sie eigentlich der Meinung waren, es wären gar keine Anträge zu stellen. Es wurde die Wendung gebraucht, das Höchste, zu dem man sich allenfalls verstehen könnte, wäre der Antrag, den nachher mein verehrter College Makower gestellt hat. Ich sehe die Sache anders an. Der Mißstand ist m. E. ein schreiender, und er ist um so schreiender, als gerade die Armen darunter leiden. Daraus werden Sie zugleich ersehen, daß ich dem zweiten der Herren Vorredner entgegentrete. Die Mißstände, die der Hausbesitzer hat, daß er einmal nicht dem armen Miether seine ganzen Sachen abpfänden kann, und die ein anderer Gläubiger hat, daß er seinem Schuldner nicht Sachen abpfänden kann, die einem Andern gehören, das sind nicht die Mißstände, denen man abhelfen muß. Die Klasse weiß sich viel besser zu helfen, als daß die Gesetzgebung einzuschreiten brauchte. (Sehr richtig!) M. E. ist das kein Mißstand, sondern ein Vortheil der Abzahlungsgeschäfte, daß dadurch die Möglichkeit gewährt ist, daß ein armer Mann wieder zu Kräften kommt. Wie aber soll ein gewesener Gemeinschuldner wieder einmal eine gesicherte Stellung sich erwerben, wenn er sich nicht zwei Stühle anschaffen kann, ohne Gefahr, sie sofort, noch ehe sie bezahlt sind, zu verlieren? Diesem gewähren die Abzahlungsgeschäfte die Wohlthat, daß er sich nach und nach wieder zu Kräften bringen und seinen Verbindlichkeiten genügen kann. Gerade die Gläubiger, welche solche gewesene Gemeinschuldner verfolgen, sind diejenigen, welche am allerwenigsten Anspruch auf Berücksichtigung durch das Gesetz haben. M. E. beruht der Mißstand, der dahin geführt hat, daß die Gesetzgebung sich mit der Sache beschäftigt, darauf, daß die Armen zu sehr ausgebeutet werden durch die Abzahlungsgeschäfte, und deswegen kommt es darauf an, Wege zu finden, wie man diesen Mißbräuchen entgegentreten kann. Ich will dabei bloß auf zwei Gesichtspunkte zurückkommen, die ich für die Hauptsache halte, daß man erstens sich bemühe, die Ursachen zu beseitigen und die Abzahlungsgeschäfte zu beschränken auf das Gebiet, wo sie wohlthätig sind und wo man allenfalls sagen kann, daß sie nothwendig sind, und zweitens, daß man eine gerechte und praktische Lösung finde für den begrenzten Kreis, in welchem die Abzahlungsgeschäfte sich empfehlen.

Gegen die gegenständliche Beschränkung habe ich bisher nur Mißfallen gehört. Diese Beschränkung ist nur verworfen worden, und doch halte ich dafür, daß gerade sie mit ein Hauptmittel ist, dem Schaden entgegen zu treten. Wenn man sagt, die Abzahlungsgeschäfte sind nützlich für gewisse Geschäfte und sind schädlich für gewisse Geschäfte, so ist doch die Antwort gegeben: man lasse sie zu bei den nützlichen Geschäften und verbiete sie bei den schädlichen Geschäften. Nützlich sind die Abzahlungsgeschäfte für Gegenstände, die dem wirthschaftlichen oder gewerblichen Bedarfe entsprechen, und wunderbarer Weise da, wo sie nützlich sind, sind auch die Mißstände weniger hervorgetreten; da kommen die Nachtheile weniger zur Geltung. Der Arbeiter muß sich Arbeitsmaschinen, ein armer Lehrer muß sich das Clavier anschaffen können. Sie können die Sachen nicht auf einmal bezahlen, aber hier können die Käufer den Werth der Sache beurtheilen, sie werden nicht so leicht übertheuert. Außerdem haben sie hier Liebe zu der Sache, sie lassen die Sache nicht verfallen, sie strengen sich an, die Zahlungsverbindlichkeiten einzuhalten, und deswegen sind in allen diesen Fällen die Abzahlungsgeschäfte eine Wohlthat. Wenn dagegen Oeldruckbilder, Spiegel, goldene Uhrketten aufgeschwatzt werden, so wird der Arme dazu nur verleitet, weil er die Sache nicht versteht und weil er denkt, wenn du jede Woche 50 Pfennige zahlen mußt, so kannst du das aufbringen; auch wenn es in die Hunderte geht, so übersieht er das nicht. Deshalb würde den Mißständen am besten entgegengetreten werden, indem man solche Geschäfte verbietet. Nun sagen Viele: es ist außerordentlich schwer, das Richtige zu treffen, die Grenze ist flüssig; wo sind die Richter, die das entscheiden können: das sind nützliche Gegenstände, jenes sind Luxusgegenstände? Natürlich ist die Grenze flüssig, aber unsere Richter haben noch über ganz andere und schwierigere Fragen zu entscheiden. Nun will ich zugeben, es ist schwer für den Richter, es ist auch schwer für den Verkäufer, in gewissen Fällen zu finden, wo die Grenze ist. Aber ich muß doch auch sagen, es giebt Sachen, bei denen es unstreitig ist, daß sie zu den Bedarfsartikeln gehören, und es giebt Sachen, die unstreitig Luxusartikel sind. Die ersten Sachen sind frei für die Abzahlungsgeschäfte, die andern sind verboten, und bei der flüssigen Grenze mag der Abzahlungsverkäufer das Geschäft überhaupt lassen. Das ist kein Unglück. Ein Spiegel kann nützlich sein oder nicht nützlich sein, je nach dem Standpunkte des Betreffenden, in der Beziehung kann man nicht in abstracto sagen, daß etwas nützlich oder nicht nützlich sei. Wird aber das Abzahlungsgeschäft gegenständlich eingeschränkt, dann fallen die meisten Mißbräuche fort, denn die Mißbräuche sind bloß da, wo nicht pünktlich gezahlt wird, und die Leute werden in den meisten Fällen pünktlich bezahlen, weil sie nicht übertheuert sind und das Interesse haben, sich die Sache zu erhalten und durch die Sache selber die Mittel zu verdienen, mit denen sie die Abzahlungen leisten.

Was die Frage betrifft, wie man die Abzahlungsgeschäfte in den zulässigen Grenzen regeln soll, so würde an sich der Vorschlag des Herrn Makower mir sehr sympathisch sein, ich glaube aber, daß man ihn doch nicht annehmen kann aus zwei Gründen. Erstens, er ist nicht gerecht, wie schon der geehrte Herr Vorredner gesagt hat, und zweitens, er ist nicht praktisch, und beides müßte er doch sein, denn man darf nicht ungerechte Gesetze machen, und man muß auch womöglich praktische Gesetze machen. Das Erste kann man sehen, das Zweite kann man erst durch die Erfahrung lernen. Er ist ungerecht, denn der Verkäufer, der eine Sache theuer verkauft, hat Anspruch auf den theuern Kaufpreis, das ist sein Recht, das darf ihm nicht verkürzt werden, er kann also verlangen, daß ihm sein voller Kaufpreis gezahlt wird, und dem Käufer geschieht auch kein Unrecht, wenn nur Alles, was er abgezahlt hat, ihm auf den Kaufpreis angerechnet wird und auch der Werth der Sache ihm ebenso zu Gute kommt.

Nun sagt man: Das wollen wir auch; der Werth ist der Taxwerth. Das ist aber nicht richtig. Wenn ich eine Sache theuer verkauft habe über den wahren Werth, so ist mein Recht auf den theuern Verkaufspreis gerichtet und nicht auf den Taxpreis. Den brauche ich mir nicht bezahlen zu lassen, ich muß die Sache verkaufen lassen dürfen. Dagegen habe ich nur einen einzigen Grund gehört, und der ist nicht durchschlagend, nämlich den Grund, dessen thatsächliche Grundlage ich zugebe, daß bei den Verkäufen die Sachen in der Regel verschleudert werden, und daß also dadurch, wenn der Käufer auf das Kaufgeld noch viel schuldig ist, er in eine sehr üble Lage kommt. Denn er verliert die Sache und muß das Kaufgeld noch nachzahlen. Dafür ist es aber sein Vortheil, daß, wenn es ein Complex von Sachen und das Meiste schon bezahlt ist, bloß so viel Sachen verkauft werden, als zur Deckung des kleinen Restes nothwendig sind. Außerdem hat der Käufer den großen Vortheil, daß er das utile tempus noch hat, wo er noch Hilfe, wo er noch Rath schaffen kann. Er kann gute Freunde haben, die wenigstens zum Theil mitbieten. Und wenn man schließlich sagt: Das Alles hilft nichts, es wird ihm eben doch verkauft, so möchte ich das Argument des Herrn Justizraths Makower aufgreifen: Hier ist kein specifischer Nachtheil des Abzahlungsgeschäfts, sondern das ist ein Nachtheil, den der Abzahlungskäufer mit jedem Schuldner theilt. Wenn ich ohne Abzahlungsgeschäft eine Sache kaufe und nicht bezahle, so wird mir die Sache von dem

Verkäufer auch abgenommen und wird auch verkauft, und soweit die Schuld nicht bezahlt wird, muß ich auch haften mit dem übrigen Vermögen. Man soll bloß entgegentreten den Nachtheilen, die specifisch mit dem Abzahlungsgeschäft verknüpft sind, nicht aber den Nachtheilen, die damit verknüpft sind, daß jemand seine Schulden nicht bezahlen kann und in Folge dessen die Zwangsvollstreckung in alles Mobiliar, also auch in die gekauften Sachen dulden muß. Das sind keine specifischen Nachtheile des Abzahlungsgeschäfts.

Meines Erachtens wird bei meinem Vorschlage der Gerechtigkeit vollständig Genüge geleistet, und es ist das auch ein Weg, der praktisch nicht zu unbilligen Härten führt. Ich glaube nicht, daß ein Abzahlungsverkäufer sich auf ein Abzahlungsgeschäft einlassen kann, wenn er der Gefahr gegenüber steht, daß er, falls der Käufer das Kaufgeld nicht bezahlt, die alte abgenutzte Nähmaschine wieder bekommt, mit der er gar nichts machen kann; das ist nicht gerecht und ist nicht praktisch, denn gerade ein reeller Verkäufer kann sich auf solche Geschäfte nicht einlassen, die schließlich dahin führen würden, daß er bloß ein Lager von alten Sachen auf dem Halse hat, die er nicht verwenden kann.

Ich wollte mir erlauben, den vielen Anträgen noch einen hinzuzufügen, nämlich:

Der Juristentag wolle beschließen:

1. Die Abzahlungsgeschäfte sind auf Gegenstände des gewerblichen oder wirthschaftlichen Bedarfs zu beschränken.
2. Macht beim Abzahlungsgeschäft der Veräußerer von dem Rechte der Rückforderung der Sache Gebrauch, so hat er nur Anspruch auf die vom andern Theile darauf versprochene Geldleistung nach Abrechnung aller erhaltenen Raten und nach Abrechnung des Erlöses der öffentlich zu verkaufenden Sache.

Präsident: Es sind inzwischen noch zwei Anträge eingegangen: Der erste von Herrn Rechtsanwalt Herr in Leipzig.

Der Juristentag beschließt:

Den Mißbräuchen, welche sich bei den Abzahlungsgeschäften herausgestellt haben, ist entgegenzutreten, indem

1. den Abzahlungsgeschäften über Werthpapiere, Luxusgegenstände, Loose und andere Gewinnsthoffnungen der Rechtsschutz versagt wird;
2. a) der Eigenthumsvorbehalt, soweit nicht die Gesetzgebung eine zeichenmäßige Erkennbarmachung desselben zulassen sollte,

   b) die Verwirkungsabrede für rechtsunwirksam erklärt werden;

3. die Conventionalstrafe dem richterlichen Ermäßigungsrechte unterstellt wird;
4. die Gerichte ermächtigt werden, den rechtsgeschäftlichen Inhalt der Abzahlungsgeschäfte unabhängig von der gewollten Vertragsform nach dem wahren Parteiwillen festzustellen.

Sodann der Antrag des Herrn Rechtsanwalts Dr. Scherer-Leipzig:

Den Richter befugt zu erklären, die Ausübung der Verwirkungsclausel nach Lage des Falles für unsittlich zu erklären.

Es hat nun zunächst ums Wort gebeten Herr Rechtsanwalt Hausmann.

Rechtsanwalt **Hausmann** (Berlin): M. H.! Ich möchte zunächst an Herrn Justizrath Wilke anknüpfen, in Betreff des Ausschlusses der Luxusgegenstände von den Abzahlungsgeschäften. Es stehen diesem Ausschluß der Luxusgegenstände einige Bedenken gegenüber, welche bereits hervorgehoben worden sind. Es bestehen diese Bedenken in der Schwierigkeit der Abgrenzung, im einzelnen Falle zu bestimmen: was ist Luxusgegenstand und was ist nicht Luxusgegenstand? Ein Clavier kann unter Umständen Luxusgegenstand sein, unter Umständen Erwerbsgegenstand. Man hat aber doch auch darauf Rücksicht zu nehmen: was für Elemente der Bevölkerung sind es, welche Luxusgegenstände, die zweifellos solche sind, im Wege des Abzahlungsvertrages käuflich für sich erwerben? Herr Amtsgerichtsrath Höhne weist in einer kürzlich erschienenen Broschüre darauf hin, daß gerade der weibliche Theil der capitalarmen Bevölkerung sich mit Luxusgegenständen wie seidenen Kleidern, goldenen und silbernen Gegenständen u. s. w. zu behängen pflegt. Die Gesetzgebung hat mit den wirklichen Faktoren zu rechnen und den Thatsachen, auch wenn sie häßlich sind, ins Auge zu sehen. Die Hunderte und Tausende von gefallenen Frauenspersonen, welche sich in den Straßen herumtreiben, sind die hauptsächlichsten Käufer von Luxusgegenständen aus den Abzahlungsgeschäften. Man wird doch nicht leugnen können, daß in diesen Fällen die Luxusgegenstände auch zum Erwerbe dienen können. (Heiterkeit.) Entzieht man diesen Leuten diese Erwerbs-Möglichkeit, so stößt man sie noch eine Stufe tiefer hinab, in die Gemeinschaft des Verbrechens. Außerdem wird man sich ganz allgemein die Frage vorzulegen haben: Hat der Gesetzgeber überhaupt eine Veranlassung, den leichtsinnigen Käufer — und als solchen bezeichne ich immer den Luxuskäufer im Ratenhandel — besonders zu schützen und seinetwegen die Klinke der Gesetzgebung in die Hand zn nehmen? Ich bin der Ansicht: dies ist nicht der Fall, denn jeder Schutz des Leichtsinnes enthält auch eine Verführung zum Leichtsinne. Die Ausschließung der Luxusgegenstände kann ich aus diesem Grunde nicht befürworten. Wohl aber stimme ich mit dem ersten Herrn Referenten darin überein, daß Loose und Werthpapiere von den Abzahlungsgeschäften auszuschließen sind. Wenn auch das Abzahlungsgeschäft in Betreff von Loosen und Werthpapieren in Deutschland seltener gebräuchlich ist und hauptsächlich in Oesterreich vorkommt, so bin ich doch der Ansicht, daß kein Bedürfniß vorliegt, diese Geschäfte zu gestatten, und daß sie ausgeschlossen werden müssen, weil gerade bei ihnen eine beinahe wucherische Uebervortheilung des geschäftsunkundigen Käufers die Regel zu sein pflegt.

In Betreff der Frage, in welcher Weise das Abzahlungsgeschäft zu regeln sein wird, entweder durch ein Specialgesetz oder durch das bürgerliche Gesetzbuch, bin ich der Ansicht des ersten Herrn Referenten, daß das Abzahlungsgeschäft, welches weiter nichts als bürgerliche Rechtsangelegenheiten betrifft, unter allen Umständen in's Bürgerliche Gesetzbuch hineingehört, und daß es eine Art testimonium paupertatis wäre, wenn wir es nicht hineinbringen könnten. Es ist auch der Gesichtspunkt, der von dem ersten Herrn Referenten hervorgehoben worden ist, richtig, daß wir einem Particularismus im Rechtsprechen in die Hände arbeiten würden, wenn wir die entsprechenden Bestimmungen nicht in's allgemeine Bürgerliche Gesetzbuch bringen. Nur meine ich, daß, wenn das Abzahlungsgeschäft in's Bürgerliche Gesetzbuch gebracht werden soll, dies im Anschluß an §§ 426ff., betreffend den Rücktritt vom Vertrage, erfolgen muß und nicht im Anschluß an diejenigen Paragraphen, welche vorhin vom Herrn Landrichter Dove benannt worden sind.

Auch das Alter des Abzahlungsgeschäftes spricht für die Regelung desselben im Bürgerlichen Gesetzbuche. Es ist schon hervorgehoben worden, daß das Abzahlungsgeschäft nicht neuesten Datums ist. Das Abzahlungsgeschäft ist, wie nachweisbar ist, im Gebiete des preußischen Allgemeinen Landrechts seit wenigstens 50 Jahren im Gebrauch. Wir finden schon in dem 1843 erschienenen Civilrecht von Bornemann das Abzahlungsgeschäft, wie es heute in der Form des Miethsvertrages besteht, genau beschrieben, und vor 25 Jahren, als von Brünneck seine Abhandlung über den Möbelleihvertrag erscheinen ließ, setzte er an die Spitze dieser Abhandlung das Formular eines Möbelleihvertrages, welches alle wesentlichen Momente des heutigen Möbelleihvertrages enthält.

Wegen eines Rechtsgeschäftes, das bereits seit 50 Jahren besteht, braucht für die wenigen Jahre bis zum Erlasse des bürgerlichen Gesetzbuches die Gesetzgebung wohl nicht geändert zu werden, zumal erst in allerneuester Zeit die Wissenschaft diesem Gegenstande eine eingehendere Aufmerksamkeit zugewendet hat und die diesbezüglichen Untersuchungen offenbar noch nicht abgeschlossen sind. Auch bietet der gegenwärtige Rechtszustand dem Richter einige geeignete Handhaben, den schlimmsten Mißbräuchen des Abzahlungsgeschäftes entgegenzutreten. Wenn, was eigentlich selbstverständlich ist, die Consequenzen aus der Miethsnatur des Möbelleihvertrages gezogen werden, wenn zum Verfall der Conventionalstrafe die culpa des Schuldners erfordert wird, und wenn beachtet wird, daß der Lauf der Verjährungsfrist für die Gewährleistungs-Ansprüche aus dem Kaufvertrage erst mit der Uebergabe auf Grund des perfecten Kaufvertrages, also mit der nach Zahlung der letzten Rate eintretenden brevi manu traditio, beginnen kann, dann ist die Rechtslage des Schuldners auch heute schon eine wesentlich bessere. Als derartig dringlich, daß ein Specialgesetz nothwendig wäre, vermag ich daher die Regelung des Abzahlungsverkehrs nicht anzusehen. Jeder Mißgriff bei diesem Geschäfte des kleinen Mannes würde in socialpolitischer Hinsicht ernste Gefahren mit sich bringen.

Sehr oft wird hervorgehoben, daß das Abzahlungsgeschäft den berechtigten Ansprüchen der anderen Gläubiger des Erwerbers entgegenarbeiten soll. Sicher ist, daß sich der Schuldner durch den Abzahlungsvertrag vor Pfändungen der abzahlungsweise übernommenen Gegenstände schützen kann, und wir können annehmen, daß vielleicht die Hälfte aller Abzahlungskäufer auch thatsächlich die Absicht haben, hinter dem Abzahlungsvertrage Schutz zu suchen. Der Gesetzgeber wird sich nun die heikle Frage vorlegen müssen: ist es den Abzahlungskäufern zu gestatten, hinter dem Abzahlungsvertrage Schutz vor den Gläubigern zu suchen, oder ist es ihnen zu verbieten? Ich habe in meinem Buche dieser Frage eine besondere Aufmerksamkeit zugewandt und bin zu dem Resultate gelangt, daß dieser Schutz den Ausgepfändeten belassen werden muß, weil bei Abwägung der Vortheile und Nachtheile dieser Rechtslage die ersteren überwiegen. Ich halte diesen Schutz, den das Abzahlungsgeschäft den verfolgten Schuldnern zeitweise gewährt, für einen sehr wichtigen Vortheil desselben, weil dadurch die Erwerbsthätigkeit des Schuldners gefördert wird, das sicherste Mittel zur dauernden Besserung seiner Lage.

Die socialpolitische Bedeutung des Abzahlungsgeschäftes besteht darin, daß es in seiner ganzen mächtigen Ausdehnung den wichtigen Proceß der Kapitalbildung in den unbemittelten Volksklassen fördert: direct, indem es Gegenstände, welche unmittelbar zum Erwerbe dienen, wie Maschinen aller Art, Kleinmotoren 2c. überträgt, indirect, indem es Gegenstände, welche die Voraussetzung geregelter Thätigkeit sind, wie Möbel 2c. übermittelt. In Betreff der anderen Gläubiger des Abzahlungsverkäufers ist zu beachten, daß zwischen ihnen und dem Abzahlungsverkäufer ein wirklicher Interessentenconflict nicht vorliegt, weil nicht gleichberechtigte Interessen collidiren. Der Abzahlungsverkäufer steht dem Schuldner nicht in derselben Weise gegenüber, wie die anderen Gläubiger; aus Rücksichten der Gerechtigkeit folgt, daß sein Recht ein stärkeres ist. Der Abzahlungsvertrag wird gewöhnlich geschlossen, nachdem die anderen Gläubiger mit ihren Ansprüchen ausgefallen sind. In voller Kenntniß dieses Umstandes giebt der Abzahlungsverkäufer den Vertragsgegenstand aus den Händen, weil das Gesetz ihn in seinem Eigenthum schützt. Ohne diesen Schutz würde es ihm gar nicht einfallen, seine Sache fortzugeben. Er ist Realgläubiger in Beziehung auf eine von ihm selbst herrührende Sache; die anderen Gläubiger sind Personalgläubiger. Diese haben auf die noch nicht bezahlte Sache des Abzahlungshändlers an sich nicht den geringsten Anspruch. Man könnte nun einwenden: die Raten, die der Abzahlungshändler erhält, würden ihnen ohne den Abzahlungsvertrag zugeflossen sein. Dies dürfte aber nicht richtig sein. Entweder besitzt der Schuldner die moralische Kraft, zu sparen, um die Gläubiger zu befriedigen — dann wird er dies viel schneller thun, wenn er leichtere Gelegenheit zum Erwerbe hat; oder der Schuldner besitzt diese Selbstbeherrschung nicht — dann wird er auch für die anderen Gläubiger nichts übrig haben.

Gegen schwindelhafte Manipulationen zwischen Abzahlungs-Verkäufer und Käufer geben Civilproceßordnung und Strafgesetzbuch (§§ 288 und 49 R.Str.G.B.) ausreichende Handhaben.

Was meinen Vorschlag zu I betrifft, so befindet sich der erste Herr Referent vollständig auf meinem Standpunkte. Die Vorschläge der beiden Herren Referenten unterscheiden sich darin, daß der erste Herr Referent den Schutz nur demjenigen Käufer gewähren will, welcher nachweist, daß ihm bei Nichterfüllung seiner Verbindlichkeit weder Vorsatz noch Fahrlässigkeit zur Last fallen. Dieser Schutz ist zu Gunsten des Veräußerers durchaus nothwendig, weil dieser sonst den Chicanen eines böswilligen Schuldners schutzlos preisgegeben wäre. In dem Vorschlage des Herrn Justizraths Makower ist dieser Schutz des Verkäufers nicht enthalten.

Wir debattiren bereits seit mehreren Stunden über das Abzahlungsgeschäft, es ist aber streitig, was eigentlich ein Abzahlungsgeschäft ist. Der Begriff „Abzahlungsgeschäft“ ist von Cohen definirt worden als „der Umsatz einer Sachnutzung gegen eine Geldrente, bei deren Bezahlung bis zu einer gewissen Höhe die Sache selbst übertragen wird.“ Heck definirt wieder das Abzahlungsgeschäft dahin, daß es ein Rechtsgeschäft ist, welches auf den Erwerb beweglicher Sachen gerichtet ist, sofern 1. eine dingliche Sicherheit zu Gunsten des Veräußerers vorbehalten ist, 2. der Kaufpreis in mehr als drei Raten zu zahlen ist. Ich glaube, alle Versuche der Definition des Abzahlungsgeschäfts werden scheitern. Als Abzahlungsgeschäft kann und muß jedes zweiseitige Rechtsgeschäft angesehen werden, bei welchem die Erfüllung des einen Theils in mehreren Raten, in allmählichen Abzahlungen erfolgt. Das Wort „Abzahlung" bezeichnet nichts weiter als den bei verschiedenartigen Verträgen möglichen Erfüllungsmodus; es kann aber unmöglich diejenige Bezeichnung, welche nun einmal nichts als den Modus bedeutet, gleichzeitig auch den Titulus bezeichnen, aus welchem jener folgt.

Um die üblichen zehn Minuten nicht zu überschreiten, werde ich zum Schluß kommen und nur noch befürworten, daß, weil ganz zweifellos die Qualität der Waaren, welche im Wege des Abzahlungsgeschäfts verkauft werden, sehr häufig schlecht ist, dem Erwerber derselben ein weitergehender Schutz als bisher gewährt werde. Dies kann geschehen dadurch, daß man einmal die Natur des Vertrages als Miethsvertrag — bei Möbelleihverträgen ist die Natur bekanntlich bestritten — anerkennt, daß man ferner diejenigen Rechte, welche der Käufer wegen mangelhafter Beschaffenheit der verkauften Sache hat, beginnen läßt mit dem Moment, mit dem der Kaufvertrag perfect ist, das heißt mit dem Moment, in dem die letzte Miethsrate bezahlt ist. Es wird dieser Moment schärfer hervortreten, wenn die Grundsätze des Entwurfs eines B.G.B.'s vom dinglichen Vertrage zur Aufnahme gekommen sein werden. Ich glaube, es empfiehlt sich, noch außerdem eine Bestimmung aufzunehmen im Anschluß an § 396 des genannten Entwurfs, welche die Unwirksamkeit des Verzichtes auf Mängelrüge ausspricht. Der § 396 bestimmt, daß die Haftung des Veräußerers wegen Mängel durch Vertrag erweitert oder erlassen werden kann; „der Erlaß oder die Beschränkung ist unwirksam, wenn der Veräußerer den Mangel gekannt und dem Erwerber verschwiegen hat."

Hier empfehle ich hinzuzusetzen: „oder wenn die Veräußerung beweglicher Sachen gegen Ratenzahlung Gegenstand des Vertrages ist." Ich halte die Bezeichnung „Veräußerung beweglicher Sachen gegen Ratenzahlung", welche wir der österreichischen Regierung verdanken, für ausreichend, das Geschäft zu charakterisiren, und auch für geeignet, in ein Gesetz aufgenommen zu werden.

Sehr wichtig und die Voraussetzung aller Reform ist, daß das Abzahlungsgeschäft ausgeschlossen wird vom Handelsgesetzbuch. Zweifellos gehört das Abzahlungsgeschäft seiner Natur nach gar nicht ins Handelsrecht. Das Handelsrecht dringt auf schleunige Erledigung der Geschäfte, das Abzahlungsgeschäft erstreckt sich für gewöhnlich auf eine sehr lange

Dauer, und gerade die lange Dauer ist eine der wesentlichsten Eigenschaften des Abzahlungsgeschäftes.

In Betreff der Verbreitung des Abzahlungsgeschäftes möchte ich hervorheben, daß die Gegenstände, welche im Abzahlungsverkehr erworben werden, ungemein zahlreich sind, so zahlreich, daß man erstaunt ist, wenn man Zeitungsblätter vornimmt, in welchen Abzahlungsannoncen veröffentlicht zu werden pflegen. Kinderwagen werden, soweit mir in einer der ersten Fabriken versichert worden ist, fast zur Hälfte im Wege des Abzahlungsgeschäfts veräußert. Geldschränke, Billards werden ebenfalls auf Abzahlung verkauft. Und ganz besonders möchte ich aufmerksam machen auf einen Industriezweig, bei dem das Abzahlungsgeschäft eine wichtige Rolle spielt, das ist der Verkehr der Schriftgießereien mit den Druckereien. Auch hier ist es, wie mir in einer hervorragenden Fabrik versichert worden ist, eine allgemein beobachtete Thatsache, daß mindestens die Hälfte aller Neuanschaffungen, Neueinrichtungen von Druckereien, insoweit sie sich auf Schriftzeichen und Maschinen bezieht, im Wege des Abzahlungsgeschäfts erfolgt. Es mag schließlich noch von Interesse sein, zu erfahren, daß das Abzahlungsgeschäft keineswegs allein in den größeren Städten vorkommt. Mir ist der Nachweis ziemlich leicht geworden, daß es in sämmtlichen preußischen Provinzen sowie in allen deutschen Staaten vorkommt. Es ist bekannt, daß es außerordentlich häufig in Oesterreich ist. Aber auch in England ist es sehr entwickelt und spielt dort eine große Rolle, und zwar sind die Abzahlungsgeschäfte häufig in den besseren Stadttheilen vertreten; sie zeigen ihren Betrieb dadurch an, daß sie in großen Lettern auf ihren Schildern geschrieben haben „three years' system". In den dortigen Zeitungen finden sich zahlreiche Abzahlungs-Annoncen, in jeder Nummer des Standard begegnet man vielleicht über einem Dutzend, was allerdings noch lange nicht an den Berliner Betrieb heranreicht. In Berlin finden Sie zum Beispiel in dem Localanzeiger in manchen Nummern 40—50 Annoncen, in welchen ausdrücklich der Abzahlungsbetrieb angekündigt wird. Ich fand darunter in einer Nummer merkwürdiger Weise auch sechs Annoncen von Zahnärzten, welche künstliche Zähne gegen Abzahlung anbieten.

(Große Heiterkeit.)

Das Abzahlungsgeschäft ist nach Cohen in derselben Weise wie in Deutschland auch in der Schweiz entwickelt, es kommt in Paris und außerordentlich häufig in Nordamerika vor. In letzterem Lande ähneln die Verhältnisse derartig den unserigen, daß wir dort sogar denselben Streit, ob bei den Abzahlungsverträgen Kauf oder Miethe vorliegt, finden.

Für alle Reformbestrebungen liegt in der außergewöhnlichen örtlichen Verbreitung sowie in dem kolossalen sachlichen Umfange des Abzahlungsgeschäfts eine ernste Mahnung zur Vorsicht.

Geh. Justizrath Professor Dr. **Brunner** (Berlin): Ich erlaube mir, den Antrag 1 des Herrn Professor Heck wieder aufzunehmen.

Aus der Mitte der Versammlung wird der Antrag auf Schluß der Debatte gestellt und mit großer Majorität angenommen unter Vorbehalt des Worts für diejenigen Antragsteller, welche noch nicht zum Worte gekommen sind.

Geh. Justizrath Professor Dr. **Brunner** (Berlin): M. H., wir haben, wie ich glaube, alle die Ueberzeugung gewonnen, daß die Materie eine außerordentlich schwierige ist, und daß es einige Gefahr auf sich hat, wenn wir diese schon so lange besprochene Angelegenheit in einer Versammlung, die doch auf eine verhältnißmäßig kleine Zahl von Theilnehmern zusammengeschmolzen ist, heute vollständig erledigen wollten. Daher erlaube ich mir, den ersten Antrag von Herrn Professor Heck aufzunehmen, mit welchem ja sachlich auch der Antrag des Herrn Justizraths Makower übereinstimmt; außerdem aber zu beantragen, daß die Frage, ob und welche Maßregeln gegen die Mißbräuche des Abzahlungsgeschäfts sonst noch zu treffen seien, auf die Tagesordnung des nächsten Juristentages gesetzt werde.

(Bravo.)

Präsident: Es würde gar nicht möglich sein, eine Abstimmung über die einzelnen Anträge in parlamentarischer Weise vorzunehmen. Die Anträge sind so ineinander verschoben, daß es ganz unmöglich ist, einen bestimmten Antrag herauszunehmen. Ich möchte daher den Herren empfehlen, nachdem die Debatte heute schon beinahe 2½ Stunden gedauert hat, dem Plenum anheimzugeben, das Material, das wir in den Anträgen jetzt vor uns haben, zur weiteren Begutachtung hinzugeben und die Sache dem nächsten Juristentage wieder vorzulegen. Ich glaube, das ist auch das, was der Herr Professor Brunner wünscht. Es ist wirklich manches vortreffliche Material hier vorgebracht worden, und wenn der stenographische Bericht über die heutige Sitzung vorliegt, erhalten ja die Gutachter für den nächsten Juristentag die größte Anregung und werden dann vielleicht im Stande sein, einen Antrag festzustellen, der die Frage der Lösung näher führt. Wenn die Herren damit einverstanden sind, dann würden wir für heute die Debatte schließen können. Ich will dies durchaus nur anheimgeben, möchte aber die Herren fragen, ob sie über meinen Vorschlag abstimmen wollen?

Justizrath **Makower:** Ich verstehe doch, daß wir heute materiell gar nichts beschließen?

Präsident: Ja.

Justizrath **Makower:** Dann bin ich ganz einverstanden.

Präsident: Wenn Sie vielleicht die Güte haben wollten, dem Plenum über den Stand der Sache zu referiren.

Justizrath Makower erklärt sich dazu bereit.

(Wahl der Vertrauensmänner.)

Präsident: Wir kommen jetzt zum zweiten Gegenstande:

> Empfiehlt es sich, im künftigen deutschen bürgerlichen Gesetzbuche die Anfechtbarkeit der Schenkungen aus dem vom Entwurfe aufgestellten Gesichtspunkte des außerordentlichen Pflichttheils oder aus dem des Uebermaßes festzusetzen?

Ich ertheile zunächst das Wort dem Referenten, Herrn Professor Kipp.

Referent Professor Dr. **Kipp** (Kiel): Meine verehrten Herren! Ich bedauere es, offen gesagt, daß die Frage, über welche ich die Ehre habe, Ihnen Bericht zu erstatten, das Schicksal hat, in dieser späten Stunde zur Verhandlung zu kommen. Indessen, ich muß mich bescheiden, eine Frage kann es ja immer nur sein, die an den Schluß gestellt wird. Die Frage ist ein Ausschnitt aus dem Pflichttheilsrecht. Der vierzehnte Deutsche Juristentag hat in eingehender Verhandlung gegenüber einer Strömung von nicht zu unterschätzender Stärke, die sich sowohl in Deutschland wie in Frankreich für die absolute Testirfreiheit geltend gemacht hatte, sich für Aufrechterhaltung des Pflichttheilsrechts ausgesprochen. Der deutsche Entwurf ist ihm darin gefolgt. Allerdings erklären die Motive zum Entwurf eines Bürgerlichen Gesetzbuchs die Frage vom Standpunkte der Socialpolitik aus für noch nicht spruchreif; allein sie halten es für die Hauptaufgabe des Entwurfs, einheitliches Recht für Deutschland zu schaffen; das Recht, welches, wie das Pflichttheilsrecht, überall in Deutschland gelte, könne nur auf ganz überwiegende Gründe hin beseitigt werden. Wir haben über diese magere und negative Begründung eines Instituts, dessen Sein oder Nichtsein von tiefgreifendster Bedeutung ist, nicht zu rechten; denn die Frage, ob es ein Pflichttheilsrecht geben soll oder nicht, steht überhaupt heute nicht zur Debatte; diese Frage setzen wir als bejaht voraus; sondern wir haben es nur mit einer einzelnen Frage der Ausgestaltung des Pflichttheilrechts zu thun, nämlich mit der Frage: wie soll das Pflichttheilsrecht gegen Benachtheiligungen des Pflichttheilsberechtigten durch Verfügungen unter Lebenden geschützt werden? Es lassen sich aber die allgemeinen Erwägungen, auf welchen das Pflichttheilsrecht ruht, von der heutigen Debatte nicht ganz ausschließen; es ist selbstverständlich, daß diese allgemeinen Erwägungen auch in Bezug auf die einzelnen Fragen der Ausgestaltung des Rechtsinstituts ihre Rolle spielen müssen, und es ist sehr merkwürdig, daß der Entwurf, welcher sich einer Beurteilung dieser allgemeinen Erwägungen erklärtermaßen enthält, und welcher das Pflichttheilsrecht nur angenommen hat, weil er es fand, sich nicht darauf beschränkt hat, es zu nehmen, wie er es fand, sondern fast allen in Deutschland geltenden Rechten gegenüber eine sehr einschneidende Erweiterung desselben vorgeschlagen hat; denn der außerordentliche Pflichttheil, so wie er im Entwurfe gefaßt ist, enthält eine solche Erweiterung fast allen in Deutschland geltenden Rechten gegenüber.

M. H.! Wenn die Frage aufgeworfen wird, ob die Schenkungen anfechtbar sein sollen aus dem Gesichtspunkte des außerordentlichen Pflichttheils oder aus dem gemeinrechtlichen Gesichtspunkte des Uebermaßes, so läuft das auf folgende Frage hinaus: soll die Schenkung nur anfechtbar sein, wenn sie bereits zur Zeit der Errichtung, das heißt nach dem damals vorliegenden Vermögensstande eine Verletzung des Pflichttheils enthielt; oder aber soll ohne Rücksicht auf das damalige Uebermaß die Anfechtbarkeit der Schenkung auch herbeigeführt werden können, wenn erst durch eine nachträgliche Minderung des Vermögens des Schenkers sich eine Verletzung des Pflichttheils ergiebt? Das ist die Hauptfrage. Ganz beschränken auf diese Hauptfrage können wir uns nicht, denn man kann sich das Prinzip nicht hinlänglich klar machen, wenn man es nicht auch etwas in seinen einzelnen Ausläufern, in seiner praktischen Durchführung verfolgt. Es haben auch die Gutachter, Herr Justizrath Reatz und mein Herr College Endemann, das Detail ziemlich eingehend berührt.

So viel steht ja fest: wenn das Pflichttheilsrecht überhaupt bestehen soll, wenn es nicht durch Verfügungen des Erblassers schon bei seinen Lebzeiten illusorisch gemacht werden soll, so müssen wir in gewissen Grenzen das Pflichttheilsrecht gegen derartige Beeinträchtigungen durch Verfügungen unter Lebenden schützen. Es fragt sich nur: wie weit ist darin zu gehen?

Das römische Recht hat ursprünglich einen derartigen Schutz nicht gekannt. Erst durch kaiserliche Rescripte, wie es scheint, seit Alexander Severus, ist das Institut der querela inofficiosae donationis und das ihr parallele der querela inoff. dotis eingeführt worden; die bildende

Hand der classischen Juristen ist diesen Instituten kaum zu Theil geworden, und daher besonders ist es erklärlich, daß unsere Quellen eine ganze Anzahl Fragen unbeantwortet lassen, mit denen sich die gemeinrechtliche Doctrin und Praxis nur zweifelnd und schlußfolgernd hat abfinden können. Ursprünglich war die Absicht der Verletzung des Pflichttheils im römischen Recht erforderlich, ursprünglich gab man die querela inofficiosae donat. nur, wenn der Schenker beabsichtigt hatte, die querela inoff. testamenti zu umgehen. Es ist aber streitig, ob an diesem Erforderniß noch späterhin festgehalten wurde. Man streitet auch darüber, ob nach gemeinem Recht erforderlich sei, daß bereits zur Zeit der Errichtung der anzufechtenden Schenkung Pflichttheilsberechtigte vorhanden waren, oder ob die Schenkung auch angefochten werden kann insbesondere von nachgeborenen Kindern. So viel ist aber für das gemeine Recht sicher, daß die Schenkung nur dann angefochten werden kann, wenn sie bereits zur Zeit ihrer Errichtung nach dem damaligen Vermögensstande eine Verletzung des Pflichttheils enthielt, gegebenenfalls also eine Verletzung des Pflichttheils der später erst eingetretenen Pflichttheilsberechtigten. Allerdings fassen die Quellen des römischen Rechts eine Vermögensverschiebung zwischen Schenkung und Tod direct nicht ins Auge, aber sie verlangen eine donat. immodica, eine übermäßige Schenkung, und dieses Prädicat kann nur einer solchen Schenkung beigelegt werden, welche unmäßig ist im Verhältniß zu dem damaligen Vermögensstande. Eine spätere Minderung des Vermögens ist also ohne Einfluß auf die Anfechtbarkeit. Auf der andern Seite muß durch spätere Vermögensvermehrung zwischen Schenkung und Tod die Verletzung auch geheilt werden können. Das faßt die herrschende Meinung seit Francke dahin auf: von dem Zuwachs, den das Vermögen nach der Schenkung erfährt, muß der Pflichttheil frei bleiben, und nur dasjenige, was darüber hinaus der Pflichttheilsberechtigte durch den Zuwachs empfangen hat, ist geeignet, die quer. inoff. don. zu mindern. Herr College Endemann ist in seinem Gutachten anderer Meinung. Er sieht in dieser Lehre eine Abwendung der Neueren vom römischen Recht zu Gunsten der Billigkeit. Ich kann diese Auffassung nicht theilen. Es liegt in der Natur der Sache, daß die geschehene Rechtsverletzung nur geheilt werden kann durch dasjenige, was der Pflichttheilsberechtigte über den vom Nachlaß einschließlich des Zuwachses berechneten Pflichttheil hinaus erhalten hat; denn das, was ihm aus dem Nachlaß in unentziehbarer Weise gebührt und gebühren würde, auch wenn niemals die Schenkung vorausgegangen wäre, kann begreiflicher Weise nicht dazu beitragen, die früher geschehene Rechtsverletzung zu heilen.

Soviel ist ferner in den Quellen des römischen Rechts mit Bestimmtheit gesagt, daß auch durch eine Mehrheit von Schenkungen in ihrem Zusammenwirken eine Verletzung des Pflichttheils herbeigeführt werden kann, und daß dann die Schenkung anfechtbar ist, bei welcher zuerst eine Ueberschreitung der Pflichttheilsgrenze erfolgt ist. Ich kann auch hier nicht unterlassen, in einem bestimmten Punkte gegen das Gutachten meines Collegen Endemann zu polemisiren, so sehr ich anerkenne, daß es sich in dieser Versammlung nicht darum handelt, was Recht war und was Recht ist, sondern was Recht sein soll. Ich muß hier deswegen polemisiren, weil Herr College Endemann das Ergebniß, zu welchem er kommt, als einen Grund gegen die Brauchbarkeit des gemeinrechtlichen Systems verwerthet. Endemann ist der Ansicht, daß es, wenn mehrere Schenkungen vorgenommen sind, nach gemeinem Rechte nothwendig sei, diese mehreren Schenkungen zusammenzurechnen, und daß dann die Frage, ob durch diese gesammten Schenkungen eine Verletzung des Pflichttheilsberechtigten herbeigeführt worden sei, beantwortet werden müsse vom Standpunkte des Vermögens zur Zeit der ersten Schenkung. Ich glaube das nicht. Das Zusammenrechnen der Schenkungen ist nur eine dem Pflichttheilsberechtigten gegebene Waffe, deren er sich bedienen kann, um der Zersplitterung des Vermögens durch Theilschenkungen entgegenzutreten; aber niemand zwingt ihm diese Waffe in die Hand. Zunächst ist jede Schenkung eine Verfügung für sich, anfechtbar nach dem Stande des Vermögens zu ihrer Zeit, und der Pflichttheilsberechtigte ist nur befugt, zu argumentiren: wäre nicht zur Zeit der zweiten Schenkung schon x verschenkt gewesen, so hätte das Vermögen damals $x + y$ betragen, und hiervon gebührt mir der Pflichttheil. Aber er braucht nicht so zu argumentiren. Mit der Auffassung von Endemann kommt man zu folgendem Ergebniß. Gesetzt, jemand hat kurz vor seinem Tode 50 000 Mark verschenkt und 5000 Mark hinterlassen, so würde die an sich durchaus begründete quer. inoff. donat. illusorisch gemacht werden können, wenn der Beklagte beweist, daß der Erblasser vor zwanzig Jahren, als er als armer Handwerksbursche mit einem Thaler in der Tasche wanderte, mit seinem Nebengesellen diesen Thaler getheilt hat; denn dann hat er vor zwanzig Jahren eine Schenkung gemacht, die Schenkungen müssen zusammengerechnet werden, und die Frage, ob eine Verletzung des Pflichttheils vorliegt, muß beurtheilt werden vom Standpunkte des Vermögens, wie es zur Zeit der ersten Schenkung war. Folglich würde der Pflichttheilsberechtigte nur auf einen halben Thaler Anspruch haben. Das wäre allerdings absurd, aber ich glaube nicht, daß das gemeine Recht dies vorschreibt, und bin deshalb der Ansicht, daß es auch nicht geeignet ist, gegen den praktischen Werth des gemeinrechtlichen Systems in die Wagschale gelegt zu werden.

Schließlich ist, was das gemeine Recht angeht, noch ein Blick zu werfen auf das Verhältniß der Schenkungen zu den letztwilligen Verfügungen. Das Reichsgericht hat in voller Uebereinstimmung mit dem Oberlandesgericht zu Oldenburg folgenden Grundsatz aufgestellt: wenn eine Schenkung vorangegangen ist und dann noch eine letztwillige Verfügung errichtet ist, so ist gegen die letztwillige Verfügung die actio ad supplendam legitimam begründet, und zwar gegen die Erben, vorausgesetzt, daß wenn man die Schenkung in den Nachlaß einrechnet, durch Schenkung plus letztwillige Verfügung der Pflichttheil verletzt wird, welcher von Schenkung plus Nachlaß zu berechnen ist. Auch hierin sieht Herr College Endemann eine schroffe Abweichung vom römischen Recht. Er sagt, daß man gerade an diesem Urtheil, an der kühnen Abwendung des Gerichtshofes von dem geschriebenen Recht sehen könne, wie unser Rechtsbewußtsein fast gewaltsam von dem römischen Recht abdränge. Ich glaube das wiederum nicht, sondern mir scheint das Urtheil durchaus dem Sinne der römischen Rechtsordnung gemäß zu sein. Wenn es richtig ist, daß die zweite Schenkung angefochten werden kann, weil sie im Zusammenhange mit der früheren Schenkung den Pflichttheil verletzt, so muß auch die letztwillige Verfügung angefochten werden können, wenn sie im Zusammenhange mit den vorausgegangenen Schenkungen eine Verletzung des Pflichttheils involvirt, und ebenso zwingend scheint mir das zu sein, daß der Angriff gegen die letztwillige Verfügung nicht erfolgen kann mit dem Rechtsmittel, welches gegen die inofficiose Schenkung gegeben ist, sondern nur mit denjenigen Rechtsmitteln, welche gegen letztwillige Verfügungen überhaupt zu Gebote stehen.

Der Standpunkt des gemeinen Rechts ist bestätigt worden von dem Württembergischen Landrecht ebensowohl wie vom Cod. Maximilianeus. Unter den modernen Gesetzgebungen und Entwürfen stehen auf demselben Standpunkte das österreichische allgemeine bürgerliche Gesetzbuch, das sächsische bürgerliche Gesetzbuch, der hessische Entwurf von 1853, ferner der Mommsen'sche Erbrechtsentwurf von 1876, und nach dem Bericht von Jacobi in der „Kritischen Vierteljahrsschrift“ auch der ungarische Entwurf von 1887. Zu meinem großen Bedauern ist es mir mißglückt, diesen Entwurf selber zu Gesicht zu bekommen. Anders faßt die Sache das Preußische Allgemeine Landrecht auf.

In dem Preußischen Allgemeinen Landrecht tritt zuerst in Deutschland der Gedanke auf, daß es auf das Uebermaß der Schenkung zur Zeit ihrer Errichtung nicht ankommen soll. Das Preußische Allgemeine

Landrecht vergleicht die Schenkung lediglich mit dem Nachlaß. Es sagt: wenn der Nachlaß nicht die Hälfte der Schenkungen beträgt, welche der Erblasser in den letzten drei Jahren vor seinem Tode gemacht hat, so sind diese Schenkungen der letzten drei Jahre widerruflich, aber die Geschenknehmer brauchen nicht mehr zurückzugeben, als an jener Hälfte fehlt. Nach dieser Bestimmung ist klar, daß es nicht darauf ankommt, wie sich die Schenkung zu dem damaligen Vermögen verhielt, sondern daß es nur darauf ankommt: wie verhält sich die Schenkung zum Nachlaß; daß folglich auch, wenn in Folge irgendwelcher Zufälligkeiten das Vermögen nach der Schenkung gesunken ist, die angezogenen Bestimmungen anwendbar sind. Es ist aber sehr wohl zu beachten, daß das Preußische Allgemeine Landrecht eine sehr enge zeitliche Schranke der Anfechtbarkeit der Schenkungen gezogen hat: es handelt sich nur um die Schenkungen der drei letzten Jahre vor dem Tode des Erblassers. Es ist überhaupt beachtenswerth, daß Suarez der quer. inoff. donat. abgeneigt gegenüberstand. Er sagt in seinen Schlußvorträgen, man habe vielleicht Grund genug gehabt, die querela abzuschaffen, aber wegen des darüber zu besorgenden Geschreis habe man sich begnügt, die römische Theorie im Wesentlichen zu bestätigen und das Institut nur einzuschränken auf die drei letzten Jahre, einmal, weil die Schwierigkeiten und Weitläufigkeiten bei der Ausmittelung hierdurch wesentlich verringert würden, und sodann, weil, je weiter derartige donationes zurückgehen, desto weniger sich denken lasse, daß dabei eine Absicht, die Berechtigten im Pflichtheil zu verletzen, obgewaltet habe. Uebrigens ist in der preußischen Litteratur anerkannt, daß mehrere Fassungsfehler bei der Redaction des Allgemeinen Landrechts in unserer Materie vorgekommen sind. Ich kann darauf hier nicht eingehen. Der preußische Revisionsentwurf von 1831 hat sich bemüht, diese Fassungsfehler zu beseitigen. Ich kann aber dem Herrn Collegen Endemann nicht zugeben, daß der Entwurf den vollen Uebergang zum französischen System befürwortet habe, denn der Entwurf hat die dem französischen Recht fremde, enge zeitliche Begrenzung auch seinerseits beibehalten.

Das erklärte Vorbild des deutschen Entwurfs, der Code civil, hat die Schranke, welche das Preußische Landrecht aufgestellt hat, fallen lassen; er geht ferner weit über das Preußische Landrecht insofern hinaus, als er auch den dritten Besitzer der geschenkten Immobilien haften läßt. Auf deutschem Boden ist dieses System mit Ausnahme der Haftung des dritten Besitzers befürwortet worden von dem bayerischen Entwurf von 1861, aber es ist zweifelhaft, ob man das als ein wirklich bewußtes Zeugniß zu Gunsten des französischen Systems ins Feld führen kann.

Wenn man die Motive des bayerischen Entwurfs vergleicht, kommt man zu einem merkwürdigen Ergebniß. Nach den Motiven hatte man beabsichtigt, durch die gewählte Berechnungsweise den Beschenkten zu begünstigen. Man sagt, es könne ohne Unbilligkeit der Anspruch des Pflichttheilsberechtigten im Falle der späteren Verminderung des Vermögens darüber nicht hinausgehen, daß das Verschenkte zum Nachlaß zugerechnet und davon der Pflichttheil berechnet werde. Das ist allerdings eine scheinbare Begünstigung gegenüber dem gemeinen Rechte. Wenn nämlich zur Zeit der Schenkung das Vermögen 8000 Mark beträgt und davon 6000 verschenkt sind, so berechnet das gemeine Recht den Pflichttheil auf 4000 Mark, auch dann, wenn von den nach der Schenkung übrig gebliebenen 2000 Mark zur Zeit des Todes nur noch 1000 vorhanden sind. Nach dem bayerischen Entwurf dagegen beträgt der Pflichttheil nur 3500 Mark. Die Motive übersehen aber die praktische Folge, zu welcher ihr System führt. Diese Folge ist die: nach gemeinem Recht giebt der Beschenkte unter allen Umständen nur das erhaltene Uebermaß heraus, würde also im gesetzten Falle nur 2000 herauszugeben haben. Nach dem bayerischen Entwurf dagegen würde er den Pflichttheil auf 3500 bringen, also 2500 herauszahlen müssen. Nun kann man, wenn man weiter nichts hat als den gedruckten Gesetzentwurf, nicht sagen, ob der Fehler auf Seiten der Motive oder auf Seiten der Entscheidung liegt, ob man bei klarerer Erkenntniß anders entschieden oder die Entscheidung anders begründet haben würde. Mir scheint hier ein Zwiespalt obzuwalten, welcher verbietet, den bayerischen Entwurf als ein deutsches Zeugniß für das französische System anzuführen.

Der deutsche Entwurf erklärt, daß er den Gedanken des französischen Rechts für den richtigen halte, er hat aber gleichwohl wiederum eine Schranke eingeführt, welche dem französischen Recht fremd ist. Während nach französischem Recht den Anspruch gegenüber dem Beschenkten alle Pflichttheilsberechtigte haben, gleichviel wann sie gekommen sind, so steht nach dem deutschen Entwurf die Sache so: die Anfechtbarkeit der Schenkung beschränkt sich auf diejenigen Pflichttheilsberechtigten, welche zur Zeit der Schenkung schon vorhanden waren oder wenigstens in Aussicht standen. So will ich es einstweilen kurz formuliren, es ist später darauf genauer zurückzukommen. Wenn zu der Zeit, als solche Pflichttheilsberechtigte schon vorhanden waren oder wenigstens in Aussicht standen, der Erblasser eine Schenkung gemacht hat, dann wird nach dem Entwurf diese Schenkung in den Nachlaß eingerechnet, und der Erblasser hat jetzt den Pflichttheil so zu hinterlassen, wie wenn das Geschenkte im Nachlasse noch vorhanden wäre. Daraus ergiebt sich eine Erhöhung des Pflichttheils, und diese

Erhöhung des Pflichttheils bezeichnet der Entwurf als den außerordentlichen Pflichttheil. Für diesen außerordentlichen Pflichttheil haftet zunächst der Erbe, aber wiederum mit einer Einschränkung. Der Erbe haftet nur mit dem Erbtheil, welchen er in Ermangelung einer Anordnung des Erblassers über die Erbfolge nicht erhalten haben würde oder in Folge der den Pflichttheilsanspruch begründenden Ausschlagung der Erbschaft von Seiten eines Pflichttheilsberechtigten erhalten hat. Der Erbe haftet also im Allgemeinen nicht mit seinem Intestaterbtheil; wenn es bei der reinen Intestaterbfolge verbleibt, so geht die Haftung sofort auf den Beschenkten über. Der Beschenkte haftet nach dem System des Entwurfs hinter den Erben in der Weise, daß der ältere Beschenkte erst hinter dem jüngeren Beschenkten haftet, und zwar nur insoweit, als dieser nicht verpflichtet ist; eine Haftung des früher Beschenkten für die Insolvenz des später Beschenkten ist von dem Entwurf nicht statuirt worden. Die genauere Regelung, wie sie der Entwurf aufgestellt hat, kann ich einstweilen übergehen.

Von den beiden Herren Gutachtern wird es übereinstimmend gebilligt, daß der Entwurf die Anfechtung der Schenkung nicht von einem zur Zeit der Errichtung der Schenkung vorhandenen Uebermaße abhängig macht. Im Uebrigen sind die Herren Gutachter nicht vollständig derselben Meinung. Herr College Endemann betont, daß doch nach dem Entwurf zunächst der Erbe und der Beschenkte nur ausnahmsweise hafte. Folglich könne das ganze Institut nicht als außerordentlicher Pflichttheil gefaßt werden; es liege der regelmäßige, nur durch Hereinziehung der Schenkungen unter Lebenden vermehrte Pflichttheil vor; außer dieser Hereinziehung sei nichts Außerordentliches vorhanden. Streichen will Herr College Endemann die persönliche Schranke, welche der Entwurf aufgestellt hat, er will also, wie im französischen Recht, jedem Pflichttheilsberechtigten den Anspruch auf den sogenannten außerordentlichen Pflichttheil geben. Den Anspruch gegen den Beschenkten wünscht Herr College Endemann etwas abweichend von dem Entwurf gefaßt zu sehen. Während der Entwurf sagt: es kann der Berechtigte von dem Beschenkten nur die Herausgabe des Geschenkten zum Zwecke der Befriedigung verlangen, und dies nur, insoweit es zum Zwecke der Befriedigung erforderlich ist, wünscht Endemann betont zu sehen, daß der Beschenkte die Wahl hat, ob er Geld zahlen oder die Sache herausgeben will; noch besser: es soll der Anspruch principiell auf Geld gestellt werden, wie ja der Pflichttheilsanspruch im Entwurf im Allgemeinen Geldanspruch ist, es soll aber dem Beschenkten das Recht gewährt werden, sich durch Herausgabe des Geschenkes zu befreien. Ich glaube nachweisen zu können, daß die

Differenz zwischen dem Herrn Gutachter und dem Entwurf nicht so groß ist, wie sie auf den ersten Blick scheint, ich will das aber für eine spätere Zeit versparen.

Herr Justizrath Reatz ist der Meinung, daß es ungerecht sei, den Erben vor dem Beschenkten und den jüngeren Beschenkten vor dem älteren haften zu lassen, er verlangt vielmehr, daß durchaus pro rata gehaftet werden soll, der Beschenkte nicht anders wie der Erbe, der Erbe nicht anders wie der Beschenkte, kurzum, gleichmäßige Vertheilung der Haftung unter allen Betheiligten. Der Entwurf hat eine Ausnahme statuirt in Bezug auf diejenigen Schenkungen, welche aus einer sittlichen Pflicht oder der auf den Anstand zu nehmenden Rücksicht hervorgehen. Herr Justizrath Reatz rügt Folgendes. Es sei gerecht, daß derartige Schenkungen nicht anfechtbar seien, aber es sei ungerecht, daß sie nicht bei Bestimmung des Pflichttheils in Rechnung gestellt würden. Das ist ein durchaus begründetes Bedenken, welches ich hier kurz erledigen kann — in meinen Anträgen ist davon nicht weiter gesprochen worden. Wenn man die auf einer sittlichen Pflicht beruhenden Schenkungen ganz außer Acht läßt, so erhöht sich die Quote, welche noch disponibel ist, für weniger achtbare Schenkungen. Wenn man sie dagegen in Ansatz bringt, so erniedrigt sich diese Quote. Das ist der einfache Grund, weshalb sich diese Veränderung, welche Herr Justizrath Reatz vorgeschlagen hat, empfiehlt.

Von den sonstigen Beurtheilern unserer Frage sind Bähr, Wilke, Kohler, Jacobi, Vollert der Meinung, daß das gemeinrechtliche Erforderniß des Uebermaßes für die Anfechtbarkeit der Schenkung festgehalten werden müsse. Petersen hat gegen die Bestimmung des Entwurfs über den außerordentlichen Pflichttheil in diesem Punkte nichts einzuwenden. Gierke findet zwar, daß das Institut des außerordentlichen Pflichttheils auf einem gesunden Gedanken beruhe, ist aber der Meinung, daß das Institut an Verkünstelung leide, und daß es zu weit in die Vergangenheit zurückgehenden und verwickelten Rechtsstreitigkeiten führen würde, daß es insbesondere auch einen unzureichenden Ersatz biete für die versäumte anderweite Einschränkung der Schenkungsfreiheit, wie sie der Entwurf hätte verfügen sollen.

Ich komme nun dazu, meine Ansicht zu der Hauptfrage darzulegen.

Präsident (unterbrechend): Ich glaube doch, daß es im Interesse der Sache ist, die weitere Verhandlung auf morgen zu vertagen. (Zustimmung.) Wenn die Herren nichts dagegen haben, heute zu schließen, bitte ich, morgen präcis 9 Uhr sich wieder hier einzufinden.

(Schluß der Sitzung 2 Uhr 20 Minuten.)

Zweite Sitzung der ersten Abtheilung
am 11. September 1891.

Präsident Dr. **Drechsler** eröffnet die Sitzung um $9^1/_4$ Uhr und ertheilt zunächst zur Fortsetzung des Referats über die Frage:

> Empfiehlt es sich, im künftigen deutschen bürgerlichen Gesetzbuch die Anfechtbarkeit der Schenkungen aus dem vom Entwurf aufgestellten Gesichtspunkte des außerordentlichen Pflichttheils oder aus dem des Uebermaßes festzusetzen?

dem Referenten Professor Kipp das Wort.

Referent Professor Dr. **Kipp** (Kiel): Verehrte Herren! Ich habe mich gestern bemüht, Ihnen wenigstens einigermaßen körperhaft dasjenige System darzulegen, welches in Bezug auf die Anfechtung von Schenkungen im Interesse der Pflichttheilsberechtigten einerseits das gemeine Recht und die ihm folgenden Codificationen, andererseits der Entwurf eines deutschen bürgerlichen Gesetzbuchs und seine Vorgänger befolgen. Ich habe das gethan, weil ich es für die Hauptaufgabe des Referenten ansehe, den status causae et controversiae klar vorzulegen. Ich kann heute nicht ganz darauf verzichten, wenigstens mit kurzen Worten dasjenige zu recapituliren, was ich gestern ausgeführt habe.

Der Hauptunterschied zwischen dem gemeinen Rechte und dem System des Entwurfs ist folgender. Nach dem gemeinen Recht ist eine Schenkung nur dann im Interesse der Pflichttheilsberechtigten anfechtbar, wenn sie schon zur Zeit der Errichtung, das heißt nach dem damaligen Vermögensstande, eine Verletzung des Pflichttheils in sich schließt. Sind mehrere Schenkungen vorgenommen, so hat es zunächst dabei sein Bewenden, daß jede dieser Schenkungen ein einzelner Act ist und anfechtbar je nach dem Stande des Vermögens zu ihrer Zeit; es hat aber der Pflichttheilsberechtigte die Befugniß — er ist nicht dazu gezwungen — zu verlangen, daß die früheren Schenkungen in das Vermögen, welches vorhanden war zur Zeit der anzufechtenden Schenkung, eingerechnet werden, und daß dann gefragt wird, ob der von dieser Masse zu berechnende Pflichttheil durch die Gesammtheit der Schenkungen verletzt werde. Entsprechendes gilt meiner Ansicht nach auch dann im gemeinen Recht, wenn es sich um Verletzung des Pflichttheils durch Concurrenz von Schenkungen und letztwilligen Verfügungen handelt; nur richtet sich, wenn es sich um einen Angriff gegen die letztwillige Verfügung handelt, die Art, wie dieser Angriff zu erfolgen hat, nicht nach den Regeln der quer. inoff. donat., sondern selbstverständlich nach denjenigen Regeln, nach welchen überhaupt letztwillige Verfügungen angegriffen werden können. Niemals kann nach gemeinem Recht eine Schenkung deswegen angefochten werden, weil erst nach dieser Schenkung in Folge später eingetretener Verminderung des Vermögens sich eine Verletzung des Pflichttheils ergiebt. Hierin liegt der Gegensatz gegen das System des Entwurfs. Der Entwurf verordnet: Die Schenkungen werden in den Nachlaß eingerechnet, und dann wird gefragt, ob von dem so berechneten Vermögen der Pflichttheil frei geblieben ist oder nicht. Ist es nicht der Fall, dann kann eine Schenkung auch angefochten werden, wenn zu der Zeit, da die Schenkung errichtet wurde, von einer Verletzung des Pflichttheils gar nicht die Rede sein kann. Ich habe bereits ausgeführt, in welcher Weise die Litteratur zu dieser Hauptfrage Stellung genommen hat, und war im Begriff, zur Darstellung meiner Auffassung überzugehen, als die Debatte abgebrochen wurde.

M. H.! Sie haben aus meinen Anträgen ersehen, daß ich unsere Hauptfrage verschieden beantworten will für den Fall von Schenkungen an Dritte und für den Fall von Schenkungen an Descendenten und Ehegatten des Erblassers. Ich werde zunächst zu rechtfertigen haben, warum ich das Erforderniß des Uebermaßes, wie es im gemeinen Recht besteht, für den Fall der Schenkung an Dritte aufrecht erhalten zu sehen wünsche. Meiner Ansicht nach bedeutet die allgemeine Formel, welche man für das Pflichttheilsrecht wählen zu müssen glaubt, für unsere Frage so gut wie nichts. Herr College Endemann definirt das Pflichttheilsrecht oder umschreibt es wohl mehr als das Mitrecht der Familie am Gute des Einzelnen. Das wird approximativ richtig gefunden werden können, aber man wird sich darüber nicht täuschen dürfen, daß dabei legislativ die Frage vollkommen offen bleibt, welchen Umfang und welche Energie man diesem Mitrecht der Familie am Gute des Einzelnen geben will. Consequenz, m. H., scheint mir hier eine mehr als zweifelhafte Tugend zu sein, denn das ganze Pflichttheilsrecht ist nichts weiter, als eine Diagonale der Billigkeit aus zwei sich bekämpfenden Principien, nämlich aus dem Princip der absoluten Testirfreiheit und dem Princip der absolut gesetzlichen Erbfolge. Ich glaube, daß man nicht einmal auf das Interesse des Einzelnen gegenüber dem Interesse der Familie Bezug zu nehmen braucht, um vor einer Ueberspannung des Pflichttheilsprincips zu warnen, sondern nach meiner Ueberzeugung verlangt das wohlverstandene Interesse der Familie selbst, das Interesse der Gemeinschaft an einer starken Familie, auch eine hinlänglich starke väterliche Autorität, und ich glaube, es wird nicht bestritten werden können, daß jede Verstärkung des Pflichttheilrechts die Gefahr in sich birgt, der väterlichen Autorität einen Stein mehr abzubröckeln. Meines Erachtens muß man sich hüten, darin zu weit zu gehen. Es denkt auch Niemand ernstlich daran, aus dem Gedanken, daß den nächsten Angehörigen ein Theil des Vermögens unentziehbar verbleiben soll, alle Consequenzen zu ziehen, welche sich daraus ziehen lassen — consequent würde es sein, nicht bloß Schutz zu gewähren gegen freigiebige Verfügungen, gegen Schenkungen, sondern consequent würde es sein, den Pflichttheilsberechtigten auch gegen anderweite Verschleuderung des Vermögens in Schutz zu nehmen. Mit Recht hat Herr Justizrath Wilke daran erinnert, daß dem Erblasser doch auch nicht verboten werde, sein Vermögen zu derelinquiren. Wenn er damit angefangen hat, sein Vermögen zu verschwenden, so kann man ihn für einen Verschwender erklären lassen, was er aber zuvor gethan hat, das bleibt unanfechtbar und hat in keiner Weise Einfluß auch nur darauf, wie aus dem verbleibenden Nachlaß der Pflichttheil berechnet wird. Wenn er unsinnige Summen für Liebhabereien ausgegeben hat, wenn er leichtsinnig das Seinige verwettet und verspielt und die Schulden bezahlt hat, so bleibt das Gezahlte dahin, und es gebührt um nichts mehr aus dem Nachlasse dem Pflichttheilsberechtigten.

Nun wird es sich fragen: Warum ist die Schenkung anders zu behandeln? Herr Justizrath Reatz sagt: Weil die Schenkung, da wo sie im einzelnen Falle nicht durch eine höhere Pflicht eingegeben ist, der Sympathie der Bevölkerung entbehrt. Es ließe sich fragen, ob etwa Verspielen und Verwetten die Sympathie der Bevölkerung in höherem Grade hat, und deshalb diese Acte zu Gunsten des Pflichttheilsberechtigten nicht angefochten werden können. Es kommt aber darauf nicht an, sondern das Wichtige ist, daß, wie ich glaube, jener Ausspruch für die Schenkung selbst in dieser seiner Allgemeinheit nicht haltbar ist. Herr Justizrath Reatz hebt selbst hervor, daß man durch Schenkungen seinen idealen Bedürfnissen, wie denjenigen der Freundschaft, des menschlichen Wohlwollens gerecht werden könne, und es wird sich doch fragen, ob

Schenkungen, welche aus derartigen Motiven hervorgegangen sind, wirklich die Sympathie der Bevölkerung nicht haben. Es ist aber noch ein wichtiger Gesichtspunkt hinzuzufügen. Das ist das ideale Bedürfniß des Gemeinsinns. Es ist doch zweifellos Schenkung, wenn Jemand der Stadt einen Brunnen, ein Gemälde für den Rathhaussaal oder für das Museum verehrt, wenn er eine Feuerspritze oder einen Rettungsapparat schenkt. Ich glaube, daß unser Gemeinsinn noch nicht auf der Höhe steht, daß ein Gerichtshof derartige Schenkungen seitens Jemandes, der es dazu hat, als aus sittlicher Pflicht hervorgegangen und deshalb unanfechtbar behandeln würde. Aber wenn auch nicht aus einer sittlichen Pflicht hervorgegangen, so sind es doch Schenkungen, welche durchaus sittlich gerechtfertigt sind, und welche meiner Ueberzeugung nach auch der Sympathie der Bevölkerung nicht entbehren. Allerdings wird ja in manchen Fällen derjenige, welcher derartige Schenkungen macht, auch noch eigennützige Zwecke verfolgen, er wird — wie Herr Justizrath Reatz ausgeführt hat — sich Ansehen, gesellschaftliche Macht, Einfluß verschaffen wollen, aber wie die menschlichen Dinge liegen, wird man auch über derartige Motive nicht ohne Weiteres den Stab brechen können. Auch Herr Justizrath Reatz zählt die Verfolgung derartiger Zwecke zu den nicht unberechtigten Interessen des Schenkers. Nun könnte man aber die Antipathie gegen die Schenkung hauptsächlich vom Standpunkte dessen aus begründen wollen, der die Schenkung nimmt. Aber auch da muß man genauer zusehen. Die Schenkung ist ein Act der Freigiebigkeit, sie ist eine Zuwendung ohne jedes juristische Entgelt, sie steht in Widerspruch mit dem großen Grundsatz der Synallagmatik im Vermögensverkehr, und deshalb tritt sie auf eine minder berechtigte Stufe zurück. Das darf aber nicht übertrieben werden. Es giebt eine ganze Reihe von Fällen, in denen die Schenkungen im höheren Sinne nicht unentgeltlich sind, selbst wenn der Beschenkte juristisch nicht einmal eine remuneratorische Schenkung bekommt — denn zu einer remuneratorischen Schenkung wird man immer eine greifbare Vorschenkung oder eine sonstige greifbare Vorleistung fordern müssen — Fälle, in denen trotz Mangels einer solchen Vorleistung der Beschenkte vor seinem eigenen Gewissen wie vor dem Gewissen des Schenkers nur wohlverdienten Lohn empfängt, Lohn für bewiesene Anhänglichkeit, Freundschaft, für geistige und sittliche Förderung ohne bezahlbaren Unterricht, für imponderable Leistungen, welche nur das Gefühl als belohnenswerthe empfindet. M. H.! Wenn man derartige Schenkungen schlechter behandelt als Rechtsgeschäfte, in denen in grob sinnenfälliger Weise Leistung gegen Gegenleistung getauscht wird, so läuft man Gefahr, das Edelste, was ein Mensch dem anderen leisten und sein kann, für nichts zu erklären. — Es giebt natürlich eine ganze Reihe von Schenkungen, welche uns unsympathisch berühren, Schenkungen, welche der Laune ihren Ursprung verdanken, welche unter Mißbrauch der Gutmüthigkeit des Schenkers erschlichen, welche geradezu der Lohn für verwerfliche Dienste sind. Wir haben keine Statistik über die Schenkungsmotive und können sie auch nicht bekommen; allein ich habe das gute Zutrauen zu unserem Volksleben, daß die sittlich gerechtfertigten Schenkungen eine mindestens ebenso große Rolle spielen werden, wie die sittlich nicht gerechtfertigten. Ich ziehe daraus den Schluß, daß man auf Repression der sittlich nicht gerechtfertigten Schenkungen nicht allzu großes Gewicht legen darf auf Kosten des Schutzes der berechtigten Interessen desjenigen, welcher in sittlich gerechtfertigter Weise eine Schenkung erhalten hat.

Das sind die Gründe, welche m. E. dahin führen müssen, daß man in der Anfechtung der Schenkungen nicht weiter geht als unbedingt nöthig ist.

Es ist noch auf einen Gesichtspunkt aufmerksam zu machen: Die Schenkungen dürfen mit den letztwilligen Verfügungen nicht allzu sehr auf eine Stufe gestellt werden. Herr Justizrath Reatz geht darin so weit, daß er Schenkungen und letztwillige Verfügungen auch in der Haftung für die Deckung des Pflichttheils gleich behandeln will; er hebt aber in seinem Gutachten selbst den gewaltigen Unterschied hervor, welcher zwischen Schenkungen einerseits und letztwilligen Verfügungen andererseits obwaltet. Bei der letztwilligen Verfügung handelt es sich um die Hemmung einer Wirkung, welche noch nicht eingetreten ist. Der Erbe, welchem die Erbschaft zugewiesen ist, ist noch nicht in der Lage gewesen, sein Leben nach dem, was ihm zugedacht worden ist, einzurichten; der Beschenkte aber hat das beste Recht, die Einrichtung seines Lebens auf die Schenkung zu bauen. Er hat vielleicht in Rücksicht auf das Capital, das ihm geschenkt wurde, ein Geschäft errichtet, er hat geheirathet, Kinder gezeugt und kann nachher, wenn man ihm die Schenkung entzieht, möglicher Weise ruinirt werden. Dergleichen ist bei dem Erben nicht gegeben. Das begründet einen tiefgreifenden Unterschied zwischen Schenkungen und letztwilligen Verfügungen. Außerdem finden die letztwilligen Verfügungen keine Schranke in dem eigenen Interesse des Erblassers; denn der Erblasser hat ja nach dem Tode von dem Vermögen nichts, aber gegen übermäßige Schenkungen gewährt im Allgemeinen das eigene Interesse des Erblassers schon eine starke Garantie, und darin liegt auch schon ein Schutz der Pflichttheilsberechtigten.

Fragen wir nun, welche Gründe es sind, die für das System des Entwurfs ins Feld geführt werden können, so will ich mich zunächst beschäftigen mit den Gründen, welche die Motive selbst angegeben haben.

Die Motive sagen, die Unentziehbarkeit des Pflichttheilrechts rechtfertige es, bei den Schenkungen davon auszugehen, daß kraft des Gesetzes der Schenkung die Voraussetzung innewohne, es werde der Erblasser demnächst dem Pflichttheilsberechtigten so viel hinterlassen, wie er bekommen haben würde, wenn nicht geschenkt worden wäre. Das ist eine Construction von höchst zweifelhaftem Werthe. Es ist gar nicht nothwendig, dasjenige, was das Gesetz will, in das Rechtsgeschäft hinein zu interpretiren oder vielmehr zu fingiren. Die gesetzgeberische Begründung läuft lediglich darauf hinaus, daß auf die Unentziehbarkeit des Pflichttheilrechts Bezug genommen wird. Diese Unentziehbarkeit beweist das, was sie hier beweisen soll, ebensowenig, wie sie beweisen würde, daß es nothwendig sei, den Berechtigten auch gegen anderweitige Vergeudung seitens des Erblassers zu schützen.

Ferner nehmen die Motive Bezug auf die Analogie des Erbvertrags. Nach den Bestimmungen des Entwurfs kann, wenn ein Erbvertrag geschlossen ist, der Vertragserbe die später geschehenen Schenkungen in Höhe der Bereicherung revociren. Die Analogie scheint mir nicht zu passen. Derjenige, welcher vertragsmäßig einem Anderen seinen Nachlaß zugesichert hat, weiß, daß er durch jede Liberalität den Vertragserben in dem ihm zugesicherten Rechte kränkt; derjenige, welcher eine Schenkung vornimmt, die zu der Zeit, da sie errichtet wird, den Pflichttheil vollkommen frei läßt, kränkt die Rechte seiner pflichttheilsberechtigten Angehörigen nicht, und es fragt sich, mit welchem Rechte spätere Ereignisse, durch welche eine Schmälerung derselben hervorgerufen wird, auf die Schenkung Einfluß gewinnen können.

Sodann sagen die Motive, man müsse bedenken, wie eigenthümlich sich die Lage des Beschenkten nach dem gemeinrechtlichen System gestalte. Habe der Erblasser vielleicht ein Vermögen von 10 000 Mark und davon 5000 verschenkt, so betrage der Pflichttheil 2500, seien dagegen 5001 Mark verschenkt, so steige der Pflichttheil auf 5000. Das ist nicht richtig, sondern wenn 5000 verschenkt sind, so bleibt nach gemeinrechtlichem System das Uebrige dem Pflichttheilsberechtigten vollkommen vorbehalten, dasselbe kann ihm weder durch weitere Schenkungen, noch durch letztwillige Verfügung entzogen werden. Sind 5001 Mark geschenkt, so erfaßt nach gemeinrechtlichem System die Anfechtung genau die 1 Mark, welche über 5000 hinausgeht. Das sind Dinge, in welchen ich nichts Auffälliges finden kann.

Die beiden Herren Gutachter betrachten es als eine Forderung der Gerechtigkeit, daß der Beschenkte auch an dem späteren Vermögensverfall des Schenkers theilnehme. In gewissem Sinne ist das auch vollkommen gerechtfertigt. Herr Justizrath Reatz sagt, die Beschränkung der Schenkfreiheit müsse sich erstrecken auf das ganze Leben des Schenkers, das ganze Leben des Familienglieds, immer müsse dasselbe maßhalten mit der Freigebigkeit, immer müsse es sich klar machen, daß auch in Zukunft Gelegenheit sei, zu schenken, und daß widrige Umstände das Vermögen verkleinern können. Das Alles unterschreibe ich. Daraus folgt aber nur, daß das Familienglied maßhalten muß, und daß das Maß vielleicht etwas enger gefaßt werden sollte. Nehmen wir einen Millionär mit 50 000 Mark jährlichem Einkommen. Wer will es ihm verdenken, ihm Verletzung einer Pflicht gegen Frau und Kinder vorwerfen, wenn er von diesen reichen Einkünften etwa ein Zehntel jährlich, statt sich einige Pferde mehr zu halten, zu gemeinnützigen oder Freundschafts- und Wohlthätigkeitszwecken verschenkt? Ist der Mann unvorsichtig genug gewesen, genaue Hausbücher zu führen, aus denen man die Verwendung dieser Summen ersieht, so können nach seinem Tode etwa durch 30 Jahre 150 000 Mark als verschenkt nachgewiesen werden. War das Vermögen kurz vorher zusammengebrochen und waren noch 100 000 Mark übrig geblieben, so stellt sich der Pflichttheil nach dem System des Entwurfs auf 125 000 Mark, und der etwa hinterbliebene einzige Sohn ist befugt, 25 000 Mark von den Beschenkten wieder einzuziehen, er kann also die gesammten Schenkungen der letzten fünf Jahre cassiren. Meiner Ansicht nach ist das, wenn man dabei an einigermaßen respectable Schenkungen denkt, nicht bloß wider die Prakticabilität des Rechts — das wird auch von Herrn Justizrath Reatz anerkannt —, sondern es ist auch durchaus der Gerechtigkeit widersprechend. Ich würde durchaus dabei stehen bleiben, daß die Schenkung nur angefochten werden kann, wenn sie zu der Zeit, da sie errichtet wurde, den Pflichttheil verletzte.

Es wird ja gewiß Fälle geben, in welchen unsere Sympathie durchaus auf Seiten des Pflichttheilsberechtigten ist. Herr College Endemann sagt mit Recht: Wenn der Schenker oder die nächsten Erben in Dürftigkeit gerathen, so ist der Beschenkte verflichtet, ausgiebig zurückzuerstatten. Ich kann das aber nur für den Fall anerkennen, daß es sich um Dürftigkeit handelt, und ich kann daraus nicht die Folgerung ziehen, daß der Beschenkte den Pflichttheil aufzubessern hat. Damit hat das meiner Ansicht nach gar nichts zu thun, sondern es kann nur das gefolgert werden, daß er so viel zurückzuerstatten hat, als erforderlich ist, um der Dürftigkeit abzuhelfen. Das ist ein Gesichtspunkt, welcher im weitgehendsten Maße im preußischen Allgemeinen Landrecht berücksichtigt worden ist. Der Entwurf hat das über Bord geworfen, und ich finde es durchaus berechtigt, wenn gesagt wird, daß das Institut des außerordentlichen Pflichttheils nicht geeignet ist, diesen Mangel des Entwurfs auf eine genügende Weise zu repariren. Herr Justizrath Reatz hat in den Gutachten aus dem Anwaltsstande vorgeschlagen: Die Schenkung soll ungiltig sein, insoweit sie zur Zeit ihrer Errichtung den standesgemäßen Unterhalt des Schenkers und die Erfüllung seiner Unterhaltspflicht gegenüber seinem Ehegatten und seinen Verwandten beeinträchtigt. Ferner: Wenn dieselbe Beeinträchtigung nach Errichtung der Schenkung eintritt, dann soll der Beschenkte angehalten werden, einen angemessenen Unterhaltsbeitrag zu leisten.

Ich will auf das Einzelne dieser Vorschläge nicht eingehen, weil sie außerhalb unseres Gegenstandes liegen, habe aber gleichwohl Veranlassung genommen, im zweiten Theile meiner Anträge ungefähr diejenigen Grundsätze aufzunehmen, welche Herr Justizrath Reatz befürwortet hat. Wenn diese Grundsätze angenommen werden sollten, so wäre alles Dasjenige geschehen, was man billigerweise von dem dritten Beschenkten verlangen kann. Es kann daher um so eher dabei sein Bewenden behalten, daß man zu Gunsten des Pflichttheilsberechtigten die Schenkung nur anfechten läßt, wenn sich wirklich ein dazu berechtigender Grund ergiebt, und diesen kann ich nur dann als vorliegend ansehen, wenn die Schenkung zur Zeit ihrer Errichtung eine Pflichttheilsverletzung enthielt.

Wenn man aber diese Schranke nicht anerkennen will, so scheint es mir um so mehr geboten, daß man nach der Weise des Allgemeinen Landrechts, nach der Weise einiger Vorschläge, die zu dem Entwurfe gemacht sind, eine zeitliche Schranke der Anfechtbarkeit statuirt, nicht der Einrechnung der Schenkungen in den Nachlaß. Würde man die Schranke der Einrechnung in den Nachlaß ziehen, so würde sie den jüngeren Schenkungen unberechtigter Weise zu gute kommen. Es ist das einer der wenigen Punkte, in denen ich mit Herrn Collegen von Tuhr einverstanden bin, und ich gehe deshalb hierauf nicht weiter ein.

Ich würde nun zu rechtfertigen haben, warum ich die Schenkungen an Ehegatten und Abkömmlinge des Erblassers sowohl von Punkt 1 wie von Punkt 5 meiner Anträge ausgenommen wissen will. Die Gründe sind folgende. Die Hauptgefahr, welcher unser ganzes Institut entgegentreten soll, ist die, daß der Vater leicht ein Kind durch Verfügungen unter Lebenden vor Andern begünstigen kann. Das ist nicht bloß die Hauptgefahr gewesen, gegen welche sich das Institut ausweislich der römischen Kaiserrescripte in der Zeit der römischen Imperatoren gekehrt hat, sondern die Judicatur lehrt auch heutzutage, daß die meisten Anwendungsfälle der quer. inoff. donat. auf diesem Gebiete liegen. Vergegenwärtigt man sich, daß auch bei Anfechtung von Rechtshandlungen eines Schuldners zu Gunsten der Gläubiger mehrfach die Verfügungen, welche er zu Gunsten der ihm nächststehenden Personen getroffen hat, leichter anfechtbar sind als diejenigen, die er zu Gunsten dritter Personen getroffen hat, so wird der Vorschlag vielleicht das Befremdliche verlieren, welches er auf den ersten Blick hat. Es kann um so eher berechtigt sein, daß zu Gunsten der Pflichttheilsberechtigten, namentlich zu Gunsten der Geschwister, die Schenkungen, welche zu Gunsten anderer Geschwister errichtet sind, leichter anfechtbar sind, als die Schenkungen zu Gunsten dritter Personen. Wenn man auf die sittliche Pflicht des Beschenkten recurrirt, so glaube ich sie gerade im vorliegenden Falle, wo es sich um eine Collision zwischen Geschwistern handelt, bejahen zu müssen. Es ist richtig, daß, wenn ein Kind schon bei Lebzeiten des Vaters bevorzugt worden ist, es als eine sittliche Pflicht ausgesprochen werden kann, daß dieses Kind an dem späteren Rückgang des Vermögens Antheil nehme, daß, wenn sich durch späteren Rückgang der Pflichttheil der übrigen Geschwister nicht mehr als gedeckt herausstellt, dieses Kind den Pflichttheil aufbessere.

Es wird sich fragen, wie weit diese Grundsätze über den engen Kreis der Descendenten hinaus ausgedehnt werden sollen. Grundsätzlich können sie ausgedehnt werden, soweit das Pflichttheilsrecht reicht, denn sie ruhen auf der Statuirung des engeren Familienbands, welches zu dem Pflichttheilsrecht geführt hat. Diejenigen Verwandten, welchen das Gesetz das Pflichttheilsrecht abspricht, bezeichnet es als außerhalb der engeren Familie stehend. Was aber Verfügungen zu Gunsten der Eltern angeht, so glaube ich, ist die Gefahr der Begünstigung der Eltern zum Nachtheile der Kinder nicht sehr groß, und ich habe deshalb davon abgesehen, auch die Verfügungen zu Gunsten der Eltern mit denen zu Gunsten der Ehegatten und Descendenten auf eine Stufe zu stellen. Dagegen die Verfügungen zu Gunsten der Ehegatten müssen mit denen zu Gunsten der Descendenten auf eine Linie gestellt werden, denn die Gefahr würde nahe liegen, daß Jemand der zweiten Frau zum Nachtheile der Kinder erster Ehe eine übermäßige Schenkung macht.

Ich habe damit den Hauptheil meiner Anträge gerechtfertigt. Die Anträge, über die ich noch nicht gesprochen habe, sind außerhalb unserer Hauptfrage liegend. Ich habe sie größtentheils nur aufgenommen in Rücksicht auf den Inhalt, welchen die zu unserer Frage erstatteten Gutachten haben. Ich will einstweilen im Interesse der Vereinfachung der Debatte von diesen Anträgen nicht weiter sprechen, sondern abwarten, was die Herren selber zu sagen sich veranlaßt fühlen werden, welche diese etwas ferner liegenden Materien mit unserer Hauptfrage vereinigt haben.

Präsident: Die Anträge des Herrn Professor Kipp liegen gedruckt vor. Ich setze voraus, daß sie den Herren zugegangen sind.

Dieselben lauten:

I. Es empfiehlt sich, die Anfechtbarkeit der Schenkungen im Interesse der Pflichttheilsberechtigten nach folgenden Grundsätzen zu regeln:

1. Die Schenkung wird ohne Rücksicht auf ihre Höhe zum Zweck der Bestimmung des Pflichttheils in den Nachlaß eingerechnet. Anfechtbar aber ist sie nur insoweit, als sie nach dem Stande des Vermögens zur Zeit ihrer Errichtung, unter Berücksichtigung früherer Schenkungen, eine Verletzung des Pflichttheils enthielt; die Anfechtung von Schenkungen an Ehegatten und Abkömmlinge des Erblassers unterliegt dieser Schranke nicht.

2. Die Einrechnung der Schenkungen in den Nachlaß findet statt zum Zweck der Bestimmung des Pflichttheils aller Pflichttheilsberechtigten; anfechtbar dagegen sind die Schenkungen nur zu Gunsten der in § 2009 des Entwurfs eines bürgerlichen Gesetzbuchs genannten Personen.

3. Für die aus der Einrechnung der Schenkungen in den Nachlaß sich ergebende Erhöhung des Pflichttheils haften die Erben vor den Beschenkten, der später Beschenkte vor dem früher Beschenkten; der letztere haftet jedoch auch für die Insolvenz des ersteren.

4. Der Beschenkte haftet nicht auf mehr als den Werth des Geschenkes zur Zeit der Schenkung und im übrigen nach den Grundsätzen von der ungerechtfertigten Bereicherung. Er kann den Gegenstand der Schenkung zum Zwecke der Befriedigung des Pflichttheilsberechtigten herausgeben.

5. Wenn die unter 1. genannte Schranke der Anfechtbarkeit nicht angenommen wird, so sind Schenkungen an andere Personen als Ehegatten und Abkömmlinge von der Anfechtbarkeit auszunehmen, sofern sie länger als etwa 10 Jahre vor dem Tode des Erblassers errichtet sind.

II. Es empfiehlt sich, neben den obigen Bestimmungen folgende Grundsätze aufzustellen:

1. Schenkungen sind insoweit nichtig, als sie den standesgemäßen Unterhalt des Schenkers oder die Erfüllung seiner Unterhaltspflicht gegen Ehegatten und Verwandte beeinträchtigen.

2. Tritt eine solche Beeinträchtigung in Folge späterer Umstände ein, so kann von dem Beschenkten ein angemessener Unterhaltsbeitrag oder eine angemessene Rückleistung aus dem Geschenk verlangt werden.

Nun ist eingegangen ein Antrag des zweiten Referenten, des Herrn Dr. von Tuhr. Ich weiß nicht, ob derselbe gedruckt ist. (Zuruf: Ja!) Derselbe lautet:

1. Es empfiehlt sich, die Anfechtbarkeit der Schenkungen nicht aus dem gemeinrechtlichen Gesichtspunkte des Uebermaßes, sondern aus dem im Entwurf aufgestellten Gesichtspunkt des außerordentlichen Pflichttheils festzusetzen, mit folgenden Abweichungen vom Entwurf:
2. Der Anspruch auf den außerordentlichen Pflichttheil ist nicht auf die im § 2009 bezeichneten Personen zu beschränken, sondern allen Pflichttheilsberechtigten zu gewähren.
3. Die Haftung des früher Beschenkten wird nicht ausgeschlossen durch die Verpflichtung des später Beschenkten (§ 2015), sondern durch die Befriedigung des Pflichttheilsberechtigten seitens des später Beschenkten.
4. Es empfiehlt sich eine Frist für die Anfechtung der Schenkungen.

Referent Privatdocent Dr. **von Tuhr** (Heidelberg): M. H.! Die beiden Gutachten gehen von dem Gedanken aus, daß eine Beschränkung der Schenkungen zum Schutze der Pflichttheilsberechtigten erforderlich ist, und in der That wäre auch ein Pflichtheilsrecht, welches durch eine Beschränkung der Schenkungen nicht geschützt wird, ein höchst prekäres. Man könnte ja sagen, daß der Schutz der Pflichttheilsberechtigten factisch schon dadurch gegeben ist, daß der Erblasser im eigenen Interesse sich seines Vermögens bei Lebzeiten nicht entäußern werde. Aber wir haben ja außer mit diesem egoistischen Interesse des Erblassers noch mit anderen Factoren zu rechnen. Es kann der Leichtsinn des Erblassers in Betracht kommen, der ihn dazu führt, bei Lebzeiten sein Vermögen zu vergeuden; es kann die Böswilligkeit in Betracht kommen, die ihn veranlaßt, sein Vermögen bei Lebzeiten lieber an einen Andern wegzugeben, als es seinen, ihm mißliebigen Pflichttheilsberechtigten zuzuwenden. Endlich aber sind es noch zwei Factoren, die die Nothwendigkeit der Beschränkung der Schenkungen begründen. Es ist der Irrthum des Erblassers zu beachten, der in ihm über seine eigenen Vermögensverhältnisse bestehen kann. Es ist ein häufiger Fall, daß sich Jemand, der eine Schenkung vornimmt, über den Stand seines Vermögens irrt und daher die Schenkung mit gutem Gewissen vornimmt, während er von der Schenkung abgestanden wäre, wenn er eine klare Einsicht in den Stand seines Vermögens gehabt hätte. Vor Allem aber ist schließlich in Betracht zu ziehen die Möglichkeit, daß nach erfolgter Schenkung das Vermögen des Schenkers und späteren Erblassers abnimmt, daß also nachträglich diejenigen Pflichttheilsberechtigten, die, wenn der Erblasser im Moment der Schenkung gestorben wäre, zu ihrem Rechte gekommen wären, später in Folge einer Verminderung des Vermögens gänzlich leer ausgehen. Ich glaube, gegen die Gefahren, die auf diesen Factoren beruhen, müssen die Pflichttheilsberechtigten geschützt werden, und zwar aus dem Gedanken heraus, daß ein öffentliches, ein sociales Interesse daran besteht, daß das Vermögen der Familie oder wenigstens ein gewisser Theil desselben an die Nachkommen des Erblassers kommt, weil auf der Uebertragung des Familienvermögens der Familienbestand beruht.

Wenn man sich nun entschließt, die Schenkungen zu Gunsten der Pflichttheilsberechtigten zu beschränken, so tritt man damit in Conflict mit zwei andern Principien, die im Uebrigen ihre volle Berechtigung haben. Wenn man die Schenkungen beschränken will, so ist das ein Eingriff in die Verfügungsfreiheit des Erblassers, derselbe Eingriff, wie er sich im Pflichttheile selbst wiederholt, bei welchem die Verfügungsfreiheit von Todes wegen beschränkt wird. Es kommt aber bei der Beschränkung der Schenkungen noch etwas hinzu. Wenn man die Pflichttheilsberechtigten gegen Schenkungen des Erblassers schützen will, so muß man in wohlerworbene und häufig sehr respectable Rechte dritter Personen eingreifen, in die Rechte der Beschenkten. Ich glaube, in diesem Conflicte muß man die eine oder die andere Seite vorwiegen lassen, und meines Erachtens hat zwischen den einander gegenüberstehenden Interessen das Interesse der Familienangehörigen, der Pflichttheilsberechtigten, jedenfalls vorzuwiegen. Es fragt sich nur: In welcher Weise ist die Beschränkung der Schenkungen zu Gunsten der Pflichttheilsberechtigten einzuführen? Und das ist gerade die Frage, die uns vorliegt. Es ist nicht gefragt, ob eine Beschränkung durchzuführen ist, sondern auf welcher Grundlage dieselbe aufzubauen ist.

Es stehen sich nun zwei Constructionen, zwei Anordnungen des Rechts der pflichtwidrigen Schenkung gegenüber. Als Typen dieser beiden Constructionen sind das gemeinrechtliche und das französische System anzuführen. Der erste Herr Referent hat die beiden Systeme so ausführlich dargelegt, daß es überflüssig wäre, wenn ich eine Wiederholung bringen würde. Ich möchte nur begründen, weshalb ich mich zwischen diesen beiden Systemen zu Gunsten des Entwurfs entscheide, welcher im Wesentlichen im Anschluß an das französische Recht gehalten ist.

Es sind vor Allem die Mißstände, die ich in der gemeinrechtlichen Regelung zu erkennen glaube, die mich dem französischen System annähern. Es sind die Mißstände, die im Gutachten des Herrn Professor Endemann hervorgehoben sind, die man kurz zusammenfassen kann in folgende Vorwürfe, die man dem gemeinen Recht machen kann. Ich glaube, es läßt sich dem gemeinen Recht in diesem Falle der Vorwurf der Inconsequenz nicht ersparen. Inconsequent ist nämlich die Regelung der pflichtwidrigen Schenkung nach gemeinem Recht dann, wenn es sich um mehrere Schenkungen handelt. Wollte man für jede einzelne Schenkung das reine Princip, daß die Pflichtwidrigkeit der Schenkung zu beurtheilen ist nach dem Moment, in welchem die Schenkung erfolgt ist, anwenden, so könnte es leicht eintreten, daß der Erblasser durch eine Reihe wohlerwogener und schlau bemessener Schenkungen allmählich den größten Theil seines Vermögens verschenkt, ohne daß irgend einer einzelnen dieser Schenkungen der Vorwurf der Pflichtwidrigkeit gemacht werden könnte. Deswegen muß man nothwendiger Weise zu einer Zusammenrechnung der Schenkungen seine Zuflucht nehmen, das heißt, man muß dem Pflichttheilsberechtigten, der anfechten will, gestatten, wenn er will, bis auf eine der früheren Schenkungen zurückzugehen und diesen Moment, den Moment einer der früheren Schenkungen, als den maßgebenden für die Pflichtwidrigkeit aufzustellen. Damit aber entfernt man sich für alle späteren Schenkungen von dem grundlegenden Princip des gemeinen Rechts, daß die Schenkung pflichtwidrig oder pflichtgemäß ist, je nach dem Vermögensstande in dem Moment, in welchem die Schenkung erfolgt ist. Das der Vorwurf der Inconsequenz, der aber vielleicht weniger schwer wiegt, als der Vorwurf der Unbilligkeit.

Das gemeine Recht, wie es die pflichtwidrige Schenkung behandelt, ist insofern unbillig, als man doch erwarten sollte, daß der Erblasser, der eine große Schenkung gemacht hat und nunmehr zum Testament schreitet, einen um so größeren Pflichttheil seinen pflichttheilsberechtigten Erben zu hinterlassen hat, je mehr er bei Lebzeiten verschenkt hat. Es ergiebt sich aber für das geltende gemeine Recht das Umgekehrte. Ist eine Schenkung vorgenommen worden und ist diese Schenkung selbst nicht pflichtwidrig, hat sie aber das Vermögen vermindert, so ist der Pflichttheil, den der Erblasser zu hinterlassen hat, zu berechnen nach dem Stande des Vermögens nach Vollzug der Schenkung. Die vorgenommene Schenkung führt also dazu, daß der Pflichttheil nunmehr geringer ist, während die Billigkeit im Gegentheil erfordern würde, daß der Erblasser, der anderweitig geschenkt hat, umsomehr Rücksicht auf seine Pflichttheilserben zu nehmen hätte.

Als dritter Vorwurf ist endlich anzuführen, daß die praktische Durchführung des gemeinrechtlichen Princips zu sehr großen Schwierigkeiten führt. Wenn man bei der Anfechtung einer jeden Schenkung den Vermögensstand im Moment dieser Schenkung zu Grunde legt, so muß für jede Anfechtung gleichsam die Bilanz des Vermögens, wie sie in dem Fall war, in welchem die Schenkung vorgenommen wurde, gestellt werden. Dieser Beweis ist ein außerordentlich schwieriger. Man könnte vielleicht denken — es ist vorgeschlagen worden — diesen Beweis bei Festhaltung des Princips des gemeinen Rechts dadurch zu erleichtern, daß man eine Präsumtion zu Gunsten des anfechtenden Pflichttheilsberechtigten einführt dahin, daß der Pflichttheilsberechtigte das Vermögen, wie es zur Zeit des Erbfalls vorliegt, zur Grundlage seiner Berechnung machen könnte. Aber auch diese Präsumtion würde die Schwierigkeit im Proceß nicht vermindern; im Gegenbeweis würden alle diese Schwierigkeiten wieder entstehen.

Diesen Schwierigkeiten und Unbilligkeiten des gemeinen Rechts entgeht das französische System, an das sich im Wesentlichen der Entwurf anschließt, obwohl im Uebrigen der Pflichttheil im Entwurfe ja bekanntlich ganz anders gestaltet ist als im französischen Recht; in unserer Frage aber stimmen beide Systeme, das französische und das des Entwurfs, überein. Es wird zur Anfechtung der Schenkung zusammengerechnet das Vermögen im Moment des Erbfalls und die Summe aller derjenigen Schenkungen, die der Erblasser früher vollzogen hat. Von dieser Gesammtsumme aus berechnet sich der Pflichttheil. Der Pflichttheil erscheint aber im Entwurfe als ein doppelter. Während im französischen Rechte von der Summe des Nachlasses und der Schenkungen sofort der einzige Pflichttheil hergestellt wird, unterscheidet der Entwurf: Er berechnet zunächst vom Nachlaß den Pflichttheil ohne Rücksicht auf die Schenkungen, dann nimmt er die Schenkungen hinzu, und die Erhöhung des Pflichttheils, die dadurch entsteht, daß zum Nachlaß die Schenkungen hinzugerechnet werden, ist der „außerordentliche Pflichttheil“, der als selbständiger Anspruch neben dem ordentlichen Pflichttheil und parallel mit demselben läuft.

Wenn man sich nun zu entscheiden hat zwischen beiden Systemen, dem gemeinrechtlichen und dem französischen, so möchte ich für die Entscheidung nicht sowohl Werth legen auf die Prakticabilität des Rechts, als vielmehr den Zweck betonen, der meiner Ansicht nach der ganzen Anfechtung der Schenkungen zu Grunde liegt. Der Hauptzweck in meinen

Augen ist die Sicherung der Angehörigen des Erblassers. Nun ist aber, wie ich glaube, das gemeine Recht in seiner Grundidee nicht sowohl auf das Interesse der Pflichttheilsberechtigten gebaut, als vielmehr auf den Gedanken, daß der Erblasser bei der einzelnen Schenkung eine Pflichtwidrigkeit begangen habe; die Anfechtung der Schenkung ist nach gemeinem Recht die Folge des Umstands, daß der Erblasser pflichtwidrig gehandelt hat. Ich glaube aber, daß dieser Standpunkt ein allmählich aufgegebener ist. Schon das römische Recht hat in seiner Entwicklung mehr und mehr den Standpunkt der reinen Pflichtwidrigkeit verlassen, es zeigt sich das vor Allem daran, daß kein Werth gelegt wird auf die Frage, ob die Pflichtwidrigkeit des Erblassers eine bewußte war oder eine unbewußte; der dolus wird, wie die herrschende Meinung heute annimmt, für die Anfechtbarkeit der Schenkung nicht gefordert. Schon daraus sieht man, daß es nicht auf die Pflichtwidrigkeit ankommt, sondern auf das zu schützende Interesse des Erben. Ich glaube aber noch weiter, daß man von einer wahren Pflichtwidrigkeit bei Schenkungen des Erblassers gar nicht reden kann, und damit fallen die Vorwürfe weg, die der im Entwurfe vorgeschlagenen Ordnung gemacht werden. Man sagt: Eine Anfechtung der Schenkungen, wie sie in dem Entwurfe in so weitgehendem Maße vorgeschlagen ist, ist insofern unbillig, als sehr viele von den Schenkungen des Erblassers auf durchaus anerkennenswerthen, rühmlichen Motiven beruhen. Dieser Einwand steht auf dem Standpunkte, daß die Schenkung angenommen wird, weil der Erblasser durch Vornahme der Schenkung eine subjective Pflicht verletzt hat. Das ist aber nicht der Fall. Ich glaube, es kann bei der Anfechtung der Schenkungen gar nicht darauf ankommen, ob der Erblasser eine Pflicht verletzt oder nicht, es besteht bei Lebzeiten des Erblassers für ihn gar nicht eine Verpflichtung, Schenkungen nicht zu machen. Das zeigt sich darin, daß eine solche Pflicht, sich der Schenkungen zu enthalten, schon aus dem Grunde nicht construirbar ist, weil der Erblasser bei Lebzeiten gar nicht berechnen kann, in welchem Umfange und wem er den Pflichttheil zu hinterlassen hat. Es ist also eine Schenkung des Erblassers in dem Sinne nie eine pflichtwidrige, als man in dem Worte Pflichtwidrigkeit eine Verletzung einer subjectiven Pflicht zu sehen hat. Ich glaube, der Nachdruck bei der ganzen Regelung muß liegen auf dem Interesse der Familienangehörigen, vor Allem der Descendenten, welche gegen Verminderung des Familienvermögens zu schützen sind. Ich glaube ferner — und damit wende ich mich gegen die Unterscheidung, die in dem Antrage des Herrn Referenten gemacht wird zwischen Schenkungen an Fernerstehende und zwischen Schenkungen au ebenfalls Pflichttheilsberechtigte — ich glaube in Bezug auf diesen Punkt, daß es bei der Anfechtung der Schenkung nicht bloß darauf ankommt, zwischen den Descendenten des Erblassers eine gewisse Gleichheit herzustellen, sondern daß das ganze Recht der Schenkungsanfechtung sich vor Allem gegen solche Schenkungen richtet, die einen Theil des Familienvermögens aus der Familie heraus an Dritte gebracht haben. Wenn eine übermäßige Schenkung zwischen Kindern stattgefunden hat, so würde ich darin noch lange keine so starke Verletzung des Rechtsgefühls ersehen, als wenn die Schenkung dazu geführt hat, daß ein beträchtlicher Theil des Vermögens aus der Familie heraus an Dritte gekommen ist und die Folgen sich darin offenbaren, daß die pflichttheilsberechtigten Nachkommen des Erblassers darben.

Das wäre zu sagen zur Begründung des 1. Punktes meines Antrags. Was nun die übrigen Punkte anbetrifft, so sind dieselben von geringerer Bedeutung. Der 2. Punkt meines Antrags bezieht sich auf den Kreis der Personen, denen die Anfechtung der Schenkungen wegen Pflichtwidrigkeit zustehen soll. Ich bin in meinem Antrag Nr. 2 einig mit dem Gutachten des Herrn Professor Endemann. Der Entwurf will nicht alle pflichttheilsberechtigten Personen zur Anfechtung der Schenkungen zulassen, sondern nur diejenigen, auf welche der Erblasser zur Zeit der Vornahme der Schenkung hätte Rücksicht nehmen können oder sollen, das heißt diejenigen Pflichttheilserben, die entweder zur Zeit der Schenkung schon vorhanden waren oder die aus einer Ehe hervorgegangen sind, welche bei dem Abschluß der Schenkung schon bestand, so daß also der Erblasser diese Personen hätte vorhersehen können. Ich glaube diese Beschränkung, die der Entwurf in dem sehr verschnörkelten § 2009 einführt, ist inconsequent und ein Rückfall in den veralteten Standpunkt der Pflichtwidrigkeit. Wenn man sich auf den Standpunkt stellt, daß es bei der Anfechtung der Schenkung vor Allem auf die Sicherung der Nachkommen des Erblassers ankommt und nicht auf die Untersuchung der Frage, gegen welchen von diesen Pflichttheilsberechtigten er sich verfehlt hat, so ist die Unterscheidung, die der Entwurf macht, nicht zu rechtfertigen; denn es wäre höchst unbillig, wenn diejenigen Pflichttheilsberechtigten, die schon zur Zeit der Schenkung vorhanden waren, durch Anfechtung der Schenkung zu dem Ihrigen kommen, während der Umstand, daß ein Pflichttheilsberechtigter erst nach der Schenkung in die Stellung als Pflichttheilsberechtigter eingerückt ist, ihn unter Umständen in voller Armuth lassen würde.

Was den dritten Antrag betrifft, so richtet sich derselbe vor Allem gegen den Vorschlag, den der Herr Gutachter Justizrath Reatz gemacht hat. Dieser Antrag bezieht sich auf die Frage, gegen wen das Recht des Pflichttheilsberechtigten wegen übermäßiger Schenkung sich richten soll, oder in der Sprache des Entwurfs gesagt: Gegen wen soll der Anspruch aus dem außerordentlichen Pflichttheil gegeben werden? Für die Beantwortung dieser Fragen finden wir im gemeinen Recht und im französischen Recht durchaus gegensätzliche Entscheidungen. Im gemeinen Recht ist die Anfechtung der Schenkung die Folge der Inofficiosität, und diese Anfechtung richtet sich ausschließlich gegen den Beschenkten. Im französischen Recht dagegen, wo die Schenkung nur dazu führen kann, den Pflichttheil zu erhöhen, ist der Anspruch zunächst gegen die Erben gerichtet, und erst in zweiter Linie haften die Beschenkten. Der Entwurf hat sich dafür entschieden, daß der außerordentliche Pflichttheil zunächst gegen die Erben einzuklagen ist, dann aber, wenn die Erbschaft nicht genügt, soll der Pflichttheilsberechtigte gegen die Beschenkten und zwar in der umgekehrten Reihenfolge der Schenkungsdaten vorgehen, zunächst die späteste, dann die vorletzte Schenkung u. s. w. anfechten. Herr Justizrath Reatz hält es für angemessener, die Schenkungen alle ohne Rücksicht auf ihr Datum zusammen mit den Vermächtnissen anf eine Linie zu stellen und die Anfechtung gleichmäßig auf alle diese Verfügungen des Erblassers auszudehnen. Es ist nun richtig, daß, wenn man bei dem außerordentlichen Pflichttheil den Nachdruck auf das Interesse der Pflichttheilsberechtigten legt, von diesem Standpunkte aus alle die einzelnen liberalen Zuwendungen des Erblassers in gleicher Weise anfechtbar erscheinen, weil sie aus demselben Grunde anfechtbar sind. Der Grund ist der, daß das Interesse der Pflichttheilsberechtigten verletzt ist. Hier muß aber eine andere Erwägung dieser Regelung entgegentreten, die Erwägung nämlich, daß das Interesse der Pflichttheilsberechtigten zu einem sehr schweren Eingriff in wohlerworbene Rechte führt. Dieser Eingriff in wohlerworbene Rechte liegt aber nur vor, wenn eine Klage gegen den Beschenkten gewährt wird. Es ist viel leichter und führt zu keiner solchen Perturbation der Verhältnisse, wenn man, um dem Pflichttheilsberechtigten zu seinem Rechte zu verhelfen, lieber die letztwilligen Verfügungen des Erblassers fortfallen läßt, statt in diejenigen Verfügungen, die er bei Lebzeiten endgiltig getroffen hat, einzugreifen. Und wenn man sagt — wie Herr Justizrath Reatz ausgeführt hat —, daß ja unter Umständen die letztwillige Verfügung des Erblassers, das Testament, älter ist als eine Schenkung, so glaube ich, ist dieser Einwand nicht stichhaltig. Zwar kann das Datum des Testaments älter sein, aber die testamentarische Verfügung erwirbt doch erst Kraft im Moment des Todes, also jedenfalls nach allen Schenkungen. Aus diesem Grunde würde ich der Ansicht sein, daß der Entwurf vollkommen Recht hat, wenn er, um die

Pflichttheilsberechtigten zu befriedigen, zunächst auf den Nachlaß greift und dann erst auf die Schenkungen, und zwar in umgekehrter Reihenfolge ihres Datums, so daß derjenige Beschenkte, der die kürzeste Zeit hindurch das geschenkte Gut genossen und in sein Vermögen incorporirt hat, am ehesten zur Herausgabe dieser Bereicherung veranlaßt wird.

Nur eine Abweichung von dem Entwurfe würde ich vorschlagen, die in Nr. 3 meines Antrages formulirt ist. Der Entwurf will, um zu bestimmen, in welchem Umfange jeder einzelne Beschenkte der Anfechtung ausgesetzt ist, den Nachdruck legen auf das Maß, in welchem der früher Beschenkte verpflichtet ist. Wenn es sich also zum Beispiel herausstellt, daß der früher Beschenkte 100 herauszugeben hat und der Pflichttheilsberechtigte noch 50 zu fordern hat, so ist die Klage des außerordentlichen Pflichttheils sofort in der Weise getheilt, daß der Anspruch auf 100 gegen den Letztbeschenkten geht, der Rest von 50 gegen den Vorbeschenkten einzuklagen ist, und zwar ohne Rücksicht darauf, ob die 100, wegen welcher der Pflichttheilsberechtigte an den Letztbeschenkten gewiesen wird, auch wirklich einzutreiben sind oder nicht. Ich glaube, daß eine solche Regelung insofern unbillig ist, als dadurch das Recht des Pflichttheilsberechtigten durch die Insolvenz des einen oder anderen Belangten gefährdet werden kann. Ich glaube aber, wenn man sich überhaupt entschließt, zu Gunsten des Pflichttheilsberechtigten einen so schweren Eingriff in die wohlerworbenen Rechte zu machen, wie dieser Eingriff vorliegt bei der Anfechtung von Schenkungen, daß man dann auch die Consequenz durchführen und wirklich dafür sorgen muß, daß der Pflichttheilsberechtigte in seinem vollen Interesse gesichert wird. Ich würde also vorschlagen, nicht die Verpflichtung, sondern die Befriedigung durch den Beklagten entscheiden zu lassen.

Schließlich habe ich noch eine Frist für die Anfechtung vorgeschlagen, eine Frist, deren Dauer ich nicht formulirt habe. Ich glaube aber, daß es wohl angemessen wäre, diejenigen Schenkungen, die eine gewisse Reihe von Jahren hindurch im Besitze des Beschenkten geblieben sind, endgiltig vor der Gefahr einer Anfechtung zu sichern. Die Frist müßte jedenfalls länger sein als die Fristen, die für Schenkungsanfechtungen in der Concursordnung vorgeschrieben sind, und zwar aus dem Grunde, weil das Verhältniß zwischen dem Erblasser und dem Pflichttheilsberechtigten ein dauerndes ist, während Gläubiger und Schuldner verhältnißmäßig kurze Zeit mit einander zu thun haben, und vor allem deswegen, weil der Gläubiger dem Schuldner gegenüber rechtzeitig seine Rechte geltend machen kann, während der Pflichttheilsberechtigte bei Lebzeiten des Erblassers keinen Anspruch hat, also den Schenkungen gegenüber, die der Erblasser macht, bei Lebzeiten des Erblassers schutzlos ist. (Bravo!)

Präsident: Ich habe den Antrag des Herrn Justizrath Reatz mitzutheilen. Der Antrag lautet dahin:

> Es empfiehlt sich, den Bestimmungen des künftigen Deutschen Gesetzbuchs über die Verletzung des Pflichttheils durch Schenkungen das ethische und sociale Prinzip zu Grunde zu legen, daß ein Familienglied über die Hälfte seines Vermögens sowohl unter Lebenden, wie letztwillig in freigebiger Weise verfügen darf, die andere Hälfte aber seinen Pflichttheilsberechtigten hinterlassen muß.
>
> Im besonderen empfiehlt sich die gleichmäßige Haftung des Erben und der Beschenkten für den außerordentlichen Pflichttheil pro rata der ihnen gemachten, rückgabepflichtigen Zuwendungen.

Justizrath Dr. **Reatz** (Gießen): M. H.! Ich kann Ihnen die tröstliche Versicherung geben, daß ich Ihre Geduld nur für wenige Augenblicke in Anspruch nehmen werde. Ich empfehle Ihnen den Antrag, der eben verlesen worden; es wird wohl nicht nöthig sein, daß ich ihn nochmals besonders hervorhebe, und ich will nur bemerken, daß meines Erachtens den Bestimmungen des künftigen deutschen Gesetzbuchs über die Verletzung des Pflichttheils durch Schenkungen ein höheres Princip zu Grunde zu legen ist, nämlich ein ethisches und ein sociales Princip, das dahin geht, daß ein Familienglied über die Hälfte seines Vermögens sowohl unter Lebenden wie letztwillig in freigebiger Weise verfügen kann, daß es aber die andere Hälfte seines Vermögens seinen Pflichttheilsberechtigten hinterlassen muß. Das ist der allgemeine Gesichtspunkt, den ich Ihnen empfehle. Ich glaube, daß für die Specialberathung nur der weitere Gesichtspunkt von Interesse sein kann, nämlich der: Es empfiehlt sich insbesondere die gleichmäßige Haftung der Erben und der Beschenkten für den außerordentlichen Pflichttheil pro rata der ihnen gemachten rückgabepflichtigen Zuwendungen.

M. H.! An der Richtigkeit und Wichtigkeit jenes ethischen und socialen Princips kann billigerweise nicht gezweifelt werden; Sie haben es bei den verschiedenen Herren, die bis jetzt gesprochen haben, überall durchklingen hören. Es ist das versöhnende Ergebniß der Collision zweier sittlicher Principien: des einen, welches von dem rechtschaffenen Familienvater verlangt, daß er sein ganzes erworbenes und erspartes Vermögen ungeschmälert seiner Familie hinterlasse und nichts davon durch Schenkungen an dritte Personen seiner Familie entfremde; und des andern, welches ihm als Herrn und Erwerber seines Vermögens die volle Freiheit der Verfügung über dasselbe gestattet. M. H.! Der ordentliche deutsche Familienvater verschenkt überhaupt nichts, es sei denn, daß eine sociale Pflicht, eine ethische Pflicht, höhere Pflichten und Interessen dies gebieten. Allein dieses Princip würde selbstverständlich zu einer völligen Schenkungsunfreiheit führen, und das andere, ebenso sittliche Princip der vollen Freiheit der Verfügung verletzen. Eine Lösung der Collision beider ist nur durch eine gleichmäßige Beschränkung beider möglich, und es entspricht der sittlichen Gerechtigkeit durchaus, wenn dem Familienvater das Recht eingeräumt wird, die Hälfte seines Vermögens durch freigebige Verfügungen unter Lebenden oder von Todeswegen den Kindern zu entziehen, ihm aber die Pflicht auferlegt wird, die andere Hälfte desselben seinen Pflichttheilsberechtigten beziehungsweise seinen Kindern zu hinterlassen. Daß aber diese Pflicht für unser deutsches Vaterland auch eine eminent sociale ist, kann ebensowenig in Zweifel gezogen werden, es ist dies auch von den verschiedenen Herren mehr oder weniger anerkannt, und es bedarf nur des Hinweises darauf, welch großes Interesse der moderne Staat und die heutige Gesellschaft an der Erstarkung, an der finanziellen Kraft und wirthschaftlichen Stärke der Familie überhaupt hat. Legt man dieses Princip zu Grunde, so ist es unschwer, die für unsere Lehre nöthigen Einzelbestimmungen zu treffen. Da indessen die Aufgabe des Juristentags nur dahin geht, allgemeine Gesichtspunkte zu empfehlen und sich nicht ins Detail zu verlieren, so kann man sich mit zwei wesentlichen Bemerkungen begnügen.

Nach dem Entwurfe haftet für den außerordentlichen Pflichttheil in erster Linie der Erbe und, soweit dieser nicht haftet, der Beschenkte. M. H.! Ich halte dies für eine außerordentlich große Ungerechtigkeit gegen den Erben, denn das Interesse beider, des Erben und des Beschenkten, steht sich vollkommen gleich, und nichts berechtigt zu einem Vorzug des einen vor dem andern. Beide Freigebigkeitsacte, Testament und Schenkung, haben dieselbe Stärke und Schwäche, beide Verfügungen entsprechen der Verfügungsfreiheit des Stifters und beide verstoßen gleichmäßig gegen das principielle Verbot der Entfremdung des Vermögens aus der Familie. Dies Alles ist Grund genug, daß man beide, den Erben und den Beschenkten, in eine vollständig gleiche rechtliche Lage versetzt und sie beide gleichmäßig haften läßt, aber selbstverständlich nur pro rata ihrer Empfänge und zwar derjenigen Empfänge, die nach dem Gesetz in der That zurückgegeben werden müssen. Ich glaube, damit erledigt sich auch der dritte Punkt des Gesammtantrags meines verehrten Herrn Vorredners.

Nach dem Entwurfe haftet sodann der zuletzt Beschenkte vor dem früher Beschenkten. M. H.! Das ist ebenfalls eine Ungerechtigkeit. Alle Beschenkten sind in gleicher Lage, der Act ist derselbe, keiner ist an und für sich bevorzugt, die Interessen aller sind gleich, und es ist nur das Bißchen Priorität in der Schenkung, das ja wohl im einzelnen Falle sehr groß, im andern aber auch sehr klein sein kann, ein Zwischenraum, der vielleicht nur fünf Minuten ausmacht; und von diesem unbedeutenden Zwischenzeitsraum kann man in der That so wichtige Consequenzen nicht abhängig machen, wie sie von dem Entwurfe und auch von beiden Herren Vorrednern gezogen worden sind. Jeder von diesen Beschenkten hat ein gleiches Recht auf den Schutz seiner Schenkung. Ich empfehle Ihnen daher, die gleichmäßige Haftung des Erben und der Beschenkten für den außerordentlichen Pflichttheil pro rata der ihnen gemachten und rückgabepflichtigen Zuwendungen als das Votum des Juristentags aussprechen zu wollen.

Professor Dr. **Endemann** (Königsberg): M. H.! Nachdem durch die Verhandlungen Ihre Aufmerksamkeit schon so weit in Anspruch genommen worden ist und die Fragen im wesentlichen abgeklärt sind, kann ich mich auf wenige Bemerkungen beschränken.

Zunächst verzichte ich auf eine Auseinandersetzung mit den sehr eingehenden Ausführungen, die Herr Professor Kipp gestern und heute uns gegeben hat. Sie haben kein corpus juris zur Hand, und wenn Sie es zur Hand hätten, so würden Sie wohl auch keine Neigung verspüren, sich mit mir über Quelleninterpretationen zu unterhalten. Es ist ja für unsere Frage auch ganz gleichgültig, wie das römische Recht auszulegen ist, denn die Frage ist so gestellt, daß sie, ganz entsprechend der Aufgabe des Juristentages, in erster Linie an Ihr praktisch erprobtes Urtheil appellirt, um von ihm den Weg vorgezeichnet zu sehen, den die Gesetzgebung einschlagen soll.

Wenn ein Proceß über Anfechtung von Schenkungen geführt wird, so pflegt das immer ein gewisses Unbehagen bei dem Richtercollegium zu erzeugen, denn man weiß von vornherein, mit welchen ungeheueren Schwierigkeiten man dabei zu kämpfen hat. Die Schwierigkeiten liegen vor allen Dingen darin, daß die Schenkungsabsicht nicht überall hervortritt, so daß es trotz aller Mühe in der Mehrzahl von Fällen nicht gelingt, nachzuweisen, daß dieses oder jenes Rechtsgeschäft, daß sich als Kauf oder sonstwie darstellt, eine wirkliche Schenkung enthält. Diese Schwierigkeiten sind um so ernster zu beachten, als sie unvermeidlich sind; hier gerade, im rheinischen Rechtsgebiete, haben wir eine große Anzahl von Urtheilen, die darüber Auskunft geben.

Umsomehr meine ich, liegt Veranlassung und Nothwendigkeit vor, daß wir die Anfechtbarkeit der Schenkungen vom Standpunkte des Notherbenrechts möglichst einfach gestalten. Und da haben Sie kurz diese Wahl. Auf der einen Seite die Möglichkeit, daß Sie sagen: Ich muß als Pflichttheilsberechtigter und Kläger nachweisen: so und so groß war die Schenkung und so groß war das Vermögen desjenigen, der die Schenkung gemacht, vor 10, 15, 20 Jahren. Das ist ein Beweis, der wohl über das Maß dessen hinausgeht, was man dem Einzelnen zumuthen kann. Wer will sagen, wie groß das Vermögen eines Kaufmanns vor 20 Jahren gewesen ist? wie groß das Vermögen eines gewissen Großgrundbesitzers war, der da und dort große Schenkungen gemacht hat? Die Schenkungen selbst werden sich, wenn sie größere sind — nur um solche handelt es sich wesentlich — nachweisen lassen, zumal sie meist in notariellen Acten oder durch gerichtliche Insinuation festgestellt werden — kurz, der Beweis dieser wird zu erbringen sein; der Beweis dagegen, wie groß das ganze Vermögen damals gewesen ist, das ist ein Beweis, an dem die Processe und die Rechte, die wir doch als begründet anerkennen und demgemäß schützen wollen, regelmäßig scheitern.

So steht auf der andern Seite die Regelung, daß Sie einfach sagen: Es entspricht unserer heutigen Rechtsanschauung, daß Jemand immer, in seinem ganzen Leben bereits, Rücksicht nehmen muß auf seine nächsten, als pflichttheilsberechtigt anerkannten Verwandten. Wenn er unter Lebenden verschenkt, nun gut, so mag er das bis zu einem gewissen Betrage thun, aber dann muß man auch sagen, daß er um so mehr von Todeswegen seinen Angehörigen hinterlassen muß. Daher ist es eine durchaus correcte Regelung, wenn der Entwurf sagt: Die Hälfte Deines Vermögens magst Du verschenken, sei es unter Lebenden, sei es von Todeswegen, aber auch nur diese Hälfte. Damit ist vollständig vereinigt das Princip der Freiheit des Einzelnen, über sein Vermögen zu disponiren, und auf der andern Seite der Grundsatz, daß die nächsten Angehörigen, Kinder u. s. w., die Pflichttheilsberechtigten, in jedem Falle sicher stehen gegenüber den Verschleuderungen des Vermögens eines Erblassers und Verwandten, der seiner socialen Pflicht — wie diese ganz richtig vorhin dargelegt wurde — nicht Genüge leistet.

Den Antrag, den ich demgemäß Ihnen empfehlen möchte, würde ich im Anschlusse an die bereits gehörten Anträge so formuliren, daß ich Ihnen vorschlagen möchte, eben aus diesen praktischen Erwägungen heraus zu sagen, daß abzulehnen ist der Standpunkt des gemeinen Rechts, die Anfechtbarkeit der Schenkungen aus der Verletzung eines angemessenen

Verhältnisses zu dem damaligen Vermögen zu begründen — das erscheint nicht möglich, das erscheint vom processualen und praktischen Standpunkt aus undurchführbar — und zweitens, daß der Pflichttheil zu berechnen ist von dem Nachlasse, dem sämmtliche Schenkungen hinzugerechnet werden.

Nun wäre es ja möglich, daß die Herren, anschließend an die bereits gemachten Vorschläge, noch weiter hinausgehen wollen. Indessen, ich möchte nicht empfehlen, daß Sie über diese allgemeinen Gesichtspunkte hinaus noch — was ja sonst gewiß wünschenswerth wäre — dieses oder jenes an dem Pflichttheilsrechte des Entwurfs abändern. Ich glaube, die Frage, wie sie uns vorliegt, hat Schwierigkeiten genug, und es entspricht auch nicht unserer Aufgabe, nun ins einzelne Detail der gesetzlichen Bestimmungen hineinzugehen.

Vielleicht wäre die Frage noch einfach zu erledigen, ob allen Pflichttheilsberechtigten oder nur einzelnen dieser Vortheil zukommen muß. Ich glaube, wenn Sie der Ansicht sind: Nachlaß und Schenkungen werden zusammengerechnet, die Hälfte davon muß dem Pflichttheilsberechtigten zukommen, dann hat es keinen inneren Grund und kein praktisches Bedürfniß spricht dafür, daß wir etwa diesen oder jenen Einzelnen ausnehmen wollen. Zum Beschlusse hierüber wäre jedoch allzusehr auf Einzelbestimmungen des Entwurfes einzugehen; ich verzichte daher auf eine eingehende Darlegung meines Standpunktes.

Ich war ferner der Ansicht in meinem Gutachten und bin es noch, daß die Regelung unter dem Gesichtspunkte eines außerordentlichen Pflichttheils nicht entsprechend ist, denn ich sehe in der That nicht ein, was hier außerordentlich sein soll. Jeder Pflichttheil, m. H., soll erhöht werden, nicht nur der Pflichttheil, wenn die Schenkung inofficiös war, wie nach dem früheren Standpunkte des gemeinen Rechts; auch wenn im Nachlaß vollständig genug vorhanden ist, so wird dennoch der Pflichttheil immer berechnet aus Nachlaß plus Schenkung. Etwas Außerordentliches vermag ich darin nicht zu sehen. Indessen scheint auch dieses über das Maß dessen zu gehen, was ich den Herren zur Beschlußerhebung empfehlen möchte. Ich beschränke meinen Antrag auf die einfache Beantwortung der uns gestellten Frage. Ich überreiche die schriftliche Fassung des Antrages dem Herrn Präsidenten.

Präsident: Ich will den Antrag nochmals verlesen.

1. Abzulehnen ist der Standpunkt des gemeinen Rechts, die Anfechtbarkeit der Schenkungen aus der Verletzung eines angemessenen Verhältnisses zu dem damaligen Vermögen zu begründen.

2. Der Pflichttheil ist zu berechnen von dem Nachlasse, dem sämmtliche Schenkungen hinzugerechnet werden.

Justizrath **Wilke**: M. H.! Ich befinde mich im Gegensatze zu den meisten Aeußerungen, die heute vorgetragen worden sind. Der zweite Herr Berichterstatter sprach viel von den Eingriffen in wohlerworbene Rechte und kam dahin, daß man diese nur in gewissen mäßigen Grenzen zulassen dürfe. Da stehe ich von vornherein auf dem entgegengesetzten Standpunkte. Mir will es nicht scheinen, daß ein deutscher Juristentag überhaupt davon ausgeht, daß man in wohlerworbene Rechte eingreifen könnte, denn die erste Pflicht der Justiz ist, die wohlerworbenen Rechte zu schützen, und nicht, in wohlerworbene Rechte einzugreifen. Motivirt wurde dieser Eingriff damit, daß gesagt wurde: Der Pflichttheilserbe hat das höchste Recht und sogar der künftige noch nicht concipirte eheliche Sohn eines unverheiratheten Menschen hat schon ein hauptsächliches Recht auf das Vermögen des noch lebenden künftigen Vaters. Dafür fehlt mir eigentlich das Verständniß. Meines Erachtens hat ein Erbe und auch ein Pflichttheilserbe gar kein Recht auf das Vermögen seines lebenden Erblassers; denn ebenso wenig wie ein Erbrecht eines noch lebenden Menschen existirt, ebenso wenig kann ein Pflichttheilsrecht auf das Vermögen eines noch lebenden Menschen existiren. Jedenfalls aber, wenn man von der Meinung ausgeht: Es haben die Kinder den Anspruch darauf, daß ihr Vater doch verständig ist und dafür sorgt, ihnen sein Vermögen nach Möglichkeit zu erhalten, wird man mir zugeben, daß solche möglichen künftigen Pflichttheilserben weniger Rechte haben auf das Vermögen ihres noch lebenden künftigen Erblassers, als die Gläubiger des noch lebenden Schuldners auf das Vermögen ihres Schuldners haben. Und das führt mich dahin, daß man den Pflichttheilserben keine größeren Rechte auf das Vermögen ihres künftigen Erblassers beilegen darf, als der Gläubiger eines verschuldeten Schuldners gegen die Handlungen hat, welche der verschuldete Schuldner vorgenommen hat. Wenn dem entgegen vorhin bemerkt worden ist, das Verhältniß zwischen Pflichttheilserbe und Erblasser sei ein dauerndes, das zwischen Schuldner und Gläubiger kein dauerndes, so ist das nicht ganz richtig. Das Verhältniß zwischen Schuldner und Gläubiger dauert doch so lange, bis der Gläubiger befriedigt ist. Hört er auf, Gläubiger zu sein, dann ist allerdings die Frage, ob er etwas anfechten kann, hinfällig. Was ist das Princip, weshalb Jemand verhindert sein soll, über sein Vermögen zu verfügen, wie er will? Hat es dem Gläubiger gegenüber seine Berechtigung, weil es eine sittliche Pflicht ist, dem Gläubiger zunächst sein Vermögen zuzuwenden, ehe man es verschenkt, so kann man analog sagen: Der Erblasser hat auch die sittliche Pflicht, für die Seinigen zu sorgen. Deswegen bin ich der Meinung, daß man von demselben Grundsatze ausgehend, die Schenkungen, welche ein Erblasser vornimmt, der Anfechtung dann unterwerfen muß, wenn sie abzielen auf Vereitelung des Pflichttheilsrechts. Das ist meines Erachtens der Kern der Sache. Nun verlange ich nicht, daß jedesmal klipp und klar nachgewiesen werde, daß die Absicht vorgelegen habe. Die Erfahrung hat ja da geholfen — die Erfahrung des gemeinen Rechts und auch des preußischen Landrechts, die wir nun ohne weiteres wegwerfen wollen — man nimmt eine solche Absicht an, man zieht wenigstens die Consequenzen einer solchen Absicht, wenn gewisse Thatumstände vorliegen, entweder die Größe der Schenkung, welche darauf hindeutet, daß es da nicht mit rechten Dingen zugeht, oder wenn die Schenkung kurz vor dem Tode vorgenommen wird, was gleichfalls die Sache verdächtig macht. Wo etwas darauf hindeutet, daß der Mann böse Absichten gehabt hat, so liegt denen entgegenzutreten eine gewisse Berechtigung vor. — Die entgegengesetzte Theorie, die namentlich das französische Recht hat, und der der Entwurf leider gefolgt ist, beruhen auf einer ganz falschen Fiction; sie beruhen auf der Fiction: Wenn der Erblasser die Sache nicht geschenkt hätte, dann wäre sie bei seinem Tode vorhanden. Nun frage ich Sie, ob diese Fiction nur ein einziges Mal das Wahre trifft? Wenn der Erblasser nicht geschenkt hätte, so hätte er es anderweit ausgegeben. Praktisch werden die Fälle immer nur sein, wenn die Schenkung etwas groß ist. Wenn also ein wohlhabender Mann ein großes Geschenk gemacht hat und der wohlhabende Mann geräth in Concurs, dann ist nichts da. Hätte er das Geschenk nicht gemacht, so würde das Geschenk in die Masse aufgehen. Wenn man annimmt, der reiche Mann hat ein großes Geschenk gemacht, er starb und sein Nachlaß geräth in Concurs — nun sollen die Gläubiger nichts kriegen und die Pflichttheilserben nehmen die Geschenke zurück — das will mir mit den Principien des Rechts nicht in Einklang stehend scheinen. Meines Erachtens haben die Gläubiger, deren Freund ich im Allgemeinen nicht bin, mehr Anspruch darauf, befriedigt zu werden durch das, was durch die Schenkung fortgenommen ist, als die Pflichttheilserben. Es würde sonst die allerzweckmäßigste Speculation eines reichen Mannes sein, daß er, wenn er Speculant ist, sofort sein halbes Vermögen verschenkt, und zwar urkundlich, damit es seine Pflichttheilserben nachweisen können. Nun kann er getrost speculiren. Verliert er sein Vermögen, seine Pflichttheilserben sind immer gesichert.

Mir wäre es am liebsten, wenn man nur sagte, daß Schenkungen von Pflichttheilserben angefochten werden können, wenn sie vorgenommen sind zur Benachtheiligung des Pflichttheils; indessen, mir liegt sehr daran, mich in Einklang zu stellen mit einem der gestellten Anträge, und deswegen stimme ich dem Antrage des Herrn Justizrath Reatz bei, möchte aber einen Zusatzantrag dahin stellen:

> Andererseits erfordert die Rechtssicherheit, daß der Beschenkte einer Anfechtung der Schenkung nur soweit sie innerhalb der letzten Jahre vor dem Tode des Schenkers erfolgt ist, ausgesetzt sein darf, oder sofern sie in der ihm bekannten Absicht des Schenkers geschehen ist, den Pflichttheilsberechtigten zu benachtheiligen.

Also zwei Voraussetzungen. Liegt mala fides vor, dann immer ohne Beschränkung auf die Zeit; ist aber die mala fides nicht nachzuweisen, dann nur auf einen bestimmten Zeitraum. Wie lange, wollte ich absichtlich nicht sagen, weil das nebensächlich ist.

Präsident: Es hat sich Niemand weiter zum Worte gemeldet. Wir würden daher die Debatte über diesen Punkt schließen können, wenn nicht der Herr Berichterstatter noch zu sprechen wünscht.

Referent Professor Dr. **Kipp** (Kiel): Ich werde Ihre Aufmerksamkeit nur wenige Minuten in Anspruch nehmen.

Zunächst will ich zur Vereinfachung der Sache von meinen Anträgen die unter II. aufgeführten fallen lassen. Ferner will ich fallen lassen den Antrag 14. Auf diese Punkte ist in der Debatte nicht weiter zurückgegriffen worden.

Nun stehen sich meine Anträge mit denjenigen des Herrn Kollegen von Tuhr correspondirend gegenüber. Meine Nr. 5 wird jetzt zu Nr. 4. Nur mit einigen Worten will ich noch auf die Sache selbst eingehen.

Dem Herrn Justizrath Wilke bin ich für die mir zu Theil gewordene Unterstützung außerordentlich dankbar, denn fast Alles, was er gesagt hat, bin ich zu unterschreiben in der Lage. Auch ich bin von vornherein von dem Standpunkte ausgegangen: Es ist vollkommen berechtigt, daß derjenige, der etwas geschenkt hat, später desto sparsamer sein muß. Deshalb habe ich gesagt:

> Die Schenkung wird ohne Rücksicht auf ihre Höhe zum Zweck der Bestimmung des Pflichttheils in den Nachlaß eingerechnet.

Aber, m. H., Anrechnung der Schenkung zum Zweck der Bestimmung des Pflichttheils ist etwas ganz Anderes, als Anfechtung der Schenkung. Für die Anfechtung der Schenkung, darin bin ich ebenfalls der Meinung des Herrn Justizraths Wilke, müssen wir einen positiven Rechtsgrund haben, und wenn ich auch nicht so weit gehen will, den Dolus des Schenkers zu verlangen, wie Herr Justizrath Wilke, so meine ich doch, müssen wir die Schenkung nur dann für anfechtbar erklären, wenn sie in greifbarer Weise zu der Zeit, wie sie errichtet wurde, den Pflichttheil verletzt hat. Ich habe in der Debatte nichts gehört, was mich in dieser Ueberzeugung erschüttern könnte.

Ich bin auch insofern mit Herrn Justizrath Wilke einverstanden, als man die Frist von einer bestimmten Reihe von Jahren nur dann zu setzen braucht, wenn das Erforderniß der Uebermäßigkeit der Schenkung nicht gegeben ist. Wenn eine Schenkung übermäßig ist, dann mag sie anfechtbar sein auch für den Fall, daß sie bereits eine lange Reihe von Jahren vor dem Tode des Erblassers geschehen ist.

Nur zu dem Punkte 2 meiner Anträge, zu welchem ich überhaupt das Wort noch nicht genommen habe, muß ich nachträglich Einiges bemerken.

M. H.! Es ist gesagt worden, daß die Pflichttheilsberechtigten auch dann nicht durch Schenkungen gekränkt werden dürften, wenn die Pflichttheilsberechtigten erst viel später eingetreten sind. Pflichttheilsrecht haben nicht bloß die geborenen Kinder, sondern Pflichttheilsrecht haben auch die adoptirten und die später legitimirten Kinder. Nach dem Entwurf steht die Sache so: Anspruch auf den außerordentlichen Pflichttheil hat das später legitimirte und das später adoptirte Kind nicht. Wenn Sie entgegen meinen Anträgen beschließen, daß alle Pflichttheilsberechtigten den Anspruch auf den außerordentlichen Pflichttheil haben sollen, daß zu Gunsten Aller ohne Ausnahme die Schenkungen sollen angefochten werden können, so kommen Sie zu folgendem Ergebniß: Der Schenker ist in der Lage, rein willkürlich dadurch, daß er nachträglich ein Kind adoptirt, dem Beschenkten einen Theil des Geschenkten wieder zu entziehen. Das ist auch ein Grund, welcher wohl beachtet werden muß. In dem Antrage unter 3 . . .

Justizrath **Keatz**: Das ist zu sehr detaillirt, nehmen Sie das lieber zurück.

Referent Professor Dr. **Kipp**: Nur zwei Worte will ich noch bemerken. Wenn man anerkennt, daß die Erben und mehreren Beschenkten pro rata haften, so kommt man wieder zu dem Ergebniß — das ist ein Gesichtspunkt, welcher in der französischen Literatur öfter hervorgehoben worden ist — daß der Schenker in der Lage ist, durch nachträgliche Schenkungen die früheren theilweise revocabel zu machen, die Schenkungen zum Theil dadurch revocabel zu machen, daß er eine letztwillige Verfügung errichtet. Das ist nach meiner Ansicht auch ein unzulässiger Eingriff in das wohlerworbene Recht des Erstbeschenkten.

Präsident: Wir kommen zur Fragstellung. Sie werden Ihre Aufmerksamkeit zu richten haben auf folgende Anträge.

Es liegt vor der Antrag des Berichterstatters Professor Kipp, der gedruckt in Ihren Händen ist, von dem jetzt nur noch vier Punkte zur Sprache kommen. Dann der Antrag v. Tuhr, der auch gedruckt ist; der Antrag des Herrn Justizrath Reatz mit dem Zusatzantrag Wilke. Ich möchte der Meinung sein, daß zunächst als weitgehendster Antrag zur Abstimmung zu bringen ist der des Herrn Dr. Reatz. Wird dieser Antrag angenommen, so erscheinen damit die übrigen Anträge, abgesehen von dem Zusatzantrag des Herrn Justizrath Wilke, erledigt. Ich bringe diesen Antrag zur Abstimmung:

> Es empfiehlt sich, den Bestimmungen des künftigen deutschen Gesetzbuchs über die Verletzung des Pflichttheilsrechts durch Schenkungen das ethische und sociale Princip zu Grunde zu legen, daß ein Familienglied über die Hälfte seines Vermögens sowohl unter Lebenden, wie letztwillig in freigebiger Weise verfügen darf, die andere Hälfte aber seinen Pflichttheilsberechtigten hinterlassen muß.
>
> Im Besonderen empfiehlt sich die gleichmäßige Haftung des Erben und der Beschenkten für den außerordentlichen Pflichttheil pro rata der ihnen gemachten, rückgabepflichtigen Zuwendungen.

Ich bitte diejenigen Herren, welche sich für diesen Antrag erklären wollen, sich zu erheben. — (Nach Probe und Gegenprobe.) Der Antrag ist abgelehnt. Damit würde auch der Zusatzantrag Wilke fallen.

Von Herrn Professor Endemann ist beantragt:

1. Abzulehnen ist der Standpunkt des gemeinen Rechts, die Anfechtbarkeit der Schenkungen aus der Verletzung eines angemessenen Verhältnisses zu dem damaligen Vermögen zu begründen.
2. Der Pflichttheil ist zu berechnen von dem Nachlasse, dem sämmtliche Schenkungen hinzugerechnet werden.

Der Antrag würde immer noch übrig bleiben als Modification der Anträge der Herren Kipp und v. Tuhr. Falls der Antrag des Herrn v. Tuhr Genehmigung findet, würde also der Antrag des Herrn Professor Endemann noch als Modifications- oder Zusatzantrag zur Abstimmung kommen.

Dr. **v. Tuhr:** Ich ziehe meinen Antrag zu Gunsten des Endemann'schen zurück.

Professor Dr. **Endemann:** Mein Antrag entspricht fast wörtlich, jedenfalls dem Inhalte nach dem Antrag v. Tuhr Nummer 1, nur mit dem Unterschiede, daß ich nicht den außerordentlichen Pflichttheil hineingesetzt habe.

Präsident: Dann haben wir nur noch die Anträge Kipp und Endemann, und da bringe ich als weitgehendsten zunächst den Antrag Endemann-v. Tuhr zur Abstimmung.

Schriftführer liest:

Es wird beantragt:

1. Abzulehnen ist der Standpunkt des gemeinen Rechts, die Anfechtbarkeit der Schenkungen aus der Verletzung eines angemessenen Verhältnisses zu dem damaligen Vermögen zu begründen.
2. Der Pflichttheil ist zu berechnen von dem Nachlasse, dem sämmtliche Schenkungen hinzugerechnet werden.

(Nach Probe und Gegenprobe.)

Der Antrag v. Tuhr-Endemann ist angenommen und der Antrag des Herrn Referenten abgelehnt.

Was die Behandlung der Sache betrifft, so würde sie wohl nicht geeignet sein, eine Beschlußfassung des Plenums darüber herbeizuführen. (Zustimmung.)

Dr. **v. Tuhr** wird beauftragt, den Beschluß der Abtheilung dem Plenum zur Kenntnißnahme mitzutheilen.

Präsident: Wir kommen jetzt zur Berathung der Frage 3:

Ueber die zweckmäßige Regelung des Inventarrechts und die im Entwurfe des Bürgerlichen Gesetzbuchs versuchte Gestaltung desselben.

Referent ist Herr Professor Dr. Leonhard.

Referent Professor Dr. **Leonhard** (Marburg): M. H.! Die Frage, die uns jetzt vorliegt, betrifft einen Theil des Entwurfs, welcher nicht weniger als 59 Paragraphen umfaßt, inhaltreiche Bestimmungen und hart angefochtene Vorschriften. Diese 59 Paragraphen stehen zu den 24 Stunden, über welche die Länge des Tages nicht hinausgreifen kann, in einem gewissen Widerspruche, und wenn ich hier auch nur mit annähernd ebenso großer Vollständigkeit, wie diejenige ist, die wir heute bisher beobachtet haben, mich diesem Gegenstande zuwenden wollte, dann müßten wir uns für einige Wochen in Köln in Permanenz erklären.

Obwohl die Aufnahme, die wir hier gefunden haben, uns zu einem solchen Verhalten wohl veranlassen könnte, so dürfte das doch unsern liebenswürdigen Gastgebern schließlich zu viel werden. Ich beschränke mich daher lediglich auf die allgemeinsten Hauptpunkte, die in diesen 59 Paragraphen erledigt sind. Es sind dies drei Fragen:

1. Unter welchen Umständen muß eine Nachlaßmasse inventarisirt werden?
2. Wie muß inventarisirt werden? und
3. Zu welchem Zweck und mit welchen rechtlichen Folgen?

Inventarisationspflicht, Inventarisationsform und Inventarisationszweck oder Inventarisationsfolgen. Das scheinen mir die drei Hauptfragen zu sein.

Nach meiner Ueberzeugung kann man dem Entwurfe nicht anders gerecht werden, als auf Grundlage einer, wenn auch noch so allgemein gehaltenen, geschichtlichen Betrachtung. Von verschiedenen Seiten ist den Verfassern des Entwurfs hier, wie sonst, vorgeworfen worden, daß sie sich von dem Boden der Geschichte gänzlich losgelöst hätten. Obwohl ich in wesentlichen Punkten dem Entwurfe nicht beistimme, so halte ich doch diesen namentlich von Bähr erhobenen Vorwurf nicht für gerechtfertigt. Der Entwurf steht nach meiner Ueberzeugung hier durchaus auf einem historischen Boden; damit ist aber noch lange nicht gesagt, daß er sich in richtiger Weise auf diesen Boden gestellt hat. Gestatten Sie mir daher, ganz kurz die vorliegende Frage in ihrer geschichtlichen Entwickelung zu beleuchten.

Von einem Nachlaß-Inventar ist bekanntlich zum ersten Male die Rede in einer Vorschrift des Kaisers Justinian. In ihr erfährt das Erbrecht einen Wendepunkt und sie hat erheblichen Tadel, namentlich aus Ihering's Munde, erfahren. Der Grundgedanke des Erbrechts, die Haftung für alle Schulden, sei in ihr mit Füßen getreten. Für diesen Grundgedanken hat sich namentlich auch einer unserer Gutachter, Herr Landrichter Dove, erwärmt. Andererseits ist die Mehrheit der Schriftsteller auf Justinian's Seite. In der That wurde durch ihn ein Fortschritt angebahnt, ein Satz der Milde, der Nachsicht, wie er ganz dem Geiste der byzantinischen Rechtsauffassung, dem Geiste der justinianischen Gesetzgebung entspricht. Dieser Geist waltet auch hier. Aber die Medaille hat auch ihre Kehrseite. Mit Recht hat man dem byzantinischen Recht vorgeworfen — namentlich ist das von Ihering in der bekannten Schrift „Der Kampf ums Recht" geschehen — seine Gesetzgebung hatte das Motto: Heil dem Schuldner und wehe dem Gläubiger!

Der Gläubiger ist in diesem neuesten römischen Recht außerordentlich verkürzt. Und das ist auch vollkommen verständlich, wenn man die wirthschaftlichen Verhältnisse der damaligen Zeit betrachtet. Die Völkerwanderung zog ihren eisernen Ring um das Reich, Handel und Wandel waren durch die Einfälle der Barbaren zerstört, die Kirche war damals principiell den kaufmännischen Verhältnissen nicht günstig gesinnt. Unter diesen Einflüssen entstand das justinianische Gesetzbuch, und diesen Einflüssen namentlich ist es zuzuschreiben, daß auch bei dem Nachlaßinventar die Gläubiger zu kurz kommen. Es wird ja grundsätzlich für sie gesorgt, aber in welcher Weise? Darin, daß die Nachlaßmasse festgestellt wird. Diese Feststellung wird aber dem Erben überlassen. Er ist allerdings verpflichtet, einen tabularius, einen Notar zuzuziehen. Indessen, ehe er mit dem Inventar beginnt, kann er sehr leicht böswilliger oder fahrlässiger Weise Stücke des Nachlasses bei Seite schaffen. Deshalb erscheint der gewährte Schutz wenigstens für den abwesenden Gläubiger nicht genügend, und es entspricht das ganz dem Geiste dieser handelsarmen und verkehrsschwachen Zeit. Noch verkehrsärmer als das byzantinische Reich war das ältere Deutschland. Wenn im Sachsenspiegel den Gläubigern fast gar keine Rechnung getragen wird, so ist das ganz verständlich. Auf dem Boden der Naturalwirthschaft spielt der Handel fast gar keine Rolle. Die deutschen Städte haben hier romanisirend gewirkt. In den Pölmann'schen Distinctionen wird hinsichtlich der Behandlung der Nachlaßschulden über die „Römerey" mancher deutschen Juristen geklagt. Die „Römerey" bestand darin, daß die Schulden redlich bezahlt werden sollen. Ich glaube, das ist eine Römerei, die man sich bis zu einem gewissen Grade gefallen lassen konnte, denn mit dieser Römerei hing ein Aufschwung des Nationalvermögens zusammen. Hier gerade in Köln sollte man am allerwenigsten auf die Reception des römischen Rechts schelten. Köln ist eine römische Colonie. Colonia, Köln, Kultur, diese Worte haben alle dieselbe Wurzel. Es ist ein Kulturfortschritt, daß man für den Gläubiger sorgt. Man thut es nicht aus Sympathie oder Antipathie; der Gesetzgeber darf sich überhaupt von solchen Gesichtspunkten nicht leiten lassen, er fragt nach dem Gemeinwohl. Das Gemeinwohl beruht aber darauf, daß die volkswirthschaftlichen Grundlagen des Staates erhalten werden und zu ihnen gehört der Credit, das Vertrauen auf die Zuverlässigkeit der Schuldner. Und an dieser Grundlage darf unter keinen Umständen gerüttelt werden. Das ist auch in Deutschland beachtet worden. Die Fürsten haben den Städten die Hand gereicht, sie beide haben an dem Aufschwunge des Nationalreichthums gearbeitet. Das hat sich auch im Inventarrecht gezeigt. Man hat für die

Gläubiger gesorgt, und zwar noch besser, als es Kaiser Justinian gethan hat, aber vielleicht etwas gar zu gut, indem man die bevormundende Thätigkeit des Nachlaßgerichts an allen Ecken und Enden steigerte. Das österreichische Gesetzbuch hat hierin das Aeußerste geleistet, es hat des Guten so viel gethan, daß es sich unter den eigenen österreichischen Juristen, und zwar den bedeutendsten, Unger und Randa, Feinde geschaffen hat, und daß das österreichische Recht schließlich von der allzu großen Bevormundung wenigstens theilweise wieder zurückgekommen ist. In Entwickelung dieses Rechtszweiges hat das preußische Landrecht in ganz anderer Weise bahnbrechend gewirkt, ein Gesetzbuch, welches meines Erachtens in der Zeit der Herrschaft Savigny's viel zu ungünstig beurtheilt worden ist. Das Landrecht ist über das römische Recht hinausgegangen und zwar, wie ich glaube, nach mehrfacher Hinsicht in einer glücklichen Weise. Es hat namentlich für unsere Frage einen wichtigen Grundsatz aufgestellt. Das ist die Regel, daß der Erbe nicht mehr, wie Justinian es ihm erlaubt, tumultuarisch die Ansprüche der Nachlaßgläubiger befriedigen kann, das heißt Jeden, der zuerst kommt, auch zuerst mahlen läßt, sondern daß die Principien des Concursrechts auch bei Nachlaßschulden gewahrt werden müssen im Interesse des Credits, des Handels, im Interesse des Nationalwohlstandes. Ich betone das ganz besonders, weil mehrere Stimmen laut geworden sind, welche diesen großen Fortschritt des Landrechts einfach wieder wegstreichen wollen und in der That eine Römerei treiben, sofern man überhaupt Justinian einen Römer nennen will.

Was er für ein Landsmann war, ist ja sehr zweifelhaft; Ranke vermuthet, daß er vielleicht ein Slave war, nach Gibbon wäre er möglicher Weise ein Germane, weil sein Geburtsname Uprauda, dem englischen „Upright" entspricht. Hiernach wäre Justinian ein guter Deutscher gewesen, der „Aufrecht" hieß. Unsere germanistischen Collegen würden sich vielleicht mehr mit ihm befreunden, wenn diese Hypothese wahr sein sollte, an deren Richtigkeit ich, beiläufig gesagt, in keiner Weise glaube.

Das preußische Landrecht also ist über Justinian hinausgegangen, es hat die concursrechtliche Befriedigung der Nachlaßgläubiger als Norm hingestellt. Nun ist es allerdings eine starke Zumuthung für den rechtsunkundigen Privatmann, eine solche Befriedigung vorzunehmen. Das Gericht greift ihm daher im Nothfalle unter die Arme, jedoch nur auf Wunsch. Auch das ist in dem preußischen Landrecht sehr gut gedacht. Liegt die Sache einfach, so ist nicht einzusehen, warum das Concursverfahren über die Erbschaftsmasse eröffnet werden soll. Der Nachlaß kann überschuldet und doch die Regulirung eine ganz einfache sein, insbesondere, wenn wenige Gläubiger vorhanden sind. Wozu da das Gericht in Gang bringen? Wenn der Erbe nicht will, so bleibt es also der Regulirung fern, er übernimmt aber selber die Verantwortung dafür, daß die Regulirung ordentlich erfolgt. Und daran hat auch das preußische Landrecht festgehalten, wenn auch später der Liquidationsproceß beseitigt worden ist, und man noch in vielen anderen Hinsichten auf eine Vereinfachung hingestrebt hat. Namentlich hat die preußische Concursordnung sich hier, wie auf andern Gebieten, als sehr wohlthätig erwiesen.

Nun ist aber das preußische Landrecht hier, wie in vielen andern Punkten, außerordentlich streng in den Pflichten, die es dem Einzelnen auferlegt. In der Heimath des kategorischen Imperativs springt man mit dem Individuum nicht immer gerade in zarter Weise um, und das ist auch auf dem Gebiete des Inventarrechts geschehen. Der Erbe kommt hier in eine schlimme Lage. Sie ist vergleichbar dem Schicksale des Menschen, von dem Goethe sagt:

Ihr führt ins Leben uns hinein,
Ihr laßt den Armen schuldig werden
Und überlaßt ihn dann der Pein.

Nach preußischem Rechte gleicht eine Erbschaft zuweilen einem Unglücksfalle, der gleich einer Seuche über den Erben hereinbrechen kann, ohne daß er Hand noch Fuß rührt. Wenn ein überschuldeter Verwandter stirbt und man der nächste Erbe ist, so muß man, wenn man vorsichtig sein will, zunächst die Erbschaft ausschlagen. Thut man das nicht, so bleibt einem nach einiger Zeit die Erbschaft unter allen Umständen auf dem Halse. Man hat weiterhin noch die Pflicht, ein Inventar zu errichten. Wenn man aber von der Idee ausgeht, daß da, wo nichts zu inventarisiren ist, auch eine Inventarisationspflicht keinen Sinn hat, so befindet man sich in einem großen Irrthume. Man muß vielmehr den negativen Nachlaß feststellen. Thut man das nicht und läuft die Inventarisationsfrist ab, so können die Gläubiger dem Erben sein ganzes persönliches Vermögen, seinen ganzen späteren Erwerb abnehmen. Vorher wird er in keiner Weise gewarnt. Ich selbst erinnere mich aus der Praxis einzelner sehr schlimmer Fälle, in denen die Erben ins größte Elend geriethen, weil sie nicht glaubten, daß man von ihnen etwas verlangen werde, wenn sie sich um das Nachlaßvermögen eines überschuldeten Verwandten gar nicht kümmerten. Die Anforderungen, die von dem preußischen Landrechte an das Individuum gestellt sind,

sind hart. Wie es aber sehr oft in der Rechtsgeschichte geschieht, so geschah es auch hier: Wenn der Gesetzgeber in irgend einer Beziehung zu hart gewesen ist, so fällt er nachher in den entgegengesetzten Fehler, er wird zu mild. Dahin ist es im preußischen Recht zwar noch nicht gekommen, aber es wäre beinahe dahin gekommen. Es existirt nämlich ein preußischer Entwurf aus den dreißiger Jahren, der 1840 veröffentlicht ist, welcher eine außerordentliche Milderung der Lage des Erben enthielt: Der Erbe sollte ihm zufolge nicht mehr genöthigt sein, binnen einer gesetzlichen Frist das Inventar zu errichten, sondern es sollten die Gläubiger als vigilantes dafür sorgen, daß dem Erben eine Inventarisationsfrist gestellt werde.

Wenn die Gläubiger ihm diese Frist setzen lassen, so wird der Erbe darauf aufmerksam gemacht, daß er inventarisiren soll; erst dann drängt sich ihm die Nothwendigkeit auf, es zu thun, und erst dann macht er sich haftbar, wenn er die ihm gestellte Frist doch noch versäumt. Dieses Recht ist außerordentlich mild und trägt dem Interesse des Erben in hohem Grade Rechnung. Da man es in Preußen einführen wollte, so lag es nahe, daß die Verfasser des Entwurfs aus den Vorarbeiten des preußischen Justizministeriums diesen Gedanken aufgriffen und ihn einfach in den Entwurf aufnahmen. Sie haben also hierin gar nichts Originelles producirt. Ich weiß daher nicht, ob man ihnen zu viel Tadel oder zu viel Ehre anthut, wenn man behauptet, ihre Schöpfung sei eine willkürliche Erfindung, sie ist nur eine Wiederholung eines fremden Gedankens, aber eines Gedankens, der mir in der That nicht richtig erscheint, denn er gefährdet die Erbschaftsgläubiger. Wie bei Justinians Inventar die Sclaven gefoltert werden sollten, so will jetzt der Entwurf die Gläubiger foltern; sie werden preisgegeben, auf sie wird keine zureichende Rücksicht genommen. Aber auch darin sind weder der Entwurf noch sein preußisches Vorbild originell. Es war vielmehr in der neueren preußischen Wissenschaft eine merkwürdige Strömung vorhanden, welche dem Gläubiger unfreundlich gesinnt war und sich mit einer gewissen Gleichgültigkeit über diese Leute äußerte. Herr Landrichter Dove hat in seinem geistvollen Gutachten einige treffende Citate dieser Art angeführt, denen ich mich bis zu einem gewissen Grade sogar anschließen möchte. Zunächst spricht er von Koch, dessen derb-verständige Weise ganz richtig als solche charakterisirt wird. Indessen, m. H., was Koch in unserer Frage bemerkt, das ist allerdings derb, man kann es allenfalls auch noch verständig nennen, aber vernünftig ist es nicht. Es ist ein Unterschied zwischen verständig und vernünftig. Koch steht nämlich dort auf dem Standpunkte einer souveränen Gleichgültigkeit gegen die volkswirthschaftlichen Lebensbedingungen des Staates, er spricht von den Gläubigern ganz im Sinne eines Erben, der nichts bezahlen will, und die natürlichen Sympathieen, die der Mensch nun einmal für Jeden hat, der ungern in seine Tasche greift, werden für den Erben ins Feld geführt. Wie sollte sich, so heißt es ungefähr, der Erbe um die Gläubiger kümmern, die ihn nichts angehen? Ganz genau so spricht sich Gruchot aus, ebenso Förster. Man ist hiernach neuerdings in Preußen dem Gläubiger beinahe feindlich gesinnt. Es mischt sich in diese Auffassung die Denkweise des vornehmen Cavaliers, der selbst nicht leicht in die Lage kommt, Gläubiger zu werden, weil er dem Geschäftsleben fern steht, und diejenigen Leute, die gewohnheitsmäßig verlangen, daß man ihnen Schulden bezahle, über die Achseln ansieht. Dazu kommt vielleicht auch noch die Erinnerung an die fröhlichen Stunden des academischen Lebens; denn in den Studentenliedern kommen die Gläubiger auch nicht zum Besten weg, sie werden dort oftmals mit dem Namen einer früher verbotenen schlimmen Secte belegt. Indessen, m. H., etwas anders ist doch ein Commersbuch und etwas anders ein Gesetzbuch. Wir wollen das letztere berathen und nicht die Axt an eine Wurzel des Nationalwohlstandes legen, wie das der Entwurf thut, indem er den Credit gefährdet.

Was bisher gesagt wurde, betraf aber nur den einen Punkt des Inventarrechtes, die Frage der Inventarisationspflicht und des Beginns dieser Pflicht. Ich möchte noch hervorheben, daß die meisten der sehr beachtenswerthen Stimmen, die sich über das Inventarrecht geäußert haben, mit mir in dieser Frage übereinstimmen. Nicht nur Bähr hat sich in der Hauptsache für einen stärkern Schutz der Gläubiger erklärt, sondern auch Baron, Eck, Hofmann u. A.; auch Herr Landgerichtsrath Munk aus Berlin, dessen Gutachten in den Verhandlungen unseres Juristentags von ganz außerordentlicher Gründlichkeit ist, ist der Meinung, daß den Interessen der Gläubiger im Entwurfe nicht Genüge geschieht. Selbst Herr Landrichter Dove will die Lage der Gläubiger verbessern, denn er wünscht eine gesetzliche Inventarisationsfrist, also nicht eine Frist, die von einem Antrage der Gläubiger abhängt, sondern eine solche, die auch ohne das läuft. Im Grunde genommen ist freilich auch er den Gläubigern nicht gerade freundlich gesinnt, aber doch immer noch günstiger für sie gestimmt, als der Entwurf. Bei diesem kann es also nicht bleiben, es muß ein Protest gegen ihn erfolgen. Auch die Separationspflicht der Gläubiger ist dort in ganz unzureichender Weise geregelt. Der Juristentag scheint mir vor allem dazu berufen zu sein, in solchen Fragen seine Stimme zu erheben, die, wie diese, in weiteren Kreisen des Volks Verständniß finden. Ich möchte hierzu noch nachträglich eine

Abhandlung von Probst anführen, der im Archiv für civilistische Praxis das Württembergische Verfahren bei Nachlaßregulirungen lebhaft empfiehlt und namentlich über den ganz unzulänglichen Schutz der Gläubiger Klage führt. Es steht alles Ernstes in dieser Frage der Nationalwohlstand wenigstens bis zu einem gewissen Grade auf dem Spiele, — ich will nicht sagen „gänzlich und in jeder Hinsicht", damit ich meine Behauptung nicht zu sehr aufbausche, aber doch jedenfalls in einem wichtigen, fundamentalen Punkte. Der Punkt besteht darin, daß bei derartigen Fragen auf die volkswirthschaftlichen Bedürfnisse sehr wichtiger Stände, namentlich unseres deutschen Bürgerstandes, zum Theil auch der Landwirthe, daß also auf die Interessen solcher Stände unter allen Umständen eine höhere Rücksicht genommen werden muß, als sie seitens des preußischen Justizministerialentwurfs genommen worden ist und ebenso von Seiten des deutschen Entwurfes, der sich hier lediglich auf die Schultern der preußischen Vorarbeiten stellt. — Bei dieser Frage, in welchem Zeitpunkte inventarisirt werden soll, gehe ich für meine Person in der Strenge gegen den Erben sehr weit und werde den von mir gestellten Antrag nachher noch weiter rechtfertigen.

Die zweite Frage war: Wie soll inventarisirt werden? Wer soll die Inventarisation leiten? Schon Justinian wünschte die Zuziehung eines tabularius. Ein solcher war in Deutschland nicht immer auf dem Lande zu haben; man sah darum von dem tabularius ab und stellte den Richter an seine Stelle. Das preußische Landrecht ist auch hier wieder sehr streng gegen den Einzelnen; es verlangt von dem Erben, daß er selbst inventarisiren soll, bevormundet ihn aber dabei in keiner Weise, wie es das österreichische Gesetzbuch that. Aber, m. H., die Bevormundung mag ein noch so großes Uebel sein, sie ist es jedenfalls nicht immer. Auf einer Gletscherpartie läßt man sich sicherlich eine gewisse Bevormundung durch einen Führer gern gefallen, und eine Erbschaft ist eine solche Gletscherpartie. Man darf da nicht zu sehr die Scheu vor obrigkeitlicher Aufsicht übertreiben, diese Aufsicht hat hier eine gewisse sachliche Berechtigung. Ich bin der Meinung, daß die Behörde inventarisiren soll, und diesen Standpunkt hat auch der Entwurf innegehalten. Ich stütze mich mit meiner Meinung auf meine praktischen Erfahrungen. M. H., was ich unter dem Namen „Inventar" namentlich in der Provinz für wunderliche Schriftstücke gefunden habe, das kann mich für die Privatinventarisation nicht begeistern. Ich will von Form und Stil ab sehen, aber auch sachlich waren diese Schriftstücke oft so unzureichend, daß es zweifelhaft ist, ob wirklich Jemand durch eine derartige unzulängliche Feststellung der Masse irgend welchen Vortheil haben kann.

Entweder verlangt man ein ordentliches Inventar, — dann werden ohne obrigkeitliche Hilfe die Schwachen und Hilfsbedürftigen der Wohlthat des Inventars oft verlustig gehen — oder man ist in den Anforderungen an die Nachlaßverzeichnisse leichtsinnig, dann werden die Gläubiger geschädigt, weil sie sich oft genug werden mit einem Schriftstücke begnügen müssen, das gar keine Sicherheit für eine ordnungsmäßige Feststellung des Nachlasses bietet. Darin sehe ich also einen Fortschritt des Entwurfs, daß er die Oeffentlichkeit des Inventars verlangt in Uebereinstimmung mit dem österreichischen bürgerlichen Gesetzbuche, mit Mommsen, mit Justinians Vorschrift. Es muß also schon deshalb eine Behörde inventarisiren, weil, wenn der Erbe inventarisirt, dies für ihn selbst nicht gut ist. Es ist das aber vor allen Dingen für die Gläubiger nicht gut. Der Erbe ist überhaupt nicht derjenige, für den inventarisirt wird, er ist derjenige, gegen den inventarisirt werden soll. Wenn er es ist, der inventarisiren soll, dann macht man den Bock zum Gärtner. Der Entwurf thut dies zwar nicht, aber er macht gewissermaßen den Gärtner zum Adjutanten des Bocks, er setzt ihn in eine gewisse Abhängigkeit von ihm, indem er bestimmt, daß die Obrigkeit den Pelz des Erben waschen, aber ihn dabei nicht naß machen soll. Die Behörde soll nach dem Entwurfe und den Motiven nicht eigentlich den Erben bei der Inventarisation leiten und beaufsichtigen, sondern ihm eine bloß passive Assistenz leisten; die Hauptsache macht der Erbe selbst. Man sieht also nicht recht klar aus dem Entwurfe, wer eigentlich inventarisiren soll. Ich bin der Meinung, daß man hier vor dem Bevormundungsprincip nicht zurückschrecken soll. Es soll eine Bevormundung geübt werden, es soll offen ausgesprochen werden, daß für die Gläubiger inventarisirt wird, und zu solcher Inventarisation brauchen wir die Obrigkeit. Ich stimme also bezüglich des zweiten Punktes dem Entwurfe bei und wende mich nur gegen die Halbheit in der Durchführung seines wichtigen Gedankens, gegen den unentschiedenen Ton, den namentlich die Motive anschlagen.

Nun die dritte Frage: Wozu dient das Inventar? Hier ist Justinian schwach gewesen. Er verlangt ein Inventar des Nachlasses, aber er verlangt von dem Erben nicht, daß er sich bei Zahlung der Schulden nach diesem Inventar zu richten hat, sondern er erlaubt ihm, jeden Gläubiger, der sich zuerst meldet, zuerst zu befriedigen. Diese Bestimmung Justinians, die ich für eine Schwäche halte, wird allerdings von bewährten Autoritäten als etwas ganz Vorzügliches gerühmt. Unter ihnen befinden sich auch Unger, der diesen Gedanken für Oesterreich empfiehlt, und Dove, der ihn auch in seinem Gutachten empfohlen hat. Ich bin ganz entschieden dagegen; ich meine, daß hier das preußische Landrecht einen großen Fortschritt angebahnt hat, indem es die concursrechtliche Befriedigung der Gläubiger verlangt. Wie die Gläubiger die concursrechtliche Befriedigung inter vivos verlangen können, so können sie sie auch für den Todesfall verlangen, sie sollen unter dem Todesfall nicht Schaden leiden. Das ist die Grundidee, nach der die Materie zu regeln ist. Ich möchte also hier an dem Entwurf festhalten und zugleich auch an dem preußischen Landrechte. Der Entwurf verfährt allerdings nicht ganz consequent; für einen ganz besonderen Fall macht er eine Ausnahme von dem Princip; ich glaube hierüber, wie über andere untergeordnete Dinge am besten zu schweigen, weil die Zeit vorgeschritten ist.

Nun bliebe noch die eine Frage zu erledigen, ob diese concursrechtliche Theilung durch den Erben selbst bewirkt werden soll, oder ob unter allen Umständen das Gericht einschreiten muß. Es ist sogar die Ansicht ausgesprochen worden, daß, wenn der Erbe für die Inventarisation die Obrigkeit herbeirufen soll, er sie auch für die Theilung herbeizurufen verpflichtet sein muß, also: Entweder die Obrigkeit muß inventarisiren und theilen, oder sie muß sich von beiden fernhalten. Ich meine aber, daß diese beiden Dinge sich sehr gut trennen lassen. Man kann sehr wohl die Vorschrift aufstellen, daß die Inventarisation in der Hand der Behörde liegen muß, die Theilung aber nicht unter allen Umständen die Mühe und die Kosten eines Nachlaßconcurses mit sich zu bringen hat. Das ist aber ein glücklicher Gedanke des Entwurfs, daß er diese Trennung wirklich vorgenommen hat, und ich stimme ihm darin unbedingt bei.

Noch ein Punkt wäre hervorzuheben, eine Stelle des Entwurfs, die man als partie honteuse bezeichnet hat: „Die Abzugseinrede". Ich denke über diesen unglücklichen Einwand nicht so ungünstig, wie es die meisten Kritiker thun. Im Grunde genommen ist nur ein neuer Name aufgestellt worden, und man sieht daraus, wie vorsichtig man mit Aufstellung neuer Namen sein muß. Die Sache ist alt, so alt wie das preußische Landrecht. Der Erbe darf außerhalb des Concurses die Nachlaßgläubiger befriedigen; will ein Gläubiger zu viel haben, so verweigert er ihm das; klagt der Gläubiger, so erhebt der Erbe eine Einrede; das ist die Abzugseinrede. Der Ausdruck „Abzugseinrede" ist nur darum nicht glücklich gewählt, weil er für sehr viele andere Einreden ebenso gut paßt. Ueberall, wenn Jemand, der verklagt wird, dem Gläubiger etwas abzieht, kann man das eine Abzugseinrede nennen. Also insofern ist es nicht gut, gerade in diesem einen Falle, wo ein Abzug stattfindet, jenen allgemeinen Namen anzuwenden. Aber auch hierzu bemerkt Dove mit Recht: Wenn man sich mit der Sache befreundet, dann nimmt man auch den Namen mit in den Kauf. Mit der Sache befreunde auch ich mich im Detail allerdings nicht; ich bin überhaupt der Meinung, daß das Inventarrecht des Entwurfes unter allen Umständen vereinfacht werden muß und zwar gerade hinsichtlich der Abzugseinrede. Es ist dort eine zu große Sorgfalt angewendet worden; alle möglichen Fragen, welche das preußische Recht ohne Scheu der Praxis und der Wissenschaft überließ und die vielleicht hier und da einmal in der Rechtsprechung verschieden behandelt wurden, sollten im Entwurf sämmtlich gelöst werden. Dadurch ist der Gesetzestext so unförmlich geworden, so subtil und so mit Einzelheiten überladen, daß selbst ein so bedeutender Jurist, wie Bähr, den Entwurf mißverstanden hat. M. H., das geht auf keinen Fall an. Ein so complicirtes Recht dürfen wir nicht behalten. Aber gegen die Krankheit, von der ich eben rede, giebt es ein ganz vorzügliches Mittel und das ist der Rothstift: Es muß ganz gehörig in den 59 Paragraphen des Inventarrechts herumgestrichen werden. Wer ein Gesetzbuch verbessert, gleicht oft einem Bildhauer. Im Scherze ist einmal die Bildhauerkunst in folgender Weise geschildert worden: Man nimmt einen Stein, schlägt das Ueberflüssige weg und läßt die Natur stehen. So liegt die Sache hier auch; die neue Commission, zu der wir das vollste Vertrauen zu hegen Veranlassung haben, wird diese Bildhauerarbeit hoffentlich gleichfalls ausführen, recht viel wegstreichen und die Grundgedanken stehen lassen, die bis auf wenige Punkte, glaube ich, nicht so übel sind.

Nun gestatten Sie mir, zu den Anträgen überzugehen, die ich habe drucken lassen, und die Sie in Ihrer Hand halten. Ich habe beantragt:

1. Das Inventarrecht des Entwurfes muß vereinfacht werden.

Ich glaube, daß ich damit wohl einer Zustimmung der Meisten sicher sein kann. Leider kann ich das Gleiche hinsichtlich der Anträge 2, 3 und 4 nicht ohne weiteres sagen. Ich habe hervorgehoben:

2. Das Recht gefahrlosen Erwerbs der Erbschaft verwirkt der Erbe . . .

M. H., das „Recht gefahrlosen Erwerbs" ist das Wort, das ich für „Inventarrecht" vorschlagen möchte. Daß der Ausdruck „Inventarrecht" nicht paßt, geben die Motive selbst zu. Bähr geht so weit, zu sagen, er erinnere an das: „lucus a non lucendo"; ein Recht, das auch ohne Inventar erworben werden kann, würde Inventarrecht genannt. Man könnte den Entwurf vertheidigen und entgegnen: Es ist ein Recht, das zwar ohne Inventar erworben werden kann, das aber unter Umständen durch Errichtung eines Inventars vertheidigt werden muß. Insofern könnte man es immer noch allenfalls „Inventarrecht" nennen. Wenn die Herren also meinen, daß der Ausdruck des Entwurfes beibehalten werden muß, so habe ich nichts dagegen. Ich rede hier mit Justinian, welcher in der bekannten Stelle sagt: sine periculo hereditatem habeat. Das habe ich ins Deutsche übersetzt und so bin ich zu einem „Recht gefahrlosen Erwerbs der Erbschaft" gekommen. — Also dieses Recht verwirkt der Erbe,

. . . . wenn er sich ohne gerichtliche Erlaubniß in den Nachlaß einmischt.

Das scheint mir der entscheidende Punkt zu sein. Ein Erbe, der sich von dem Nachlaß fernhält, nichts anrührt, über nichts verfügt, gefährdet jedenfalls die Gläubiger nicht. Von ihm braucht man die Erfüllung einer Feststellungspflicht nicht zu verlangen. Erst in dem Momente, in welchem der Nachlaß angerührt wird, beginnt die Gefahr; erst von diesem Momente an muß eine gewisse Feststellungspflicht Platz greifen, und zwar soll diese Pflicht nach meiner vorher ausgeführten Meinung sehr weit gehen.

Es heißt weiterhin in meinen Vorschlägen:

3. Die Erlaubniß kann, wenn dies entschuldigt wird, auch nachträglich mit Erfolg erbeten werden.

Hierin möchte ich ein Gegengewicht gegen die allzugroße Härte der These 2 erblicken. Es giebt Fälle, in denen der Erbe glaubt, der Nachlaß werde zureichend sein, und erst später entdeckt, daß er einer unzulänglichen Masse gegenübersteht. Für solche Fälle muß dem Erben in irgend einer Weise geholfen werden; es wird dann die Erlaubniß zur Einmischung nachträglich zu ertheilen sein. — Im Folgenden heißt es:

4. Wird sie gewährt, so sorgt das Gericht zugleich für eine amtliche Feststellung der Erbschaftsmasse und eine öffentliche Aufforderung der Nachlaßgläubiger, sich bei dem Erben anzumelden.

Diese zweite Hälfte von Nr. 4 ist das vereinfachte Aufgebotsverfahren des preußischen Rechts, das ziemlich alten Datums ist, sogar hinter das Landrecht zurückreicht. M. H., daß der Erbe ein Interesse daran hat, die Gläubiger aufgeboten zu sehen, ist ganz sicher, und man könnte hiernach meinen, daß es ihm überlassen ist, ob er dies beantragen will oder nicht. Indessen die Pflicht, für eine kleine Zeitungsnotiz zu sorgen, scheint mir keine allzu große Belästigung des Gerichts zu sein. Ich würde daher am liebsten mit der Inventarisation diese Aufforderung gleich verbunden wissen. Dagegen scheint in dem Aufgebotsverfahren des preußischen Rechts, dessen Vorschriften der Entwurf beinahe abgeschrieben hat, ein Gedanke zu stecken, gegen den ich unter allen Umständen auftreten möchte, das ist die Präclusion der Nachlaßgläubiger, die sich nicht rechtzeitig melden. Dazu liegt gar keine Veranlassung vor. Auch im gewöhnlichen Concursrechte ist man von einer solchen Präclusion zurückgekommen; der Gläubiger kann nur durch die Ausschüttung der Masse, aber nicht durch Versäumniß des Anmeldungstermins präcludirt werden. Warum wollen wir gerade bei Nachlaßmassen diese letztere harte Präclusion beibehalten, welche man in dem gewöhnlichen Concurse hat fallen lassen? Also ein ganz einfaches Aufgebotsverfahren ohne eine derartige Präclusion dürfte hier genügen.

M. H., diese drei soeben begründeten Anträge (2—4) werde ich nachher doch noch zurückziehen, weil ich fürchte, daß die Debatte über die in ihnen enthaltenen Einzelheiten zu weit führen würde. Ich habe aber trotzdem Veranlassung genommen, sie sachlich zu vertreten, weil sie mittelbar den Antrag 1 begründen, welchen ich festhalte, und weil ich überzeugt bin, daß sie die Aufgaben, um die es sich handelt, lösen. — Es kommt dann weiter in Betracht:

5. Die Erbschaftsschulden sind nach dem (für sie ergänzten) Concursrechte zu tilgen.

In diesem Punkte stehe ich mit den meisten der Schriftsteller auf einer Linie, nur Herr Landrichter Dove wird mir vermuthlich hier opponiren. Endlich:

6. Auch ohne ein gerichtliches Verfahren soll es dem Erben möglich sein, die unzulängliche Erbschaft unter die Nachlaßgläubiger zu vertheilen.

Hiernach möchte ich den Concurs nicht unter allen Umständen bei Unzulänglichkeit des Nachlasses eröffnet sehen. Auch in dieser Beziehung steht das Gutachten des Herrn Landrichter Dove, sofern ich es richtig verstehe, auf einem andern Standpunkte, während die Mehrzahl der Schriftsteller sich hier dem Entwurfe anschließt, wie überhaupt meine Thesen 5 und 6 nichts anderes sind, als Zustimmungsvota zu dem Entwurf.

Mir ist nun erst heute früh der Antrag des Herrn Correferenten zugekommen. Um die Verhandlung abzukürzen, möchte ich sogleich Stellung zu demselben nehmen. Es ist hier unter 1 Folgendes vorgeschlagen:

Der Erbe haftet nicht persönlich mit seinem Vermögen, sondern die Haftung ist auf den Nachlaß beschränkt.

M. H., über diesen Punkt streiten die Schriftsteller sehr. Er wird von vielen für ganz außerordentlich wichtig gehalten. Obwohl ich meines Zeichens Professor bin, also weniger dazu berufen scheine, über Doctrinarismus zu klagen, so meine ich doch, daß diesem Streite ein gewisser Doctrinarismus zu Grunde liegt, daß man die aufgeworfene Frage zu sehr aufbauscht. Es scheint mir nämlich ganz gleichgültig zu sein, ob man sagt: „Der Erbe haftet mit seinem eigenen Vermögen, aber wenn gehörig inventarisirt wird, so ist das ein Ausnahmefall, in welchem das Gegentheil gilt"; oder ob man sagt: „er haftet nur mit dem Nachlasse, aber wenn nicht gehörig inventarisirt wird, so tritt der andere Fall seiner strengeren Haftung ein." Alle sind darüber einig, daß zwei Fälle vorliegen sollen. In dem einen Falle soll der Erbe nur mit dem Nachlasse, in dem andern aber mit seinem Vermögen haften. Jedenfalls soll aber, wenn gehörig inventarisirt wird, der Erbe keinen Schaden leiden, und wenn nicht gehörig inventarisirt wird, soll er Schaden leiden. Dieser Schaden ist allerdings bei dem Herrn Correferenten ein anderer als bisher. Bisher erlitt der Erbe, der seiner Inventarisationspflicht ungetreu war, dadurch einen Nachtheil, daß er für die vollen Schulden haftete, der Herr Correferent will ihn aber, wie er weiter sagt, nur zum Schadenersatz verantwortlich machen. Aber das wird doch beides in der Regel auf eins hinauslaufen, das ist meine feste Ueberzeugung, wenigstens dann, wenn der wahre Umfang des Nachlasses hinterher zweifelhaft ist. Es ist hierzu noch eine andere Idee aufgestellt worden, welche namentlich in dem Aufsatz des Herrn Professor Baron verfochten worden ist, dem Herr Geheimrath Eck beigetreten ist. Dort ist vorgeschlagen, daß der Erbe, der die Inventarisationspflicht versäumt hat, allerdings principiell auch dann noch immer nur mit dem Nachlasse haften soll, daß ihn aber die Beweislast dafür trifft, wie groß der Nachlaß in Wirklichkeit war. Also die Strafe für die Versäumniß der Inventarisationspflicht soll in einer Verschiebung der Beweislast bestehen, der säumige Erbe soll die sehr schwierige Beweislast tragen, daß neben dem zu spät inventarisirten Vermögen nicht noch anderes Vermögen vorhanden war. Indessen hierfür kann ich mich doch nicht erklären und zwar aus folgender Erwägung. Entweder man nimmt eine solche Vorschrift strenge und verlangt vom Erben einen sehr strengen Beweis, dann wird dies in der Regel wegen Unerschwinglichkeit des Beweises auf die volle Haftung des Erben hinauslaufen, oder man nimmt es sehr lax damit, dann sind wieder die Gläubiger gefährdet, dann ist die Strafe, die an die Versäumniß der Inventarisationspflicht geknüpft wird, illusorisch. Darum kann ich mich für diesen Ausweg nicht entscheiden, obwohl ich zugebe, daß sich manches dafür sagen läßt.

Also der Herr Correferent hat unter 1 den Satz aufgestellt: Der Erbe haftet nicht mit seinem Vermögen. Ich würde für diesen Satz stimmen; aber wenn der entgegengesetzte Satz zur Abstimmung gestellt würde, so würde ich ebenfalls dafür stimmen, denn nach meiner Meinung sind wir alle darüber einig, daß zwei Fälle vorliegen, der eine Fall, daß die Frist versäumt ist, der andere, daß sie es nicht ist, und daß in dem einen Falle der Erbe haftbar sein, in dem andern nur der Nachlaß haften soll.

Der Punkt 2 in den Vorschlägen des Herrn Correferenten weicht allerdings von meinem Vorschlage ab; es heißt da:

> Der Erbe hat binnen einer gesetzlich zu bestimmenden Frist das Nachlaß-Verzeichniß offen zu legen ...

Wie mir der Herr Correferent vorhin mitgetheilt hat, soll „offenlegen" hier nur so viel heißen wie: „herstellen"; an eine eigentliche Veröffentlichung des Inventars denkt er nicht. Ich möchte mich für die Veröffentlichung des Inventars, welche allerdings von anderer Seite her in Anregung gebracht worden ist, jedenfalls nicht entscheiden; seine Schulden bezahlt Jeder, auch der Erbe, gern bei verschlossenen Thüren. Eine Nachlaßbeurkundung ist keine Angelegenheit, die eine zu große Publicität vertragen kann, denn es kann dadurch z. B. der Credit eines Handelsgeschäfts sehr schwer geschädigt werden. — Der Herr Correferent schlägt ferner vor:

2. Der Erbe hat binnen einer gesetzlich zu bestimmenden Frist das Nachlaß-Verzeichniß offen zu legen und auf Verlangen eines Betheiligten eidlich zu bekräftigen.

Dagegen habe ich gar nichts; ich habe dies nur darum nicht in meine Thesen aufgenommen, weil es mir zu speciell schien.

3. Die Verletzung dieser Pflicht macht den Erben persönlich zum Schadenersatz verantwortlich.

Hier würde ich am liebsten die Worte „zum Schadenersatz" streichen und nur die persönliche Verantwortlichkeit des Erben feststellen.

4. Der Erbe haftet persönlich, wenn durch sein Verschulden ein Nachlaßgläubiger nicht dasjenige erhält, was er bei Verwendung des Nachlasses zur concursmäßigen Befriedignng sämmtlicher Nachlaßgläubiger erhalten haben würde.

Auch dem stimme ich unbedingt bei, ich möchte dagegen gern noch das Wort „nur" darin sehen: Der Erbe haftet nur dann, wenn er eine Schuld begangen hat. Wer seine Schulden bona fide bezahlt, den sollte man nicht mit allerhand Nachforderungen behelligen. Aber ich halte diesen Punkt für zu speciell, um eine Debatte darüber zu eröffnen.

M. H.! Nachdem ich heute früh diese Anträge des Herrn Correferenten gelesen habe, bin ich zu dem Wunsche gekommen, daß, wenn irgend möglich, in diesem umfangreichen Rechtszweige eine Einigung zwischen uns erzielt werde. Ich meine daher, daß wir die Abstimmung auf die Punkte beschränken sollten, in denen wir im Wesentlichen einig sind und auf die Zustimmung der Mehrheit mit einiger Sicherheit rechnen dürfen. Ich habe deshalb hier erneuerte Anträge abgefaßt, die ich mir erlaube Sr. Excellenz, unserm Herrn Vorsitzenden, zu überreichen. Indem ich die erneuerten Anträge stelle, ziehe ich zugleich meine alten Anträge zurück. Die neuen Anträge lauten:

I. Das Inventarrecht des Entwurfs muß vereinfacht werden.

Dies ist eine Wiederholung des alten Antrages Nr. 1.

II. Der den Nachlaßgläubigern von dem Entwurfe gewährte Schutz ist ungenügend.

M. H., in dem Punkte bin ich selbst mit Herrn Landrichter Dove, wenigstens nach einer Richtung hin, einverstanden, denn auch er will den Lauf der Inventarisationsfrist nicht erst von dem Antrage der Gläubiger abhängig machen. M. H., wenn man mit Auflegung der Inventarisationspflicht erst wartet, bis die Gläubiger um Ertheilung der Frist bitten, so dauert das zu lange, die Inventarisation erfolgt zu spät. Darüber sind alle neueren Schriftsteller einig. Also in dieser einen Richtung wollen wir Alle den Schutz der Nachlaßgläubiger verstärkt sehen. Ich glaube daher, daß wir Alle den Punkt II annehmen können.

III. Für unzulängliche Nachlaßmassen ist den folgenden Entwurfssätzen zuzustimmen:

a) Der Möglichkeit eines gefahrlosen Erbschaftserwerbes für die Erben.

Es muß dem Erben in irgend welcher Weise möglich sein, sein eigenes Vermögen vor Schaden durch Hinzutritt der Erbschaftsmasse freizuhalten. Ich glaube, auch darüber sind wir alle einig.

b) Der Pflicht einer concursrechtlichen Schuldentilgung.

Daran müssen wir festhalten, obwohl der eine der Herren Gutachter anderer Meinung ist. Ich kann nur wiederholen, daß die Mehrzahl der Schriftsteller auf meiner Seite ist, sowie der Entwurf selbst. — Endlich:

c) Der Möglichkeit, bei dieser — nämlich der concursrechtlichen Schuldentilgung — ein Concursverfahren zu vermeiden.

Diese Möglichkeit möchte ich gewahrt sehen; auch hierin stimme ich mit Herrn Landrichter Dove, sofern ich seine Ausführungen nicht mißverstehe, nicht überein.

(Bravo!)

Correferent Justizrath **Wilke** (Berlin): M. H.! Obwohl ich den oben modificirten Anträgen des Herrn Berichterstatters vollständig beitreten könnte, befinde ich mich doch zum größten Theile auf einem ganz andern Boden, als der geehrte Herr. Ich habe mein Referat schriftlich fixirt, um zu vermeiden, daß ich bei dem weiten Gebiete auf Abschweifungen gerathe.

Allseitige Einigkeit herrscht darüber, daß dem Erben die Beschränkung seiner Haftung für die Nachlaßverbindlichkeiten auf die Kräfte des Nachlasses ermöglicht, und den Nachlaßgläubigern die Befriedigung nach Kräften des Nachlasses gesichert werden muß; es ist andererseits allseitige Einigkeit auch darüber, daß zur Feststellung des Nachlasses die Errichtung eines Nachlaßinventars zu geschehen hat.

Also Einverständniß über die Ziele und Einverständniß über das wichtigste Mittel zur Ordnung des Rechtsverhältnisses, und doch in den Gesetzgebungen und in der Wissenschaft die verschiedensten Wege zur Erreichung des Ziels!

Die erstatteten Gutachten geben hierüber eine vortreffliche Uebersicht, sie sind gedruckt in Ihren Händen, sie geben den jetzigen thatsächlichen Rechtszustand in den deutschen Ländern, vergleichen damit die Bestimmungen des Entwurfs zum bürgerlichen Gesetzbuch und enden mit eigenen Vorschlägen.

Das Munck'sche Gutachten kommt zu einem formulirten vollständigen Gegenentwurf, in welchem der Grundsatz, daß der Erbe den Nachlaßgläubigern nur mit den Mitteln des Nachlasses zu haften habe, in schärfster Consequenz zur Ausführung gebracht ist.

Das Dove'sche Gutachten geht dagegen davon aus, daß der Erbe principiell für die Nachlaßschulden verpflichtet sei und diese Verpflichtung nur durch rechtzeitige Einreichung eines ordnungsmäßigen Inventars auf den Betrag des Nachlasses beschränken dürfe, und stellt einige Hauptgrundsätze auf für Ordnung der Sache.

Beide Gutachten stimmen dahin überein, daß die Regelung des Inventarrechts im Entwurfe des bürgerlichen Gesetzbuchs nicht annehmbar ist; sie stehen dabei im Einklange mit den meisten Beurtheilern des Entwurfs. Die Mißbilligung wird in gleicher Weise ausgesprochen von Denen, welche sich, wie Herr Munck, der deutschen Auffassung zuneigen, daß der Erbe für die Nachlaßschulden nur haftet, soweit der Nachlaß reicht, wie von Denen, welche — wie Herr Dove — principiell den Erben persönlich für die Nachlaßschulden verpflichtet halten, und in der Rechtswohlthat des Inventars eine Ausnahme sehen.

Aufgabe der Gesetzgebung ist: die gerechtesten und zweckmäßigsten Wege zu finden

I. zum Schutz des Erben, daß er nicht durch Annahme der Erbschaft zu Schaden komme,

II. zum Schutz der Nachlaßgläubiger, daß der Nachlaß ihrer Befriedigung nicht entzogen wird.

Beide haben gleichen Anspruch auf Schutz; ich kann es nicht für richtig halten, wenn in den Bemerkungen der preußischen Regierung zum Entwurf ein Vorzug in Anspruch genommen wird für die Interessen der Nachlaßgläubiger.

I. Schutz des Erben.

Der Erbe haftet grundsätzlich nicht persönlich, sondern nur mit den Mitteln des Nachlasses für die Verbindlichkeiten des Nachlasses. Das entspricht dem deutschen Rechte und steht in gewissem Zusammenhange damit, daß entgegen dem römischen Recht der Erbfall nicht von einer besonderen Erklärung: Erbe sein zu wollen, abhängig ist, sondern ipso jure eintritt. Der ausgesprochene Grundsatz entspricht meiner Ueberzeugung nach allein der Natur der Sache. Der Schuldner, solange er lebt, haftet mit allen seinen Mitteln dem Gläubiger — mit seinem fortlaufenden Erwerbe, mit den an seine Person gebundenen Einkünften und mit dem vererblichen Vermögen. Wenn er stirbt, verliert nothwendigerweise der Gläubiger die Sicherheit, welche ihm die an die Person des Schuldners geknüpften Einnahmequellen gewährten, er behält allein das nicht untergegangene vererbliche Vermögen zum Gegenstande seiner Befriedigung. Es versteht sich ganz von selbst, daß, wenn Niemand erben will, der Gläubiger sich mit dem Nachlaß begnügen muß; ich vermag keinen Rechtsgrund zu erkennen, warum der Gläubiger größere Rechte haben soll, wenn die Erbschaft angetreten wird, oder ohne Antretung kraft Gesetzes dem Erben zufällt. Der Umstand, daß ein Erbe die Erbschaft annimmt oder ausschlägt, darf dem Gläubiger weder Vortheil noch Nachtheil bringen. Umgekehrt hat der Erbe ein Recht darauf, nicht ohne Noth vom Gesetz zur Bezahlung fremder Schulden mit eigenen Mitteln herangezogen zu werden.

Der obige Grundsatz muß die Grundlage bilden für Regelung des Verhältnisses zwischen dem Erben und den Nachlaßgläubigern. Den altrömischen Grundsatz der unbedingten Haftung des Erben noch aufrechthalten zu wollen und gleichzeitig ihm das Recht zu geben, durch Inventarlegung die Haftung auf den Nachlaß zu beschränken, ist ein Widerspruch in sich. Der Rechtsgrund, weshalb der Erbe bei gelegtem Inventar nur nach Kräften des Nachlasses haften soll, kann doch in nichts Anderem gefunden werden, als daß die über den Nachlaß hinausgehende Haftung des Erben unbillig erachtet, und nur die baldige Feststellung der Höhe des Nachlasses für nöthig befunden wird. Wozu sonst das Inventar? Es ist aber von Wichtigkeit, mit dem altrömischen Princip ausdrücklich zu brechen und den deutschen Rechtsgrundsatz anzunehmen, weil die weitere Behandlung der Sache, namentlich die Bedeutung des Inventars, wesentlich beeinflußt wird, wie man principiell die Haftung des Erben auffaßt.

Der Entwurf zum bürgerlichen Gesetzbuch unter Billigung der preußischen Regierung und vieler Rechtsgelehrten, auch des Herrn Dove, geht aus von der dem altrömischen Recht entsprechenden grundsätzlichen Haftung des Erben für Erfüllung der Nachlaßverbindlichkeiten. Aber überzeugende Gründe für Aufrechthaltung des Princips habe ich nicht gefunden. Es wird hingewiesen auf die Personeneinheit zwischen Erblasser und Erben, es wird angeführt, daß die Vermischung des Nachlasses mit dem Vermögen des Erben zu einer vereinigten Masse die Verhaftung dieser vereinigten Masse für die Nachlaßschulden nach sich ziehen müsse. Aber hier wird ausgegangen von unbewiesenen Voraussetzungen. Die Vermischung beider Massen ist keine nothwendige Folge des Erbanfalls, sie wird thatsächlich in vielen Fällen des insufficienten Nachlasses verhindert, und wo sie eintritt, kann sie immer nichts ändern in den rechtlichen Beziehungen, sondern kann nur zweckmäßige Schutzmaßregeln rechtfertigen im Interesse der Gläubiger. Wenn Bähr als Grund angiebt: Der Erbe träte doch die Erbschaft an, um Gewinn zu machen, man müsse daher von ihm im Interesse Dritter vorsichtige Feststellung der Zulänglichkeit des Nachlasses verlangen, so kann auch hier weder die Voraussetzung noch die Folgerung als richtig anerkannt werden. Nicht jeder Erbe sucht mit der Erbschaft Gewinn, und selbst wenn er das thut, so folgt daraus doch nicht, daß nun bei dem meistens unvermeidlichen Irrthum über die Höhe des Nachlasses nun der Gläubiger sich auf seine Kosten zu bereichern befugt sein soll, denn eine Bereicherung ist es, wenn der Gläubiger die Erfüllung der Verbindlichkeit seines insolvent gestorbenen Schuldners von dem solventen Erben erhält. Es wird ferner geltend gemacht, daß das

Recht subjectlose Verbindlichkeiten nicht kenne, der Nachlaß aber keine juristische Persönlichkeit habe, folgeweise der Erbe als Schuldner der Nachlaßverbindlichkeiten betrachtet werden müsse. Indessen wozu einem bloßen theoretischen Lehrsatze zu Liebe praktisch unerträgliche Anordnungen vorzunehmen! Zudem ist doch der Ausgangspunkt bestreitbar. Dem Begriffe des Schuldverhältnisses entspricht wegen seiner Beziehung zur Person des Schuldners viel eher die Beschränkung der Verpflichtung auf dasjenige, was beim Tode des Schuldners noch von diesem übrig ist, als die Neuverpflichtung eines Andern. Auch statuirt das moderne Recht noch anderweit die Möglichkeit des Fortbestandes einer Schuldverbindlichkeit ohne eigentlichen persönlichen Schuldner, z. B. wenn der persönliche Anspruch gegen den Pfandschuldner erloschen ist, das Pfandrecht aber noch fortbesteht.

Nach alledem komme ich darauf zurück, daß die grundsätzliche Stellung des Entwurfs nicht zu billigen ist, sondern daß grundsätzlich der Erbe für die Nachlaßverbindlichkeiten nicht anders als mit dem Nachlasse zu haften hat. Wird dieser Grundsatz, welcher insbesondere auch von den Herren Eck, Gierke und Baron vertreten wird, angenommen, so würde alles, was über das sogenannte Inventarrecht, oder wie es in der Eck'schen Abhandlung, Heft 17 der Bekker'schen und Fischer'schen Beiträge passender heißt „über die Schuldenhaftung des Erben" zu bestimmen ist, abgemacht werden können durch die einzige gesetzliche Vorschrift:

> „Der Erbe haftet für die Verbindlichkeiten des Erblassers und für sonstige Nachlaßverbindlichkeiten mit dem vollen Nachlasse, aber auch nur mit dem Nachlasse."

Daraus würde folgen, daß die Nachlaßgläubiger sich nur halten können an die erweislich nachgelassenen Gegenstände, oder sofern solche in den Nutzen des Erben verwendet sind, an ihr Aequivalent, und daß, wenn der ganze Nachlaß durch Befriedigung einzelner Gläubiger erschöpft ist, die anderen Gläubiger sich bescheiden müssen, den Erben nur in soweit in Anspruch nehmen zu dürfen, als er schuldhaft zu ihrem Nachtheile gehandelt hat.

II. Der Schutz der Nachlaßgläubiger

würde aber bei solcher bloßen Feststellung des oben ausgesprochenen Princips fehlen; die Nachlaßgläubiger würden dabei, ohne besondere Hülfe des Gesetzes, ungerechterweise in eine schlechtere Lage gerathen, als in der sie beim Eintritt des Erbfalls gewesen sind; denn durch die in Folge der Vererbung mögliche Beiseiteschaffung des Nachlasses und

Vermischung des Nachlasses mit dem Vermögen des Erben wird ihnen jetzt die Verfolgung ihrer Rechte erschwert. Während sie dem Erblasser gegenüber und der liegenden Erbschaft gegenüber alle bei ihnen vorgefundenen Werthsobjecte bis zum Nachweise des Gegentheils als Gegenstände, welche zu ihrer Befriedigung zu dienen hätten, betrachten durften, fehlt ihnen nun oft die Möglichkeit, herauszufinden, was zum Nachlaß gehört, und, wenn sie es gefunden haben, müssen sie diese Zugehörigkeit immer noch dem streitenden Erben gegenüber beweisen. Die Nachlaßgläubiger bedürfen daher, wenn die Verpflichtung des Erben auf die Mittel des Nachlasses beschränkt sein soll, eines besonderen Schutzes, und die in allen Gesetzgebungen und in allen Vorschlägen wiederkehrende Vorschrift der Aufstellung eines Nachlaßverzeichnisses hat sich so eingebürgert, daß über die Nothwendigkeit dieser Inventarlegung kein Wort zu verlieren sein wird. Dagegen sind die Vorschläge, wann und wie die Inventarlegung erfolgen soll, sehr verschieden. Den wirksamsten Schutz gewährt das österreichische Recht, welches die jedesmalige amtliche Feststellung des Nachlasses vorschreibt und vor Berichtigung der Schulden den Erben garnicht in den Besitz des Nachlasses kommen läßt. Daß der Entwurf des bürgerlichen Gesetzbuches dieses System verwirft, wird von beiden Herren Gutachtern und auch sonst allgemein gebilligt. Dem Vorzuge der größtmöglichen Sicherheit für die Nachlaßgläubiger stehen größere Nachtheile gegenüber. Ueberhaupt gehört es — Ausnahmen abgerechnet — nicht zur Aufgabe des Staates, von Amtswegen einzutreten für handlungsfähige oder für anderweit gehörig vertretene Personen; es liegen auch in den meisten Erbfällen weder in den Verhältnissen des Erben noch in denen der Erbschaft Gründe vor, welche ein Eintreten für die Gläubiger nothwendig machen, und in allen diesen Fällen erscheint das amtliche Einschreiten der Behörde als lästige nachtheilige Bevormundung. Sie ist nur, wie auch der Entwurf des Einführungsgesetzes zum bürgerlichen Gesetzbuche will, particularrechtlich da aufrecht zu erhalten, wo sie sich einmal im Volksleben eingebürgert hat. Wird abgesehen von einer amtlichen Einmischung in Betreff des an sich im Interesse der Nachlaßgläubiger nothwendigen Inventars, so liegt der Gedanke nahe, daß den Betheiligten, insbesondere jedem Nachlaßgläubiger, das Recht ertheilt wird, die Legung des Inventars zu fordern. Das ist der Standpunkt des Entwurfs, welcher in den §§ 2096 ff. vorschreibt, daß auf Antrag eines Nachlaßgläubigers, welcher seinen Anspruch glaubhaft gemacht hat, das Nachlaßgericht dem Erben eine Frist von 1—3 Monat zu bestimmen hat, innerhalb deren er das Nachlaßverzeichniß bei Gericht einreichen soll. Die Vorschrift hat den Vortheil, daß eine aus bloßer Unkenntniß oder Unachtsamkeit eintretende Versäumniß den Erben nicht so leicht in Nachtheil bringen kann. Der Erbe wird durch die richterliche Aufforderung auf die aus Nichteinreichung des Inventars entstehende Gefahr besonders aufmerksam gemacht. Dieser auch in dem Munk'schen Gutachten hervorgehobene Vortheil ist von großem Werthe und wird, wie ich glaube, von Herrn Eck in seiner Abhandlung unterschätzt. Der Annahme des Letzteren, daß die Inventarpflicht des Erben und die Haftung wegen ihrer Versäumniß so allgemein bekannt sei, daß der dagegen Fehlende keine gesetzgeberische Hülfe verdiene, stehen meine praktischen Erfahrungen entgegen. Die Inventarpflicht ist den meisten Nichtjuristen unbekannt, und insbesondere ist die von der Praxis verworfene Rechtsansicht sehr verbreitet, daß, wo keine oder doch nur ganz geringwerthige Nachlaßsachen vorhanden sind, auch keine Erbschaft vorliegt, geschweige denn ein Inventar gerichtlich einzureichen ist. Die Aeußerung: „ich bin nicht Erbe geworden, denn es war nichts zu erben da", ist eine ganz gewöhnliche. Andererseits ist es durchaus nicht selten, daß von Nachlaßgläubigern gerade auf diese Unkenntniß speculirt und wohlweislich mit Geltendmachung der Ansprüche so lange gewartet wird, bis der bemittelte gesetzliche Erbe des mittellosen Schuldners die Erbentsagungsfrist und die gesetzliche Inventarsfrist versäumt hat.

Trotzdem bin ich gegen die richterliche Frist für Einreichung des Inventars, sofern nach dem späteren diesseitigen Vorschlage an die Versäumung der Frist nur Entschädigungsansprüche der Gläubiger geknüpft werden, nicht aber die persönliche Haftung der Erben für die Nachlaßschulden die Folge sein soll.

Einmal nämlich ist die gesetzliche Frist fast überall hergebracht, die richterliche Frist gilt, soviel ich weiß, nur im Gebiete des kurmärkischen Provinzialrechts, wenn der überlebende Ehegatte nach statutarischem Erbrecht die Erbschaft angetreten hat. Sodann stehen den Vortheilen, welche die richterliche Frist bietet, nicht unerhebliche Nachtheile gegenüber. Beim Fehlen einer kurzen gesetzlichen Frist liegt die Gefahr nahe, daß die Inventarserrichtung verschleppt wird, oder ganz unterbleibt. Je länger damit gezögert wird, um so mehr steigert sich ferner die Gefahr einer Unvollständigkeit oder Unrichtigkeit des Inventars. Auch muß die Frist absolut feststehen, damit Erbe und Gläubiger wissen, woran sie sind; es wird nur für besondere Fälle dem Richter die Verlängerung der Frist zu gestatten sein, da es denkbar ist, daß die Aufstellung des Inventars bei sehr umfangreichem Nachlaß außergewöhnlich lange Zeit erfordert. Für die gesetzliche Frist haben sich die Herren Eck und Dove, ebenso auch die preußische Regierung ausgesprochen.

Anlangend die Form der Errichtung, so bin ich gegen die vom Entwurf vorgeschriebene Nothwendigkeit der Zuziehung einer zuständigen Behörde oder eines zuständigen Beamten; sie erschwert, vertheuert die Sache ohne Noth und ist wieder ein Act der Bevormundung. Es muß genügen, daß ein ordnungsmäßiges Inventar bei einer bestimmten Behörde eingereicht wird, einerlei, wie es aufgenommen ist. Von untergeordneter Bedeutung sind die Fragen, ob die Werthsangaben in Betreff der einzelnen Sachen nothwendig, ob sie sofort mit Taxen vereideter Sachverständiger zu belegen, ob alle Nachlaßschulden mit in das Inventar aufzunehmen sind und dergleichen. Es dürfen nicht zu viele Formalien vorgeschrieben werden, sondern es muß genug sein, wenn der Zweck des Inventars nicht vereitelt wird, den Betheiligten eine Uebersicht über den Stand des Nachlasses zu geben.

Endlich ist in dem Entwurf mit Recht aufgenommen die der allgemeinen Praxis entsprechende Verpflichtung des Erben zur Ableistung des Offenbarungseides, da die Nachlaßgläubiger im Wesentlichen auf die eigenen Angaben des Erben angewiesen sind, und der Eid das einzige Mittel ist zur Erzwingung wahrheitsgetreuer Angaben. Von Amtswegen den Eid zu erfordern, ist kein Grund vorhanden, es läge darin eine unnöthige Beschwerung des Erben und eine unerwünschte Vervielfältigung der Eide; vielmehr muß jedem Betheiligten überlassen bleiben, die Ableistung des Eides zu fordern, sobald die Inventarfrist vorbei ist; es wäre unbillig ihm — wie der Entwurf will — solches Recht erst nach Erhebung eines Rechtsstreites über die Höhe des Nachlasses zu gewähren, da er der Kenntniß von dem Nachlasse gerade bedarf, um beurtheilen zu können, ob und welche Ansprüche er verfolgen kann. Wenn der Offenbarungseid einmal geleistet ist, so muß es dabei bewenden, der Erbe ist auch einem andern Betheiligten gegenüber nicht zur nochmaligen Eidesleistung verpflichtet (vergl. Civil-Proceß-Ordnung § 784). Dagegen wird bei dem Vorhandensein mehrerer Erben der Eid von Jedem gefordert werden dürfen.

Für Bestimmung der Nachtheile, welche den Erben treffen sollen, wenn er die Inventarspflicht nicht erfüllt hat, ist der Standpunkt entscheidend, welchen man einnimmt für die Haftung des Erben überhaupt. Wer davon ausgeht, daß der Erbe principiell für alle Nachlaß-Verbindlichkeiten zu haften habe und nur durch die Inventarlegung eine Wohlthat erlange, der muß consequent sagen, daß, wenn die Legung des Inventars mit oder ohne Schuld des Erben versäumt ist, die Wohlthat verloren wird, und die unbedingte Haftung des Erben eintritt. Wer dagegen auf dem von mir eingenommenen deutschen Standpunkte steht, daß für die Nachlaß-Verbindlichkeiten nur der Nachlaß haftet, mag den Erben bei Zuwiderhandlung gegen die ihm gesetzlich aufgelegte Pflicht allenfalls mit Ordnungsstrafen belegen; aber den Nachlaßgläubigern gegenüber kann die Verletzung jener Pflicht den Erben nur verantwortlich machen für die aus dieser Pflichtverletzung den Betheiligten erwachsenen Nachtheile. Diese Consequenz wird in dem Munk'schen Gutachten gezogen. Die von den Meisten, insbesondere auch in dem Entwurfe und in der Eck'schen Abhandlung als selbstverständlich betrachtete Folge, daß bei absichtlicher Verheimlichung von Nachlaßgegenständen das sogenannte Inventarrecht erlöschen müsse, läßt sich meines Erachtens nicht rechtfertigen. Warum soll, entgegen den allgemeinen Grundsätzen über die Folgen unerlaubter Handlungen, der Erbe weiter haften, als der durch seine unerlaubte Handlung verursachte Schade geht? Wenn ein Erbe beispielsweise, um ein ihm besonders werthes Familienbild oder ein sonstiges Nachlaßstück von vielleicht geringem Werth vor den Angriffen der Nachlaßgläubiger zu retten, absichtlich solches Stück verheimlicht, so ist es gerecht, daß er den vollen höchsten Werth dieses Stückes den Nachlaßgläubigern ersetzen muß, wenn es nicht gelingt, ihm das Object selbst wegzunehmen, aber ich finde keinen Rechtsgrund, ihn darum nun überhaupt für alle Nachlaß-Verbindlichkeiten des vielleicht im Armenhause oder als Concursschuldner verstorbenen Erblassers (ich nehme die von Herrn Eck gegebenen Beispiele) unbedingt haftbar zu machen. Der Erbe würde ja dadurch schlimmeren Nachtheilen verfallen, als ein Dieb, welcher das Nachlaßstück unter den erschwerendsten Umständen gestohlen hat. Zugeben muß man, daß in den Fällen der gedachten Art der Erbe das vom Gesetzgeber in ihn gesetzte Vertrauen getäuscht und den Nachlaßgläubigern die Verfolgung ihrer Rechte, namentlich den Beweis dessen, was zum Nachlaß gehört, erschwert hat. Daraus folgt, daß die Schädigung der Nachlaßgläubiger nicht bloß darin besteht, daß ihnen ein oder das andere Nachlaßstück entzogen ist, sondern auch darin, daß ihnen nicht, worauf sie ein gesetzliches Recht haben, eine glaubwürdige Urkunde über den Bestand des Nachlasses gewährt ist. Aber um diesen Nachtheil auszugleichen, wird es vollkommen genügen, wenn in den Fällen, wo das Inventar garnicht oder zu spät, oder aus Vorsatz oder aus grober Fahrlässigkeit unvollständig gelegt ist, oder wo die Ableistung des Offenbarungseides verweigert ist, die Beweislast umgekehrt, also von dem Erben zur Ausschließung seiner Haftpflicht der Beweis dafür verlangt wird, wieviel beim Erbfalle vorhanden war und wo der Nachlaß verblieben ist. Es entspricht in dem gedachten Falle auch der Billigkeit, daß die Kosten solcher Beweisverfahren, da sie nur durch Schuld des Erben nothwendig geworden, immer den Erben treffen. Wenn hiernach die bloße Verletzung der dem Erben obliegenden Pflicht zur Inventar-Errichtung nicht schon seine Verpflichtung herbeiführen darf zur unbedingten Haftung für die Nachlaßschulden, so darf noch weniger solcher schwer wiegender Nachtheil geknüpft werden an die bloße Verabsäumung der Geltendmachung der beschränkten Haftung des Erben im Processe. Die betreffende Vorschrift des § 695 der Civil-Proceß-Ordnung, welche lautet:

> Der als Erbe des Schuldners verurtheilte Beklagte kann die Rechtswohlthat des Inventars nur geltend machen, wenn ihm dieselbe vorbehalten ist,

muß, wie auch das Munk'sche Gutachten will, fallen, denn die auf den Nachlaß beschränkte Haftung des Erben ist Regel, die persönliche Haftung des Erben Ausnahme, beruhend auf besonderer Verschuldung, und deshalb muß umgekehrt gesagt werden:

> Der als Erbe des Schuldners in Anspruch genommene Beklagte kann nur dann persönlich mit Zwangsvollstreckung verfolgt werden, wenn das Urtheil seine persönliche Verpflichtung ausgesprochen hat.

Am meisten Schwierigkeiten macht die weitere Behandlung der Sache, das heißt die Begrenzung der Rechte des Erben und der Nachlaßgläubiger, wenn durch gehörige Inventarlegung oder anderweit festgestellt ist, welcher Nachlaß beim Erbanfall vorhanden war. Die erste dabei in Betracht kommende Frage, ob die Beschränkung der Haftung des Erben nur eine quantitative, durch den Werth der Nachlaßgegenstände bestimmte, oder ob sie eine gegenständliche ist, so daß sie den Nachlaßgläubigern nur die Nachlaß-Objecte als Befriedigungsmittel frei läßt, wird von dem Entwurf zum bürgerlichen Gesetzbuch nach der ersten Richtung beantwortet. Von dem diesseits eingenommenen Standpunkt, daß für Nachlaßschulden nur der Nachlaß haftet, läßt sich nur die andere Ansicht rechtfertigen, welche jetzt ja auch im gemeinen Recht zum Siege gekommen ist, daß die Nachlaßgläubiger mit ihren Nachlaßforderungen sich nur an die Nachlaßgegenstände halten dürfen. Hat der Erbe Nachlaßsachen freiwillig verwerthet oder sind sie in der Weise zu seinen Gunsten verwendet, daß *seine* persönlichen Gläubiger sich daraus befriedigt haben, so muß dasjenige, was in dieser Weise aus dem Nachlaß zum Vortheil des Erben verwendet ist, als Nachlaß gelten. Bei diesem Rechtsstandpunkte wird auch die Unbilligkeit vermieden, daß dem Erben die Werthsveränderungen der Nachlaßsachen Schaden bringen, oder abgesehen von dem Falle, wo der Nachlaß dadurch sufficient wird, dem Erben zu Gute kommen; ebenso wird jedem Streite über den Werth, wenigstens bei den vorhandenen Nachlaßsachen, vorgebeugt. Der Einwand, daß bei Beschränkung der Nachlaßgläubiger auf die Nachlaßsachen der Erbe in unbilliger Weise in der Verfügung über die Nachlaßsachen beschränkt sein müsse, ist nicht zutreffend. Das sächsische Gesetzbuch, obwohl es die Nachlaßgläubiger auf die Nachlaßsachen beschränkt, läßt dem Erben freie Verfügung, ohne daß das zu Unzuträglichkeiten führt. Natürlich muß der Erbe sich dessen bewußt bleiben, daß der Nachlaß den Nachlaßgläubigern haftet, er darf ihre Rechte, sich an den Nachlaß zu halten, nicht verkümmern. Daraus folgt, daß er den Gläubigern dafür aufkommen muß, wenn sie in Folge seiner ihm zuzurechnenden Handlungen weniger erhalten, als sie bei einer nach den Grundsätzen des Concursrechts stattfindenden Verwerthung und Vertheilung des Nachlasses auf ihre Forderungen erhalten haben würden. Der Erbe darf den Gläubigern ihr Recht, daß der volle Nachlaß zu ihrer Befriedigung zu dienen hat, nicht vereiteln, sondern muß, bis diese Befriedigung eintritt, den Nachlaß, beziehungsweise dessen Aequivalente entweder gesondert halten oder dafür persönlich einstehen.

Am besten sichern sich der Erbe und die Nachlaßgläubiger, wenn sie die Eröffnung des Concurses über den Nachlaß herbeiführen, aber dieser Weg ist verschlossen, wenn die Ueberschuldung des Nachlasses nicht erkennbar ist. Andererseits kann auch bei offenbarer Ueberschuldung des Nachlasses aus mancherlei Gründen die Vermeidung des Concurses wünschenswerth sein, z. B. behufs Kostenersparniß oder weil eine bessere Verwerthung des Nachlasses außergerichtlich gehofft wird. Für den Vorschlag der preußischen Regierung, daß der Erbe im Falle der Ueberschuldung des Nachlasses verpflichtet sein soll, den Antrag auf Concurseröffnung zu stellen, sehe ich keinen zwingenden Grund. In vielen Fällen ist den Gläubigern vielleicht garnicht damit gedient. Solche Zwangsvorschriften werden nicht selten von einzelnen Gläubigern ausgebeutet zum Nachtheile der Gesammtheit. Wählt der Erbe den Weg der außergerichtlichen Befriedigung der Nachlaßgläubiger, so läuft er allerdings, auch bei dem scheinbar günstigsten Stande der Nachlaßmasse, Gefahr, den Nachlaß unrichtig zu vertheilen und sich dadurch persönlich verantwortlich zu machen, weil er nicht wissen kann, ob nicht unbekannte Gläubiger vorhanden sind, und ob ihm nicht Nachlaßsachen evincirt werden. Der letztere Fall ist zu selten, um deshalb besondere Schutzmaßregeln einzuführen; dagegen ist die Unkenntniß vom Umfange der Nachlaß-Verbindlichkeiten die Regel, und daher muß dem Erben durch das öffentliche

Aufgebot ein Mittel gegeben werden, diejenigen Nachlaßgläubiger zu erfahren, für deren Befriedigung er zu sorgen hat. Durch nachträgliche Entwerthung von Nachlaßsachen wird der Erbe nur im Falle eigener Schuld benachtheiligt, denn er braucht die Nachlaßsachen nur so, wie er sie verwerthen kann, zur Befriedigung der Gläubiger zu verwenden. Durch Zwangsvollstreckungen seitens einzelner Nachlaßgläubiger könnte allerdings die außergerichtliche concursmäßige Befriedigung der Gesammtheit der Gläubiger vereitelt werden. Um das zu verhindern, ist nothwendig, derartige Zwangsvollstreckungen bis auf einige Zeit nach Ablauf der Frist für das Aufgebot der Nachlaßgläubiger auszuschließen. Im Uebrigen aber muß der Erbe die im Wege der Zwangsvollstreckung geschehende Befriedigung einzelner Nachlaßgläubiger aus Nachlaßsachen so gegen sich gelten lassen, wie wenn er die Befriedigung freiwillig herbeigeführt hätte. Maßgebend für die Höhe des Nachlasses bei der Vertheilung unter die Nachlaßgläubiger kann nicht der Werth, sondern nur der Erlös der Sachen sein. Der Erbe ist schuldig, wenn er die Gläubiger nicht voll befriedigen will, die Nachlaßsachen, sobald es angeht, zu verwerthen und den Erlös zu vertheilen. Die Vertheilung kann eine successive sein, wenn gewisse Sachen erst eine spätere Verwerthung zulassen. Hat der Erbe Sachen freihändig ohne Noth unter dem Werthe oder zur Unzeit verkauft, so muß er dafür haften, sofern er eine Unzulänglichkeit des Nachlasses erkennen konnte, denn dem Rechte der Gläubiger auf Befriedigung aus dem Nachlaß entspricht die Pflicht des Erben, den Nachlaß zu diesem Zweck ungesäumt und bestmöglich zu verwerthen. Hat der Erbe das, was seiner Ansicht nach dem Nachlaßgläubiger gebührt, entrichtet oder angeboten, und der Gläubiger erhebt weitergehende Ansprüche, so muß Letzterer solche — in der Regel unter Zugrundelegung des eingereichten Inventars – mit dem Nachweise, daß er bei richtiger Vertheilung den geforderten Mehrbetrag erhalten haben würde, begründen. Für diesen Mehrbetrag haftet der Erbe persönlich, da der Anspruch auf seinem schuldhaften Verhalten beruht. Sind aber noch Nachlaßgegenstände vorhanden, so kann der Gläubiger aus denselben immer direct seine Befriedigung suchen, so lange nicht das Gläubiger-Aufgebots-Verfahren schwebt, und dem Erben, welcher ja durch rechtzeitige Verwerthung der Sachen und Vertheilung des Erlöses unter die Gläubiger der Möglichkeit solcher Zwangsvollstreckung hätte vorbeugen können, steht ein Widerspruch gegen die Zwangsvollstreckung nur dann zu, wenn und so lange der vernünftigen Verwerthung des Nachlasses etwa besondere Hindernisse entgegenstehen.

Bei dem vorgeschlagenen Verfahren kommen sowohl der Erbe, als die Nachlaßgläubiger zu ihrem Rechte. Eine Mitwirkung des Gerichts bei solchem Vertheilungs-Verfahren, ein gerichtliches Convocations-Verfahren, wie es in dem Munk'schen Gutachten empfohlen wird, finde ich nicht empfehlenswerth. Es liegt darin wiederum ein Act der Bevormundung selbständiger Personen, und überdies hat es immer seine Bedenken, neue processuale oder proceßähnliche Verfahren einzuführen. Wenn dem Erben die Bewirkung der gesetzmäßigen Verwendung des Nachlasses für die Nachlaßgläubiger trotz der ihm ja möglichen Hülfe der freiwilligen Gerichtsbarkeit und der Notare zu lästig ist, so mag er beim Mangel gütlicher Verständigung mit den Nachlaßgläubigern die Concurs-Eröffnung herbeiführen.

Das schließliche Ergebniß würde nach dem diesseitigen Vorschlage dasselbe sein, welches von dem Entwurfe zum bürgerlichen Gesetzbuche erstrebt wird, nämlich die concursmäßige Vertheilung des Nachlasses unter die Nachlaßgläubiger. Aber der in dem Entwurf gewählte Weg zur Erreichung dieses Zieles ist fast ausnahmslos, insbesondere auch von der preußischen Regierung, getadelt; er ist trotz der bei seiner Construction entwickelten Scharfsinnigkeit in der That unbrauchbar. Danach soll der Erbe, wenn er über die Kräfte des Nachlasses in Anspruch genommen wird, die Abzugs-Einrede machen, oder, falls ihm das Inventarrecht im Urtheile vorbehalten ist, den Abzug im Wege der Klage geltend machen. In dem einen wie in dem anderen Falle muß der Erbe beweisen, mit wieviel der Gläubiger im Nachlaß-Concurse ausfallen würde. Diesen Beweis dem Erben aufzulegen, ist ungerecht von dem diesseitigen Standpunkte aus, welcher dahin geht, daß der Gläubiger nur Anspruch auf den Nachlaß hat, denn daraus folgt, daß, wenn der Gläubiger behauptet, daß der Nachlaß in weiterem Maße zu seiner Befriedigung hinreiche, er also einen größeren Anspruch habe, als ihm zugestanden ist, er die Grundlagen dieses seines Mehranspruches darzuthun hat. Von dem Erben kann nicht füglich mehr verlangt werden, als daß er den Nachlaß offenlegt und daran zeigt, wie weit derselbe für die Gläubiger hinreicht.

Ferner soll nach dem Entwurf zur Feststellung der Höhe des Abzugs die Berechnung der fictiven Concurs-Dividende jedem Gläubiger gegenüber besonders, also nothwendiger Weise verschieden, erfolgen, nämlich bei Jedem nach Maßgabe des Werthes, den die Nachlaßsachen zu dem Zeitpunkte haben, in welchem die Abzugs-Einrede erhoben wird. Das muß zu einem unrichtigen Gesammtergebniß führen, weil dieselben Sachen zu verschiedenen Zeiten verschiedenen Werth haben und jedenfalls verschieden werden geschätzt werden. Es wird ferner unnöthiger Weise mehrfach über den Werth derselben Sachen processirt werden müssen;

ferner kann bei einem Nachlaß, zu welchem Objecte von schwankenden Werthen gehören, von den Gläubigern durch Hinausschiebung oder Beschleunigung des Processes auf die Werthschwankungen speculirt werden, und endlich wird ohne Rechtsgrund dem Erben die Pflicht aufgelegt, Nachlaßsachen, welche vielleicht für ihn gar keinen Werth haben, zum vollen wirklichen Werthe zu bezahlen, umgekehrt aber ebenso ungerecht den Gläubigern die Möglichkeit entzogen, die Versilberung der Nachlaßsachen zu verlangen, welche sich über den Taxwerth hinaus verwerthen lassen mögen.

Auf alle weiteren Einzelheiten einzugehen, habe ich nicht für meine Aufgabe gehalten. Die Einzelheiten sind in den beiden Gutachten erschöpfend behandelt; es ist aber nicht möglich, hier die vielen schwierigen Specialfragen zu erörtern und darüber zu beschließen, wie z. B. den Verzicht auf das Inventarrecht, die Behandlung des Nachlaß-Concurses, das Absonderungsrecht, die Aufrechnung und Schuldvereinigung beim Erbanfall, die besondere Berücksichtigung der Vermächtnißnehmer und der Pflichttheilserben, die Regelung des Aufgebots-Verfahrens und vor Allem die Besonderheiten im Falle des Vorhandenseins einer Mehrheit von Erben.

Der Juristentag kann unmöglich über alle diese Fragen sich schlüssig machen, er wird sich auf Prüfung der Hauptgrundsätze zu beschränken haben. Diese hoffe ich berührt zu haben, ich fasse meine, im Wesentlichen mit dem Munk'schen Gutachten übereinstimmende Ansicht noch einmal in kurzen Sätzen zusammen:

1. Den Nachlaßgläubigern haftet grundsätzlich nicht der Erbe persönlich, sondern nur der Nachlaß.

2. Die Legung des Nachlaß-Inventars hat daher nicht die Bedeutung, dem Erben eine besondere Wohlthat zu verschaffen,

   sondern

   die Pflicht dazu ist ihm aufgelegt, um dem Nachlaßgläubiger die Befriedigung aus dem Nachlasse besser zu sichern, beziehungsweise zu erleichtern.

3. Die Frist zur Legung des Nachlaß-Inventars ist vom Gesetz zu bestimmen.

4. Die schuldhafte Verletzung der Pflicht zur Legung des Inventars oder zur eidlichen Bekräftigung desselben begründet nicht ohne Weiteres die unbedingte persönliche Haftung des Erben für die Nachlaßschulden, sondern begründet nur eine Entschädigungsforderung der Nachlaßgläubiger gegen den Erben.

5. Die Nachlaßgläubiger können als Gegenstände zu ihrer Befriedigung nur in Anspruch nehmen die Nachlaßsachen selbst, falls aber die Sachen freiwillig oder unfreiwillig zum Vortheil des Erben verwerthet sind, den Erlös der Sachen.
6. Der Erbe haftet persönlich den Gläubigern, wenn er schuldhafter Weise die vernünftige Verwerthung des Nachlasses unterläßt, sowie wenn er den Gläubigern nicht dasjenige gewährt, was sie bei eingeleitetem Nachlaß-Concurse auf ihre Forderung erhalten würden.
7. Dem Erben steht es zu, das gerichtliche Aufgebot der Nachlaßgläubiger zu beantragen. —

Was nun meine Anträge betrifft, die dahin gehen:

Es empfiehlt sich, bei Bestimmung der Haftung des Erben für Erfüllung der Nachlaß-Verbindlichkeiten von folgenden Grundsätzen auszugehen:

1. Der Erbe haftet nicht persönlich mit seinem Vermögen, sondern die Haftung ist auf den Nachlaß beschränkt.
2. Der Erbe hat binnen einer gesetzlich zu bestimmenden Frist das Nachlaß-Verzeichniß offen zu legen und auf Verlangen eines Betheiligten eidlich zu bekräftigen.
3. Die Verletzung dieser Pflicht macht den Erben persönlich zum Schadenersatz verantwortlich.
4. Der Erbe haftet persönlich, wenn durch sein Verschulden ein Nachlaßgläubiger nicht dasjenige erhält, was er bei Verwendung des Nachlasses zur concursmäßigen Befriedigung sämmtlicher Nachlaßgläubiger erhalten haben würde,

so ziehe ich sie zurück, weil ich mich mit dem modificirten Antrage des Herrn Referenten vollkommen einverstanden erkläre, indem in diesem Antrage die Differenzpunkte ausgelassen sind.

(Bravo!)

Referent Professor Dr. **Leonhard** (Marburg): M. H.! Wir sind in der glücklichen Lage, daß beide Referenten dieselben Anträge stellen können. Dennoch will ich die Geduld der Versammlung noch für einige wenige Bemerkungen in Anspruch nehmen, weil ich glaube, in einigen Punkten nicht so verstanden worden zu sein, wie ich verstanden sein möchte. Was die principielle Frage betrifft, ob nach dem ursprünglichen Antrage des Herrn Correferenten der Erbe nur mit dem Nachlasse haften soll, so halte ich sie noch jetzt für eine rein doctrinäre ohne praktische Bedeutung. Ich fürchte, daß diese Frage die Versammlung nicht sehr interessiren wird, möchte aber hervorheben, daß wir beide, der Herr Correferent und ich, hier auf einem ganz verschiedenen methodischen Standpunkte uns befinden. Der Herr Correferent sucht Gesetzgebungsfragen aus Rechtsgründen zu entscheiden. M. H., die Rechtsgründe entnimmt man aus dem geltenden Rechte, aber wir sollen ja hier nicht geltendes Recht anwenden, sondern Rathschläge ertheilen, um neues Recht zu schaffen. Man kann nicht verlangen, daß neues Recht nothwendiger Weise aus dem alten begründet werden muß, denn wenn das neue Recht immer aus dem bisherigen Rechte hergeleitet werden müßte, so würde man niemals neues Recht schaffen können. Also das Wort „Rechtsgrund" lehne ich bei der Erörterung legislatorischer Fragen ohne Weiteres ab. Dann sagt der Herr Correferent, ich hätte mich für das ältere österreichische Bevormundungssystem erklärt, und eine gerichtliche Einantwortung der Erbschaft, wie die Oesterreicher es nennen, gewünscht. Ich glaube, daß ich das Gegentheil gesagt habe. Ich wünsche die Mitwirkung der Obrigkeit nur bei der Inventarisation, nicht bei der Auslieferung der Masse. Das ältere österreichische System, das sich kurz in den Satz fassen läßt: „Alles für das Volk, nichts durch das Volk", habe ich vollständig verworfen. Es gilt auch bereits in Oesterreich nicht mehr. Ich bin mit dem Herrn Correferenten zwar nicht darin einig, daß man die Inventarisation dem Erben selbst überlassen soll, wohl aber darin, daß man ihm jedenfalls unter Umständen die Theilung soll überlassen dürfen. Eine Beaufsichtigung der Inventarisation halte ich jedoch nach wie vor für erwünscht. Wenn Nachlaßgegenstände verschwunden sind, hilft oft kein Proceß mehr; denn wenn das Kind in den Brunnen gefallen ist, dann ist es zu spät, ihn zuzudecken; es muß also bei Zeiten dafür gesorgt werden, daß der Erbe nichts bei Seite schafft. Der Herr Correferent fragt: wie kommen die Gläubiger dazu, durch den Todesfall ihre Lage zu verbessern? Warum soll man ihnen dem Erben gegenüber mehr Rechte geben, als dem verstorbenen Erblasser gegenüber? Einfach deshalb, weil sie vom Tode des Schuldners ab in höherem Grade gefährdet sind, als sie es vorher waren. Der Erbe soll die Einrede des unzulänglichen Nachlasses haben, und diese hatte der Verstorbene nicht. Da der Gläubiger diese Einrede seit dem Tode des Schuldners befürchten muß, so muß das Gesetzbuch von da ab in höherem Grade für seine Interessen sorgen, als vorher. Ich möchte überhaupt gegen die Vermuthung protestiren, daß meine Anträge irgendwie den Interessen des Erben oder des Schuldners zu nahe treten könnten. Es kann nach dem, was ich vorgeschlagen habe, der Erbe, wenn er seine Pflicht erfüllt, schlechterdings keinen Schaden erleiden. Was die Kosten der Inventarisation betrifft, so verweise ich auf die Abhandlung des Herrn Landgerichtspräsidenten v. Probst im Archiv für civilistische Praxis, welcher die Kosten des württembergischen Verfahrens berechnet und beweist, daß solche Kosten sehr wohl zu tragen sein würden, zumal es ja nicht nöthig ist, daß immer gerade das Gericht diejenige Behörde sein soll, welcher die Inventarisation anvertraut werden muß. Im Uebrigen möchte ich nicht auf jeden einzelnen Punkt des Inventarrechts nochmals eingehen, und nur den einen Gedanken recht scharf betonen, das ist das Interesse der Gläubiger. Unter den lachenden Erben sind wohl die widerwärtigsten diejenigen, welche sich auf Kosten der Gläubiger ins Fäustchen lachen, und gegen sie möchte ich vor Allem hier reden.

Präsident: M. H.! Es liegt nach Modificirung des Antrags des Herrn Referenten und nach Zurückziehung des Antrags des Herrn Correferenten nur noch ein einziger Antrag vor, der modificirte Antrag des Herrn Referenten, welcher lautet:

I. Das Inventarrecht des Entwurfs muß vereinfacht werden.

II. Der den Nachlaßgläubigern von dem Entwurf gewährte Schutz ist ungenügend.

III. Für unzulängliche Nachlaßmassen ist den folgenden Entwurfssätzen zuzustimmen:

a) der Möglichkeit eines gefahrlosen Erbschaftserwerbes für den Erben,

b) der Pflicht einer concursrechtlichen Schuldentilgung,

c) der Möglichkeit, bei dieser Schuldentilgung ein Concursverfahren zu vermeiden.

Wenn diese Anträge keinen Widerspruch finden . . .

Landrichter **Dove** aus Frankfurt a. M.: Ich bitte, über die Sätze einzeln abzustimmen.

Dieser Bitte wird entsprochen und bei der Abstimmung die Punkte I, II, IIIa und c einstimmig, IIIb gegen eine Stimme angenommen. Ferner beschließt die Abtheilung, den gefaßten Beschluß dem Plenum zur Kenntnißnahme mitzutheilen, und beauftragt den Referenten Professor Dr. Leonhard mit der Berichterstattung.

Präsident: M. H., wir werden in der Lage sein, noch eine von den beiden übrig gebliebenen Fragen zu erledigen, entweder 4. die Compensationsfrage oder 5. die Lagerscheinfrage. Ich stelle Ihrer Beschlußfassung anheim, welche dieser beiden Fragen wir noch erledigen wollen.

(Die Abtheilung entscheidet sich dafür, daß noch die Lagerscheinfrage erledigt werden soll.)

Die Frage lautet:

Welche Rechtswirkungen insbesondere hinsichtlich des Regresses sind an die Indossirung von Lagerscheinen (Warrants) zu knüpfen?

Referent ist Herr Professor Dr. Cosack-Gießen; ich bitte ihn, das Wort zu nehmen, mache aber auch darauf aufmerksam, daß er sich bei der Zeitlage auf die wesentlichsten Punkte beschränken muß.

Referent Professor Dr. **Cosack** (Gießen): M. H.! Ich bin in der angenehmen Lage, mich kurz fassen zu können, weil ich mit den zwei Gutachten, die in der Hauptsache übereinstimmen, meinerseits auch im Einklang mich befinde. Deshalb möchte ich nicht die ganze Frage vor Ihnen entwickeln, die in den Gutachten ausführlich dargelegt ist, sondern nur diejenigen Punkte, die erheblichen Zweifeln unterliegen. M. H., das ist ja bekannt, daß die Lagerhäuser immer mehr an Bedeutung gewinnen, daß die Producenten und Kaufleute immer mehr dort Waaren einlagern. Die Waaren bleiben geraume Zeit liegen, und es ist selbstverständlich häufig das Bedürfniß vorhanden, während der Zeit, wo die Waaren eingelagert sind, über dieselben zu verfügen, und, um die wichtigsten Verfügungen zu nennen, sie zu verkaufen oder zu verpfänden. Jedenfalls ist es ein dringendes Bedürfniß, diese Verfügung zu erleichtern. Es wäre reine Pedanterie, wenn man die Einlagerer verpflichten wollte, erst ihre Waaren aus dem Lagerhause herauszunehmen, um sie zu verkaufen oder zu verpfänden, indem man dem Käufer oder dem Pfandgläubiger überließe, sie alsbald in demselben Lagerhause wieder einzulagern. Davon kann keine Rede sein. Es ist also wünschenswerth, die Verfügung über die eingelagerten Waaren derartig zu gestalten, daß sie nicht nothwendiger Weise mit einer Herausnahme der Waaren aus dem Lagerhause verbunden ist. Die Sache ist bei den Connossementen bereits durchgeführt; auch dort handelt es sich um eingelagerte Waare, nur daß sie nicht in einem unbeweglichen Gebäude, einem Lagerhause, sondern in einem Schiffe sich befindet. Dort hat man bereits die Verfügung über die im Schiffe lagernde Waare erleichtert; man hat den Grundsatz aufgestellt: An Stelle der körperlichen Uebergabe der Waare dient die Uebergabe des Connossements in Verbindung mit dem Indossament des Connossements. Weil der dort aufgestellte Satz sich allseitig bewährt hat, so wird es kaum einen wesentlichen Anstand finden, dieselbe Regel auch auf die Lagerscheine, welche die Lagerhäuser als Empfangsbekenntniß über eingelagerte Waare ausstellen, zu übertragen, also auch für sie den Satz aufzustellen, daß an Stelle der körperlichen

Uebergabe der eingelagerten Waare, was die dinglichen Wirkungen der Uebergabe betrifft, die Uebergabe des indossirten Lagerscheins tritt. Naturgemäß muß dann der Lagerschein auch in den übrigen Beziehungen entsprechend dem Connossement ausgestattet werden; so wird mit Recht in den beiden Gutachten der Satz aufgestellt, daß der Lagerschein eine scripturmäßige Obligation des Lagerhauses gegenüber dem legitimirten Inhaber des Lagerscheines begründe. Vielfach wird sogar behauptet, daß schon nach heute geltendem Rechte die Uebergabe des Lagerscheins der Uebergabe des Connossements gleich zu behandeln sei. Ich möchte Sie nicht weiter damit aufhalten, ob diese Ansicht zutreffend ist. Jedenfalls geht für die zukünftige Gesetzgebung die unbedingt herrschende Ansicht dahin, daß folgender Satz anerkannt wird: an Stelle der Uebergabe der eingelagerten Waare genügt es, den mit Indossament versehenen Lagerschein zu übergeben.

Ich komme nun auf einen streitigen Punkt. Es giebt zwei Systeme, welche bei Ausstellung der Lagerscheine eingehalten werden, das sogenannte Zweischeinsystem und das sogenannte Einscheinsystem. Bei dem Zweischeinsystem wird der Lagerschein in zwei selbständige, mit einander verbundene, aber leicht trennbare Urkunden zerlegt; die eine Urkunde heißt Lagerschein im engeren Sinne, die andere nennt man Lagerpfandschein oder Warrant; der Zweck dieser Zweitheilung ist der, daß man jeden Theil des Lagerscheins getrennt indossiren kann, daß man getrennt sein Indossament auf einen der beiden Theile setzen kann. Der Lagerpfandschein ist, wie der Name sagt, ausschließlich dazu bestimmt, ein Pfandrecht an der Waare zu begründen. Soll die Waare verpfändet werden, so wird der Lagerpfandschein von dem Lagerscheine abgetrennt und selbständig indossirt, natürlich unter genauer Angabe der Höhe der Pfandschuld und des Verfalltages, und wird sodann dem Gläubiger übergeben. Alsdann gilt der Grundsatz, daß die Uebergabe dieses Papiers gleichsteht der Uebergabe der Waare; daß also bei bloßer Uebergabe des indossirten Lagerpfandscheines trotz mangelnder körperlicher Uebergabe der Waare die Bedingung des Faustpfandvertrags erfüllt ist. Es entsteht somit für den Gläubiger ein Faustpfandrecht an der Waare. Wird hingegen der Lagerschein allein indossirt, so bedeutet das, daß das Verfügungsrecht über die Waare, also meist das Eigenthum, auf den Erwerber übergeht, vorbehaltlich der begründeten Pfandrechte, der Rechte, welche durch das selbständige Indossament des Lagerpfandscheins entstanden sind. Wird endlich der Lagerschein indossirt und der nicht indossirte Lagerpfandschein mit übergeben, so erlangt der Erwerber das vollständige Verfügungsrecht über die Waare, ohne daß der Vorbehalt etwaiger Pfandrechte schwebte. Also drei Fälle sind zu unterscheiden: die Indossirung der Gesammturkunde giebt dem Erwerber vollkommen freie Verfügung ohne irgend welche Beschränkung, die Indossirung des Lagerscheins allein giebt freie Verfügung vorbehaltlich etwaiger Pfandrechte, endlich die Indossirung des Lagerpfandscheins begründet ein Pfandrecht an der Waare. Dem gegenüber gewährt das Einscheinsystem nicht die Möglichkeit einer derartigen verschiedenen Indossirung. Da nur eine Urkunde ausgestellt wird, so giebt es auch nur eine Art des Indossaments, genau wie beim Wechsel. Das einfache Vollindossament wird auf den einheitlichen Lagerschein gesetzt, und je nach der Absicht der Parteien soll dieses Vollindossament in dem einen Fall das Eigenthum an der Waare übertragen, in dem andern das Pfandrecht. Die Verpfändung ist also auch beim Einscheinsystem keineswegs ausgeschlossen; sie wird aber in derselben Form bewerkstelligt wie die Uebertragung des Eigenthums.

Die Frage ist: welches von den beiden Systemen verdient den Vorzug? Die Rechtslage ist bei den außerdeutschen Ländern, die allein bis jetzt eine lebhaftere Blüthe der Lagerscheine erzielt haben, die, daß England das Einscheinsystem hat, ebenso Holland, während in Frankreich, Italien u. s. f. das Zweischeinsystem gilt. Wem sollen wir uns anschließen, England oder Frankreich? Welches System ist das bessere? Ich halte das Zweischeinsystem für das bessere, denn es gewährt die Möglichkeit, die Waare zu verpfänden, ohne daß dabei die Wirkungen des Vollindossaments eintreten, die Möglichkeit, die Waare zu verpfänden, so daß der Gläubiger eben nur ein Pfandrecht erwirbt, nur die Befugniß, für eine bestimmte Summe zu einem fest bestimmten Verfalltage die Waare zu verkaufen. Bei dem Einscheinsystem giebt es dagegen nur eine einzige Form des Indossaments; der Gläubiger erwirbt also nicht bloß ein Pfandrecht, obwohl nach der Absicht der Parteien nur ein Pfandrecht bestellt werden soll, sondern die volle Verfügungsgewalt über die Waare. Ich glaube, das spricht für das Zweischeinsystem, daß es dem Gläubiger nur die Rechte gewährt, die nach Lage des Falls unbedingt für ihn nöthig sind. Bei dem Einscheinsystem erwirbt dagegen der Gläubiger weitergehende Rechte, als ihm nach der wirklichen Parteiabsicht zukommen sollen; er soll freilich nach der Parteiabsicht davon keinen Gebrauch machen; er soll sein volles Verfügungsrecht nur wie ein Pfandrecht zur Anwendung bringen. Aber die Gefahr liegt nahe, daß er diese Schranke nicht einhält, daß er das ihm übertragene Verfügungsrecht in vollem Umfang gebraucht, daß er sich die Waare aushändigen läßt, und sie, obschon ihr Werth seine Pfandforderung weit übersteigt, dennoch veräußert und den Kaufpreis behält.

Ein anderer Punkt ist folgender. Wenn im Einscheinsystem der Einlagerer die Waare verpfändet, so indossirt er die einzige Urkunde, die er hat; in Folge dessen verliert er die Möglichkeit, anderweit über die Waare zu verfügen. Er kann also vor allen Dingen die Waare nicht weiter veräußern; er kann sie mit obligatorischer Wirkung verkaufen, aber er kann sie nicht mit dinglicher Wirkung übereignen. Das ist mißlich. Bei einem Grundstücke, das ist ja eine allbekannte Sache, hat es nicht das geringste Bedenken, obschon eine Hypothek darauf lastet, das Grundstück zu veräußern. Ich gebe nun ohne Weiteres zu: bei einer beweglichen Sache ist das Bedürfniß zur Weiterveräußerung bei schwebendem Pfandrecht nicht entfernt so dringlich. Aber es fehlt doch nicht ganz. Auch bei Mobilien, auch bei Waaren kann es recht gut vorkommen, daß der Besitzer, der die Waare z. B. mit dreimonatlichem Ziel verpfändet hat, sie bei günstiger Gelegenheit innerhalb der drei Monate veräußern möchte. Der Einlagerer beim Einscheinsystem ist dazu nicht in der Lage, wohl aber der Einlagerer beim Zweischeinsystem, denn er hat noch seinen Lagerschein in der Hand, nur den Lagerpfandschein hat er weggegeben; er indossirt den Lagerschein, übereignet die Waare an den neuen Erwerber und überträgt ihm mit dinglicher Wirkung das volle Eigenthum; natürlich übernimmt der neue Erwerber das Pfandrecht mit, und es müssen Vorkehrungen getroffen werden, daß die Pfandrechte, die im Lagerpfandscheine begründet sind, im Lagerscheine erwähnt werden, so daß der Erwerber erfährt, welches Pfandrecht auf der Sache liegt. Indessen, das ist durchaus nicht schwierig, das kann durch Vermittelung des Lagerhauses leicht bewerkstelligt werden. Kurzum, es wird durchaus möglich sein, die Waare zu übereignen, trotzdem sie verpfändet ist, während das Einscheinsystem, wie gesagt, diese Möglichkeit schlechterdings nicht gewährt.

Das sind die Gründe für das Zweischeinsystem, und die Frage ist nun: was spricht etwa dagegen, was spricht für das Einscheinsystem? Ich kann als wirklich ernstlichen Gegengrund nur den einen gelten lassen, daß vielleicht kein rechtes Bedürfniß für das Zweischeinsystem vorhanden ist. Beweis: England und Holland, wie ich vorhin erwähnte, haben den Lagerpfandschein nicht; weiter ist in Deutschland zwar schon in einem Staate, in Bremen, das Zweischeinsystem eingeführt; es ist aber dort Niemandem eingefallen, von dem Zweischeinsystem Gebrauch zu machen, Niemandem eingefallen, den Lagerpfandschein zu benutzen; man hat immer die ganze Urkunde indossirt. Ferner: bei dem Connossement müßte doch ein ähnliches Bedürfniß vorliegen, die Waare nicht nur zu veräußern, sondern auch, während sie auf dem Schiffe ist, zu verpfänden; es müßte also, wenn die Gründe, die ich vorhin angeführt habe, durchschlagend wären, auch beim Connossement eine doppelte Urkunde ausgestellt sein, eine Urkunde für die Uebereignung der schwimmenden Waare, die andere Urkunde für die Verpfändung. Und doch hat Niemand bis jetzt die Zerlegung des Connossements in zwei Urkunden verlangt. Was aber beim Connossement nicht nöthig ist, sollte doch beim Lagerschein gleichfalls entbehrlich sein. Sie sehen, ich hebe mit Nachdruck die Bedenken hervor, die gegen das Zweischeinsystem sprechen, die dafür sprechen, daß gar kein Bedürfniß für dieses vorliegt. Wenn ich trotzdem für das Zweischeinsystem bin, so beruht das auf folgenden zwei Erwägungen. Erstens: die Frage ist vorwiegend technisch; ob ein Bedürfniß dafür besteht oder nicht, können wir Juristen nicht beurtheilen, das ist Sache der Kaufleute, der Interessenten, ob es ihnen wünschenswerth ist, die Waare in einer besonderen Form zu verpfänden, die von der Uebereignung verschieden ist; die Kaufleute aber haben sich überwiegend für das Zweischeinsystem erklärt, — ich nenne als Beispiel nur die Herren Koch und Rießer, die Leiter zweier unserer größten Banken — und das ist für mich vollkommen entscheidend. In der Frage, ob ein Bedürfniß vorhanden ist oder nicht, bin ich geneigt, selbst wenn nur verhältnißmäßig wenige Stimmen sich dafür erklären, zu sagen: dann mag der Gesetzgeber dem entgegenkommen, er mag die Mittel geben, jenes angebliche Bedürfniß zu befriedigen; und wenn der Eine oder Andere sagt, das Bedürfniß fehlt, so würde mir das noch lange nicht so gewichtig erscheinen wie das von zuständiger Seite ausgehende Wort: wir empfinden das Bedürfniß. Ich erinnere daran, daß, wie bereits erwähnt, in Frankreich das Zweischeinsystem eingeführt ist und daß es dort lebhaft benutzt wird. Es ist somit durchaus noch nicht gewiß, ob wir wirklich ein solches Bedürfniß nicht haben. Wir wissen selbst nicht, was bei uns Bedürfniß ist. Der Lagerscheinverkehr soll sich bei uns noch entwickeln, wir haben nur einen kleinen Lagerscheinverkehr bei uns, und in den engen Grenzen, die er hat, gewährt er ein deutliches Bild der weiteren Entwickelung keineswegs. Wir wissen also noch nicht, wohin wir steuern, und da ist es ganz zweckmäßig, wenn man der Entwickelung des Verkehrs vollkommen freien Raum giebt. Der Verkehr mag dann selbst sehen, in welche Bahnen er sich begiebt. Das Zweischeinsystem kann in keinem Falle etwas schaden; schlimmstenfalls wird der Lagerpfandschein gar nicht benutzt. Das ist kein großes Unglück. Wenn die Kaufleute finden, es ist aus den vorhin erwähnten Gründen zweckmäßig, den Lagerpfandschein getrennt zu indossiren, so mögen sie es thun; wenn sie finden, es ist besser, daß man den Lagerpfandschein nicht verpfändet, nun gut, so indossiren sie eben ungetrennt den ganzen Schein. Also eine große Gefahr ist nicht vorhanden. Ich bin der Ansicht, daß man das Zweischeinsystem einführt und abwartet, was der Verkehr damit thun wird.

Noch einen zweiten Punkt will ich kurz berühren. Wenn wir den selbständigen Lagerpfandschein einführen, so wird er indossirt von dem Einlagerer, der damit eine Schuld begründet, der bei einer Bank vielleicht 10 000 Mark leiht und für diese 10 000 Mark die Waare, die vielleicht 15 000 Mark werth ist, verpfändet. Die Schuld wird begründet durch das erste Indossament; die Forderung daraus kann durch weiteres Indossament auf weitere Gläubiger übertragen werden in der Weise, wie es bei Wechseln allgemein üblich ist. Das erste Indossament unterscheidet sich von den folgenden dadurch, daß es eine Forderung neu begründet, während die weiteren Indossamente lediglich Uebertragungen einer bestehenden Forderung sind. Die Frage ist nun: soll das zweite und die folgenden Indossamente einen Sprungregreß an die Vormänner gewähren? Soll, wenn ein Lagerschein zwei- drei- oder viermal indossirt ist, der letzte Indossatar den Regreß gegen alle Vormänner haben, wie beim Wechsel, oder soll er den Regreß nicht haben? Die meisten auswärtigen Gesetze lassen den Regreß zu; auch ich erkläre mich dafür. Die Hauptgefahr, die in dem Regresse liegt, schneide ich dadurch ab, daß ich jedem Indossanten die Befugniß ertheile, die Clausel: „ohne Obligo" hinzuzusetzen. Diese Clausel ist beim Wechsel ja allgemein eingeführt. Sie wird freilich beim Wechsel nicht häufig angewendet, weil es von vornherein Bedenken gegen die Sicherheit des Wechsels erregt, wenn ein Indossant von der Clausel „ohne Obligo" Gebrauch macht. Bei dem neu in den Verkehr tretenden Lagerpfandschein kann sich die Sache dagegen ganz anders gestalten. Die Clausel kann hier vielleicht allgemein üblich werden, — in England ist dies thatsächlich der Fall — und alsdann wird im Einzelfalle Niemand daran Anstoß nehmen, daß er in dem Lagerpfandschein der Clausel begegnet, und Niemand wird Bedenken tragen, die Clausel anzuwenden. Aber wir können andererseits nicht bestimmt darauf rechnen, daß der Lagerpfandschein sich in dieser Art entwickeln wird. Der Regreß gegen die Indossanten des Lagerpfandscheins kann also vielleicht sehr praktisch werden. Nun liegt auf der Hand: läßt man den Regreß zu, so können die Indossanten erheblich geschädigt werden. Aber ebenso umgekehrt: läßt man ihn nicht zu, so können die Indossatare empfindliche Nachtheile davontragen, wenn der Kaufpreis der Waare nicht zureicht, die Forderung zu decken, und nun jeder Indossatar nur Schritt für Schritt den Ausfall von seinem Vormann einziehen kann. Wir schädigen entweder den Indossatar, wenn wir den Regreß nicht zulassen, oder den Indossanten, wenn wir den Regreß gestatten. Was soll man nun thun? Ich glaube, die Mehrzahl der auswärtigen Gesetze ist entscheidend, welche dafür sind, den Regreß zuzulassen. Und vor allen Dingen, es haben die größten Bankhäuser, wie auch der Präsident der Reichsbank, Koch, ausdrücklich erklärt, daß ohne den Regreß keine der großen Banken in erheblichem Umfange Lagerscheine beleihen würde. Präsident Koch hat erklärt, daß nur dadurch der Lagerpfandschein zu einem Bankpapier werden würde, zu einem Papier, welches von den Banken gekauft würde, wenn abgesehen von der dinglichen Haftung der Waare der Regreß auf alle Vormänner gegeben ist, wie beim Wechsel. Das soll ja hauptsächlich der Zweck sein, die eingelagerte Waare einem Kreise von Gläubigern zu erschließen, und wenn man das will, so muß man auch die Mittel gewähren, damit die Geldgeber sich finden und Geld leihen. Man muß also den etwas harten Regreß gegen alle Vormänner zulassen.

Damit schließe ich. Besondere Anträge stelle ich nicht, weil ich die Anträge des Professor Dr. Cohn zu den meinigen mache. Ich habe gegen die Fassung der Cohn'schen Anträge ein paar Bedenken, die aber nicht erheblich genug sind, um sie zum Gegenstande weiterer Erörterung zu machen.

(Bravo!)

Correferent Rechtsanwalt und Bankdirector Dr. **Simon** (Berlin): M. H.! Die Frage, welche über die Wirkungen des Indossaments von Lagerscheinen an uns gestellt ist, muß in die zwei Theile zerlegt werden: Welche Wirkungen hat das Indossament des Lagerscheins, und welche Wirkungen hat das Indossament des Lagerpfandscheins?

Was das Indossament des Lagerscheins anlangt, so stehe ich vollständig auf dem Standpunkte des Gutachters Professor Cohn und des ersten Herrn Berichterstatters. Ich möchte nur auf einen Punkt Ihre Aufmerksamkeit lenken. Es wird gesagt, durch den Lagerschein würde der Besitz bezw. das Eigenthumsrecht übertragen werden können ebenso, als wenn die Waare selbst übergeben würde. Das ist nur mit einer Einschränkung richtig. Es giebt nämlich Lagerscheine, die nicht auf eine in specie bestimmte Waare lauten, sondern nur eine Verpflichtung zur Herausgabe generisch bestimmter Gegenstände begründen: Lagerscheine, in welchen das Lagerhaus sich verpflichtet, Waaren von bestimmter Art und Güte in einem bestimmten Quantum herauszugeben, oder nach denen das Lagerhaus befugt ist, statt der eingelagerten Waare auch andere gleicher Art und Güte auszuliefern. Es findet in beiden Fällen ein Creditiren von Waare statt, und der Gläubiger, d. h. der legitimirte Inhaber des Lagerscheines, ist nicht befugt, dem Lagerhause gegenüber zu verlangen, daß ihm einzelne bestimmte Waaren ausgeliefert werden. Daher muß in diesen Fällen auch nach meiner Ueberzeugung der allgemeine Grundsatz, daß durch Uebertragung des Lagerscheins das Eigenthum an einem bestimmten Gegenstande übertragen werden kann, in sich zusammenfallen.

Ich komme auf den zweiten Theil der Frage: Welche Wirkung hat die Indossirung von Lagerpfandscheinen? Vor Beantwortung derselben müssen wir uns darüber schlüssig werden, ob sich denn überhaupt die Einführung von Lagerpfandscheinen durch die deutsche Gesetzgebung empfiehlt. Im Gegensatz zu dem ersten Herrn Referenten bin ich der Ansicht, daß die Einführung von Lagerpfandscheinen sich nicht empfiehlt. Ich komme zu dem Resultat aus folgenden Erwägungen.

Die Hauptgründe, welche der Herr Referent angeführt hat, bestehen darin, daß bei der Verpfändung der Waare durch den gewöhnlichen Lagerschein ein Mißbrauch seitens des Gläubigers nicht ausgeschlossen ist, und zweitens, daß der Schuldner, solange der Gläubiger im Besitz des indossirten Lagerscheines ist, nicht durch Uebertragung des Eigenthums über die Waare verfügen kann. Nun, m. H., diese Sätze sind — wenn auch mit gewissen Einschränkungen — richtig, aber sie beweisen zu viel, sie beweisen nämlich gegen das ganze System unseres Faustpfandrechts. Nach den Grundsätzen des Pfandrechts, wie wir es allgemein für bewegliche Sachen haben, muß der Schuldner eine Waare, welche er verpfänden will, in die Gewahrsam des Gläubigers geben, und kann das Eigenthum nur übertragen, indem er die Waare einlöst, oder durch einen dinglichen Vertrag mit dem Käufer, welchem sich der Gläubiger als Dritter anschließt.

Wenn also bei dem Einscheinsystem die Verpfändung lediglich durch Indossirung des — einzigen — ausgegebenen Lagerscheins möglich ist, steht der Einlagerer nicht schlechter, als jeder andere Faustpfandschuldner — einschließlich des Connossementinhabers, welcher zur Sicherheit das Connossement durch Indossament verpfänden muß.

Wenn wir zu einer Entscheidung in dieser Frage kommen wollen, so müssen wir uns die Erfahrungen zu Nutze machen, welche mit dem Institut des Lagerpfandscheines, welcher im Anschluß an die französische Gesetzgebung auf dem Continent vielfach Warrant genannt wird, dort gemacht worden sind, wo man denselben eingeführt hat. Wir haben in Deutschland zwei Gebiete, in welchen der Lagerpfandschein partikularrechtlich existirt: Bremen und Elsaß-Lothringen. Wie bereits der Herr Referent erwähnt hat, ist in Bremen der Lagerpfandschein vollständig außer Gebrauch. Im Jahre 1878 ist das betreffende Gesetz eingeführt worden; von 1883 bis 1891 ist nach Auskunft des Bremer Lagerhauses nicht ein einziger Lagerpfandschein ausgestellt worden. Als man nach Aufhebung der Freihafenstellung in Hamburg daran ging, in Hamburg das Lagerwesen neu zu ordnen, ist man denn auch dort nicht zu dem Zweischeinsystem übergegangen, sondern bei dem bewährten Einscheinsystem geblieben und befindet sich sehr wohl dabei. Aus Elsaß-Lothringen, wo das französische Warrantrecht gilt, wird die Auskunft ertheilt, daß seit Jahren wenigstens in Mülhausen, dem Hauptverkehrscentrum, die Benutzung der Lagerpfandscheine nicht mehr üblich ist; die Banken verlangen vielmehr bei Gewährung von Vorschüssen auf Waare die Indossirung des Lagerscheins.

Die Erfahrungen, die man in anderen Ländern mit der Einführung des Lagerpfandscheins gemacht hat, ergeben dasselbe Resultat. Ich spreche nicht von dem russischen Lagerscheingesetz, — in Rußland soll nach den Auskünften, die ich erhalten habe, das Gesetz bisher keinen Erfolg erzielt haben; das russische Ministerium hat eine Concession für Lagerhäuser mit Warrantausgabe gegeben, aber von der Concession ist noch kein Gebrauch gemacht worden. Von Bedeutung ist dagegen Oesterreich, wo man im Jahre 1889 das Zweischeinsystem eingeführt hat. Die österreichisch-ungarische Bank läßt sich speciell die Förderung des Warrantverkehrs angelegen sein, und ließ sich ermächtigen, Warrants zu escomptiren, und der Erfolg? Seit ungefähr einem Jahr sind die fünf Filialen in Krakau, Lemberg, Saaz, Innsbruck und Triest ermächtigt worden, Warrants zu escomptiren; drei dieser Filialen haben noch keinen Warrant zu sehen bekommen, und bei den übrigen zwei waren es außerordentlich wenig. Eine hervorragende Wiener Bank, die Unionbank, welche sich mit der Unterstützung des Waarenverkehrs lebhaft befaßt, hat die Erste Oesterreichische Lagerhausgesellschaft ins Leben gerufen; die Direction theilt auf Anfrage mit, daß vom 1. Januar bis 1. September d. J. 50000 Gulden Warrants bei ihr zum Escompte eingereicht worden sind. Aehnliche Nachrichten hört man aus Basel und Solothurn. Das charakteristischste Beispiel aber bildet Belgien. Dort ist seit etlichen Jahren das Zweischeinsystem eingeführt. Man hat ein vorzügliches Gesetz über die Materie erlassen. Die Banque nationale de Belgique wurde darauf ermächtigt, Warrants zu discontiren, und der Erfolg war, daß im vorigen Jahre von derselben neben zwei Milliarden Francs Wechsel nur gegen drei Millionen Francs Warrants discontirt wurden. In Antwerpen sind im Laufe der letzten fünf Jahre ungefähr 66000 Einlagerungen gemacht worden und zwar 62283 in das Entrepôt royal, welches überhaupt keine Lagerpfandscheine oder Warrants ausstellt, und 4101 bei der Compagnie des Magasins généraux, welche dagegen 3879 einfache Certificate und 222 Warrants ausstellte. Also auch in Belgien ein vollständiges Fiasco! Aus Frankreich ist, wie auch aus Hecht's Zusammenstellungen sich ergiebt, schwer statistisches Material zu bekommen, und ich bin nicht in der Lage, Ihnen hier genauere Daten zu geben. Charakteristisch ist jedenfalls, daß, als im Anfang dieses Jahres die französische Regierung einen Gesetzentwurf über die Verproviantirung der Festungen einbrachte, sie in den Motiven hervorhob, daß in Paris überhaupt so wenig Lebensmittel eingelagert sind, daß die Stadt Paris als nur für sechs Tage verproviantirt angesehen werden kann. Wenn man nun bedenkt, daß das Lagerpfandscheinsystem darauf beruht, daß die Waare auf längere Zeit, auf 3 oder 6 Monate eingelagert wird, und wenn man hört, daß alle sechs Tage der Umschlag der zur Verproviantirung dienenden Waaren in den Lagerhäusern von Paris stattfindet, so ist klar, daß das Lagerpfandscheinsystem für Getreide und dergleichen thatsächlich keine Anwendung finden kann.

Wenn wir einen Rückblick auf die vorstehenden Darlegungen werfen, so ergiebt sich, daß, soweit das Lagerpfandscheinsystem in Deutschland eingeführt worden ist, die Kaufmannschaft sich in der Praxis vollständig ablehnend verhalten hat. Aber auch im Ausland konnten wir thatsächlich nur überwiegende Mißerfolge constatiren.

Die Gründe, aus welchen die Kaufmannschaft dem Lagerpfandschein feindlich gegenüber steht, sind m. E. zutreffend, und die Mittheilungen, die mir in Beantwortung meiner Anfragen sowohl aus kaufmännischen als aus Bankkreisen innerhalb wie außerhalb Deutschlands gemacht worden sind, beweisen mir, daß die Gründe überall dieselben sind. Gerade diese Uebereinstimmung scheint mir für die Richtigkeit zu sprechen.

M. H., ich bitte, sich klar zu machen, worin das Wesen des Lagerpfandscheinsystems besteht. Es wird neben dem Lagerschein ein zweiter Schein ausgestellt, auf welchem durch das sogenannte trennende Indossament eine dem Wechsel nicht unähnliche, durch die Waare pfandrechtlich sicher gestellte Verpflichtung begründet wird. Durch dieses trennende Indossament verpflichtet sich der legitimirte Inhaber des Lagerscheins, eine bestimmte Summe nach Ablauf einer bestimmten Zeit — meist nach drei oder sechs Monaten — unter Zurechnung eines bestimmten Zinssatzes zu zahlen. Wenn er früher zahlt, so kann er zwar die Waare herausbekommen, aber der Gläubiger verlangt die Zinsen.

Die Gründe, welche seitens der Kaufmannschaft dagegen eingewendet werden, sind folgende. Erstens gilt eine Verpfändung von Waaren, die ihrer Natur nach zum Verkauf und nicht zur Verpfändung bestimmt sind, nicht als anständig. Aus Belgien, speciell aus Antwerpen ist mir mitgetheilt worden, daß eine Firma, welche auf den Lagerschein quasi öffentlich ein Darlehen aufnehmen würde, sofort an Credit erheblich verlieren würde, und schon Hecht in seiner Abhandlung über die Warrants führt an, daß nach Mittheilungen aus Basel nur Firmen von zweifelhaftem Credit von dem zweiten Schein Gebrauch machen. Zweitens, wie bereits erwähnt, muß bei Benutzung des Lagerpfandscheins stets ein Darlehen auf bestimmte Zeit aufgenommen werden; man denkt dabei meist an drei oder sechs Monate. Waaren sind aber zum baldigen Umschlag bestimmt. Man kann sagen, und es wird mir gesagt, daß die Waaren thatsächlich durchschnittlich nicht länger als 8—14 Tage einliegen, und der Kaufmann zieht es im Allgemeinen vor, die Waare nach kurzer Zeit, sei es selbst mit Verlust, zu verkaufen, statt sie auf längere Zeit einzulagern und sich auf eine längere Speculation einzulassen, welche leicht mit einem noch größeren Verlust für den Kaufmann verbunden sein kann, und durch welche Zinsverluste und Kosten entstehen. Der dritte Grund ist, daß durch Hinzufügung des Termins bei vorheriger Herausnahme der Sache eventuell ein großer Zinsverlust eintritt, denn wenn ich einen Warrant auf drei Monate ausgestellt habe und muß die Waare schon nach einem Monat herausnehmen und verschicken, so verliere ich zwei Monat Zinsen. Dazu kommt, daß der Lagerpfandschein, durch dessen Benutzung ein bestimmtes Quantum Waaren gegen eine fest bestimmte Summe auf eine bestimmte Zeit festgelegt wird, nicht die nothwendige Beweglichkeit hat. Der Kaufmann will z. B. häufig nur einen Theil einstweilen bezahlen und dafür einen Theil Waare herausnehmen; das würde er bei dem Lagerpfandschein nicht können. Der Hauptgrund ist aber folgender. Es ist ein vollständiger Irrthum, wenn man glaubt, daß im kaufmännischen Verkehr ein Darlehen so aufgenommen wird, wie dies im Formular für den Lagerpfandschein Voraussetzung ist. Es kommt, so weit meine Erfahrungen in Deutschland reichen, absolut nicht vor, daß ein Kaufmann zu einer Bank geht und sagt: ich will meine Waare auf drei oder sechs Monate verpfänden, gieb mir eine bestimmte Summe als Darlehen; sondern wenn ein Kaufmann ein Darlehen auf Waaren verlangt, so sagt er zu der Bank: ich will 60 oder 70 oder 75 oder 80 Procent des jeweiligen Werths der Waare beleihen; geht die Waare im Preise herunter, so muß der Kaufmann der Bank einen entsprechenden Nachschuß leisten. Wenn z. B. ein Kaufmann bei einem Marktpreis des Roggens von 240 Mark die Waare mit 180 Mark beleiht, und die Waare geht im Preise herunter auf 200 Mark, so ist nunmehr der Beleihungspreis nur noch 150 Mark, und der Kaufmann muß die Differenz nachschießen. Anders können auch die Banken nicht vorgehen, denn wir wissen ja alle aus den letzten Jahren, welche kolossalen Fluctuationen auf dem Waarenmarkte stattgefunden haben, wie Getreide, Zucker, Kaffee, Eisen, also gerade diejenigen Waaren, die hauptsächlich in die Lagerhäuser wandern, den größten Schwankungen unterliegen, und eine Bank, welche auf drei Monate derartige Waaren beleihen wollte und sich dem Schuldner gegenüber in dieser Zeit nicht rühren könnte, würde nach Ablauf der drei Monate als Pfand vielleicht nur noch eine Waare haben, welche im Werthe weit zurückbleibt hinter demjenigen, auf Grund dessen die Bank die Beleihung vorgenommen hat. Infolge dessen wird in allen derartigen Darlehnsverträgen bestimmt, daß im Falle des Rückganges des Preises der Waare Nachschuß geleistet werden soll. Würde das nicht bestimmt, so würde die Bank die Waare nur zu einem minimalen Werth beleihen können, vielleicht auf 25 oder 30 Procent. Damit würde aber dem betreffenden Kaufmann nicht geholfen sein, denn wenn er die Waare nur so niedrig beliehen bekommt, so würde er ein viel höheres Anlagecapital für sein Geschäft brauchen, als wenn er die Waare höher beleihen kann. Deshalb geht er auch gern auf die Bedingung ein, daß er je nach dem Herabgehen des Preises der Waare Nachschuß zu leisten verpflichtet ist.

M. H., das sind die Gründe, welche aus den Kreisen der Kaufmannschaft und der Banken gegen die Lagerpfandscheine angeführt werden, und ich glaube, daß sie die Thatsache vollständig rechtfertigen, daß sich die Kaufmannschaft abschließt von der Benutzung des Lagerpfandscheins. Ich kann aber auch nicht der Meinung sein, welche der Herr Vorredner vertreten hat, und die auch in einem der Gutachten angeführt ist, daß man auf jeden Fall den Lagerpfandschein durch Gesetz einführen könnte; man könnte ja abwarten, ob die Kaufmannschaft von dem Lagerpfandschein Gebrauch machen werde oder nicht. Erstens: superflua nocent, namentlich in der Gesetzgebung. Wenn ich ein Gesetz einfach gestalten kann, so werde ich nicht unnöthiger Weise Neues hinzufügen, von dem ich überzeugt bin, daß es sich praktisch nicht bewähren wird, weil es sich praktisch nicht bewährt hat. Außerdem hat im vorliegenden Falle die deutsche Kaufmannschaft, soweit sie hierzu Gelegenheit hatte, bereits ihr Votum gegen den Lagerpfandschein durch vollständige Enthaltsamkeit abgegeben, und ich bin der Meinung, daß wir uns hüten sollten, dieses neue und sehr complicirte Institut des Lagerpfandscheins, welches noch die mannigfachsten Controversen in der wissenschaftlichen Behandlung und Schwierigkeiten in der Praxis herbeizuführen geeignet ist, über welches die Praxis bereits den Stab gebrochen hat, neu in die Gesetzgebung einzuführen. Deshalb schlage ich vor, sich darauf zu beschränken, nur bezüglich der Indossirung der Lagerscheine hier einen Beschluß zu fassen, und in dieser Beziehung bin ich vollständig mit den betreffenden Anträgen des Herrn Referenten und des Professors Cohn einig, welche dahin gehen würden:

I. An die Indossirung der Lagerscheine sind zu knüpfen:
   1. der Uebergang aller Rechte aus dem indossirten Papier gegen das Lagerhaus,
   2. dieselben rechtlichen Wirkungen, welche an die Uebergabe der Güter selbst sich knüpfen würden.

Diesem Beschluß bitte ich als Ziffer II hinzuzufügen:

II. Da sich die Einführung von Lagerpfandscheinen nicht empfiehlt, so erübrigt sich die Beschlußfassung über die Frage, welche Wirkungen an die Indossirung derselben zu knüpfen sind.

(Bravo!)

Referent Professor Dr. **Cosack:** M. H.! Ich möchte auf die Bemerkungen des Herrn Vorredners noch Folgendes sagen. Das Bedürfniß für den Lagerpfandschein ist, wie auch mir scheint, kein sehr großes; aber wenn der Herr Vorredner selbst von drei Millionen gesprochen hat, die in einem Jahre in Belgien auf Lagerpfandscheine geliehen worden sind, so ist das am Ende doch keine Kleinigkeit. Ich sehe nicht ein, warum wir nicht diesen drei Millionen zu Liebe dem Lagerscheine einen besonderen Lagerpfandschein beifügen wollen. Aus Frankreich lassen sich, wie der Herr Vorredner erwähnt hat, bestimmte Angaben nicht machen, indessen, wie man im großen Ganzen hört, wird dort der Lagerpfandschein ganz flott gehandelt.

Eine weitere Bemerkung, m. H.! Der Herr Vorredner sagte, es gelte bei den Kaufleuten nicht als anständig, den Lagerpfandschein zu verpfänden. Nun ja, das Wort „Pfandrecht" ist bei den Kaufleuten nicht beliebt; wir sehen, daß sie dafür ganz andere Ausdrücke gebrauchen, lombardiren, in Depot geben u. s. f.; sachlich macht das aber keinen Unterschied. Im Uebrigen, anständig im kaufmännischen Sinne mag ja nur derjenige sein, der selber genug Geld hat, und sich nicht erst Geld gegen Pfandsicherheit zu leihen braucht. Aber es giebt doch auch Kreise, die unter Umständen nicht in der Lage sind, so „anständig" zu sein. Darf man deshalb diese Kreise ob ihrer mangelnden Anständigkeit einfach mit Nichtachtung strafen? Ich meine, man muß doch auch im Großhandel Rücksicht nehmen auf die Leute, die gezwungen sind, manchmal gegen Pfand Geld zu nehmen, und diesen soll der Lagerpfandschein dienen.

Schließlich hat der Herr Correferent mehrere Gründe gegen die Lagerpfandscheine geltend gemacht, die ich nicht für ganz zutreffend erachte, weil sie nicht sowohl gegen den Lagerpfandschein sprechen, nicht gegen die getrennte Indossirung des Lagerpfandscheins, sondern gegen die Verpfändung von eingelagerten Waaren überhaupt, also auch gegen die Verpfändung des ganzen ungetrennten Lagerscheins. Nun will aber auch das vom Herrn Vorredner selbst empfohlene Einscheinsystem die Verpfändung von eingelagerten Waaren, die Verpfändung seines einheitlichen Lagerscheins gar nicht verbieten, sondern es schreibt nur vor: wenn ihr die Waare verpfänden wollt, so müßt ihr den ganzen Lagerschein indossiren, gerade so, als wenn ihr die Waare übereignet. Nach den Aeußerungen des Herrn Vorredners sollte man aber meinen, es würde auch in dieser Form von der Verpfändung eingelagerter Waare gar kein Gebrauch gemacht; erstens seien die Kaufleute zu anständig, um Geld gegen Pfand zu nehmen, zweitens würden die Waaren nur auf drei oder sechs Monate beliehen, das passe den Kaufleuten nicht, die Waare solle nicht so lange lagern u. s. f. Denn alle diese vom Herrn Vorredner genannten Gründe haben mit der Indossirung des getrennten Lagerpfandscheins garnichts zu thun, sondern treffen jede Art von Verpfändung eingelagerter Waaren. Trotz aller der vorgetragenen Gründe wird thatsächlich im kaufmännischen Leben ganz flott verpfändet, man nennt es nur nicht „verpfändet", man nennt es anders. Man indossirt nicht den Lagerpfandschein, weil man diesen, abgesehen von Bremen, nicht hat, sondern man indossirt den Lagerschein; aber thatsächlich läuft es auf dasselbe hinaus. Man verpfändet thatsächlich die Waare, nur mit der Gefahr, daß der Gläubiger Mißbrauch treibt mit der viel zu weit gehenden Befugniß, die ihm durch Indossirung des ganzen Lagerscheins übertragen ist, und mit der weiteren Schwierigkeit, die Waare in der Zwischenzeit nicht veräußern zu können.

Sollte nun wirklich schon jetzt die Behauptung am Platze sein, es bestehe kein Bedürfniß, für diese Verpfändung eine eigene, möglichst zweckmäßige Form aufzustellen?

Correferent Rechtsanwalt und Bankdirector Dr. **Simon**: Gestatten Sie mir mit wenigen Worten zu erwidern. Es ist ja selbstverständlich, daß die Verpfändung von Waaren auch in der Form des Indossaments auf einfachen Lagerscheinen nicht nur erfolgt, sondern sogar sehr häufig geschieht; speciell auch in den Ländern, wo der Lagerpfandschein eingeführt ist, namentlich in Belgien. Es genügt eben der einfache Lagerschein auch zur Verpfändung, gerade ebenso wie das Connossement. Die Kaufleute, welche vorübergehend Geld brauchen, sind in der Lage, gegen einfache Indossirung der Lagerscheine wie der Connossemente auf kurze Zeit unter Sicherstellung bei Banken oder Bankiers Geld zu erheben. Diese legitime Art der Bevorschussung von Waaren soll durchaus befördert werden. Nur die Art und Weise, wie durch den Lagerpfandschein Waaren zur Bevorschussung gelangen, empfiehlt sich nicht. Ich möchte zu den früher angeführten Gründen noch folgende hinzufügen. Es erscheint mir wirthschaftlich nicht richtig, durch die Gesetzgebung die Beleihung von Waaren auf längere Zeit zu befördern, zumal durch ein Rechtsinstitut, bei welchem der Gläubiger dem Rückgang des Werths des Pfandobjects während der Dauer des Darlehns machtlos gegenübersteht. Ich halte das für um so weniger empfehlenswerth, weil eventuell auch die Reichsbank sich mit der Discontirung von Lagerpfandscheinen befassen soll, und es meiner Ansicht nach namentlich in Handelskreisen nicht ohne Bedenken wäre, wenn die Reichsbank auf diese Weise Waaren auf drei Monate oder gar länger ohne Nachschußpflicht für die betreffenden Schuldner zu bevorschussen in der Lage wäre, wenn dieselbe auch voraussichtlich stets zwei Unterschriften auf dem Lagerpfandschein erfordern würde.

Präsident: M. H., da sich Niemand zum Worte meldet, so kann ich die Debatte schließen. In Bezug auf die Anträge herrscht Uebereinstimmung zwischen den beiden Herren Referenten über folgende Punkte:

I. An die Indossirung der Lagerscheine sind zu knüpfen:

1. der Uebergang aller Rechte aus dem indossirten Papier gegen das Lagerhaus,
2. dieselben rechtlichen Wirkungen, welche an die Uebergabe der Güter selbst sich knüpfen würden.

Hier darf ich wohl annehmen, daß gegen diese beiden Sätze Niemand ein Bedenken hat und sie angenommen sind.

Die einzige Differenz besteht darin, daß seitens des ersten Herrn Referenten nun noch Bestimmungen empfohlen werden über die Lagerpfandscheine, während der zweite Herr Referent mit einer kleinen soeben auf meine Anregung vorgenommenen Kürzung auszusprechen beantragt:

II. Die Einführung von Lagerpfandscheinen empfiehlt sich nicht.

Ich bringe diesen Antrag zur Abstimmung; wird er angenommen, so erübrigen sich die Beschlüsse, die sonst noch beantragt werden in Bezug auf die Lagerpfandscheine.

Bei der Abstimmung erklären sich für den Antrag Dr. Simon 14, gegen denselben 8 Anwesende; derselbe ist also angenommen.

Rechtsanwalt und Bankdirector Dr. Simon erhält und übernimmt den Auftrag, von dem gefaßten Beschlusse dem Plenum Kenntniß zu geben.

Präsident: Es wird sich kaum ermöglichen lassen, die Frage 4 noch zu erledigen:

> Ist die Bestimmung des § 283 des Entwurfs eines B.G.B.'s zu billigen, wonach die Aufrechnung bewirkt, daß die beiderseitigen Forderungen in dem sich deckenden Betrage mit dem Zeitpunkt als erloschen gelten, in welchem sie als zur Aufrechnung geeignet sich gegenüber getreten sind?

Die Frage hängt mit dem Bürgerlichen Gesetzbuch zusammen, und die Frist für die Vollendung desselben ist durch das Zusammentreten einer Revisionscommission weiter hinausgerückt; es wird daher unbedenklich sein, diese Frage dem nächsten Juristentage wieder vorzulegen. Ich werde mithin dem Plenum bloß die Mittheilung machen, daß die Frage dem nächsten Juristentage zur Berathung zu stellen ist.

Damit hätten wir, soweit möglich, die Arbeiten der ersten Abtheilung vollendet.

(Schluß der Sitzung nach 1 Uhr Nachmittags.)

Erste Sitzung der zweiten Abtheilung
am 10. September 1891.

(Beginn: Vormittags 11 Uhr.)

Geheimer Justizrath Prof. Dr. **Brunner** (Berlin): Ich glaube der Zustimmung der Mitglieder der zweiten Abtheilung sicher zu sein, wenn ich Ihnen als Vorsitzenden dieser Abtheilung vorschlage Herrn Präsidenten Becker aus Oldenburg.

(Bravo!)

Landgerichtspräsident **Becker** (Oldenburg): Ihre Wahl dankbar annehmend, m. H., werde ich versuchen Ihrem Vertrauen nach den Kräften, die mir noch gegeben sind, zu entsprechen. Ich habe zunächst Ihnen die geschäftliche Mittheilung zu machen, daß zu unserem großen Bedauern ein Schreiben eingelaufen ist vom Herrn Prof. Dr. Dernburg, wonach er unglücklicher Weise verhindert ist, an den Verhandlungen dieses Juristentages theilzunehmen und bittet, ihn zu entschuldigen, daß er nunmehr sein Referat über die Pfandrechtsfrage nicht erstatten kann, und, da nun der zweite Herr Referent mit den deutschen Pfandrechtsverhältnissen, die wesentlich mit in Betracht kommen, als Oesterreicher nicht so bekannt sein dürfte, so wird es sich empfehlen, diesen Gegenstand der Tagesordnung ganz ausfallen zu lassen, jedenfalls ihn als den letzten zu nehmen, wenn noch Zeit übrig sein sollte. Als nächste Gegenstände der Berathung möchte mit Rücksicht auf den Umstand, daß zwei der Herren Referenten, einer ganz sicher, der zweite wahrscheinlich, verhindert sein werden, morgen am Juristentage theilzunehmen, es sich empfehlen, die Fragen 7 und 10 vorher zu nehmen, und würde ich zufolge einer Rücksprache mit den beiden Herren Referenten, wenn die Herren einverstanden sind, mit der 7. Frage beginnen:

Empfiehlt sich die Beibehaltung der Grundsätze des Entwurfes eines B.G.B.'s über Verschollenheit und Todeserklärung?

Wenn kein Widerspruch erfolgt, fangen wir hiermit an. Ich bin nun vorher noch einer Aufforderung des Herrn Präsidenten unseres Juristentages entsprechend verpflichtet, die Herren zu bitten, etwaige Vorschläge für die Vertrauensmänner der ständigen Deputation auf dem Bureau einzureichen während der Sitzung; am Schluß der Sitzung wird das Bureau die Liste den Anträgen möglichst entsprechend zusammenstellen und morgen früh 9 Uhr bei Beginn der Sitzung zur Abstimmung vorlegen. Als Vertreter für mich schlage ich vor zu ernennen, Herrn Geheimen Rath Dr. Schulte von Bonn, und als Schriftführer hat die Güte gehabt, heute eintreten zu wollen Herr Rechtsanwalt Dr. Gorius aus Cöln. Ich bitte ihn, an meiner Seite Platz zu nehmen. Für morgen dürfte der Herr Schriftführer vielleicht noch nicht zu wählen sein, ich hoffe aber, daß wir dann Jemanden aus der Versammlung bitten können, das Schriftführeramt zu übernehmen.

Wir gehen jetzt zur Tagesordnung, wie die Herren sie genehmigt haben, über, und ich bitte den Herrn Referenten über die erste Frage, Herrn Geheimen Rath Prof. Dr. Brunner sein Referat zu beginnen.

Referent Geheimer Justizrath Prof. Dr. **Brunner** (Berlin); M. H., ich habe zu referiren über die Frage:

Empfiehlt sich die Beibehaltung der Grundsätze des Entwurfes eines B. G. B.'s über Verschollenheit und Todeserklärung?

Dieses Thema steht schon seit 3 Jahren auf der Tagesordnung des Deutschen Juristentages. Auf dem Straßburger Juristentage konnte es nicht erledigt werden und ist vertagt worden. Die Lage der Frage war vor 3 Jahren eine ganz andere, als heute. Damals hatten wir es nur zu thun mit dem Entwurfe erster Lesung, und mit den Gutachten der Herren Hölder und Heinsen, die gedruckt vorliegen, und die ich als bekannt voraussetzen darf. Inzwischen hat aber die zur zweiten Lesung des Entwurfes eingesetzte Commission den Entwurf erster Lesung gerade in der Frage der Todeserklärung in einschneidender Weise abgeändert. Die betreffenden Beschlüsse sind nicht Geheimniß, sie sind durch den Reichsanzeiger publicirt worden. Man kann also ohne Weiteres hier mit ihnen operiren. Jene Aenderung erfolgte in einer Richtung, die ich als akademischer Lehrer etwa seit einem Vierteljahrhundert vertrete. Meine Aufgabe ist dadurch eine andere geworden, sie ist nicht mehr polemischer Natur, wie sie es auf dem Straßburger Juristentage gewesen wäre, sondern ich habe im Wesentlichen nur einzutreten für die Beschlüsse der zweiten Lesung. Dem entsprechend sind denn auch die Anträge formulirt worden, die Sie gedruckt in den Händen haben. Sie lauten: Es empfiehlt sich, im Einklang mit den Beschlüssen der zur zweiten Lesung eingesetzten Commission:

1. die Unfallverschollenheit unter die Anlässe der Todeserklärung aufzunehmen;
2. den Tod des Verschollenen von dem Zeitpunkte zu datiren, in welchem der gesetzliche Wahrscheinlichkeitsgrund des Todes eingetreten ist;
3. mit der Vermuthung des Todes die Vermuthung zu verknüpfen, daß der Verschollene bis zu jenem Zeitpunkte gelebt habe.

Vorsitzender: Die Anträge liegen hier zur Abholung bereit.

Referent Geheimer Rath Prof. Dr. **Brunner:** Von den Differenzpunkten zwischen dem Entwurfe erster Lesung und den Beschlüssen zweiter Lesung will ich zunächst einen kurz vorwegnehmen. Der Entwurf erster Lesung beschränkte die Todeserklärung auf die Angehörigen des Deutschen Reiches, eine Bestimmung, die scharf getadelt wurde, unter anderem in den Gutachten, und zwar mit Recht, zumal man ja in dem Momente der Todeserklärung sehr häufig nicht wissen kann, ob der Verschollene zu der Zeit noch die deutsche Staatsangehörigkeit besäße oder nicht. Die Beschlüsse der zweiten Lesung haben die Beschränkung auf Deutsche gestrichen und haben in sachgemäßer Weise der Regelung des internationalen Privatrechtes vorbehalten, unter welchen Voraussetzungen ein Ausländer von einem deutschen Gerichte für todt erklärt werden könne. Damit fiel denn auch eine verwandte Beschränkung der ersten Lesung, nämlich daß die Todeserklärung aus Anlaß der Kriegsverschollenheit nur auf Grund der Theilnahme an einem Kriege in der bewaffneten Macht des Deutschen Reiches zulässig sei. Auch diese Beschränkung der Kriegsverschollenheit ist in den Beschlüssen der zweiten Lesung beseitigt worden.

Von den wichtigeren Unterschieden zwischen dem Entwurfe der ersten Lesung und den Beschlüssen der zweiten Lesung betreffen die einen die Voraussetzungen, die anderen die Wirkungen der Todeserklärung. Ich beginne mit den Voraussetzungen.

Nach dem Rechtszustande, wie er sich in Deutschland ausgebildet hat, zum Theil nach gemeinem Rechte, zum Theil nach den wichtigeren Landesrechten, hat die Todeserklärung regelmäßig drei Voraussetzungen; nämlich erstens Verschollenheit. Das ist ein Zustand, welcher Zweifel erregt, ob eine Person unbekannten Aufenthaltes noch am Leben sei oder nicht. Regelmäßig hat dieser Zweifel seinen Grund darin, daß die Person abwesend ist, ohne daß man Nachricht hat, ob sie noch am Leben, oder ob sie gestorben sei. Das Wort „Verschollenheit" kommt bekanntlich von einem veralteten Zeitworte „verschallen". Das „Verschallen" verlangt eine längere Zeit. Es beginnt mit dem Augenblicke, wo das letzte Lebenszeichen des Abwesenden unser Ohr getroffen hat, und es ist vollendet, sobald ein Zeitraum vergangen ist, in welchem man nach Lage der Umstände vernünftiger Weise irgend eine Nachricht hätte erwarten müssen, ob der Betreffende noch lebe oder verstorben sei. Es ist daher ein sprachwidriger Wortgebrauch, wenn der Entwurf erster Lesung den als verschollen bezeichnet, bei welchem der Tod wahrscheinlich geworden ist. Er sagt: Verschollen sei der Abwesende, wenn man seit 10 Jahren keine Nachricht über sein Leben erhalten habe. Die Beschlüsse der zweiten Lesung haben diese Sprachwidrigkeit beseitigt.

Die Todeserklärung verlangt dann zweitens einen gesetzlichen Wahrscheinlichkeitsgrund des Todes. Mit Rücksicht auf den gesetzlichen Grund, der den Tod des Verschollenen wahrscheinlich macht, lassen sich unterscheiden eine Altersverschollenheit, eine Verschollenheit von längerer, rechtlich fixirter Dauer, eine Unfallverschollenheit und eine Kriegs- und Seeverschollenheit. Die Altersverschollenheit läßt bekanntlich die Todesvermuthung eintreten bei hohem Alter, welches der Verschollene erreicht hätte, wenn er noch am Leben wäre. Bekanntlich setzt das gemeine Recht als Altersgrenze das 70. Lebensjahr, der Code civil das 100. Lebensjahr. Das Alter wirkt natürlich nur in Verbindung mit der Verschollenheit, deren erforderliche Dauer zu begrenzen nach gemeinem Rechte im Ermessen des Richters steht. Der Entwurf erster Lesung und die Beschlüsse zweiter Lesung behandeln die Altersverschollenheit nicht als eine selbständige Art der Verschollenheit, sondern nur als eine Unterart der Verschollenheit von längerer Dauer. Sie geben dem Alter nur den Einfluß, daß die gewöhnliche Verschollenheitsfrist, die nach dem Entwurfe 10 Jahre beträgt, auf 5 Jahre abgekürzt wird. Eine andere Art der Verschollenheit ist die Verschollenheit von längerer, rechtlich fixirter Dauer. Im Gegensatz zu dem gemeinen Rechte hat in Deutschland das sogenannte schlesische System, welches dann in das preußische Landrecht übergegangen ist, und das französische Recht, beide vermuthlich auf fränkisches Recht zurückgehend, die Dauer der Verschollenheit an sich zu einem gesetzlichen Wahrscheinlichkeitsgrunde des Todes erhoben. Der Entwurf der ersten Lesung und der zweiten stimmen in dieser Beziehung überein. Sie verlangen beide eine 10jährige Verschollenheit. Nach den Beschlüssen zweiter Lesung wird dasjenige Jahr, in welchem die Verschollenheit ihren Anfang genommen, nicht mit eingerechnet, so daß die 10jährige Frist erst beginnt mit dem Schlusse des Jahres, aus welchem die letzte Nachricht über das Leben des Verschollenen datirt. Die während der Minderjährigkeit verstreichende Zeit wird nicht gezählt, so daß also bei denjenigen, die als Minderjährige in Verschollenheit gerathen, die Frist erst gerechnet wird von dem Zeitpunkte an, da sie das 21. Lebensjahr vollendet hätten. Wenn seit der Geburt mindestens 70 Jahre verstrichen sind, bedarf es nicht der 10jährigen Verschollenheitsfrist. Dann genügt eine 5jährige Frist, und zwar auch dann, wenn etwa das 70. Lebensjahr des Verschollenen in die Verschollenheitsfrist hineinfallen würde, so daß z. B. Jemand, der mit 68 Jahren in Verschollenheit geräth, nach 5 Jahren für todt erklärt werden kann.

Eine wichtige Art der Verschollenheit, die der Entwurf erster Lesung leider vollständig oder fast vollständig ignorirt, ist die Unfallverschollenheit. Jemand hat sich aus Anlaß eines Unfalles in einer dringenden Lebensgefahr befunden, und es ist ungewiß, ob er darin umgekommen sei oder nicht. Der Entwurf erster Lesung kennt diese Verschollenheit nur insoweit, als sie Kriegs- oder Seeverschollenheit ist. Daß sie aber über diese Beschränkung hinaus ein wesentliches praktisches Bedürfniß ist, das zeigt uns insbesondere das Vorbild der österreichischen Gesetzgebung, welche nach dem bekannten Brande des Wiener Ringtheaters vom 8. December 1881 sich veranlaßt sah, die Todeserkärung durch ein besonderes Gesetz vom 16. Februar 1883 zu regeln. Für eine derartige Katastrophe würde der Entwurf erster Lesung nur die Verschollenheitsfrist von 10 Jahren zur Verfügung stellen, resp. von 5 Jahren bei Personen, die das 70. Lebensjahr überschritten hätten. Zu welch' unpassenden Consequenzen das führen würde, das möge Ihnen ein Beispiel vor Augen stellen. Nehmen wir an, es wären die Großmutter, die Mutter und die Tochter gemeinsam ins Ringtheater gegangen, und sie würden alle drei seit dem Brande vermißt. Die 70jährige Großmutter könnte für todt erklärt werden nach 5 Jahren, die Mutter nach 10 Jahren und die etwa 12jährige Tochter 5 Jahre nach erreichter Großjährigkeit, also im gegebenen Falle nach 17 Jahren. Es würde dann die Rechtsordnung uns zumuthen, anzunehmen, daß von den drei Personen, die höchst wahrscheinlich Alle an demselben Tage des Jahres 1881 gestorben sind, die eine etwa im Jahre 1887, die andere im Jahre 1892 und die dritte im Jahre 1899 verstorben sei. Dabei rechnet man mit der Thatsache, daß der Antrag auf Todeserklärung sofort erfolgt. Die Intervalle können sich aber noch weiter um ein Beträchtliches verschieben, wenn die Zeit zwischen dem Ablauf der Verschollenheitsfrist und der Antragstellung bei den drei Personen eine verschiedene ist. Daß ein derartiges Resultat aller Wahrscheinlichkeit ins Gesicht schlägt, liegt auf der Hand. Wenn der Gesetzgeber nun einmal Präsumtionen aufstellt, dann dürfen sie der Wahrscheinlichkeit, dem gesunden Menschenverstande nicht geradezu direct widersprechen. Es hat daher die Commission der zweiten Lesung eine wesentliche Lücke ausgefüllt, indem sie die Unfallsverschollenheit unter die selbständigen Anlässe der Todeserklärung aufnahm. Dem entspricht denn auch mein Antrag unter Ziffer I.

Endlich haben wir es noch zu thun mit der Kriegs- und Seeverschollenheit. Diese ist entweder Verschollenheit aus Anlaß eines nachgewiesenen Unfalles oder aber Verschollenheit aus Anlaß eines vermutheten Unfalles. Eines nachgewiesenen Unfalles: Es ist Jemand in einer Schlacht schwer verwundet und seitdem vermißt worden, oder Jemand hat sich nachweislich auf einem Schiffe befunden, welches untergegangen ist, und bleibt seit dem Untergange des Schiffes verschollen. Soweit sind die Kriegsverschollenheit und die Seeverschollenheit nur Unterarten der allgemeinen Unfallsverschollenheit. Es giebt aber auch eine Kriegs- und Seeverschollenheit auf Grund eines vermutheten Unfalles. Es hat Jemand an einem Kriege Theil genommen und bleibt nach dem Friedensschluß durch längere Zeit verschollen. Es ist nicht nachgewiesen, daß er einem besonderen Unfalle ausgesetzt war. Oder Jemand hat sich eingeschifft, das Schiff hat aber den Bestimmungshafen nicht erreicht und ist verschollen. In beiden Fällen wird ein Unfall präsumirt, so daß die Todeserklärung mit zwei Vermuthungen operirt; erstens mit der Vermuthung, daß die betreffende Person einem Unfall ausgesetzt war, und zweitens mit der Vermuthung, daß sie diesem Unfall zum Opfer gefallen sei. Es ließen sich noch andere Fälle denken, in denen sich das Bedürfniß nach einer derartigen zweifachen Vermuthung ergeben könnte. Es wäre zum Beispiel möglich, daß bei einer weiteren Entwickelung der Luftschifffahrt etwa ein Bedürfniß nach einer besonderen Luftballonverschollenheit eintritt, oder daß etwa in Zukunft ein Bedürfniß nach einer Hochgebirgsverschollenheit sich herausstellt. Vorläufig kann der Gesetzgeber dies ruhig abwarten. Die Beschlüsse der zweiten Lesung stellen die Kriegs- und Seeverschollenheit voran und lassen ihr die sonstige Unfallsverschollenheit folgen. Logisch richtiger wäre es, die Unfallsverschollenheit voranzustellen, um sie dann zu ergänzen durch die Kriegs- und Seeverschollenheit, welcher nicht ein nachgewiesener, sondern nur ein vermutheter Unfall zu Grunde liegt. Es würde das seine praktischen Consequenzen haben in Bezug auf die Berechnung der Verschollenheitsfristen und in Bezug auf die Berechnung des Todestages.

Bei der Seeverschollenheit beträgt die Verschollenheitsfrist nach dem Entwurfe erster und zweiter Lesung ein Jahr seit dem nachgewiesenen, resp. seit dem vermutheten Untergange des Schiffes, bei der Kriegsverschollenheit drei Jahre, und zwar drei Jahre nach dem Friedensschlusse oder, wenn ein Friedensschluß nicht stattgefunden hat, was ja vorkommen kann, nach dem Schlusse des Jahres, in welchem der Krieg beendigt worden ist. Es wäre meines Erachtens vielleicht passend zu erwägen, ob es nicht gerathen wäre, nach Analogie einer Bestimmung des Reichsmilitärgesetzes § 44 statt des Endes des Krieges zu setzen: den Zeitpunkt, in welchem der betreffende Truppentheil demobilisirt worden ist.

Endlich gehört zu den Voraussetzungen der Todeserklärung regelmäßig ein gerichtliches Aufgebotsverfahren. Ich sage, regelmäßig, denn bekanntlich kann es in gewissen Ausnahmefällen fehlen. Der Entwurf erster Lesung hat das Verfahren der Todeserklärung geregelt in § 9 ff. Die Beschlüsse der zweiten Lesung haben dagegen die processualischen Vorschriften über die Todeserklärung aus dem bürgerlichen Gesetzbuch ausgeschieden und sie zugewiesen einer Novelle zu § 836 der Civilproceßordnung, welche in das Einführungsgesetz zum bürgerlichen Gesetzbuch aufgenommen werden soll. Ich leite daraus das Recht her, mein Referat im Wesentlichen von den processualischen Bestimmungen über die Todeserklärung zu entlasten. Nur eins will ich hier hervorheben. Der Entwurf erster Lesung schließt das Aufgebot aus bei Kriegs- und Seeverschollenheit. Er beschränkt es auf die 10jährige resp. 5jährige Verschollenheit. Diese Beschränkung ist u. a. durch unsere Gutachten getadelt worden. Die Beschlüsse der zweiten Lesung haben das abgeändert und zwar dahin, daß ein Aufgebot auch in den genannten Fällen erfolgt, daß aber bei der Unfallsverschollenheit, der Kriegs- und Seeverschollenheit die Bekanntmachung des Aufgebotes in den öffentlichen Blättern unterbleiben darf, und ebenso, falls seit der Geburt des Verschollenen 100 Jahre verstrichen sind. So viel von den Voraussetzungen der Todeserklärung!

Ich komme nunmehr zu den Unterschieden zwischen den Beschlüssen erster und zweiter Lesung hinsichtlich der rechtlichen Wirkungen der Todeserklärung. Nach dem Entwurfe der ersten Lesung hat das gerichtliche Urtheil, welches die Todeserklärung ausspricht, nicht etwa bloß declarative, sondern constitutive Wirkung. Das Urtheil will nicht bloß sagen, daß die gesetzlichen Voraussetzungen der Todesvermuthung vorhanden sind, sondern es begründet, soweit es sich um die Beerbung des Verschollenen handelt, die Vermuthung, daß der Verschollene in dem Zeitpunkte der Todeserklärung gestorben sei. Es wird also als Todesdatum präsumirt das Datum des Urtheils, welches die Todeserklärung ausspricht. Wie ungereimt das ist, das zeigt sich insbesondere bei der Unfallsverschollenheit. Nehmen wir an, es habe sich Jemand auf einem Schiffe befunden, welches gestern den 9. August 1891 untergegangen ist; der Betreffende ist verschollen; gesetzt die Todeserklärung wird am 31. März 1895 ausgesprochen, dann würde nach dem Entwurf der ersten Lesung die Vermuthung ausgesprochen, daß der Verschollene am 31. März 1895 gestorben sei, und vergeblich müßte unsere Phantasie sich anstrengen, sich vorzustellen, was denn der Vermißte in der ganzen Zeit vom Untergange des Schiffes bis zum Datum der Todeserklärung etwa getrieben habe. Aber auch für die normale Verschollenheit ist die constitutive Wirkung der Todeserklärung nicht haltbar. Es ist immerhin wahrscheinlicher, daß der Verschollene mit dem Ablaufe der Verschollenheitsfrist, als daß er gerade am Tage der Todeserklärung gestorben sei. Der Antrag auf Todeserklärung kann ja hinausgeschoben werden, es kann sein, daß die Todeserklärung erst erfolgt zu einer Zeit, da der Verschollene 125 oder 130 Jahr alt geworden wäre, und da ist es denn sehr unwahrscheinlich, daß er mit 125 oder 130 Jahren gestorben sei. Bei der constitutiv wirksamen Todeserklärung würde ferner das Todesdatum, wie man mit Recht bemerkt hat, vielfach abhängen vom Zufalle, es würde abhängen von dem Belieben der Interessenten, denen es freisteht, die Todeserklärung bald zu beantragen, oder den Antrag hinauszuziehen. Es würde der Todestag abhängen von dem mehr oder minder raschen Geschäftsgange des Gerichts. Das Verfahren könnte unter Umständen verschleppt werden durch Jemand, der ein Interesse daran hat, die Todeserklärung hinauszuziehen, z. B. durch Vorbringen von angeblich neuen Nachrichten, oder etwa dadurch, daß man eine Person auftreten läßt, die sich für den Verschollenen ausgiebt. Durchschlagend ist aber für die declarative Wirkung der Todeserklärung das Argument, daß man füglich nur bei declarativ wirksamer Todeserklärung mit der Todespräsumtion eine ihr entsprechende Lebensvermuthung verknüpfen kann, ein Punkt, auf den ich noch werde zu sprechen kommen. Gegen die declarative Todeserklärung hat man wohl eingewendet, daß sie dem Charakter des Aufgebotsverfahrens widerspreche, weil man nicht gut Jemand citiren kann, bei welchem die gesetzlichen Wahrscheinlichkeitsgründe des Todes bereits vorliegen, der also nach der Rechtsordnung als todt vermuthet wird. Es ist das nur ein Scheingrund, denn das Aufgebotsverfahren hat bei der Todeserklärung einen durchaus anderen Charakter als in solchen Fällen, in welchen es zur Geltendmachung einer Verschweigung führt, wie z. B. bei dem Aufgebotsverfahren wegen verlorener oder abhanden gekommener Urkunden.

An seinem Leben verschweigt man sich eben nicht, wie sich z. B. der gut gläubige Erwerber eines dem Aufgebotsverfahren unterworfenen Inhaberpapieres an seinem Rechte verschweigt. Das Aufgebotsverfahren hat bei der Todeserklärung eben nur den Charakter eines Versuches, die Wahrscheinlichkeit zu entkräften, welche durch die Verschollenheit gegeben ist. Stellt sich das Ergebniß dieses Versuches als ein negatives heraus, dann tritt jene Wahrscheinlichkeit in ihr Recht.

Die Motive der ersten Lesung machen für die constitutive Wirkung der Todeserklärung insbesondere geltend, daß die Regelung der Erbfolge schwieriger und weitläufiger werde, wenn der Erbfall zurück datirt werden müsse. Nichtsdestoweniger haben die Beschlüsse der zweiten Lesung sich für die declarative Wirkung der Todeserklärung ausgesprochen, in der Erwägung, daß diese Schwierigkeiten durchaus nicht unüberwindliche seien, und daß sie jedenfalls nicht ins Gewicht fallen gegenüber den sonstigen Vorzügen der declarativen Todeserklärung. Würde man vom rein praktischen Gesichtspunkte, von der Leichtigkeit der Regulirung der Erbschaft ausgehen, dann wäre es am allereinfachsten, das französische System anzunehmen, welches in der Materie der Todeserklärung von dem Grundsatze ausgeht: l'absent est reputé mort du jour d'absence, so daß das Vermögen des Verschollenen nach Ablauf der 30jährigen Verschollenheitsfrist demjenigen zufällt, welcher der nächste Erbe war zur Zeit des Beginnes der Verschollenheit und bereits provisorisch in den Besitz des Vermögens eingewiesen worden war. Nichtsdestoweniger möchte ich gerade diese Vorschrift des französischen Rechtes zur Aufnahme in unser Gesetzbuch nicht empfehlen; denn, abgesehen davon, daß sie das Recht desjenigen verletzt, welcher der nächste Erbe ist zur Zeit, in der der Tod vermuthet wird, würde sie für den größten Theil von Deutschland einen bedeutenden Bruch mit dem geltenden Rechte verursachen. Die declarative Todeserklärung hält die richtige Mitte zwischen dem französischen System einerseits und den Consequenzen, welche die constitutive Todeserklärung herbeiführen würde, und empfiehlt sich daher auch in dieser Beziehung für unser künftiges einheitliches Recht.

Nach den Beschlüssen der zweiten Lesung ist der Zeitpunkt des Todes in dem Urtheile, das die Todeserklärung ausspricht, festzustellen. Als solcher Zeitpunkt ist, sofern die Ermittelungen nichts anderes ergeben, anzunehmen das Ende der Verschollenheitsfrist, der Zeitpunkt des Unfalles, der Zeitpunkt des Friedensschlusses resp. der Zeitpunkt der Beendigung des Krieges, bei der Seeverschollenheit der Zeitpunkt, in welchem das Schiff nachweislich oder vermuthlich untergegangen ist. Kurz es ist als Todestag der Zeitpunkt anzusehen, in welchem der gesetzliche Wahrscheinlichkeitsgrund des Todes eingetreten ist. Diese Bestimmungen der zweiten Lesung sind durchaus sachgemäß. Höchstens ein Punkt kann zu Bedenken Anlaß geben. Bei der Kriegsverschollenheit, welche auf einem nachgewiesenen Unfall beruht, wäre es richtiger, den Tag des Unfalles als Todestag zu wählen und nicht den Zeitpunkt des Friedensschlusses, sonst würde z. B., wenn ein Krieg mehrere Jahre dauert, das Todesdatum dasselbe sein für denjenigen, der im ersten Gefechte und für denjenigen, der im letzten Gefechte verwundet und seitdem vermißt worden ist.

Das Urtheil der Todeserklärung kann nach den Beschlüssen zweiter Lesung angefochten werden und zwar — eine wichtige und einschneidende Aenderung der Beschlüsse der ersten Lesung — nicht nur in formeller Hinsicht, sondern auch aus materiellen Gründen. Angefochten werden kann auch die Feststellung des Todestages. Auch das unanfechtbar gewordene Urtheil spricht nur eine Vermuthung aus, welche jederzeit entkräftet werden kann, ohne Rücksicht auf irgend eine Frist, durch den Nachweis eines bestimmten Todestages oder durch den Nachweis, daß der Verschollene noch lebt. Dagegen würde keine Entkräftung der durch das Urtheil ausgesprochenen Präsumtion eintreten, wenn nach Ablauf der Nothfrist, also nachdem das Urtheil nicht mehr anfechtbar ist, nachgewiesen werden könnte, daß der Beginn der Verschollenheitsfrist zu früh oder zu spät angesetzt worden sei; denn es wäre damit nicht widerlegt, daß der Verschollene an dem durch das Urtheil festgestellten Tage gestorben sei.

Ich komme nun auf den dritten der Ihnen gedruckt vorliegenden Anträge. Nach dem Entwurfe erster Lesung begründet die Todeserklärung im Allgemeinen nur die Vermuthung, daß der Verschollene das Datum der Todeserklärung nicht überlebt habe, dagegen nicht die Vermuthung, daß er bis dahin gelebt habe. Anders wird es gehalten hinsichtlich der passiven Beerbung des Verschollenen. Für diese gilt nach dem Entwurfe erster Lesung als Todesdatum das Datum der Todeserklärung. Hinsichtlich der activen Beerbung, nämlich in Bezug auf Erbschaften oder Vermächtnisse, die dem Verschollenen anfallen würden, und hinsichtlich des ehelichen Güterrechts stellt der Entwurf erster Lesung eine besondere Lebenspräsumtion auf, nämlich die Vermuthung, daß das Leben bis zum Ablaufe des 70. Lebensjahres dauert, eine Lebenspräsumtion, welche völlig unabhängig ist von den Vorschriften über die Verschollenheit und Todeserklärung. Dieses System des Entwurfes hat heftige und begründete Angriffe hervorgerufen; namentlich sprechen sich die beiden Gutachter gegen die Lebenspräsumtion des Entwurfes aus. Der Tadel ist begründet. Denn das System des Entwurfs führt das dem gemeinen Rechtsbewußtsein völlig unverständliche Ergebniß herbei, daß Jemand in einer Beziehung als lebend, in einer anderen als todt zu gelten habe. Es könnte nach dem Systeme des Entwurfes erster Lesung vorkommen, daß z. B. Jemand als Erbe mit dem 71. Geburtstage stirbt, dagegen als Erblasser etwa in seinem 76. Lebensjahre.

Die Beschlüsse der zweiten Lesung haben der Todesvermuthung mit vollem Rechte einen absoluten und einen zweischneidigen Charakter gegeben. Der Verschollene wird nämlich in jeder Beziehung als verstorben angesehen, als verstorben an dem durch das Urtheil festgestellten Todestage. Es wird zugleich vermuthet, daß er bis dahin gelebt hat. Die Beschlüsse zweiter Lesung kennen ferner eine von der gerichtlichen Todeserklärung unabhängige Lebensvermuthung. Solange nämlich die Todeserklärung nicht erfolgt ist, wird präsumirt, daß der Verschollene gelebt habe bis zu dem Zeitpunkte, in welchem der gesetzliche Wahrscheinlichkeitsgrund des Todes eingetreten ist, also bis zu dem Zeitpunkte, der im Falle der Todeserklärung als Todesdatum zu betrachten wäre.

Es läßt sich manches für und gegen die Lebensvermuthung sagen. Ohne Zweifel giebt sie dem ganzen Institute der Verschollenheit und Todeserklärung eine gewisse Harmonie und innere Geschlossenheit. Abgesehen davon, ist die Lebensvermuthung weitaus in dem größten Theile von Deutschland geltendes Recht. Aufgabe des Gesetzgebers ist es aber nicht, vollständig neues Recht zu machen, etwa nach Art unserer früheren Naturrechtsjuristen; es gilt vielmehr, unser vermeintliches Besserwissen bescheiden unter den Scheffel zu stellen, und das künftige Recht möglichst dem geltenden deutschen Rechte anzuschmiegen. Die Beschlüsse zweiter Lesung haben in der Materie der Verschollenheit und der Todeserklärung richtiges und kluges Maß gehalten, und ich kann hier zum Schlusse nur den Wunsch aussprechen, daß die Revisionscommission auch in den vielen anderen der Verbesserung bedürftigen Partieen des Entwurfes eine so glückliche Hand bewahren möge, wie in der Materie der Verschollenheit und Todeserklärung.

Präsident: Den Herrn Correferenten Oberlandesgerichtsrath Heinsheimer aus Karlsruhe habe ich noch nicht gesehen.

(Zuruf: Er ist nicht anwesend.)

Er steht auch nicht in der Liste. Es würde also das Correferat, weil keine Nachricht über den Correferenten eingetroffen ist, ausfallen müssen. Ich ersuche diejenigen Herren, welche sich zum Worte melden wollen, sich deshalb beim Schriftführer zu melden. Ich bemerke, daß die etwa zu stellenden Anträge schriftlich vorliegen müssen, Papier und Feder sind auf meiner Seite auf dem Bureau zu finden, und ich bitte die Redner, ihre Namen deutlich anzugeben. Wer wünscht das Wort?

Prof. Dr. **Enneccerus** (Marburg): M. H., ich bin im Wesentlichen mit den Ausführungen des Herrn Referenten einverstanden, so daß ich unbedenklich die Thesen, wie sie von ihm aufgestellt worden sind, annehmen werde. Ich möchte indeß eine Frage, die zwar durch die Thesen nicht berührt wird, aber doch in dem Vortrage des Herrn Referenten vorgekommen ist, zur Erwägung stellen, ohne übrigens zu einem Antrage zu gelangen. Ich halte es für durchaus richtig, daß in den Beschlüssen der neuen Commission die declarative Wirkung der Todeserklärung angenommen ist, glaube aber, daß in einem Punkte diese Beschlüsse immer noch etwas zu sehr an demjenigen, was die erste Lesung bestimmt hat, hängen geblieben sind. Ich habe gegen die Annahme einer zehnjährigen Frist als Voraussetzung der Todeserklärung nichts einzuwenden, glaube aber, daß wenn diese Frist abgelaufen ist, und also die Todeserklärung erfolgt, daß dann der Tod schon von einem früheren Momente datirt werden muß; denn in den bei weitem meisten Fällen ist unzweifelhaft der Grund der Verschollenheit, der Grund, weshalb wir nichts von dem Betreffenden hören, eben der Tod.

Alle die Gründe, welche der Herr Referent gegen die constitutive Wirkung der Todeserklärung angeführt hat, sprechen (wenn auch, wie ich zugebe, in vermindertem Maße) doch auch gegen die Annahme, daß der Verschollene, nachdem man nichts mehr von ihm gehört hat, noch zehn Jahre gelebt habe. Ich glaube desbalb, daß es unbedenklich sein würde, da einmal in dem Urtheile über die Todeserklärung der Moment der Verschollenheit ausgesprochen werden soll, hier einen anderen Zeitpunkt zu wählen als den Endpunkt der Frist, durch deren Ablauf der Erlaß der Todeserklärung bestimmt ist, zumal Aehnliches auch in Fällen der Unfallsverschollenheit angenommen ist. Ich möchte glauben, daß es der Erwägung werth sei, ob nicht im Falle der Abwesenheitsverschollenheit der Moment, wo der Tod eingetreten ist, zu normiren sei, in regelmäßigen Fällen auf ein oder zwei Jahre oder höchstens drei Jahre nach der eingetretenen Verschollenheit, wobei wieder, wie schon gesagt worden ist, dasjenige Jahr nicht mit zu rechnen sein würde, aus welchem die letzte Nachricht stammt. Bei den jetzigen Beschlüssen würde auch der ersten Lesung der neuen Commission der Vorwurf nicht zu ersparen sein, daß sie eine erhebliche Verschiebung des Erbrechtes herbeiführe. Denken Sie sich, m. H., daß ein Ehemann ausgewandert ist, um sich im Auslande eine bessere Existenz zu gründen, und seine Ehefrau zurückgelassen hat. Es ist von ihm, seitdem er in Amerika angekommen ist, noch eine

Nachricht gekommen, dann ist er, jetzt seit zehn Jahren, verschollen. Die Ehefrau lebte noch fünf, acht oder neun Jahre nach des Mannes Verschollenheit; dann ist sie gestorben. Wer ist nun factisch Erbe der Ehefrau? Die Antwort lautet, wenn sie kein Testament gemacht hat, und kein Kind oder ganz naher Verwandter der Frau da ist, der Erbe des verschollenen Gatten, weil, obgleich für diesen große Wahrscheinlichkeit vorhanden ist, daß er bald nach seiner Ankunft in Amerika und längst vor der Ehefrau gestorben sei, dennoch durch das Gesetz die Vermuthung aufgestellt wird, daß er noch zehn Jahre nach eingetretener Verschollenheit gelebt habe. Ich wollte dies nur aussprechen, um es der neuen Commission zur Erwägung zu unterstellen.

Präsident: Vorbehaltlich des letzten Wortes des Herrn Referenten werde ich, wenn Niemand aus der Versammlung das Wort ergreift, die Debatte schließen und bitte den Herrn Referenten, das Wort zu nehmen.

Referent Geheimer Justizrath Prof. Dr. **Brunner** (Berlin): Gegen den Vorschlag, den Herr College Enneccerus aufgestellt hat, will ich mich in aller Kürze aussprechen. Ich hebe zunächst hervor, daß die einjährige Frist die kürzeste ist, welche die ganze Materie der Todeserklärung überhaupt kennt. Eine einjährige Frist greift Platz z. B. bei nachgewiesenem Untergange des Schiffes; eine dreijährige Verschollenheitsfrist gilt bei der Kriegsverschollenheit. Wir können aber die Verschollenheitsfrist bei gewöhnlicher Abwesenheitsverschollenheit nicht abkürzen, ohne die übrigen Fristen zu reduciren. Sollen aber die Fristen dieselben bleiben, also die Todeserklärung des einfach Abwesenden, wenn keine Nachricht vorliegt, erst nach zehn Jahren erfolgen können, und nur der Todestag auf das erste Jahr nach Beginn der Verschollenheit zurückdatirt werden, so würde sich eine große praktische Schwierigkeit ergeben bei der Regulirung des Nachlasses; denn es müßte immer auf den Stand des Vermögens vor mindestens neun Jahren zurückgegangen werden. Abgesehen davon muß ich die Frage aufwerfen: Ist es in der That wahrscheinlich, daß Jemand, der sein Domicil verlassen hat, z. B. nach Amerika ausgewandert ist, ein Jahr nach Beginn der Verschollenheit gestorben sei? So liegen doch die Einrichtungen in der Welt nicht, daß man mit Sicherheit binnen einem Jahre eine Nachricht erwarten müßte. Wie viel Menschen giebt es, die überhaupt in einem Jahre nicht einen einzigen Brief schreiben! Das geltende Recht hat übrigens viel längere Fristen als der Entwurf. Die zehnjährige ist für die gewöhnliche Verschollenheit schon die kürzeste Frist. Das französische Recht verlangt dreißig Jahre, verschiedene deutsche Landesrechte verlangen mehr als zehn Jahre. Die zehnjährige Frist hat das preußische Landrecht, und es haben sich in Preußen trotz der constitutiv wirkenden Todeserklärung keine Schwierigkeiten ergeben, die etwa eine Zurückdatirung des Todestages auf das erste Jahr nach Beginn der Verschollenheit wünschenswerth machen könnten. Ich möchte daher durchaus nicht empfehlen, daß man Jenen, der einfach verschollen ist, bereits nach Ablauf eines Jahres seit Beginn der Verschollenheit als gestorben erachtet.

Prof. Dr. **Enneccerus** (Marburg): Zu einer persönlichen Bemerkung bitte ich um das Wort.

Ich bin zweifelhaft, ob der Herr Referent nicht dasjenige, was ich ausgeführt habe, mißverstanden hat. Es ist durchaus nicht meine Absicht gewesen, die zehnjährige Frist zu kürzen. Ich habe durchaus nicht ausgeführt, daß, wenn Jemand ein Jahr lang keine Nachrichten geschickt hätte, nun anzunehmen sei, daß er gestorben wäre, sondern ich habe ausgeführt, daß, wenn Jemand zehn Jahre lang abwesend gewesen ist, ohne Nachrichten geschickt zu haben, man annehmen könne, daß er nicht erst am Schlusse der zehn Jahre, sondern bereits früher, vermuthlich bald nach der Zeit, seit welcher er keine Nachricht eingeschickt, gestorben sei, und daß deshalb die Zeit seines Todes auf ein Jahr oder einige wenige Jahre nach eingetretener Verschollenheit zu normiren sei.

Referent Geheimer Justizrath Prof. Dr. **Brunner** (Berlin): Diese Wahrscheinlichkeit möchte ich eben bestreiten und glaube sie bestritten zu haben. Uebrigens habe ich auch mit der eben vertretenen Auffassung des Herrn Vorredners gerechnet.

Präsident: Wir dürfen uns in eine sachliche Verhandlung nicht mehr einlassen, m. H., und kommen zur Abstimmung. Ich trage kein Bedenken, und der Herr Referent wohl auch nicht, den Antrag seinem ganzen Inhalte nach zur Abstimmung zu bringen. Wenn dem nicht widersprochen wird, bitte ich diejenigen Herren, welche den Antrag des Herrn Referenten, welcher lautet:

Es empfiehlt sich, im Einklang mit den Beschlüssen der zur zweiten Lesung eingesetzten Commission:

1. die Unfallverschollenheit unter die Anlässe der Todeserklärung aufzunehmen;
2. den Tod des Verschollenen von dem Zeitpunkte zu datiren, in welchem der gesetzliche Wahrscheinlichkeitsgrund des Todes eingetreten ist;
3. mit der Vermuthung des Todes die Vermuthung zu verknüpfen, daß der Verschollene bis zu jenem Zeitpunkte gelebt habe,

annehmen wollen, sich zu erheben.

Der Antrag ist einstimmig angenommen.

Wir kommen zu einem ferneren Gegenstande der Tagesordnung. Ich setze voraus, wenn kein Widerspruch erfolgt, daß es der Wunsch der Versammlung ist, dem Plenum nur das Resultat der Verhandlungen zur Kenntnißnahme mitzutheilen, und das Referat für das Plenum wird wohl Herr Prof. Brunner die Güte haben zu übernehmen.

(Prof. Brunner: Gewiß.)

Dann kommen wir zum zweiten Gegenstande der Tagesordnung:

> In welcher Weise ist die Stellung des Gutsinventars zu den Rechten der Real- und Personalgläubiger und zu dem Pfandrechte des Verpächters zu regeln.

Die Anträge, die der Herr Referent zu dieser Frage stellen wird, liegen Ihnen gedruckt vor, und diejenigen Herren, die noch nicht im Besitz derselben sind, bitte ich, sie hier in Empfang zu nehmen.

Das Wort hat der Herr Referent Prof. Enneccerus.

Referent Prof. Dr. **Enneccerus** (Marburg): M. H., die Frage, über welche Ihnen zu referiren ich die Ehre habe, zerfällt in zwei Fragen, die zwar gewisse Berührungspunkte mit einander haben, die aber doch so verschieden sind, daß es sich empfiehlt, sie, wie auch in dem erstatteten Gutachten geschehen ist, besonders zu behandeln, und zwar, wie ich vorschlagen möchte, nicht nur im Referate, sondern auch in der Verhandlung. Falls beide Fragen, wie zu erwarten steht, zu einer Debatte Anlaß geben, würde sonst ein unleidliches Durcheinander entstehen.

Ueber den ersten Punkt, die Rechte der Realgläubiger und der Personalgläubiger in Bezug auf das Gutsinventar enthält der Entwurf des bürgerlichen Gesetzbuches folgende Bestimmungen:

Der § 789 bestimmt den Begriff der Pertinenz im Allgemeinen: Zubehör einer Sache sind diejenigen beweglichen Sachen, welche ohne Bestandtheile der Hauptsache zu sein, derselben bleibend zu dienen bestimmt sind und in ein dieser Bestimmung entsprechendes äußeres Verhältniß zur Hauptsache gebracht sind, es sei denn, daß nach der Verkehrssitte eine solche Sache nicht als Zubehör angesehen wird. Und § 791, Nr. 2 bestimmt dann in näherer Ausführung dieses § 789 noch weiter, daß unter der Voraussetzung jenes ersteren Paragraphen zum Zubehör eines Landgutes namentlich gehört „das zum Wirthschaftsbetriebe bestimmte Geräth und Vieh, sowie die landwirthschaftlichen Erzeugnisse, soweit sie zur Fortführung der Wirthschaft bis zu der Zeit erforderlich sind, in welcher gleiche oder ähnliche Erzeugnisse voraussichtlich gewonnen werden, ingleichen der erforderliche Dünger".

Mit dem Gutachten des Herrn Geheimen Regierungsrath Dr. Hermes nehme ich an, daß in der dem Juristentage gestellten Frage der Ausdruck „Gutsinventar" die gesammten beweglichen Sachen bezeichnen soll, welche nach den eben angeführten Paragraphen Zubehör des Landgutes sind, also nicht nur das Vieh und Geräth, welches man in einem engeren Sinne wohl als Inventar bezeichnen könnte, sondern auch die Vorräthe und Erzeugnisse, aber nur soweit, als sie nothwendig sind zur Fortführung der Wirthschaft bis zur nächsten Ernte, nicht also, soweit sie zum Verkaufe u. s. w. bestimmt sind. Ich fasse also die §§ 789 und 791, soweit sie uns hier interessiren, kurz durch das Wort zusammen: Das Gutsinventar ist Pertinenz des Landgutes.

Nach § 790 und § 1859 besteht nun die Bedeutung der Pertinenzqualität darin, daß Geschäfte unter Lebenden, sowie letztwillige Verfügungen, Vermächtnisse, im Zweifel sich auf die Pertinenzen mit beziehen, und zwar auf diejenigen Pertinenzen, welche bei Geschäften unter Lebenden im Momente des Geschäftsabschlusses, bei einem Vermächtnisse im Momente des Anfalles des Vermächtnisses vorhanden waren. Die ganze Bedeutung der Pertinenzqualität ist also nur die einer Auslegungsregel.

Anders verhält es sich aber mit den speciell für das Pfandrecht aufgestellten Regeln. Sie haben nicht nur die Bedeutung einer Interpretationsregel, sondern sind positive Bestimmungen.

Nach § 1067, Nr. 3 erstreckt sich die Hypothek auf das Zubehör des Grundstückes mit Ausnahme der Zubehörstücke, welche nicht in das Eigenthum des Eigenthümers des Grundstückes gelangt sind, und ebenso nach Nr. 2 auf die Früchte, sofern sie nicht durch die Trennung von einem Anderen als dem Grundstückseigenthümer erworben sind.

Nach § 1068 werden diese Sachen von der Haftung frei, wenn sie (dauernd) vom Grundstücke entfernt werden, bevor ihre Beschlagnahme für den Hypothekengläubiger erfolgt ist.

Nach §§ 1072 und 1075 kann der Hypothekengläubiger, wenn in Folge der Verschlechterung von Zubehörstücken oder deren Entfernung vom Grundstücke die Sicherheit der Hypothek gefährdet wird, die gerichtliche Anordnung der zur Abwendung der Gefährdung erforderlichen Maßregeln verlangen.

Ferner kommt in Betracht der § 2 des Entwurfes eines Zwangsvollstreckungsgesetzes. Nach diesem kann in die Zubehörstücke trotz ihrer Haftung für die Hypothek eine Mobiliarexecution stattfinden, solange sie nicht für den Hypothekengläubiger in Beschlag genommen sind.

Endlich ist noch § 715, Nr. 5 der Civilproceßordnung zu erwähnen, nach welchem bekanntlich bei Personen, welche Landwirthschaft treiben, das unentbehrliche Inventar nebst dem nöthigen Dünger und den zur Fortführung der Wirthschaft bis zur nächsten Ernte nöthigen landwirthschaftlichen Erzeugnissen der Pfändung entzogen ist.

Fasse ich nun auch diese Bestimmungen zusammen, so gelange ich zu dem kurzen Satze: „Das Gutsinventar haftet zwar den Hypothekargläubigern, aber der Eigenthümer kann doch im Wesentlichen frei darüber verfügen; denn er kann es vor der Beschlagnahme jeden Augenblick dieser Haftung entziehen, indem er es vom Grundstücke entfernt. Ebenso können die Personalgläubiger, bevor für den Hypothekengläubiger die Beschlagnahme erfolgt ist, die Zwangsvollstreckung in das Gutsinventar verlangen, jedoch nur insoweit, als dasselbe nicht zur Fortführung der Landwirthschaft unentbehrlich ist. Beginnt der Schuldner die Sicherheit der Hypothek durch Entfernung oder Verschlechterung des Inventars zu gefährden, so sind dem Hypothekengläubiger Sicherungsmaßregeln gegeben."

Bei der Frage, ob diese Regelung im Ganzen anzuerkennen sei, ist in erster Linie die Frage entscheidend: „Soll das Gutsinventar dem Real- oder dem Personalcredit dienen?" Auch bei den beiden erstatteten Gutachten des Herrn Geheimen Regierungsraths Dr. Hermes und des Herrn Amtsrichters Bunsen ist diese Frage in den Vordergrund gestellt, wird aber von den beiden Gutachtern in entgegengesetztem Sinne beantwortet, indem sich Herr Dr. Hermes für den Realcredit, Herr Bunsen für den Personalcredit entscheidet.

Dr. Hermes, dessen Ausführungen und Vorschläge ich in erster Linie bekämpfen muß, und zwar um so mehr, als dieselben schon durch die Zustimmung des Landes-Oekonomie-Collegiums ein erhöhtes Gewicht erlangt haben, geht aus von der großen Bedeutung des Inventars, welches nach v. Goltz' Landwirthschaftslehre durchschnittlich 15—20 Procent des Grundstückswerthes betrage und in 17 von dem Herrn Gutachter eingesehenen Domänenverpachtungen zwischen dem siebenfachen und dem doppelten Betrage der jährlichen Pachtsumme schwanke. Er fordert von der Gesetzgebung, daß sie die Verbindung des Inventars mit dem Landgute soweit sicher stelle, als ohne unwirthschaftliche Beschränkung des Eigenthümers in der Verfügung über die Inventarstücke thunlich ist, und daß sie die Ausnutzung des bedeutenden im Inventar steckenden Werthes für den Credit des Besitzers ermögliche. Soweit wird Jeder beistimmen. Was nun aber die Mittel zu einer solchen Ausnutzung betrifft, so soll nach Dr. Hermes der Realcredit weit geeigneter sein. Der Personalgläubiger könne nur den Verkaufswerth des Inventars beleihen, der

Grundstücksgläubiger dagegen den Wirthschaftswerth, der sich aus der Verbindung der Inventarstücke mit dem Grundstücke ergebe und auch bei der Zwangsversteigerung des Grundstückes zusammen mit dem Inventar zur Erscheinung gelange. Bei Nichthaftung des Gutsinventars werde daher eine bedeutende, in der Uebergangszeit besonders bedenkliche Einschränkung des Realcredits eintreten. Ueberhaupt sei der Realcredit für den Grundbesitzer weit wichtiger, als der Personalcredit. Um das Inventar dem Realcredit nutzbar zu machen, verlangt nun Dr. Hermes, daß das Gesetz den Hypothekargläubiger gegen ein absichtliches Beiseiteschaffen der Inventarstücke durch den Schuldner und gegen den Zugriff der Personalgläubiger sicher stelle. Ersteres soll geschehen durch folgende Bestimmung. Das Erlöschen der Pfandhaftung müsse davon abhängig gemacht werden, daß die Entfernung der Inventarstücke „in ordnungsmäßiger Wirthschaftsführung“ erfolgt sei. Die in nicht ordnungsmäßiger Wirthschaftsführung erfolgende Veräußerung oder Verpfändung soll dem Hypothekargläubiger gegenüber unwirksam sein.

Dieser Antrag hat, wie ich schon kurz erwähnte, bereits dem Landes-Oekonomie-Collegium vorgelegen, und wurde von der dazu niedergesetzten Commission mit erheblicher Mehrheit abgelehnt, dann aber im Plenum mit einer Mehrheit von zehn gegen neun Stimmen angenommen. Ich meinerseits bin nicht im Stande, Ihnen die Annahme dieses Antrages zu empfehlen. Ich glaube, daß derselbe den hochwichtigen gesunden Personalcredit des Landwirthes sehr erheblich schädigen, in manchen Fällen vielleicht sogar vernichten würde, und doch den Realcredit in nennenswerther Weise zu heben nicht im Stande ist. Gewiß, m. H., wird Niemand die hohe Bedeutung des Realcredites für den Landwirth unterschätzen, aber neben demselben ist auch der Personalcredit von hohem Werthe. Je intensiver die Landwirthschaft betrieben wird, je größere, nicht aus dem eigenen Gute stammende Verwendungen zu machen sie genöthigt ist, je größer die Ernten und also auch der Ausfall einer Mißernte, um so mehr ist der Landwirth genöthigt, unter gewissen Umständen den Personalcredit heranzuziehen. Die Aufnahme einer Hypothek ist viel zu langsam, viel zu schwerfällig, auch viel zu kostspielig, um für dieses schnell eintretende, schnell zu befriedigende, aber auch schnell wieder verschwindende Bedürfniß zu sorgen. Diese Erkenntniß ist auch in den letzten Jahrzehnten, möchte ich sagen, fast allgemein verbreitet. Zu Hunderten, ja Tausenden sind landwirthschaftliche Creditgenossenschaften (leider noch nicht überall in Deutschland) entstanden, welche dem Landwirth und namentlich dem Bauer gesunden Personalcredit zu verschaffen bestimmt sind. Die Hauptgrundlage des Personalcredites des Landwirthes aber ist neben den Früchten natürlich das Inventar, da das Landgut selbst ja in vielen Fällen mit Hypotheken belastet ist. Nehmen Sie dem Personalgläubiger jede Möglichkeit, aus dem Inventar und zwar nicht nur aus dem unentbehrlichen (welches ja der Pfändung bereits entzogen ist), sondern auch aus dem entbehrlichen Inventar Befriedigung zu erlangen, so nehmen Sie ihm in vielen Fällen fast jede Aussicht, mit Sicherheit zu seinem Gelde zu kommen. Denn, m. H., die Möglichkeit, sich an das Landgut selbst mit Inventar zu halten, ist bei dem Vorhandensein größerer Hypotheken ganz außerordentlich erschwert. Die mächtige Entfaltung des landwirthschaftlichen Personalcredites, und damit die Möglichkeit intensiveren Wirthschaftsbetriebes durch minder wohlhabende Personen müßte also eine rückläufige Bewegung erleiden, wenn Sie dem Personalcredit eine seiner Hauptgrundlagen entziehen wollten. Gleichwohl würde dieser immense Nachtheil vielleicht hingenommen werden müssen, wenn auf der anderen Seite der Realcredit eine entsprechende Hebung erführe. Das ist aber, wie ich glaube, keineswegs der Fall. Wie andere Mobilien, ist auch das Gutsinventar keine passende Grundlage für den Realcredit. Der Personalgläubiger vermag die Verhältnisse seines Schuldners zu übersehen. Man leiht ohne reale Sicherheit eben nur demjenigen, dessen Verhältnisse man zu controliren im Stande ist. In ganz hervorragender Weise gilt dies von den schon erwähnten kleinen landwirthschaftlichen Genossenschaften, deren Geschäftskreis sich auf ein oder einige wenige Dörfer beschränkt. Hier ist jede Verminderung des Inventars bemerkbar. Hier kann jede Veränderung des Inventars gewürdigt werden. Der Hypothekargläubiger dagegen ist in den meisten Fällen weit entfernt. Die Fälle, wo er unmittelbar die Verhältnisse übersehen kann, sind so selten, daß sie überhaupt nicht in Betracht kommen. Er kann also in den ausschlaggebenden Fällen den Schuldner nicht controliren, und das gilt insbesondere von dem besten Realcredit, von dem Credit der Landschaften und sonstigen Bodencreditanstalten.

Es soll dadurch durchaus nicht in Abrede gestellt werden, daß im einzelnen Falle, wo eine Creditanstalt sich über den Werth der Liegenschaften getäuscht hat, und trotz des Vermögensverfalles noch einiges Inventar vorhanden ist, die Mithaftung dieses Inventars von Werth für die Creditanstalt sein kann, und deshalb ist es auch sehr wohl zu begreifen, daß in den Verhandlungen des Landesökonomiecollegiums gerade Directoren von Landescreditanstalten sich für diese Haftung und für die Anträge des Dr. Hermes erklärt haben. Was wir aber leugnen müssen, ist, daß eine Creditanstalt oder irgend ein anderer entfernter Realgläubiger auf das Inventar als Sicherung für seine Forderung auch nur mit einiger Gewißheit rechnen kann, daß er also bei einer rationellen Geschäftsführung mit Rücksicht auf das Inventar einen erheblich höheren Credit zu geben im Stande sei, als er ohne Rücksicht auf das Inventar zu gewähren vermöchte. M. H., nach den Bestimmungen des Entwurfes kann der Schuldner in jedem Augenblicke das Inventar durch Entfernung vom Landgute von der Haftung befreien. Nach preußischem Rechte kann er die gleiche Wirkung durch Veräußerung und Entfernung vom Gute hervorrufen. Aber auch, wenn die Vorschläge des Herrn Dr. Hermes Annahme finden sollten, würde ihm diese Möglichkeit keineswegs entzogen sein. Auch wenn das Inventar nur durch eine „in ordnungsmäßiger Wirthschaftsführung" erfolgende Entfernung vom Gute von der Haftung frei würde, auch dann ist der Grundbesitzer an dem sogenannten „Kaltabbrennen" durchaus nicht verhindert. Er kann sein Vieh, welches in der Regel zwei Drittel des gesammten Inventarwerthes darstellt, auf einem Viehmarkte verkaufen, ohne daß der Käufer erfährt, wem es gehört. Er kann auch unter der Hand durch Beauftragte ohne Viehmarkt die Veräußerung besorgen lassen, ohne daß der Käufer auch nur seinen Namen erfährt. Aehnliches, wenn auch nicht in ganz gleichem Maße, gilt von dem todten Inventar. Und selbst, wenn der Käufer, der meist in solchen Fällen nicht der allerbesten Art sein wird, die Herkunft des Viehes kennen sollte, selbst wenn er wirklich wissen sollte, daß die Wirthschafsführung auf dem betreffenden Gute keine ordentliche gewesen ist, wer will ihm diese Kenntniß beweisen? Dem gutgläubigen Erwerber aber gegenüber ist das Recht des Hypothekargläubigers hinfällig. Ich kann also in dem Vorschlage des Herrn Geheimen Regierungsraths Hermes ein wirksames Mittel zur Stärkung des Realcredites nicht finden. Er schädigt unzweifelhaft den Personalcredit, wie der Herr Gutachter selbst offen einräumt, ohne den Realcredit genügend zu heben.

Nun bringt aber dieser Vorschlag außerdem noch einen ganz besonderen Nachtheil für den Schuldner hervor, Ich bitte, m. H., denken Sie sich einmal in die Lage eines Landwirthes, dessen Gut mit Hypotheken belastet ist. Er soll Vieh, Getreide und andere landwirthschaftliche Erzeugnisse nur veräußern können, wenn es in „ordnungsmäßiger Wirthschaftsführung" geschieht. Damit wird jeder Veräußerung der Stempel der Unsicherheit aufgeprägt, denn wer vermag zu übersehen, ob in ordnungsmäßiger Wirthschaftsführung die Veräußerung erfolgt ist. Die Sicherheit der Verfügung wird also ganz erheblich gefährdet und, m. H., die Kosten dieser Unsicherheit hat natürlich der Landwirth selber zu tragen. Sowie er nur einigermaßen zweifelhaft steht, oder auch nur dafür gilt, vielleicht mit Unrecht, ziehen sich die besten Käufer von ihm zurück, weil sie das Risico, daß ihnen die erkauften Sachen von den Hypothekengläubigern wieder abgenommen werden, nicht tragen wollen. Der minder bedenkliche Geschäftsmann aber, der gern ein Risico trägt, es sich aber auch doppelt und dreifach bezahlen läßt, drängt sich an ihn heran, und der verkaufende Landwirtb wird, sobald er nur einigermaßen zweifelhaft steht, bei jedem Verkaufe wegen des vom Käufer zu übernehmenden Risicos einen geringeren Preis erzielen.

Aber ein Weiteres kommt hinzu. Ordnungsmäßige Wirthschaftsführung ist ein viel zu unbestimmter Begriff, als daß es thunlich wäre, denselben ohne zwingende Nothwendigkeit zum Kriterium wichtiger, dritte Personen treffender Folgen zu machen. Es kann sehr richtig, vielleicht sogar nothwendig sein, auf einem bestimmten Gute die Schafzucht aufzugeben, oder auf die Hälfte zu verringern, aber wie will der einige Stunden entfernt wohnende Gutsbesitzer, der die Schafheerde kaufen will, das mit Sicherheit beurtheilen? Wie kann man ihm zumuthen, bei einem Kaufe das Risico zu tragen, daß ihm die Heerde durch den Hypothekargläubiger wieder abgenommen wird, weil der Verkauf vielleicht nicht wirthschaftlich gewesen ist. Oder ein anderes Beispiel. Ein Bauer will statt der Pferde Ochsen halten, was sich mit ordnungsmäßiger Wirthschaftsführung vielleicht sehr wohl verträgt. Da er kein Geld hat, muß er die Pferde zunächst verkaufen. Aber wer kann sie ihm ohne Risico abnehmen? Wer will beurtheilen, ob der Landwirth gut thut, zum Ochsengespann überzugehen? Wie kann ferner der Dritte beurtheilen, ob das für die Pferde erlöste Geld wirklich, wie der Bauer vorgiebt, für das Gespann Ochsen verwendet wird? Ich gebe gern zu, daß solche Uebelstände bei größeren Landwirthen, die sich meist auf andere Weise Credit zu verschaffen in der Lage sind, weniger hervortreten werden, den Bauer aber werden sie auf's Schwerste treffen.

Aus ähnlichen Gründen hat sich im Landes-Oekonomie-Collegium namentlich Herr Geheimer Oberregierungsrath Thiel vom landwirthschaftlichen Ministerium sehr lebhaft gegen die Anträge des Herrn Dr. Hermes erklärt. Der zweite Gutachter, Herr Amtsrichter Bunsen vertritt sogar den geradezu entgegengesetzten Standpunkt gegenüber Herrn Dr. Hermes. Er will das Inventar gar nicht für die Hypothek haften lassen, wie das bereits im Jahre 1877 in einem Aufsatze von Schweder im sechsten Bande der landwirthschaftlichen Jahrbücher gefordert wurde. Auch ich würde diese Gestaltung der Sache principiell für die richtige halten, kann aber bei den einmal bestehenden Verhältnissen ein Bedenken nicht unterdrücken. In dem bei weitem größten Theile des Deutschen Reiches umfaßte bisher die Hypothek das Inventar mit. Es ist nicht unmöglich, daß eine völlige Freilassung des Inventars zunächst eine fühlbare Verminderung des Realcredites zur Folge haben würde, und zwar zu einer Zeit, wo ein gesunder Personalcredit für kleinere Landwirthe in vielen Gegenden noch fast völlig fehlt. Dies ist auch von Seiten der vorhin erwähnten landwirthschaftlichen Directoren besonders betont. Es ist aber meines Erachtens auch gar nicht nöthig, im Interesse des Personalcredites, dessen Bedeutung schon berührt worden ist, so weit zu gehen. Vielmehr glaube ich, daß bei der Regelung, welche der Entwurf vorschlägt, ein gesunder Personalcredit sehr wohl noch bestehen kann. Ist freilich das Gut mit Hypotheken so belastet, daß zur eventuellen Deckung auch das Inventar ganz oder zum größten Theile herangezogen werden müßte, dann ist für gesunden Personalcredit überhaupt kein Boden mehr da, mag man das Inventar mithaften lassen oder nicht. Ist aber, wie im Normalfalle, die Hypothek durch den Werth der Liegenschaften mit Gebäuden gedeckt, so wird dieselbe durch eine auf die entbehrlichen Inventarstücke gerichtete Sonderexecution nicht gefährdet. Der Hypothekargläubiger kann also keine Sicherungsmaßregeln verlangen; er hat auch keinen Grund zur Beschlagnahme. Die Execution geht vielmehr, soweit es die Fortführung der Wirthschaft gestattet, ihren Gang. Ich glaube daher, m. H., daß der Entwurf hier den richtigen, durch die Verhältnisse gebotenen Mittelweg eingeschlagen hat, komme also zu dem Resultate, daß die Bestimmungen des Entwurfes in ihrer Hauptgrundlage zu billigen sind.

Was die einzelnen Bestimmungen betrifft, so kann ich in Consequenz meiner ganzen Ausführungen auch dem weiteren Vorschlage des Herrn Dr. H e r m e s nicht beitreten, nach welchem dem Hypothekargläubiger gegen jede Zwangsvollstreckung in irgend ein Inventarstück ein Widerspruchsrecht gegeben werden soll. Wir haben hier drei Fälle zu unterscheiden:

1. Ist das Inventarstück zur Weiterführung der Wirthschaft unentbehrlich, so kann es nicht gepfändet werden, und daher hat der Hypothekargläubiger das Widerspruchsrecht schon nach § 715 der Civilproceßordnung; denn in diesem Falle ist das Inventar „der Pfändung entzogen", was Jeder, der ein Interesse daran hat — und das hat ja der Hypothekargläubiger — geltend machen kann. Sollte hierüber ein begründeter Zweifel bestehen, so hätte ich nichts dagegen, daß es noch besonders bestimmt würde.

2. Ist das Inventarstück nicht unentbehrlich, wird aber gleichwohl

die Sicherung des Hypothekengläubigers durch die Entziehung desselben gefährdet, so kann, wie wir gesehen, der Hypothekargläubiger geeignete Sicherungsmaßregeln beantragen, also namentlich auch der Pfändung mit Erfolg sich widersetzen.

3. Ist aber das Inventarstück für die Wirthschaft nicht unentbehrlich und ist der Hypothekargläubiger nicht gefährdet, so würde das Widerspruchsrecht des Hypothekargläubigers nur eine ganz unnöthige und deshalb verwerfliche Schädigung des Personalcredites bedeuten. Ich würde mich also einem solchen allgemeinen Widerspruchsrecht gegen die Pfändung von Inventarienstücken nicht anschließen können.

Die von Herrn Bunsen berührte Frage, ob und unter welchen Voraussetzungen es sich empfiehlt, dem Gerichtsvollzieher vorzuschreiben, den Hypothekargläubiger von der Pfändung von Inventarienstücken zu benachrichtigen, möchte ich als für den Juristentag doch etwas zu sehr ins Einzelne gehend hier nicht näher erörtern. Dagegen scheint mir eine andere zwar nicht hochwichtige, aber doch auch nicht ganz unbedeutende Bestimmung des Entwurfes der Aenderung bedürftig. Der Entwurf läßt das Pfandrecht des Hypothekargläubigers durch jede (dauernde) Entfernung des Inventarstückes vom Gute erlöschen, also z. B. auch, wenn die Entfernung zu diesem Zwecke eigens ins Werk gesetzt wird. Dies, m. H., scheint mir den Gesetzen der Treue und Redlichkeit nicht zu entsprechen. Es ist auch weder zur Sicherung des Pächters nothwendig, da derselbe nur gesichert werden soll, wenn er das Inventar für die Bewirthschaftung des Gutes braucht, noch für die Sicherung dritter Personen geboten; denn durch die bloße Entfernung vom Gute erwerben ja dritte Personen keine Rechte. Ich schlage daher vor, entsprechend dem preußischen Rechte, die Erlöschung an die Veräußerung und Entfernung der Inventarienstücke zu knüpfen. Ich bitte Sie deshalb, der von mir gestellten These Ihre Zustimmung zu ertheilen:

> Die Bestimmungeen des Entwurfes eines B. G. B. über die Stellung des Gutsinventars zu den Rechten der Real- und Personalgläubiger sind in der Hauptsache zu billigen; jedoch empfiehlt es sich, das Erlöschen der Haftung davon abhängig zu machen, daß die Inventarstücke veräußert und von dem Grundstücke entfernt sind.

Correferent Rechtsanwalt **Mörschell** (Würzburg): Meine geehrten Herren! Ich kann wohl damit beginnen, daß ich vollständig auf demselben Standpunkte stehe, wie der Herr Referent. Es ging ja wohl schon seit längerer Zeit durch unsere Gesetzgebung ein Zug dahin, den

Landwirth möglichst in seiner Existenz zu schützen, allein wir dürfen uns nicht verhehlen, daß dieses Bestreben theilweise schon eine Reaction hervorgerufen hat, und ich gehe dabei aus von den Erfahrungen, die in meinem engeren Heimathslande, in Bayern, gemacht worden sind. Schon die durch die Civilproceßordnung eingeführte Bestimmung des § 715 Ziffer 5 ist vielfach als eine Schädigung des Personalcredites des Landwirthes empfunden worden, und es ist deshalb meines Erachtens zu begrüßen, daß nicht eine noch weiter gehende Beeinträchtigung der Verfügungsfähigkeit des Landwirthes nach dem Entwurfe beabsichtigt wird; die Möglichkeit von Veräußerungen des Landwirthes gegen das Interesse des Hypothekargläubigers wird auch durch die Bestimmungen, wie sie Herr Dr. Hermes beabsichtigte und beantragte, wohl kaum beseitigt. Eine noch weiter gehende Verfügungsbeschränkung des Landwirthes in der Veräußerung von Inventarstücken zu Gunsten des Hypothekargläubigers würde eine Schädigung des Personalcredites zur Folge haben. Im Uebrigen kann ich mich den Ausführungen des Herrn Referenten nur vollständig anschließen und begutachte ebenfalls, daß Sie dessen Antrag über den ersten Punkt, von dem bisher gehandelt worden ist, zu Ihrem Beschlusse erheben.

Präsident: Wollen Sie über den zweiten Punkt noch das Wort ergreifen?

Referent Prof. Dr. **Enneccerus** (Marburg): Ich möchte bitten, die Discussion zu trennen. Es ist in der That kaum möglich, die beiden Fragen zusammen zu verhandeln. Wenn es gleichwohl gewünscht wird, bin ich natürlich bereit.

Präsident: Bisher ist es bei Juristentagen nie Sitte gewesen, die Referate von vornherein zu trennen. Bei der Discussion liegt es ja nach dem Ausfall des Referates, was man vorher nicht kennt, in der Hand der Versammlung, zu bestimmen, ob eine Trennung eintreten soll; wenn aber die Versammlung im Voraus eine Trennung und eine sofortige Verhandlung des ersten Punktes beschließen sollte, wie, glaube ich, der Referent jetzt beantragt, so erhebe ich keinen Widerspruch dagegen.

Ein Mitglied: Ich erhebe Widerspruch dagegen.

Referent Prof. Dr. **Enneccerus** (Marburg): Es wird allerdings die Discussion erschweren.

Präsident: Die Discussion kann ja getrennt werden.

Referent Prof. Dr. **Enneccerus** (Marburg): Bei der zweiten Frage, über welche ich zu referiren habe, und welche sich auf das Pfandrecht des Verpächters an dem Gutsinventar bezieht, handelt es sich nicht darum, ob ein solches anzunehmen sei. Die Annahme eines solchen Pfandrechts wird vielmehr vorausgesetzt, ist schon durch frühere Juristentage bejaht, und auch ich halte dasselbe für wohlbegründet. Nur die nähere Gestaltung desselben, insbesondere der Umfang, das Erlöschen, kommt für uns in Betracht.

Die Hauptfrage bezüglich des Umfanges ist die folgende: Der Entwurf schließt das Pfandrecht aus an denjenigen Inventarienstücken, welche der Pfändung entzogen sind, mit anderen Worten an dem unentbehrlichen Inventar. Dafür scheint zu sprechen die Gleichstellung von Miether und Pächter. Wie das Pfandrecht des Vermiethers sich nicht auf den der Pfändung entzogenen unentbehrlichen Hausrath bezieht, so soll sich das Pfandrecht des Verpächters nicht auf das der Pfändung entzogene unentbehrliche Inventar beziehen. Aber dabei ist die vollständige Verschiedenheit des Hausraths und des Inventars übersehen. Der Hausrath ist ein unentbehrliches Lebensbedürfniß, das Gutinventar ist ein Mittel des Erwerbes; das unentbehrliche Lebensbedürfniß des nothdürftigen Hausrathes dauert auch nach der Beendigung der Miethe fort; das Gutsinventar tritt für den Pächter mit Endigung der Pacht außer Function. Es ist kein wirthschaftliches Interesse vorhanden, welches die Pfandfreiheit des Inventars nach der Beendigung der Pacht erforderte. Ganz hat sich auch der Entwurf dieser Verschiedenheit nicht verschließen können; für den Concurs des Pächters ist das Pfändungsverbot auf das unentbehrliche Gutsinventar außer Kraft gesetzt, und zwar durch Artikel 13 § 1 Absatz 1 des Einführungsgesetzes, während es für den unentbehrlichen Hausrath fortbesteht. Ich glaube aus allem Gesagten ohne Weiteres den Schluß ziehen zu dürfen: das Pfandrecht des Verpächters hat sich zum mindesten nach Endigung der Pacht auch auf das unentbehrliche Gutsinventur zu erstrecken.

Ich komme nun zum Verhältniß während der Dauer der Pacht. Die Motive erklären während der Pacht das Pfandrecht für unnöthig. Sie sind nämlich der Meinung, daß mit dem Fortschaffen von unentbehrlichen Inventarienstücken das Pfandrecht des Verpächters an denselben von selbst in Wirksamkeit trete. Wie auch der Herr Gutachter Amtsrichter Bunsen schon ausgeführt hat, enthält aber diese Folgerung einen Fehler. Die Motive sagen: „Wollte der Pächter die zum Betriebe der Wirthschaft unentbehrlichen Gegenstände fortschaffen, so würde damit deren Entbehrlichkeit von selbst anerkannt sein, folglich auch der Verpächter das Pfandrecht geltend machen dürfen.“ Das Pfandrecht wäre somit nach den Motiven für die Dauer der Pacht unnöthig. Diese Argumentation ist, wie gesagt, unrichtig.

Die Civilproceßordnung § 715 Nr. 5 entzieht das Inveutar, welches unentbehrlich ist, der Pfändung vollständig: „welches unentbehrlich ist", sage ich, nicht „welches der Pächter für unentbehrlich erklärt". Dieses unentbehrliche Inventar ist und bleibt der Pfändung entzogen, einerlei ob es der Pächter für entbehrlich oder unentbehrlich erklärt. Was aber der Verpfändung entzogen ist nach der Civilproceßordnung, das unterliegt nach § 521 Absatz 1 und § 543 des Entwurfes dem Pfandrechte des Verpächters nicht, mag der Pächter erklären, was er will. Es ist nicht nur das Privatinteresse des Pächters, das hier entscheidet, sondern der Ausschluß der Pfändung, auf welchem dann wieder das Freisein vom Pfandrecht basiren soll, beruht in erster Linie auf dem Landesculturinteresse. Außerdem ist auch die Grundlage der Schlußfolgerung falsch, von welcher die Motive ausgehen. Der Verpächter erklärt garnicht die Entbehrlichkeit des betreffenden Inventars, indem er es veräußert. Der Verpächter kann sehr wohl denken und sagen: dieses Inventarstück ist mir ganz unentbehrlich, ich muß es aber doch veräußern aus dringender Noth. Es ist ganz unrichtig, in einer solchen Veräußerung die Erklärung der Entbehrlichkeit zu finden. Es kann das dringende Bedürfniß durch ein noch dringenderes überboten werden. Es ist also wünschenswerth, daß das Pfandrecht auch an den unentbehrlichen Inventarienstücken und auch während der Dauer der Pacht anerkannt wird.

Dafür sprechen übrigens auch noch besondere Gründe. Wird das unentbehrliche Juventar vom Pfandrechte ausgenommen, so wird häufig dieses Pfandrecht überhaupt illusorisch sein, wenn nämlich nur das nothwendige Inventar vorhanden ist; und das hat nicht bloß für den Verpächter, sondern auch für den Pächter einen erheblichen Nachtheil. Der Pächter hat ein wesentliches Interesse daran, daß der Verpächter ohne Gefährdung der eigenen Sicherheit im Stande sei, in Fällen der Mißernte oder bei besonderen Unglücksfällen, bei großen Meliorationen das Pachtgeld für längere Zeit zu stunden. Wollten Sie das unentbehrliche Wirthschaftsinventar, welches in manchen Fällen fast das einzige sein wird, vom Pfandrechte des Verpächters befreien, so wird derselbe für derartige Stundungen vielfach nicht mehr zu haben sein.

Ich kann aber darum nicht so weit gehen, daß ich mit Herrn Dr. Hermes ein unbeschränktes Pfandrecht an dem unentbehrlichen Wirthschaftsinventar, auch während der Dauer der Pacht, annehmen möchte. Der Herr Gutachter erklärt jede Beschränkung dieses Pfandrechtes während der Pacht für unnöthig, weil dem Verpächter das eigene Interesse eine Ausübung des Pfandrechtes zum Nachtheil der Bewirthschaftung des Grundstückes verbieten werde. Allein es ist sehr bedenklich, das Landeskulturinteresse, lediglich von der richtigen Einsicht und dem guten Verständniß des Verpächters abhängig zu machen, und ebenso bedenklich, die Interessen des Pächters allein dem guten Verständniß und der wohlwollenden Einsicht des Verpächters anheimzustellen. Viele Gründe können den Verpächter zu einem schädlichen Vorgehen bewegen: momentanes Geldbedürfniß, welches dringend genug sein kann, um alle Interessen des Pächters und vielleicht auch des Landgutes selber außer Acht zu lassen; der vielleicht ungerechtfertigte Glaube, der Pächter wolle das unentbehrliche Inventar bei Seite schaffen; allzugroße Aengstlichkeit vor drohenden Verlusten; vielleicht auch die Absicht, einen unbequemen Pächter durch Entziehung des unentbehrlichen Inventars zur Aufgabe der Pacht zu veranlassen. Alles das sind Gründe, welche es ganz unsicher erscheinen lassen, ob im einzelnen Falle der Verpächter die Geltendmachung seines Pfandrechtes an dem unentbehrlichen Inventar wirklich unterlassen werde. Eine Beschränkung der Ausübung des Pfandrechtes während der Pacht ist also allerdings geboten. Dem Verpächter muß jede Ausübung seines Pfandrechtes während der Pacht verboten sein, durch welche er das unentbehrliche Inventar der Wirthschaft entzieht. Wird aber dieses unentbehrliche Inventar ohnehin der Wirthschaft durch den Pächter selbst entzogen, so ist jeder Grund, den Verpächter in der Ausübung seines Pfandrechtes zu beschränken, weggefallen. Das Pfandrecht kann also geltend gemacht werden, und das Gleiche gilt unbeschränkt nach Endigung der Pacht. In der Hauptsache stimmt das mit dem Antrage des Herrn Amtsrichter Bunsen überein, jedoch die Formulirung, die ich Ihnen in der Ihnen vorliegenden These gegeben habe, unterscheidet sich von der seinigen. Ich möchte indessen auf diese Abweichung nur eingehen, sofern die von mir vorgeschlagene Formulirung angefochten werden sollte.

Die Ausdehnung des Pfandrechtes auf die von dem Ehegatten und von den Kindern des Pächters eingebrachten Inventarstücke ist schon vom 20. Juristentage empfohlen worden, und es ist kein Grund, hierauf wiederholt zurückzukommen. Ich habe deshalb in die These diesen Punkt nicht hineingezogen. Die von Herrn Bunsen vorgeschlagene Ausdehnung auf Fremden gehörende Inventarstücke kann ich nicht befürworten. Herr Bunsen meint, es dürfe der, welcher dem Pächter nothwendige Inventarienstücke leiht, nicht besser gestellt sein, als derjenige, der dem Pächter das Geld zur Anschaffung derselben creditirt. Ich anworte darauf: allerdings muß er besser gestellt sein; denn er hat auf die im Eigenthum liegende Sicherheit nicht verzichtet, während der Creditirende seine Sicherheit nur in der Person des Pächters gesucht hat. Außerdem zeigt der von Herrn Bunsen aufgestellte Satz, sobald man ihn seiner Natur entsprechend — denn er hat nichts mit dem besonderen Verhältniß des Pächters zu thun — verallgemeinert, die Unrichtigkeit des Schlusses. Hr. Bunsen könnte mit demselben Grunde sagen, es dürfe derjenige, welcher Jemandem eine Sache leiht, nicht besser gestellt sein, als derjenige, welcher zur Anschaffung einer Sache Geld creditirt. Ich antworte auch darauf: Allerdings muß er besser gestellt sein und ist auch besser gestellt; denn sonst könnten Sachen zur Concursmasse herangezogen werden, welche dem Schuldner gar nicht gehören, sondern welche er von einem Dritten gemiethet oder entliehen hat.

Endlich ist noch zu erörtern, ob die im Interesse des Pächters und der Landescultur dringend nothwendige Verfügungsbefugniß des Pächters durch die Bestimmungen des § 521 Abs. 2 (vergl. § 532) genügend garantirt erscheint: „Der Verpächter kann der Entfernung derjenigen Inventarstücke nicht widersprechen, zu deren Entfernung der Pächter im regelmäßigen Betriebe seines Geschäftes veranlaßt wird." Ich habe einer scheinbar ähnlichen Bestimmung, welche vom Herrn Dr. Hermes für die Beendigung des Pfandrechtes des Hypothekargläubigers gefordert wird, widersprochen, aber diese Aehnlichkeit ist auch nur eine scheinbare. Der Antrag des Herrn Dr. Hermes gefährdete, wie wir gesehen haben, den Erwerb dritter Personen; das aber ist hier nicht der Fall; denn wenn die Sachen entfernt sind und zwar weder heimlich noch unter Widerspruch des Verpächters, so ist das Pfandrecht an ihnen jedenfalls erloschen. Der Erwerb Dritter kann ohne jede Gefahr erfolgen. Nur um das Verhältniß des Pächters und des Verpächters handelt es sich also bei dieser Bestimmung; denn daß die Entfernung nicht feindlich oder gegen Widerspruch des Verpächters erfolgt sei, kann der Dritte leicht controliren, sofern er nicht schon als gutgläubiger Erwerber geschützt ist. Die Gründe, aus denen die Vorschläge des Herrn Dr. Hermes bekämpft werden mußten, treffen also hier nicht zu. Eine besondere These habe ich bezüglich dieses Punktes nicht für nöthig gehalten, da die aufgestellte These eine stillschweigende Billigung des Entwurfes in dieser Beziehung enthält. Ich bitte Sie daher, diese These anzunehmen, welche lautet:

> Das Pfandrecht des Verpächters ist auf die der Pfändung entzogenen Inventarstücke auszudehnen, jedoch ohne die Befugniß, diese Gegenstände, solange das Pachtverhältniß dauert, der Bewirthschaftung des Gutes zu entziehen.

Präsident: Wenn der Herr Correferent wünscht, gebe ich ihm jetzt das Wort, betone aber, daß der Herr Correferent nicht gebunden ist, an die These 2 seine Ausführungen zu knüpfen, wie vom Herrn Referenten angedeutet worden ist, daß er vielmehr noch weitere Thesen in seinem Vortrage vorzuschlagen berechtigt ist.

Correferent Rechtsanwalt **Mörschell** (Würzburg): Ueber die Verbesserungsfähigkeit des Entwurfes in Hinsicht auf die eben vom Herrn Referenten besprochenen Punkte sind wir, glaube ich, Alle einig. Die zwei Gutachter, deren Gutachten sonst sehr stark auseinandergehen in Bezug auf die erste Frage, sind darüber eins und der Referent, und ich muß mich seiner Ansicht anschließen, allerdings ebenfalls mit der Einschränkung, wie sie von Seiten des Referenten beantragt ist, nämlich dahin, daß während der Dauer des Pachtverhältnisses die Inanspruchnahme des Pfandrechts an den unentbehrlichen Inventarienstücken seitens des Verpächters nicht zulässig sein soll. Die Sicherung der Verwendbarkeit der unentbehrlichen Inventarienstücke für den Betrieb des Gutes erheischt diese Beschränkung. Bezüglich der Frage, ob nicht, wenn eine Veräußerung des Pächters in unwirthschaftlicher Weise erfolgt, dann etwa eine eigene Bestimmung getroffen werden könnte, will ich einen besonderen Antrag nicht stellen. Eigentlich erheischt dieser Punkt noch eine besondere Erwähnung in dem Antrage; denn von selbst liegt er nicht darin. Daß dann, wenn der Pächter unentbehrliche Sachen veräußert zu einer Zeit, wo es sich mit den Wirthschaftsverhältnissen nicht gut verträgt, der Verpächter eingreifen dürfen solle, das halte ich auch für selbstverständlich, obgleich es eigentlich in dem Antrage des Referenten nicht ausdrücklich zum Ausdruck gekommen ist. Bezüglich der Frage, ob Sachen, die einem Dritten gehören, von dem Verpächter in Anspruch genommen werden können, stehe ich ebenfalls auf dem Standpnnkte des Referenten und glaube, man kann nicht so weit gehen, als der Gutachter Hr. Bunsen beantragt; weil das meines Erachtens gegen das Rechtsgefühl des Publicums im Allgemeinen ginge, daß Sachen, die im Eigenthum eines Dritten sich befinden, den Interessen eines Anderen, eines Verpächters, dienen sollen. Also, m. H., auch in diesem Punkte schließe ich mich der Ansicht des Referenten durchaus an.

Präsident: M. H., der Herr Referent hat den Wunsch ausgesprochen, daß die Debatte der Uebersichtlichkeit wegen über die zwei Thesen getrennt werden soll, und dem ist auch der Herr Correferent beigetreten. Ich bemerke aber, daß ich es nicht für zweckmäßig halte, die Debatte allein zu trennen gesondert von der Abstimmung. Würde die Debatte getrennt, dann würde über den ersten Punkt die Abstimmung wieder zurückgreifen, und die Trennung in der Discussion nicht durchführbar sein. Nun frage ich: wird Widerspruch erhoben gegen den Antrag des Herrn Referenten, die Debatte und Abstimmung zunächst zu beschränken auf Punkt 1 seiner Thesen? Ich darf annehmen, daß die Herren dem beistimmen, und ich eröffne nunmehr die Berathung, die mit der Abstimmung schließen wird, über Punkt 1.

Der Antrag des Herrn Referenten lautet:

> Die Bestimmungen des Entwurfes eines B. G. B. über die Stellung des Gutsinventars zu den Rechten der Real- und Personalgläubiger sind in der Hauptsache zu billigen; jedoch empfiehlt es sich, das Erlöschen der Haftung davon abhängig zu machen, daß die Inventarstücke veräußert und von dem Grundstücke entfernt sind.

Geheimer Justizrath Prof. Dr. **Gierke** (Berlin): M. H., ich muß mich zu meinem lebhaften Bedauern gegen den Antrag aussprechen. Ich stehe durchaus auf dem Standpunkte des Gutachtens des Herrn Dr. Hermes. Allerdings spreche ich einigermaßen pro domo, indem ich im Landes-Oekonomie-Collegium ebenfalls für die Annahme des Antrages Hermes damals gewirkt habe. Nach meiner Ansicht ist der zunächst und vor Allem entscheidende Gesichtspunkt, von dem aus diese Frage zu entscheiden ist, ein objectiver. Es ist gewissermaßen eine Frage des Sachenrechtes, eine Frage der rechtlichen Behandlung der Sachen, um die es sich handelt, eine Frage aber freilich, die nun zugleich vom allergrößten Culturinteresse und socialen Interesse ist. Die Frage geht einfach dahin, das ist der Kern der Meinungsverschiedenheiten: soll von dem Rechte das Inventar als eine dem Gute zugehörige Pertinenz betrachtet und möglichst mit demselben zu einer objectiven Einheit zusammengefaßt werden, oder soll man umgekehrt das Inventar rechtlich als eine von der unbeweglichen Sache, mit der es verbunden ist, möglichst unabhängige Summe von beweglichen Sachen auffassen. Nach meiner Ansicht fordert es nun vor Allem das Interesse der Landescultur, daß man hier dem deutschen und nicht dem römischen Rechte folge, und daß, wie in anderen Fällen, so hier die Zusammengehörigkeit von Haupt- und Nebensache gefestigt, die Pertinenz als ein wirklich sachlich mit der Hauptsache verbundenes Object behandelt werde. In der allgemeinen Frage der Zubehörungen hat sich ja auch der Juristentag bereits in Straßburg in diesem Sinne der objectiven Pertinenzqualität ausgesprochen. Liegt nun die Sache so, muß man überhaupt, wie Kohler dies sehr richtig ausgeführt hat, die Hauptsache mit allen ihren Nebensachen als eine aus wirthschaftlichen und culturellen Gründen möglichst untrennbare Einheit behandeln, so ist dies in Bezug auf Landgüter von ganz besonderer Wichtigkeit. Denn was ist das Gut ohne Inventar? Etwas Todtes, was schlechthin wirthschaftlichen Werth nicht hat. Denken wir uns auch die menschliche Arbeit hinzu, so kann auch sie nicht das Gut fruchtbar machen und beleben ohne dieses Mittelglied des lebenden und todten Inventares, des Viehes vor Allem und der Geräthschaften. Der nackte Boden, des Inventars beraubt, hat ja als solcher überhaupt keine wirthschaftliche Bedeutung, er gewährt diese erst in Verbindung mit dem Inventar und mit der Arbeit des Bebauers. Die Gesetzgebung muß daher meines Erachtens sich auf den Standpunkt stellen, diese Verbindung zwischen Inventar und Gut auf das Möglichste zu stärken. Fragen wir nun aber nach der socialen Seite der Frage, so stehe ich da allerdings in einem sehr starken Widerspruch zum zweiten Referenten, der da meint, daß wir schon genug des Schutzes der Eigenthümlichkeiten der Landwirthschaft hätten, daß die Verfügungsfreiheit bereits zu sehr beschränkt sei, und daß es sehr erfreulich sei, wenn dem gegenüber eine Reaction eintrete. Die Frage, um die es sich handelt, ist einfach die der Mobilisirung des Grundbesitzes oder der Erhaltung der Unbeweglichkeitsqualität desselben. Stehen wir auf dem Standpunkte, daß eine fortschreitende Mobilisirung des Grundbesitzes wünschenswerth ist, dann werden wir selbstverständlich auch widersprechen müssen einer Immobilisirung des Inventares, worauf ja der Vorschlag des Herrn Dr. Hermes hinauskommt. Wenn wir aber umgekehrt meinen, daß es sowohl den wirthschaftlichen und den socialen Interessen, als unserem auch vom römischen Rechte nicht überwundenen deutschen Rechtsbewußtsein entspricht, die unbeweglichen und die beweglichen Sachen verschieden zu behandeln, dann werden wir auch dahin gedrängt werden, die eigenthümlichen Rechtssätze, die für die Immobilien gelten, auf das Inventar mit auszudehnen. Wenn wir also alle jene neueren Bestrebungen verwerfen, welche dahin gehen, auch da, wo der Unterschied von Mobilien und Immobilien zurückgedrängt ist, wie im Erbrechte, wie in der Möglichkeit von Theilungsbeschränkungen, wie in den am Grund und Boden denkbaren dinglichen Rechten, ihn wieder zu beleben, — wenn wir der Meinung sind, daß alle diese Bestrebungen Rückschritte sind, dann werden wir auch dem Antrage des Referenten zustimmen müssen. Wer aber in den Bestrebungen nach einem besonderen bäuerlichen Erbrechte, nach der Bildung von Rentengütern und was sich daran schließt, nach einer eigenthümlichen Gestaltung der dinglichen Rechte an Immobilien u. s. w. das Heil der Zukunft erblickt, wird nimmermehr sich dem Antrage anschließen können.

Auch hier wird, wie bei allen erwähnten Punkten, uns entgegengehalten, es werde durch eine solche Gestaltung des Rechtes die Verfügungsfreiheit des Grundbesitzes beschränkt. In gewissem Umfange ja!

Aber was wird ihm denn untersagt, was wird ihm unmöglich gemacht? Doch nur eben dies, eine unbewegliche Sache zu behandeln als etwas, was sie nicht ist, als eine bewegliche Sache, sie einem für sie unpassenden Rechte zu unterstellen, statt sie objectiv zusammenzuhalten. Das aber ist keine Freiheitsbeschränkung. Man kann doch auch nach unserem heutigen Rechte nicht plötzlich sein Grundstück für ein Mobile erklären und ohne Auflassung durch Tradition übertragen! Ebenso wird nun, wenn man dem Gesichtspunkte des Herrn Dr. Hermes beitritt, dem Grundeigenthümer nur die Möglichkeit entzogen, ein Stück seines Gutes, was von Rechtswegen zu demselben gehört, aus diesem Verbande zu lösen, wo dies nicht der ordnungsmäßigen Wirthschaftsführung, wo es nicht dem normalen Gange der Dinge entspricht.

Weiter wird vor Allem gesagt, es werde dadurch dem Besitzer der Credit erschwert in der einen oder anderen Richtung. M. H., ich bin kein Freund einer fortwährenden sogenannten Erleichterung des Credites, die zu gar keinem anderen Ziele führen kann, als dazu, daß der Grundbesitz zuletzt vom beweglichen Kapitale verschlungen wird, daß die Verschuldung des Grundbesitzes in einem solchen Grade zunimmt, bis nichts übrig bleibt, als entweder die staatliche Ablösung der Hypothekenschulden, wie wir die Ablösung der Reallasten gehabt haben, oder der vollständige Untergang, die vollständige Knechtschaft des Grundbesitzes gegenüber dem Capital. Und ich würde daher statt einer Erleichterung des Credites es vielmehr für angemessener halten, wenn Institutionen angebahnt würden, die allmählich umgekehrt eine feste Verschuldungsgrenze für den Grundbesitz festsetzten. Aber wenn wir auch eine solche gesetzliche Grenze nicht haben, so wird man als gesunden Realcredit natürlich nur denjenigen anerkennen, der nicht den vollen Werth des Gutes verschlingt. Der volle Werth des Gutes jedoch wird eben erst dargestellt durch das Gut und das Inventar, und daß in dieser Beziehung das Inventar in seiner Verbindung mit dem Gut einen höheren Werth darstellt, als wenn es von demselben getrennt ist, darin stimme ich vollständig dem Herrn Dr. Hermes bei. Ich bin freilich nicht der Ansicht, daß durch die unbedingte Mithaftung des Inventars eine ganz außerordentliche und besondere Stärkung des Realcredites des Grundbesitzes eintreten würde. Darin stimme ich zum Theil dem ersten Referenten bei. Ich halte aber auch eine noch höhere Erleichterung des Credites nicht für nützlich, sondern für schädlich. Dagegen wäre es allerdings in hohem Grade wünschenswerth, wenn statt des jetzigen ungesunden Realcredites, in Folge dessen die Güter in vielen Gegenden Deutschlands bis an die äußerste Grenze verschuldet sind, sich ein gesunder Personalcredit entwickelte, ein gesunder Personalcredit, wie er ja nur denkbar ist auf genossenschaftlicher Grundlage, und wie er ja auch in gewissem Umfange durch die Genossenschaften bereits angebahnt ist. Aber, m. H., doch nur ein gesunder Personalcredit. Und, m. H., ein Personalcredit, der sich auf Inventarstücke stützt, die zwar allenfalls entbehrlich sind, die aber doch ein ordentlicher Wirthschafter niemals veräußern wird, ein solcher Personalcredit ist eben nicht ein gesunder, sondern auf das Aeußerste ungesund. Es ist ein Credit, der Objecte ergreift, die doch auch nach der jetzigen Rechtsordnung zugleich Objecte des Realcredites sind. Einen solchen Personalcredit zu fördern, halte ich daher für vollständig unheilvoll und verhängnißvoll. Der gesunde Personalcredit des Landwirthes kann sich immer nur stützen auf das, was er erarbeitet. Das ist aber nicht das Inventar, das sind die Früchte, das ist das, was er bei einer ordnungsmäßigen Wirthschaft veräußern kann, und, wenn man eine Pfändung der Früchte erleichtern will durch ein Register und dergl., und so den Personalcredit stärken, so habe ich nichts dagegen. Ein wirklich gesunder Personalcredit wird allerdings nur dann erst zu erzielen sein, wenn die Güter auf Grund des Realcredits nur bis zu einer gewissen Grenze verschuldet werden können und somit vom Erwerbe etwas frei bleibt, woraus der Mann, der sonstige Capitalien nicht zu besitzen pflegt, die Personalgläubiger zu befriedigen im Stande ist. Also ich meine, daß einem gesunden Personalcredit diese Haftung des Inventars gegenüber den Personalgläubigern durchaus nicht entspricht, daß der Personalcredit seine Sicherung anderswo suchen muß, als im Inventar. Auf Grund dieser Voraussetzungen nun bin ich mit Dr. Hermes allerdings der Ansicht, daß einerseits eine Mobiliarexecution in ein solches Inventar gänzlich zu versagen sei, wie das schon vor längerer Zeit Herr Prof. Kohler in einer sehr überzeugenden Abhandlung ausgeführt hat in Bezug auf Zubehörungen im Allgemeinen. Hier haben wir wohl die wichtigste Anwendung des Falles. Andererseits aber stimme ich darin mit dem Herrn Geheimrath Hermes überein, daß den Realgläubigern das Inventar so lange zu haften hat, als es eben Inventar ist, und daß diese Eigenschaft von Inventarstücken erst aufhört, wenn dieselben in ordnungsmäßigem Wirthschaftsbetriebe veräußert sind. Selbstverständlich, wie es ja auch Hermes näher ausführt, mit dem Vorbehalt der Rechte gutgläubiger dritter Erwerber. In letzterer Beziehung sind nun noch einige Worte hinzuzufügen. Es ist ja richtig, diese Begriffsbestimmung der „Veräußerung im ordnungsmäßigen Betriebe" hat etwas Elastisches, etwas Unbestimmtes, aber bei dem heutigen Stande der Gesetzgebung sind wir fortwährend gezwungen, mit derartigen Begriffen zu operiren. Wir können nicht zu den alten, festen, starren Schranken des Rechtes zurückgehen, die alles ganz genau bezeichnen, so wenig wir zu der alten Beweistheorie zurückgreifen können; wir müssen mit derartigen elastischen Begriffen operiren. Nehmen Sie das Wuchergesetz oder die Bestimmungen über das Pfandrecht des Vermiethers oder die Vorschriften des Handelsgesetzbuches über die Sorgfalt des ordentlichen Geschäftsmannes, in all unseren Gesetzbüchern haben wir immer dieselbe Erscheinung, und auch für Dritte knüpfen sich stets an solche Begriffe sehr erhebliche Folgen. Ich glaube nun aber, daß die thatsächlichen Verhältnisse so liegen, daß in den allermeisten Fällen eben kein Zweifel sein wird, weder für den Veräußerer selbst, noch für den dritten Erwerber, ob hier ein gewöhnlicher Verkauf vorliegt, wie er landwirthschaftlich vorkommt, oder eine Verschleuderung von Inventar, um sich Geld zu verschaffen. Es ist ja bekannt, daß das Letztere unendlich häufig geschieht, und die Käufer sind in sehr vielen Fällen Leute, die recht gut wissen, worum es sich handelt. Es sind auch meist nicht Käufer, die weit davon entfernt wohnen, sondern Käufer aus der Nachbarschaft selbst. Auch glaube ich nicht, daß es in den meisten Fällen, wie der erste Herr Referent meinte, den Hypothekargläubigern ganz unmöglich ist, hier eine ausreichende Controle zu üben, und daß daher eine solche Bestimmung unpraktisch sei. Die wichtigsten Hypothekargläubiger, die Genossenschaften, die Pfandbriefinstitute u. s. w., pflegen eine sehr wirksame Controle zu üben, sich sehr genau danach umzusehen, ob die Wirthschaft ordentlich geführt wird. Jedenfalls haben gerade sie in diesem Punkte die Meinung, daß eine solche Bestimmung für ihre Interessen eine durchaus erwünschte sei, und es sind dies doch sehr legitime Interessen, diese Interessen der Landschaften und sonstigen genossenschaftlichen Verbände, die den Realcredit nicht bloß fördern, sondern auch auf gesundem Boden erhalten, die thatsächlich an die Stelle der Capitalverschuldung doch wesentlich das Princip der Rentenverschuldung setzen, und die doch in außerordentlich wohlthätiger Weise gewirkt haben. Ich muß daher mich vollständig im Sinne des Herrn Dr. Hermes, des ersten Begutachters, aussprechen und möchte mir erlauben, folgenden Gegenantrag zu Punkt 1 zu stellen.

> Das Gutsinventar ist der selbständigen Mobiliarexecution zu entziehen. Den Realgläubigern gegenüber ist jede Verpfändung von Inventarstücken, welche nicht in ordnungsmäßiger Wirthschaftsführung erfolgt, für unwirksam zu erklären.

Präsident: Außer dem Gegenantrage des Herrn Vorredners, dessen nochmalige Verlesung wohl nicht gewünscht wird, ist noch ein Zusatzantrag eingegangen von dem Herrn Justizrath M. Levy-Berlin, dem Antrage, wie er vom Herrn Referenten gefaßt ist, folgenden Zusatz zu geben:

> Auch ist dem Hypothekengläubiger das Widerspruchsrecht gegen die Zwangsvollstreckung in das Gutsinventar seitens der Personalgläubiger einzuräumen.

Geheimer Justizrath Prof. Dr. **Gierke** (Berlin): Darf ich mir zu meinem Antrage einen Zusatz erlauben? Hinter „erfolgt" sind die Worte einzuschieben:

> „vorbehaltlich der Rechte gutgläubiger Dritter."

Präsident: Nun hat das Wort Herr Amtsrichter Bunsen.

Amtsrichter **Bunsen** (Rostock): Ich möchte Sie bitten, den soeben gestellten Antrag des Herrn Geheimrath Gierke abzulehnen. Ich will nicht für den Antrag der beiden Referenten besonders sprechen. In meinem Gutachten habe ich die Grundsätze, von welchen ich ausgehe, niedergelegt. Sie stehen allerdings in diametralem Gegensatze zu dem, was wir eben gehört haben. Wenn Herr Geheimer Rath Gierke davon ausgegangen ist, daß diese Sache objectiv von einem sachlichen Standpunkte aus behandelt werden müsse, so glaube ich doch, daß wir in seinen Erörterungen den objectiven Standpunkt vermissen. Der Herr Vorredner geht weiter als der Herr Gutachter Geheimer Rath Hermes. Dieser ging doch von dem Satze aus, daß die Gesetzgebung Vorsorge treffen müsse, daß der bedeutende im Gutsinventar angelegte Theil des landwirthschaftlichen Capitales dem Besitzer nutzbar gemacht werde. Das Inventar muß also dem Credite des Gutsbesitzers nutzbar gemacht werden, und es fragt sich nur, in welcher Weise ist es dem Credite nutzbar zu machen, und welcher Credit ist dem Besitzer nutzbarer? Der Herr Vorredner will das Inventar ausschließlich für den Realcredit haben, er hat aber selbst ausgeführt, daß eine Erhöhung des Realcredites oder ein hoher Realcredit absolut verwerflich ist. Er will also dem Realcredit eine bestimmte Grenze zuweisen. Dann ist aber dem Realcredit das Gutsinventnr vollständig überflüssig, dann muß es doch dem Personalcredit zugänglich gemacht werden, sonst ist das Gutsinventar für den Credit des Besitzers vollständig todt. Ich bin ja damit vollständig einverstanden, den Realcredit möglichst herabzusetzen, es möge dafür gesetzliche Vorsorge getroffen werden; daß aber das dem Realcredit besonders nützt, glaube ich nicht. Ich gehe auch davon aus, daß das Gutsinventar dem Gute erhalten bleibt und möglichst nicht vom Gute getrennt werde. Aber damit ist keineswegs die Frage gelöst und entschieden, welchem Credite soll es dienen, wer soll aus dem Verkaufswerthe des Gutes —

und schließlich muß es doch einmal zum Verkaufe kommen, wenn der Besitzer sich nicht mehr halten kann — befriedigt werden? Diese Fragen müssen wir nicht verwechseln, sondern immer auseinander halten. Man kann auch, wenn man das Inventar dem Personalcredit zugänglich macht, trotzdem die Einheit von Gut und Inventar erhalten, aber man schießt über das Ziel hinaus, wenn man, um das Inventar zu erhalten, es nur dem Realcredit zugänglich macht. Es scheinen mir hier zwei Fragen vorzuliegen, die vollständig von einander zu trennen sind. Die wirthschaftliche Einheit ist dadurch gewährleistet, daß während der Bewirthschaftung des Gutes eine Entziehung seines Inventares den wirthschaftlichen Zwecken gegenüber nicht möglich ist. Ist aber der Besitzer fertig, dann fragt es sich wieder — und da komme ich auf den springenden Punkt — wer soll Befriedigung finden aus dem Verkaufe des Gutsinventars? Wird das Gut mit dem Inventar verkauft, so gehen meine Vorschläge dahin: der Mehrwerth, der sich aus dem einheitlichen Verkaufe von Gut und Inventar und durch den sich dadurch erhaltenden ungestörten Betrieb ergiebt, ist den Realgläubigern zuzuweisen, der nach Abzug dieses Mehrwerthes verbleibende Verkaufswerth aber den Personalgläubigern. Auf diesen Punkt möchte ich besonders aufmerksam gemacht haben, da hierdurch ein Ausgleich für die widerstrebenden Interessen geschaffen wird, und Sie jedenfalls bitten, den Antrag des Herrn Geheimen Rath Gierke zurückzuweisen, welcher nach meiner Ansicht weit über das Ziel, das der Antragsteller im Auge hat, die wirthschaftliche Einheit zwischen Gut und Inventar zu erhalten, hinausgeht.

Präsident: Der Antrag des Herrn Prof. Gierke hat noch eine kleine Veränderung am Schlusse erfahren und lautet jetzt vollständig:

> Das Gutsinventar ist der selbständigen Mobiliarexecution zu entziehen. Den Realgläubigern gegenüber ist jede Veräußerung oder Verpfändung von Inventarstücken, welche nicht in ordnungsmäßiger Wirthschaftsführung erfolgt, vorbehaltlich der Rechte gutgläubiger Dritter, für unwirksam zu erklären.

Das Wort hat der Herr Justizrath Levy.

Justizrath **Levy** (Berlin): Ich stehe im Ganzen mehr auf dem Standpunkte des Herrn Prof. Gierke, als auf dem des Herrn Referenten. Ich halte es für vorzugsweise im Interesse des Verkehrs, daß der Realcredit geschützt wird. Es steht erfahrungsmäßig fest, daß derselbe auf Landgüter nur gegeben wird mit Rücksicht auf ihre Einheit, auf das Ganze, und der Entwurf hat dem Rechnung getragen, indem er das Gutsinventar als Pertinenz, als Zubehör des Gutes erklärt hat und ausdrücklich bestimmt, daß das Hypothekenrecht sich mit erstrecken soll auf die Pertinenzen, ein Satz, dem auch der Juristentag beigetreten ist. Ich würde es deshalb mit Freude begrüßen, wenn es möglich wäre, diese berechtigten Interessen der Realgläubiger und der Hypothekengläubiger gegen ein sogenanntes Kaltabbrennen der Gutsbesitzer zu schützen. Vorbeugungsmittel haben wir in unserem Rechte schon; es können durch Arreste oder einstweilige Verfügungen Sicherungsmaßregeln getroffen werden, und ich nehme nicht an, daß der Entwurf in dieser Beziehung die Rechtsordnung habe abändern wollen, aber, wie die Praktiker wissen, kommen diese Maßregeln in der Regel zu spät. Es giebt allerdings gewisse Institute, die im Stande sind, eine Controle mit gutem Erfolge auszuüben, so daß noch rechtzeitig eingeschritten werden kann, wenn der Gutsbesitzer gesinnt ist, das Inventar in doloser Weise fortzuschaffen, aber der gewöhnliche Hypothekengläubiger kann das in der Regel nicht, er wohnt oft zu entfernt, um rechtzeitig einschreiten zu können. Deshalb würde ich es sehr gern sehen, wenn es möglich wäre, eine solche Bestimmung in das Civilrecht aufzunehmen, welche den Realgläubiger in dieser Beziehung wirksam zu schützen vermag. Ich habe mich aber nicht überzeugen können, daß die Vorschläge, welche vom Herrn Dr. Hermes, ebenso wie vom Herrn Geheimrath Gierke gemacht worden sind, praktisch möglich wären. Ich fürchte sehr, daß wenn bestimmt wird, daß das Pfandrecht des Hypothekengläubigers noch fortwirken solle über die Veräußerung und Fortschaffung der Pertinenzstücke hinaus, dann der Verkehr mit Dritten über diese Inventarstücke seitens des Besitzers vollständig gehindert werden möchte, und daß schwerlich Jemand das Risico übernehmen würde, ob man ihn im einzelnen Falle als gutgläubigen oder als fahrlässigen oder gar schlechtgläubigen Erwerber ansehen wolle. Deshalb kann ich mich mit diesen Anträgen nicht einverstanden erklären. Ich selbst weiß kein anderes Mittel. Das einzige Mittel, was ich vorschlagen könnte, gehört nicht in diese Versammlung, denn es ist kein civilrechtliches. Meines Erachtens muß man gegen das Kaltabbrennen nicht civilrechtlichen, sondern strafrechtlichen Schutz gewähren. Nur in einem Punkte weiche ich vom Herrn Referenten und vom Entwurfe ab. Der Entwurf selbst läßt durchaus nicht erkennen, daß das Pfandrecht, das Hypothekenrecht des Realgläubigers bei einer Collision mit einer Mobiliarexecution in das Inventar den Personalgläubigern gegenüber nicht durchgreifen sollte. In dem Entwurfe selbst ist keine Spur davon zu finden, nur in den Motiven ist es gesagt, und durch die Fassung des § 2 des Zwangsvollstreckungsgesetzes bestätigt, daß dieses Widerspruchsrecht des Hypothekengläubigers, solange als eine Beschlagnahme des Grundstücks für diesen nicht stattgefunden hat, beseitigt werden soll. Das halte ich für unberechtigt, sowohl theoretisch als praktisch; denn wenn nach dem Entwurfe das Gutsinventar dem Hypothekenrechte des Realgläubigers unterworfen wird, dann muß er auch die Consequenzen von diesem Satze ziehen, dann muß er auch dieses Hypothekenrecht realisiren lassen gegenüber dem Andringen einzelner Personalgläubiger. Der Herr Referent hat gemeint, ein gewisser Schutz sei durch § 715 der Civilproceßordnung gewährt. Ich meine aber, der § 715 bezieht sich überhaupt nicht auf die Rechte dritter Personen. Darauf beziehen sich meines Wissens nur die §§ 690 und 710. Dort ist sedes materiae für die Rechte Dritter gegenüber der Zwangsvollstreckung, dagegen in § 715 und § 749 werden nur die Rechte des Schuldners gegen die Zwangsvollstreckung in gewisse Objecte normirt. Wenn also der Schuldner auf sein Recht, der Zwangsvollstreckung in die unentbehrlichen Gegenstände des Gutsinventars zu widersprechen, verzichtet, dann würde dem Hypothekengläubiger auch nicht einmal dieses Widerspruchsrecht zustehen. Ich meine deßhalb, man muß die theoretische Consequenz aus den Grundsätzen ziehen, welche der Entwurf für den Umfang des Hypothekenrechts aufgestellt hat. Wenn er dasselbe ausdehnen will auf das Gutsinventar, dann muß er, nachdem er a gesagt hat, auch b sagen und den Realgläubiger in Bezug auf dieses Inventar gegenüber den Personalgläubigern schützen. Praktisch wird mir jeder erfahrene Mann darin beistimmen, daß das Hypothekenrecht auf das Gutsinventar für vollkommen illusorisch zu erachten ist, wenn dem Hypothekengläubiger nicht einmal das Recht gewährt wird, der Mobiliarexecution in dasselbe entgegen zu treten, auch wenn ihm die Einleitung der Zwangsverwaltung oder Zwangsversteigerung noch nicht möglich war. In Bezug auf das Gutsinventar bin ich auch nicht der Meinung, daß dasselbe für den Personalcredit entscheidend sei, und stimme darin mit Herrn Geheimrath Gierke überein. Nach meinen Erfahrungen beruht der Personalcredit nicht im Entferntesten auf dem Gutsinventar, sondern auf ganz anderen Grundlagen. Man giebt einen solchen Credit einem Manne seiner Person wegen, weil man seine Verhältnisse für gesunde hält, weil er fleißig und ordentlich wirthschaftet, nicht dem Spiel oder Trunk ergeben ist und dergl., aber nicht auf das Gutsinventar. Ein Gutsbesitzer, dessen Gut überschuldet ist, hat weder Realcredit, noch hat er gesunden Personalcredit. Er kann höchstens in die Hände von Wucherern fallen, aber das Inventar allein macht den Personalcredit nicht. Also meine ich, für den Personalcredit ist es ziemlich unerheblich, ob man den Personalgläubiger dem Realgläubiger nachstehen läßt. Dadurch wird er nicht besonders gefährdet werden. Auch ist es eine Illusion, daß man durch Schwächung des Realcredits den Personalcredit stärken könne. Jedenfalls halte ich das Hypothekenrecht auf das Gutsinventar für ganz illusorisch, wenn ihm nicht jeder Zeit Schutz gewährt wird gegen eine Mobiliarexecution. Wie leicht ist es dem Personalgläubiger, sich eine solche zu ermöglichen vermittelst vollstreckbarer Urkunden! Das preußische Recht hat den Grundsatz, daß der Gläubiger der Mobiliarexecution in das Gutsinventar widersprechen kann, in § 206 des Zwangsvollstreckungsgesetzes betr. das unbewegliche Vermögen ausdrücklich ausgesprochen. Der gleiche Grundsatz gilt im bayerischen Recht, wie überhaupt im größten Theile des Deutschen Reichs. Ich glaube, es empfiehlt sich für den Juristentag, an diesem bewährten Grundsatze festzuhalten. Darum empfehle ich Ihnen meinen Antrag, der dies bezweckt.

Geheimer Hofrath Prof. Dr. **Schröder** (Heidelberg): M. H., ich kann mich den Ausführungen des Herrn Geheimrath Gierke nicht anschließen. Ich bin der Ansicht, daß das Gutsinventar, wenigstens soweit es sich um den Viehbestand handelt, unter Umständen für den Besitzer ganz unentbehrlich ist zur Eröffnung eines gesunden Credites. Der Viehzüchter hat absolut nöthig, daß sein Viehbestand einem besonderen Credit unterworfen werden könne. Das ist absolut nothwendig, und daß das auch dem alten deutschen Rechte durchaus nicht widerspricht, bezeugen die Verhältnisse in der Schweiz. Eine ganze Reihe von Cantonalgesetzen in der Schweiz ermöglichen den Inhabern großer Viehbestände, für ihr Viehinventar eigene Pfandbücher anzulegen, welche mit den Grundbüchern nichts zu thun haben, so daß ein besonderer Realcredit, der aber vom Immobiliarcredit getrennt ist, auf diese Weise möglich gemacht wird. In Deutschland haben wir eine solche Einrichtung nicht. In der Schweiz besteht sie als gemeinrechtliche Einrichtung ebenfalls nicht, aber das eidgenössische Gesetz über das Obligationenrecht hat sie bestehen lassen, soweit in einzelnen Cantonen solche Pfandbücher bestehen. Es wäre zu erwägen, ob eine derartige Einrichtung nicht auch für uns wünschenswerth wäre. Solange aber eine solche Einrichtung bei uns nicht besteht, halte ich es für nothwendig, daß dem Besitzer die Möglichkeit gegeben wird, einen besonderen Personalcredit sich zu verschaffen, der in wünschenswerther Weise durch den Genossenschaftscredit gegeben wird. Ich möchte nur erinnern an die Verhältnisse, wie sie sich nicht bloß auf großen Gütern meiner Heimath in Pommern, sondern vielfach auch anderwärts finden, daß z. B. ein Gut ganz vorzugsweise auf Füllenzucht eingerichtet ist, während auf einem andern bloß Bockschäferei getrieben wird, und daß dann ein solcher Gutsbesitzer wirtschaftlich gefaßt einen kaufmännischen Betrieb hat, wenigstens einen Betrieb, der bis zu einem gewissen Grade ein kaufmännischer ist; der braucht nun einen laufenden, einen schnellen Credit, der kann mit hypothekarischem Credite absolut nicht auskommen, er ist in dieser Beziehung lahm gelegt, wenn man sagt: das ist Gutsinventar, also ist es der Mobiliarexecution entzogen. Das würde meiner Meinung nach eine große Beeinträchtigung der Wirthschaftsführung sein. Ich stelle keinen Antrag, sondern kann mich nur dem Antrage des Referenten anschließen.

Geheimer Justizrath Prof. Dr. **Gierke** (Berlin): M. H., ich muß zu meinem Bedauern meinem verehrten Specialcollegen Prof. Schröder entgegenhalten, daß seine Ausführungen auf einer vollständigen Verwechslung von Inventar und Viehbestand des Gutes zu beruhen scheinen. Füllen, die man zum Verkaufe züchtet, Hammel, die man als Fetthammel zum Verkaufe bringt, sind ebenso gut, wie die Wolle der Schafe, die Milch der Kühe, ein Ertrag, eine Frucht und nicht Inventar. Auch nach altem deutschen Rechte war Inventar nur dasjenige Vieh, welches zur Wirthschaftsführung nothwendig ist, und von dem jungen Vieh, gerade wie beim Saatgetreide, nur das, was zur Fortführung der Wirthschaft nöthig ist. Das versteht sich von selbst. Dasjenige ist ja die größte und beste Grundlage des Personalcredites, weil es von der persönlichen Tüchtigkeit des Landbauers abhängt, m. H., was er an Ergebnissen seiner Arbeit, an Früchten lebend und todt zu hoffen hat, und ich habe vorhin schon angedeutet, daß ich gar nichts einzuwenden hätte gegen eine Vorschrift, welche bei uns eine besondere Verpfändung von Vieh, Früchten u. s. w. durch Register und Pfandbücher möglich machte, ja ich habe mich auch öffentlich in diesem Sinne ausgesprochen. Also, glaube ich, der Widerspruch ist doch wohl hier nur ein scheinbarer. Uebrigens giebt es, worauf mich College Pfaff eben aufmerksam macht, in Oesterreich schon seit einer Reihe von Jahren das Verbot der Mobiliarexecution in das Gutsinventar.

Präsident: Ich schließe die Debatte. Wünscht der Herr Correferent noch zu sprechen? Derselbe verzichtet. Der Herr Referent?

Referent Prof. Dr. **Enneccerus** (Marburg): M. H., ich muß zunächst demjenigen widersprechen, was Herr College Gierke zuletzt ausgeführt hat. Ich halte die vom Herrn Collegen Schröder angeführten Gegenstände allerdings in der Regel für Inventar. Es ist nicht nur dasjenige, was für die Beackerung des Bodens nothwendig ist, Inventar, sondern Alles, was zur Wirthschaftsführung verwendet wird. Die Wirthschaftsführung wird in den Fällen, welche Herr College Schröder angeführt hat, eben zu einem wesentlichen Theile darin bestehen, daß man auf Fettweiden Viehzucht treibt. Die Pferdezucht, die noch zum landwirthschaftlichen Betriebe gehört, hört einfach auf, wenn man dem Landwirth die Füllen pfänden läßt, weil sie kein Inventar seien; die Viehzucht, die auf Fettweiden in Oldenburg getrieben wird und für viele Bauern fast den einzigen Erwerb bildet, hört auf, wenn dem Bauern das weidende Vieh, weil es kein Inventar sei, gepfändet wird. Also dieses Vieh gehört allerdings zum Inventar, und die Ausführungen des Herrn Collegen Schröder sind durchaus berechtigt.

Ich möchte dann auf die allgemeinen Ausführungen des Herrn Collegen Gierke eingehen. Die objective Einheit zwischen Gut uud Inventar ist ein etwas gefährlicher unbestimmter Begriff, mit dem zu operiren zu ganz unabsehbaren Consequenzen führt, und diese objective Einheit ist in Wahrheit im Rechte nicht zu verwirklichen. Es ist beim Eigenthumserwerb und -Verlust nicht möglich, auf das Inventar die Erwerbsgründe und die Verlustgründe, welche bezüglich des Landgutes gelten, mit auszudehnen. Die von Herrn Gierke geforderte Untrennbarkeit ist nicht ausführbar. Jede Beschränkung der Trennung von Inventar und Grundstück bedeutet eine den Erwerb schädigende Fessel für den Eigenthümer, der über das Inventar frei muß verfügen können, wenn er überhaupt eine geordnete Wirthschaft treiben will. Herr Gierke hat mit dankenswerther Präcision von der Immobilisirung des Inventars gesprochen. Eine solche Immobilisirung ist aber gar nicht möglich, das Inventar bleibt mobil trotz aller Bestimmungen, die Sie treffen mögen. Sie schaden durch solche nur den gewissenhaften Landwirthen, die sich an den Paragraphen des Gesetzes stoßen, sie schaden auch dem Käufer, der mit Vorsicht und Gewissenhaftigkeit operiren will. Den nicht gewissenhaften Gutsbesitzer und den Käufer, der es nicht genau mit den Bestimmungen des Gesetzes nimmt, werden Sie durch alle die beantragten Bestimmungen nicht im Geringsten geniren. Herr College Gierke hat mir aus dem Herzen gesprochen, wenn er für die Landwirthschaft eingetreten ist; wenn er aber weiter ausgeführt hat, daß diejenigen, die hierin mit ihm übereinstimmten, die in Sonderheit für die Rentengüter- und Landgüter-Ordnungen eintreten, auch zugleich für seine Anträge stimmen müßten, so bin ich allerdings ganz anderer Meinung; denn beides ist himmelweit von einander verschieden. Zufällig bin ich selbst es gewesen, der in der Commission des Abgeordnetenhauses für den Entwurf des Ansiedlungsgesetzes den Gedanken der Einführung des Rentengutes zuerst angeregt hat. Erst nach einer lebhaften Debatte ist es allmählich gelungen, eine Reihe von Mitgliedern und später die Majorität von der Richtigkeit dieses Gedankens zu überzeugen, und aus den Beschlüssen dieser Commission, welche nach lebhaftem Kampfe im Plenum bestätigt wurden, ist das Institut der Rentengüter hervorgegangen. Und wie steht es in Bezug auf die Landgüter-Ordnungen? Ich habe nicht nur einer ganzen Reihe von solchen zugestimmt, sondern eine derselben, die hessische, auch angeregt, vorbereitet und schließlich das Referat in der Commission des Abgeordnetenhauses erstattet, und bin in allen Stadien auf's Entschiedenste dafür eingetreten. Also im Grundgedanken sind wir einig. Aber ich glaube, daß aus den Vorschlägen des Herrn Collegen Gierke nicht Vortheile, sondern erhebliche Nachtheile für die Landwirthschaft erwachsen werden.

Herr College Gierke hat uns gesagt, er sei kein Freund der übermäßigen Erleichterung des Credites, er hat aber nach seinen Ausführungen nur den Immobiliarcredit gemeint. Hier bei meinem Antrage aber handelt es sich um den Mobiliarcredit. Bei diesem aber treffen die Befürchtungen des Herrn Gierke nicht zu. Der Mobiliarcredit muß in kurzer Zeit getilgt werden, und gerade der genossenschaftliche Credit wird nur auf kurze Fristen gegeben, nur mit kurzer Amortisirung. Gerade dieser Credit auf kurze Zeit und mit seinem Zwang zur Sparsamkeit aber wird untergraben durch die Bestimmungen, die Herr Gierke vorgeschlagen hat. Worauf soll sich der Personalcredit stützen, wenn nicht auf das Inventar? Der Herr College hat gesagt: auf die Früchte. Aber auch die Veräußerung der Früchte wird durch seine Vorschläge eine unsichere. Jeder Käufer, wenn er einigermaßen vorsichtig ist, muß sich erst überzeugen, ob der Verkäufer auch die Früchte bis zur nächsten Ernte entbehren kann, ob er ihrer nicht zur Erhaltung seiner Leute bis zur nächsten Ernte oder zur Aussaat nothwendig bedarf. Außerdem, wo ist die Grenze zwischen Früchten und Inventar? Denken Sie, m. H., an eine der wichtigsten Früchte, die der Landwirth zieht, an das Rindvieh. Wo ist da die Grenze zwischen Früchten und Inventar? Das Vieh wird aufgezogen, ist Frucht und doch ein Hauptposten des Inventares, und wird doch wieder später verkauft. Die Kuh wird erst zur Milcherzeugung gebraucht, dann aber nach einer Reihe von Jahren verkauft. Ich bleibe deshalb mit Herrn Collegen Schröder dabei stehen, daß nicht nur in jenen vielfach verschiedenen besonderen landwirthschaftlichen Verhältnissen, die wir in ihrer Gesammtheit gar nicht übersehen können, sondern auch in gewöhnlichen normalen Fällen der Personalcredit des Landwirthes durch die Bestimmungen des Herrn Dr. Hermes erheblich geschädigt werden müßte. Allerdings, allein ist das Inventar gewiß nicht die Grundlage des Personalcredites. Es kommt auch auf den Mann an, aber wenn der Mann nichts hat, worauf ein Gläubiger wenigstens im äußersten Fall zu seiner Befriedigung greifen kann, so werden jenem die persönlichen Eigenschaften allein schwerlich viel Credit verschaffen. Diese Möglichkeit des eventuellen Zugriffs, zu der es ja voraussichtlich nicht kommen wird, muß dem Gläubiger offen gelassen werden, wenn nicht der gesunde Personalcredit einer erheblichen Schädigung ausgesetzt werden soll.

Der Herr College Gierke hat gesagt, er gebe zu, daß es ein elastischer Begriff sei, der der „ordnungsmäßigen Landwirthschaftsführung", aber solche elastische Begriffe könne man nicht entbehren. M. H., hier ist eine solche Elasticität aber unbrauchbar. Hier soll nicht nur der Richter, sondern jeder einzelne Dritte, der ein Inventarstück oder eine Quantität von Früchten vom Landwirth kauft, mit dem elastischen Begriffe der ordnungsmäßigen Wirthschaftsführung zu operiren gezwungen sein. Oft ist aber dieser Dritte überhaupt gar nicht im Stande, sich zu überzeugen, ob er dieses Stück Vieh, dieses Pferd oder jenen (vielleicht letzten) Vorrath von Früchten noch kaufen darf, oder ob sie dem Landwirth unentbehrlich sind. Allein diese Einrede hilft ihm nichts. Es handelt sich lediglich um die rein objective Frage, ob durch den Kauf das unentbehrliche Inventar angegriffen ist oder nicht. Ist es der Fall, so muß er die Sache zurückgeben, und ebenso, wenn der Richter den elastischen Begriff der ordnungsmäßigen Wirthschaftsführung anders dehnt und streckt, als der Käufer selber es im besten Glauben gethan hat. Ich glaube deshalb, m. H., daß, wenn schon sonst elastische Begriffe überhaupt möglichst zu vermeiden sind, hier diese Vermeidung ganz gewiß eintreten muß. Dem Antrage des Herrn Justizrath Levy könnte ich in gewissem Maße entgegenkommen, wenn er bereit wäre, mir ebenfalls entgegen zu kommen. Ich habe Ihnen vorhin ausgeführt, daß in dem Falle, wo entweder die Sicherheit der Hypothek durch Inventarveräußerung gefährdet wird, oder wo das unentbehrliche Inventar durch Veräußerung angegriffen wird, der Hypothekengläubiger bereits ein Widerspruchsrecht hat nach den Bestimmungen, die uns im Entwurfe vorgeschlagen werden, und ich habe nur in dem Falle ein Widerspruchsrecht nicht empfohlen, und ich glaube, Herr Levy könnte mir darin auch nicht widersprechen, wo es sich erstens um das entbehrliche Inventar handelt, und zweitens die Hypothek durch die Veräußerung dieses entbehrlichen Inventars nicht gefährdet wird. Nun scheint mir, wenn ich Herrn Levy recht verstehe, sein Zusatzantrag auf dem Gedanken zu beruhen, daß er für zweifelhaft erklärt, ob auf Grundlage des § 715 Nr. 5 der C.P.O. dem Hypothekargläubiger bei Veräußerung unentbehrlichen Inventars ein Widerspruchsrecht zustehe. Zweifelt er daran — ich zweifle nicht daran — so habe ich nichts dagegen, wenn dieser

Ansicht durch einen besonderen Zusatz Ausdruck gegeben wird. Ich würde mich also für seinen Antrag erklären können, wenn er den von ihm beantragten Zusatz auf das unentbehrliche oder auf das der Pfändung nach § 715 Nr. 5 der C.P.O. entzogene Inventar beschränken wollte. Wollte man weiter gehen, so würde, wie ich schon ausgeführt habe, der Personalcredit geschädigt werden, ohne daß ein erheblicher Nutzen für den Realcredit entstünde.

Präsident: Eine Debatte kann nicht mehr zugelassen werden. Ich erlaube mir aber unter der Voraussetzung der Zustimmung der Versammlung an Herrn Justizrath Levy die Frage: Will er gestatten, daß in seinem Zusatzantrag zwischen die Worte „in das Gutsinventar" die Worte eingeschoben werden „in das der Zwangsvollstreckung entzogene Gutsinventar"?

Ja oder Nein?

Justizrath **Levy** (Berlin): Wenn noch eingeschaltet würde das Wort „mindestens".

Präsident: Es ist nicht gestattet. Es bleibt also bei dem Antrage, wie er gestellt worden ist. Wir kommen zur Abstimmung. Ich frage zunächst, ob für den Fall der Annahme des Antrages des Referenten unter Ziffer 1 demselben der vom Collegen Levy beantragte Zusatz gegeben werden soll? Dann kommt der Antrag des Herrn Geheimen Raths Gierke als der dem Antrage des Referenten entgegengesetzte zunächst zur Abstimmung. Wird der Antrag Gierke angenommen, so fällt der Antrag des Referenten sammt dem Zusatze. Wird er abgelehnt, dann kommt der Antrag des Referenten in der Gestalt, die er, mit oder ohne Zusatz, durch die vorhergegangene Abstimmung erlangt hat, zur Abstimmung.

Referent Professor Dr. **Enneccerus** (Marburg): Ich glaube, daß der Antrag Gierke sehr viel weiter geht und auch den Antrag Levy implicite mit enthält. Daher würde ich es für richtiger halten, den am weitest gehenden Antrag zuerst zur Abstimmung zu bringen.

Geheimer Justizrath Prof. Dr. **Gierke** (Berlin): Ich halte die Fragestellung für durchaus richtig.

Präsident: Wir bleiben bei meinem Vorschlage. Diejenigen Herren, die für den Fall, daß demnächst der Antrag des Referenten Ziffer 1 angenommen werden sollte, demselben den Zusatz geben wollen, „auch ist dem Hypothekengläubiger das Widerspruchsrecht gegen die Zwangsvollstreckung in das Gutsinventar seitens der Personalgläubiger einzuräumen", bitte ich die Hand zu erheben. Das ist die Minderheit.

Es steht dem Antrag Gierke lediglich der Antrag des Referenten ohne Zusatz entgegen.

Referent Professor Dr. **Enneccerus** (Marburg): Darf ich bitten, die Stimmenzahl zu constatiren?

Präsident: Es waren sieben oder acht Stimmen dafür.

Diejenigen Herren, die dem Antrage des Referenten entgegen, dem Antrag des Geheimen Raths Gierke, welcher dahin lautet:

> Die Versammlung wolle beschließen, das Gutsinventar ist der selbständigen Mobiliarexecution zu entziehen. Den Realgläubigern gegenüber ist jede Veräußerung oder Verpfändung von Inventarstücken, welche nicht in ordnungsmäßiger Wirthschaftsführung erfolgt, vorbehaltlich der Rechte gutgläubiger Dritter für unwirksam zu erklären,

zustimmen wollen, bitte ich die Hand zu erheben. Das ist die Minderheit. Diejenigen, welche dem Antrage des Referenten, welcher dahin geht:

> Die Bestimmungen des Entwurfes eines B. G. B. über die Stellung des Gutsinventars zu den Rechten der Real- und Personalgläubiger sind in der Hauptsache zu billigen; jedoch empfiehlt es sich, das Erlöschen der Haftung davon abhängig zu machen, daß die Inventarstücke veräußert und von dem Grundstücke entfernt sind,

zustimmen wollen, bitte ich die Hände zu erheben. Ich bitte um die Gegenprobe. Der Antrag ist angenommen. Wir kommen jetzt zur These 2 des Referenten. Hierzu ist ein Antrag gestellt vom Collegen Lewinsohn, welcher lautet:

> Das Pfandrecht des Verpächters ist auf die nach § 715 Ziffer 5 der Civilproceßordnung der Pfändung entzogenen Gegenstände zu beschränken, jedoch ist der Verpächter nicht befugt, diese Gegenstände, solange das Pachtverhältniß dauert, der Bewirthschaftung des Gutes zu entziehen.

(Zuruf: Das ist dasselbe, wie der Referent beantragt hat!)

Amtsrichter **Lewinsohn** (Cüstrin): Der Antrag unterscheidet sich principiell von dem Antrage des Referenten. In diesem ist gesagt:

> das Pfandrecht ist auf diese Gegenstände auszudehnen,

und ich beantrage, es auf diese Gegenstände zu beschränken, sodaß der Verpächter nur das Pfandrecht auf die sonst nach § 715 Nr. 5 der Pfändung entzogenen Gegenstände hat, also wo durch den Antrag des

Referenten eine Ausdehnung des Pfandrechts gegeben wird, will ich eine Einschränkung beantragen.

(Zuruf.)

Habe ich das Wort zur Begründung des Antrages? Ich will nur daran erinnern, daß auf dem vorigen Juristentag — ich habe die Ehre gehabt, ein Gutachten zu erstatten — darüber berathen und die Beibehaltung des Pfandrechts des Vermiethers und Verpächters beschlossen worden ist. Man hat sich damals, wenn auch mit gewissen Modificationen, im Juristentag auch dafür ausgesprochen, daß dem Vermiether ein Pfandrecht gewährt werde. Es hat sich aber damals schon eine erhebliche und namentlich sehr gewichtige Minderheit erhoben, welche der Ansicht war, daß das Pfandrecht des Vermiethers und Verpächters überhaupt eine innere Berechtigung nicht habe. Ich muß sagen, daß ich dieser Ansicht in Bezug auf den Vermiether nicht war, daß ich aber in Bezug auf den Verpächter eigentlich eine principielle Begründung dieses Vorzugsrechts nicht recht anerkennen kann. Der Grund, weshalb dem Vermiether ein Pfandrecht gegeben wird, ist wesentlich der, daß jeder Mensch das Bedürfniß hat, zu wohnen, daß das Wohnen nothwendig ist, und daß dafür gesorgt werden muß, daß auch eine hinreichende Menge von Wohnungen bereit gestellt werde, daß es also Niemand für ein gewagtes Geschäft ansehen soll, Wohnungen zu bauen, während sonst eine generelle Theuerung und ein Mangel an Wohnungen eintreten könnte. Dieser Grund scheint für Verpächter nur in sehr erheblich eingeschränktem Umfange obzuwalten. Ich will bei der vorgeschrittenen Zeit nicht auf Einzelnes eingehen. Ich will nur Folgendes bemerken: es hat zwar jeder Mensch das Bedürfniß zu wohnen, aber durchaus nicht ein Jeder das Bedürfniß, Landwirthschaft zu treiben, und auf der anderen Seite wird die Gefahr nicht bestehen, daß nicht genügend Feld und Feldgrundstücke für die landwirthschaftliche Bewirthschaftung bereit gestellt würden. Der Vermiether, der sein Haus nicht vermiethet, kann damit nichts anfangen, er kann die Räume, die er nicht braucht, nicht bewohnen, während der Verpächter immer in der Lage und Möglichkeit ist, sein Gut, das er nicht verpachten kann, selbst zu bewirthschaften. Ich glaube also, daß hier eigentlich ein Grund einer so erheblichen Bevorzugung des Verpächters vor anderen Gläubigern, die Geld geliehen haben, die Nahrung, Kleidung geliefert haben, daß ein Grund zu einer solchen Bevorzugung des Verpächters nicht besteht. Die Consequenz würde sein, ein Pfandrecht des Verpächters überhaupt nicht anzuerkennen. Ich glaube aber, diese Consequenz braucht man nicht zu ziehen; denn dem Verpächter kann eine genügende Sicherheit gewährt werden ohne jede Beeinträchtigung anderer Gläubiger des Pächters. Die Gegenstände, die andere Personalgläubiger nicht pfänden dürfen, können dem Pfandrecht des Verpächters unterworfen werden, und es ist dann eine Gefahr nicht vorhanden, daß andere Gläubiger, die ein gutes Recht haben, geschädigt werden dadurch, daß ihnen der Verpächter mit seinem Vorzugsrecht zuvorkommt. Die anderen Gläubiger hätten, wenn die nach § 715 Ziffer 5 der C.P.O. der Pfändung entzogenen Sachen dem Pfandrecht allgemein entzogen bleiben, daran so wie so kein Pfandrecht. Sie sind also nicht geschädigt, wenn der Verpächter wegen seiner Pachtforderungen auf diese Gegenstände Beschlag legen kann, und andererseits glaube ich, daß diese Gegenstände bei dem hohen Werthe des Gutsinventars dem Verpächter wegen seiner Pachtforderung genügende Sicherheit bieten werden, und ich glaube daher, daß nach beiden Richtungen hin dem Bedürfnisse entsprochen wird, wenn dem Verpächter ein Pfandrecht gegeben wird, aber nur in Bezug auf die Gegenstände, die nach § 715 Nr. 5 der Civilproceßordnung der Pfändung anderer Gläubiger entzogen sind. Was den zweiten Theil meines Antrages betrifft, so deckt er sich mit dem Antrage des Referenten und ich beziehe mich auf die Gründe, die der Herr Referent dafür angeführt hat.

Präsident: Da Niemand mehr das Wort begehrt, schließe ich die Verhandlung.

Wünscht der Herr Correferent noch das Wort?

Correferent Rechtsanwalt **Märschell** (Würzburg): Ich meine, die Consequenz des eben gehörten Antrages würde dazu führen, daß man den Verpächter schlechter stelle, als andere Leute. Denken Sie sich den Fall, daß der Pächter das nothwendige Inventar veräußert, dann könnte der Verpächter an das, was noch vorhanden ist, sich nicht halten. Wenn man sich auf den Standpunkt des Vorredners stellen wollte, könnte man höchstens zu dem Antrage kommen: der Verpächter hat sich in erster Reihe an das nothwendige Inventar zu halten, und kann erst, wenn dieses für seine Ansprüche nicht zureicht, auf das übrige Inventar greifen.

(Zuruf.)

Präsident: Wünscht der Herr Referent noch das Wort?

Referent Prof. Dr. **Enneccerus** (Marburg): Ich möchte mich auf wenige Worte beschränken. Ich kann es vollständig verstehen, wie Herr Lewinsohn von seinen Anschauungen aus dazu kommen könnte, das Pfandrecht des Verpächters überhaupt zu beseitigen, aber ich verstehe nicht, weshalb er nun, wenn er überhaupt eine Sicherheit haben will, diese Sicherheit bloß beschränken will auf das nothwendige Inventar.

(Zuruf: Weil er andere Gläubiger dadurch nicht schädigt!)

Präsident: Ich bitte, nicht Zwiegespräche zu halten.

Referent Prof. Dr. **Enneccerus:** Es wird gesagt: die anderen Gläubiger haben davon wenig Nachtheil. Das will ich gern zugeben. Aber ist es denn richtig, den Verpächter wenigstens für die Dauer der Pacht (wo er das unentbehrliche Landgut nicht angreifen kann) den übrigen Gläubigern gleichzustellen? Ist er nicht aus dem Grunde zu bevorzugen, weil der Erwerb aus dem Landgute zum großen Theile auf seine Kosten gemacht worden ist? Ferner aber ist der Antrag des Herrn Amtsrichter Lewinsohn für den Pächter selbst sehr bedenklich. Ein Verpächter, dem nur ein Pfandrecht gegeben wird an dem unentbehrlichen Inventar, also ein Pfandrecht, welches er während der oft recht langen Dauer der Pacht nicht ausüben kann, wird nur an ganz sichere Personen verpachten können. Die Pachtungen würden durch den Antrag wesentlich erschwert, das ist der ausschlaggebende Punkt gegen diesen Antrag.

Präsident: Wir kommen zur Abstimmung. Ich bitte diejenigen Herren, welche an Stelle des Antrages des Herrn Referenten, der für den Fall der Annahme des Antrages Lewinsohn nicht weiter zur Abstimmung kommt, den Antrag annehmen wollen:

> Das Pfandrecht des Verpächters ist auf die nach § 715 Ziffer 1 der Civilproceßordnung der Pfändung entzogenen Gegenstände zu beschränken, jedoch ist der Verpächter nicht befugt, diese Gegenstände, solange das Pachtverhältniß dauert, der Bewirthschaftung des Gutes zu entziehen,

die Hände zu erheben. Der Antrag ist abgelehnt. Ich ersuche nun diejenigen, die den Antrag des Referenten, welcher lautet:

> Das Pfandrecht des Verpächters ist auf die der Pfändung entzogenen Inventarstücke auszudehnen, jedoch ohne die Befugniß, diese Gegenstände, solange das Pachtverhältniß dauert, der Bewirthschaftung des Gutes zu entziehen,

annehmen wollen, die Hände zu erheben. Der Antrag ist angenommen. Die heutige Verhandlung ist damit geschlossen. Wir beginnen morgen präcise 9 Uhr mit der Verhandlung der Frage 6. Anträge dazu sind nicht eingebracht.

(Schluß der Sitzung 2 Uhr 30 Minuten.)

Zweite Sitzung der zweiten Abtheilung
am Freitag, den 11. September 1891.

(Beginn: Vormittags 9 Uhr.)

Präsident **Becker** (Oldenburg): M. H., ich eröffne die Sitzung und erlaube mir zunächst die vom Bureau entworfene Liste der Vertrauensmänner vorzulesen. Es sind folgende Herren genannt, Nr. 1 Präsident Becker, Nr. 2 Prof. Dr. Schulte, Nr. 3 Rechtsanwalt Dr. Gorius. Es folgen: Geheimer Rath Gierke, Prof. Brunner, Justizrath Levy-Berlin, Rechtsanwalt Mörschell-Würzburg, Justizrath Elven-Köln, Oberlandesgerichtsrath Vielvoye-Köln, Dr. Jacobi-Berlin. Wenn kein Widerspruch erfolgt, nehme ich an, daß diese Liste von der Versammlung genehmigt wird. Dann bitte ich die Herren, die hier sind, diejenigen, die nicht hier sind, möglichst über ihre Wahl zu benachrichtigen. Auch bitte ich, zugleich denselben mitzutheilen, daß die Versammlung der Vertrauensmänner stattfindet morgen eine halbe Stunde vor dem Plenum, welches nach Anordnung unseres Präsidenten um 10 Uhr beginnt, also $^1/_2$10 Uhr in der Abtheilung Nr. 1. Es werden die Gewählten, deren Liste ich zur Einsicht hier noch auflege, gebeten, sich dort einzufinden.

Wir gehen dann zur Tagesordnung über. Es ist zunächst restirend geblieben die Frage, wie die Beschlüsse unserer Abtheilung zur Frage 10, die genehmigten Anträge unseres Herrn Collegen Prof. Enneccerus, im Plenum zum Vortrag gebracht werden sollen. Ich schlug vor, den Herrn Collegen Mörschell von Würzburg in Abwesenheit von Herrn Prof. Enneccerus, wenn er nicht zufällig zurückkehren sollte, zum Referenten im Plenum zu bestimmen mit der Anheimgabe, unsere Beschlüsse zur Kenntnißnahme mitzutheilen. Da wurde der Antrag in der letzten Minute, wie die meisten das Zimmer bereits verlassen hatten, eingebracht: zur Beschlußfassung im Plenum. Es veranlaßte mich die geringe Zahl von Personen, die noch hier waren, die Beschlußfassung über diese Frage auf heute anzusetzen.

Justizrath **Levy** (Berlin): Ich bin der Meinung, daß es sich bei der Frage, die gestern zur Discussion gestellt war und zu wichtigen Beschlüssen geführt hat, um vitale Interessen unserer Landwirthschaft handelt, also um die Hauptgrundlage unserer ganzen Volkswirthschaft, nicht minder um wichtige Interessen der Realcredit-Institute, so beispielsweise um die Frage, ob trotz der Verhaftung des Gutsinventars für die Hypothek bei etwaigen Collisionen der Hypothekengläubiger dem Personalgläubiger weichen soll, ob er, solange eine Beschlagnahme des Guts nicht erfolgt ist, ein Widerspruchsrecht haben soll gegen die Mobiliarexecution, ob dieses Widerspruchsrecht, welches jetzt, soviel ich weiß, im größten Theil des Deutschen Reiches, jedenfalls in Preußen und Bayern besteht, wie der Entwurf und der Referent vorgeschlagen hat, beseitigt werden soll. Ich meine, daß sich diese Frage nicht bloß eignet für das Plenum, sondern daß ein Votum des Plenums außerordentlich wünschenswerth ist. Ich habe den Antrag auf Verweisung an das Plenum umsomehr stellen zu sollen geglaubt, weil die gestrige Abtheilungssitzung außerordentlich spärlich besucht war — es waren, wenn ich nicht irre, einige zwanzig Mitglieder im Augenblicke der Abstimmung anwesend — und unter diesen befanden sich noch einige, die erst im Augenblicke der Abstimmung eingetreten waren und nicht einmal wußten, worum es sich handelte, die aber bei der Abstimmung mitgezählt werden mußten, da sie durch Sitzenbleiben auch abgestimmt haben. Darum bitte ich, meinen Antrag anzunehmen.

Präsident: Wenn Niemand weiter das Wort wünscht, wollte ich meine eigene Ansicht zur Kenntniß geben. Ich bin gegen den Antrag, weil ich glaube, daß nicht das ganze deutsche Publikum, sondern nur Einzelne sich für unsere Frage interessiren, und der Juristentag derartige Fragen im Plenum nicht zu erledigen pflegt. Ich habe auch nach Rücksprache mit dem Herrn Präsidenten dieselbe Ansicht gefunden. Sollte sich kein anderer Gegenstand finden, so ist immer noch offen, im Plenum den Antrag auf Beschlußfassung zu stellen.

Referent Prof. Dr. **Enneccerus** (Marburg): M. H., ich bin in der Frage etwas interessirt, da mir eine doppelte nächtliche Hin- und Herreise bevorstehen würde, wenn der Antrag im Plenum behandelt werden sollte. Aber ganz abgesehen davon, glaube ich, daß sich die

Frage weniger für das Plenum eignet, weil sie keine Frage von allgemeinem Interesse ist. Auch ist die Majorität eine nicht kleine gewesen, während sonst meist nur die Gegenstände im Plenum behandelt werden, bei denen die Majorität eine schwankende oder unbedeutende war.

Ich möchte nun um Eines bitten: Sollte heute nur Mittheilung an das Plenum beschlossen werden, und gleichwohl die Absicht bestehen, im Plenum selbst die Sache zu erneuter Verhandlung aufzunehmen, mir doch vorher davon Mittheilung zu machen, damit ich die Möglichkeit habe, zu erscheinen.

Geheimer Justizrath Professor Dr. **Brunner** (Berlin): Ich möchte mich dafür aussprechen, daß die Frage von der Abtheilung dem Plenum vorgelegt werde nicht bloß zur Kenntnißnahme, sondern zur erneuten Beschlußfassung. Denn es ist mit der Thatsache zu rechnen, daß viele Mitglieder des Juristentages, welche sich für die Frage interessirt hätten, durch Theilnahme an den Verhandlungen anderer Abtheilungen verhindert waren, bei der Abstimmung mitzuwirken. So ist es z. B. mir gegangen, der ich in der ersten Abtheilung durch die Debatte über die Abzahlungsgeschäfte festgehalten worden bin. Soviel mir bekannt, sind gegen den Beschluß der Abtheilung sehr gewichtige Stimmen laut geworden, so daß wir meines Erachtens verpflichtet sind, mit Rücksicht auf den hochwichtigen Stand, um dessen Interessen es sich handelt, die Sache wiederum aufzunehmen und sie im Plenum einer neuen Prüfung zu unterziehen.

Geheimer Justizrath Prof. Dr. **Gierke** (Berlin); Ich möchte den Antrag auf Verhandlung der Sache im Plenum aus zwei Gründen empfehlen, einmal, weil der Beschluß der Abtheilung im Gegensatz gegen das erste Gutachten, das nicht zur Vertretung gelangt ist, ausgefallen ist, und dann, weil die Abtheilung des Juristentages durch ihren gestrigen Beschluß sich in Gegensatz zum Beschlusse des Preußischen Landes-Oekonomie-Collegiums gestellt hat, und es darum wünschenswerth ist, daß man auch das Plenum hört, — wie man ja im Juristentage übrigens stets beschlossen hat, Fragen, die nur mit wenig Stimmen in einer Abtheilung entschieden worden sind, vor's Plenum zu bringen.

Prof. Dr. **Enneccerus** (Marburg): Ich muß doch zu dem Gesagten hinzufügen, daß das Preußische Landes-Oekonomie-Collegium mit zehn gegen neun Stimmen im Sinne des Herrn Collegen Gierke beschlossen hat; es handelte sich also um eine einzige Stimme Majorität, daß aber der Ausschuß, welcher zur Prüfung der Frage niedergesetzt war, mit erheblicher Majorität sich dagegen erklärt hat. Das mit zehn gegen neun Stimmen gefaßte Gutachten dürfte denn doch nicht allzuschwer wiegen.

Präsident: Da es sich um eine Geschäftsordnungsfrage handelt, muß ich mir erlauben, auch mein Votum in der Debatte zur Geltung zu bringen. Meines Erachtens kommt es auf das Zahlenverhältniß gar nicht an. Es handelt sich darum, ob ein vorwiegendes Interesse für die Frage, die mit einer geringen Majorität erledigt worden ist, vorhanden ist. Außerdem möchte ich noch bemerken, daß wir regelmäßig, und meines Erachtens mit vollem Rechte, nur solche Sachen ins Plenum gebracht haben — es sind allerdings einzelne Ausnahmen auch vorgekommen — in denen wir die communis opinio des Juristenstandes zum Ausdruck zu bringen wünschten. Wir schreiten zur Abstimmung. Es handelt sich darum, zu beschließen, ob die Frage zu einer neuen Beschlußfassung im Plenum verwiesen werden soll. Das ist verneint.

Geheimer Justizrath Prof. Dr. **Gierke** (Berlin): Ich sehe mich allerdings genöthigt, den Antrag auf Verweisung der Sache ans Plenum zu wiederholen.

Präsident: Es ist beschlossen worden: zur Kenntnißnahme. Das Referat wird Herr Mörschell übernehmen, und damit ist dieser Gegenstand erledigt. Von den beiden Gegenständen, die heute auf der Tagesordnung stehen, 6 und 8, empfehle ich, mit Punkt 6 der Reihenfolge nach zu beginnen, auch deswegen, weil die Anträge dazu früher bekannt geworden sind, wie solche zu Punkt 8. Wenn kein Widerspruch erfolgt, würde ich den Referenten in dieser Frage, welche lautet:

> Ist die vom Entwurfe des B.G.B. angenommene Stellung des Testamentsvollstreckers zu billigen, und wie ist sie nöthigenfalls anders zu regeln,

ersuchen, das Wort zu nehmen.

Referent Geheimer Justizrath Prof. Dr. **Gierke** (Berlin): M. H.! Meine Aufgabe in diesem Punkte ist keine schwierige, denn es liegen zwei Gutachten vor, welche die Sachlage bereits vollständig klar stellen, und mit deren Ergebniß ich durchaus übereinstimme. Insbesondere bleibt nach dem vorzüglichen Gutachten des Professor Dr. Hartmann in Tübingen kaum etwas Neues zu sagen. Auch befinde ich mich zu meiner Freude in wesentlicher Uebereinstimmung mit den Anträgen des Herrn Correferenten. Leider hat uns die Gelegenheit gefehlt, uns vorher zu verständigen, so daß Ihnen nun zwei gesonderte Formulirungen unserer Anträge vorliegen.

M. H.! Die Lehre von dem Testamentsvollstrecker ist im Entwurfe mit besonderer Ausführlichkeit behandelt worden, und gehört auch nicht zu den am meisten mißlungenen Partieen desselben. Gleichwohl bin ich mit beiden Gutachtern darin einig, daß diese Lehre einer grundsätzlichen Umgestaltung bedarf, nicht bloß einer Verbesserung in Einzelheiten. Es ist die Auffassung des Wesens des Testamentsvollstreckers, welche im Entwurfe verfehlt ist, und es ist aus dieser verfehlten Auffassung eine Verkrüppelung des ganzen Instituts entstanden. Nun sind ja juristische Constructionen nicht Sache des Gesetzgebers, sondern Sache der Wissenschaft, aber in vielen Fällen läßt sich wenigstens eine Stellungnahme zu der Frage nach dem rechtlichen Wesen eines Instituts für den Gesetzgeber nicht vermeiden, indem eine solche Stellungnahme eben die Grundlage bildet für die positiven Einzelbestimmungen. Der Entwurf hat nun nicht bloß in der That seine Stellung genommen, sondern er hat auch durch einen formellen Ausspruch eine bestimmte juristische Construction legalisirt, und wir müssen daher vor Allem fragen, ob ihm hierin beizutreten ist. Es führt uns das nun zu der ersten in meinem Antrage*) formulirten These.

---

*) Antrag des Referenten Gierke.

Die vom Entwurfe des bürgerlichen Gesetzbuches angenommene Stellung des Testamentsvollstreckers ist nicht zu billigen. Bei der Umarbeitung ist von folgenden Gesichtspunkten auszugehen:

I. Der Testamentsvollstrecker ist nicht als „gesetzlicher Vertreter des Erben" zu behandeln. Er ist vielmehr als Träger einer selbständigen erbrechtlichen Befugniß-Sphäre anzusehen, die ihm im Dienste der von der Rechtsordnung gewährleisteten Pflichten gegen Verstorbene verliehen ist, um den letzten Willen des Erblassers zu verwirklichen.

Dem Testamentsvollstrecker ist daher dem Erben gegenüber eine freiere und unabhängigere Stellung einzuräumen, als sie ihm der Entwurf gewährt. Insbesondere muß das dem Erben zugedachte Recht, durch seinen Widerspruch Ausführungshandlungen des Testamentsvollstreckers zu hemmen, beseitigt, und der Erbe vielmehr auf den Weg der Klage gegen den Testamentsvollstrecker verwiesen werden. Dem Testamentsvollstrecker selbst gebührt in allen Fällen, in denen die Erreichung der ihm vom Erblasser anvertrauten Zwecke es fordert, ein selbständiges Klagerecht gegen den Erben.

Andererseits ist der Testamentsvollstrecker nicht nur dem Erben, sondern allen Betheiligten gegenüber zur Ausführung des letzten Willens zu verpflichten und für die gehörige Erfüllung seines Amtes verantwortlich zu machen.

II. Die Bestimmung des Umfanges der rechtlichen Macht des Testamentsvollstreckers ist in erster Linie in den Willen des Erblassers zu stellen. Der Wille des Erblassers kann, vorbehaltlich gewisser Schranken, die Befugnisse des Testamentsvollstreckers auch über den im Gesetz begrenzten Kreis erweitern.

Der Entwurf nennt im § 1903 den Testamentsvollstrecker einen „gesetzlichen Vertreter der Erben", und diese Auffassung liegt den Einzelbestimmungen durchweg zu Grunde. Sie aber gerade ist gänzlich verkehrt, widerspricht durchaus der Geschichte dieses aus der alten germanischen Treuhand hervorgegangenen Instituts und schlägt den Bedürfnissen des heutigen Lebens vollständig ins Gesicht. Das hat Hartmann vortrefflich ausgeführt, und er hat in fein ironischer Weise dargelegt, wie von den drei Merkmalen des „gesetzlichen Vertreters der Erben" auch nicht ein einziges zutrifft! Denn zunächst soll es sich um einen gesetzlichen Vertreter handeln, also um eine Art von Vormund, wie die Motive auch im Entwurf dieses Beispiel heranziehen. Aber der gesetzliche Vertreter wird doch durch das Gesetz ernannt, unser Vertreter hier durch den Testator, durch den individuellen Willen, und daß erst das Gesetz dem Willen diese Macht giebt, liegt ja bei allen Willensacten vor; das Gesetz sanctionirt nur, creirt nicht. Auch kennt es sonst gesetzliche Vertreter nur für handlungsunfähige Personen. Nun sagen die Motive: Insoweit als der Testamentsvollstrecker zu handeln hat, soll der Erbe handlungsunfähig sein. Aber diese Handlungsunfähigkeit, die erst geschaffen werden muß, um einen gesetzlichen Vertreter zu bekommen, ist doch auch wieder ein sonderbares Ding. Der Testamentsvollstrecker soll

---

III. Bei der in Ermangelung einer Willenserklärung des Erblassers maßgebenden gesetzlichen Bestimmung der Befugnisse und Pflichten des Testamentsvollstreckers sind zwei typische Formen zu unterscheiden, je nachdem der Testamentsvollstrecker nur zur Fürsorge für die Durchführung der Anordnungen des Erblassers oder zugleich zur Verwaltung und Regulirung des Nachlasses berufen ist.

Im Zweifel ist die schwächere Form als gewollt anzusehen. Unter die schon hiermit begründeten Befugnisse ist das Recht der schiedsrichterlichen Auslegung des letzten Willens aufzunehmen.

Ist die Verwaltung des Nachlasses eingeräumt, so ist dieselbe vom Gesetz im Sinne der freien Vertrauensstellung des Testamentsvollstreckers auszugestalten. Dem Testamentsvollstrecker gebührt Besitz und selbständige Verfügungsmacht. Er ist nicht nur als rechter Kläger, sondern auch als rechter Beklagter in Ansehung des Nachlasses zu behandeln. Auch ist während der Dauer seiner Verwaltung die Zwangsvollstreckung in den Nachlaß nur auf Grund eines gegen ihn vollstreckbaren Titels zuzulassen.

IV. Wer sich dem Erblasser gegenüber zur Uebernahme der Testamentsvollstreckung bereit erklärt hat, darf nach Eintritt des Erbfalles mindestens die nächste Fürsorge für die Ausführung des letzten Willens nicht mehr ablehnen. Wer das Amt förmlich übernommen hat, darf es nicht einseitig, sondern nur aus erheblichen Gründen mit Bewilligung des Nachlaßgerichtes niederlegen.

zweitens Vertreter der Erben sein. Mit dieser Auffassung gerade wird das ganze Institut auf den Kopf gestellt. Die Entstehungsgeschichte dieses germanischen Institutes lehrt, daß schon die alten Treuhänder, aus denen der Testamentsvollstrecker hervorging, gerade bestellt wurden, um den Willen des Bestellers gegen die gesetzlichen Erben, gegen ihren Willen durchzuführen. Als dann die Testamente aufkamen, da war zunächst eine Erbeseinsetzung überhaupt selten, und Executoren sollten nur Legate, Stiftungen u. s. w. zur Durchführung bringen gegenüber den im Uebrigen in ihren Rechten fortbefindlichen gesetzlichen Erben. Als endlich auch Erbeinsetzungen in Deutschland üblich wurden, war gleichwohl der römische Begriff des Erben uns immer noch so wenig geläufig, er wurde nur so unvollständig recipirt, diese Vorstellung des Ueberganges der ganzen vermögensrechtlichen Persönlichkeit des Erblassers auf den Erben ging nur so wenig in Fleisch und Blut über, daß auch hier noch ein besonderer Repräsentant des sich gegen die Regel wendenden Willens des Erblassers erforderlich erschien. Immer blieb also bis heute der Kern dieses Institutes, das sich im ganzen germanischen Rechtsgebiete lebenskräftig erhalten hat, der, daß sich der Erblasser ein im Nothfalle auch gegen den Erben kräftiges Willensorgan schafft.

Und endlich das Dritte, worin ich auch wieder Hartmann folge: ist er denn überhaupt ein Vertreter? Gewiß, ein Vertreter im weitesten Sinne, aber nicht im technischen Sinne! Denn den Erben hat er nicht zu vertreten, wie wir soeben sahen. Den Nachlaß? Da müssen wir wieder eine juristische Persönlichkeit des Nachlasses zu diesem Zwecke fingiren, und im Widerspruch doch auch mit dem gemeinen Rechte eine solche Persönlichkeit noch annehmen, wenn der Erbe bereits angetreten hat. Und endlich: Vertreter des Erblassers? Gewiß, das ist er, aber ein Vertreter im technischen Sinne ist keiner, dessen Principal nicht mehr auf Erden weilt.

Was ist nun der Testamentsvollstrecker, wenn er dieses alles nicht ist? Er ist unter allen Umständen — und das habe ich mir hier zu formuliren erlaubt — „als Träger einer selbständigen erbrechtlichen Befugnißsphäre anzusehen, die ihm im Dienste der von der Rechtsordnung gewährleisteten Pflichten gegen Verstorbene verliehen ist, um den letzten Willen des Erblassers zu verwirklichen“, unter allen Umständen also Träger einer selbständigen Willensmacht, einer Vollmacht, die ihm vom Verstorbenen verliehen ist, und die Rechtsordnung erkennt ihn als einen solchen an, weil sie in ihm den Repräsentanten eines schutzwürdigen Interesses sieht, und weil sie den Zweck seiner Ermächtigung billigt. Pietätspflichten gegen den Verstorbenen bestehen vor Allem auf dem ethischen Gebiete, sie erweisen sich vermöge namentlich psychologischer Momente wirksam, sie sind sittlicher Natur, aber in einem gewissen Umfange sind sie durch das Recht gewährleistet. Es liegt ganz ähnlich wie bei den Stiftungen. Also: es ist eine selbständige Befugnißsphäre, und diese ist erbrechtlicher Natur, es ist das Erbrecht, welches ihm diese Pflicht im Dienste einer socialen Aufgabe auferlegt.

Aber, m. H., die weitere Frage nach der juristischen Construction dieses Verhältnisses können wir getrost unerörtert lassen. Ob, wie Hartmann ausführt, gegen den ich einige Einwände habe, hier wirklich eine erbrechtliche Eigenberechtigung, ein dingliches Recht am Nachlasse im Ganzen anzunehmen ist, oder ob man den Begriff einer formellen Repräsentation des Erblassers mit Beseler aufstellen will, ob man ihm, wie das englische und amerikanische Recht, eine Stellung vice heredis zuschreibt, oder ob man endlich vielleicht das Verhältniß mehr auffassen will als eine sociale Function, als ein Amt, ähnlich wie das des Curators einer Stiftung, — m. H., das alles sind Fragen, die hier zu entscheiden m. E. nicht nöthig ist. Der Gesetzgeber kann diese Fragen getrost der Wissenschaft überlassen, wenn er eben nur den zu Grunde liegenden Gedanken des Instituts, in dem alle diese Constructionen zusammentreffen, annimmt.

Nun werden Sie fragen: warum hat denn der Entwurf hier den doch so klar zu Tage liegenden, aus der Geschichte hervorspringenden Gedanken des Instituts verfehlt, warum hat er daraus einen gesetzlichen Vertreter des Erben gemacht? Mir scheint, weil er hier wie so oft nicht aus dem Leben, sondern aus dem Begriffe geschöpft hat, weil er in doctrinärer Weise aus bestimmten, in Pandektenlehrbüchern auffindbaren Begriffen alles aufbauen wollte. Die Motive sagen: mit dieser Construction hat der Entwurf Klarheit in die Lehre des Instituts gebracht, wir haben dem Institute seinen fremdartigen Charakter, die Natur einer Anomalie genommen. M. H.! Um diese Sprache zu verstehen, muß man wissen, daß in der Sprache der Motive immer heißt: „Rechtssystem" = „Pandektensystem"; „anerkannt", „allgemein gültig", „normal" = „romanistisch",

(Heiterkeit.)

„dunkel", „fremdartig", „anomal" = „deutschrechtlich" oder „modern".

(Heiterkeit.)

Aber, m. H., diese Vergewaltigung des Lebendigen durch überlebte Begriffe der Jurisprudenz mit ihren Schuldogmen muß schlechthin fallen.

Wird nun der geschichtlich und praktisch allein berechtigte Gedanke zu Grunde gelegt, so ergiebt sich sofort Zweierlei, was ich in den beiden zweiten Absätzen der Nr. I meines Antrags formulirt habe. Es ergiebt sich vor Allem dem Erben gegenüber eine freiere und unabhängigere Stellung des Testamentsvollstreckers, als sie der Entwurf ihm gewährt. Der Erbe ist nicht Geschäftsherr des Testamentsvollstreckers. Unerhört ist namentlich und dem geltenden Rechte überall unbekannt das von dem Entwurfe dem Erben eingeräumte Widerspruchsrecht gegen Ausführungshandlungen des Testamentsvollstreckers, die Möglichkeit, jede Action des Testamentsvollstreckers zu lähmen, ohne daß dieser selbst durch Klage den Widerspruch des Erben umstoßen kann. Hierauf hat besonderes Gewicht gelegt das Gutachten des Dr. von Cuny, das namentlich vom Standpunkt des französischen Rechts aus dieses Widerspruchsrecht auf das Lebhafteste bekämpft. Darum habe ich hinzugefügt:

> „Insbesondere muß das dem Erben zugedachte Recht, durch seinen Widerspruch Ausführungshandlungen des Testamentsvollstreckers zu hemmen, beseitigt und der Erbe vielmehr auf den Weg der Klage gegen den Testamentsvollstrecker verwiesen werden,"

denn das Recht des Erben, durch Klage Handlungen des Testamentsvollstreckers zu beseitigen, für nichtig zu erklären, zu hindern, soweit es noch geht, darf nicht verkürzt werden. Sodann aber muß dem Testamentsvollstrecker ein selbständiges, vom Willen des Erben unabhängiges Klagerecht gegen Jedermann und also auch gegen den Erben gewährt werden, soweit er dieses Klagerechts bedarf, um die vom Erblasser hingestellten, ihm anvertrauten Zwecke zu verwirklichen.

> „Dem Testamentsvollstrecker selbst"

— fährt daher mein Antrag fort —

> „gebührt in allen Fällen, in denen die Erreichung der ihm vom Erblasser anvertrauten Zwecke es fordert, ein selbständiges Klagerecht gegen den Erben."

Der Entwurf gewährt ein solches Klagerecht nur in einem Falle, nämlich bei einer „Auflage" des Erblassers, ihm z. B. ein Denkmal zu setzen oder dergl.; da soll ein solches Klagerecht auf Grund einer eigenthümlichen anomalen Forderung bestehen. Aber der Testamentsvollstrecker muß selbst gegen den Willen des Erben, auch gegen den einstimmigen Willen mehrerer Erben und aller Betheiligten den Willen des Erblassers durchsetzen können, soweit es sich handelt um ein des Rechtsschutzes würdiges Interesse, und ein solches Interesse ist nicht bloß ein materielles, sondern kann auch ein ideales sein. Für das preußische Recht hat kürzlich das Reichsgericht in seinen vereinigten Civilsenaten diesen richtigen

Satz ausgesprochen (Entsch. Bd. 25 S. 292), nachdem der IV. Civilsenat durch seine entgegengesetzte Entscheidung das ganze Institut erschüttert hatte. Es handelte sich da um die Beschränkung der Verfügung eines Sohnes über Kapitalien bis zur Vollendung des 24. Lebensjahres und um die Durchführung dieser Beschränkung, obwohl eben diese gegen das Recht des einzigen Erben verstieß, der behauptete, es habe kein Lebender ein rechtliches Interesse daran, und deshalb könne der Wille des Erblassers ihm gegenüber nicht zur Geltung kommen. Die Gründe aber, m. H., mit denen die vereinigten Civilsenate dieses wichtige Erkenntniß rechtfertigen, passen genau so gut für das gemeine Recht; die Entscheidung könnte auch für das gemeine Recht ergangen sein.

Was sich nun in der Praxis durchgekämpft hat, was durch das Reichsgericht in feierlichster Form als den Bedürfnissen des Lebens entsprechend anerkannt ist, darf unser neues Gesetzbuch nicht wiederum umstoßen.

Der Testamentsvollstrecker ist aber zweitens, wenn wir ihn als Organ des Erblassers auffassen, nicht bloß dem Erben gegenüber, wie der Entwurf will, sondern allen Betheiligten gegenüber als berechtigt wie verpflichtet anzusehen. Der Entwurf hat hier die merkwürdige Bestimmung, daß er dem Testamentsvollstrecker eine Verantwortlichkeit, eine Pflicht nur gegenüber dem Erben auferlegt. Ist der Erbe nicht sein Geschäftsherr, ist vielmehr für ihn allein der Wille des Erblassers maßgebend, so versteht es sich von selbst, daß er die mit den Rechten zugleich überkommenen Pflichten gegen Alle hat. Seine Stellung ist aufzufassen als verantwortliches Amt gegenüber Allen, denen der Erblasser Vortheile zugedacht hat. Darum habe ich hinzugefügt:

> „Andererseits ist der Testamentsvollstrecker nicht nur dem Erben, sondern allen Betheiligten gegenüber zur Ausführung des letzten Willens zu verpflichten und für die gehörige Erfüllung seines Amtes verantwortlich zu machen."

Was nun im Einzelnen den Umfang der Rechtsmacht des Testamentsvollstreckers anlangt, so hat zunächst der Entwurf mit dem in allen bestehenden Rechten, in dem gemeinen, dem französischen, dem preußischen Rechte geltenden Grundsatze gebrochen, daß zuvörderst die Quelle der Befugnisse des Testamentsvollstreckers der Wille des Erblassers ist. So war es bei den Salmännern und Treuhändern, so ist es, wie gesagt, in allen Gesetzgebungen. Der Entwurf dagegen, vom Standpunkte des gesetzlichen Vertreters aus, formulirt die Befugnisse des Testamentsvollstreckers zunächst selbst in starren, gesetzlichen Formeln, und giebt dann dem Erblasser nur das Recht, diese Befugnisse einzuschränken, sie zu erweitern dagegen nur in einer einzigen Richtung, indem er dem Erblasser erlaubt, die Auseinandersetzung unter mehreren Erben dem Testamentsvollstrecker zu übertragen.

Warum nun diese Engherzigkeit, diese Abweichung vom geltenden Rechte? Wieder aus einem recht doctrinären Grunde. Die Motive heben nämlich hervor, daß der Testamentsvollstrecker nach dem Entwurfe eine absolute Rechtsstellung habe, und somit eine „dingliche" Beschränkung des Erben in der Verfügung erwirkt werde. Nun ist es aber eine fast fanatisch durchgeführte Idee des Entwurfs, daß, wo Obligationenrecht gilt, eine möglichst unbeschränkte Vertragsfreiheit eintreten soll, sowie aber das Wort „dinglich" ertönt, möglichst starre Gesetzesformulirung eintritt, der sich der Wille ohne eigene Gestaltungsmacht unterwerfen muß. Das ganze Sachenrecht leidet dadurch schwer. Ich will nicht näher darauf eingehen, daß die ganze Auffassung schief ist, indem dabei stets die Begriffe „dinglich" und „absolut" durcheinandergeworfen werden. Unter allen Umständen ist, glaube ich, diese angeblich dingliche Stellung kein Grund, um dem Willen die ihm gebührende Gestaltungsmacht zu entziehen. Gewisser Schranken der Verfügungsfreiheit des Erblassers bedarf es freilich, und es mag z. B. gebilligt werden, daß der Entwurf dem Erblasser verbietet, die Pflicht zur Anlegung eines Inventars zu erlassen. Nicht billigen kann ich es aber, — dieser Punkt ist in meinem Antrage nicht erwähnt, aber vom Herrn Correferenten hervorgehoben — daß der Entwurf ihm auch das Recht, die jährliche Rechnungslegung zu erlassen, schlechthin entziehen will. Wenn der Erblasser dem Testamentsvollstrecker das Vertrauen schenkt, warum soll er nicht seine Pflicht auf die Ablegung einer Schlußrechnung nach beendigter Verwaltung beschränken können? Und soweit solche gesetzliche Schranken nicht eintreten, muß m. E. der Erblasser das Recht haben, die gesetzlichen Befugnisse des Testamentsvollstreckers nicht bloß einzuschränken, sondern auch zu erweitern. Man denke beispielsweise an Dinge, die in den Motiven nicht bedacht sind, wie: daß der Testamentsvollstrecker ermächtigt wird, über den literarischen Nachlaß des Verstorbenen zu entscheiden, sich zu entschließen, ob Briefe, Manuscripte 2c. vernichtet oder gedruckt oder vielleicht noch zehn, zwanzig Jahre secretirt und dann gedruckt werden sollen. Der Erbe ist vielleicht unverständig in diesen Dingen, möglicher Weise hat er ein starkes pecuniäres Interesse an dem sofortigen Druck, und der Testamentsvollstrecker muß also, wenn der Erblasser ihm das übertragen hat, die Befugniß haben, in dessen Sinne um des idealen Interesses willen das pecuniäre Interesse zurückzusetzen. Dafür ist aber durch die im Entwurf eingeräumten Befugnisse nicht gesorgt. Oder: der Erblasser hat die Bestimmung getroffen, daß dem Testamentsvollstrecker ein Schiedsrichteramt unter den Erben zufalle. Oder er will ihm die vollständige Liquidation des Nachlasses einräumen und nur die Pflicht auferlegen, dann den Ueberrest herauszugeben, während er nach dem Entwurfe, sowie etwas da ist, auszahlen muß u. s. w.

Auch in diesem Punkte befinde ich mich in Uebereinstimmung mit den beiden Gutachten von Hartmann und von Cuny und habe darum meine These Nr. II so formulirt:

> „Die Bestimmung des Umfanges der rechtlichen Macht des Testamentsvollstreckers ist in erster Linie in den Willen des Erblassers zu stellen. Der Wille des Erblassers kann, vorbehaltlich gewisser Schranken, die Befugnisse des Testamentsvollstreckers auch über den im Gesetze begrenzten Kreis erweitern."

Nun aber bedarf es — und da komme ich zum dritten Punkte meines Antrags — subsidiärer gesetzlicher Regeln. In diesem Punkte trete ich dem Gutachten des Herrn Prof. Hartmann bei, der in Uebereinstimmung mit dem geltenden, auch dem französischen Rechte, vorschlägt, das Institut des Testamentsvollstreckers nicht in dieser schlechthin einheitlichen Weise hinzustellen, wie es der Entwurf thut, sondern zwei typische Formen zu unterscheiden, von denen dann im Zweifel nur die schwächere als gewollt anzunehmen ist. Erfahrungsmäßig wird niemals ein Testamentsvollstrecker einfach ernannt, und dann angenommen, daß er nunmehr Alles kann, was als Function von Testamentsvollstreckern vorkommt. Vielmehr wird, wenn der Ernannte ein vollständiger Testamentsvollstrecker sein soll, dies auch ausdrücklich gesagt.

Das Erste, was jedenfalls gewollt ist, wenn überhaupt eine Testamentsvollstreckung da ist, und was also die schwächere Form constituirt, ist die Durchführung der letztwilligen Anordnungen. Man spricht hier auch wohl von „überwachenden" Testamentsvollstreckern, obwohl ungenau. Dahin gehören z. B. auch Alle, denen eine Specialexecution übertragen ist, wie die Ausführung einer Stiftung; dahin gehört Jemand, dem bloß die Errichtung eines Denkmals aufgegeben wurde, die Sorge für das Begräbniß u. dergl.

Bei dieser schwächeren Form muß dann der Testamentsvollstrecker von selbst, auch ohne daß dies gesagt ist, ermächtigt sein, für die Sicherstellung des Nachlasses zu sorgen, ein Inventar aufzunehmen, das Testament zu eröffnen, es gegen Angriffe zu vertheidigen und es schließlich in allen seinen Bestimmungen zur Ausführung zu bringen. Hartmann schlägt vor, und das scheint mir durchaus zweckmäßig, daß er hier auch die Befugniß zur Auslegung dunkler Stellen des Testamentes haben solle.

Wenn nun aber dem Testamentsvollstrecker ausdrücklich oder nach der aus den Umständen erhellenden Absicht auch die Verwaltung des Nachlasses überlassen ist, dann tritt der sogenannte stärkere Typus ein. Ist so einem Testamentsvollstrecker, wie der Entwurf dies als Regel voraussetzt, und wie es im Leben sehr häufig begegnet, die Verwaltung des Nachlasses eingeräumt, dann muß seine vollständig freie Vertrauensstellung durchgeführt werden. Selbständige Herrschaftsmacht ist ihm dann einzuräumen. Damit ist zunächst verbunden das Recht auf Besitznahme am Nachlasse. Der Entwurf giebt ihm nur das Recht auf „Innehabung" im Namen und als Vertreter des Erben; aber wie auch die Besitzlehre geregelt wird, dem Testamentsvollstrecker gebührt unter allen Umständen von meiner Auffassung aus echter Besitz, nicht Besitz als Vertreter des Erben. Natürlich hat er das Recht der Besitznahme nur, soweit der Zweck seines Amtes es ergiebt. Sodann gebührt ihm freies Verfügungsrecht und in Folge davon insbesondere die Activ- und Passivlegitimation im Proceß. Hier ist nun die Unterscheidung des Entwurfs, die von den beiden Gutachtern angegriffen wird, in der That ganz verkehrt. Daß der Testamentsvollstrecker zwar rechter Kläger, aber nicht rechter Beklagter sein soll, dafür ist wirklich gar kein Grund einzusehen. Auch die Gläubiger des Nachlasses haben sich an den Testamentsvollstrecker als Passivlegitimirten zu wenden. Natürlich muß in solchem Processe der Erbe das Recht haben, als Intervenient beizutreten, ebenso wie umgekehrt der Testamentsvollstrecker da als Intervenient beizutreten befugt sein muß, wo er nicht Verwalter ist und deshalb die Erben selbst den Proceß führen.

Hiermit erledigt sich dann auch die weitere Frage, die das Gutachten des Herrn von Cuny ausführlicher behandelt: die Frage der Zwangsvollstreckung in den Nachlaß. Es darf, wie von Cuny richtig ausführt, den Gläubigern eines verschuldeten Erben nicht ohne Weiteres der Zugriff offen stehen in das Nachlaßvermögen. Einige Cautelen will ja auch der Entwurf in § 1904 schaffen, aber seine Bestimmungen sind sehr künstlich und ungenügend. Ueberdies ist es von dem Standpunkte des Entwurfes aus höchst sonderbar, wenn in gewissen Fällen außer dem vollstreckbaren Titel gegen den Erben ein solcher gegen den Testamentsvollstrecker verlangt wird. Denn da der Letztere nicht verklagt werden kann, ist nicht einzusehen, wie man im Stande sein soll, sich einen Titel gegen ihn zu verschaffen. In Wahrheit ist eben der Testamentsvollstrecker der rechte Beklagte, und deshalb muß in allen Fällen zur Zwangsvollstreckung in den von ihm verwalteten Nachlaß ein vollstreckbarer Titel gegen ihn erforderlich, aber auch ausreichend sein. Das habe ich in meinem Antrage unter III im dritten Absatze am Schlusse so formulirt:

„Auch ist während der Dauer seiner Verwaltung die Zwangsvollstreckung in den Nachlaß nur auf Grund eines gegen ihn vollstreckbaren Titels zuzulassen."

In allen diesen Einzelheiten sind also, wie Sie sehen, nur solche positiven Vorschläge gemacht, die zugleich eine Negation entgegengesetzter Entscheidungen des Entwurfes enthalten.

Schließlich habe ich aus den Vorschlägen des Hartmann'schen Gutachtens noch 2 minder wichtige Punkte aufgenommen und unter IV formulirt.

Einmal wünscht Hartmann — und das scheint mir angemessen — in gewissem Umfange eine Annahmepflicht desjenigen, der sich einem Anderen gegenüber zur Uebernahme der Testamentsvollstreckung bereit erklärt hat. Er muß mindestens die nächste Fürsorge für die Ausführung des letzten Willens nicht ablehnen dürfen, während der Entwurf eine Verpflichtung erst aus förmlicher Annahme nach dem Erbanfall eintreten läßt und einer vorherigen Annahme keinerlei Rechtswirkung beilegt. Offenbar aber widerspricht es der bona fides, wenn Jemand, der dem Erblasser die Fürsorge für seinen Nachlaß zusagte, dessen Vertrauen gröblich täuscht und nicht wenigstens die nächsten Geschäfte ausführt. Und weiter stimme ich darin mit Hartmann überein: Wer das Amt einmal übernommen hat, darf dasselbe nicht einseitig, sondern nur aus erheblichen Gründen und mit Genehmigung des Nachlaßgerichtes niederlegen. Mit Recht hat der Entwurf das Nachlaßgericht als eine den Testamentsvollstrecker controlirende Behörde eingesetzt, aber man muß dann auch die weitere Consequenz ziehen, man muß auch sagen: ein solches Amt kann man nicht ohne Weiteres niederlegen, man muß es weiterführen bis zur Erledigung der nothwendigen Dinge. Ich glaube nicht, daß das Nachlaßgericht eine solche Befugniß mißbrauchen würde.

Ich empfehle Ihnen daher, m. H., diese Anträge, vorbehaltlich einiger Punkte, die ich bereit bin, auch aus den Anträgen des Herrn Correferenten noch einzuschieben. Ich glaube, daß auf dieser Grundlage sich ein gesundes, praktisches, nationales Recht in dieser Materie schaffen läßt.

(Beifall.)

Präsident: Wünschen einige Herren noch die Anträge des

Referenten und Correferenten, die hier auf dem Büreau zur Vertheilung offen liegen?

(Die gedruckten Anträge werden vom Büreau entnommen.)

Nun bitte ich den Correferenten, Herrn Justizrath Levy, uns sein Referat vorzutragen.

Correferent Justizrath **Levy** (Berlin): M. H., die zur Berathung vorgelegte Frage zerfällt in zwei Theile. Einmal wird gefragt: Ist überhaupt die Stellung des Testamentsvollstreckers nach dem Gesetzentwurf zu billigen? Und wenn dies zu verneinen ist, dann würde noch positiv zu entscheiden sein: wie ist sie nöthigenfalls anders zu regeln?

Was nun den ersten Theil der Frage anbetrifft, so haben Sie ja schon vom Herrn Referenten gehört, daß ich mit ihm und den beiden Gutachtern auf gleichem Standpunkte stehe. Ich halte das Capitel über den Testamentsvollstrecker im Entwurfe des bürgerlichen Gesetzbuchs für ein durchaus verunglücktes, den Bedürfnissen des Lebens und der bisherigen Rechtsentwickelung durchaus nicht entsprechendes. Ich will theoretische Gesichtspunkte hier nicht weiter geltend machen, Sie werden dies von mir als Praktiker auch nicht erwarten, aber ich möchte auf einige praktische Gesichtspunkte hinweisen.

Das Amt des Testamentsvollstreckers, wie es sich praktisch gestaltet hat, ist überaus schwierig und verantwortungsvoll. Er steht sehr häufig inmitten collidirender Interessen, die er zu versöhnen hat; er hat den letzten Willen des Erblassers oft gegenüber widerstrebenden Interessenten auszuführen; er bedarf großer Umsicht und Lebenserfahrung hinsichtlich der Verwaltung und Verwerthung des Nachlasses, hinsichtlich der Vertheilung desselben — kurz, seine Stellung ist eine außerordentlich schwierige, namentlich wo es sich um größere Verwaltungen handelt. Eine ersprießliche Thätigkeit eines solchen Testamentexecutors ist nur möglich den Erben gegenüber, wenn ihm das nöthige Ansehen und die nöthige Machtvollkommenheit vom Gesetze gesichert ist. Das hat der Entwurf vollständig verkannt, beherrscht von der doctrinären Auffassung, daß der Testamentsexecutor lediglich der Geschäftsführer des Erben sei, und dieser sein Geschäftsherr.

Ich habe mir deshalb erlaubt, zunächst im Allgemeinen den Antrag Nr. 1 zu stellen:

Der Deutsche Juristentag wolle beschließen:

Die im Entwurfe eines bürgerlichen Gesetzbuches für das Deutsche Reich angenommene Stellung des Testaments-Vollstreckers ist *nicht* zu billigen.

Ich halte es aber nicht für genügend, namentlich der jetzt zusammengetretenen Commission der 2. Lesung gegenüber, bloß bei diesem allgemeinen Ausspruche es bewenden zu lassen, sondern halte es für nothwendig, gerade diejenigen Punkte hervorzuheben, die besonders zu mißbilligen sind, und darum habe ich unter Nr. 2 diese besonderen zu mißbilligenden Punkte noch speciell hervorgehoben.

Insbesondere erscheint es nach der bisherigen Entwickelung des Instituts und im Interesse einer ersprießlichen Wirksamkeit desselben nicht angemessen:

a) die Thätigkeit des Testamentsvollstreckers durch einen einfachen, nicht einmal mittels Klage seitens desselben zu beseitigenden Widerspruch des Erben gegen eine Maßregel betreffend die Vollziehung eines Vermächtnisses oder einer Auflage, einer die Auseinandersetzung bezweckenden Anordnung, die Erfüllung einer Nachlaßverbindlichkeit, die Verfügung über einen Nachlaßgegenstand, sowie die Eingehung einer Verbindlichkeit für den Nachlaß zu hemmen (§§ 1897, 1898 Abs. 3; 1899 Abs. 2; 1900 Abs. 2; 1902 Abs. 2);

b) dem Testamentsvollstrecker die Auseinandersetzung unter den Erben nur zufolge besonderer Anordnungen des Testators zu überlassen (§ 1898 Abs. 1);

c) den Testamentsvollstrecker in der Verfügung über die zum Nachlaß gehörigen Gegenstände und in der Eingehung von Verbindlichkeiten für den Nachlaß dritten Personen gegenüber gesetzlich zu beschränken (§§ 1900, 1902);

d) dem Testamentsvollstrecker die Führung von Processen über Nachlaßverbindlichkeiten zu versagen (§ 1903 Abs. 2);

e) zur Zwangsvollstreckung wegen Nachlaßverbindlichkeiten in die nicht im Gewahrsam des Erben befindlichen Nachlaßsachen neben dem vollstreckbaren Titel gegen den Testamentsvollstrecker noch einen gleichen Schuldtitel gegen den Erben zu fordern (§ 1904);

f) den Erlaß jährlicher Rechnungslegung des Testamentsvollstreckers durch den Testator auch für die Dauer der Verwaltung zu beschränken.

Zu a bestimmt der Entwurf, daß die Thätigkeit des Testamentsvollstreckers durch einen einfachen, nicht einmal mittels Klage seitens desselben zu beseitigenden Widerspruch des Erben gegen fast sämmtliche Maßregeln, also die Vollziehung eines Vermächtnisses oder einer Auflage, eine die Auseinandersetzung bezweckende Anordnung, die Erfüllung einer

Nachlaßverbindlichkeit, die Verfügung über einen Nachlaßgegenstand, die Eingehung einer Verbindlichkeit für den Nachlaß gehemmt werden könne. Nun, m. H., es ist doch ganz klar, daß ein solcher Testamentsexecutor, der so gewissermaßen nur die Marionettenpuppe des Erben ist, eine ersprießliche Thätigkeit absolut nicht entwickeln kann. Ein solches unbeschränktes Veto des Erben ist unbedingt zu verwerfen.

b) Wenn der Entwurf dem Testamentsvollstrecker die Auseinandersetzung unter den Erben nur zufolge besonderer Anordnungen des Testators überläßt, so weiß ich mir einen Grund für diese Bestimmung nicht zu denken. Die Motive sind in der Beziehung nicht ausreichend. Gerade der Testamentsvollstrecker ist dazu da, wird im Sinne des Erblassers dazu ernannt, um dessen Willen zu vollziehen, d. h. doch, um vor allen Dingen die Theilung unter den Erben zu bewirken. Ich sehe keinen theoretischen oder praktischen Grund ein, weshalb dann in dieser Beziehung noch eine besondere Anordnung des Erblassers erforderlich sein soll.

Ferner (c) will der Entwurf den Testamentsvollstrecker in der Verfügung über die zum Nachlaß gehörigen Gegenstände und in der Eingehung von Verbindlichkeiten für den Nachlaß dritten Personen gegenüber gesetzlich beschränken, d. h. er will nur in gewissen Fällen dem Testamentsexecutor eine Verfügung über Nachlaßgegenstände einräumen, in anderen wieder nicht. Die Details zu erwähnen, verlohnt sich nicht, aber, m. H., bedenken Sie, wie dann der Verkehr dritter Personen mit dem Testamentsexecutor, wie der Verkehr des Testamentsvollstreckers gegenüber den Grundbuchämtern sich gestalten soll. In jedem einzelnen Falle müßte der Dritte bezw. der Grundbuchrichter eine Untersuchung anstellen, ob die Verfügung über den Nachlaßgegenstand oder die Eingehung der Verbindlichkeit, die Aufnahme einer Hypothek gerade unter die Fälle zu subsumiren sei, welche der Entwurf für die Befugnisse des Testamentsexecutors als bindend aufgestellt hat oder nicht. Es ist ohne weitere Ausführungen klar, daß der Entwurf hier eine für den Verkehr unmögliche Bestimmung enthält.

Weiter (d) will der Entwurf dem Testamentsvollstrecker die Führung von Processen über Nachlaßverbindlichkeiten versagen und nur über Activprocesse gestatten. Der Herr Referent hat diesen Punkt genügend beleuchtet, so daß ich nicht näher darauf einzugehen brauche.

Bei dem folgenden Punkte (e) erscheint es mir nicht angemessen, zur Zwangsvollstreckung wegen Nachlaßverbindlichkeiten in die nicht im Gewahrsam des Erben befindlichen Nachlaßsachen neben dem vollstreckbaren Titel gegen den Testamentsvollstrecker noch einen gleichen Schuldtitel gegen den Erben zu fordern. M. H.! Wozu führt das? Zu den größten Schwierigkeiten bei Eintreibung von Forderungen gegen den Nachlaß. Wenn beispielsweise die Erben schwer zu erreichen sind, oder die Legitimation der Erben noch nicht geführt ist, dann muß der Gläubiger warten, während er den Testamentsvollstrecker in der eigenen Stadt hat, den Testamentvollstrecker, der den Nachlaß besitzt, und gegen den er ohne Weiterungen klagen und einen vollstreckbaren Titel erwirken kann. Wozu dem Gläubiger noch die Verbindlichkeit auferlegen, den Erben mitzuverklagen, wenn der Erbe gar nicht im Besitze der Nachlaßsache ist?

Weiter (f) muß ich auch tadeln, ebenso wie der Referent, der sich in dieser Beziehung meinen Anträgen bereits angeschlossen hat, daß der Entwurf in Bezug auf die Rechnungslegung den Testamentsvollstrecker schlechter stellen will, als den Vormund. Bekannt ist Ihnen die Bestimmung der preußischen Vormundschaftsordnung, daß der Erblasser befugt ist, den von ihm ernannten Vormund von der jährlichen Rechnungslegung zu befreien, d. h. während der Dauer der Verwaltung. Ich sehe nicht ein, warum das nicht ebenso gut dem Testamentsvollstrecker gegenüber geschehen kann.

Ich meine hiernach, ein Testamentsexecutor, der mit solchen Fesseln geknebelt ist, kann eine ersprießliche Thätigkeit für den Nachlaß nicht entwickeln. Ja, ich gehe weiter: es werden sich ehrenhafte Männer zur Uebernahme des Amtes eines Testamentsexecutors nach dem Entwurfe gar nicht mehr finden lassen, Männer, die so abhängig von dem Willen des Erben, so auf jeden Schritt in ihrer Thätigkeit gehemmt sein sollen.

Der Entwurf, in seiner Auffassung, daß der Testamentsvollstrecker bloß Geschäftsführer des Erben sei, giebt ihm in einem Paragraphen das Recht, ohne Weiteres ein Entgelt für seine Bemühungen zu fordern. So liegt die Sache im Leben aber nicht. Der größte Theil der Testamentsexecutoren führt das Amt als unentgeltliches Ehrenamt im Andenken an den verstorbenen Freund, im Andenken an das ihm gegebene Versprechen, in der Zukunft, auch nach seinem Tode seine Interessen wahrzunehmen.

Soweit also die negative Seite meines Antrags. Ich glaube nicht, daß in dieser Beziehung irgend eine Differenz zwischen mir und dem Herrn Referenten besteht.

Was dagegen die anderweite Regelung der Stellung des Executors anbetrifft, so bin ich in diesem Punkte theilweise anderer Meinung, als der Herr Referent, und wesentlich auch im Interesse der Praxis, die ich hier vertreten zu müssen glaube.

Die Motive, wenngleich von der Auffassung beherrscht, wie schon mehrfach hervorgehoben worden ist, daß der Erbe der Geschäftsherr des Testamentsexecutors sei, wollen doch die Frage, welche Stellung der Testamentsvollstrecker einnehme, der Wissenschaft überlassen. Das halte ich für falsch, im Interesse der Praxis für ganz unannehmbar. Die Grundsätze — darüber ist ja auch der Herr Referent mit mir einig — müssen in dieser Beziehung klar aus dem Gesetze hervorgehen. Vor allem muß sich der Gesetzgeber klar sein, welche Stellung der Testamentsexecutor einnimmt. Denken sie sich einen Anwalt, der eine Klage für oder gegen den Nachlaß erheben will, für welchen ein Testamentsvollstrecker eingesetzt ist. Er muß in der Klage die Parteien angeben auf Seiten des Klägers und des Beklagten. Das ist ein wesentliches Erforderniß der Klage nach § 230 C.P.O., in dessen Ermangelung sie abgewiesen werden muß. Wenn der Anwalt nun nicht weiß, wen der Testamentsexecutor vertritt, ob sich selbst oder eine andere Partei, so ist er auch nicht in der Lage, die Klage zu erheben. Ja, ich muß vertraulich gestehen, daß ich bei der Zweifelhaftigkeit der Frage jedesmal in Verlegenheit bin, wenn ich für oder gegen den Testamentsexecutor eines Nachlasses klagen soll, und daß ich mich in den allerverschiedensten Wendungen bewege, um nicht hier und da anzustoßen. Auch der Richter muß wissen, wer Partei ist, ob er den Erben oder die Betheiligten als Zeugen vernehmen kann oder nicht. Auch der instrumentirende Notar, jede dritte Person, welche mit einem Testamentsvollstrecker ein Rechtsgeschäft errichtet, muß wissen, wer Partei ist, mit wem sie contrahirt, ob der Testamentsexecutor in eigenem Namen oder im Namen des Erben oder des Nachlasses auftritt. Es muß aus dem Acte sich deutlich ergeben: wer hat Rechte erworben und wer hat Verbindlichkeiten übernommen. Dem würde aber das Gesetz nicht gerecht werden, wenn es die ganze Frage der Wissenschaft überließe.

Nun verkenne ich nicht, und das Reichsgericht hat es in seinem Plenarbeschlusse ausgesprochen, daß die Präcisirung der Stellung des Testamentsvollstreckers eine überaus schwierige ist, aber ich glaube, daß der Weg, den die Praxis eingeschlagen hat, auch den richtigen Fingerzeig giebt. Ich meine, es ist bisher darum nicht geglückt, diese Stellung nach allen Seiten hin richtig zu präcisiren, weil man es unterlassen hat, die Stellung zu unterscheiden, die der Testamentsexecutor jedem Nachlaßinteressenten, dem betheiligten Erben und sonstigen Honorirten gegenüber einnimmt, von derjenigen Stellung, die er dritten Personen gegenüber einnimmt, Gläubigern und Schuldnern des Nachlasses, solchen Personen, mit denen er Rechtsgeschäfte eingeht. Meines

Erachtens müssen diese beiden Seiten durchaus streng auseinander gehalten werden. Den Nachlaßinteressenten d. h. den Erben, Legataren und sonstigen Honorirten gegenüber, hat der Testamentsvollstrecker — und da stimme ich dem Herrn Referenten und Hartmann bei — ein eigenes erbrechtliches Recht auf Ausübung seiner Befugnisse, auf Ausführung des letzten Willens des Erblassers. Die Erben und sonstigen Nachlaßbetheiligten sollen ihn als Vertrauensmann des Testators, als dessen Treuhänder anerkennen, sie sollen, solange er im Rahmen des letzten Willens bleibt, seinen Anordnungen sich unterwerfen und, um einen etwaigen Widerspruch durchzusetzen, dies nur im Wege des ordentlichen Processes thun können. Ueberall, wo der Testamentsexecutor hiernach seine eigenen Befugnisse gegenüber den Erben dem letzten Willen des Erblassers gemäß vertheidigt, vertritt er eigene Rechte, ganz gleich, ob er vom Erben verklagt wird, oder ob er den Erben verklagt. Darum ist er auch in solchen Processen als Partei anzusehen. Was dagegen seine Stellung zu dritten Personen anbetrifft, so beruht dieselbe auf einer Vertretung fremder Interessen, und die Bedürfnisse der Praxis fordern gebieterisch eine technische Regelung dieser Vertretung. Ich kann mich nicht mit dem Gedanken befreunden, daß der Testamentsexecutor auch dritten Personen gegenüber Partei, Selbst-Contrahent sei, eigene Rechte vertrete. Dies würde praktisch dazu führen, daß der Testamentsexecutor in Processen gegen dritte Personen die Kostenpflicht, die Vorschußpflicht gegen die Gerichtskasse, für seine eigene Person haben würde; er müßte, wenn er zufällig als Ausländer einen inländischen Nachlaß vertritt, dem Beklagten eine Kostencaution bestellen, beim Contrahiren mit dritten Personen müßte er sich selbst verpflichten. Die Uebernahme so weitgehender Verpflichtungen kann dem Testamentsexecutor nicht zugemuthet werden. In der Praxis wird sich auch keine Neigung dazu finden. Wer sich bereit findet, den letzten Willen seines Freundes auszuführen und alle damit verbundenen Mühen, Sorgen und Verantwortungen zu tragen, wird sich darum noch nicht dazu hergeben wollen, eigene Verpflichtungen für den Nachlaß zu übernehmen. Man kann ja auf den Regreß gegen den Nachlaß verweisen, aber das ist ein Umweg, der Zeit und Geld kostet. Ich meine, auch theoretisch ist es nicht richtig, gegenüber dritten Personen den Testamentsvollstrecker als einen Vertreter eigener Interessen anzusehen. In der That vertritt er dritten Personen gegenüber das Interesse des Nachlasses, eines Kreises bekannter, bald auch unbekannter, ja oft noch nicht geborener Interessenten desselben, überhaupt fremde Interessen.

Es wird sich nun fragen: wen hat er zu vertreten? Von dem

Herrn Referenten ist auseinandergesetzt worden und in dem Gutachten des Herrn Professor Dr. Hartmann ausführlich nachgewiesen, auch vom Reichsgericht überzeugend ausgeführt, daß die Auffassung, die eine Zeit lang die preußische Praxis beherrscht hat, der Testamentsvollstrecker vertrete den Erben, als zu eng zu verwerfen sei. Ich will darüber kein Wort verlieren. Daß er den Erblasser nicht vertreten könne, ist ebenso ausgemacht, weil dieser nicht mehr lebt. Darum müssen wir uns nach einem anderen Auskunftsmittel umsehen, und dieses hat die Praxis im großen Gebiete des gemeinen Rechts und auch des preußischen Rechts gefunden, nämlich: den Testamentsvollstrecker dritten Personen gegenüber zum Vertreter des Nachlasses als eines parteifähigen Zweckvermögens zu machen. Das Bedenken des Herrn Prof. Dr. Hartmann hiergegen, daß der Nachlaß bereits den Erben erworben sei, und daß man ihm deshalb nicht eine Art von juristischer Persönlichkeit beilegen könne, halte ich nicht für begründet. Eventuell würde ich mich lieber dafür erklären, daß in Fällen, wo ein Testamentsexecutor ernannt worden ist, der Erwerb der Erbschaft suspendirt werde; aber ich halte dies gar nicht für nöthig. So lange der Nachlaß nicht vertheilt ist, so lange die Zwecke nicht erfüllt sind, die der Erblasser dem Nachlasse auferlegt hat, so lange sind diese Zwecke noch das ideale Band, welches die Nachlaßinteressenten zu einer Einheit verknüpft, und welches die Möglichkeit zu einer Personification des Nachlasses gewährt. Wie gesagt, in vielen Ländern des gemeinen Rechts betrachtet man es so. In der preußischen Proceßpraxis hat man früher ebenfalls den Nachlaß als juristische Person aufgefaßt. Ich selbst habe in einem Falle, wo ich die Eintragung von Hypotheken für eine Nachlaßmasse beim Grundbuchrichter beantragt hatte und mit diesem Antrage zurückgewiesen worden war, beim Kammergericht, der letzten, endgültig entscheidenden Behörde, den reformirenden Bescheid erhalten, daß es allerdings zulässig sei, im Grundbuch eine Hypothek für den Nachlaß, vertreten durch den Testamentsvollstrecker, einzutragen. Ich beziehe mich zur Rechtfertigung meines Standpunktes auch auf die Ansicht eines Mannes, der zwar Theoretiker ist, der aber, wie Sie alle wissen, eine große Feinfühligkeit für die Bedürfnisse der Praxis hat. Unser verehrtes Mitglied, Professor Dernburg, ist sowohl in seinem Lehrbuche des preußischen Rechts als in seinem neuen Pandektenrecht der Ansicht, daß der Testamentsvollstrecker den Nachlaß zu vertreten hat.

Nun wird noch ein weiteres Bedenken von Herrn Professor Dr. Hartmann aufgestellt, und das ist, wie es scheint, vom Herrn Referenten getheilt worden, daß überhaupt von einer gesetzlichen Vertretung im vorglieenden Falle deshalb nicht die Rede sein könne, weil nur das Gesetz einen solchen Vertreter constituiren könne, im vorliegenden Falle es sich aber nur handle um eine Sanctionirung des Vertreters durch das Gesetz. Diese Ansicht halte ich nicht für richtig, ich habe sie bereits vor vielen Jahren in meinem Civilprozeß-Commentar bekämpft, und sie widerlegt sich sofort, wenn Sie sich nur vergegenwärtigen, daß z. B. der Vorstand einer Actiengesellschaft nicht vom Gesetze direct bestimmt, sondern von Parteien gewählt wird.

Wenn ich nun aber dem Testamentsvollstrecker die Stellung eines gesetzlichen Vertreters des Nachlasses dritten Personen gegenüber zuweise, dann meine ich, muß ich ihm auch, in subsidium wenigstens, eine vollständige Legalvollmacht ertheilen, d. h. ihm volle Repräsentationsbefugniß geben, wie sie einem jeden gesetzlichen Vertreter zusteht. Ich will damit keineswegs dem Satze des Herrn Referenten entgegentreten, daß für die Befugnisse des Testamentsexecutors der Wille des Erblassers unbedingt maßgebend sein soll. Im Gegentheil, dieser soll auch nach meiner Ansicht unbedingt maßgebend sein, aber in dem Falle, daß ein Testamentsvollstrecker pure ernannt ist, dann soll die Legalvollmacht Platz greifen, soweit sie nicht durch Bestimmungen des Erblassers beschränkt ist. Es bedarf also auch keiner Bestimmung darüber, daß der Erblasser befugt sein solle, die Rechte des Testamentsvollstreckers zu erweitern, denn sie werden ihm bereits durch die Legalvollmacht in dem weitesten Umfange gegeben.

Wenn ich nun noch auf die sonstigen Anträge des Herrn Referenten in Bezug auf die positive Seite der Frage komme, so finde ich einige Punkte, denen ich mich unbedingt anschließen kann. Dahin gehört Nr. I Abs. 3, daß wir den Testamentsvollstrecker nicht, wie der Entwurf will, nur dem Erben, sondern allen Betheiligten gegenüber zur Ausführung des letzten Willens verpflichten und ihn für die gehörige Erfüllung seines Amtes verantwortlich machen. Dem stimme ich vollkommen bei. Und ebenso der Nr. IV:

> Wer sich dem Erblasser gegenüber zur Uebernahme der Testamentsvollstreckung bereit erklärt hat, darf nach Eintritt des Erbfalles mindestens die nächste Fürsorge für die Ausführung des letzten Willens nicht mehr ablehnen. Wer das Amt förmlich übernommen hat, darf es nicht einseitig, sondern nur aus erheblichen Gründen mit Bewilligung des Nachlaßgerichts niederlegen.

Diesen beiden Anträgen schließe ich mich deshalb an und mache sie als Zusatzanträge zu den meinigen.

Ich bitte Sie schließlich, m. H., wesentlich im Interesse der Praxis um Annahme der Anträge, die ich unter Nr. 3 gestellt habe. Dieselben lauten:

3. Die Stellung des Testamentsvollstreckers ist anderweit dahin zu regeln, daß

a) er den Nachlaß-Interessenten (Erben, Legatarien und sonstigen Honorirten) gegenüber als der von dem Erblasser berufene Vertrauensmann auf Grund eigenen Rechts zur selbständigen Verwaltung des Nachlasses und zur Verfügung über denselben nach Maßgabe der in dem letzten Willen des Erblassers enthaltenen Vorschriften befugt erscheint, daß der Widerspruch der Nachlaßbetheiligten gegen eine Maßregel des Testamentsvollstreckers nur im Wege der Klage oder einstweiligen Verfügung seitens des Widersprechenden mit Zwangserfolg geltend zu machen ist, und daß in solchen, sowie überhaupt in allen die eigenen Befugnisse des Testamentsvollstreckers betreffenden Processen zwischen diesem und den Nachlaßbetheiligten der Testamentsvollstrecker selbst als Partei zu erachten ist;

b) dritten Personen gegenüber, insbesondere bei Verfügungen über Nachlaßgegenstände sowie in Processen über Rechte und Verbindlichkeiten für den Nachlaß der Testamentsvollstrecker gesetzlicher Vertreter des Nachlasses selbst als eines parteifähigen Zweckvermöges ist, und zwar mit voller Repräsentationsbefugniß, soweit solche nicht durch Anordnungen des Erblassers eingeschränkt ist.

Sie werden damit die breite Heerstraße verfolgen, welche bereits die Praxis eingeschlagen hat. Es ist m. E. für den Gesetzgeber gefährlich und für den deutschen Juristentag nicht angezeigt, sich auf andere Wege zu begeben, namentlich in Bezug auf die Stellung des Testamentsvollstreckers zu dritten Personen mit ganz neuen Constructionen zu operiren, wie sie von Herrn Prof. Dr. Hartmann, wenn auch gewiß in sehr dankenswerther Weise, aufgestellt worden sind, deren Berechtigung ich aber nur für die Stellung des Testamentsvollstreckers zu den Nachlaßinteressenten anerkennen kann.

Präsident: Wie wir gehört haben, stimmen im negativen Resultate, die Bestimmungen des Gesetzentwurfs nicht zu billigen, Referent und Correferent vollständig überein. Sie stimmen auch in dem, was an ihre Stelle treten soll, grundsätzlich fast vollständig überein, in einzelnen Punkten noch divergirend, auch wo sie mitunter in der Sprache übereinstimmen, so daß es kaum möglich ist, statt vollständiger Gegenüberstellung beider Anträge, das Uebereinstimmende und nicht Uebereinstimmende getrennt zur Abstimmung zu bringen.

So, wie die Sache jetzt liegt, weiß ich keinen anderen Weg, als zu bemerken, daß der Antrag des Correferenten, der zuerst zur Abstimmung kommt, den Antrag des Referenten vollständig ausschließt. Die Möglichkeit, Unheil dadurch zu verhüten, liegt darin, daß den Herren die freie Befugniß zusteht, zu dem einen und dem anderen Antrage Zusätze und Streichungen zu beantragen, und daß die Anträge zur Abstimmung kommen, je nachdem sie durch Zusätze und Streichungen geändert sind.

Dazu bemerke ich sofort, daß bereits der Antrag des Correferenten eine Änderung erlitten hat dadurch, daß hinzugesetzt wird — wahrscheinlich unter 3c — der Antrag des Referenten unter IV, daß ihm ferner ein Zusatz gegeben werden soll, der im letzten Absatze des Antrags des Herrn Referenten unter Ziffer I steht. Wo soll der stehen?

Correferent Justizrath **Levy** (Berlin): Am Schlusse.

Präsident: Also unter Nr. 3d. noch nachzufügen!

Damit wären die Anträge, die zur Debatte stehen, jetzt festgestellt.

Ich bitte die Herren, die sich zum Worte melden oder weitere Anträge stellen wollen, sich mit Namen beim Herrn Schriftführer zu melden.

Geheimer Justizrath Professor Dr. **Brunner** (Berlin): Zur Vereinfachung der Sachlage will ich mich zunächst nur mit den Anträgen des Correferenten befassen.

In Ziffer 1 stimmen, wie bereits der Herr Präsident hervorgehoben hat, die beiden Anträge vollständig miteinander überein. Wir können also in dieser Beziehung die Abstimmung dahin zusammenfassen, daß die Stellung, die der Testamentsvollstrecker im Entwurf erhalten hat, nicht zu billigen sei.

Was dann die sämmtlichen Sätze des Herrn Correferenten unter Nr. 2 betrifft, so können sie sehr gut ausfallen, denn das Wesentliche hat schon Nr. 1 gesagt. Den Commentar erhält unser Beschluß durch die Begründung des Herrn Referenten. Es ist aber nicht unsere Aufgabe, in alle Details einzugehen.

Ich komme nun auf die Nummer 3 unter den Anträgen des Herrn Correferenten und habe in der Beziehung erhebliche Bedenken. Es gefällt mir nicht, wenn der Entwurf sagt, daß der Testamentsvollstrecker gesetzlicher Vertreter des Erben sei. Ich bin damit sachlich nicht einverstanden. Auch wenn ich sachlich damit einverstanden wäre, würde ich sagen, es sei besser, das im Gesetze nicht auszudrücken, denn m. E. ist es nicht die Aufgabe des Gesetzgebers, juristisch zu construiren. Die Verfasser des Entwurfs erster Lesung haben in dieser Beziehung des Guten viel zu viel gethan. Der Gesetzgeber soll sich klar sein über das, was er will, er soll aber nur die Rechtsregeln aufstellen, die juristische Construction der einzelnen Rechtsinstitute kann er getrost der Jurisprudenz überlassen.

Für ebenso gefährlich würde ich es daher halten, wenn wir auf der anderen Seite aussprechen würden, der Testamentsvollstrecker sei gesetzlicher Vertreter des Nachlasses. M. H., wir greifen da ja in eine Controverse hinein, die, wenn man näher in sie eindringen will, sich als ein ganzer Knäuel von Controversen darstellt. Wir fassen da hinein in das Wespennest der juristischen Person. Ich glaube, daß wir eine derartige Streitfrage hier nicht erledigen können. Ist der Testamentsvollstrecker gesetzlicher Vertreter des Nachlasses, dann ist der Nachlaß juristische Person oder Zweckvermögen. Dann kann man weiter die Frage aufwerfen, ob wir ihn Vertreter nennen dürfen, ob man ihn nicht vielmehr Organ des Nachlasses nennen müsse. Nebenbei gesagt, verfechte ich die Ansicht, daß der Testamentsvollstrecker seine Befugniß besitzt auf Grund einer Willenssubstitution des Erblassers, daß er also zwar nicht als Vertreter des Erblassers aufzufassen ist, daß aber seine Befugnisse auf den Willen des Erblassers zurückgehen. Wir haben es hier mit einer ganz eigenartigen Institution zu thun, mit einer Willenssubstitution, die erst nach dem Tode wirksam wird.

Ich möchte also davor warnen, daß wir die Anträge des Herrn Correferenten unter Nr. 3 aufnehmen. Einige praktische Regeln, die darunter enthalten sind, könnten eventuell in den Antrag Gierke herübergenommen werden. Was den letzteren betrifft, so stelle ich anheim, ob derselbe nicht zum Zwecke der Abstimmung und um einzelne Punkte, über die sich Zweifel und Bedenken ergeben dürften, zu beseitigen, in der Form etwas vereinfacht werden könnte.

Präsident: An solche Anheimgaben müßten sich doch Anträge schließen.

Professor Dr. **Brunner**: Ich erwarte noch die weitere Debatte.

Professor Dr. **Ennecerus** (Marburg): Ich möchte gleichfalls wünschen, daß als Grundlage unserer Debatte in erster Linie der Antrag des Herrn Geheimen Raths Gierke gewählt werde. Ich stimme in dieser Beziehung vollständig mit den Ausführungen des Herrn Professor Brunner überein und möchte dem Gedanken, dem derselbe soeben Ausdruck gegeben hat, eine etwas präcisere Form geben.

Ich habe gegen die allgemeine Charakterisirung der Stellung des Testamentsvollstreckers, wie es in I geschehen ist (von der Formulirung, auf die ich nicht näher eingehe, abgesehen), keinen Einwand, ich bin im Wesentlichen damit einverstanden. Ebenso bin ich mit Nr. II und mit dem Beginn der Nr. III einverstanden. Ich will gleich hinzufügen: ich bin auch einverstanden mit Nr. IV.

Meine Bedenken richten sich wesentlich gegen etwa die zweite Hälfte der Nr. III, welche in allzuweit gehender, zu bestimmter, und doch wegen der gewählten kurzen Ausdrucksweise in gewissen Beziehungen wieder sehr unbestimmter Weise die Verhältnisse regelt.

M. H., die Nr. III spricht zunächst aus, daß zwei Arten der Testamentsvollstreckung zu unterscheiden seien, je nachdem der Testamentsvollstrecker nur zur Fürsorge für die Durchführung der Anordnungen des Erblassers oder zugleich zur Verwaltung und Regulirung des Nachlasses berufen ist, und fährt dann fort:

„Im Zweifel ist die schwächere Form als gewollt anzusehen."

Mein Bedenken beginnt bei dem dann folgenden Satze:

„Unter die schon hiermit begründeten Befugnisse ist das Recht der schiedsrichterlichen Auslegung des letzten Willens aufzunehmen."

M. H., wenn wir bedenken, welche Personen zu Testamentsvollstreckern ernannt werden, daß dies insbesondere keineswegs immer geschulte Juristen sind, so ist dieses Bedenken gewiß gerechtfertigt. Ich meine, der Testamentsvollstrecker soll den Willen des Testators ausführen. Wenn Sie aber eine juristisch nicht geschulte, die Verhältnisse nicht völlig übersehende Person (ohne eine Anordnung des Erblassers selbst) zum Ausleger seines letzten Willens in allen, vielleicht sehr schwierigen Fragen machen, dann setzen Sie, ohne es zu wollen, praktisch in sehr vielen Fällen den Testamentsvollstrecker in der That über den Willen des Erblassers. Ich möchte Sie bitten, diesen Satz jedenfalls zu streichen. Ich habe nichts dagegen — das ist aber schon in einem früheren Satze implicite ausgesprochen —, daß dem Erblasser das Recht gegeben werde, seinen Testamentsvollstrecker zugleich zu einem solchen Schiedsrichter der Auslegung seines Willens im Testamente zu ernennen. Aber ich muß offen gestehen, wenn ich ein Testament gemacht hätte und hätte einen Vollstrecker ernannt, ohne seine Befugnisse auszudehnen, dann möchte ich nicht, daß dieser Testamentsvollstrecker, den ich mir als Vollstrecker meines Willens, aber nicht als Interpret in schwierigen Fragen gedacht habe, in dieser Weise in Function treten könnte. Ich meine, daß auch die Herren Referenten das zugeben müssen: ist die Sache im allermindesten zweifelhaft, so geben wir dem Testator die Entscheidung.

Den zweiten bedenklichen Punkt enthält der folgende Absatz:

„Ist die Verwaltung des Nachlasses eingeräumt, so ist dieselbe vom Gesetz im Sinne der freien Vertrauensstellung des Testamentsvollstreckers auszugestalten."

„Im Sinne der freien Vertrauensstellung" — was heißt das? Wenn ich richtig verstehe, und es ist wohl so gemeint: im Sinne einer Vertrauensstellung, welche von jeder Rechnungsablage befreit ist. Ist es nicht so gemeint, so trifft das zu, was ich vorhin ausführte, daß in

Folge der zwar Vollständigkeit beabsichtigenden, aber kurzen Fassung schwere Mißverständnisse entstehen können. Denn „freie Vertrauensstellung" ist nicht mit Vertreterstellung, wo man an libera administratio denken könnte, zu verwechseln, sondern das Wort „Vertrauensstellung" kann wenigstens nach seinem Wortlaut kaum anders, als ich gethan, interpretirt werden.

Nun gehe ich allerdings nicht so weit, daß ich mit dem Entwurfe die Befreiung von der Rechnungslegung nach dem Willen des Testators ausschließen will; aber ich wünsche, daß diese Befreiung von der Rechnungslegung nur dann eintritt, wenn der Testator sie angeordnet hat.

Auch die folgenden Worte:

„Dem Testamentsvollstrecker gebührt Besitz und selbständige Verfügungsmacht"

erregen mir Bedenken; zwar nicht der „Besitz", da ich darunter in diesem Falle nur das Recht der Anstellung der Besitzklagen verstehen kann, wohl aber die „selbständige Verfügungsmacht". Der Ausdruck ist vielleicht, wie er gemeint ist, gerechtfertigt, aber wie er verstanden werden kann, nach meiner Ansicht nicht. „Selbständige Verfügungsmacht", was heißt das? Selbständige Verfügungsmacht gegenüber dem Willen des Testators kann der Testamentsvollstrecker gewiß nicht haben. Er soll Bestimmungen des Testators nicht ergänzen oder gar corrigiren. Eine selbständige Verfügungsmacht den Erben gegenüber wird dem Testamentsvollstrecker auch nicht unbedingt einzuräumen sein. Wenn z. B. die Erben darüber einig sind, daß das Haus, welches sich im Nachlasse befindet, nicht veräußert werden soll, und der Testamentsexecutor, der aus besonderen Gründen die Verwaltung des ganzen Nachlasses auf längere Zeit hat, der Meinung wäre, es wäre doch besser, dieses Haus zu veräußern, da ein verhältnißmäßig hoher Preis zu erzielen sei, so würde ich es nicht für geeignet halten, ihm diese Befugniß zu geben. Gewiß ist das vom Referenten nicht gemeint, aber in der „freien Verfügungsmacht" liegt allerdings so viel ausgesprochen, daß nicht bloß derartige Verfügungen, sondern noch viel weiter gehende andere hineingelegt werden können.

Weniger bedenklich ist mir der letzte Absatz.

Nun, m. H., bin ich nicht der Meinung, daß diese Bestimmungen sämmtlich gestrichen werden sollen, in dem Sinne, daß wir uns gerade für das Gegentheil erklären. Ich möchte nur, daß wir diese specielle Fassung ablehnen, daß wir uns, wie es der Juristentag auch in anderen Fällen gethan hat, mehr mit den allgemeinen Principien begnügen, daß wir nicht Sätze aufstellen, die zum Mindesten gefährlichen Mißdeutungen ausgesetzt sind. Ich glaube, daß auch bei Wegfall des Passus von dem

Worte „Unter“ in der ersten Zeile des 2. Absatzes der Nr. III an bis zum Schluß der Nr. III, daß auch unter Streichung dieses Passus im Wesentlichen praktisch derselbe Erfolg erzielt wird, wie ihn der Referent erzielen wollte. Ich meine, daß auch durch das Uebrigbleibende die Stellung des Testamentsvollstreckers genügend gewahrt ist.

Ich möchte Sie also bitten, diesen Passus von „Unter“ bis „zuzulassen“ zu streichen.

Präsident: Ich bitte den Herrn Redner, seine Bitte um Streichung der Sätze unter Ziffer III im 2. und 3. Absatze als Antrag schriftlich einzureichen.

Geh. Justizrath Prof. Dr. **Gierke** (Berlin): Zur Geschäftsordnung! Zur Vereinfachung der Debatte ziehe ich aus meinem Antrage die zweite Hälfte des zweiten Absatzes unter Nr. III: „Unter — aufzunehmen“ zurück.

Ich habe diese Worte nicht ohne Bedenken aus dem Hartmannschen Gutachten aufgenommen und verkenne nicht das Gewicht der Gründe, die dafür sprechen, daß man es dem Testator überläßt, die schiedsrichterliche Stellung anzuordnen.

Was den dritten Absatz der Nr. III anlangt, so lege ich Gewicht auf die Beibehaltung.

Präsident: M. H., der Herr Referent zieht aus seinem Antrage den unter III Absatz 2 begriffenen zweiten Satz:

> „Unter die schon hiermit begründeten Befugnisse ist das Recht der schiedsrichterlichen Auslegung des letzten Willens aufzunehmen“

zurück. Erfolgt aus der Versammlung Widerspruch gegen diese Zurücknahme? — Da es nicht der Fall ist, nehme ich an, daß der Herr Referent seinen Antrag hiermit geändert hat.

Jetzt hat das Wort Herr Professor Dr. Pappenheim:

Professor Dr. **Pappenheim** (Kiel): Nachdem Herr Geheimrath Gierke den einen Satz im zweiten Absatz der Nr. III zurückgezogen hat, ist von dem Antrage Enneccerus übrig geblieben der auf die Streichung des Restes von Absatz 2 und des dritten Absatzes der Nr. III gerichtete Theil. Ich möchte mich auch gegen diesen Antrag aussprechen. Ich glaube, daß gerade in der Fassung, die der Herr Referent diesem Absatze gegeben hat, hinsichtlich der Formulirung alles enthalten ist, was Herr College Enneccerus verlangt hat. Er hat selbst hervorgehoben, es müßten die Worte etwas allgemeiner gefaßt sein. Wenn es dort heißt: „im Sinne der freien Vertrauensstellung des Testamentsvollstreckers“, so verstehe ich dies nicht so, daß Herr Geh. Rath Gierke meint, in das Gesetz solle hineingeschrieben werden, daß der Testamentsvollstrecker die freie Vertrauensstellung habe. Vielmehr soll m. E. damit bloß der Grundsatz ausgedrückt werden: der Testamentsvollstrecker ist nicht zu behandeln als ein Mann, dem das Gesetz, von Mißtrauen beherrscht, für seine Stellung enge Grenzen ziehen und nur ein genau bestimmtes Maß von Rechten und Pflichten einräumen will. Es soll sich vielmehr das Verhältniß in einer freieren auf das Vertrauen des Testators zum Testamentsvollstrecker sich gründenden Art aufbauen. Ich glaube, daß dies ein durchaus genügender Hinweis ist für die Grundanschauung, die den Gesetzgeber leiten soll. Wenn der Testamentsvollstrecker, wie es seitens des Entwurfs geschieht, als Vertreter des Erben angesehen und in der schon mehrfach betonten Weise von ihm abhängig gestellt wird, dann ist er, wie es schon vom Herrn Correferenten hervorgehoben wurde, in eine Stellung gebracht, welche wegen des mit ihr verbundenen Mißtrauens viele Leute verhindern muß, sich in sie zu begeben. Und wenn Herr College Enneccerus meint, daß die selbständige Verfügungsmacht sehr bedenklich sei, auch die Selbständigkeit dem Testator gegenüber nicht bestehe, so hat der Herr Referent dies letztere nicht bestritten. Es versteht sich vielmehr, daß der Testamentsvollstrecker nur dazu da ist, den Willen des Testators zu vollstrecken. Die Selbständigkeit wird also nur gegenüber den Erben bestehen. Ich glaube aber weiterhin nicht, daß man mit Herrn Collegen Enneccerus sagen kann, daß die selbständige Verfügungsmacht eine unbeschränkte sei. Das ist nicht gesagt. Es soll nur ausgedrückt werden, daß der Testamentsvollstrecker, soweit seine Macht reicht, von den Erben unabhängig ist, also aus eigenem Rechte ihnen gegenübertreten und nicht durch Widerspruch von ihnen gehindert werden kann. Das ist das Princip. Und wenn man dieses annimmt, so sehe ich nicht, daß in den folgenden Sätzen etwas Bedenkliches enthalten ist. Daß der Testamentsvollstrecker in Folge seiner Selbständigkeit Activ- und Passiv-Legitimation in Processen haben muß, ist bereits dargelegt worden. Ebenso ist die Nothwendigkeit eines gegen ihn vollstreckbaren Titels als Bedingung für eine Zwangsvollstreckung in den Nachlaß schon in dem Gutachten klargestellt.

Ich glaube also, daß die Gründe, welche Herr College Enneccerus für die Streichung auch des 3. Absatzes von Nr. III beigebracht hat, nicht ausreichend sind, und bitte Sie deshalb, dem Antrage des Herrn Referenten vollständig Folge zu geben.

Präsident: Es wird mir soeben ein Antrag eingereicht, der vielleicht bereits erledigt ist. Herr Professor Enneccerus reicht den Antrag ein:

> in Nr. III den zweiten Satz des zweiten Absatzes und Absatz 3 zu streichen

— der zweite Satz des zweiten Absatzes existirt aber nicht mehr, ist bereits mit Genehmigung der Versammlung durch Streichung seitens des Referenten erledigt. Es würde also von diesem Antrage nur noch übrig bleiben, unter Nr. III den 3. Absatz zu streichen.

Der Antrag steht mit zur Debatte.

Geheimer Justizrath Prof. Dr. **Gierke** (Berlin): M. H.! Es trägt vielleicht zur Einigung bei, wenn ich nach einer mündlichen Auseinandersetzung mit dem Herrn Collegen Enneccerus folgenden Vorschlag mache. Zunächst versteht es sich von selbst, daß die Worte „im Sinne der freien Vertrauensstellung des Testamentsvollstreckers" nur eine Directive für den Gesetzgeber sein sollen, wie College Pappenheim ausgeführt hat, und daß dieselben nichts Technisches enthalten sollen. Herr College Enneccerus ist damit einverstanden, daß die Worte stehen bleiben sollen, wenn ich förmlich erkläre, daß ich in denselben nicht eine von selbst eintretende Befreiung von der Rechnungslage sehe, und das thue ich gern, da ich in meinem Referate ausgeführt habe, es sei nur dem Erblasser die Befugniß nicht zu versagen, die jährliche Rechnungslegung während der Verwaltung zu erlassen. Sodann aber bin ich gern bereit, die Worte „und selbständige Verfügungsmacht" gänzlich zu streichen, auf Wunsch des Herrn Prof. Enneccerus.

(Bravo!)

Dann würde also nur stehen bleiben: „Dem Testamentsvollstrecker gebührt der Besitz". Der Gedanke, der mich zu der ursprünglichen Formulirung bewogen hat, ist der, daß ich als specielle Punkte nur diejenigen hervorgehoben habe, in denen eine Opposition gegen den Entwurf nothwendig ist, wie sie Herr Correferent Levy speciell formulirt hat. Dazu gehört: Besitz statt Innehabung, daß er rechter Beklagter ist, daß bei der Zwangsvollstreckung ein vollstreckbarer Titel gegen den Testamentsvollstrecker ausreicht, solange er Verwalter des Nachlasses ist. Auf diese drei Punkte lege ich besonderen Werth. Dagegen „selbständige Verfügungsmacht" war für mich auch nur etwas aus der freien Vertrauensstellung von selbst Folgendes, was ich mehr aus sprachlichen Gründen dazu gesetzt habe.

Ich ändere also meinen Antrag dahin, daß ich anstatt „dem Testamentsvollstrecker gebührt Besitz und selbständige Verfügungsmacht" sagen würde:

„Dem Testamentsvollstrecker gebührt der Besitz."

Präsident: Haben die Herren gegen den Antrag des Herrn Referenten, die Worte seines Antrags im dritten Absatze der Nr. III „und selbständige Verfügungsmacht" zu streichen, Widerspruch zu erheben? —

Wenn nicht, so nehme ich an, daß Sie mit der Streichung einverstanden sind.

Wird Herr Professor Enneccerus nach dieser Erklärung seinen Antrag noch aufrecht erhalten?

Professor Dr. **Enneccerus** (Marburg): Ich wollte nur erklären, daß durch die geschehenen Veränderungen meine Ausstände im Wesentlichen beseitigt sind, und ich daher meinen Antrag zurückziehe.

Ich möchte hinzufügen, daß die schriftliche Einbringung desselben nur daraus resultirte, daß, als ich ihn mündlich stellte, die Sache vollständig anders lag und der Herr Präsident mich damals aufgefordert hatte, ihn schriftlich einzureichen.

Justizrath **Levy** (Berlin): M. H.! Ich muß mich trotz der von Herrn Professor Brunner erhobenen Bedenken doch noch einmal für die Annahme meiner Anträge unter 3 verwenden.

Darauf lege ich kein Gewicht, daß die unter 2 angeführten Specialien angenommen werden, denn es ist richtig: aus der Debatte ergiebt sich, daß gerade diese Punkte allgemein gemißbilligt werden. Ich will deshalb Punkt 2 von meinem Antrage zurücknehmen.

Was Punkt 3 anbelangt, so ist dagegen geltend gemacht worden, daß es nicht Aufgabe des Gesetzgebers sei, die Stellung des Testamentsvollstreckers in der Weise zu präcisiren, wie ich es vorgeschlagen habe. Es würde damit in eine große Controverse eingegriffen über die Art, wie der Nachlaß zu vertreten sei, und das sei nicht Aufgabe des Gesetzgebers. M. H., so oft ich meinen theoretischen Neigungen folge, sind mir Controversen sehr angenehm, aber sobald ich zur praktischen Thätigkeit zurückkehre, empfinde ich Controversen stets als Steine des Anstoßes. Ich glaube darum, es ist Aufgabe des Gesetzgebers, der doch vorzugsweise für die praktische Handhabung des Rechts thätig sein soll, bestehende Controversen zu beseitigen.

Ich will nicht das Mißverständniß entstehen lassen, daß ich vorschlagen wollte, im Gesetze sollen nun diese Sätze, wie ich sie ausgedrückt habe, genau so aufgenommen werden, oder es solle überhaupt im Gesetze die Stellung des Testamentsvollstreckers in theoretischer Weise ausgedrückt werden. Ich wünsche nur, daß aus dem Gesetze klar hervorgehe — und das ist ein ganz dringliches und unabweisliches Postulat der Praxis — wen der Testamentsvollstrecker vertritt. Man kann den Praktiker nicht darauf verweisen, daß die Wissenschaft das entscheiden solle; die Richter und Anwälte können nicht warten, bis die Wissenschaft entschieden hat, da es, wie Sie wissen, häufig sehr lange dauert, bis die Wissenschaft entscheidet, und daß sie sich zuweilen gar nicht entscheidet. Wer eine

Klage erhebt, muß wissen, für wen und gegen wen er klagt. Sind die Herren anderer Ansicht, meinen sie, daß der Testamentsvollstrecker eine andere Stellung einnehmen müsse, namentlich Dritten gegenüber, so mag dies sein, aber wir müssen jedenfalls eine technisch bestimmte Stellung des Testamentsvollstreckers nach außen haben, ohne diese können wir in der Praxis nicht auskommen.

Ich will mich noch gegen ein anderes Mißverständniß wenden. Es ist mir aus der Mitte der Versammlung mitgetheilt worden, daß Punkt 3a meines Antrags, wonach in Processen des Testamentsvollstreckers mit Erben oder anderen Nachlaßbetheiligten der Testamentsvollstrecker als Partei zu betrachten sei, so verstanden werde, daß dies auch für Processe zutreffe, in welchen der Erbe als Gläubiger oder Schuldner des Nachlasses klage oder verklagt werde. Das ist nicht gemeint. In solchen Processen würde der Testamentsvollstrecker ebenso wie gegen jede dritte Person den Nachlaß zu vertreten haben. Nur in solchen Processen, in welchen er den Nachlaßbetheiligten gegenüber die ihm vom Testator ertheilten und von den Nachlaßbetheiligten widersprochenen Befugnisse zu vertheidigen hat, nimmt er die eigenen Ehrenrechte, wie sie ihm vom Erblasser gegeben worden sind, wahr.

Vom praktischen Standpunkte aus will ich mich noch mit einem Worte gegen den Vorschlag des Herrn Referenten wenden, zwei Typen von Testamentsvollstreckern aufzustellen. Ich halte das nicht für zweckmäßig. M. E. wird es in der Praxis zu großen Zweifeln uud Bedenken Veranlassung geben, wenn wir zwei verschiedene Typen haben; in jedem einzelnen Falle wird gefragt werden: ist das die schwächere oder stärkere Form? Aber Zweifel hervorzurufen, ist nicht Sache der Gesetzgebung. Es genügt ein Typus, und Abweichungen von demselben können dem Erblasser überlassen werden, aus dessen Vorschriften zu ersehen ist, ob er in einzelnen Beziehungen den Testamentsvollstrecker hat beschränken wollen oder nicht.

Präsident: Herr Justizrath Levy, ist es Ihr Wille, aus Ihrem Antrage die Ziffer 2 mit allen Unterabtheilungen a, b, c, d, e und f zurückzuziehen?

(Wird bejaht.)

Findet diese Zurückziehung Widerspruch? — Wenn nicht, so nehme ich an, daß der Antrag hiernach geändert ist. Es wird dann in Consequenz hiervon nur noch aus der Ziffer 3 die Ziffer 2.

Geheimer Hofrath Prof. Dr. **Schroeder** (Heidelberg): M. H.! Ich theile die Bedenken des Herrn Collegen Levy in Betreff seiner Nr. 3 Litt. b nicht. Dem practischen Bedürfnisse wird ja vollständig genügt durch die Bestimmung im Antrage des Herrn Collegen Gierke, wonach der zur Verwaltung und Regulirung des Nachlasses Berufene auch Activ- und Passivlegitimation hinsichtlich des Nachlasses haben soll. Das ist das, was die Praxis braucht. Dagegen die Formulirung, daß der Nachlaß ein Zweckvermögen sei, ist nicht nothwendig. Wir haben eine solche Formulirung auch nicht beim Procuristen, beim Handlungsbevollmächtigten; da wird auch das kaufmännische Geschäft keineswegs als Zweckvermögen definirt, die Sache ist jetzt auch 30 Jahre lang ohne Definition gegangen.

Ich möchte noch darauf aufmerksam machen, daß Procurist, Handlungsbevollmächtigter und Liquidator einer Handelsgesellschaft, was bisher noch nicht genügend berücksichtigt worden ist, Ähnlichkeit mit dem Testamentsvollstrecker haben, und das Handelsgesetzbuch bestimmt, daß die Vollmacht durch den Tod des Auftraggebers nur dann erlöscht, wenn dies als dessen Absicht zu erkennen war; wenn es nicht zu erkennen war, dauern die Vollmachten auch nach dem Tode fort. Haben die Mitglieder einer Handelsgesellschaft Liquidatoren eingesetzt und sind dann gestorben, so behält der Liquidator die Vollmacht genau so bei, wie der Testamentsvollstrecker Bevollmächtigter des Erblassers ist. Wir haben also Bevollmächtigte post mortem. Der einzige Unterschied zwischen dem Testamentsvollstrecker und jenen Personen besteht darin, daß bei ihnen die Vollmacht erst mit dem Tode beginnt und also erbrechtliche Natur hat, dagegen bei jenen bei Lebzeiten besteht und durch den Tod nicht zurückgenommen wird.

Ich glaube aber eine Vereinfachung des Antrags des Referenten erzielen zu können, wenn wir den juristisch etwas schwer ins Gemüth gehenden, nicht angenehmen Ausdruck „Befugniß-Sphäre" durch einen anderen ersetzen. Ich würde mir erlauben vorzuschlagen — und ich werde das noch schriftlich formuliren — in Nr. I des Antrags Gierke zu sagen:

„Er ist vielmehr als Träger einer den Erben gegenüber selbständigen Vollmacht anzusehen."

Wenn wir diese einzige Änderung vornehmen, daß wir anstatt „einer selbständigen erbrechtlichen Befugniß-Sphäre" sagen: „einer den Erben gegenüber selbständigen Vollmacht", dann würden die folgenden Worte „Dem Testamentsvollstrecker" bis „gewährt" gestrichen werden können, weil das in der Vollmacht liegt. Man könnte ja an sich Bedenken tragen, von „Vollmacht" zu sprechen, aber da wir bei Procuristen und Handlungsbevollmächtigten post mortem kein Bedenken tragen, sie noch als Bevollmächtigte anzusehen, so glaube ich, wird diese Formulirung auch beim Testamentsvollstrecker kein Bedenken haben, aber sie ist m. E. juristisch greifbarer.

Geheimer Justizrath Prof. Dr. **Gierke** (Berlin): Ich glaube, daß der Herr College Schroeder nun in denselben Fehler verfällt, der m. E. im Antrage des Herrn Correferenten steckt, daß er nämlich eine juristische Construction hineinträgt. Ich habe gerade im Anschluß an Hartmann diesen etwas unbestimmten Ausdruck gewählt, um nicht eine bestimmte technische Construction hier zur Discussion zu stellen. „Vollmacht" und Analogie des „Handlungsbevollmächtigten" ist wieder Construction, dagegen „selbständige erbrechtliche Befugniß-Sphäre" ist nur der Ausdruck eines allgemeinen Gedankens, in dem wir Alle dem Entwurf gegenüber einig sind. Daß es sich um eine Befugniß-Sphäre handelt, ist klar. Es kommt nur darauf an, auszudrücken, daß dieselbe allen lebenden Rechtssubjecten gegenüber selbständig, daß sie eben eine sich auf das Erbrecht gründende ist. Und es muß weiter hinzugesetzt werden, daß diese Befugniß-Sphäre freilich dem Testamentsvollstrecker nicht um seiner selbst willen, sondern um des Erblassers willen, im Dienste einer von der Rechtsordnung anerkannten Pflicht gegen den Verstorbenen, zusteht.

Ich glaube daher, hier bei meiner Fassung stehen bleiben zu sollen, weil sie keine bestimmte juristische Construction aufstellt und auch die Construction des Correferenten offen läßt. Sie verwehrt dem Gesetzgeber nicht, sich auf diesen Boden zu stellen, weil sie nur die Grundgedanken ausspricht, aus denen dann die einzelnen Consequenzen hervorgehn.

Justizrath **Levy** (Berlin): Ich wollte nur kurz bemerken: Wenn Herr Prof. Schroeder gesagt hat, es sei darum nicht nöthig, zu präcisiren, wen der Testamentsvollstrecker vertritt, weil dies auch in anderen Fällen, z. B. bei Liquidatoren von Handelsgesellschaften, nicht geschehen sei, so weiß ich nicht, wieso ein Fehler, der bereits in der Gesetzgebung gemacht ist, einen neuen gleichen Fehler, der erst gemacht werden soll, rechtfertigen kann. Jeder, der mit der Materie bekannt ist, weiß, daß es äußerst streitig ist, wen die Liquidatoren von Handelsgesellschaften vertreten, und daß die Gerichte verschiedenen Auffassungen folgen; daß in dem einen Falle gesagt wird, der frühere Gesellschafter dürfe als Zeuge vernommen werden, in einem anderen Falle wieder nicht. Ebenso ist es für den Concursfall außerordentlich streitig, wen der Verwalter vertritt, den Cridar, die Gläubiger oder die Concursmasse? Jedesmal erhebt sich Streit darüber, wer Partei sei. Das müssen wir wissen, das muß aus dem Gesetze hervorgehen.

Präsident: Der Antrag des Herrn Professor Schroeder lautet:

„In Nr. I des Gierke'schen Antrags statt „einer selbständigen erbrechtlichen Befugniß-Sphäre" zu setzen: „einer den Erben gegenüber selbständigen Vollmacht"; dafür den ersten Satz der zweiten Abtheilung der Nr. I:

„Dem Testamentsvollstrecker ist daher dem Erben gegenüber eine freiere und unabhängigere Stellung einzuräumen, als sie ihm der Entwurf gewährt"

als entbehrlich zu streichen.

Geheimer Justizrath Professor Dr. **Brunner** (Berlin): Mit dem Vorschlage des Herrn Professor Schroeder kann ich mich im Wesentlichen einverstanden erklären. Meinerseits schlage ich folgende Fassung der vom Herrn Referenten gestellten Anträge vor:

I. Der Testamentsvollstrecker ist nicht als „gesetzlicher Vertreter des Erben" zu behandeln.

Das Uebrige in diesem Absatze, nämlich die Worte „Er ist vielmehr — zu verwirklichen" ist zu streichen, dafür ist folgender Satz einzufügen:

„Vielmehr ist ihm auf Grund einer dem Erben gegenüber selbständigen Willensmacht eine freiere und unabhängigere Stellung einzuräumen."

Die Worte „als sie ihm der Entwurf gewährt" sind nicht nöthig.

Dann weiter, wie folgt:

„Insbesondere muß"

bis Nr. II.

Die Nr. II würde ich vollständig mit herübernehmen.

In Nr. III würde ich folgende Abkürzung vorschlagen:

„Im Zweifel ist er zur Verwaltung und Regulirung des Nachlasses nicht berufen."

Dann:

„Ist die Verwaltung des Nachlasses eingeräumt, so ist dieselbe vom Gesetze u. s. w. auszugestalten"

und wie folgt.

Die Unterscheidung von zwei typischen Formen des Testamentsvollstreckers, die ich ja vollständig anerkenne, scheint mir als etwas zu theoretisch, für einen Beschluß der Abtheilung nicht völlig geeignet. Ich denke, wir lassen diese Unterscheidung von zwei Typen, sie ergiebt sich von selber als Consequenz, wenn wir sagen:

„Im Zweifel ist er zur Verwaltung und Regulirung des Nachlasses nicht berufen."

Geheimer Hofrath Professor Dr. **Schroeder** (Heidelberg): Ich ziehe meinen Antrag zurück, da er sich mit dem eben eingebrachten deckt.

Präsident: Der Antrag des Herrn Geheimen Raths Professor Brunner lautet, wie folgt:

Unter Nr. I des Antrags des Herrn Referenten Gierke den ersten Satz

„Der Testamentsvollstrecker ist nicht als „gesetzlicher Vertreter des Erben“ zu behandeln,“

stehen zu lassen und dann fortzufahren:

„Vielmehr ist ihm auf Grund einer dem Erben gegenüber selbständigen Willensmacht eine freiere und unabhängigere Stellung einzuräumen,“

und dann unter Nichtaufnahme des übrigen Inhalts des ersten Absatzes im zweiten Absatze fortzufahren, wie der Herr Referent:

„Insbesondere — verantwortlich zu machen.“

Ein weiterer Antrag geht dahin:

Unter III des Antrags des Herrn Referenten Gierke den ersten Satz ganz zu streichen, und im zweiten Satze nach den Worten „Im Zweifel“ fortzufahren: „ist er zur Verwaltung und Regulirung des Nachlasses nicht berufen“.

Der dritte Absatz bleibt dann stehen.

Das ist der Antrag Brunner. Der Antrag Schroeder ist zurückgezogen.

Geheimer Justizrath Professor Dr. **Brunner** (Berlin): Ich habe vorausgesetzt, daß die Worte „und selbständige Verfügungsmacht“ nicht mehr im dritten Absatze stehen, denn diese hat der Herr Referent selbst schon zurückgezogen.

Präsident: Es ist ein Antrag auf Schluß der Debatte gestellt. Als Redner ist nur Herr Professor Enneccerus noch angemeldet; ich schlage Ihnen deshalb vor, den Schlußantrag einstweilen zurückzuziehen.

(Geschieht.)

Professor Dr. **Enneccerus** (Marburg): M. H.! Ich stimme mit den Anträgen des Herrn Collegen Brunner überein, und möchte Ihnen nur vorschlagen, das Wort „Willensmacht“ durch „Vollmacht“ zu ersetzen. Ich sehe darin keine juristische Construktion. „Vollmacht“ sagt bloß das Eine, was wir nicht leugnen können und wollen, nämlich daß die Macht des Testamentsexecutors auf dem Willen des Testators, der ihn eingesetzt hat, beruht. Weiter soll nichts damit gesagt werden.

Daß das Wort „Willensmacht“ in ein Gesetz kaum hineinpaßt, brauche ich nicht im Einzelnen auszuführen.

Ich bitte Sie, meinem Antrage zuzustimmen.

Geh. Justizrath Professor Dr. **Brunner** (Berlin): Ich halte zwar das Wort „Vollmacht" nicht für vollständig correct, glaube aber meine Bedenken gegen den vorgeschlagenen Ersatz unterdrücken zu dürfen.

Präsident: Ich setze die Zustimmung der Versammlung, die sich sonst schon kundgegeben hat, zu dieser Änderung des Antrags Brunner voraus, und fällt damit der Zusatzantrag Enneccerus.

Es hat Niemand weiter das Wort begehrt; ich schließe die Verhandlung.

Die Abstimmung gestaltet sich einfach. Von den beiden gegenüberstehenden Anträgen ist zum Antrage des Herrn Correferenten kein weiterer Antrag zu erledigen. Ich bemerke nur, daß er nicht ganz mehr so lautet, wie er gedruckt ist, sondern daß in demselben Ziffer 2 fortfällt, und daß an Stelle der Ziffer 3 Ziffer 2 tritt, den Absätzen a u. b die Sätze c u. d hinzutreten aus dem Antrage des Referenten Ziffer IV und von Ziffer I der Absatz 3. Das ist der Antrag des Herrn Correferenten Levy, wie er zunächst zur Abstimmung kommen wird. Wird er angenommen, so ist damit der Antrag des Referenten erledigt. Wird er nicht angenommen, so kommt der Antrag des Referenten so zur Abstimmung, wie er sich nach dem hier noch vorliegenden einzigen Abänderungsantrag unter Berücksichtigung der bereits mit Zustimmung der Versammlung vom Herrn Referenten selbst vorgenommenen Abänderungen gestalten wird. Ich bringe daher zunächst den Antrag Brunner zur Abstimmung und bitte die Herren, die für den Fall der Annahme des Antrags des Herrn Referenten diesen Antrag dahin, wie ihn Herr Brunner gestellt hat, ändern wollen . . . .

Herr Professor Gierke!

Referent Geh. Justizrath Prof. Dr. **Gierke** (Berlin): Ich wollte mir als Referent das Schlußwort erbitten.

(Heiterkeit.)

Präsident: Richtig. Es hat aber zunächst das Wort der Herr Correferent.

(Derselbe verzichtet.)

Nun der Herr Referent.

Referent Geh. Justizrath Prof. Dr. **Gierke** (Berlin): Ich wollte nur erklären, daß ich nach der Abänderung des Wortes „Willensmacht" in „Vollmacht" zu meinem Bedauern nicht in der Lage bin, dem gestellten Amendement beizutreten und meinen principalen Antrag zurückzuziehen, weil ich dem Gesetzgeber nicht einen technischen Ausdruck in die Feder dictiren will. Meine Worte wird er freilich in das Gesetzbuch nicht hineinsetzen, wir sollen ihm aber auch gar nicht sagen, was er hineinsetzen soll, sondern nur den Grundgedanken angeben. Ich muß bei meiner Formulirung, die übrigens das Verdienst des Herrn Prof. Hartmann ist, stehen bleiben.

Präsident: Dann bitte ich jetzt diejenigen Herren, die für den Fall der Ablehnung des Antrages des Correferenten den demgemäß zur Abstimmung kommenden Antrag des Referenten dahin ändern wollen, daß sie im ersten Absatz unter Ziffer I den letzten Satz streichen und dann fortfahren wollen nach dem kurzen ersten Satze, den ich wiederhole:

> „Der Testamentsvollstrecker ist nicht als „„gesetzlicher Vertreter des Erben““ zu behandeln“:
> „vielmehr ist ihm auf Grund einer den Erben gegenüber selbständigen Vollmacht eine freiere und unabhängigere Stellung einzuräumen. Insbesondere muß“

um nun fortzufahren, wie der Herr Referent, bis Ende der Ziffer II, und welche damit in Verbindung den ersten Satz unter III vollständig streichen und im zweiten Absatz dahin ändern wollen:

> „Im Zweifel ist er zur Verwaltung und Regelung des Nachlasses nicht berufen“; —

die Herren also, die diesen Änderungen des Antrags des Referenten für den Fall seiner Annahme zustimmen wollen, bitte ich, sich zu erheben.

(Geschieht.)

Bitte, Platz zu nehmen. Ich bitte die Herren, die nicht zustimmen wollen, sich zu erheben.

(Geschieht.)

Die Änderungen sind angenommen mit 26 gegen 24 Stimmen.

Nunmehr bitte ich die Herren sich zu erheben, die für den Antrag des Herrn Correferenten Levy stimmen wollen, welcher lautet:

Der Deutsche Juristentag wolle beschließen:

1. Die im Entwurfe eines bürgerlichen Gesetzbuches für das Deutsche Reich angenommene Stellung des Testaments-Vollstreckers ist nicht zu billigen.
2. (früher 3.) Die Stellung des Testamentsvollstreckers ist anderweit dahin zu regeln, daß
   a) er den Nachlaß-Interessenten (Erben, Legatarien und sonstigen Honorirten) gegenüber als der von dem Erblasser berufene Vertrauensmann auf Grund eignen Rechts zur selbständigen Verwaltung des Nachlasses und zur Verfügung über denselben nach Maßgabe der in dem letzten Willen des Erblassers enthaltenen Vorschriften befugt erscheint, daß der

Widerspruch der Nachlaßbetheiligten gegen eine Maßregel des Testamentsvollstreckers nur im Wege der Klage oder einstweiligen Verfügung seitens des Widersprechenden mit Zwangserfolg geltend zu machen ist, und daß in solchen sowie überhaupt in allen die eignen Befugnisse des Testamentsvollstreckers betreffenden Processen zwischen diesem und den Nachlaßbetheiligten der Testamentsvollstrecker selbst als Partei zu erachten ist;

b) dritten Personen gegenüber, insbesondere bei Verfügungen über Nachlaßgegenstände sowie in Processen über Rechte und Verbindlichkeiten für den Nachlaß, der Testamentsvollstrecker gesetzlicher Vertreter des Nachlasses selbst als eines parteifähigen Zweckvermögens ist, und zwar mit voller Repräsentations-Befugniß, soweit solche nicht durch Anordnungen des Erblassers eingeschränkt ist.

c) Wer sich dem Erblasser gegenüber zur Uebernahme der Testamentsvollstreckung bereit erklärt hat, darf nach Eintritt des Erbfalles mindestens die nächste Fürsorge für die Ausführung des letzten Willens nicht mehr ablehnen. Wer das Amt förmlich übernommen hat, darf es nicht einseitig, sondern nur aus erheblichen Gründen mit Bewilligung des Nachlaßgerichtes niederlegen.

d) Andererseits ist der Testamentsvollstrecker nicht nur dem Erben, sondern allen Betheiligten gegenüber zur Ausführung des letzten Willens zu verpflichten und für die gehörige Erfüllung seines Amtes verantwortlich zu machen.

Die Herren, die diesem so vollständig lautenden, eben verlesenen Antrag beitreten wollen, bitte ich, sich zu erheben.

(Geschieht.)

Das ist die Minderheit.

Es kommt nunmehr der Antrag des Herrn Referenten zur Abstimmung, welcher nach den Abänderungen des angenommenen Antrags des Herrn Professor Brunner so lautet:

Die vom Entwurfe des bürgerlichen Gesetzbuches angenommene Stellung des Testamentsvollstreckers ist nicht zu billigen. Bei der Umarbeitung ist von folgenden Gesichtspunkten auszugehen:

I. Der Testamentsvollstrecker ist nicht als „gesetzlicher Vertreter des Erben“ zu behandeln, vielmehr ist ihm auf Grund einer den Erben gegenüber selbständigen Vollmacht eine freiere und unabhängigere Stellung einzuräumen. Insbesondere muß das dem Erben zugedachte Recht, durch seinen Widerspruch Ausführungshandlungen des Testamentsvollstreckers zu hemmen, beseitigt, und der Erbe vielmehr auf den Weg der Klage gegen den Testamentsvollstrecker verwiesen werden. Dem Testamentsvollstrecker selbst gebührt in allen Fällen, in denen die Erreichung der ihm vom Erblasser anvertrauten Zwecke es fordert, ein selbständiges Klagerecht gegen den Erben.

Andererseits ist der Testamentsvollstrecker nicht nur dem Erben, sondern allen Betheiligten gegenüber zur Ausführung des letzten Willens zu verpflichten und für die gehörige Erfüllung seines Amtes verantwortlich zu machen.

II. Die Bestimmung des Umfanges der rechtlichen Macht des Testamentsvollstreckers ist in erster Linie in den Willen des Erblassers zu stellen. Der Wille des Erblassers kann, vorbehaltlich gewisser Schranken, die Befugnisse des Testamentsvollstreckers auch über den im Gesetz begrenzten Kreis erweitern.

III. Im Zweifel ist er zur Verwaltung und Regulirung des Nachlasses nicht berufen.

Ist die Verwaltung des Nachlasses eingeräumt, so ist dieselbe vom Gesetz im Sinne der freien Vertrauensstellung des Testamentsvollstreckers auszugestalten. Dem Testamentsvollstrecker gebührt der Besitz. Er ist nicht nur als rechter Kläger, sondern auch als rechter Beklagter in Ansehung des Nachlasses zu behandeln. Auch ist während der Dauer seiner Verwaltung die Zwangsvollstreckung in den Nachlaß nur auf Grund eines gegen ihn vollstreckbaren Titels zuzulassen.

IV. Wer sich dem Erblasser gegenüber zur Uebernahme der Testamentsvollstreckung bereit erklärt hat, darf nach Eintritt des Erbfalles mindestens die nächste Fürsorge für die Ausführung des letzten Willens nicht mehr ablehnen. Wer das Amt förmlich übernommen hat, darf es nicht einseitig, sondern nur aus erheblichen Gründen mit Bewilligung des Nachlaßgerichtes niederlegen.

Der Antrag ist mit großer Mehrheit fast einstimmig angenommen.

Ich schlage vor, auch diesen Antrag nur dem Plenum zur Kenntnißnahme mitzutheilen und unseren Herrn Professor Gierke zu bitten, das Referat im Plenum zu übernehmen. — Die Versammlung ist damit einverstanden.

Nun, m. H., wäre es vielleicht an der Zeit, eine halbstündige Pause zu machen und dann in unseren Verhandlungen fortzufahren.

(Pause.)

Präsident: Die Sitzung wird wieder eröffnet.

Wir kommen zum letzten Gegenstand unserer Tagesordnung, der Frage Nr. 8:

> Bedarf das System des gesetzlichen Güterstandes in dem Entwurf des B.G.B.'s einer grundsätzlichen Änderung, und in welcher Richtung?

Das Wort hat zunächst der Referent Herr Justizrath Dr. Elven aus Köln.

Referent Justizrath Dr. **Elven** (Köln): M. H.! Die buntscheckige Vielgestaltung statutarischer Bestimmungen über das deutsche eheliche Güterrecht in seinen gegenwärtigen Gestaltungen bot dem neuen Civilgesetzbuch eine schwierige Aufgabe. Nach meiner Meinung ist dieselbe in dem uns vorliegenden Entwurfe einer glücklichen Lösung nicht entgegengegangen. M. H., das System des Entwurfs gipfelt darin, daß es den Bestimmungen des ehelichen Güterrechts die volle unabhängige Privatautonomie der Ehecontrahenten unterlegt. Die Bestimmungen des Entwurfs, die davon ausgehen, daß die Feststellung des ehelichen Vermögensrechts vollaus der souveränen Ordnung der Ehegatten unterworfen ist, kennzeichnet die in Deutschland auch sonst vielfach hervortretende Auffassung, die Ehegatten seien zunächst berufen, wie die Abschließung der Ehe von ihrem Willen abhänge, auch das Vermögensobject der Ehegatten unter sich vollständig ihrem persönlichen Willen zu unterwerfen. Dieser Auffassung entsprechend stellte der Entwurf die Freiheit des Vertrags unter den Ehegatten als ein absolutes Recht dar: die Eheleute haben die Befugniß, bei Eingehung der Ehe die Folgen in vermögensrechtlicher Beziehung vollständig ziehen zu dürfen, nach ihrem unabhängigen persönlichen Willen, und der Entwurf geht in dieser Beziehung sogar so weit, daß er m. E. der gewollten Selbständigkeit den Rahmen zu weit zieht. Nach dem Entwurf erscheint es zulässig, daß vor Abschließung und selbst noch nach erfolgter Ehe die Eheleute das Recht haben, die Verträge in den Satzungen unbedingt von ihrem persönlichen Willen abhängig zu machen, und über diese m. E. nicht unbedenkliche Bestimmung geht der Entwurf des Gesetzbuchs noch hinaus, indem er die Umänderung geschlossener Eheverträge für statthaft erklärt während der Ehe; indem er sogar die umgeänderten Satzungen des ersten Ehevertrags durch einen dritten weiteren Ehevertrag, nachdem zwischenzeitlich die Veränderung erfolgt war, wiederum ins Leben treten läßt.

Es ist selbstverständlich, daß der Vertragswille der Ehegatten nicht dahin führen kann, daß die Folgen der ehelichen Satzungen bezüglich des ehelichen Güterrechtes derart während der Ehe widerrufen werden können, daß auch die Bestimmungen der früheren Eheverträge für die Zwischenzeit ihre Bedeutung verlieren. In der Beziehung ist eine ausdrückliche Bestimmung des Entwurfs nicht gegeben; es liegt aber in der Natur der Sache, daß diejenigen Rechte dritter Personen, die auf der Grundlage des früher bestandenen Ehevertrags entstanden sind, nicht später wieder zurückfallen können, sondern die Abänderung des Ehevertrages nur für die spätere Zeit Geltung beanspruchen darf. Aber m. H., diese Bestimmungen der absolut souveränen Willkür der Ehegatten in der Freiheit und Änderung ihrer Eheverträge, die ja nicht unbedenklich ist für die Descendenten dieser Ehe, und für dritte Personen, werden nun in einen absoluten Gegensatz wiederum gesetzt zu der Satzung des ehelichen Güterrechtes, was kraft Gesetzes eintritt, wenn die Privatautonomie der Contrahenten nicht ein anderes bestimmt hat. So weit der Entwurf die Freiheit der Contrahenten ausdehnt, wo sie den Vertragsboden betreten, so eng schränkt er sie ein in Beziehung auf den gesetzlichen Güterstand, der eintritt, wenn nicht ein Vertrag anderweitige Bestimmungen enthält. Während die Freiheit der Ehegatten dahin geht, ein jedes ihnen beliebige System durch ihren Willen zu sanctioniren, mag es so eng sein oder mag es so weit sich ausdehnen, wie ihr Wille reicht, so engherzig ist der Entwurf in Beziehung des gesetzlichen Güterstandes. Der § 1283 sagt ganz einfach: Alles, was nicht durch Vertrag anderweitige Qualität erhalten hat, ist Ehegut. Das Ehegut der Frau unterliegt der Verwaltung des Mannes, nnd mit dieser Verwaltung des Mannes ist verbunden die eheliche Nutznießung, usus fructus maritalis.

M. H.! Die Aufrechthaltung dieses Systems scheint mir von den allerbedenklichsten Folgen zu sein. Dieses System, also das gesetzliche eheliche Güterrecht, bestimmt im Princip vollständige Gütertrennung in Beziehung auf das Eigenthum beider Ehegatten, giebt dem Manne die ganze Verwaltung, entzieht ihm aber jede Verfügung auch über das eingebrachte Mobiliarvermögen der Frau. Der Nießbrauch des Ehemannes an dem Ehegut bildet einen unzureichenden Ersatz, ist seinem Inhalte und seiner Begrenzung nach schwer festzustellen und geeignet, unter den Eheleuten selbst Rechtsstreitigkeiten herbeizuführen.

Aus den Motiven sowohl in dieser wie in anderweitigen Materien des Entwurfs ist ersichtlich, daß man eine gewisse Scheu hat, vor der Herübernahme fremdrechtlicher Institutionen, und daß diese Scheu auch auf einem Grund und Boden ersichtlich ist, der dazu keinen Anlaß bietet. Die Einheit des Vermögens als Folge der Ehe wurde abgelehnt, und man nahm vermögensrechtlich die volle Gütertrennung an. Die Ehefrau, wenn der Entwurf Gesetz wird, bleibt die Eigenthümerin alles dessen, was sie einbringt, was sie während der Dauer der Ehe erwirbt, mag es in Mobilien oder Immobilien bestehen, und dem Manne steht lediglich ususfructus maritalis zu. Schwierig wird die Begrenzung dieses ususfructus sein für alle Immobilien, für alle Immobiliarrechte, noch schwieriger und m. E. unausführbar für Mobilien und selbst auch nicht erreichbar auf Kosten der mit der Sache höchst nothwendig verbundenen Processe. Der Ehemann soll als Verwalter des Eheguts ein bloßes Nutznießungsrecht haben, nicht nur, wenn ich so sagen darf, an dem dinglichen Vermögen der Frau, sondern auch an demjenigen Vermögen, was der Natur der Sache nach in den bei weitem meisten Fällen die Bestimmung hat, im Gebrauche auch verbraucht zu werden.

Ich will absehen von römischrechtlichen Bestimmungen des ususfructus, ich will mich an die Bestimmungen des Entwurfs halten und die gehen dahin. Die Frau, welche Eigenthümerin ihres Ehegutes ist, überweist dem Manne die Nutznießung vorerst und hauptsächlich zu dem Zwecke, von den nach Abzug der Kosten in der Nutznießung verbleibenden vermögensrechtlichen Vortheilen als Nutznießer Gebrauch zu machen, unter der Bedingung der vollen Befriedigung der mit der Ehe verbundenen ehelichen Lasten. M. H., die vermögende Frau — und nach der Richtung hin tritt die Bedeutung der gesetzlichen Bestimmungen gar hauptsächlich in den Vordergrund — die vermögende Frau erhält nur ihr Mobiliarvermögen ungeschmälert. Sie unterstellt es der Verwaltung des Mannes vorzugsweise zum Zwecke, mit der Gewinnung der Nutznießung die ehelichen Lasten im weiteren Sinne zu bestreiten, und hat dabei das Recht, Eigenthümerin ihres Ehegutes zu verbleiben. Diese Stellung will der Entwurf dem neuen Güterrechte anweisen. Wie ist dabei die Stellung des Ehemannes, wie ist dieser in der Lage, für sich und für andere, für dritte Personen, für die Gläubiger der Ehe die Grenzen erkennen und bezeichnen zu können, die seiner Verwaltungsthätigkeit und auch seinem Nutznießungsrechte gezogen sind? Wie will er diese Grenzen ziehen und bezeichnen können der Ehefrau gegenüber? Die Auffassung war maßgebend, daß man ein Gütersystem als die gesetzliche Basis des Güterrechtes vollaus abgewiesen hat mit Rücksicht auf seine Entstehung.

M. H.! Gestatten Sie mir, daß ich diesen Bestimmungen des Gesetzes gegenüber meine persönlichen, wenn auch immer damit dem Vorwurfe des rheinischen Particularismus anheimfallenden Ansichten mittheile. Die Verfasser des neuen Gesetzbuches haben in dieser schwierigen Materie, indem sie von der Meinung ausgingen, in dem neuen Gesetzbuch hauptsächlich zu den Grundsätzen des deutschen Eherechts zurückzukehren, m. E. einen Beweis geliefert, daß ihnen die Grundsätze des deutschen Güterrechtes ziemlich unbekannt gewesen sind.

(Sehr richtig!)

Die richtige, auch nicht mit allzu großer Anstrengung zu gewinnende Kenntnißnahme des deutschen Güterrechts hätte sich mit leichterer Mühe und Aufgabe erringen lassen, als es für die Verfasser des Entwurfs schwieriger gewesen ist, dies Verständniß dieser Grundsätze zu erlangen. Die fremde Sprache scheint die Verfasser des Entwurfs erschreckt zu haben; doch hat in dieser fremden Sprache die deutsche Rechtsauffassung sich kund gegeben; denn, m. H., das System des fremdländischen, französischen Güterrechts ist urdeutsch und hat auch in der Beziehung nichts verloren durch die Codificirung in der französischen Sprache. Das eheliche Güterrecht Frankreichs wird zur Zeit getragen von einem sehr bedeutenden Theile des Deutschen Reichs; die sämmtlichen deutschen Länder links des Rheins mit Einschluß des badischen Landes rechts des Rheins haben das französische Güterrecht als ihr gesetzliches Güterrecht. In sämmtlichen Provinzen auf dem linken Rheinufer herrscht in dieser Materie mit wesentlich nicht großen Veränderungen das französische Güterrecht und in Baden hat es gleichfalls gesetzliche Geltung. Auch das badische Landrecht von 1811 ist nichts weiter als die deutsche Uebersetzung des französischen Code civil in dieser Materie; und dieses ganze, auch für den Gesammtumfang des Deutschen Reiches nicht unwesentliche Gebiet wird nun einer Gesetzgebung entgegengeführt, von der ich sagen kann, wohl berechtigt durch meine langjährige Praxis, daß sie diesem wirklich bedeutenden Theile deutscher Bewohner absolut unverständlich ist! Auch wir haben die großen Pflichten anerkannt, die die Neugestaltung des Reiches, die damit verbundene einheitliche Gesetzgebung uns auferlegt, und wir waren bisher bereit, unseren sogenannten linksrheinischen Particularismus der Aufstellung eines einheitlichen Rechts unterzuordnen; nur muß das Opfer nicht allzugroß sein, was uns in der Beziehung gestellt wird. M. H., diejenigen, deren Meinung ich hier auszusprechen glaube, sind nicht ganz ohne Schuld bezüglich ihrer Stellung zu dem neuen Rechtsleben, wie es sich nach dem Jahre 1870 gestaltet hat. Diese, wenn Sie mir den Ausdruck gestatten, rheinischen Particularisten waren etwas zu stolz auf ihr rheinisches, vermeintlich, wie ich der bescheidenen Meinung bin, besseres Recht, und sie sind auch von dem Juristentage sehr fern geblieben, ihre Wirksamkeit war eine kühle und sehr zurückhaltende. Die Folge blieb nicht aus: wir sind in Bezug auf unsere rechtlichen Anschauungen, auch auf den Juristentagen, gewaltig majorisirt worden.

(Zuruf: Warum sind Sie nicht gekommen!)

Vielleicht ist dieser Gang noch nicht abgeschlossen, vielleicht ist eine letzte, späte Hilfe doch noch von einigem Erfolge.

M. H.! Nachdem Sie mir diese Expectoration über unser rheinisches Privatrechtsleben gestattet, gehe ich nun zu den positiven Bestimmungen des Entwurfs zum neuen Gesetze über.

Es ist also das einzuführende Recht das, daß das Ehegut der Frau, wenn nichts anderes vertragsmäßig bestimmt ist, kraft Gesetzes dem Nießbrauchsrecht des Mannes unterliegt und der Mann befugt ist, den usus-fructus maritalis, das eheliche Nutzungsrecht, auszuüben. Eine unglücklichere Zwitterstellung des Mannes der Frau und noch mehr den dritten Personen gegenüber ließe sich m. E. schwer denken.

Die erste Frage wird immer wieder auftreten, und sie wird m. E. durch die Bestimmungen des Gesetzbuches nicht gelöst und wird jedenfalls in unzähligen Fällen den Stoff zu gerichtlichen Verhandlungen bieten: was hat der Mann denn eigentlich für ein Recht? worin besteht denn sein eheliches Nutzungsrecht? wie führt es sich einer praktischen Ausübung entgegen? Tisch oder Stuhl, große Capitalien oder kleine Schuldscheine, baares Geld in Millionen und Pfennigen, die kaum das Bedürfniß erzeugen, gerichtliche Satzungen herbeizuführen, wie verwendet sie der Mann? Er ist Verwalter des Vermögens seiner Frau, hat also keine Dispositionsbefugniß, und muß, zur Rechtfertigung seiner Handlungen, die er als Nutznießer dem Dritten gegenüber auf rechtlichen Boden zu stellen hat, dem Dritten Kenntniß geben von seinem beschränkten Rechte, denn in den bei weitem meisten Fällen wird es für den Dritten, wenn die Bestimmungen des ehelichen Güterstandes nach § 1283 für bleibend Gesetz werden, die gewöhnliche Regel sein, die gesetzliche Bestimmung unseres Eherechtes zu präsumiren. Die gesetzliche Bestimmung des Eherechtes muß voraus getilgt werden, denn wenn auch die Befugniß der Eheleute noch so reich gestaltet ist in den Feststellungen und Umänderungen des Ehevertrages so sind das dem Gesetze gegenüber immer nur Ausnahmen, die also in jedem einzelnen Falle bewiesen werden müssen, während die gesetzliche Bestimmung dafür bleibt: der Ehemann ist in seiner Verwaltung, auch in den Punkten, wo Verwaltung ohne Disposition und Verfügung über das Object der Verwaltung nicht möglich erscheint, immer nur Nutznießer. Denken Sie sich, m. H., diese Position, abgesehen von der nicht gerade würdigen Stellung, die der Mann der Frau gegenüber einnimmt, die ja dann am meisten hervortritt, wenn der ärmere Mann der Verwalter des Vermögens der reicheren Frau ist. Der Mann ist am Ende, wie ein französisches Sprichwort in anderer Beziehung sagt, nur: l'époux de sa femme und nichts weiter; so wird die Stellung sein und die Schutzmittel, die in weiteren Bestimmungen der Entwurf empfiehlt, reichen nicht aus.

Das System, das das B.G.B. in der dargestellten Art sanctioniren will, bedarf der absoluten Veränderung. Die Frage ist Gegenstand der Behandlung gewesen in den beiden Gutachten, die unserer heutigen Kritik und Beschlußfassung unterliegen. Es sind zwei Gutachten, das iene von Herrn Professor Schroeder in Heidelberg, das zweite von Herrn Landgerichtsrath Brühl in Bautzen, also aus dem sächsischen Rechte. M. H., für meine Auffassung bin ich der Meinung, daß das Gutachten des Herrn Geheimen Rath Schroeder, welches die Grenzen für seine Kritik des Entwurfs und seine Aufstellung der von ihm gewollten Änderungen näher zieht, ein solches ist, dem ich von meinem Standpunkte aus, den ich nicht als einen absolut freiwilligen bezeichnen kann, sondern welcher durch die Einschränkungen der früheren Juristentage gefunden ist, zustimmen würde. Ich würde weiter gehen, als wie Herr Geh. Rath Schroeder, wenn ich die praktische Möglichkeit erkennen könnte, daß die weitergehenden Anträge, die ich stellen möchte und von denen ich auch glaube, daß sie Herr Geh. Rath Schroeder selbst gestellt haben würde, bei dem heutigen Juristentage Annahme finden möchten.

Da ich die Durchbringung weitergehender Anträge für aussichtslos erachte, würde ich dem Schlußantrage des Herrn Professors Schroeder beitreten, welcher dahin geht: „das im Entwurf aufgestellte System des gesetzlichen Güterstandes bedarf einer grundsätzlichen Änderung in der Richtung, daß das aus dem sächsischen B.G.B. entlehnte System des ehemännlichen Nießbrauchs im Sinne der deutschen ehelichen Verwaltungsgemeinschaft in der Art des Allgemeinen preußischen Landrechts ausgestaltet wird."

Soeben und vor Beginn meines Vortrages ist mir ein mir bisher unbekannter Antrag des Herrn Dr. Jacobi aus Berlin überreicht worden, den ich in seiner Fassung — er wird jetzt wohl in Aller Hände sein — zu verlesen mir gestatte. Der Antrag in der vorliegenden Frage geht dahin:

Der Juristentag beschließt:

> als gesetzlich ist nicht der für die begüterte Minderheit, sondern der für die wenig oder garnicht bemittelte Mehrheit passendste Güterstand aufzustellen. Dies ist der Güterstand der Erwerbsgemeinschaft.

Ich habe meinen Standpunkt schon vorhin charakterisirt, ich halte diesen letzteren Antrag nach meiner bescheidenen Auffassung für den einzig richtigen. Eine Gemeinschaft des Vermögens zwischen Mann und Frau, die ja auf dem Wege der Privatautonomie gewollt und erzielt werden kann, ist m. E. ein so allgemeines Bedürfniß, daß die völlige Unabhängigkeit der Eheleute, wie sie dem Wesen der Ehe auch in ihren vermögensrechtlichen Beziehungen entspricht, durch die Annahme der gesetzlichen Erwerbsgemeinschaft, bei nicht vorhandenem Ehevertrage nicht beschränkt wird. Ich bin der Meinung, daß dem Bande der Ehe, der Einheit in der Ehe doch in gewissem Sinne eine Einheit des Vermögens gegenüberstehen muß, und daß die Frau auch in den bei weitem meisten Fällen dem Manne ihrer Wahl nicht die Schranken setzen darf, welche unwürdig sind für den Mann wie für die Frau. Wenn die Frau dem Manne das Vertrauen nicht schenkt, was sie als Theilhaberin für das spätere Leben ihm zuwenden muß, das Zutrauen, auch über die Theile ihres Vermögens disponiren zu können, dann ist ihr ja die Befugniß gegeben, auf dem Wege des Vertrags die nöthigen Schranken zu ziehen, andernfalls auch die nöthigen Erweiterungen vorzunehmen. Wenn aber mangels Vertrags das Gesetz an ihre Stelle tritt, dann ist die beschränkte und unwürdige Position des Mannes kein solcher Standpunkt, der von dem Gesetz in dieser überaus wichtigen Materie mangels Privatautonomie als leitender Grundsatz festgestellt werden darf.

Deshalb bin ich der Meinung, daß das Gutachten des Herrn Schroeder in seiner kurzen, präcisen und doch vollständigen Fassung zu empfehlen ist, wenn Sie den Antrag des Herrn Dr. Jacobi, der mir soeben überreicht worden ist und den ich unter Ihrer Zustimmung zu meinem ersten Antrage mache, nicht annehmen wollen. Ich würde den Antrag stellen:

> Der Juristentag wolle beschließen, an erster Stelle nach dem Antrage des Herrn Jacobi, bei Wegfall desselben nach dem Schlußantrage im Gutachten des Herrn Geh. Rath Schroeder sich auszusprechen.

M. H.! Ein zweites Gutachten liegt vor, auf weiterer Basis gewachsen, die Mißerfolge, die dem gesetzlichen Entwurfe entgegentreten, vollaus besprechend. Im Großen und Ganzen enthält das Gutachten des Herrn Landgerichtsraths Brühl in weiterer Umschreibung dieselbe Kritik, die Herr Schroeder dem Entwurf angedeihen läßt. Insofern fallen die Einzelbestimmungen ihrem wesentlichen Inhalte nach in beiden Gutachten zusammen. Doch sind für meine Auffassung die Folgerungen, die

Herr Brühl zieht und die er auch am Schlusse seines Gutachtens zusammenstellt, nicht diejenigen, von denen ich wünsche, daß sie der Juristentag der weiteren Lesung des Entwurfs empfehlen möchte. Das Gutachten des Herrn Schroeder hat den Vorzug, daß es in der Abweisung des Entwurfs positiv zusammenstellt, welche Aufgabe er dem Gesetzbuche und den Redacteuren desselben ziehen will, während die Anträge des Herrn Landgerichtsraths Brühl in der Beziehung mehr casuistischer Natur sind und doch in dem Princip nicht gipfeln, wie es der erste Gutachter wünscht. Das zweite Gutachten bespricht die Einzelheiten theilweise ausführlicher, erklärt sich auch nicht zufrieden. Das thut in kürzeren Sätzen Herr Geh. Rath Schroeder auch mit Hinzufügung der Sicherheitsmaßregeln, die der Ehefrau gegeben werden.

M. H., nimmt man das Princip einer ehelichen Erwerbsgemeinschaft an, dann ist ja die nothwendige Voraussetzung dieser Erwerbsgemeinschaft auch eine Gütergemeinschaft bescheidener Art vom Beginne der Ehe an, und diese Gemeinschaft wird sich praktisch kaum anders denken lassen, als daß das Mobiliarvermögen der Frau gemeinschaftliches Ehevermögen wird unter Aufrechthaltung der Substanz des Immobiliarvermögens zu ihren Gunsten und mit Gewährung der Nutznießung dieses Vermögens an den Mann. M. H., wenn ich mit dem Inhalte meines Ihnen vorgetragenen Referats in Verbindung bringe, was ähnlichen Anträgen auf früheren Juristentagen widerfahren ist, dann glaube ich wohl nicht, daß der diesjährige Juristentag im Gegensatze zu seinen sonstigen Beschlüssen die von Herrn Dr. Jacobi beantragte Erwerbsgemeinschaft annehmen wird; indessen eine solche Hoffnung könnte man immerhin hegen, daß der Juristentag frühere Beschlüsse nicht für unantastbar und unumstößlich hält. Hat man etwas in Einzelheiten für besser erkannt oder für besser zu erkennen vermeint, so ist wohl ein solcher Antrag berechtigt, und selbst auf die Gefahr des Mißlingens empfehle ich Ihnen in erster Linie den Antrag Jacobi; wenn aber in zweiter Linie die subsidiäre Frage zur Abstimmung käme, so kann ich mir kaum denken, daß der Antrag nicht die allgemeine, große Zustimmung finden würde.

Das sind die Bemerkungen, m. H., die ich in Bezug auf diese Frage und die beiden dazu vorliegenden Gutachten zu machen habe.

(Bravo!)

Präsident: Der Antrag des Herrn Referenten geht übereinstimmend mit dem Antrag Jacobi dahin:

Der Juristentag beschließt:

„Als gesetzlich ist nicht der für die begüterte Minderheit, sondern der für die wenig oder gar nicht bemittelte Mehrheit passendste Güterstand aufzustellen. Dies ist der Güterstand der Erwerbsgemeinschaft.

Eventuell für den Fall der Ablehnung dieses Antrags beantragt der Referent:

Der Juristentag wolle beschließen:

> Das in dem Entwurfe aufgestellte System des gesetzlichen Güterstandes bedarf einer grundsätzlichen Abänderung in der Richtung, daß das aus dem sächsischen B.G.B. entlehnte System des ehemännlichen Nießbrauches in dem Sinne der deutschen ehelichen Verwaltungsgemeinschaft in der Art des preußischen A.L.R. ausgestaltet wird.

Dieser event. Antrag liegt nicht weiter gedruckt vor, Sie finden ihn auf S. 171 des I. Bandes der Verhandlungen.

Jetzt hat das Wort der Herr Correferent Amtsrichter Bunsen.

Correferent Amtsrichter **Bunsen** (Rostock): M. H.! Wie Sie aus den Ihnen gedruckt vorliegenden Anträgen*) ersehen, bin ich ja im Wesentlichen auch auf demjenigen Standpunkte, den der Herr Gutachter Schroeder in seinem Gutachten eingenommen hat, und gehe sogar, wie Sie daraus ersehen haben werden, noch etwas weiter.

Bevor ich, m. H., auf die Begründung meiner Ihnen zur Annahme empfohlenen Sätze eingehe, darf ich das von dem Entwurfe angenommene System in kurzen Sätzen kennzeichnen. Ich bediene mich dabei hauptsächlich der Ausführungen der Motive:

Der Entwurf beruht auf dem Gedanken, daß die Zuständigkeit des

---

*) Die Bestimmungen des Entwurfs eines bürgerlichen Gesetzbuchs über den gesetzlichen Güterstand bedürfen in folgender Richtung einer Aenderung:

1. Die den Rechten der Ehefrau an dem Ehegute entsprechenden Befugnisse, insbesondere das Recht der Innehabung, des Gebrauchs und des Genusses, der Verfügung und der Veräußerung, gehen mit der Schließung der Ehe in der Weise auf den Ehemann über, daß dieser solche Befugnisse und die denselben entsprechenden Rechte und Verbindlichkeiten als eigene Rechte und Verbindlichkeiten auch Dritten gegenüber auszuüben und zu erfüllen hat.
2. Auf das Verhältniß des Ehemannes zu dem Ehegute finden die Bestimmungen des bürgerlichen Gesetzbuchs über das Nießbrauchsrecht und das Auftragverhältniß keine Anwendung.
3. Bezüglich der zum Ehegute gehörigen Grundstücke und der auf den Namen der Ehefrau angelegten Capitalforderungen steht dem Ehemanne das Recht der Veräußerung nur mit Zustimmung der Ehefrau zu.
4. Das Ehegut haftet, insoweit der Ehemann zur Veräußerung desselben befugt ist, für die Schulden des Ehemannes.

Vermögens der Ehegatten durch die Ehe nicht berührt wird, daß aber der Ertrag des beiderseitigen Vermögens und der beiderseitigen Arbeit zur Bestreitung der ehelichen Lasten verwendet und zu diesem Zwecke das Vermögen der Ehefrau mit dem Vermögen des Ehemannes in der Hand des letzteren als des Hausherrn und Hauptes der Ehe vereinigt werden soll. Dieser Ertrag — vorbehaltlich der bei dem selbständigen Arbeitserwerbe der Ehefrau eintretenden Modification — wird zur Erreichung jenes wirthschaftlichen Zweckes dem Ehemanne überwiesen, welcher dagegen verpflichtet ist, die ehelichen Lasten allein zu tragen, weil nach den jetzigen wirthschaftlichen Verhältnissen regelmäßig der Ehemann der hauptsächlich erwerbende Theil ist. Er hat deshalb auch die Ausgaben des Haushaltes zu bestreiten, er hat die Art des gemeinschaftlichen Lebens und das Maß der dafür zu machenden Aufwendungen zu bestimmen, er allein trägt die Verantwortung für die Bilance des Haushaltes, er muß das Deficit decken, daher gebühren ihm auch die Ueberschüsse; cujus periculum ejus commodum. Diesen einfachen, nüchternen Gedanken, diese klare, jeder idealen Uebertreibung ferne Auffassung zum Ausdrucke gebracht und mit Consequenz durchgeführt zu haben, rechnen die Motive dem Entwurfe zum hohen Verdienste an.

M. H.! Mir scheint in der consequenten Durchführung dieses Gedankens, in der Auffassung des Entwurfes, welcher die Ehe den wirthschaftlichen Bedürfnissen des Lebens unterstellt und den Ehecodex nach diesen Bedürfnissen regeln will, der größte Fehler des Entwurfs zu liegen. Nach meiner Auffassung soll der Gesetzgeber es soviel wie möglich vermeiden, das innere Verhältniß der Ehegatten auch in vermögensrechtlicher Beziehung ahnen und sehen zu wollen. Es heißt der Individualität, den Standes- und Lebensverhältnissen, den ethischen Anschauungen des Volkes Gewalt anthun, hier eine Schablone aufstellen zu wollen. Und wenn auch der Staat den § 1273 des Entwurfes, welcher in selbstbewußter Weise „dem Ehemann die Entscheidung in allen das gemeinschaftliche eheliche Leben betreffenden Angelegenheiten zuweist", schon in den Mädchenschulen einpauken läßt, so wird er damit doch nicht erreichen, daß dieser Satz durchweg eine praktische Bedeutung gewinnt. Ich meine, solche Sätze soll der Gesetzgeber vermeiden, denn es wird dann die Ohnmacht des Gesetzes täglich ad oculos demonstrirt. Doch das nur beiläufig, m. H., die Sache hat eine weit ernstere Bedeutung. Der Entwurf macht sich ein Durchschnittsbild von einer Musterehe, und verweist den Ehegatten, dessen andere Hälfte sich dieser Schablone nicht fügen will, auf den Rechtsweg. Damit wird der Ehe ihr zartes, inniges, der Sitte und dem religiösen Gebiete angehörendes Element genommen, und ohne

Noth vor den weltlichen Richter gestellt. Da will ich denn doch lieber das mit juristischer Feinheit und Consequenz durchgeführte kahle, nüchterne System preisgeben, da will ich lieber gar keine Rechtshülfe, als solche verderbliche Gestaltung. Das eheliche Leben wird denn doch von ganz anderen Mächten, als von Rechtswegen regiert, das innere Verhältniß der Ehegatten hängt wesentlich ab von Charakter und Temperament des Einzelnen, von Bildung und Erziehung. In einem Falle werden beide Ehegatten stets und in allen Dingen gemeinschaftlich denken, fühlen und handeln, in anderen Fällen wird das Uebergewicht auf Seiten des Ehemannes, und ich glaube, auch in manchen — ob minder zahlreichen Fällen, lasse ich dahingestellt – auf Seiten der Ehefrau liegen. Nun möchte ich doch einmal den Ehemann sehen, welcher in solchen Fällen sich seine Autorität vor Gericht erstreiten will. —

Doch, m. H., dies nur einleitungsweise. Der principielle Gedanke des Entwurfs, welcher in der Gütereinheit lediglich ein Institut erblickt, welches dem Zwecke dient, den Ertrag des beiderseitigen Vermögens zur Bestreitung der ehelichen Lasten verwenden zu lassen, ist ein seltsamer. Man wird sich zu einer mehr idealen Auffassung der Sache bekennen müssen, und das kann man nur, wenn man den Schwerpunkt in das Verhältniß der vermögensrechtlichen Beziehungen der Eheleute nach außen legt. Was heißt denn Gütereinheit? Von außen betrachtet giebt es kein getrenntes Vermögen, sondern nur ein Vermögen. Ein Vermögen kann aber auch nur einen Herrn haben, dieser Berechtigte ist aber der Ehemann. Vom Augenblicke der Eheschließung an tritt also der Ehemann bezüglich der vermögensrechtlichen Verhältnisse der Ehefrau an deren Stelle. Was bis dahin ihr Vermögen war, bleibt freilich darum ihr Vermögen, aber die Ausübung aller vermögensrechtlichen Beziehungen geht auf den Ehemann über, in activer und passiver Beziehung. Nach außen hin ist also der Ehemann allein legitimirt, das Ehegut zu vertreten, darüber Processe zu führen, es zu besitzen und darüber zu verfügen. Alle seine Verfügungen haben — soweit nicht gesetzlich Ausnahmen zugelassen sind, verbindende Kraft für die Ehefrau. Der Ehemann ist auch nicht etwa bloß der Ehefrau gegenüber, wie der Entwurf im § 1297 bestimmt, verpflichtet, die auf dem Ehegute haftenden Verbindlichkeiten zu erfüllen, sondern er ist direct dem Dritten dafür haftbar zu erklären.

Aus dieser Stellung des Ehemannes folgt dann auch weiter die Befugniß desselben zur Veräußerung des Ehegutes. In dieser Beziehung wird man aber gut thun, der im deutschen Rechte historisch begründeten Unterscheidung zwischen beweglichen und unbeweglichen Sachgütern zu folgen. Nur bedarf es hier einer den heutigen Verhältnissen angepaßten Berücksichtigung der Forderungen und anderer Rechte. Man wird die Verfügungsgewalt als die Regel hinstellen müssen, ausnahmsweise zu der Verfügung des Ehemannes nur die Zustimmung der Ehefrau fordern und zwar bezüglich der Grundstücke und der auf den Namen der Ehefrau, sei es hypothekarisch oder in Werthpapieren angelegten Capitalforderungen. Aber auch in den Ausnahmefällen steht die Verfügung principiell dem Ehemanne zu, er bedarf nur zu einer rechtswirksamen Verfügung der Mitwirkung der Ehefrau — aliud est vendere, aliud vendenti consentire. Das berechtigte Subject aus solchen Geschäften ist immer der Ehemann, er allein ist auch passiv legitimirt, wenn Jemand aus solchen Verfügungen in Anspruch genommen werden soll.

Nur in dieser Gestaltung wird man dem Erfordernisse eines wirklichen Gütereinheitssystems gerecht werden. M. H., was der Entwurf uns bietet, ist keine Gütereinheit des deutschen Rechts. Erblicken Sie das Wesen der Gütereinheit nicht nur in der Machtstellung des Ehemannes nach außen, nicht in einem dinglichen Nutzungsrechte an fremdem Vermögen, so führt jene Machtstellung nicht nur zur Veräußerungsbefugniß, sondern sie führt — und darin liegt der Kernpunkt — zur Haftung des Frauengutes für die Schulden des Ehemanns. „Es ist besser, daß die Frau an ihrem Gute Schaden nähme, denn daß der Credit des Mannes leide", ist ein alter Spruch des lübischen Rechtes. Was hat das ganze System der Gütereinheit für einen Werth, wenn es gerade an dem wichtigsten Punkte im Rechtsleben versagen würde? Es ist ja freilich richtig, daß die andere deutsche Gesetzgebung, insbesondere das preußische und das sächsische Recht, diese Folge vermieden haben, aber ob mit Recht, ist eine Frage, deren Erörterung man sich um so weniger entziehen sollte, als historisch die Sache anders war.

M. H., es ist diese Frage bereits vom 12. Deutschen Juristentage erörtert und in gewissem Sinne zu Gunsten der Haftbarkeit des Frauengutes für die Schulden des Ehemannes entschieden. Der 12. Deutsche Juristentag hat in dieser Frage folgenden Beschluß gefaßt:

> „Das eheliche Güterrecht ist für das ganze Reichsgebiet auf einheitlicher Grundlage zu codificiren und zwar nach dem System der Verwaltungsgemeinschaft."
>
> „Es ist jedoch zugleich festzusetzen, daß das Vermögen der Frau, insoweit dasselbe nicht auf deren Namen angelegt ist

und beständig angelegt bleibt, für die Schulden des Mannes haftet."

Der Referent — unser Gutachter Herr Professor Schroeder — hat diese Gestaltung im Principe für die richtige erklärt, wenn derselbe auch in seinen Ausführungen durchblicken läßt, daß für diese Form des Güterrechts der Name Verwaltungsgemeinschaft nicht passe; aber, m. H., wir wollen uns nicht um die Namen streiten, und wir wollen auch die Frage, ob diese Gestaltung dem deutschrechtlichen System der sog. Verwaltungsgemeinschaft entspricht oder nicht, von der rechtspolitischen Seite, wie solche die Gegenwart fordert, betrachten. Historische Erörterungen dürften uns nur auf Abwege führen. Vom rechtspolitischen Standpunkte aus erscheint bezüglich der vermögensrechtlichen Verhältnisse der Eheleute die Frage nach der äußeren Gestaltung die wichtigere, die Frage nach der inneren Gestaltung als die minder wichtige. Der Entwurf hat die Sache umgekehrt behandelt, und das ist der principielle Fehler, in welchen der Entwurf gerathen ist. In dem System der Gütereinheit, wie ich Ihnen geschildert, giebt es nach außen kein gezweiet Gut. Für Dritte ist nur ein Berechtigter vorhanden, und dieser Berechtigte ist eben der Ehemann. Dritten gegenüber ist also der Ehemann allein berechtigt, über das Vermögen der Eheleute zu verfügen; solche Verfügungsgewalt ist sein eigenes Recht; was er in dieser Beziehung thut und handelt, handelt er nicht als Bevollmächtigter der Ehefrau, sondern kraft eigenen Rechts. Ist also das Verfügungsrecht auf den Ehemann übergegangen, so folgt daraus weiter, daß der Ehemann das Ehegut auch verschulden kann, um mich dieser dem Volke geläufigen Wendung zu bedienen. Soweit also die Ehefrau der Veräußerung nicht widersprechen kann, kann sie auch im Zwangsvollstreckungsverfahren gegen den Ehemann der Pfändung des Ehegutes nicht widersprechen und hat auch im Concursverfahren kein Aussonderungsrecht. M. H., das sind Folgerungen, welchen man sich nicht wird entziehen können.

Soll einmal nach außen hin ein einheitliches Gut geschaffen werden, so würde es unseren heutigen Rechtsanschauungen und dem Schutze, welchen der Verkehr und im Verkehr der Credit haben muß, widersprechen, wenn man in allen übrigen Beziehungen dem Ehemanne die Disposition über das Ehegut einräumt, in dem brennenden Punkte aber abspringen wollte. Die Rechtssicherheit, für welche die Widerspruchsklage aus § 190 C.P.O. in vielen Fällen ein recht bedenkliches Institut ist, würde durch eine solche der Ehefrau oder gar dem Ehemanne selber gewährte Widerspruchsklage erheblich leiden. Darum lassen wir es bei dem Ausspruche des 12. Deutschen Juristentages in diesem Punkte das Bewenden behalten.

Ich glaube damit den Ihnen von mir empfohlenen Antrag gerechtfertigt zu haben. Wie Sie aus meinen Ausführungen entnommen haben werden, stehe ich im Wesentlichen auf dem Standpunkte, welchen auch die Herren Gutachter eingenommen haben. Ich glaubte aber doch Ihnen einen selbständigen Antrag unterbreiten zu sollen, da ich doch in manchen Punkten, namentlich von dem Erachten des Herrn Collegen Brühl, abweiche.

Ich empfehle Ihnen meinen Antrag zur Annahme.

Präsident: Ehe ich weiter zur Debatte das Wort ertheile, habe ich mitzutheilen, daß zu demjenigen Antrage des Herrn Referenten, welcher unter dem Namen Jacobi vorliegt, ein Amendement dahin gestellt ist, daß der letzte Satz, welcher heißt:

„Dies ist der Güterstand der Erwerbsgemeinschaft",

dahin verändert wird:

„Dies ist der Güterstand der allgemeinen Gütergemeinschaft"

(Oho!)

und für den Fall, daß dieser erste Antrag nicht angenommen würde:

„Dies ist der Güterstand der Fahrniß- und Errungenschaftsgemeinschaft."

Der Antrag ist gestellt von Herrn Geh. Rath Gierke.

Das Wort hat Herr Geh. Hofrath Professor Schroeder (Heidelberg).

Geh. Hofrath Professor Dr. **Schroeder** (Heidelberg): M. H.! Dem Principalantrage des Herrn Referenten, der zugleich der Antrag Jacobi ist, und ebenso dem durch das Amendement Gierke veränderten Antrage gegenüber, ist mir das Sprichwort eingefallen: „Wenn Nürnberg mein wäre, würde ich es in Bamberg verzehren." Wenn der Nürnberger Juristentag noch zu unserer Verfügung stände, und wir könnten hier frei abstimmen, so wären jene Anträge in hohem Grade in Betracht zu ziehen. Wenn aber der heutige Juristentag, wie ich als selbstverständlich voraussetze, an den Nürnberger Beschlüssen festzuhalten hat, so muß ich den Anträgen entgegentreten, wenn ich auch dabei gewissermaßen mein eigenes Kind schlachten sollte. Sie gestatten mir vielleicht, ein klein wenig von meiner früheren Thätigkeit in dieser Richtung zu erzählen.

Die Commission zur Abfassung des B.G.B.'s hatte sich in den vorbereitenden Sitzungen noch nicht über ein bestimmtes System schlüssig gemacht, sondern es sollten die 3 in Deutschland geltenden Hauptsysteme, die Verwaltungsgemeinschaft, allgemeine Gütergemeinschaft und particuläre Gütergemeinschaft, also Errungenschaftsgemeinschaft, zunächst jede für sich in einem Gesetzentwurf codificirt werden, jede von dem Gesichtspunkte aus, daß dieses System das gesetzliche System werde. Von diesem Gesichtspunkte aus hat Herr Geh. Rath Planck damals das System der Verwaltungsgemeinschaft zum codificirten Entwurfe gestaltet, Herr Obergerichtsrath Braun hat die allgemeine Gütergemeinschaft behandelt, und mir wurde der Auftrag, einen Gesetzentwurf zu formuliren, welcher die Errungenschaftsgemeinschaft als gesetzliches System annimmt. Diese Vorarbeiten waren gerade fertig, als der Nürnberger Juristentag zusammentrat. Ich war damals Referent und habe im Einzelnen den Standpunkt, den ich in meinem Gesetzentwurf entwickelt hatte, auf dem Nürnberger Juristentage vertreten und die Errungenschaftsgemeinschaft verbunden mit beschränkter Mobiliargemeinschaft vorgeschlagen. Wäre der Juristentag damals in Köln abgehalten worden, so würden meine lieben rheinischen Landsleute, unter denen ich zehn meiner glücklichsten Lebensjahre zugebracht habe, meinem Antrage die Majorität verschafft haben. Wir sind aber unterlegen, man hat im Juristentage die allgemeine Gütergemeinschaft ebenso wenig wie die Errungenschaftsgemeinschaft als Principalsystem angenommen, sondern es wurde beschlossen, daß als Principalsystem die Verwaltungsgemeinschaft, aber modificirt durch eine gewisse Mithaftung der Frau für die Schulden, aufzustellen sei. Der Herr Geheime Rath Planck war damals bei den Verhandlungen zugegen. Kurz vorher theilte er mir mit, daß er mit meinen Anschauungen einverstanden, aber im Grunde noch mehr für die allgemeine Gütergemeinschaft als für die Errungenschaftsgemeinschaft als Principalsystem sei. Die Verhandlungen des Juristentages haben gerade ihn zu einer anderen Auffassung gebracht, und der Nürnberger Juristentag ist mit in erster Reihe die Veranlassung gewesen, weshalb man das System der Verwaltungsgemeinschaft angenommen hat.

M. H.! Das müssen wir auf uns nehmen. Wir können nicht noch einmal rütteln an unseren Beschlüssen. Ich meine, wir sind es der Ehre des Juristentags schuldig, daß wir einen einmal gefaßten, wenn auch für viele jetzt schmerzlichen Beschluß nicht umstoßen, am Hauptsystem dürfen wir nicht ändern, und darum trete ich nun meinerseits dem Principalantrage des Herrn Referenten und des Herrn Jacobi in der ursprünglichen Form sowie in der amendirten Form entgegen.

Was dann die anderen Anträge, den subsidiären, eventuellen Antrag des Herrn Referenten und den Antrag des Herrn Correferenten anlangt, so sind diese ja, abgesehen von der Frage der Schuldenhaftung im Wesentlichen identisch, denn das, was Herr Amtsrichter Bunsen in seinem Antrage formulirt hat, sind ja im Wesentlichen die Grundsätze der Verwaltungsgemeinschaft, die man auch „Gütereinheit" in der Wissenschaft zu nennen pflegt.

Dann würde es sich fragen, ob es thatsächlich richtiger ist, auf ein System hinzuweisen oder die hauptsächlichen Gesichtspunkte desselben aufzustellen. Ich könnte mit dem Einen und mit dem Anderen einverstanden sein. Im Uebrigen habe ich dem Antrage Bunsen gegenüber ein Bedenken. Ich weiß nicht, es ist in dem Antrage nicht ausgesprochen, ob Herr College Bunsen die Ersatzpflicht für Schmälerungen des Ehegutes damit beseitigen will. Wenn die Ersatzpflicht des Ehemannes beibehalten wird gegenüber Schmälerungen des Frauengutes durch seine Hand, so kann ich mich mit seinem Antrage vollständig einverstanden erklären.

Bei Nr. 3 des Antrags Bunsen wäre allerdings in Betracht zu ziehen, ob man die Verpflichtung des Mannes, die Frau bei Verfügungen über gewisse Bestandtheile des beweglichen Ehegutes zuzuziehen, auf die angelegten Capitalforderungen beschränken solle. Ich wäre dafür, daß man auch Werthpapiere, die auf den Namen oder die Ordre der Frau lauten, mit hineinzöge, weil die Anlage in Werthpapieren heut zu Tage eine außerordentliche Rolle spielt. Doch das sind Nebensachen, damit brauchen wir uns nicht zu beschäftigen, deren Ausführung könnten wir der Redactionsinstanz der Commission vertrauensvoll überlassen, wie ich glaube.

Was den 4. Punkt anlangt, so fühle ich einen eigenthümlichen Zwiespalt in meiner Seele. Der Rechtshistoriker, der sich sagt, daß bei der Verwaltungsgemeinschaft von jeher nur der Ehemann, nicht aber dessen Gläubiger den Zugriff auf das Vermögen der Frau gehabt hat, sträubt sich dagegen, und der Jurist, der gewohnt ist, mit dem Wesen der Verwaltungsgemeinschaft einen ganz bestimmten Begriff zu verbinden, bekommt wirklich einen Stich ins Fleisch, wenn er system- oder sagen wir stilwidrige Bestimmungen in jenes System aufgenommen sieht. Hier ist mir fast zu Muthe, wie seiner Zeit dem Professor Zachariae, der gegen die Verfassung des norddeutschen Bundes war, weil dieselbe sich nicht juristisch construiren lasse.

(Heiterkeit.)

Wenn bei der Verwaltungsgemeinschaft, abgesehen von der Form, die sie in Oldenburg erhalten hat, von einer Mithaftung des Ehegutes für die Schulden des Mannes keine Rede ist, so ist es immerhin noch eine erhebliche Minderung der schroffen Seite der Gütergemeinschaft und empfiehlt sich auch aus anderen Gründen, wenn eine beschränkte Mithaftung der Frau für die Schulden des Mannes festgesetzt wird. Muß es doch entschieden als eine Härte erscheinen, wenn der Mann für Luxusausgaben der Frau, kostspielige Badereisen derselben 2c., Schulden machen mußte, und gleichwohl nach dem System der Verwaltungsgemeinschaft die Frau, auch wenn sie viel Vermögen hat, den Gläubigern nicht haftet, diese vielmehr auf den Zugriff gegen den Mann, auch wenn er nichts hat, beschränkt sind. Demnach würde ich mich meinerseits, unbeschadet der juristischen Construction, auch mit Nr. 4 einverstanden erklären, und ich kann, wie gesagt, beide Anträge der Referenten, den zweiten Antrag des Referenten und den Antrag des Correferenten meinerseits nur gleichmäßig empfehlen und meine Freude darüber aussprechen, daß sie sich dem Entwurfe gegenüber ablehnend verhalten haben. Bei den vielfachen Maßregeln, welche der Entwurf zum Schutze der Frau gegen Benachtheiligung derselben durch ihren Mann ersonnen hat, habe ich immer an den Spruch meines Landsmannes, Fritz Reuter, denken müssen: „Wer sich mang Ehlüd will mengliren, dei stellt sich twischen Boom un Bork, dor kann'n dei schönsten Prügel kriegen."

(Heiterkeit.)

In die inneren Angelegenheiten der Ehegatten soll sich der Richter möglichst wenig mischen, und der Gesetzgeber hat hier eine weise Zurückhaltung zu beobachten. Bureaukratisches Reglementiren ist da am wenigsten am Platze.

(Bravo!)

Präsident: Den Punkt der Gebundenheit an frühere Beschlüsse, selbstverständlich nur rechtlicher Gebundenheit, bitte ich möglichst von der Debatte auszuschließen. Inwieweit sich der Einzelne moralisch daran gebunden hält, steht in seinem Belieben.

Das Wort hat jetzt Herr Professor Brunner.

Geh. Justizrath Professor Dr. **Brunner** (Berlin): M. H.! Ich freue mich über die heutige Debatte. Ich erinnere mich noch sehr lebhaft des Deutschen Juristentages in Salzburg. Damals, als es für selbstverständlich galt, daß nur die Verwaltungsgemeinschaft gesetzliches Güterrecht werden könne, hat es außerordentlich viel Mühe gekostet, die Zulassung der sogenannten generellen Güterverträge durchzusetzen. Es war vielmehr bei einer starken Minorität sehr viel Lust vorhanden, die Vertragsfreiheit auf dem Gebiete des Güterrechtes möglichst zu beschränken. Schon damals waren wir m. E. gebunden durch den Beschluß des Nürnberger Juristentages, der sich für die Verwaltungsgemeinschaft ausgesprochen hatte. Ich selbst trat in Salzburg — und die vorausgegangene Debatte hat mich darin nur bestärkt — für das Regionalsystem ein. Ich sähe absolut kein Unglück darin, wenn das Gesetzbuch oder das Einführungsgesetz den Landesregierungen das Recht geben würde, zu bestimmen, daß in einzelnen Ländern oder Provinzen ein anderes der im Gesetzbuch normirten Güterrechtssysteme gelten solle, als dasjenige, welches das Gesetzbuch als das gesetzliche aufstellt. Das B.G.B. mag sagen: Die Verwaltungsgemeinschaft ist gesetzliches Güterrecht, es kann aber z. B. die preußische Regierung bestimmen: In den Rheinlanden gilt als eheliches Güterrecht, vorausgesetzt, daß die Nupturienten oder die Eheleute nichts anderes wollen, das System der Fahrniß- und Errungenschaftsgemeinschaft, wie es im Gesetzbuch formulirt ist. Das würde m. E. eine zweckmäßige Lösung sein. Wir haben aber in der Beziehung nicht mehr freie Hand.

Ich verstehe auch die gestellte Frage anders, als sie einer der Herren Vorredner verstanden hat. Die Frage, welche die Deputation gestellt hat, lautet:

> „Bedarf das System des gesetzlichen Güterstandes in dem Entwurf des B.G.B.'s einer grundsätzlichen Abänderung, und in welcher Richtung?"

Ich glaube, daß damit nicht gefragt worden ist (da ja schon der Beschluß des Nürnberger Juristentags vorliegt): welches das System des gesetzlichen Güterstandes sein soll, sondern nur, ob dasjenige System, welches der Entwurf als gesetzliches Güterrecht hingestellt hat, einer Abänderung bedarf oder nicht? Der Ausdruck „gesetzlichen Güterstandes" im Entwurf ist nur genommen worden, weil das gesetzliche Güterrecht desselben so ausgefallen ist, daß man es nicht mit einer der geläufigen technischen Benennungen bezeichnen kann. „Verwaltungsgemeinschaft" kann man es nicht nennen. Wenn wir die gestellte Frage in jenem Sinne verstehen, so haben wir mit einem runden „Nein" zu antworten. Das System des gesetzlichen Güterrechtes im Entwurf ist ein unannehmbares aus dem einfachen Grunde, weil der Entwurf weder eine wahre deutsche Familie noch ein wahres deutsches Haus kennt oder kennen wollte. Im Einklang mit dem Gutachten, welches Herr College Schroeder abgegeben hat, aber mit einer kleinen Modification empfehle ich den Antrag. Das System des gesetzlichen Güterstandes bedarf einer Abänderung nach der Richtung, daß das aus dem sächsischen B.G.B. entlehnte System des ehemännlichen Nießbrauches in dem Sinne der deutschen ehelichen Verwaltungsgemeinschaft ausgestaltet werde. Ich glaube, es wird genügen, wenn wir uns auf diesen Satz beschränken, er sagt genug.

Die Anträge, welche der Herr Correferent gestellt hat, gehen mir, namentlich in Bezug auf Punkt 4 etwas weiter, als ich verantworten könnte. Es geht also mein Antrag dahin:

den Antrag Schroeder in der Fassung, wie er hier gegeben ist, anzunehmen,

wobei ich allerdings voraussetze, daß wir nur gefragt sind, ob das System des gesetzlichen Güterrechtes, wie es der Entwurf jetzt hat, einer Abänderung bedarf.

In Bezug auf den Antrag der Herren Elven und Jacobi möchte ich nur das Eine bemerken. Was Herr Jacobi will, ist nicht die Fahrniß- und Erwerbsgemeinschaft, sondern nur die Erwerbsgemeinschaft, die Errungenschaftsgemeinschaft, wie wir sie in Deutschland haben. Was Herr Elven zu wollen scheint, ist das französische System oder ein ihm nachgebildetes System, welches sich nicht mit der Errungenschaftsgemeinschaft begnügt, sondern noch eine Gemeinschaft des beweglichen Vermögens hinzufügt.

Gegen die reine Errungenschaftsgemeinschaft sprechen, so sehr sie sich theoretisch empfiehlt, die großen praktischen Schwierigkeiten, die bei der Auseinandersetzung des Vermögens entstehen.

Präsident: Darf ich vielleicht eine Frage an den Herrn Vorredner richten. Er hat in dem eventuellen Antrage des Herrn Referenten, der sich mit dem Antrage des Herrn Geh. Hofrath Schroeder deckt, bei der Verlesung desselben die Worte: „in der Art des preußischen allgemeinen Landrechtes“ weggelassen.

Geh. Justizrath Professor Dr. **Brunner** (Berlin): Ich bitte, diese Worte zu streichen.

Justizrath Dr. **Jacobi** (Berlin): M. H.! Ich darf wohl voranschicken, daß es mir zu hoher Genugthuung gereicht hat, daß der erste Herr Referent meinen Antrag zu dem seinigen gemacht hat. Er wurde von der Reise aus eingeschickt, ohne die geringste Kenntniß von den Anträgen und von den Auffassungen, von denen der geehrte Herr Referent ausgegangen ist.

Die Veranlassung meines Antrags war folgende: Als der Entwurf erschien, wurde ein grundsätzlicher und schwerwiegender Einwand gegen das dem Entwurf zu Grunde liegende System des gesetzlichen Güterstandes erhoben, und zwar ein social-politischer Einwand. Es wurde angeknüpft an den vielfach gehörten, gegen den Juristenstand erhobenen Vorwurf, — ob mit Recht oder Unrecht, habe ich nicht zu entscheiden — daß er hinneige zu einer gewissen Classengesetzgebung zu Gunsten der

Begüterten, und es wurde gesagt — es ist ein schroffer **Ausdruck**, ich wiederhole ihn aus einer damaligen Schrift: es sei der Güterstand der Geheimen Räthe als gesetzlich erklärt. Die sog. Verwaltungsgemeinschaft wurde darunter verstanden, und zwar im folgenden Sinne. Die große Mehrheit des Volkes besteht — das war die Voraussetzung — aus armen Leuten, deren Erwerb in jedem Falle ein gemeinschaftlicher ist ohne Unterschied, ob thatsächlich die Erwerbshandlungen nach außen von dem Manne oder von der Frau ausgehen, weil die Mittel derartig beschränkt sind, daß gemeinschaftliche Thätigkeit zur Ermöglichung jenes Erwerbes erforderlich ist, welcher die Existenz des Hausstandes hält. Indirect erwirbt die Frau auch dadurch mit, wenn sie bloß dem Manne die Erwerbshandlungen durch ihre Thätigkeit im Hause möglich macht, es ist nicht zu unterscheiden, ob die Frau oder der Mann direct erwerbend thätig ist, der Erwerb ist jedenfalls ein gemeinschaftlicher. Nun wurde gesagt: bei der großen Masse derjenigen, die von der Hand in den Mund leben, kann man am wenigsten Rechtskenntnisse voraussetzen; und wenn sie die erforderlichen Rechtskenntnisse besäßen, kann man ihnen wiederum noch weniger zumuthen, sofort Geldausgaben aufzuwenden, um den für ihre Verhältnisse nicht passenden, vom Gesetzgeber als gesetzlich aufgestellten Güterstand durch gerichtlichen oder notariellen Vertrag abzuändern. Ich will hinzufügen, daß ein solcher Vertrag, wenn er überhaupt nur von einem Sachverständigen aufgesetzt wird, immer Kosten verursacht. Es wurde also gesagt: der Juristenstand hat jetzt Gelegenheit, durch die bloße Redaction des Gesetzes der Mehrheit des Volkes eine große Wohlthat zu erweisen und zugleich den eclatanten Beweis zu liefern, daß der dem Juristenstande gemachte Vorwurf der Hinneigung zu einer Classengesetzgebung haltlos sei; — eine sociale That, die dem Staate nicht einen Pfennig Kosten verursache und doch kein derartiges Risico und derartige Ausgaben von Hunderten von Millionen, wie andere Maßregeln, die unter dem heutigen Zeichen der socialen Gesetzgebung die Staatsgewalt schon getroffen hat und noch treffen wird. Als ich nun diese Frage 8 las, da hatte ich und konnte keine andere Empfindung haben, als: hier handelt es sich darum, einen — von diesem socialen Standpunkt aus — als verhängnißvoll erscheinenden Fehler des Entwurfs zu verbessern. Der Entwurf hatte nach meiner Voraussetzung und nach der Voraussetzung der Angreifer des Entwurfs ein für die unbemittelte Mehrheit des Volks unpassendes Güterrecht zum gesetzlichen erklärt und diesen armen Leuten zugemuthet, es im Wege des Vertrags abzuändern.

Ich habe nun, wie ich gestehen muß, abweichend von der Ansicht des Herrn Professor **Brunner** die Frage 8 nicht anders verstehen können als dahin: soll es dabei bleiben, daß das gesetzliche Güterrecht des Entwurfs gilt, wenn es nicht vertragsmäßig abgeändert wird, oder soll ein anderes Gütersystem an seine Stelle gesetzt werden, nämlich ein solches, welches dem Bedürfnisse der großen Masse des Volkes entspricht? Ich war daher einigermaßen verwundert, als ich sah, daß die beiden Herren Gutachter die Sache anders aufgefaßt hatten, nämlich dahin, ob innerhalb des Systems, welches nach dem Entwurf das gesetzliche sein soll, es einer Abänderung in Details bedürfe. Denn wenn man z. B. sagt: die Haftung hinsichtlich der Schulden des Ehemannes ist verfehlt, so betrifft das nur Einzelheiten, aber keine grundsätzliche Aenderung des dem Entwurf zu Grunde liegenden Systems des gesetzlichen Güterstandes. Also glaube ich Ihnen meinen Antrag empfehlen zu können, wenn Sie nämlich meine Voraussetzungen billigen; wenn Sie zunächst mit mir annehmen, daß wir verpflichtet sind, dem Gesetzgeber zu empfehlen, dasjenige Güterrecht als gesetzlichen Güterstand anzuerkennen, welches den Bedürfnissen der großen Mehrheit des Volkes entspricht. Die zweite Voraussetzung ist, daß die große Mehrheit des Volkes in solchen Leuten besteht, bei denen der Erwerb von Mann und Frau im ökonomischen Resultate immer ein gemeinschaftlicher ist, und daß, was sich gewißermaßen von selbst ergiebt, die Erwerbsgemeinschaft das dem Vorherrschen des gemeinschaftlichen Erwerbes in der großen Mehrheit des Volkes entsprechende Gütersystem ist.

Nun habe ich mich noch mit zwei Worten zu wenden gegen die Bedenken, die erhoben worden sind. Es ist in sehr dankenswerther Weise von Herrn Geh. Rath **Schroeder** die Vorgeschichte erörtert und namentlich Bezug genommen worden auf die Beschlüsse des XII. Juristentags mit der Wendung: wir seien moralisch dadurch gebunden, wir seien es der Ehre des Juristentages schuldig, davon nicht abzuweichen. Ich muß gestehen, daß ich mich absichtlich auf diesen Standpunkt nicht gestellt habe. Ich habe angenommen, daß ein Wendepunkt eintrat mit der Publication des Entwurfs. Erst als wir den Entwurf schwarz auf weiß vor uns hatten, was nicht sehr lange her ist, konnte die vorliegende Frage gestellt werden; und als wir in die Periode der Socialgesetzgebung eingetreten waren, da war die Lage so verändert, daß wir, meine ich, heute vollständig freies Feld haben. Die Vorgeschichte bindet uns nicht mehr. Ich bitte Sie nur, Ihr heutiges Gewissen zu befragen, und wenn Sie meinen Erwägungen zustimmen, dann glaube ich, haben Sie keine Veranlassung, wegen der Beschlüsse früherer Juristentage diesen meinen Antrag abzulehnen.

Und was ich schließlich noch bemerken wollte: ich habe mir durchaus nicht präjudiciren wollen, indem ich einfach sprach von „Gütererwerbsgemeinschaft". Ob das nun die süddeutsche Erwerbsgemeinschaft oder die particuläre Errungenschaftsgemeinschaft ist, lasse ich dahingestellt. Ich bitte, meinen Antrag dahin zu verstehen, daß ich das vollständig dahingestellt bleiben lasse. Es soll nur ausgesprochen werden: Erwerbsgemeinschaft und zwar ohne diese Details; iu Bezug auf diese soll durch den Antrag keineswegs präjudicirt werden.

Geh. Justizrath Professor Dr. **Gierke** (Berlin): Die meisten Reden, die ich bisher über das eheliche Güterrecht gehört habe, waren im Grunde stets unfreiwillige Plaidoyers für das Regionalsystem, indem Jeder für sein eigenes eheliches Güterrecht eintrat. Ich bin grundsätzlich Anhänger dieses Systems und bedaure, daß dasselbe nicht in den Entwurf aufgenommen worden ist. Ich betrachte aber durch die heutige Fragestellung die nochmalige Erörterung des Regionalsystems an dieser Stelle für ausgeschlossen oder doch nicht für angezeigt.

Wenn ich dagegen frage, welches Gütersystem das gesetzliche des Entwurfs sein soll, dann bewundere ich allerdings die Resignation meiner Herren Collegen, die in Rücksicht auf frühere Beschlüsse des Juristentages hier nun gegen das, was sie eigentlich innerlich für das Richtige halten, aufzutreten sich verpflichtet fühlen. Sie glauben im Interesse des Juristentages zu solcher Selbstentsagung verpflichtet zu sein. Aber, m. H., ich bin dieser Resignation nicht fähig, wo es sich um die Grundlagen des deutschen Familienlebens für Jahrhunderte handelt, wo es sich um ein Werk handelt, welches einerseits auf die heilige Sitte des häuslichen Heerdes tief einwirken soll, andererseits tief einschneiden wird in die wirthschaftlichen und socialen Verhältnisse. Ich glaube, daß wir da doch von unserer heutigen, vielleicht besseren Ueberzeugung ausgehen müßten. Freilich könnte einem solchen abändernden Beschlusse entgegengehalten werden, daß der Beschluß eine locale Färbung habe. Ich würde aber einen solchen Vorwurf nicht allzusehr bedauern, ich würde die stille Hoffnung hegen, daß man sich um so eher entschließen würde, den Eigenthümlichkeiten der Landschaften Genüge zu leisten, und noch in letzter Stunde das Regionalsystem anzunehmen.

Frage ich mich nun, welches ist der empfehlenswertheste gesetzliche Güterstand, so muß ich vor allen Dingen davon ausgehen, daß neben den Argumenten, die der erste Herr Referent und Herr Jacobi angeführt haben, für irgend eine Gütergemeinschaft doch das spricht, daß die weit überwiegende Mehrheit des deutschen Volkes jetzt in einer Gütergemeinschaft lebt. Denn auch in der Fahrniß- und in der Errungenschaftsgemeinschaft steckt ja doch eine Gütergemeinschaft. Wir würden also mit der Erhebung des vom Entwurfe vorgeschlagenen Systems zum gesetzlichen Güterstand die Rechtsanschauungen und die bisherige Rechtssitte der großen Mehrheit der Nation kränken, wir würden die echt deutsche eheliche Gütergemeinschaft ins Ausland verweisen, so daß sie fürder nur in Frankreich gälte und vom deutschen Boden verbannt wäre!

Nun glaube ich allerdings, daß der Antrag des Herrn Jacobi, den sich der Herr Referent angeeignet hat, im Rahmen der vorliegenden Fragestellung durchaus berechtigt ist. Denn eine „Aenderung" des vorgeschlagenen gesetzlichen Güterstandes ist es gewiß, wenn derselbe eine grundsätzliche Umwandlung im Sinne der Gütergemeinschaft erfährt. Ueberdies sind ja die Grenzen zwischen den Systemen so flüssig, daß nicht einmal zwischen Gütergemeinschaft und Verwaltungsgemeinschaft immer eine feste Scheidewand zu finden ist.

Ich will nun weiter auf die Differenzen der verschiedenen Systeme der ehelichen Gütergemeinschaft nicht eingehen. Da aber einmal die Frage gestellt ist, habe ich mich verpflichtet gefühlt, als principalen gesetzlichen Güterstand die allgemeine Gütergemeinschaft als das m. E. dem Wesen der deutschen Ehe am meisten entsprechende System auch hier zu empfehlen. Die allgemeine Gütergemeinschaft ist es, von der ich glaube, daß sie derjenige Güterstand ist, der den Interessen und Bedürfnissen der großen Mehrheit des Volkes am besten entgegenkommt, und welcher in den Fällen, in denen er nicht geeignet ist, am leichtesten vertragsmäßig ausgeschlossen wird. Wenn aber die allgemeine Gütergemeinschaft nicht acceptirt wird, so steht ihr durchaus nahe die französische Gütergemeinschaft. Der Ausschluß der eingebrachten und ererbten Grundstücke von der Gemeinschaft hat ja da, wo auf die Vererbung der Liegenschaften in der Familie großes Gewicht gelegt wird, gewiß seine Vorzüge. Darum halte ich eventuell die Fahrniß- und Errungenschaftsgemeinschaft für empfehlenswerth, wobei ich bemerke, daß der erste Referent wohl die Differenz zwischen dem französischen System und dem System der Errungenschaftsgemeinschaft, wie es wenigstens größtentheils in Deutschland besteht, zu gering angeschlagen hat. Diese beiden Systeme sind sehr weit von einander entfernt; auch hat die Errungenschaftsgemeinschaft den Nachtheil, daß es stets einer mühsamen Sonderung zwischen dem Eingebrachten und dem späteren Erwerb bedarf und nur zum Theil durch ein complicirtes System von Vermuthungen hier geholfen wird. Indessen, m. H., wenn sich keine Mehrheit für die Errungenschafts- und Fahrnißgemeinschaft findet, dann würde ich sicherlich von meinem Standpunkte aus mindestens die einfache Errungenschaftsgemeinschaft als gesetzlichen

Güterstand empfehlen. Das, glaube ich, ist ein fast unerläßlicher Schritt, der zu thun ist; denn, wie Herr College Jacobi ausgeführt hat, daß die Errungenschaft dem Manne allein gehört, und die Frau, die in der Wirthschaft mithilft, keinen Antheil daran hat, entspricht nicht unserem jetzigen Rechtsbewußtsein, zumal der Entwurf die Bestimmung hat, daß freilich Tänzerinnen, Sängerinnen und Schauspielerinnen ihre Gage für sich behalten, die Frau aber, die in der Wirthschaft mithilft, keinen Pfennig von dem gemeinsam erworbenen Vermögen für sich erwirbt.

Ich glaube, daß wenn einer dieser Anträge hier angenommen werden sollte, dies nicht eine Beschlußfassung über die weiteren Anträge ausschließt, die sich auf die Modification des im Entwurfe zum gesetzlichen Güterstande erhobenen Systems einer bloßen Verwaltungsgemeinschaft beziehen. Denn immerhin würde dieses System als vertragsmäßiger Güterstand im Entwurfe zu regeln sein. Ueberdies aber bedarf es der Beschlußfassung für den Fall, daß eben doch kein gütergemeinschaftliches System als gesetzliches angenommen würde. In dieser Beziehung stimme ich nun vollständig den bisher gehörten Ausführungen bei und habe denselben kaum etwas hinzuzufügen.

Am sympathischsten sind mir die Anträge des Herrn Correferenten Bunsen, denn sie enthalten im Grunde einen Ausbau der Verwaltungsgemeinschaft im Sinne der allgemeinen Gütergemeinschaft. Freilich nur nach außen. In dieser Richtung weiß ich einen praktischen Unterschied zwischen den vom Herrn Correferenten vorgeschlagenen System und dem der allgemeinen Gütergemeinschaft kaum zu entdecken. Wenn aber im inneren Verhältniß der Ehegatten die Gütergemeinschaft nicht durchgeführt, der Frau nicht als Correlat ihrer Mithaftung für alle Schulden die Mitherrschaft über das ganze Ehevermögen eingeräumt werden soll, so stößt mir das Bedenken auf, ob auf diese Weise nicht die Frau zur uxor in manu mariti herabgesetzt wird. Insbesondere scheint es mir unbillig, der Frau die Schuldenhaftung aufzubürden, ohne ihr gleichzeitig einen Antheil an der Errungenschaft zu sichern.

Diese Bedenken fallen natürlich gegenüber dem Schroeder'schen Antrage, den ich am liebsten in der Brunner'schen Fassung acceptiren würde, fort. Mit demselben kann ich mich unbedingt einverstanden erklären. Nur ist mit einem so allgemeinen Satze nicht viel gesagt. Darum würde ich meinerseits eine nähere Präcisirung vorziehen. Ich meine, daß wenigstens die drei ersten Punkte des Antrags Bunsen angenommen und dem Schroeder'schen Antrage hinzugefügt werden sollten, weil damit doch ein festerer Anhalt für die in der 2. Lesung vorzunehmenden Aenderungen gegeben wäre.

Correferent Amtsrichter **Bunsen** (Rostock): Ich kann im Schlußwort acceptiren, was Herr Geh. Rath Gierke vorgetragen hat. Ich habe mich hauptsächlich veranlaßt gefühlt, einen selbständigen Antrag zu stellen, weil im Schlußsatze des Schroeder'schen Gutachtens die Beziehung auf das A.L.R. genommen wird. Ich habe nicht die Ehre, unter der Herrschaft des A.L.R.'s zu leben und glaube, auch im deutschen Juristentage kann man nicht so ohne Weiteres darauf Bezug nehmen. Man muß sich doch bestimmt präcise Sätze vorstellen. Nachdem Herr Prof. Brunner diese Worte in seinem Antrage gestrichen hat, werde ich dem auch eventuell zustimmen können. Trotzdem aber bitte ich doch, zunächst meine Anträge 1—3, namentlich auch meinen Antrag unter 4, zur Abstimmung zu bringen, da das, was ich darüber ausgeführt habe, in dieser Beziehung durch die bisherige Debatte nicht Widerlegung gefunden hat.

Wenn Herr Prof. Brunner seinen sämmtlichen Vorrednern zum Vorwurf gemacht hat, daß sie die aufgestellte Frage mißverstanden haben, so hat er mir diesen Vorwurf mit Unrecht gemacht. Ich habe das nicht anders verstanden, als daß man den gesetzlichen Güterstand beibehält und innerhalb der Verwaltungsgemeinschaft grundsätzliche Aenderungs- und Zusatzanträge stellt, und ich habe mich auch bei meinen Ausführungen innerhalb dieser Grenzen gehalten.

Was schließlich noch die Haftung des Ehegutes (Frauengutes) für die Schulden des Ehemanns anbetrifft, so hat Herr Hofrath Schroeder gesagt, in Oldenburg habe die Ehefrau auch die Ehre, mit ihrem gesammten Vermögen für die Schulden des Mannes einzustehen. Nach Rostocker und Hamburger Stadtrecht ist es ebenso.

Ich kann mich weiterer Worte enthalten und empfehle nochmals meine Anträge.

Präsident: Der Antrag des Herrn Professor Brunner lautet: den Beschluß so zu fassen:

> „Das im Entwurfe aufgestellte System des gesetzlichen Güterstandes bedarf, möge es nun gesetzliches Gütersystem bleiben oder nicht, einer grundsätzlichen Aenderung in der Richtung, daß das System des ehemännlichen Nießbrauches in dem Sinne der deutschen ehelichen Verwaltungsgemeinschaft ausgestaltet wird."

Ich bemerke gleich vorweg, um nachher bei der Fragestellung möglichst Discussionen zu vermeiden, daß ich diesen Antrag als Abänderungsantrag zu dem eventuellen Antrage des Referenten auffasse und nicht als einen selbständigen, weil er nur in Kleinigkeiten abweicht.

Geh. Justizrath Professor Dr. **Brunner** (Berlin): Selbst wenn wir einen der Anträge des Herrn Collegen Gierke annähmen, bleibt die Frage offen, ob das System der Verwaltungsgemeinschaft, wie es im E. modificirt ist, bleiben soll oder nicht. Auch Herr Geh. Rath Gierke kann nicht wollen, daß das System der Verwaltungsgemeinschaft aus dem Entwurf vollständig gestrichen wird. Die Anhänger des Regionalsystems müssen ja jedenfalls das verlangen, daß mindestens generelle Güterverträge möglich sind, die nach dem System der Verwaltungsgemeinschaft geschlossen werden. Also auch wenn ein anderes Gütersystem das gesetzliche wird, haben wir Anlaß, den Beschluß zu fassen, den ich in meinem Antrage formulirt habe.

Was nun aber den weiter folgenden Punkt betrifft, ob wir uns hier für ein anderes System des gesetzlichen Güterrechtes aussprechen sollen, als der Entwurf es beliebt hat, so bitte ich Sie, m. H., die factische Sachlage zu bedenken. Wir haben beinahe $^1/_2$ 2 Uhr, die Sitzung wird bald zu Ende sein. Wir können nicht in 10 oder 20 Minuten über eine Frage von solcher Tragweite entscheiden. Der Juristentag würde sich um ein gewisses Quantum seines Ansehens bringen, wenn er das thäte. Die Frage, ob die allgemeine Gütergemeinschaft zu empfehlen sei, die ich nur für angebracht halte, wenn die Ehe mit Kindern gesegnet ist, was man leider bei Eingehung der Ehe nicht wissen kann,

(Heiterkeit.)

während sie sonst ihre Schattenseiten hat, oder ob die Erwerbsgemeinschaft des süddeutschen Rechtes oder die Fahrniß- und Errungenschaftsgemeinschaft, sind wir heute bei dem vorgerückten Stadium der Verhandlungen jedenfalls nicht in der Lage zu erledigen.

Deshalb habe ich den Antrag so formulirt, daß auch Jeder, der ein anderes gesetzliches System will, sich dafür aussprechen kann, indem ich hinzugefügt habe: „möge es nun gesetzliches Güterrecht bleiben oder nicht“.

Wenn Sie weiter gehen wollen, dann wird nichts anderes übrig bleiben, als daß die Frage, welches System das gesetzliche werden soll, aufs Neue auf die Tagesordnung eines Juristentages gestellt wird.

Präsident: Ich schließe die Debatte vorbehältlich des letzten Wortes des Herrn Berichterstatters.

(Derselbe verzichtet.)

Dann kommen wir zur Abstimmung.

Es liegen 3 Hauptanträge vor: Der Antrag des Referenten, für den Fall seiner Ablehnung, ein eventueller Antrag des Referenten und der Antrag des Correferenten.

Der letztere Antrag, der zunächst zur Abstimmung kommt, ist in seinem Wortlaute unverändert geblieben. Beide Anträge des Herrn Referenten haben Amendements erhalten, der Hauptantrag von Herrn Prof. Gierke, der eventuelle von Herrn Prof. Brunner.

Wir versuchen zunächst, damit die Entscheidung rein ausfällt zwischen den verschiedenen Anträgen, damit jeder weiß, was gegenübersteht, die Anträge des Referenten dahin festzustellen, welcher eventuell die Mehrheit haben würde.

Ich bitte also diejenigen, die den Hauptantrag des Referenten, auch Antrag Jacobi, der dahin geht:

Der Juristentag beschließt:

> „Als gesetzlich ist nicht der für die begüterte Minderheit, sondern der für die wenig oder gar nicht bemittelte Mehrheit passendste Güterstand aufzustellen. Dies ist der Güterstand der Erwerbsgemeinschaft —“

für den Fall seiner Annahme dahin ändern wollen, zunächst principiell, daß an die Stelle der letzten Worte: „dies ist der Güterstand der Erwerbsgemeinschaft“, die Worte treten: „Dies ist der Güterstand der allgemeinen Gütergemeinschaft“, aufzustehen.

(Geschieht.)

Das ist die Minderheit.

Dann bitte ich die Herren, die an Stelle derselben verlesenen Worte die Worte setzen wollen: „Dies ist der Güterstand der Fahrniß- und der Errungenschaftsgemeinschaft“, aufzustehen.

(Geschieht.)

Auch das ist die Minderheit. Der Antrag bleibt also unverändert.

Der eventuelle Antrag des Referenten lautet:

> „Das in dem Entwurfe aufgestellte System des gesetzlichen Güterstandes bedarf demnach einer grundsätzlichen Abänderung in der Richtung, daß das aus dem sächs. B.G.B. entlehnte System des ehemännlichen Nießbrauches in dem Sinne der deutschen ehelichen Verwaltungsgemeinschaft in der Art des preußischen A.L.R. ausgestaltet wird“.

Diejenigen Herren, die diesem Antrage die Fassung geben wollen, für den Fall seiner demnächstigen Annahme, daß er lautet, wie Herr Prof. Brunner beantragt hat:

„Das in dem Entwurfe aufgestellte System des gesetzlichen Güterstandes bedarf, möge es nun gesetzliches Gütersystem bleiben oder nicht, einer grundsätzlichen Aenderung in der Richtung, daß das System des ehemännlichen Nießbrauches in dem Sinne der deutschen ehelichen Verwaltungsgemeinschaft ausgestaltet wird",

bitte ich, sich zu erheben.

(Geschieht.)

Das ist die offenbare Mehrheit.

Wir kommen jetzt zur Abstimmung zuerst über den Antrag des Herrn Correferenten Bunsen. Für den Fall seiner Annahme sind die anderen Anträge erledigt. Für den Fall seiner Ablehnung kommt der Hauptantrag des Herrn Referenten übereinstimmend mit dem Ihnen vorliegenden Antrage Jacobi zur Abstimmung; für den Fall seiner Ablehnung der eben angenommene Antrag des Herrn Professor Brunner, den ich demnächst wieder vorlesen werde.

Nun bitte ich diejenigen Herren, die den Antrag des Correferenten Bunsen zur Frage 8:

„Die Bestimmungen des Entwurfs eines B.G.B.'s über den gesetzlichen Güterstand bedürfen in folgender Richtung einer Aenderung: 1, 2, 3, 4,

— wenn es nicht verlangt wird, erspare ich mir die Verlesung — annehmen wollen, sich zu erheben.

(Geschieht.)

Das ist die Minderheit.

Nunmehr bitte ich diejenigen Herren, die den Hauptantrag des Referenten:

„Der Juristentag beschließt, als gesetzlich ist nicht der für die begüterte Minderheit, sondern der für die wenig oder gar nicht bemittelte Mehrheit passendste Güterstand aufzustellen. Dies ist der Güterstand der Erwerbsgemeinschaft"

annehmen wollen, die Hand zu erheben.

(Geschieht.)

Das ist die Minderheit.

Dann bitte ich diejenigen Herren, die den Antrag des Herrn Prof. Brunner:

„Das in dem Entwurf aufgestellte System des gesetzlichen Güterstandes bedarf, möge es nun gesetzliches Gütersystem bleiben oder nicht, einer grundsätzlichen Aenderung in der Richtung, daß das System des ehemännlichen Nießbrauchs in dem Sinne der deutschen ehelichen Verwaltungsgemeinschaft ausgestaltet wird"

annehmen wollen, die Hand zu erheben.

(Geschieht.)

Das ist die große Mehrheit, vielleicht Einstimmigkeit. — Das wäre unser heutiger Beschluß.

Nun bin ich der Meinung, m. H., daß dieser Beschluß eine Fassungsänderung des eventuellen Beschlusses des Herrn Referenten ist, und möchte Ihnen deshalb vorschlagen, unseren Herrn Referenten zu ersuchen, die Berichterstattung im Plenum zu übernehmen, und zwar, so wichtig auch gerade dieser Gegenstand ist, besonders als Abweichung zu früheren Beschlüssen des Juristentages, doch auch zunächst nur zur Kenntnißnahme.

Wenn nichts anderes beantragt wird, sehe ich Beides als genehmigt an, und erlaube mir, die heutige Sitzung zu schließen.

(Schluß der Sitzung 1 Uhr 30 Min.)

Erste Sitzung der dritten Abtheilung
am Donnerstag, den 10. September 1891.

(Beginn: Vormittags 11 Uhr.)

Auf Vorschlag des Hof- und Gerichtsadvocaten Dr. Jaques, Mitglieds der Ständigen Deputation, wird der Senatspräsident Dr. von Stößer zum Präsidenten der Abtheilung gewählt.

Senatspräsident Dr. **von Stößer** (Karlsruhe): Geehrte Herren, ich sage Ihnen herzlichen Dank für die eben so freundliche wie ehrenvolle Billigung des Ihnen gemachten Vorschlags. Unsere Zeit ist sehr gemessen; deshalb gehe ich sofort zu unseren weiteren Arbeiten über. Zunächst bitte ich als Stellvertreter hier Platz zu nehmen den Herrn Hof- und Gerichtsadvocaten Dr. Jaques in Wien und als Schriftführer die Herren Regierungsrath Prof. Dr. Hiller aus Czernowitz, Staatsanwalt Pinoff aus Köln und Rechtsanwalt Dr. Johnen aus Köln. Sind Sie mit diesen Vorschlägen, die immerhin auch Ihre Billigung finden müssen, einverstanden?

(Zustimmung.)

Geehrte Herren, wir sehen aus der vorläufigen Tagesordnung, daß uns mehrere Fragen zur Beantwortung gestellt sind. Die eine, unter Ziffer 15 hier aufgezeichnet, fällt zu unserem Bedauern aus, indem die Herren Berichterstatter, welche dafür auserseheh waren, Geh. Justizrath Dr. von Wilmowski in Berlin und Prof. Dr. Zorn in Königsberg verhindert sind, zu erscheinen. Es würde sich fragen, ob dem ungeachtet dieser Gegenstand zur Verhandlung kommen könnte, wenn einer der Herren aus der Versammlung sich erbieten würde, freiwillig das Referat zu übernehmen; wir könnten dann morgen darüber verhandeln. Ist jemand dazu erbötig? — Nicht! So nehme ich an, daß mit Ihrer Zustimmung Frage 15 auf dem diesjährigen Juristentage ausfällt.

Es bleiben uns dann die weiteren Fragen übrig, Nr. 11, die bedingte Verurtheilung im Strafrecht, Nr. 12, die Bestrafung der Trunksucht, Nr. 13, das Verhältniß zwischen Geld- und Freiheitsstrafen, und Nr. 14, die Rechtspflege in den Schutzgebieten betreffend. Wir sind leider in der Zeit heute schon etwas vorgerückt, und deswegen werden wir meines Erachtens, selbstverständlich vorbehaltlich Ihrer Zustimmung, heute nur etwa die 11. Frage über die bedingte Verurtheilung im Strafrecht erledigen können und, wenn irgendwie thunlich, noch die 14. Frage über die Rechtspflege in den Schutzgebieten.

Wenn es Ihnen genehm ist, so würden wir heute bis etwa 2 Uhr unsere Verhandlungen bei angestrengtem Fleiß ausdehnen. Es ist, wie ich hoffe, nicht unmöglich, die genannten beiden Fragen, die eine, welche uns längere Zeit, und die andere, welche uns voraussichtlich nur kürzere Zeit in Anspruch nehmen wird, heute zu verhandeln, und dann hätten wir morgen von Vormittags 9 Uhr an, ganz pünktlich angefangen, die beiden weiteren Fragen zu erledigen und zwar über das Verhältniß der Geld- und Freiheitsstrafen mit dem Vortrag des Herrn Dr. Jaques und nachher über die Trunksucht. Sind Sie mit diesen einstweiligen Vorschlägen für die Tagesordnung einverstanden?

(Zustimmung.)

Gut, so fangen wir also heute mit der Verhandlung über die Frage nach der bedingten Verurtheilung im Strafrecht an.

Die Herren Reichsgerichtsräthe Loebell und Dr. Stenglein werden jetzt die Güte haben, ihre Berichte zu erstatten. Glücklicherweise haben sie sich auf gemeinsame Vorschläge geeinigt, so daß wir also es einstweilen nur mit einem Vorschlage zu thun haben. Ich bringe nun zunächst zum Aufruf: die Berichterstattung des Herrn Reichsgerichtsraths Loebell über die mehrerwähnte Frage.

Referent Reichsgerichtsrath **Loebell** (Leipzig): M. H., die Frage der bedingten Verurtheilung hat seit einigen Jahren die juristische und zum Theil auch die nichtjuristische Welt lebhaft beschäftigt. Beschlüsse mancher Art sind von anderen Versammlungen gefaßt worden. Sie tritt jetzt an uns heran. Der wesentliche Unterschied, will mir scheinen, der in anderen Versammlungen gefaßten Beschlüsse und derjenigen Beschlüsse, die Sie heute fassen werden, besteht darin, daß in der internationalen criminalistischen Vereinigung, die sich bis jetzt mit der Frage vorwiegend beschäftigt hat, schon nach den Grundsätzen dieser Vereinigung voraussichtlich auf mehr oder minder ergebene Anhänger der bedingten Verurtheilung zu rechnen war, daß Differenzen dort sich weniger um das „Ob", als um das „Wie" drehten. Die Frage ist in den wenigen

Jahren, die sie für Deutschland besteht, durch eine verhältnißmäßig ansehnliche Literatur, anfangs fast ausschließlich im günstigen Sinne, nachher auch im feindlichen Sinne behandelt worden. Sie ist Gegenstand der Gutachten geworden, die in Ihren Händen sich befinden, Gutachten hochangesehener Rechtslehrer. Während Herr Prof. H. Meyer, der, soviel ich weiß, heute leider nicht anwesend ist, im Princip zur Verneinung gelangt, empfiehlt Herr Prof. H. Seuffert, der selbst anwesend ist, die bedingte Verurtheilung. Wenn er dies schließlich in Gestalt eines vollständig formulirten Gesetzentwurfs thut, so hat das, wie er mir eben selbst sagte und wie ich von vornherein voraussetzte, nicht die Bedeutung, daß damit dem Juristentage angesonnen würde, über die Paragraphen dieses Gesetzentwurfs abzustimmen; ich glaube, dies wäre auch eine unmögliche Aufgabe; sondern es hat damit offenbar nur gezeigt werden sollen, daß die Idee nicht bloß ein Luftschloß ist, sondern daß und wie sie sich nach der Vorstellung des Herrn Gutachters praktisch ausführen läßt.

Der erste Gutachter, Herr Prof. Meyer, giebt eine übersichtliche Darstellung der Gründe für und wider, die er in einer Reihe von Nummern aufzählt. Seine Entscheidung, die „wider" fällt, motivirt er damit, daß das ja schließlich nicht genau berechnet werden könne, sondern daß das Sache einer — ich dächte, so drückt er sich aus — ungefähren Abschätzung sei, und dennoch kommt er zu dem Urtheil, daß die bedingte Verurtheilung, die er im Princip verwirft, für jugendliche Personen und für weibliche Personen sozusagen versuchsweise einzuführen sei. Mir will das nicht recht scheinen, und ich finde in seinem Gutachten dies die Schwäche, daß er den Vorschlag, für Jugendliche und Weiber die bedingte Verurtheilung einzuführen, nicht begründet hat. Ist er im Princip Gegner, so bleibt meines Erachtens für die Ausnahme die Begründung aus.

Herr Prof. Seuffert hat mit der Gründlichkeit, die dem deutschen Gelehrten eigen ist, vor allen Dingen die Geschichte der Einrichtung vorgetragen. Sie haben dort mehr Erfahrungen, als ich Ihnen würde bieten können; ich glaube, die Geschichte ist ziemlich spät anzufangen, um deßwillen, weil, wie ja auch Herr Prof. Seuffert selbst berichtet und worüber alle andern Schriftsteller einig sind, die bedingte Verurtheilung, wenn sich auch etwas Aehnliches zuerst in einem Staate Nordamerikas geltend gemacht hat, wenn man in englischen Colonien sie eingeführt hat, in England selbst, doch auf ihrem Wege über das atlantische Meer und selbst auf dem Wege über den Canal ihren Charakter vollständig geändert hat. Ich glaube, die Geschichte der bedingten Verurtheilung in dem Sinne, wie wir uns mit ihr zu beschäftigen haben, fängt erst mit dem belgischen Gesetze vom 31. Mai 1888 an. Das Neueste auf diesem Gebiete der Gesetzgebung dürfte das französische Gesetz vom 27. März 1891 sein. Man wird daran gleich den Einwand knüpfen dürfen und hat ihn geknüpft: also liegen keine Erfahrungen über diese Einrichtung, die Ihr uns vorschlagt, vor. Ich gebe dies in vollem Maße zu. Die Erfahrungen, die jenseits des Meeres gemacht wurden, sind, weil die Einrichtungen dort ganz anderer Art sind, für uns nicht maßgebend. Die Erfahrungen, die in Belgien — von Frankreich kann nicht gesprochen werden, da das Gesetz erst von diesem Jahre ist — gemacht sind, sind meines Erachtens auch zu jungen Datums, als daß sie irgendwie als Erfahrungen in Betracht kommen können. Ja aber, m. H., ist denn das ein Hinderniß für die deutsche Nation, eine Einrichtung einzuführen, neu einzuführen, wenn andere Nationen damit noch keine Erfahrungen gemacht haben? Sind wir denn verpflichtet, den anderen nachzuhinken, oder können wir nicht mit ihnen gleichen Schritt halten, wenn wir, was in diesem Falle ja nicht mehr möglich ist, ihnen nicht vorangehen können?

Meine Herren, ich betrachte die Frage vorzugsweise vom Standpunkte des Praktikers, und da wirft sich zuerst bei jedem Gesetzesvorschlag die Frage nach dem Bedürfniß auf. Das Bedürfniß zu dieser und zu anderen vorgeschlagenen Neuerungen ist entwickelt aus dem Nachtheil und aus dem mangelnden Erfolg, den Freiheitsstrafen, vor allen Dingen kurze Freiheitsstrafen haben. Es ist in dieser Beziehung Ihnen allen bekannt, und ich will Sie nicht mit statistischen Zahlen langweilen, die doch bloß an den Ohren der Hörer vorüberrauschen, ohne irgend eine Wirkung zu haben, wenn man sie nicht vor sich hat, statistische Zahlen, die außerdem in anderen literarischen Arbeiten, namentlich in der von Rosenfeld und auch in dem Gutachten des Herrn Prof. Seuffert in genügendem Maße gegeben sind — nach diesen Zahlen ist die Summe der Verurtheilungen zu kurzen Freiheitsstrafen, als welche ich die bis zu drei Monaten vorläufig einmal betrachten will, eine verhältnißmäßig große. Man hat nun gefunden, daß die kurzzeitigen Freiheitsstrafen den Nutzen, den man etwa von der Vollstreckung einer Freiheitsstrafe erwartet, nicht gewähren. Von Vergeltungstheorie und dergleichen absoluten Theorien ist bei der Frage des Nutzens nicht die Rede. Will man erziehen, will man bessern, will man abschrecken, das ist alles sehr wohl möglich in wohl eingerichteten Gefängnissen mit einem tüchtigen Beamtenpersonal, welches in der Lage ist, längere Zeit auf die ihm anvertrauten Gefangenen einzuwirken. Ist das aber möglich in unseren kleinen amtsgerichtlichen Gefängnissen, in denen eine wechselnde Bevölkerung weilt, wo der eine einen Tag, der andere zwei, drei Tage, eine Woche bleibt? Das wichtigste Erziehungsmittel, das dort am nöthigsten wäre, Arbeit, ist fast unausführbar. Ich weiß, es giebt einzelne Bezirke, ich weiß es besonders von einer Provinz, wo der oberste Leiter der Gefängnißverwaltung dafür gesorgt hat, daß in allen Gefängnissen gearbeitet wird. Welche besonderen Einrichtungen das dort aber begünstigt haben, welch' ausgezeichnetes Personal dabei mitgewirkt haben mag, welcher Eifer, welche Liebe bei den leitenden Personen dabei im Spiele gewesen sein mag, das sind alles Dinge, die sich nicht einfach auf andre Theile unseres deutschen Vaterlandes übertragen lassen. Die Erfahrung lehrt, daß es eine Reihe von Gefängnissen giebt, in denen die Durchschnittszahl der Tagesgefangenen ein Bruch etwas über 1, ja mitunter ein Bruch unter 1 ist. Ich selbst erinnere mich — es ist das allerdings schon einige Jahrzehnte her —, daß, als ich Einzelrichter war, in dem Gefängniß, dem ich vorstand, die Durchschnittszahl der Gefangenen $^3/_4$ betrug. Nun, m. H., die einzige Arbeit — es sollte auch damals gearbeitet werden — oder ich will mich beschränken, die größte Arbeit, die dort geleistet wurde, das war die Führung und Revision der Gefangenenarbeitskasse, die Führung der Kasse durch den Bureauvorsteher, die Revision durch den Richter. Die Gefangenen kamen nicht zu etwas Weiterem, als dazu, daß sie das Holz für das kleine Gerichtsgefängniß zerkleinerten, und das geschah, weil diese Durchschnittszahl natürlich sehr vertheilt war auf die verschiedenen Jahreszeiten und von vielen Zufälligkeiten abhing, auch nur gelegentlich, so daß schließlich, wenn kein Gefangener da war, noch fremde Arbeiter genommen werden mußten, um diese Arbeit zu erfüllen. Jetzt in diesen Ferien besuchte ich den Vorstand eines kleinen Amtsgerichts in der Neumark und fragte ihn auch gelegentlich, womit beschäftigen Sie denn Ihre Gefangenen? Er hatte, glaube ich, 1—2 im Durchschnitt. Er sagte, mit Holzzerkleinern für das Gericht und Weinflascheneinpacken für mich, wenn ich leere Weinflaschen an den Weinhändler zurückschicke.

(Heiterkeit.)

Es kommt nun aber weiter hinzu, daß, während durch Arbeit an solchen kleinen Gefängnissen nicht erzogen werden kann, auch die Aufseher, die wir aus unseren civilversorgungsberechtigten Unterofficieren, sonst zweifellos sehr tüchtigen Leuten, entnehmen, ganz gewiß die Fachkenntniß, die Liebe zum Geschäft nicht mitbringen; es sind Schließer, die günstigsten Falls im Stande sind, die Gefängnißthür zu rechter Zeit zu schließen und zu öffnen, manchmal sich auch in einen familiären Verkehr mit den wenigen Gefangenen einlassen: Zustände, die in ihrem Gipfel in früherer Zeit ja einmal als ein „fideles Gefängniß" bezeichnet worden sind. So mag es ja nicht überall sein, aber daß in der That diese Zustände nicht derart sind, daß durch sie irgend etwas genutzt werden kann, darüber ist Feind wie Freund der bedingten Verurtheilung einig. Daß andererseits in der zufälligen Gesellschaft, in der sich die Gefangenen in solchen kleinen Gefängnissen befinden, ein schädlicher Einfluß geübt werden kann, eine moralische Ansteckung stattfindet, auch das scheint außer Streit zu sein. Sicher wird man sagen können, schwere Verbrecher kommen nicht in solche Gefängnisse. Natürlich nicht, wenn sie die Strafen ihrer schweren Verbrechen abbüßen, sehr wohl aber dann, wenn etwa ein rückfälliger Dieb nun einmal ausnahmsweise sich hat eine Unterschlagung zu Schulden kommen lassen oder eine Sachbeschädigung oder irgend ein kleines Vergehen, wegen dessen er nicht rückfällig ist, und nur auf Gefängnißstrafe von wenigen Tagen erkannt worden ist. Die Gesellschaft dieser hartgesottenen Sünder wird aber für die anderen Gefangenen — und darum handelt es sich — gefährlich. Noch gefährlicher — und das mag der Grund sein, weshalb in dem einen Gutachten die Annahme der bedingten Verurtheilung für die Weiber empfohlen wird — ist es freilich für Frauenzimmer, in eine derartige verdorbene Gesellschaft aufgenommen zu werden, die ich nicht näher zu skizziren brauche.

M. H., diese Zustände der kleinen Gefängnisse, wie ich schon sagte, sind auch von den Gegnern der bedingten Verurtheilung anerkannt, und wenn ich aus den vielen, die darüber geschrieben haben, einen herausgreife, so ist es Wach, von dem ich mit Ihrer Erlaubniß eine ganz kurze Stelle aus seiner Schrift „Die Reform der Freiheitsstrafe" wörtlich mittheilen möchte. Er sagt:

> „Die kurzzeitige Freiheitsstrafe beherrscht unsre Strafrechtspflege. Jeder Praktiker weiß das, und die Statistik beweist es. Die kurzzeitige Freiheitsstrafe aber ist in ihrer jetzigen Gestalt werthlos, ja schädlich; sie schreckt nicht ab, sie bessert nicht, sie verdirbt. Für den Verwahrlosten, vom Verbrechergift bereits Ergriffenen bleibt sie ohne jeden nachhaltigen Eindruck und wird ihm daher leicht zur Versuchung. Den Unbescholtenen dagegen kann sie übermäßig hart treffen, indem sie ihm das Brandmal des Sträflings aufdrückt, dadurch sein Ehrgefühl untergräbt, ihn den üblen Einflüssen der Verbrechergesellschaft aussetzt, ihn in seiner Berufsstellung empfindlich schädigt und so auf die Bahn des Verbrechens drängt."

Ich glaube, es ist dies eine ziemlich objective Schilderung der Verhältnisse. Ich wenigstens gehe für meine Person nicht so weit, wie es ja von anderer Seite geschehen ist, die kleinen Gefängnisse geradezu als Brutstätten des Lasters zu bezeichnen und wie dergl. Ausdrücke mehr lauten. Aber derselbe Wach schließt damit, daß er sagt:

> In den kleinen Gefängnissen empfangen die Neulinge des Verbrechens in verderbenstiftender Gemeinschaft, unter Leitung ergrauter Sünder, die eigentliche Verbrechersignatur. Das vielgehörte Schlagwort von der Elementarschule des Verbrechens trifft die Wahrheit.

In Wach nnd Appelius erstanden wohl der bedingten Verurtheilung in der Literatur die ersten lebhaften Gegner, nachdem schon vorher allerdings von Kirchenheim in Vorschlägen und Anträgen auf der Zusammenkunft der Internationalen kriminalistischen Vereinigung in Halle sich gegen die bedingte Verurtheilung ausgesprochen hatte.

Ein weiterer harter Schlag wurde demnächst dem Bestreben, das in Deutschland durch den leider heute abwesenden Prof. v. Liszt besonders in seinen „Kriminalpolitischen Aufgaben" gepflegt worden ist, indem er allerdings glaubte, er würde einen Sieg ohne Kampf haben, durch die Veröffentlichung im nichtamtlichen Theil des preußischen Justizministerialblattes zugefügt. Der preußische Justizminister hatte, der Bewegung prompt folgend, Gutachten von den Oberlandesgerichtspräsidenten und Oberstaatsanwälten über bestimmt formulirte Fragen eingeholt. Diese Gutachten sind im Original nicht mitgetheilt, es ist ein Auszug aus denselben gegeben. Aber auch nach diesem Auszug wird der geringe Nutzen und andererseits die Schädlichkeit der kurzen Freiheitsstrafen anerkannt. Sie werden mir gestatten, einige kurze Stellen aus diesem Berichte mitzutheilen. Es heißt dort:

> „Unwirksam seien kurzzeitige Freiheitsstrafen allerdings gegenüber dem nicht ehrliebenden Theile der Bevölkerung und insoweit sei ein Bedürfniß zur Abhülfe als vorhanden anzuerkennen."

Es wird die Bezeichnung der Gefängnisse als Brutstätten des Lasters abgewehrt und es heißt weiter:

> „Gleichwohl sei anzuerkennen, daß die Zustände in der angegebenen Richtung noch keineswegs befriedigend seien"

und ferner:

> „Damit solle keineswegs in Abrede gestellt werden, daß durch die Vollstreckung auch kurzer Freiheitsstrafen thatsächlich wenigstens ein Theil der Verurtheilten in seinem Fortkommen benachtheiligt werde."

Nun schließt dieser Bericht allerdings mit einem mir etwas widerspruchsvoll erscheinenden Satze. Es heißt nämlich:

„Denn abgesehen davon, daß dieser Versuch

— der Versuch der Einführung der bedingten Verurtheilung —

voraussichtlich nicht gelingen würde, sei eine theilweise Annahme dieser Institution unausführbar; dieselbe würde nothwendig die allgemeine Einführung nach sich ziehen."

Ja, m. H., wenn der Versuch nicht gelingt, dann scheint mir nicht gut abzusehen, wie ein Versuch mit der theilweisen Einführung die allgemeine Einführung nach sich ziehen soll; dann ist eben der Versuch gelungen.

Es kommt nun bei weiterer Erörterung der Bedürfnißfrage der Umstand hinzu, daß heut zu Tage eine gewisse Neigung besteht, strafbare Thatbestände, die man früher nicht gekannt hat, festzustellen. M. H., ich will kein Wort sagen gegen das, was man vielleicht in anderen Kreisen „Findigkeit der Staatsanwälte" nennt, sondern ich muß bekennen, daß in den meisten Fällen die Staatsanwälte mit ihren Constructionen recht haben, und daß das Gericht in die Lage versetzt wird, wenn ihm eine derartige Anklage vorliegt, den verbrecherischen Thatbestand festzustellen und die Strafe eintreten zu lassen. Ob es praktisch empfehlenswerth ist, so scharf vorzugehen, oder ob es allerdings durch das Legalitätsprincip bei uns geboten ist, auch das will ich unerörtert lassen; es genügt mir, die Thatsache festzustellen, und diese kann ich eben aus meiner Erfahrung feststellen, daß sehr häufig in der gesuchtesten Weise Thatbestände ermittelt werden, wo vielleicht jeder von uns sagen würde, ja so etwas kann dir in deinem Leben öfters schon vorgekommen sein, Gott sei Dank, daß du nicht angeklagt bist.

(Sehr richtig!)

Auch abgesehen von diesen Fällen giebt es noch andere, wo für jeden, nicht erst für einen besonders findigen Staatsanwalt, ganz klar der Thatbestand der Strafthat vorliegt, z. B., wenn eine Mutter mit ihrem 5jährigen Kinde auf der Eisenbahn fährt, indem sie den Irrthum des Schaffners, daß das Kind unter 4 Jahr alt sei, ausnützt; sie wird wegen Betruges angeklagt und muß verurtheilt werden. Ja, das ist ein so milder Fall, daß man wohl sagen könnte — und dergleichen giebt es mehr — da ist selbst die niedrigste Strafe, die im Gesetz verzeichnet ist, zu hart. Die Möglichkeit, wegen derartiger Strafthaten verfolgt und bestraft zu werden, der Schaden, den man erleidet, wenn man in Folge solcher Strafthaten und vielleicht auch anderer, des kleinen Diebstahls aus Noth und dergl. in die Gemeinschaft der Gefangenen kommt, das sind meines Erachtens wahrhaftig schwerwiegende Gründe gegen die kurzzeitige Freiheitsstrafe.

Aber auch bei denjenigen, die eine Strafe nicht bloß nach dem Buchstaben des Gesetzes, nicht bloß nach der schärfsten Auffassung verdient haben, sondern nach der allgemeinen Meinung der Strafe würdig sind, entsteht doch die Frage: was wird mit der Strafe erreicht? Ist das Strafübel, das nach meiner Auffassung allerdings dem Missethäter zugefügt werden soll, im Verhältniß zu seiner That? Wirkt es auf ihn als Strafe, was in einer Stelle des Berichtes des preußischen Justizministeriums verneint wird, meines Erachtens dem nicht ehrliebenden Theil der Bevölkerung gegenüber mit Recht verneint wird?

M. H., allein aus diesem Bedürfniß heraus, und ich glaube, daß dies der richtige Anfangspunkt ist — so hat, wenn ich mich recht erinnere, auch der Congreß in Brüssel den einzelnen Ländern die Entscheidung über die Arten und Modificationen, unter denen die bedingte Verurtheilung einzuführen sei, vorbehalten — allein aus diesem Bedürfniß unsrer Gesetzgebung, unsrer Zustände heraus möchte ich den Antrag auf Einführung der bedingten Verurtheilung empfehlen. Ich bediene mich hierbei des Ausdrucks „bedingte Verurtheilung", wohl wissend, daß derselbe das Wesen der Sache, wie wir sie im Sinne haben, nicht erschöpft; ich würde aber doch vorschlagen, diesen Ausdruck, weil er einmal in der Literatur gang und gäbe ist, beizubehalten und nicht in eine nähere Erörterung einzutreten. Was unter bedingter Verurtheilung zu verstehen ist, darüber eine Definition zu geben, halte ich außerhalb der Aufgabe, wie sie in der von der Ständigen Deputation gestellten Frage enthalten ist. Ich darf das nach den Gutachten, die sich in Ihren Händen befinden, als bekannt voraussetzen; einige Streiflichter mögen nachher noch darauf fallen.

Nun, m. H., ist der nächstliegende Gedanke, wenn man die Schädlichkeit der kurzzeitigen Freiheitsstrafen anerkannt, der, zu sagen, dann wollen wir die Freiheitsstrafen reformiren und ändern: Die Schäden namentlich der Gemeinschaft werden am besten durch Zellenhaft vermieden; die Nachtheile der kleinen Gefängnisse werden durch große Gefängnisse gehoben. Sehr schön, aber ich glaube, es ist unendlich viel leichter, daß wir hier über die bedingte Verurtheilung uns einigen, als daß das Deutsche Reich oder die Einzelstaaten desselben dazu kommen, so viel wohl eingerichtete Centralgefängnisse zu bauen, daß in denselben auch kurze Freiheitsstrafen vollstreckt werden können, und ein solches Heer von Beamten anzuwerben, welches mit Lust und Liebe — eine

Lust und Liebe, die nicht sehr verbreitet ist — an die Sache herantritt.
(Sehr richtig!)

Nun könnte man weiter sagen, es giebt eine große Menge anderer Abhilfen, mit denen man diesem Mangel der kurzzeitigen Freiheitsstrafen begegnen könnte. Nach der Aufgabe, die mir gestellt ist, habe ich mich mit den anderen Abhilfen nicht zu beschäftigen. Ich gebe zu, es giebt dergleichen. Die Aerzte, die sich bei diesem Uebel eingefunden haben, haben die verschiedensten Vorschläge gemacht, und jeder ist geneigt, den seinigen als Universalheilmittel anzupreisen. Wir haben uns aber heute bloß mit der bedingten Verurtheilung zu beschäftigen. Es sind nun einige andere Vorschläge, die deshalb interessiren, weil sie in Verbindung mit der bedingten Verurtheilung zur Einführung gelangen können.

Da ist vorzugsweise die Friedensbürgschaft zu erwähnen. M. H., ich bin gegen die Verbindung der Friedensbürgschaft mit der bedingten Verurtheilung, und zwar aus dem Grunde, daß wir damit allerdings — und das ist einer der Angriffspunkte der Gegner — ein Privileg schaffen würden für die oberen Zehntausend, meinetwegen auch für die oberen Hunderttausend. Eine derartige Classengesetzgebung heut zu Tage zu schaffen, scheint mir sehr bedenklich; ich möchte dazu in keiner Weise die Hand bieten. Es ist dann weiter ein Punkt, der sich auch in dem Gutachten des Herrn Prof. Seuffert vorfindet, angeregt worden: die Verbindung des Verweises mit der bedingten Verurtheilung. Auch gegen diese Verquickung bin ich. Der Verweis, wie er jetzt besteht, ist im Strafgesetzbuch nicht weiter geregelt, er ist bezeichnet als eine Strafe, die gegen Strafunmündige stattfinden soll unter gewissen Verhältnissen. Wie er ertheilt wird, darüber sagt das Gesetz nichts. Es ist möglich, ihn zum richterlichen Protocoll zu ertheilen, es ist möglich, ihn sogar schriftlich zu ertheilen, letzteres vorgesehen in dem Einführungsgesetz zum Strafgesetzbuch für Elsaß-Lothringen. Was soll denn nun ein Verweis noch wirken, sei es ein schriftlicher, sei es einer in den vier Wänden des Einzelrichters, nachdem in öffentlicher Sitzung eine Verurtheilung stattgefunden hat? Ich kann mir zunächst einen Erfolg durchaus nicht versprechen.

M. H., ich komme jetzt auf einige der Einwürfe — ich will Sie nicht mit allen ermüden — zurück, die gegen die bedingte Verurtheilung gemacht worden sind. Da ist vor allen Dingen gesagt worden, die bedingte Verurtheilung sei ein Eingriff in das Begnadigungsrecht. Das Staatsoberhaupt, so gut wie es dem zum Tode Verurtheilten noch auf dem Schaffot seine Strafe erlassen kann, so gut wie es eine Strafe mindern kann, so gut wie es eine Strafe umwandeln kann, könnte zweifellos ebenso gut auch sagen, ich bewillige dir im Gnadenwege einen Aufschub von so und so viel Monaten oder Jahren, und könnte nach abermaliger Anrufung sagen, ich erlasse dir die Strafe. Wenn zwei dasselbe thun, ist es aber nicht dasselbe; denn wenn es dasselbe wäre, dann wäre es gerade ebenso der Fall, wenn das Amtsgericht, das Schöffengericht den Angeklagten zu einem Monat Gefängniß verurtheilt hat, er legt Berufung ein und die Strafkammer des Landgerichts ermäßigt die Strafe um eine Woche; das ist eine Thätigkeit, die das Staatsoberhaupt auch an sich ausüben kann, und dennoch wird es niemand einfallen, zu sagen, daß es ein Eingriff in das Begnadigungsrecht sei. Worin liegt das Eigenartige des Begnadigungsrechts? Darin, daß es nur ausgeübt wird von dem unverantwortlichen Staatsoberhaupt, unverantwortlich, vorbehaltlich der politischen Verantwortlichkeit der Minister im constitutionellen Staate; ferner darin, daß es unbegrenzt, daß es ohne jede Controle ausgeübt wird; ferner darin, daß es ohne jedes Gesetz, ohne jeden Grund ausgeübt wird, wenigstens ohne jeden kundgegebenen Grund. Davon ganz verschieden ist die Handlung des erkennenden Richters; ich sage: erkennenden Richters, und damit gebe ich allerdings dem Ausdruck, wie ich mir die Sache ausgestaltet denke. Ich gehe nämlich davon aus, daß die Verurtheilung in dem Strafurtheil selbst ausgesprochen werden soll. Damit gestaltet sich die bedingte Verurtheilung als eine Modification der ausgesprochenen Strafe.

Man sagt nun freilich, — das ist einer der schwerwiegendsten Einwände — wo bleibt da die Vergeltungstheorie? M. H., gegen die Vergeltungstheorie hat Herr Prof. Seuffert in seinem Gutachten das schwerste Geschütz aufgeführt. Ich stelle anheim, ob dieser Artilleriekampf entscheidend gewesen ist; ich will in den Kampf nicht eintreten. Welche Theorieen heut zu Tage im Strafrecht die allgemeine Ueberzeugung darstellen, wer will das entscheiden? Da wir es nicht mit einem allgemeinen Strafrecht zu thun haben, sondern mit dem deutschen Strafrecht, haben wir uns zu fragen, von welcher Theorie wird denn das deutsche Strafgesetzbuch beherrscht. Nun, m. H., ich habe nicht feststellen können, daß es die Vergeltungstheorie sei, die unser Strafrecht beherrscht. Wollte man sie aufs Aeußerste durchführen, wie könnte man dann von Antragsvergehen sprechen? Wie könnte selbst Verjährung zugelassen werden? Ferner, wie könnten die §§ 199 und 233 des Str.G.B. bestehen, wonach es dem Richter freigestellt ist, bei wechselseitigen Beleidigungen oder bei wechselseitigen Körperverletzungen entweder beide Theile zu bestrafen oder beide Theile für straffrei zu erklären oder eine mindere Strafe gegen den einen oder anderen eintreten zu lassen. Haben beide Theile eine Strafthat begangen, so müßten eben beide Theile bestraft werden, und wenn man nachläßt, beide straflos zu lassen, so kann füglich von Anwendung der Vergeltungstheorie nicht die Rede sein. Aber, m. H., selbst wenn wir uns auf den Boden der Vergeltungstheorie stellen und wenigstens — denn praktische Ausnahmen wird sie auch erleiden müssen — so weit mit ihr gehen, daß wir sagen, die Strafe soll allemal ein Uebel vorstellen, so entsteht die weitere Frage: ist denn die bedingte Verurtheilung ein Uebel? Ich glaube, Sie werden diese Frage bejahen müssen, wenn Sie anerkennen, daß der Verweis in unser Strafsystem paßt, daß der Verweis ein Uebel ist. Das Uebel braucht nicht nothwendig — wir sehen das auch an anderen Nebenstrafen des Str.G.B. — ein materielles zu sein, es kann auch ein moralisches sein, und nun möchte ich in der That wissen, ob es nicht ein moralisches Uebel ist, wenn etwa eine Frau, die aus Fahrlässigkeit ihr eigenes Kind getödtet hat, in öffentlicher Sitzung erscheinen, sich deshalb verantworten muß und schließlich zu einer Strafe durch öffentlich verkündigtes Urtheil verurtheilt wird. Es entsteht dann bloß die Frage, ob dieses Uebel nicht etwa härter ist als die Einsperrung auf einige Tage in ein Gefängniß, von welcher Beschaffenheit es auch sei.

Wenn das auch aufgeklärte Juristen, wendet man auf der einen Seite ein, sagen mögen, so kommt es nicht allein darauf an, sondern auf den Eindruck, den die Einrichtung im Volke macht. M. H., ich halte diesen Einwurf nicht für zutreffend. Es hat sich allemal bei großen Neuerungen gezeigt, daß die gebildeten Kräfte, daß die Fachkenner, daß die Spitzen der Nation ihrem Volke vorangehen müssen. Derartige Einrichtungen sind immer von den Führern gemacht worden, das Volk hat sich erst allmählich daran gewöhnt. So glaube ich auch, kann die mangelnde Einsicht im Volke den Fortschritt, wenn er einer ist, nicht hindern. Wie weit diese mangelnde Einsicht geht, will ich deshalb unerörtert lassen. Die Auffassung aber, der Herr Prof. von Kirchenheim Ausdruck gab, indem er sagte, der Spruch, den man anderweit oft hört: einmal ist keinmal, diese laxe Moral wird immer mehr um sich greifen, wenn man sagt, das erste Mal kannst du stehlen, da wirst du nicht bestraft; m. H., dieser Einwand wäre nur zutreffend und ist auch zunächst für den Fall erhoben, daß die bedingte Verurtheilung als obligatorisch eingeführt wird. Soviel ich weiß, hat aber eigentlich in Deutschland niemand daran gedacht, die bedingte Verurtheilung obligatorisch einzuführen, sie sollte nur facultativ gestaltet werden. Und dann, welche Sicherheit hat denn der Angeklagte oder in dem früheren

Stadium der Thäter, daß seine That, vorausgesetzt, daß eine Strafgrenze gesetzt wird, unter diese Strafgrenze fällt, und wenn sie dann unter diese Strafgrenze fällt, daß der Richter von seinem Ermessen zu seinem Gunsten Gebrauch machen wird? Man wird weiter auch behaupten können, und es ist dies vielfach behauptet worden, daß unter den Erwägungen, die ein zur That Geneigter anstellt, die: wirst du gefaßt werden? die sehr viel größere ist, als die: wirst du, wenn gefaßt, bestraft?

Ich will nun von den Einwendungen, die principiell gemacht werden, absehen und von den Schwierigkeiten in der Ausführung, die man erhoben hat, sprechen. Diese Schwierigkeiten sind besonders wegen der Geldstrafen erhoben worden. M. H., in dem Antrage, den ich mir Ihnen vorzulegen erlaubte, und zwar zu meiner Freude im vollen Einverständniß mit dem Herrn Mitreferenten, meinem verehrten Collegen Stenglein, ist von der Geldstrafe nicht die Rede, und ich glaube auch, daß sie nicht hineingehört. Es ist ja eine große Bewegung — und es ist dies eines von den heute nicht zu berührenden Ersatzmitteln für die kurzzeitige Freiheitsstrafe — bezüglich der Geldstrafe eingetreten, es ist auf der Internationalen kriminalistischen Vereinigung in Christiania jetzt darüber verhandelt worden, und die Frage steht auch in einem gewissen Umfange auf unserer diesmaligen Tagesordnung. Die Internationale kriminalistische Vereinigung hat allerdings beschlossen, daß die Einrichtung der bedingten Verurtheilung auch auf die Geldstrafe auszudehnen ist. Ich kann mich dem nicht anschließen, und zwar deshalb nicht — und das ist der nationale Grund, den wir zu verfolgen haben — weil wir hier in Deutschland nach unserem Gesetzbuch, nach unseren Zuständen davon ausgehen, daß gerade das Uebel der kurzzeitigen Freiheitsstrafe uns nöthigt, zur bedingten Verurtheilung überzugehen. Ist das der eigentlich entscheidende Grund, so kann er auf die Geldstrafe nicht Anwendung finden. Man wird nun freilich mit dem Grunde kommen, daß man sagt, Geldstrafe ist das Mildere, und wenn man den schwerer Verurtheilten entwischen läßt, warum soll der milder Verurtheilte bezahlen? Da würde man eben der Einrichtung einen ganz anderen Grund unterlegen, und dagegen möchte ich mich ablehnend verhalten. Schwieriger ist die Sache allerdings mit der substituirten Freiheitsstrafe an Stelle der Geldstrafe. Aber auch gegen deren Berücksichtigung würde ich mich aussprechen. Nehmen wir an, daß der erkennende Richter in seinem Urtheil sich gleich darüber entscheiden soll, ob er bedingt oder unbedingt verurtheilt, wie kann er nun sagen: ich verurtheile dich zu 100 Mark unbedingt, wenn du aber nicht zahlen kannst, zu zehn Tagen bedingt.

M. H., das ist ein Zustand, der nicht gut möglich ist. Man ist da auf die Aushilfe gekommen, daß man sagt: in solchen Fällen mag dann nachträglich der erkennende Richter durch einen besonderen Beschluß, wenn erst die Uneinziehlichkeit festgestellt ist, aussprechen, daß nun zwar eine Freiheitsstrafe von so und so viel an Stelle der Geldstrafe zu treten habe, diese aber nur bedingt vollstreckt werde. Das würde in dieser Anwendung leicht nach Gnade schmecken, und deshalb wehre ich mich dagegen, es würde aber außerdem die Einrichtung sehr compliciren. Ich meine, die Abhilfe bezüglich der Geldstrafe muß auf anderen Wegen gesucht werden, theils auf dem der gesetzgeberischen Reform, die auch Gegenstand der Erörterung ist, theils aber, glaube ich, kann ein großer Theil der Uebelstände schon durch die Praxis beseitigt werden. Das finde ich vor allen Dingen darin, daß bei der Mehrzahl von Vergehungen, bei denen Geldstrafe und Freiheitsstrafe wahlweise angedroht ist, man nicht einfach ohne Ansehen der Qualification der Person in den milderen Fällen auf Geldstrafe und in schwereren auf Freiheitsstrafe erkennt, sondern daß man in der That die Person und zwar auch in Bezug auf ihre Zahlfähigkeit ansieht. Wenn die nöthigen Ermittelungen, und es werden ja allerhand polizeiliche Anfragen gemacht, schon vor dem Urtheil darauf gerichtet werden, so meine ich, handelt der Richter thöricht, wenn er Jemand, von dem feststeht, daß er Geldstrafe nicht bezahlen kann, zu einer solchen verurtheilt; den mag er gleich zu Freiheitsstrafe verurtheilen, dann wird ihm der Vortheil der bedingten Verurtheilung, wenn sonst der Fall dazu angethan ist, zu Gute kommen. Es kann eine große Zahl der uneinbringlichen Geldstrafen vermieden werden, auch ohne daß die Frage der Geldstrafe einer gesetzgeberischen Lösung alsbald entgegengeführt wird.

Eine weitere Schwierigkeit hat sich bei den Antragvergehen herausgestellt. Man sagt wohl, ja, der Staat kann schon sagen, einerseits habe ich das Recht und die Pflicht der Strafverfolgung, aber ich habe auch andere sociale Pflichten, und ich glaube, daß es in diesem Falle, um den Angeklagten vor ferneren Strafthaten zu bewahren, um die socialen Interessen zu fördern, zweckmäßiger ist, von der Anwendung des Strafrechts bedingter Weise abzusehen. Aber wenn der Einzelne beleidigt ist, der hat doch ein Recht darauf, daß die Strafe auch vollstreckt wird; was nutzt ihm so zu sagen die negative Feststellungsklage, die da angestellt wird; er will also haben, daß der Thäter bestraft wird. Ich glaube, dem ist in gewissem Maße beizutreten. Ich würde dem beitreten, soweit es sich um solche Fälle handelt, in denen Zurücknahme des Strafantrages zulässig ist. Ist der Strafantrag gestellt, so hat der Staat freie Hand, was aus der Sache werden soll, wenn nicht Rücknahme zulässig ist; er ist voller Herr darüber. Nur in den Fällen, wo die Rücknahme zulässig ist, meine ich, wird man allerdings den Beschädigten, den Antragsteller hören müssen, ob er einwilligt, daß er nur bedingt verurtheilt wird. Alles das, m. H., sind nur einzelne Punkte, die in dem Antrage, den ich im Verein mit dem Collegen Stenglein Ihnen vorgelegt habe, nicht berührt sind, die vielleicht auch in dem Gesetzentwurf des Herrn Prof. Seuffert zeigen sollen, wie die Sache sich ausmalt, ohne daß er darauf ein entscheidendes Gewicht legt.

Weiter wollen nun Diejenigen, welche zwar nicht Gegner der bedingten Verurtheilung sind, aber doch sich nicht so schnell an eine derartige, vielleicht als grundstürzend zu bezeichnende Aenderung gewöhnen können, die Einrichtung nur mit allerlei Einschränkungen empfehlen, so also auch Herr Prof. Meyer für jugendliche und für weibliche Personen. Es mag sein, daß jugendlichen und weiblichen Personen eine größere Gefährdung durch Vollstreckung kurzzeitiger Freiheitsstrafen entsteht als erwachsenen Männern, immerhin aber entsteht für diese auch eine Gefährdung, und ich sehe nicht ein, warum wir sie nicht auch gegen eine solche Gefährdung schützen wollen. Man hat ferner davon gesprochen, man soll die Einrichtung versuchsweise einführen. Nun, m. H., wie an anderer Stelle mein verehrter College Stenglein ausgeführt hat, ein derartiger Versuch geschieht bei jedem Gesetz, insofern es so lange gilt, bis es wieder abgeschafft wird. Bewährt es sich nicht, kann man es wieder abschaffen. In weiterem Sinne direct es als Versuch zu empfehlen, dadurch würde sich jede Versammlung, die das thäte, um jede Autorität bringen. Dasselbe läßt sich dem Vorschlage nachsagen, der darauf gerichtet ist, daß man die Einzelstaaten ermächtigen soll, die bedingte Verurtheilung einzuführen. Dem steht außerdem eine Zersplitterung des deutschen einheitlichen Rechts entgegen, die wir als deutscher Juristentag unmöglich befürworten können. Ich selbst, m. H., habe in einer kleinen Abhandlung, die voriges Jahr in Goltdammer's Archiv erschienen ist, auch eine derartige Einschränkung versucht, an der ich, ohne mich an Einzelheiten zu binden und ohne Sie an Einzelheiten binden zu wollen, wenn Sie mir zustimmen, festhalten möchte. Ich bin der Meinung, daß man die einzelnen Strafthaten nach der Reihenfolge im Strafgesetz daraufhin untersuchen muß, ob für sie die Zulassung der bedingten Verurtheilung zu empfehlen ist oder nicht. Aehnliches ist, ohne darauf einzeln einzugehen, was offenbar für den Juristentag nicht möglich ist, in unserem gemeinschaftlichen Antrag zum Ausdruck gelangt.

Wenn ich Sie auf die Fassung dieses Antrages hinweisen darf, so lautet er:

> Die Einführung der bedingten Verurtheilung gegen Angeklagte, welche zur Zeit ihrer Aburtheilung eine Zuchthaus-, Gefängniß- oder Haftstrafe im Inlande weder ganz noch theilweise verbüßt haben, —

Im Inlande: ich darf zu dessen Rechtfertigung vielleicht anführen, daß wir auch in anderen Gesetzen Inland und Ausland scharf scheiden, weil uns nicht jedes Ausland die Garantie bietet, daß eine Verurtheilung oder Strafverbüßung mit rechten Dingen zugegangen ist, mit dem Maß gemessen ist, mit dem bei uns gemessen wird. Außerdem würde es dem Richter, wenn die bedingte Verurtheilung facultativ ist, freistehen, wenn in einem Nachbarstaat die Aburtheilung erfolgt ist, die bedingte Verurtheilung nicht zu bewilligen; es geschieht damit dem Angeklagten kein Unrecht. — Es heißt dann weiter:

> empfiehlt sich für die Vergehen der Körperverletzung, des Diebstahls und anderer im Gesetz besonders zu bezeichnenden Vergehen und Uebertretungen.

Damit sollte nach meiner Absicht ausgedrückt werden, daß der Gesetzgeber die einzelnen Vergehen und Uebertretungen heraussuchen soll, bei denen in seinen Augen die bedingte Verurtheilung zulässig ist. Wenn zwei genannt werden, so ist es deshalb geschehen, weil das solche sind, die besonders häufig vorkommen, und um dem Vorurtheil entgegenzutreten, das ich vorher schon erwähnt habe, daß eine Einrichtung geschaffen werden soll, die den oberen Zehntausend zu Gute kommt; sie soll gerade solchen Fällen, die am häufigsten begangen werden, und gerade in den untersten Klassen begangen werden, zum Schutze dienen.

Der Schluß des Antrags lautet endlich:

> Ihre Anwendung im einzelnen Falle ist unter der Voraussetzung, daß die verwirkte Strafe in Haft oder in Gefängniß unter drei Monaten besteht, von dem in den Urtheilsgründen zu rechtfertigenden Ermessen des erkennenden Richters abhängig zu machen.

Unter drei Monaten: Das ist natürlich eine Frage, die sich principiell nicht erörtern läßt, wie weit man die kurze Freiheitsstrafe ausdehnt. Die deutsche Gruppe der Internationalen kriminalistischen Vereinigung in Halle hatte im vorigen Jahre beschlossen, „drei Monate einschließlich"; ich habe hier, um nicht zu viel zu fordern, gesagt: „unter drei Monaten", weil damit allerdings eine Reihe von Strafthaten ausscheidet, bei denen die Strafe mit drei Monaten beginnt, namentlich aber die Verbrechen, bei denen unter Annahme mildernder Umstände auf eine Strafe von mindestens drei Monaten zu erkennen ist. Unter diesen Voraussetzungen soll die Anwendung der bedingten Verurtheilung „von dem in den Urtheilsgründen zu rechtfertigenden Ermessen des erkennenden Richters abhängig zu machen" sein. Es ist damit ausgedrückt, was ich mir vorhin schon erlaubte zu betonen, daß es im Urtheil geschehen soll, und zwar nach Ermessen, aber nach einem Ermessen, das zu begründen ist. Daraus folgt manches Weitere, was man auch in besonderen Sätzen ausdrücken könnte, nämlich daß die gegen das Urtheil zulässigen Rechtsmittel auch gegen die bedingte Verurtheilung zulässig sind; daß § 266 der Strafproceßordnung darauf ohne Weiteres Anwendung findet.

M. H., ich glaube Ihnen, hiermit vorläufig schließend, die Annahme unseres gemeinschaftlichen Antrags empfehlen zu können. Er ist ein gemeinschaftlicher, selbst wenn mein verehrter Herr College Stenglein in der Begründung in dem einen oder anderen Punkte abweichen sollte.

(Bravo!)

Präsident: Sie sind mir, m. H., durch Ihren Beifall zuvorgekommen, indem ich dem geehrten Herrn Berichterstatter den wärmsten Dank für seinen lichtvollen Vortrag habe aussprechen wollen.

Ich habe zu Ihrer Kenntniß zu bringen, daß noch ein anderer Antrag eingegangen ist, der inzwischen vertheilt worden ist, gestellt von Herrn Dr. Jacobi aus Berlin.

Der Antrag lautet:

Der Juristentag empfiehlt die Einführung der Verurtheilung mit Vorbehalt (sogen. condamnation conditionnelle) in der Erwägung, daß:

1. diese Maßregel als segensreich durch die anderwärts gemachten Erfahrungen bereits zur Genüge erprobt ist; und
2. dieselbe überhaupt nicht als Abnormität, sondern vielmehr als ein durch die naturgemäße Entwickelung des verstaatlichten Strafrechts gebotener Fortschritt betrachtet werden darf.

Ich werde dem Herrn Antragsteller das Wort nach dem zweiten Herrn Berichterstatter geben. Es haben sich sodann noch acht Herren zum Wort gemeldet.

Ich bitte nun Herrn Reichsgerichtsrath Dr. Stenglein als zweiten Berichterstatter das Wort zu nehmen.

Correferent Reichsgerichtsrath Dr. **Stenglein** (Leipzig): M. H., es ist richtig, daß ich mit meinem verehrten Freund und Collegen

Loebell einen gemeinschaftlichen Antrag gestellt habe, ich kann aber nicht verschweigen, daß ein oder der andere kleine Wunsch dabei unter den Tisch gefallen ist. Allein ohne ein gewisses Compromiß, ohne ein Verzichten auf solche kleine Wünsche ist eine Einigung nicht einmal unter zweien, geschweige in einer großen Versammlung möglich. Ich habe mich also beschieden. Aber ich muß noch weiter anführen, die neuere Geschichte giebt davon die glänzendsten Beispiele: wir sind auf verschiedenen Wegen marschirt, um gemeinsam zu schlagen. Ich gehe von wesentlich anderen Anschauungen aus, als mein verehrter Herr College und erlaube mir, das zu begründen. Er selbst hat die Frage der bedingten Verurtheilung hauptsächlich unter dem Gesichtspunkte behandelt, damit einen Ersatz für kurzzeitige Freiheitsstrafen zu schaffen. Er hat dies nicht besonders betont, aber es ging als Faden durch seine ganze Rede, daß das die Voraussetzung sei, unter der er die bedingte Verurtheilung befürworte. Es ist das allerdings ein wesentlicher Gesichtspunkt, unter dem die Frage behandelt werden muß, schon deshalb, weil die ganze historische Entwickelung, wie die Frage auf die Tagesordnung des Deutschen Juristentages gelangte, nothwendig dazu führt. Als die Frage auftauchte, fanden sich Enthusiasten, die die bedingte Verurtheiluug als ein vollständiges Abhülfsmittel für den Mangel hinstellten, welcher durch das Ueberwiegen der kurzen Freiheitsstrafen und durch die Uebelstände entstand, bezüglich deren ich mit allen Gegnern der kurzen Freiheitsstrafe vollkommen übereinstimme, so auch mit dem, was der Herr Referent ausführte. Aber diese Enthusiasten, die damals die bedingte Verurtheilung als ein vollständig ausreichendes Aushülfsmittel betonten, haben bald in der Discussion ihre Meinung dahin reducirt, daß es ein Abhülfsmittel sei in Verbindung mit und als Glied einer ganzen Kette von anderen Abhülfemitteln; und neuerdings lese ich — ich kann nicht leugnen, zu meiner vollen Zufriedenheit — daß sie noch einen Schritt weiter gehen, daß sie zugestehen, daß die kurzzeitigen Freiheitsstrafen doch wohl nicht ganz zu entbehren seien, daß nur für einen wesentlichen Theil — man schätzt es, ohne daß ich angeben kann, auf Grund welcher statistischen Nachrichten, vielleicht auf 50 pCt. der sämmtlichen Freiheitsstrafen — ein Ersatz zu schaffen sei. Wenn dabei die bedingte Verurtheilung wesentlich ins Gewicht fallen würde, so würde ich zugeben, daß sie durch diesen Zweck einigermaßen gerechtfertigt wäre, aber doch auch nur unter zwei Voraussetzungen; erstens unter der Voraussetzung, daß die bedingte Verurtheilung unter diesen Fällen eine ziemlich erhebliche Quote einnimmt, und zweitens unter der Voraussetzung, daß die übrigen Glieder der Kette mindestens gleichwerthig sind, und daß die Kette im Ganzen dann wirklich in erheblichem Maße einen Ersatz für die kurzzeitigen Freiheitsstrafen biete. Diesen Voraussetzungen gegenüber muß ich mich aber vollständig skeptisch verhalten.

Wenn man die mehrfachen Beschränkungen ins Auge faßt, welche der bedingten Verurtheilung angehängt werden (ich will dabei gar nicht von den Beschränkungen jener sprechen, welche sie nur bei jugendlichen Uebelthätern anwenden wollen oder, wie einer der Herren Gutachter gesagt hat, allenfalls noch bei Frauen, obwohl ich gestehe, daß mir dafür jeder wesentliche Grund zu fehlen scheint); aber auch nur mit den Beschränkungen, welche in Uebereinstimmung mit den jetzt herrschenden Meinungen der Herr Referent aufgestellt und die ich acceptirt habe, kann ich den Erfolg der bedingten Verurtheilung bezüglich der Quote der Fälle nur höchst gering anschlagen. Ich glaube, sie würde vielleicht mit 3—4 pCt. schon sehr hoch angeschlagen sein, und wenn das der Fall ist, dann bleibt die bedingte Verurtheilung als Reformmaßregel nur eine sehr geringfügige. Aber noch viel mehr ist das der Fall, wenn man die übrigen Glieder der Kette ins Auge faßt. Es sind das — ich kann natürlich nicht auf alle Einzelheiten eingehen, es würde dies zu viel Zeit beanspruchen — vier, die ich wenigstens kurz besprechen möchte: die höheren Strafminima, die körperliche Züchtigung, die Geldstrafe und die Arbeitsleistung.

Was die höheren Strafminima betrifft, m. H., so hat es in einer Zeit, in der unser jetziges Strafgesetzbuch geschaffen wurde, und in der insbesondere auch der Vorläufer desselben, das preußische Strafgesetzbuch geschaffen wurde, als eine ganz besondere Errungenschaft gegolten, daß man mit den Strafminima so weit wie möglich heruntergingen. Gegen die herrschende Praxis, ich möchte sie fast sentimental nennen, gegen die Milde, welche in der Strafzumessung stattfindet, hat es allerdings einige Opposition gegeben. Aber, m. H., das liegt doch weniger im Gesetz als in der Anwendung des Gesetzes, und man könnte den Hebel an einer andern Stelle anwenden. Nach meiner nun über 40jährigen Praxis in criminalibus — der Zufall hat es gewollt, daß ich mit dem Eintritt in das Rechtsleben Criminalist wurde und geblieben bin — sind die Fälle, in denen auch die jetzigen Strafminima noch zu streng waren, mir nicht so selten vorgekommen, daß ich befürworten könnte, sie nun plötzlich hinaufzuschrauben und zu dem zurückzukehren, was man seiner Zeit als einen großen Uebelstand erkannt hat.

(Sehr richtig!)

Ich bin in die bayrische Praxis noch unter der Herrschaft des Strafgesetzbuches von 1813 eingetreten, welches Strafrahmen kannte, die in seltenen

Fällen vier Jahre überschritten. Es war eine Zwangsjacke für den Richter, und wir dankten Gott, als wir sie los wurden, und jetzt sollten wir, wenn auch nur annähernd, wieder zu dem zurückkehren, was wir seiner Zeit verworfen haben? Ich glaube nicht, daß das der richtige Entwickelungsgang des deutschen Rechtslebens wäre. Ich kann mir also von einem Hinaufschrauben der Strafminima, vorbehaltlich natürlich der Würdigung im einzelnen Falle, nur sehr wenig oder gar nichts versprechen. Ich glaube, es wäre ganz und gar gegen das System unserer Entwicklung im Strafrecht.

Noch kürzer kann ich mich fassen bezüglich der körperlichen Züchtigung. Es hat noch keine einzige Versammlung deutscher Juristen gegeben, in der man die Rückkehr zu diesem Strafmittel befürworten wollte. Ueberall wurde es mit großen Majoritäten abgelehnt, und nach dem, was in früheren Versammlungen der deutsche Juristentag als das Wahre erkannt hat, kann ich unmöglich annehmen, daß dieses Strafmittel heute eine Befürwortung finden sollte, welche mich zwingen würde, mich eingehender dagegen auszusprechen.

(Sehr wahr!)

Ich erkenne sehr gern an, es giebt Delicte, in denen jedem Einzelnen, wenn er sich als Zeugen denkt, der Wunsch in die Finger fahren wird, den Stock zu nehmen und sofort eine Art von Lynchjustiz zu üben; aber es ist etwas ganz anderes, wenn der Einzelne seinem Gefühl Ausdruck giebt, selbst vielleicht im Conflict mit den Gesetzen, als wenn das Gesetz etwas ausspricht.

(Sehr richtig!)

Dazu kommt, daß die moralische Entrüstung anerkanntermaßen ein sehr schlechter Richter ist. Viele von den Fällen, die erzählt werden und die uns diese moralische Entrüstung einjagen, sehen sich ganz anders an, wenn man sie in ihrer Vollständigkeit kennen lernt, alle psychologischen Motive, alle die Umstände, die darum und daran hängen, weiß. Also man kann diese sogenannte moralische Entrüstung durchaus nicht als einen Maßstab nehmen, der es rechtfertigen würde, die körperliche Züchtigung wieder in das Strafrecht einzuführen.

(Bravo!)

Ein weiteres ist die Geldstrafe, und hier haben wir von einer Versammlung erst in den jüngsten Tagen eine Ausdehnung befürworten hören nach verschiedenen Richtungen, welche, wenn sie in diesem Maße eingeführt würde, allerdings der kurzzeitigen Freiheitsstrafe einen sehr erheblichen Abbruch thun würde. Trotzdem, gestehe ich, habe ich ein kleines Bedenken dagegen; ja, ich gehe soweit, sagen zu müssen, es scheint mir, daß mit diesen Beschlüssen die Versammlung in Christiania sich etwas stark vom praktischen Boden entfernt hat. Man will höhere Geldstrafen einführen ohne Maximum. In Gottes Namen! Wer zahlt sie? Der Reiche! Gut, wenn er delinquirt, soll er sie zahlen. Aber das ist nicht die Masse der Delinquenten. Die Masse der Delinquenten sind diejenigen, die nicht zahlen können. Was hilft uns da eine Erweiterung der Geldstrafen? Ferner glaubt man einen ganz besonderen Erfolg damit zu erzielen, daß man eine Gestundung schon bei der Verurtheilung einführt. Man soll schon bei dem Dictiren der Geldstrafe dem Delinquenten sagen: du brauchst nicht auf einmal zu zahlen, zahle es 50-Pfennigweise oder jedes Mal eine Mark. Nun, bei kleinen Uebertretungsstrafen mag das gehen. Aber wenn sich das nach Tausenden bemißt, wie soll das gehen? Und wenn es vollends noch als ein regelmäßiges Strafmittel eingeführt wird, wenn man es auch mit Tausenden von Delinquenten zu thun hat, die solche ratenweisen Zahlungen zu leisten haben, und die einstweilen im Rückstand bleiben, dann, m. H., frage ich ganz einfach, mit welchem Beamtenapparat soll der Staat das bewältigen? Er müßte eine Buchführung einführen, die weit über die Buchführung des Banquiers geht, der mit dem allergrößten Kundenkreis arbeitet; und wird es denn dadurch besser, daß, wenn ich einem Arbeiter gegenüber stehe, der genau nur das verdient, was er zu seinem und seiner Familie Unterhalt bedarf, ich es ihm 50-Pfennigweise abziehe? Ist er denn in der Lage, 50 Pfennige leichter zu zahlen als eine Mark? Nein! Er kann überhaupt nichts entbehren. Das ist die große Schwierigkeit der Geldstrafen, und die wird durch einen solchen Vorschlag nicht gebessert. Aber gehen wir noch weiter: Die Versammlung in Christiania hat verkündet, daß Geldstrafen unter allen Umständen nicht in Freiheitsstrafen umgewandelt werden sollen. Nun werden Sie mir doch zugeben, daß die Strafjustiz in eine ganz eigenthümliche Stellung kommt, wenn sie sagt, ich dictire dir 100 Mark Geldstrafe; aber wenn du nicht zahlst, eingesperrt wirst du nicht. Das ist doch eine eigenthümliche Stellung, wenn man nicht ein Surrogat dafür hat. Es ist allerdings ein Vorschlag hierfür gemacht worden: die Arbeitsleistung. Ich werde auf diese sowohl in ihrer Eigenschaft als Surrogatstrafe wie als ursprüngliche Strafe noch zu sprechen kommen. Zunächst aber scheint mir, daß, wenn man die Geldstrafe überhaupt als meist unvollziehbar erkennt, und wenn man als die Eventualität für Nichtzahlung, da sie nie in Freiheitsstrafe umgewandelt werden soll, nur auf das Eine, die Arbeit, angewiesen ist, man dann die Geldstrafe als Strafe so vollständig abstumpft, daß nicht viel davon übrig bleibt. Das Resultat ist, ich kann sie nicht als Surrogat für die kurzzeitige Freiheitsstrafe anerkennen.

Ich komme nun zum letzten Vorschlag, und das ist die Arbeitsleistung. Meines Wissens ist die Arbeitsleistung allerdings in verschiedenen Staaten eingeführt als Surrogat für Forstfrevel. Soviel ich weiß, hat sie sich aber nirgends als solche glänzend bewährt, und in sehr vielen Staaten, z. B. in Preußen, haben noch in den letzten Jahren, wo die Frage auf der Tagesordnung stand, viele erfahrene Juristen erklärt. sie steht eigentlich nur auf dem Papier, in Wirklichkeit existirt sie nicht. Etwas mehr Lob habe ich aus den thüringischen Staaten gehört; dort soll sie einigen Erfolg haben, allerdings in den kleinsten Kreisen. Sie soll auch in Frankreich bestehen; mit welchem Erfolg, entzieht sich meiner Beurtheilung. Ich frage Sie nun aber, wenn man eine selbständige Strafe daraus machen will, eine Strafe, die nicht bloß auf den engsten Kreis von Delicten beschränkt ist, und wenn man sie noch dadurch vermehren will, daß alle uneinbringlichen Geldstrafen in Arbeitsleistungen umgewandelt werden, welche Armee von Arbeitern gewinnt dadurch der Staat? Ich glaube, man kann die Ziffer nicht hoch genug anschlagen. Aber, m. H., das ist eine Armee von Hungerern, das sind Arbeiter, die ihrer Arbeit bedürfen, um sich und ihre Familie zu ernähren. Was wird aus denen, wenn man sie nur einen oder zwei Tage in die Staatsarbeit einstellt? Abhülfsmittel: der Staat muß sie ernähren. Ja, m. H., dann wird es sehr leicht vorkommen — das ist ganz einfach eine Erneuerung der Frage des Rechts auf Arbeit — daß der Mann delinquirt, wenn er keine Arbeit hat, und sagt: Staat, beschäftige und ernähre mich. Das scheint mir ein höchst bedenkliches Strafmittel zu sein. Wenn aber diese Armee von gezwungenen Arbeitern nicht arbeiten will, welche Armee von Gensdarmen ist nothwendig, um die Leute beizuholen, sie bei der Arbeit zu beaufsichtigen und wirklich zur Arbeit zu zwingen,

(Sehr wahr!)

damit wir nicht etwa in ein auch als überwunden gegoltenes Stadium zurückkehren, in das Stadium der Frohnarbeit. M. H., so lange liegt es doch nicht hinter unserer Erinnerung, daß wir nicht wissen sollten, was eigentlich die Frohnarbeit für eine privilegirte Faulenzerei war. Und der Staat soll seine Gewalt anwenden, um diese privilegirte Faulenzerei in einer erneuten Gestalt als Uebel, als Strafmittel anzuwenden? Nein, m. H., davon kann ich mir einen Erfolg absolut nicht versprechen. Ich mag also diese Strafarbeit ansehen, wie ich will, sie ist mir nicht Surrogat für die Geldstrafe, sie ist mir auch nicht tauglich für ein selbständiges Strafmittel.

Wo stehen wir denn nun eigentlich mit den Surrogaten für die kurzzeitigen Freiheitsstrafen? Wir haben ein kleines Mittel, dessen Werth auch als Surrogat für die kurzzeitigen Freiheitsstrafen ich durchaus nicht verkennen, aber nicht als sehr beträchtlich veranschlagen kann; das ist die bedingte Verurtheilung; und außerdem stehen wir der Frage machtlos gegenüber. Es scheint mir also, die bedingte Verurtheilung kann nicht einmal in den 50 pCt., für die sie angeschlagen ist, entbehrt werden; wir werden wohl gezwungen sein, mit den kurzzeitigen Freiheitsstrafen auch ferner zu hausen, und es scheint mir, daß es ein viel fruchtbringenderer Gedanke wäre, wenn wir unsere sämmtliche Arbeit und Bestrebung darauf richten würden, den Vollzug der Freiheitsstrafen zu verbessern.

(Sehr richtig!)

Wenn der Staat im Stande ist, diese Armee von gezwungenen Arbeitern zu ernähren und zur Arbeit zu zwingen, dann ist er auch im Stande, Strafanstalten zu gründen, in denen der Bestrafte vor allen Dingen isolirt ist, damit nicht die Strafe zu einem gemüthlichen Plauderstündchen wird, und in denen er zweitens den Straffälligen wirklich zur Arbeit zwingen kann. Denn im Gefängniß stellt sich die Frage ganz anders, als wenn man freie Arbeiter im Freien zur Arbeit zwingen will. Da hat man sie unter der Hand und kann Disciplinarmittel anwenden. Wenn ich eine Zahl von 100 oder 1000 Arbeitern ins Freie führe, damit sie irgend welche Arbeit verrichten, hat man keine Disciplinarmittel, sondern die Beaufsichtigung wächst denen, die sie führen sollen, über den Kopf. Das, scheint mir also, wäre die eigentliche Aufgabe.

Nun komme ich zur Begründung, wie ich von diesen Gesichtspunkten aus den Antrag des Herrn Referenten dennoch unterschreiben konnte.

(Heiterkeit.)

M. H., ganz einfach dadurch, daß ich mich gefragt habe: hat denn die bedingte Verurtheilung einen eigenen Werth, ganz abgesehen von der Frage, ob sie als Ersatz der kurzzeitigen Freiheitsstrafe gelten kann? Und jene Frage mußte ich mir bejahen. An demjenigen, der im Gefängniß war, hängt ein Makel, und diesen Makel nimmt man ihm nicht wieder ab.

(Sehr wahr!)

Zweitens aber, demjenigen, der im Gefängniß war, ist das Gefühl des Nichtbestraftseins abgestumpft. Er war bestraft, und er kommt sehr leicht dazu, zu denken, ob zweimal oder dreimal, das ist einerlei, er delinquirt wieder. Dazu kommt, daß die Frage der Gefängnißverbesserung, die ich als die eigentlich zu lösende aufgestellt habe, noch nicht gelöst ist, und so, wie unsere Gefängnisse beschaffen sind, müssen wir nach einem Abhülfsmittel suchen, und dieses Abhülfsmittel finde ich darin, daß man denjenigen, der zuerst delinquirt hat, bedingt verurtheilt, und das ist einer von denjenigen Punkten, die ich sehr gern im Antrag gesehen haben würde, aber um Details zu vermeiden und eine Vereinigung zu erzielen, nicht beantragt habe: wenn der Richter sich bei der Zumessung der bedingten Verurtheilung die Frage vorlegt: Giebt mir der Mann die Garantie, daß er, wenn ich ihn ernstlich vermahne, nicht zum zweiten Male delinquirt? und wenn er nur solchen diese Maßregel zubilligt, dann bin ich überzeugt, daß sie bezüglich der Zahl der ersten Rückfälle eine wirkliche Wohlthat ausübt, dann wird sie nicht ein Verweis, aber eine ernste Verwarnung sein, die den Delinquenten abhält, sich zum zweiten Male eine Strafe zuzuziehen. Für mich hat also die bedingte Verurtheilung einen selbständigen Werth, und deswegen befürworte ich sie, aber nicht als Ersatz für die kurzzeitige Freiheitsstrafe.

M. H., ich möchte aber noch einen Wunsch aussprechen und möchte, um die Frage zum Austrag zu bringen, diejenigen Herren, welche entschieden gegen die bedingte Verurtheilung in jeder Gestalt und unter jeder Motivirung sind, dringend bitten, einen Antrag dahin etwa zu stellen, die bedingte Verurtheilung eigne sich zur Aufnahme ins deutsche Strafverfahren nicht. Damit kommen wir zu einem Austrag der Sache. Wenn Sie nur gegen unseren Antrag stimmen, kommen wir zu diesem Austrag nicht; denn dann fragt es sich, ob der eine oder andere nur gegen die Motivirung, nur gegen die Modalität der Ausführung stimmt, wie sie in dem Antrag vorgeschlagen ist, oder ob er gegen das Institut stimmt. Nun liegt uns allerdings noch ein Antrag vor, aber ich glaube, derselbe ist gestellt ohne Kenntniß des Antrags, den Referent und Correferent gestellt haben. Denn wenn ich hier lese, daß Herr Dr. Jacobi den Antrag stellt, die bedingte Verurtheilung sei so und so gerechtfertigt, so fügt er diesem Antrag eine Motivirung bei, wie sie doch in der Regel in Beschlußfassungen nicht vorgebracht wird, und wie sie einer Beschlußfassung nur hinderlich entgegentreten kann. Ich möchte auch nur anführen, daß die erste Erwägung, die Maßregel sei bereits genügend erprobt, großem Widerspruch begegnen kann. Jedenfalls ist der eigentliche Beschuß: „Der Juristentag empfiehlt die Einführung“ viel weniger, als dasjenige, was wir beantragt haben. Ich wüßte also nicht, wodurch sich dieser Antrag empfiehlt. Ein jeder Anhänger der bedingten

Verurtheilung, unter welchen Umständen es auch sei, kann, glaube ich, unserem Antrage beitreten.

(Bravo!)

Präsident: M. H., es liegt ein weiterer Antrag von Herrn Oberlandesgerichtspräsident Dr. Struckmann und ein solcher von Herrn Rechtsanwalt Dr. Beckh vor. Ersterer lautet:

„Die Einführung der bedingten Verurtheilung empfiehlt sich nur für jugendliche Personen."

Der Antrag Beckh lautet:

„Ich beantrage:

Abs. 1 des Antrags des Referenten so zu fassen:

Die Einführung der bedingten Verurtheilung gegen Angeklagte, welche zur Zeit ihrer Aburtheilung eine Zuchthaus-, Gefängniß- oder Haftstrafe im Inlande weder ganz noch theilweise verbüßt haben, empfieht sich für Vergehen und Uebertretungen."

Es haben sich noch vier Redner zum Wort gemeldet. Nun bin ich veranlaßt, Ihnen den Vorschlag zu machen, ob nicht eine Beschränkung in der Redezeit auf fünf Minuten für jeden Redner, mit Ausnahme oder einschließlich der Antragsteller, eintreten soll. Sind Sie damit einverstanden?

(Zustimmung dahin, daß auch die Antragsteller darunter fallen.)

Ich beabsichtige, zunächst den Antragstellern in der zeitlichen Reihenfolge der Stellung ihrer Anträge das Wort zu ertheilen. Sind Sie damit einverstanden?

(Zustimmung.)

Nun hat Herr Dr. Jacobi das Wort, dann Herr Präsident Struckmann und hierauf Herr Dr. Beckh.

Justizrath Dr. L. **Jacobi** (Berlin): Meine geehrten Herren! Der zweite Herr Referent hat mit Recht die Vermuthung ausgesprochen, daß mein Antrag ohne Kenntniß des Antrags der beiden Herrn Referenten gestellt sei. Ich habe ihn von außerhalb brieflich angezeigt, bin aber nicht in der Lage, ihn zurückzuziehen, nach dem, was wir gehört haben; — und zwar hebe ich hervor, daß der erste Herr Referent seinen Vortrag mit der Erklärung begonnen hat, es handle sich nicht mehr um das „Ob" der Einführung der bedingten Verurtheilung, sondern nur noch um das „Wie", und das scheint mir eben eine nicht zuzugebende Behauptung zu sein.

(Zuruf: Irrthum! Ist nicht gesagt worden!)

Zunächst lautet schon die Frage, die dem Juristentag vorgelegt worden ist, dahin: Ob die Einführung geschehen soll?, und ich glaube, daß wir auch noch in diesem Stadium sind; namentlich mit Rücksicht darauf, daß auch beide schriftlichen Gutachten zu einem principiell entgegengesetzten Resultat kommen. Der erste Herr Gutachter erklärt sich grundsätzlich gegen die Einführung, der zweite dafür. Viel wichtiger noch dürfte aber die Erwägung sein, daß die schon vorher erwähnten Gutachten der Oberlandesgerichte mit einer einzigen Ausnahme sich entschieden gegen die Einführung erklärt haben. Wir haben also keine Veranlassung, anzunehmen, daß die zuständigen Staatsorgane irgend wie eine Neigung hätten, dieser Sache näherzutreten. Und doch ist auch der Antrag der beiden Herren Referenten eine Consequenz der Anschauung, daß es sich nur noch um die Modalitäten handle. Während einerseits behauptet wird, daß die anderweitig gemachten Erfahrungen für uns überhaupt noch nicht vorhanden seien, werden hier schon wesentliche Specialitäten der Sache fixirt und Ihnen zur Beschlußfassung vorgelegt. — Denken Sie sich die Eventualität, daß der Juristentag den Antrag annimmt, so ist er über die Beantwortung der Frage, ob überhaupt die Einführung vom Juristentag gebilligt wird, schon mit einem Sprung weit hinaus und hat sich bereits für competent erklärt, auch über die wichtigsten Einzelfragen sich definitiv zu engagiren und auszusprechen; — also z. B. dahin, daß selbst die geringste verbüßte Haftstrafe genügen soll, um jede Anwendung der sogenannten bedingten Verurtheilung auszuschließen, daß sie als besonders geeignet erklärt wird bei Körperverletzung, also einem Vergehen, das zugleich wesentlich in die Privatrechtssphäre eingreift und unter Umständen Antragsvergehen ist; ferner dahin, daß die bedingte Verurtheilung nur Anwendung finden soll bei Freiheitsstrafen, welche die Dauer von drei Monaten nicht übersteigen.

Sie sehen also, es sind hier, trotzdem die Herren Referenten sich in vieler Hinsicht, wie sie sagten, beschränkt haben, schon wesentliche Punkte als feststehend angenommen, es ist schon die Entscheidung der wesentlichsten Einzelfragen in dem Antrag fixirt, und ich kann mir sehr wohl denken — es ist das bei mir selbst der Fall —, daß jemand mit allergrößter Entschiedenheit die dem Juristentage vorgelegte Frage bejaht, daß er aber weit entfernt ist, gleich von vornherein die Einführung in dem großen Umfange zu befürworten, in dem sie in dem Antrage der Herren Referenten vorgeschlagen wird; daß er also z. B. vollständig damit einverstanden ist, wenn erst nur in Beschränkung auf Jugendliche die Einführung erfolgt, in der festen Ueberzeugung, daß sich die weiter ausgedehnte Anwendung in viel besserer Weise herstellen wird, wenn erst in beschränkten Kreisen Erfahrungen gemacht sind, und namentlich die Gerichte, die im Anfang der Sache widerstreben werden, sich an eine feste Praxis in beschränktem Umfange, z. B. in Bezug auf Jugendliche gewöhnt haben.

Deshalb, m. H., habe ich den Antrag gestellt, die Frage vorläufig einfach zu bejahen, also zu erklären, daß die Einführung befürwortet wird, aber nicht als „bedingte" Verurtheilung. Denn ich halte dafür, daß damit eine Begriffsverwirrung herbeigeführt wird, — sondern als „unbedingte" Verurtheilung. — Es ist nämlich davon auszugehen, daß das Staatsbedürfniß das einzig Maßgebende in der heutigen Strafrechtspflege ist im Gegensatz zur privatrechtlichen Vergeltungstheorie, welche nur die Consequenz der ursprünglichen Privatrache war, und nur die Voraussetzung enthält, unter deren Aegide das Strafrecht verstaatlicht worden ist. Die einfache Verurtheilung, d. h. die Schuldigerklärung muß unbedingt erfolgen; es handelt sich von dem maßgebenden Standpunkt des Bedürfnisses der öffentlichen Ordnung also lediglich darum, ob oder ob nicht es in allen Fällen nothwendig gefunden wird, daß die Strafe, die in der unbedingten Verurtheilung und deren Veröffentlichung liegt, noch eine Qualification, eine Verschärfung erhalte durch Hinzufügung eines positiven Uebels. Demgemäß bezweckt mein Antrag, die sinnverwirrende Bezeichnung als „bedingte" Verurtheilung zu beseitigen und auszusprechen, daß es sich handelt um „unbedingte" Verurtheilung, bei welcher vorbehalten wird, ein positives Uebel hinzuzufügen, — ein Zusatz übrigens, welcher in Zukunft in größerem Maße als überflüssig, als entbehrlich sich herausstellen wird, wenn auch anfangs nur ausnahmsweise. Die Entwickelung wird voraussichtlich dahin führen, daß man in immer weiterem Umfange sich wird begnügen können, als Strafe bloß die Schuld, den Thatbestand festzustellen, daß jemand gesetzwidrig gehandelt hat. In diesem Sinne erklärt mein Antrag die Verurtheilung mit Vorbehalt für eine naturgemäße Entwickelungsstufe.

Präsident: Zur Vermeidung eines sich etwa fortschleppenden Mißverständnisses erhält Herr Reichsgerichtsrath Loebell das Wort.

Referent Reichsgerichtsrath **Loebell** (Leipzig): Der Herr Redner, der eben gesprochen hat, fing seinen Vortrag damit an, daß er sagte, ich hätte ausgeführt, es handle sich nicht um das „Ob", sondern um das „Wie". Diese Voraussetzung ist eine irrthümliche. Ich habe betont, daß im Gegensatze zu anderen Versammlungen, z. B. der Internationalen kriminalistischen Vereinigung, es sich hier nicht um das „Wie", sondern um das „Ob" handle.

Oberlandesgerichtspräsident Dr. **Struckmann** (Köln): M. H., mit meinem Antrage komme ich nur dem Wunsche entgegen, den der Herr Correferent ausgesprochen hat, mit dessen Begründung ich mich im großen Ganzen durchaus einverstanden erklären kann, von dem ich aber offen gesagt, doch nicht recht begreife, wie er von dieser Begründung aus dem Antrag des Herrn Referenten hat zustimmen können. Mein Antrag bezweckt, grundsätzlich auszusprechen, daß, abgesehen von der Ausnahme der jugendlichen Personen, die Einführung der bedingten Verurtheilung in unser Strafrecht sich nicht empfiehlt. Ich bin zunächst dagegen aus allgemeinen theoretischen Gründen, vom Standpunkte der Vergeltungstheorie, die bereits der Herr Referent erwähnt hat. Meines Erachtens ist die Aufgabe des Strafrechts, eine Sühne für jede einzelne begangene strafbare Handlung zu geben. Diese Handlung wird festgestellt vom Richter; er hat nach dem St.G.B. diejenige Strafe zu bestimmen, welche der Gesetzgeber für angemessen, für richtig gehalten hat. Meines Erachtens verwirrt es die Rechtsbegriffe im Volke, wenn nun derselbe Richter, der sagt, der Mann ist strafbar, zugleich aussprechen soll: aber es scheint mir nicht angemessen, nicht opportun, es ist nicht nützlich, daß die Strafe vollzogen wird. M. H., ich glaube, hierdurch wird das Ansehen des Gesetzes beeinträchtigt; es wird auch die Würde des Richters dadurch sehr leicht beeinträchtigt werden können. Man wendet nun ein, das ist graue Theorie. Aber es ist keine graue Theorie, sondern vielmehr ein Grundpfeiler des Staates, daß der Strafrichter, die ganze Strafrechtspflege in Ansehen steht, daß sie gefürchtet wird, und wenn einmal angefangen wird, hier an den richtigen Grundsätzen zu rütteln, so liegt, glaube ich, die Gefahr nahe, daß in dieser Weise weiter gegangen wird, und daß aus dem Richter, der vom Stuhl aus Recht spricht, mit der Zeit ein Verwaltungsbeamter wird, der nach Zweckmäßigkeitsrücksichten bestimmt, ob es nützlich ist, daß eine Strafe vollzogen wird oder nicht. Ich gebe zu, die kurzzeitigen Freiheitsstrafen nützen vielfach nicht, aber dieser Gesichtspunkt steht bei mir erst in zweiter Reihe. Es ist auch zunächst gar nicht der Zweck der Strafe, daß sie nützen solle, sondern der nächste Zweck besteht darin, das Unrecht zu sühnen. Hierbei ist allerdings darauf zu achten, daß nicht Schaden durch die kurzen Freiheitsstrafen zugefügt wird, und in dieser Beziehung ist unsere Aufgabe, wie der Herr Correferent sehr richtig hervorgehoben hat, hauptsächlich die, auf Verbesserung der Gefängnisse hinzuwirken. In dieser Richtung ist schon viel geschehen; es muß aber noch viel mehr geschehen. Dagegen ist meines Erachtens die Einführung der bedingten Verurtheilung nur ein Armuthszeugniß, das sich der Staat ausstellt, und eben mit der Ausstellung dieses Armuthszeugnisses muß der Staat auch sein eigenes Ansehen untergraben. Dies in kurzen Worten die Gründe, weshalb ich mich grundsätzlich nicht für die bedingte Verurtheilung aussprechen kann. Die vielen anderen Zweckmäßigkeitsgründe, die dagegen sprechen, sind im Gutachten des Herrn Prof. Meyer ausführlich hervorgehoben worden. Die beschränkte Zeit gestattet mir nicht, darauf einzugehen.

Nun noch ein paar Worte wegen der Ausnahme, die ich mache. Diese Ausnahme rechtfertigt sich meines Erachtens auf Grund des jetzigen Strafgesetzbuchs und auf Grund der Natur der Verhältnisse. Hinsichtlich der jugendlichen Personen hat schon unser jetziges Strafrecht Ausnahmen gemacht, die sich mehr oder weniger bewährt haben, die durch die Natur der Verhältnisse gerechtfertigt sind. Es kann ein Verweis ertheilt werden, und eine Warnung, die in der bedingten Verurtheilung liegt, steht ungefähr auf gleicher Stufe wie der Verweis. Es sind Maßregeln getroffen, müssen auch noch in viel größerem Maßstabe getroffen werden, daß Besserungsanstalten für jugendliche Verbrecher eingerichtet werden. Mit diesen schon jetzt bestehenden Maßnahmen für jugendliche Verbrecher ist es auch vereinbar, daß die erkannte Freiheitsstrafe nicht unbedingt vom Richter gegen sie vollzogen wird. Ich glaube also, man kann, wenn man auch grundsätzlich ein Gegner der bedingten Verurtheilung ist, es doch sehr wohl rechtfertigen, für jugendliche Personen dieselbe zu empfehlen, und um so mehr, weil gerade für jugendliche Personen der Grund, den die Freunde der bedingten Verurtheilung hauptsächlich und mit gewissem Recht für sich anführen, daß manche in den kleinen Gefängnissen verdorben werden, am meisten zutrifft. Aus diesen Gründen bitte ich Sie meinen Antrag anzunehmen.

Amtsgerichtsrath **Schmölder** (Cöln): Ich stelle den Antrag:

> Die bedingte Verurtheilung eignet sich nicht zur Aufnahme in das deutsche Strafgesetzbuch.

M. H., zur vollständig erschöpfenden Begründung dieses Antrags reichen allerdings fünf Minuten schwer aus; ich habe aber mit größtem Interesse aus dem Vortrag des zweiten Herrn Referenten bereits gehört, daß der Enthusiasmus für die bedingte Verurtheilung längst im Einschlafen, wenigstens im Zurückgehen begriffen ist. Dasselbe hat der Hauptvertreter der bedingten Verurtheilung, Herr Prof v. Liszt, geschrieben. Er äußert in einem Brief an mich, daß diese Frage gegen andere viel wichtigere Fragen zurücktrete.

M. H., ich stehe auf folgendem Standpunkte. Zu allen Zeiten und an allen Orten hat bisher ein jeder Inhaber einer Strafgewalt — seien es die Eltern, sei es eine Corporation, die Kirchengemeinde oder der Staat — die Strafe entweder vollstreckt oder in Gnaden erlassen. Jetzt will man mit juristischer Spitzfindigkeit zwischen Vollstreckung der Strafe und Gnadenerlaß ein neues Zwischending einführen, und dieserhalb empfiehlt man uns den Import einer amerikanischen Pflanze, welche an sich eine ganze Reihe von Willkürlichkeiten — der Herr Referent nannte es euphemistisch Schwierigkeiten — enthält. Diese, nennen wir sie Willkürlichkeiten oder Schwierigkeiten, sind so zahlreich, daß, wie gleich der zweite Herr Referent dargethan hat, selbst zwischen nur zwei Anhängern dieses Instituts nur auf dem Wege schwieriger Compromisse eine Einigkeit erzielt werden kann. Es kommt in Frage, ob die bedingte Verurtheilung Anwendung finden soll zu Gunsten derjenigen Verbrecher, welche noch nicht bestraft sind, oder zu Gunsten derjenigen Verbrecher, welche noch nicht im Gefängniß gesessen haben; es kommt in Frage, ob sie Anwendung finden soll nur bei jugendlichen, bei weiblichen Personen, ob sie Anwendung finden soll bei Freiheitsstrafen unter einem Monat, unter sechs Monaten, unter 1, 2, 3, 4, 5 Jahren. Kurz und gut, wir haben einen Kreis von Willkürlichkeiten, wie er nicht größer sein kann. Es kommt weiter in Frage, ob die Bewährungsfrist fünf Jahre dauern oder ob sie bis auf ein Jahr eingeschränkt werden soll u. s. w.

Abgesehen davon ist es dem gemeinen oder besser gesagt dem gesunden Laienverstande vollständig unverständlich, was das Institut will. Der Laienverstand versteht darunter nur einen Straferlaß mit Androhung einer schwereren Rückfallstrafe, und hieraus entstehen große Verwirrungen. Weiter leben wir in einem monarchischen Staate, und da hat der Monarch allein das Recht eines Straferlasses, und man mag deuten und reden, wie man will, es enthält die bedingte Verurtheilung einen Eingriff in die Rechte der Krone. Sodann hebe ich hervor: wenn wir diese amerikanische Pflanze einführen, so müssen wir uns gleichzeitig mit einer anderen amerikanischen Pflanze, mit dem Richter Lynch befreunden.

(Widerspruch.)

Bitte, es wird dem friedlich lebenden Bürger gewiß nicht erwünscht sein, wenn er weiß, daß derjenige, der ihn verletzt hat, demnächst straflos ausgehen kann. Er ist dann, was leider Gottes jetzt schon oft der Fall ist, noch in viel höherem Grade geneigt, sich selbst Hülfe zu verschaffen. M. H., der Verbrecher ist in Beziehung auf seine Bestrafung stets optimistisch gesinnt, er denkt sehr leicht: man faßt dich doch nicht ab. Demnächst würde er sich weiter sagen: wenn sie dich wirklich einmal abfassen, gehst du doch straffrei aus. Denken Sie auch an den Verbrecher, der nur einmal einem Nachbar einen Tort anthun, sonst sich nie vergehen will. Dieser würde sich völlig sicher fühlen in dem Gedanken: entweder wirst du nicht entdeckt, andernfalls gehst du straffrei aus.

Ich möchte nur noch sagen, ich erblicke in diesen ganzen Bestrebungen, die bedingte Verurtheilung einzuführen, weiter nichts als das Anerkenntniß der Anhänger der alten Schule, welche weiter nichts will, als den Verbrecher mit Freiheitsstrafe zu verbessern, als das Anerkenntniß der Anhänger dieser Schule, daß sie mit ihrem Latein zu Ende sind, daß sie selbst einsehen, daß sie mit ihren ausschließlichen Freiheitsstrafen nichts nützen, vielmehr nur schaden, und daß sie nun den Schaden, den sie mit ihren ausschließlichen Freiheitsstrafen anrichten, in etwas wieder mildern wollen.

Rechtsanwalt Dr. **Edwin Katz** (Berlin): Ich bin ein Freund der bedingten Verurtheilung, und zwar der bedingten Verurtheilung um ihrer selbst willen, aus den Gründen, die Sie vorhin von Herrn Reichsgerichtsrath Stenglein gehört haben, die ich deshalb nicht wiederholen will. Aber um heute das Votum für die bedingte Verurtheilung abzugeben, bestimmen mich nicht nur die Gründe, welche aus dem eigenen inneren Werthe der bedingten Verurtheilung hergeleitet werden, sondern auch äußere zutretende Gründe. Sie haben bereits von Herrn Reichsgerichtsrath Loebell gehört, daß unsere Gefängnißeinrichtungen mangelhaft sind. In der That ist es so, daß der Mensch, der zum ersten Male ins Gefängniß kommt, durch Personen, die sich schon lange in Gefängnissen befinden, leicht und oft dem Verderben zugeführt wird, und es ist ferner unzweifelhaft, daß bei unseren Gefängnißeinrichtungen die Gefahr, daß der Mensch ein Gewohnheitsverbrecher wird, sehr nahe liegt; die Vermeidung dieser Gefahr ist ein wesentlicher Grund für die Einführung der bedingten Verurtheilung.

Es tritt aber ein anderer wichtiger Grund hinzu, und diesen ersehen Sie ganz deutlich aus dem Gutachten, das Herr Geheimer Rath Seuffert abgegeben hat, und aus einem Gutachten, welches nicht zur Tagesordnung steht, welches aber direct in die Frage hineingreift, und von beiden Herren Referenten zugleich mit behandelt worden ist, aus dem Gutachten des Herrn Reichsgerichtsrath Mittelstädt, — der Grund liegt in der Mangelhaftigkeit der Strafgesetzgebung und in den Mängeln der Strafproceßordnung, er liegt in unserem Strafrecht, welches so sehr die Continuität des Rechts sich bewahrt hat, daß es wirklich nichts als das Forterben schlechter Gesetze ist, nämlich der Abklatsch des preußischen St.G.B., ohne Rücksicht auf die Veränderung der Zeit, ein Gesetzbuch, in dem das Strafensystem gekennzeichnet ist durch das Ihnen bekannte, heut nicht mehr zu verstehende Verhältniß der Geldstrafen zu den Freiheitsstrafen, durch seine kurzzeitigen Freiheitsstrafen, von denen Dr. Mittelstädt mit Recht sagt: „Einsperren und immer wieder einsperren, das ist deutsches Ideal!" Damit glaubt man dem Vergeltungsbewußtsein zu helfen, und darum begnügt man sich damit. Mit einem Gesetzbuche, mit einem Verzeichniß von Delicten, das aussieht wie ein moderner Zolltarif mit so und so viel Paragraphen, die auch den redlichsten Menschen in Gefahr bringen, diese oder jene Vorschrift zu übertreten und dadurch eine strafbare Handlung zu begehen, — mit diesem mangelhaften Strafgesetzbuche haben wir es zu thun. Das hat den Gedanken an die bedingte Verurtheilung als eine Abschlagszahlung auf eine Reform des Strafrechts erweckt, und auch in diesem Sinne ist die bedingte Verurtheilung zu empfehlen.

Was die Strafproceßordnung angeht, m. H., so ist sie — die Mängel sind bekannt — im Reichstage aus der bildenden Hand so vieler Factoren, die sich nicht einigen konnten, als ein Torso hervorgegangen, dem ein gesundes Element fehlt, das Laienelement in allen Strafsachen. Wenn wir heute Strafrichter hätten, die lediglich damit befaßt wären, Art und Maß der Strafe zu beurtheilen und die Frage der Schuld der Jury überlassen würden, würden wir zu ganz anderen Strafen kommen. Weise, erfahrene Männer gehören allerdings dazu, die Strafe richtig zu wägen; die Frage der That bedarf nicht einer so feinen juristischen Erwägung, wie man sie in Civilprocessen anzuwenden pflegt, und diese Frage ist eigentlich, wenn ich mir erlauben darf, das zu sagen, durch die Wissenschaft, durch die vielfachen Theorien, die in den letzten Jahrzehnten aufgestellt worden sind, so verschwommen geworden, daß man heute beinahe jedes Thun eines Menschen unter einen strafbaren Thatbestand rubriciren kann. Herr Geheimer Rath Seuffert hat daher mit Recht gesagt: „Wir befinden uns in einem Strome der Criminalisirung."

Wenn wir die Frage, ob Jemand ein Verbrechen begangen hat oder nicht, der Jury überlassen, und dann der erfahrene Richter die Art, wie der betreffende Mann zu bestrafen ist, in sein Urtheil stellt, würden wir schon zu einer erheblichen Reform, zu einer Besserung der Art der Strafe kommen. So weit sind wir aber nicht, m. H., und aus diesem Gesichtspunkte, weil wir nicht so weit sind, weil die bedingte Verurtheilung es in das Ermessen des Richters stellt, unter Zugrundelegung der bestehenden Strafproceßordnung und unter Zugrundelegung der bestehenden materiellen Strafgesetzgebung nunmehr sein Urtheil zu sprechen, und für den Fall, daß er findet: ein solcher Mann verdient doch nicht, mit der Freiheitsstrafe belastet zu werden, statt der Strafe die ernste Warnung auszusprechen, — unter diesem Gesichtspunkte können wir die bedingte Verurtheilung an sich nur empfehlen, ganz abgesehen von ihrem erziehlichen, ihrem Besserungswerthe, der von Herrn Reichtsgerichtsrath Stenglein bereits hervorgehoben worden ist.

Ich hatte mir erlaubt, dem Herrn Präsidenten einen Antrag zu unterbreiten, der nur eine ganz kurze Abänderung des Antrags der Herren Referenten bezweckt. Die Herren Referenten wünschen in ihrem Antrage aufgenommen: „empfiehlt sich für die Vergehen der Körperverletzung, des Diebstahls und anderer im Gesetze besonders zu bezeichnender Vergehen und Uebertretungen". Ich bin der Meinung, daß wir kaum Anlaß haben, irgend welche Vergehen vorzusehen, wie z. B. Körperverletzung und Diebstahl; es würden sich ohne Weiteres eine ganze Reihe Reate finden, die gleichfalls schon heute für die bedingte Verurtheilung sich sehr wohl eignen würden, und ich hatte mir erlaubt zu empfehlen, statt der Worte „empfiehlt sich — Uebertretungen" die Worte zu setzen: „vorbehaltlich einer genaueren Prüfung der für dieselbe sich eignenden Delicte".

Oberstaatsanwalt **Hamm** (Cöln): Ich trete ganz dem Antrage und den Ausführungen des Herrn Präsidenten Struckmann bei und wollte mir nur ein paar Worte erlauben über den Zusammenhang, den die bedingte Verurtheilung, wie schon hervorgehoben ist, mit der ganzen neuen Reform hat. Die Stärke der Bewegung für die bedingte Verurtheilung und die ganze Sympathie, die sie in weiten Kreisen gefunden hat, beruht auf der negativen Seite, und da stehen viele von uns auf dem Standpunkte, daß die Bewegung Recht hat. Wir erkennen den schlechten Zustand der Gefängnisse an, desgleichen die Mängel der kurzzeitigen Freiheitsstrafen, den Mißstand der immer mehr zunehmenden Criminalisirung, der übertriebenen Findigkeit der Staatsanwaltschaft. Alle diese Dinge sind gewiß anzuerkennen, und es ist, ein großer Werth der Bewegung, daß sie ansetzt zu dieser Reform des Strafrechts, des Strafverfahrens und des Strafvollzugs. Auch ich finde, daß zu viel verfolgt wird, aber ich glaube, daß der Uebelstand darin liegt, daß die Staatsanwaltschaft einseitig criminalistisch geworden ist, und daß dem abgeholfen werden würde, wenn der Uebergang vom Richter zum Staatsanwalte häufiger geschehe. Meines Erachtens hat in den Fragen negativer Natur, in der Kritik der bestehenden Einrichtungen die Bewegung Recht.

Was sie uns aber jetzt für's Erste positiv dafür bietet, das weisen wir zurück, vor Allem die bedingte Verurtheilung. Man sieht ganz deutlich. Auch Sie sagen: wir wollen Reform, wir wollen bessere Gefängnisse, eine Individualisirung durch das Strafgesetzbuch, wir wollen unterscheiden zwischen dem Gewohnheitsverbrecher und dem Manne, der ein einziges Mal sich vergeht, wir wollen die Bestimmungen der Strafprozeßordnung ändern; aber weil wir das noch nicht können, weil wir kein Geld haben, Gefängnisse zu bauen u. s. w., darum nehmen wir als Abschlagzahlung einen solchen Nothbehelf. Ja, für die Reform bin ich, aber wenn ich Ihren Vorschlag mitmache, wenn ich mich für die bedingte Verurtheilung ausspreche, dann schiebe ich die Reform hinaus. Im Gegentheil, ich will dem Gesetzgeber fortwährend ins Gewissen rufen: fange mit den nöthigen Reformen an, unterscheide einmal den Gewohnheitsverbrecher von dem Manne, der einmal sich vergeht! Das ist Aufgabe des Juristentages und Aller, welche die Reform wollen, aber nicht Feigheit, zu sagen: wir können die Reform nicht haben und da nehmen wir den Nothbehelf. Zudem ist es ein ungeschickter Nothbehelf, und ist es eine mechanische Art und Weise, wenn Sie sagen: die Gefängnisse sind schlecht und die Leute werden darin verdorben, deshalb sollen sie das erste Mal nicht hinein. Das zweite Mal müssen sie doch jedenfalls hinein — und dann werden sie doch auch verdorben. Wie kann derjenige, der sagt: Die Gefängnisse sind schlecht, deshalb will ich den Angeklagten das erste Mal draußen lassen, ihn beim zweiten Male hineinthun? Sind dann die Gefängnisse besser? Sie tödten durch die bedingte Verurtheilung den Anfang einer Reform und die Ansätze zu einer Besserung des Strafrechts und des Strafvollzuges. Alles das wird zerstört, wenn Sie die bedingte Verurtheilung einführen. Wer Reform will, muß gegen die bedingte Verurtheilung sein, er muß gegen ein so mechanisches Mittel sein. Es hängt die zweite Bestrafung materiell nicht mit der ersten zusammen, es kann jedes Mal ein ganz anderes Vergehen sein, das eine Mal Diebstahl, das andere Mal vielleicht bei einer Rauferei Widerstand gegen den Polizeibeamten.

Nach der von dem Herrn Professor Seuffert vorgeschlagenen Fassung soll es darauf ankommen, daß der Betreffende zur Zeit seiner Aburtheilung noch keine Strafe verbüßt hat. Wie kommen wir dazu? Da würde der Mann, der das erste Mal bestraft wird, wenn er trotz der ausgesprochenen Strafe dieselbe That am nächsten und am folgenden Tage wieder begeht, bedingt verurtheilt werden können, weil die Strafe noch nicht verbüßt ist, weil er sich so rasch entschlossen hat, von Neuem zu delinquiren, während derjenige, der eine Strafe verbüßt hat und viel später, nach drei Jahren, oder wie Sie wollen, wieder verurtheilt wird, nicht bedingt verurtheilt, dieser Gnade nicht theilhaft werden kann. Sie sehen überall, das Mittel ist ein mechanisches Hilfsmittel, und das müssen wir zurückweisen und dagegen betonen, daß wir eine gesunde Reform haben wollen. Dabei können wir in vielen Punkten uns einigen; Praktiker und Theoretiker sind meist einig über das, was wir in Bezug auf Strafproceßordnung und Strafvollzug zu ändern haben. Eine Abschlagszahlung aber wollen wir nicht; wir wollen eine gediegene, durchgreifende Reform.

Nur hinsichtlich der jugendlichen Personen wäre ich durchaus mit dem Antrag Struckmann für die Einführung der bedingten Verurtheilung und glaube, daß diese sich insoweit ganz gut in den Rahmen des Strafgesetzbuchs einfügt. Ich würde empfehlen: Annahme des Antrags Struckmann und in späterer Ausführung desselben Einführung einer staatlichen Aufsicht über die Erziehung des bedingt verurtheilten Jugendlichen, am besten, wie bereits anderweit vorgeschlagen worden ist, durch die communale Schulbehörde oder ein besonderes communales Erziehungsamt. Mit dieser Möglichkeit und Nothwendigkeit einer besseren Erziehung des Jugendlichen hängt die Berechtigung zu einer bedingten Verurtheilung desselben zusammen.

(Bravo!)

Hof- und Gerichtsadv. Dr. **Jaques** (Wien): Ich knüpfe an die letzten Worte des Herrn Vorredners an und sage: ich halte es nicht für zutreffend, zu behaupten: wer die Reform will, der müsse gegen die bedingte Verurtheilung sein. Ich gehe von dem Standpunkte aus: man muß für die Reform des Vollzugs der Freiheitsstrafen sein, und kann dabei ganz gut — und ich wenigstens stehe auf diesem Standpunkte — für die bedingte Verurtheilung sein. Ich glaube durchaus nicht, daß mit der etwaigen Annahme des Antrags bezüglich der bedingten Verurtheilung die Bestrebungen nach Reform des Vollzugs der Freiheitsstrafen im Mindesten zurückgedrängt würden; ich glaube, daß dieselben auch fernerhin mit der größten Energie und Entschiedenheit gefördert werden sollen. Aber es ist eine ganz andere Frage — und hier verbindet der Herr Vorredner zwei Dinge, die nicht im Zusammenhange stehen — ob nicht die bedingte Verurtheilung sich durch sich selbst rechtfertigt, und da knüpfe ich an das an, was Herr Reichsgerichtsrath Stenglein gesagt hat, denn für mich ist die Hauptfrage die: ist die bedingte Verurtheilung in sich selbst werthvoll, ganz unabhängig von der Frage der nachzeitigen Reform? und da ist es denn nach meiner Ueberzeugung verwirrend, daß man das Problem so gestellt hat: der gegenwärtige Vollzug der Freiheitsstrafen ist schlecht, wir brauchen Ersatz für die heutigen kurzzeitigen Freiheitsstrafen und deshalb: bedingte Verurtheilung. Ich möchte vielmehr die Herren dringend bitten, bei der ganzen Beurtheilung der Frage sich immer nur auf den eben erwähnten Standpunkt zu stellen: ist die bedingte Verurtheilung in sich von Werth, ganz unabhängig davon, sie etwa als Ersatz haben zu wollen für die kurzzeitige Freiheitsstrafe?

Nun will ich rasch Stellung nehmen zu den Anträgen. Der Antrag Jacobi empfiehlt sich deshalb nicht, weil er einen allgemeinen Satz ausspricht, der sich für den Juristentag nicht eignet. Einfach auszusprechen: die bedingte Verurtheilung ist segensreich, und gar nicht zu sagen, in welchem Sinne, in welcher Begrenzung wir sie verstehen, das würde nach meinem Erachten der Stellung des Juristentages nicht entsprechen; das kann eine Versammlung von Laien thun, wir aber müssen etwas mehr sagen, wenn wir überhaupt etwas sagen.

Dem hochverehrten Herrn Präsidenten Struckmann gegenüber möchte ich auf Folgendes aufmerksam machen. Kann man denn wirklich mit Bestimmtheit behaupten: nur die jugendlichen Delinquenten sind solche, denen gegenüber eine bedingte Verurtheilung Platz greifen darf? Müssen Sie nicht, wenn Sie der Frage nachgehen, an eine ganze Reihe von Fällen denken, wo es nicht von der Jugend abhängt, sondern aus der Natur des Delicts sich ergiebt, daß man sich gedrängt fühlt, zu sagen: im gegebenen Falle ist keine Freiheitsstrafe, sondern bedingte Verurtheilung, das ist gleichsam ein Verweis, aber in erweiterter Form, am Platze, und zwar für solche berücksichtigenswerthe Fälle, wo zwar ein Nicht-Jugendlicher ein Delict begangen hat, dem gegenüber aber die Stimme des Volksbewußtseins noch nicht sagt: da muß eine Freiheitsstrafe eintreten!

Ich will nur an zwei concrete Fälle erinnern. Denken Sie sich, ein hungernder Armer hat einen reichen Geizigen um ein Almosen gebeten; der verweigert es, und nun stiehlt der Andere, um seine gleichfalls hungernden Kinder ein paar Tage ernähren zu können, so viel, als nothwendig ist. Er ist kein Jugendlicher! Glauben Sie nicht, daß man sagen kann: das ist ein so exceptioneller Fall, da genügt der strenge Verweis, welcher in der bedingten Verurtheilung liegt? Ist es unerläßlich, hier Freiheitsstrafe zu verhängen, die Folge heraufzubeschwören, die auch Herr Reichsgerichtsrath Stenglein angedeutet hat, daß der Mann dann für immer den Makel an sich tragen muß, der von der Freiheitsstrafe untrennbar ist?

Denken Sie sich eine Körperverletzung veranlaßt durch einen momentanen heftigen Anreiz, ohne daß Compensation (§ 233) anwendbar wäre. Kann man hier sagen, es ist unbedingte Verurtheilung unerläßlich?

Herr Amtsgerichtsrath Schmölder meint, die bedingte Verurtheilung sei eine amerikanische Pflanze. Aber sie ist das in der That um so weniger, als die Form, in der wir sie haben wollen, eine total verschiedene ist von der amerikanischen; sie ist also heute, wenn Sie so wollen, eine belgische, eine französische und eine englische Pflanze.

(Sehr richtig!)

Der Hinweis darauf — gestatten Sie mir, es zu sagen — bedeutet nichts. Sie ist unter wesentlich anderen Bedingungen bei uns gewollt.

Ich möchte nun an die Herren Antragsteller eine Bitte richten; es handelt sich zunächst um Ja oder Nein. Ich glaube hoffen oder annehmen zu dürfen, daß die Mehrzahl der geehrten Herren geneigt sein wird, sich für das Princip auszusprechen; bedenklich ist es aber, wenn viele Verclausulirungen zu dem Princip hinzukommen, und es ist auch bei der Kürze der Zeit schwer, sich über diese zu äußern. Speciell im gegebenen Falle hervorzuheben „Körperverletzung, Diebstahl und andere im Gesetze insbesondere zu bezeichnende Uebertretungen", womit man gar nicht sagt, was man meint, das scheint mir nicht zweckmäßig zu sein. Ebenso bedenklich und gerade vom Stenglein'schen Standpunkte aus nicht recht erklärlich ist es, daß er zugesteht: es muß, um die bedingte Verurtheilung auszuschließen, schon Freiheitsstrafe verbüßt sein. Das stellt die Frage ja doch ganz auf die Freiheitsstrafen; demgegenüber hat wohl Herr Oberstaatsanwalt Hamm ganz Recht: die Verurtheilung genügt vollkommen. Ich würde mir deshalb erlauben, zu beantragen, daß einfach gesagt wird:

> Die Einführung der bedingten Verurtheilung gegen Angeklagte, welche noch nicht wegen Verbrechens, Vergehens oder Uebertretung verurtheilt worden sind, empfiehlt sich für solche strafbaren Handlungen, bezüglich deren auf Haft oder nicht längere als dreimonatliche Freiheitsstrafe erkannt wird, und ist von dem Ermessen des erkennenden Richters abhängig zu machen.

Die Frage, welche Delikte in concreto in diese Kategorie fallen, ist bei den Herren Referenten doch offen gelassen. Welchen Zweck hat es, das dann doch wieder theilweise zu präcisiren? Könnten wir's ganz präcisiren, dann wäre es ja gut. Ich will nur erwähnen, Herr Reichsgerichtsrath Loebell, dessen Abhandlung in Goltdammer's Archiv ich mit dem größten Interesse gelesen habe, hat versucht, die Delicte speciell zu schematisiren. Aber das geht nicht, weil die Motive ganz verschieden sein können.

Ich schließe und möchte die Herren bitten, das Amendement anzunehmen.

Geheimer Justizrath Prof. Dr. **H. Seuffert** (Bonn): Meine hochgeehrten Herren! Ich möchte mich zunächst gegen eine vorhin gefallene Behauptung wenden, der Enthusiasmus, welcher die ganze Frage der bedingten Verurtheilung getragen habe, fange an einzuschlafen, kühle Erwägungen träten ein, und das Ende vom Liede werde sein — das ist der Hintergedanke — daß die bedingte Verurtheilung wieder in den Hintergrund tritt und vielleicht in die Rumpelkammer geworfen wird. Es ist sogar der Prof. v. Liszt hier genannt worden als einer von denen, die nicht mehr so ganz lebhaft in Bezug auf die bedingte Verurtheilung dächten. Nein, m. H., das ist durchaus unrichtig. Es sind noch keine vierzehn Tage, daß ich mit Herrn v. Liszt über die Frage so und so viel gesprochen habe, und er steht noch voll und ganz bei dem Gedanken, den er zuerst in Deutschland proclamirt hat. Er würde sich selbst verleugnen und sein ganzes Streben, wenn er jetzt auf einmal zurückträte. M. H., nein, es muß hier ein Mißverständniß vorliegen.

Meine verehrten Herren! Obgleich man fürchten muß, daß man nicht mehr in die Reihe derer, die mit gesundem Laienverstand begabt sind, eingerechnet wird, so bekenne ich mich doch auch heute trotz des vielfachen Widerspruchs, der gegen die bedingte Verurtheilung erhoben worden ist, und trotz des lauten Bravos, das dieser Widerspruch erfahren hat, als einen lebhaften, überzeugungstreuen Anhänger dieser Einrichtung.

(Bravo!)

Und, m. H., mag es heute so oder anders gehen — nicht, weil ich etwa ein Enthusiast bin, nein, auf Grund langjähriger Ueberlegung, langjährigen Nachdenkens bin ich zu dem Resultate gekommen. Seien Sie überzeugt, m. H., wenn auch heute die Einrichtung fällt, sie kommt immer und immer wieder und klopft bei uns an, und es wird das Jahrhundert kaum vorübergegangen sein, und Alle, auch die heute dissentiren, werden sich darüber freuen, daß die Einrichtung bei uns besteht.

(Bravo!)

Voll und ganz möchte ich meine Freude aussprechen über die Anträge, welche die Herren Referenten uns unterbreitet haben, und ganz speciell hinsichtlich der Motivirung, die von Seiten des hochverehrten Herrn Reichsgerichtsrath Loebell diesen Anträgen gegeben worden ist. Es waren ein paar kleine, untergeordnete Punkte, bezüglich welcher ich hätte Widerspruch erheben müssen, den ich aber nur dann erhoben hätte, wenn mich nicht die Zeit bände, weil ich die Punkte für untergeordnet halte, und weil ich der Ansicht bin, ein in der Hauptsache vom Juristentage abgegebenes Votum genüge in dieser Materie vollständig. Nur muß ich, meine hochgeehrten Herren, noch einmal gegen die „amerikanische

Pflanze" mich wenden. Nicht entfernt haben wir es damit zu thun. „Die Einrichtung können wir nicht brauchen, die paßt in unser Leben nicht," wird gesagt. Es ist aber keine belgische Pflanze, auch keine österreichische Pflanze, um die es sich handelt. In den Mittheilungen der Internationalen kriminalistischen Vereinigung ist dargethan, daß in Deutschland schon vor Jahrhunderten der Gedanke der bedingten Verurtheilung lebendig war. Ich selbst habe in einer deutschen Urtheilssammlung aus dem vorigen Jahrhundert einen Fall gefunden, in welchem bedingt geurtheilt wurde. Der Beschuldigte, heißt es da, hätte allerdings die Strafe verdient, so hoch, so viel; aber weil es das erste Mal war, ließ man ihn noch laufen. Es ist also keine exotische Pflanze, es ist auch kein deutscher Gedanke, um den es sich handelt, sondern ein allgemein menschlicher Gedanke.

(Sehr wahr!)

Meine hochgeehrten Herren! Wir thun — ich lasse mich durch Ihr Kopfschütteln in dieser Auffassung nicht irre machen — wir thun, wenn wir den Richter beauftragen, die Verhältnisse zu prüfen und dann, wofern das erste Mal eine Unüberlegtheit vorliegt, zunächst zu warnen durch die bedingte Verurtheilung, wir thun das Gleiche, was auch der Hausvater thut, wenn der Junge zunächst ungezogen und widerspenstig ist: er droht ihm auch: nimm dich in Acht! Das nächste Mal giebt's doppelte Strafe. Das ist der Gedanke.

(Zuruf.)

„Der Richter ist kein Vater," tönt es mir entgegen. Aber, m. H., was soll er denn sein? Er soll den Staat schützen, die Gesellschaft in Ordnung halten, und er soll von denen, mit welchen er zusammen lebt, Unheil, ausgehend von antisocialen Naturen, und Gefahren abwenden, dasjenige, was im kleinen, stillen Kreise der Hausvater auch bei sich zu Hause thut.

Der Widerspruch, der eben mir entgegengehalten worden ist, bringt mich auf den Hauptpunkt, aber ich bin nicht in der Lage, in dieser Beziehung die Meinung, die das Gutachten auseinandergesetzt hat, hier weiter zu entwickeln. Der Kernpunkt — legen Sie Alle einmal die Hand auf das Herz, — ist die Frage, ob Vergeltung oder nicht Vergeltung. Hinter Ihnen, die Sie sich sträuben, die bedingte Verurtheilung einzuführen, und die es vielleicht auch nicht mit bestimmten, klaren Worten zugeben wollen, steht immer der Grund: „Ja, aber da wird nicht vergolten". Es ist sogar die Lynchjustiz heute genannt worden.

M. H., ich will die Frage, ob Vergeltung oder nicht Vergeltung nothwendig ist, heute nicht untersuchen; wenn aber Vergeltung von einem höheren Standpunkte nothwendig ist, glauben Sie denn, m. H., daß die Vergeltung, die ein deutscher oder französischer oder österreichischer oder schweizerischer Richter bringt, wirklich ein Rechtsact ist? Machen Sie sich einmal klar, nehmen Sie die Gesammtheit der Umstände, aus denen die einzelne That und die Thaten alle herauswachsen, nehmen Sie diese Umstände, — und Sie mit Ihrem kleinen Menschenverstande, Sie wollen das Alles genau abwägen, und dann in die andere Waagschale greifen und hier genau so und so viele Straftage, so und so viel Geldstrafe herausnehmen, — ist nun ausgeglichen? Nein, m. H., wenn von einem höheren Standpunkte aus die Thaten der Menschen ausgeglichen und gesühnt werden müssen, dann gehört ein anderer Verstand und eine andere Einsicht dazu, als wir Menschen, und selbst die geistreichsten und unbefangensten sie haben. Wir Menschen sind nicht dazu berufen, und eben deshalb, glaube ich, ist der Grund, welcher als der schwerste geltend gemacht wird — der Stachel, daß nicht ausgeglichen werde — dieser Grund ist ein durch und durch nicht stichhaltiger.

(Bravo!)

Präsident: M. H., ich erfülle meine Pflicht, und Herr Prof. Seuffert hatte die Güte, meinem Winke folgend, seine Ausführungen zu beenden. Allein ich habe auf Mehrerer Mienen gesehen, daß Sie dem Herrn Professor weitere Minuten gestatten würden. Ich nehme an, daß dies der Fall ist, und würde Herrn Prof. Seuffert bitten, fortzufahren —

(Vereinzelter Widerspruch.)

Geheimer Justizrath Prof. Dr. **Seuffert:** Ich werde mich der Ordnung fügen, die für alle Redner festgestellt worden ist.

Staatsanwalt Dr. **Appelius** (Elberfeld): M. H., der Herr Vorredner hat vollständig Recht: der Streit um die Einführung der bedingten Verurtheilung dreht sich wesentlich darum, ob wir an der Vergeltungstheorie festhalten oder diese aufgeben wollen. Vielleicht ist der Ausdruck Vergeltungstheorie nicht ganz richtig gewählt, vielleicht wäre es besser, zu sagen: ob wir den Vergeltungsgedanken im Strafrechte aufrecht erhalten oder ihn aufgeben wollen. Denn, m. H., es ist sehr wohl möglich, daß man kein Anhänger der sogenannten absoluten Vergeltungstheorie ist und trotzdem nicht verkennt, daß durch das Strafrecht der Vergeltungsgedanke hindurchgeht und hindurchgehen muß, d. h. daß ein Jeder, in dessen Privatrechtssphäre ein Verbrecher eingegriffen hat, die Garantie hat, daß ein Strafrichter an seiner Statt die Strafgewalt übt und der

Gerechtigkeit Genüge thut. In dem Augenblicke, wo das aufhört, m. H., da wird nothwendiger Weise, wie schon von anderer Seite hervorgehoben worden ist, die Selbsthülfe ihren Kopf erheben, und zwar in einer Weise, daß sie schwerlich niederzudämmen ist. Denn denjenigen, der mit Selbsthülfe kommt, müssen Sie, weil derjenige, der ihm Unrecht gethan hat, bedingt verurtheilt ward, auch bedingt verurtheilen, sonst ruft er anklagend: euer Institut, das ihr geschaffen habt, hat mich zum Verbrecher gemacht und der Freiheit beraubt! Vergessen Sie das nicht. Was erwarten wir eigentlich von der bedingten Verurtheilung, wenn sie in das heutige Strafrecht eingeführt wird? Es ist gesagt worden, die Gefängnisse seien schlecht, und der junge Nachwuchs, der einmal gestrauchelt ist, wird in denselben zu Verbrechern ausgebildet. Darin ist viel Wahres und Jeder wird es unterschreiben, der die kleinen Gefängnisse kennt. Aber glauben Sie, wenn wir die bedingte Verurtheilung in die heutigen Verhältnisse bei den ganz kleinen Freiheitsstrafen einführen, es würde etwas Besseres geschaffen? Wollen Sie verkennen, welche Bedeutung der Verführung draußen in der Außenwelt zukommt? Und glauben Sie, daß etwa eine Verurtheilung zu drei Tagen bedingt stark genug ist, den Menschen auf der richtigen Bahn zu erhalten, wenn die Verführung von außen her kommt? Ich meine, m. H., wenn wir die bedingte Verurtheilung heute einführen, so ist es ganz gleich, ob der Mensch drei oder acht Tage im Gefängnisse sitzt, und wenn er die Anlagen hat, im Gefängnisse vielleicht zum zweiten Verbrechen herangebildet wird, oder ob wir ihn bedingt in Freiheit lassen, — die paar Tage, die wir einstweilen aufschieben, nützen dem Menschen gar nichts. Seien Sie fest überzeugt, wenn Sie einen Menschen bedingt verurtheilen, und sei es zu acht bis zehn Tagen, die Wirkung, das sogenannte Damoklesschwert, von dem früher so viel die Rede gewesen ist, ist gleich Null; die bedingte Verurtheilung hat meines Erachtens nur Sinn, wenn Sie sie zusammenhalten mit einer allgemeinen Strafrechtsreform. M. H., es ist dieser Gedanke heute in dieser Form noch nicht ausgesprochen, ich weiß mich aber mit vielen Freunden der bedingten Verurtheilung und mit vielen Anhängern der Strafrechtsreform Eins, wenn ich ihn ausspreche — Liszt und Andere theilen den Gedanken. Es ist nicht unmöglich, wie der eine der Vorredner behauptet hat, die kurzzeitigen Freiheitsstrafen zu beschränken und namentlich das Strafminimum zu erhöhen. Ich weiß, daß mit Prügelstrafe, mit Zwangsarbeit man nicht kommen darf; ich bin selbst Gegner beider Institute; aber das ist sehr wohl möglich, die Geldstrafe in einer Form zu gestalten, daß sie ein wesentliches Ersatzmittel für die kurzzeitigen Freiheitsstrafen wird.

Der Herr Referent Stenglein hat Eins übersehen, wenn er sagt: wenn die Maxima der Geldstrafe erhöht werden, wer soll dann die Geldstrafe bezahlen? Ich weiß wohl, daß der Beschluß der Internationalen criminalistischen Vereinigung in Christiania etwas über das Ziel hinausgeschossen hat, und trotzdem liegt ihm viel Wahres zu Grunde. Die Geldstrafe, wenn sie eine Zukunft haben soll, muß abgewogen werden nach den Vermögensverhältnissen, d. h. den Reichen strafe ich höher für dieselbe That, für welche der Arme eben eine geringere Strafe erleidet, dem Reichen gebe ich unter Umständen Fristen, wie er mit seinem Reichthum zahlen kann, dem Armen nach dem Maße seiner Armuth. Die Arbeit des Einkassirens wird gar nicht so groß werden, wenn wir es praktisch anfangen, wenn wir den Armen die kleinen Geldstrafen ratenweise vom Wochenlohn zahlen lassen, sei es eine Mark, seien es 50 Pf., vielleicht in Marken, — wie das gemacht werden könnte, ist hier nicht der Ort zu untersuchen, aber machen läßt sich's. Dann können Sie dahin kommen, die große Zahl der kleinen Freiheitsstrafen zu vermeiden und für gewisse Delicte das Strafminimum zu erhöhen; dann wirkt vielleicht auch das, was dem Verbrecher, den Sie einmal bedingt verurtheilen, als Strafe droht, es schreckt ihn von der zweiten Strafthat ab, und wenn Sie weiter mit in die Reform aufnehmen: Bestrafung der Rückfälligen, entsprechende Behandlung der fortgesetzt sich unsocial Verhaltenden, — wenn Sie so die Strenge mit der milderen Verurtheilung zusammenstellen, werden wir vielleicht ein Strafrecht zu Stande bringen, in welchem für die bedingte Verurtheilung bei einer verständigen Anwendung Platz ist.

Noch Eins! Bezüglich der Jugendlichen stimme ich allerdings dem Antrage Struckmann zu, aber mit einer Einschränkung. Die bedingte Verurtheilung der Jugendlichen heute würde ebenso schädlich sein; nur wenn zu gleicher Zeit die Zwangserziehung erweitert wird, hat die bedingte Verurtheilung hier Sinn, und bei den Jugendlichen um so mehr, weil man den Jugendlichen während der Bewährungszeit unter — ich will nicht etwa sagen: unter Polizeiaufsicht — sehr wohl aber unter Aufsicht eines Lehrers, unter Aufsicht eines Delegirten eines Lehramts, eines Erziehungsamts u. s. w. stellen kann, was mit dem Erwachsenen nicht geschehen kann, für den würde das wohl eine Art Polizeiaufsicht werden und wir wollen das nicht an die Spitze unserer ganzen Thätigkeit stellen. Für den Jugendlichen kann ich eine solche Aufsicht schaffen, und wenn ich eine Erweiterung der Zwangserziehung damit verbinde, kann auch die bedingte Verurtheilung gute Früchte zeitigen. Also, m. H., wenn Sie die bedingte Verurtheilung für den Erwachsenen nur wollen als Glied in der Kette einer allgemeinen Reform, kann sie auch praktisch wirken; fügen Sie sie in unser heutiges Strafrecht, so kann sie nur schädlich sein!

(Bravo!)

Rechtsanwalt Dr. **Beckh** (Nürnberg): Meine geehrten Herren! Sie haben aus meinem Antrage, der vorhin verlesen worden ist, entnommen, daß ich principiell vollständig auf dem Standpunkte der Herren Referenten stehe. Ich muß mich also mit aller Entschiedenheit gegen diejenigen Anträge wenden, welche eine diesem Standpunkte entgegengesetzte Stellung genommen haben, und insbesondere gegen die Motivirung, welche dem ganz entgegengesetzten Antrage eines der Herren Vorredner beigefügt war. Es ist diese Motivirung schon von verschiedenen Seiten beleuchtet und zurückgewiesen worden, und ich möchte nur noch einen Ausdruck von meiner Seite aus zurückweisen, das ist der, daß sich der Gedanke der bedingten Verurtheilung, wie er jetzt bei uns zu Tage getreten ist und im Antrage zu verwirklichen verlangt wird, als eine juristische Spitzfindigkeit erweise. Ganz im Gegentheil, m. H.; nicht aus juristischer Spitzfindigkeit heraus ist das gekommen, sondern aus dem Bewußtsein des Volkes, aus dem Bewußtsein der Gesellschaft; und der geehrte Herr Referent Stenglein hat das ja ganz klar und entschieden dargelegt, daß man nämlich die bedingte Verurtheilung aus sich selbst heraus als ein Mittel betrachten muß, welches zu einer Besserung der Gesellschaft führen kann. M. H., dasjenige, was die bedingte Verurtheilung hervorbringt, ist, daß der Makel des Gesessenhabens wegfällt. Sie werden, wenn Sie dem nachsinnen — wie ich das von Ihnen im Allgemeinen annehme — gar oft gehört haben, daß es heißt: „Der hat schon einmal gesessen“. Wenn Jemand einmal die Schwelle des Gefängnisses überschritten hat, so ist das ein Makel, der beständig an ihm haften bleibt; m. H., das ist gewiß wahr. Wer im Volksleben steht, wird das gehört haben. Das wird nun, soweit thunlich, vermieden werden, wenn wir dem Richter unter Umständen die Befugniß geben, von dem Vollzug der Strafe durch bedingtes Urtheil absehen zu können. Die Würde des Richters leidet doch dadurch nicht, wenn er eine solche bedingte Verurtheilung ausspricht. Das kann ich nicht begreifen, wie man solches behaupten kann. So gut der Richter mildernde Umstände Platz greifen läßt, kann er auch bedingt verurtheilen, und ist seine Würde damit bestens gewahrt. Es ist nicht die Thätigkeit eines Verwaltungsbeamten, sondern des Richters, der die Umstände würdigte. Also auch diese Bemerkungen sind nicht geeignet, den Gegensatz in richtiger Weise zu bezeichnen. Ebensowenig kann man von einem Armuthszeugniß des Staates sprechen, das er sich damit ausstellt. Er stellt seine Richter an zum Vollzug des Gesetzes, und wenn der Richter glaubt, daß der Vollzug der Strafe nicht am Platze ist, so wird er im Interesse des Staates so entscheiden, ohne daß dem Staate damit ein Armuthszeugniß ausgestellt wird.

Ich will nicht auf die weiteren Gründe eingehen, ich will nur das Eine noch bemerken: es ist gesprochen worden von Verbrechern, welche diese bedingte Verurtheilung gewissermaßen straflos macht. Verbrecher sollen dadurch nicht getroffen werden, die sind nicht inbegriffen, wenn wir von bedingter Verurtheilung sprechen, sondern Leute, die nicht das Zeug zum Verbrecher haben, die in ganz anderer Weise moralisch angelegt sind, daß man sagen muß: es ist ein guter Funken in den Leuten, der möglicherweise in der Oeffentlichkeit ertödtet wird; man würde die Leute preisgeben in der Oeffentlichkeit, und das muß man den Leuten ersparen, um sie nicht sinken zu lassen.

Nun, m. H., ist von mir eine Modification eingebracht worden zu den Anträgen der Herren Referenten, indem ich im ersten Absatz die Worte „Gefängniß- oder Haftstrafe" und im letzten Absatz die Specification der betreffenden Vergehen weggelassen haben möchte.

M. H., der Grund ist meines Erachtens sehr einfach. Eine Haftstrafe, — nun, die kann Jedem von uns einmal passirt sein. Wenn Einer in seiner Jugend einen groben Unfug sich hat zu Schulden kommen lassen — es kommt das nicht nur bei anderen Leuten, sondern z. B. auch bei Studenten vor, — er ist eingesperrt worden — früher kam man in den Carcer, jetzt in Haft — wenn nun das einmal passirt ist und das die Folge haben sollte, daß Jemand des Vortheils einer bedingten Verurtheilung verlustig werden sollte, so wäre das doch gewiß nicht richtig und nicht im Bewußtsein des Volkes gelegen. Ebenso bei Gefängnißstrafen. Nehmen Sie an, daß Jemand wegen Preßvergehens verurtheilt worden ist. Wir in Bayern sind in dieser Beziehung freilich besser daran, wir haben für Preßvergehen das Schwurgericht, aber in Norddeutschland ist das anders, und da werden manche Leute sehr streng bestraft nach unserer Ansicht, von denen wir glauben, daß sie bei uns freigesprochen worden wären. Wenn nun Einer wegen Preßvergehens bestraft worden ist, soll der die Wohlthat nicht bekommen? Ich bitte Sie recht sehr, überlassen Sie das der Gesetzgebung. Wir sollen nur allgemeine Sätze auf dem Juristentage aufstellen, und da würde ich Sie doch bitten, die Frage, ob Gefängniß oder Haft, herauszulassen. Ebenso muß auch die Specification der einzelnen Vergehen und Uebertretungen wegfallen. Es sind ja die schwersten Vergehen, das entehrende des Diebstahls, besonders genannt; es giebt eine Menge anderer Vergehungen.

Warum soll da bloß gesagt werden: „andere Vergehen"? Wollen wir das auch der Gesetzgebung überlassen, sprechen wir nur aus: für Vergehungen und Uebertretungen.

Ich bitte Sie, aus diesen praktischen Erwägungen meinem Antrage zuzustimmen.

Prof. Dr. **Rubo** (Berlin): M. H., der Zweck, den die bedingte Verurtheilung erstrebt, ist offenbar ein sehr edler, offenbar ein sehr ehrenwerther. Die Vertheidiger der bedingten Verurtheilung erkennen es nämlich von vornherein für richtig an, daß es viele Straffälle giebt, bei denen eine Strafverbüßung nicht nothwendig sei, und sie wollen es verhindern, daß in diesen Fällen doch eine Strafe verbüßt werde. Als Abhülfe genügt aber nicht die bedingte Verurtheilung. Ich erinnere mich aus der Zeit, in der die Kaiserliche Immediatcommission zur Revidirung des Entwurfes eines Reichs-Militär-Strafgesetzbuchs berufen war, folgender Thatsache.

Der Vorsitzende der Commission, der commandirende General von Voigts-Rhetz erklärte:

Die sittliche Anschauung, gleichwie der Ehrenbegriff seien beim Militär derart entwickelt, daß in etwelchen Jahren nur noch Ehrenstrafen beim Militär nothwendig seien. Nun, m. H., meine ich, dieser sittliche Standpunkt, der für das Militär angenommen wird, muß auch für die Bevölkerung im Allgemeinen gelten, und wir dürfen wohl annehmen, daß in Ansehung des ehrenwerthen Menschen, der das Unglück hat, angeklagt zu sein und verurtheilt zu werden, die Verurtheilung selbst schon an und für sich, ein unsagbar schweres Uebel sei. Ja, m. H., wenn wir das deutsche Strafgesetzbuch — das bereits vor 20 Jahren, als es zur Geltung kam, nicht bloß als ein Abklatsch des preußischen Strafgesetzbuchs mißachtet und gescholten wurde! — ich sage: wenn wir dieses Strafgesetzbuch würdigen, so sagen schon die §§ 199 und 233, daß bei wechselseitigen Beleidigungen und Körperverletzungen der Richter auch gegen den als schuldig Verurtheilten auf Straffreiheit erkennen könne. Irre ich mich nicht, so hat der Herr Professor Seuffert überhaupt nur solche Fälle im Auge, die auch heutzutage noch der englische Richter würdigen darf: eine Schuldigerklärung ohne Straferkennung.

Die von Herrn Professor Seuffert erwähnten Fälle haben mit der bedingten Verurtheilung nichts gemeinsam. Ich meine, m. H., unter Festhaltung des Ehrenstandpunktes bezüglich der Bevölkerung im Allgemeinen sollen wir den Muth haben, von der Straferkennung abzusehen in etwelchen Fällen, die die Gesetzgebung später regeln mag, und auf das bloße Schuldig zu erkennen.

Ist es wirklich mit Recht gesagt worden, daß die Gefängnisse mangelhaft und schlecht seien, nun, da mag das von uns ersehnte Strafvollzugsgesetz die Abhülfe schaffen; und dies, m. H., führt mich zur Erwähnung des scharfen Gegensatzes, in welchem ich mich zu den Vertheidigern der bedingten Verurtheilung befinde. Diese wollen, daß schon der erkennende Richter erklärt: die Strafe soll vorläufig nicht vollstreckt werden, während ich meinerseits meine: wird überhaupt auf Strafe erkannt, dann muß den Vorschriften über Strafvollzug überlassen bleiben, wie und unter welchen Voraussetzungen die erkannte Strafe vollstreckbar sei. Derartige Bestimmungen enthält das Strafgesetzbuch bezüglich der vorläufigen Entlassung und die Strafproceßordnung bezüglich des Aufschubes von Freiheitsstrafen (§ 487 ff.), sowie bezüglich der Anrechnung solcher Untersuchungshaft, die der Verurtheilte nach Fällung des Urtheils erlitten hat (§ 482). Ich werde in erster Reihe für den Antrag stimmen, der die bedingte Verurtheilung verwirft. Sollte der Antrag Struckmann zur Abstimmung kommen, dann möchte ich bitten, daß er getheilt zur Abstimmung gelange, da ich empfehlen möchte, die Worte: „mit Vorbehalt für die jugendlichen Personen" zu streichen.

Sollte keiner der Anträge angenommen werden, welche die Zulässigkeit der bedingten Verurtheilung verneinen, dann bitte ich, folgenden Antrag anzunehmen:

„Der XXI. deutsche Juristentag geht in Erwägung dessen,

daß die Frage der bedingten Verurtheilung nicht sowohl eine Frage des Strafrechts, als eine Frage des Strafvollzugs sei,

über die gestellte Frage zur Tagesordnung über."

Amtsrichter Dr. **Aschrott** (Berlin): Ich knüpfe gerade an die letzten Worte des Herrn Vorredners an. Ich bin entgegengesetzter Meinung: die Frage der bedingten Verurtheilung ist keine Frage des Strafvollzugs, sie ist eine Frage des Strafrechts in ganz eminentem Sinne,

(Sehr richtig!)

und damit komme ich auf dasjenige, das schon von anderen Rednern heute erwähnt worden ist.

Die bedingte Verurtheilung ist ein Glied in einer ganzen Kette von Reformvorschlägen für unser heutiges Strafensystem. Losgelöst von diesen anderen Vorschlägen lassen sich Einwendungen mancherlei Art gerade gegen die bedingte Verurtheilung machen, das geben die Anhänger der bedingten Verurtheilung selbst zu. Sie muß als Glied einer Kette beurtheilt werden, das in vielen Beziehungen von den anderen Gliedern zur Kette ergänzt wird, ergänzt insbesondere, was auch heute schon erwähnt worden ist, durch die Reform der Geldstrafe.

Auf dasjenige, was bezüglich der Geldstrafe hier heute angeführt worden ist, und was speciell gegen die Beschlüsse der Internationalen criminalistischen Vereinigung, die in Christiania gefaßt worden sind, von dem Herrn Correferenten gesagt ist, kann ich jetzt nicht eingehen; die fünf Minuten sind so kurz, daß ich kaum das Wesentlichste zu der vorliegenden Frage sagen kann. Ich hoffe, morgen wird sich Gelegenheit geben, dem Herrn Correferenten auf seine diesbezüglichen Einwürfe zu antworten; ich bin an den Beschlüssen in Christiania speciell betheiligt gewesen und fühle die Verpflichtung, sie zu vertreten.

Als die beiden Herren Referenten gesprochen hatten, hatte ich fast die Befürchtung, die Gegner würden sagen: die Herren bringen etwas zu viel für die bedingte Verurtheilung vor! Der erste Herr Referent brachte eine ganze Anzahl nach meiner Meiuung sehr guter und schlagender Gründe hauptsächlich aus dem Gesichtspunkte der Fehlerhaftigkeit unserer kurzzeitigen Freiheitsstrafen vor, der Herr Correferent widerlegte dies zwar in gewisser Beziehung, führte jedoch seinerseits aus, er wünschte die bedingte Verurtheilung schon allein wegen der Vorzüge, die diese Einrichtung an sich hat. Das sind schon zwei große Gesichtspunkte. Und doch muß ich noch einen dritten Gesichtspunkt hervorheben, der für mich auch maßgebend ist, und der heute schon einmal berührt, aber nicht weiter ausgeführt worden ist, es ist der: die bedingte Verurtheilung enthält für mich — und das ist ein Standpunkt, der auch in anderen Ländern bei der Einführung in Betracht gezogen ist — ein gewisses Correctiv gegen das Legalitätsprincip, ein Correctiv, das bei uns viel nothwendiger ist, als in anderen Ländern, wo das Princip nur in beschränktem Maße Geltung hat. Bei uns kommt das Legalitätsprincip in einer Ausdehnung zur Anwendung, daß wir ein Correctiv unbedingt nöthig haben, und das geeignete Correctiv sehe ich eben in der bedingten Verurtheilung.

Sie könnten mir nun einwenden, die Fehler unseres Legalitätsprincips geben wir zwar zu, aber man könnte ja das Legalitätsprincip einfach aufheben und dafür das Opportunitätsprincip einführen. Sie stehen damit vor der Alternative: wollen Sie die Entscheidung darüber, ob ein Mann, der sich zweifellos gegen das Gesetz vergangen hat, zur Bestrafung kommt, wollen Sie das der Staatsanwaltschaft anvertrauen, oder wollen Sie den Mann zur richterlichen Aburtheilung zwar gelangen lassen, aber eventuell durch den Richter von Strafe freilassen? — Ich drücke mich vorläufig kurz so aus: „von Strafe freilassen“; ich werde den

Ausdruck nachher noch modificiren. — Ich glaube, die große Mehrheit unseres Volkes wird sich für die zweite Alternative entscheiden. Drei Gründe sprechen nach meiner Meinung für die bedingte Verurtheilung: erstens die Nachtheile, welche die kurzzeitigen Freiheitsstrafen mit sich führen, zweitens, daß ein Correctiv gegen das Legalitätsprincip nöthig ist, drittens der innere Werth der bedingten Verurtheilung. Bezüglich des inneren Werthes möchte ich noch einige Worte sagen.

Worin besteht denn das Wesen der bedingten Verurtheilung? Dem Manne, der etwas peccirt hat, wird zum Bewußtsein gebracht, und zwar in öffentlicher Sitzung, durch richterlichen Spruch, daß er die Rechtsordnung verletzt hat; es wird ihm gleichzeitig gesagt, diese Verletzung der Rechtsordnung müßte gesühnt werden mit so und so viel Tagen oder Wochen Gefängniß. Der Richter hat aber in besonders berücksichtigenswerthen Fällen, für die ja allein die bedingte Verurtheilung gemeint ist, die Möglichkeit, zu sagen: zwar hast du diese Strafe an sich verdient, aber aus diesen oder jenen Gründen, sei es wegen deiner Jugend, sei es, weil du durch den Gegner stark gereizt gewesen bist, sei es, weil Noth oder andere berücksichtigenswerthe Umstände bei der That mit im Spiele waren, aus irgend einem dieser Gründe fasse ich die Sache besonders leicht auf und will dir die Möglichkeit geben, wenn du dich ein Jahr lang oder sechs Monate lang gut verhältst, von der Strafe frei zu bleiben. Darin liegt ein hoher erzieherischer Werth, und dieser hohe erzieherische Werth, den die bedingte Verurtheilung hat, indem sie es dem Thäter nicht nur zum Bewußtsein bringt, daß er sich gegen die Rechtsordnung vergangen hat, sondern ihn zugleich für eine gewisse Zeit unter besonders strenge Zucht stellt, ihm die Nachtheile eines weiteren Peccirens klar vor Augen führt, ist nach meiner Meinung Etwas, was in Betracht gezogen werden muß, wenn die anderen Gründe nicht schon für voll ausschlaggebend erachtet werden.

(Glocke des Präsidenten.)

Ja, meine fünf Minuten sind um.

Herrn Oberstaatsanwalt Hamm möchte ich nur noch das Eine erwidern: gerade wir — ich spreche Namens der Internationalen criminalistischen Vereinigung — sind für eine Reform des Strafvollzugs ganz außerordentlich interessirt, und wir würden, wenn wir wirklich überzeugt wären, daß die Bestrebungen für die Einführung der bedingten Verurtheilung diese Reform des Strafvollzugs hindern würden, zunächst noch nicht für die Einführung eintreten; wir sind aber gerade der entgegengesetzten Ansicht, daß nämlich die Freiheitsstrafen in ihrer heutigen Zuviel-Anwendung geradezu die Reform des Strafvollzugs verhindern, weil es schon aus pecuniären Gründen nicht möglich ist, für so außerordentlich viele Fälle von Freiheitsstrafen die wirklich geeigneten Vorkehrungen zu treffen, insbesondere die Einzelhaft durchzuführen.

Präsident: Es ist Schluß beantragt worden. Ich mache darauf aufmerksam, daß noch die Herren Friedmann, Merkel, Mumm und von Lilienthal sich zum Worte gemeldet haben. Ich möchte vorschlagen, daß wir diese Herren noch hören, mit der selbstverständlichen Bitte, daß sie sich möglichst kurz fassen; dann haben die beiden Herren Berichterstatter noch das Wort; ich habe aber eben gehört, daß sie sich mit dem modificirten Antrage Jaques einverstanden erklärt haben, wodurch eine wesentliche Abkürzung hervorgerufen wird. Dann haben wir nur noch neun Anträge, die zur Abstimmung kommen.

Privatdocent Dr. **Friedmann** (Wien): Ich bitte über den Schlußantrag abstimmen zu lassen; nachdem von mehreren Seiten Schluß verlangt worden, ist es nicht angenehm, vor Zuhörern zu sprechen, die lieber fort wollen.

Präsident: Es erscheint mir billig, daß denjenigen Herren, welche sich bereits vor Einbringung des Schlußantrages zum Worte gemeldet hatten, dasselbe noch gegeben wird, und daß der Schluß der Rednerliste sich nur auf diejenigen Herren bezieht, welche beabsichtigt hatten, sich noch zum Worte zu melden.

Privatdocent Dr. **Friedmann** (Wien): Ich habe mir erlaubt, gemeinsam mit Herrn Professor Merkel einige Abänderungsanträge zu den Anträgen der Herren Referenten zu stellen. Es ist hierbei keineswegs über den Kreis derjenigen Fragen, welche in die Anträge der Herren Referenten einbezogen wurden, hinausgegangen, sondern nur dort, wo diese Anträge zu positivem Widerspruche veranlaßt haben, sind Modificationen in Vorschlag gebracht.

Zur Begründung muß ich mit einigen Worten auf die Bedürfnißfrage zurückkommen. Das Bedürfniß nach bedingter Verurtheilung wurde auch damit begründet (sowohl in dieser Versammlung, als auch in der Literatur), daß gewisse Fälle so besonders berücksichtigenswürdig sind, daß eine nominelle Strafe genügte. Nun, m. H., diesen Gesichtspunkt vermag ich nicht zur Begründung heranzuziehen, denn ich begreife wenigstens das nicht, wie man dazu kommen kann, bei einem gesetzlichen Strafminimum von einem Tage oder einer Woche, einen, vielleicht zwei Monate zu erkennen, und dennoch bedingt die Strafe nachzusehen. Sind die Fälle so rücksichtswürdig, so muß eben der Richter innerhalb des Strafrahmens noch tiefer hinabgehen, und es fragt sich, ob nicht, wie auch schon angeregt wurde, in der Stufenleiter der Strafen am tiefsten angebracht werden soll die bloße Verwarnung, wenn man schon den Verweis als schulmeisterliche Maßregel nicht haben will.

Hingegen erkenne ich vollständig an das andere Argument, welches für das Bedürfniß nach bedingter Verurtheilung vorgebracht wurde, und welches sich kurz dahin zusammenfassen läßt, daß unsere kurzzeitigen Freiheitsstrafen mit Uebeln verbunden sind, welche in gewissen Fällen größer sind, als die Vortheile, die sich der Staat und die Gesellschaft von dem Vollzuge der Strafe versprechen. Ich glaube, daß man von diesem Gesichtspunkte aus sich unter gewissen Voraussetzungen mit der Maßregel befreunden kann, wenn auch nur unter großer Vorsicht. Ich möchte glauben, ein solches Abwägen von anderen Uebeln mit dem Vortheile, welchen die Strafe bringt, ist ein Moment, welches auch von den Anhängern der Vergeltungstheorie wenigstens im Rahmen der geltenden Rechtsgrundsätze consequenter Weise nicht angefochten werden kann. Unser geltendes Recht steht, wie sich insbesondere bei den Antragsdelicten zeigt, auf dem Standpunkte, das Interesse an Bestrafung wenigstens bei geringeren strafbaren Handlungen — und nur für solche soll ja auch die bedingte Verurtheilung eingeführt werden — mit anderweitigen Interessen abzuwägen. Aehnliches zeigt sich bei anderen Rechtsinstituten, und ich möchte nur kurz hinweisen auf ein Institut, welches mehrfach, aber nur in anderer Hinsicht mit der Frage in Zusammenhang gebracht wurde: die Begnadigung. Hier, glaube ich, zeigen sich jene, die als Anhänger der Vergeltungstheorie in unserer Frage unbedingt opponiren, besonders inconsequent. Die Begnadigung, mit der bei jeder Strafe Abhülfe erlangt werden kann, ist als Sicherheitsventil gegenüber den Unvollkommenheiten jeder menschlichen Strafgesetzgebung heute allgemein gebilligt. Ist es eine *absolute* Forderung, daß jedes Delict ein materielles Strafübel nach sich ziehen muß, dann müßte auch die Begnadigung verworfen werden. Die erste Frage ist doch, ob eine solche Forderung als eine absolute, ausnahmslose besteht, und die zweite Frage erst, ob wir das Recht, Ausnahmen von der Bestrafung der Delicte zu statuiren, bloß dem Staatsoberhaupte oder aus gewissen Zweckmäßigkeitsgründen und in gewissem Umfange auch dem Richter zuweisen sollen. So darf uns also der Vergeltungsgedanke von der Einführung der bedingten Verurtheilung wohl nicht abhalten. Aber eine andere Gefahr ist vorhanden: die Gefahr, daß die abschreckende Kraft des Strafgesetzes abgeschwächt wird, wenn der Richter jenes Recht in der Hand hat, und zwar ein milder Richter, wie es bei der Strafzumessung nach allgemeinem Urtheil der deutsche Richter und — (wie ich nach meinen Erfahrungen bestätigen kann) — der österreichische Richter ist. Ob und inwieweit eine solche Abschwächung der abschreckenden Kraft des Strafgesetzes zu befürchten ist, darüber hat man freilich ganz entgegengesetzte Behauptungen gehört; die Einen meinen, der Satz „einmal ist keinmal“ werde zur allgemeinen Losung werden; die Anderen glauben wieder, es werde der Strafzweck der General-Prävention nicht die mindeste Beeinträchtigung erfahren, gegenüber dem unbedingten Vollzug der Strafe, und gerade Praktiker haben sich in dem einen wie in dem anderen Sinne ausgesprochen. Uns fehlt in Deutschland die Erfahrung, und das muß uns dazu bringen, daß wir mit der größten Vorsicht und nur allmählich an die Einführung der bedingten Verurtheilung herantreten. Von dem Maße ihrer Anwendung hängt es ab, ob die Strafdrohung des Gesetzes noch hinreichend abschreckend wirken wird.

Um uns vor bösen Erfahrungen zu bewahren, müssen wir daher zunächst die dem Richter neu zu gewährende Machtfülle an einschränkende Voraussetzungen knüpfen. Die erste Einschränkung, die mir erforderlich scheint, ist, daß von den drei Monaten, die im Referenten-Antrage als Grenzmaß angenommen sind, auf eine kürzere Zeit herabgegangen wird. So hat auch der jüngste österreichische Entwurf die Maximalgrenze auf einen Monat festgesetzt; in Deutschland könnte man wohl in Anlehnung an das Maximum der Haft sechswöchentliche Haft oder deren Aequivalent (vierwöchentliches Gefängniß) als Grenze annehmen. Sechs Wochen Haft bedeuten im Sinne des deutschen Strafensystems die Grenze der kurzzeitigen Freiheitsstrafe — und nur diese soll ja durch die bedingte Verurtheilung vermieden werden. Ich glaube, wenn der Richter den Fall so schwer findet, um über diese Grenze hinauszugehen, dann sollte man ihm auch nicht mehr die Möglichkeit belassen, die Strafe bedingt nachzusehen. Nun haben wir allerdings gehört, daß von manchen Seiten gewünscht wird, der Richter solle auch bei leichteren Delicten lieber größere Uebel durch bedingte Verurtheilung androhen können, in der Hoffnung, der Mann brauche ja nicht wieder zu delinquiren, und dann werde ihn das Uebel nicht treffen. Hiermit ein unverhältnißmäßig hohes Strafübel zu rechtfertigen, erscheint mir ungerecht; denn die bedingt verhängte Strafe muß ja dann bei einem neuen, wenn auch geringfügigen und ganz anders gearteten Vergehen doch vollzogen werden; man soll den Richter nicht in die Lage versetzen, größere Uebel anzudrohen, als er für eine angemessene Ahndung hält. Weil es aber zu befürchten ist, daß jene Argumentation, wie sie in der Literatur verfochten wurde, auch in die Praxis Eingang finden werde, auch aus diesem Grunde erscheint mir das Grenzmaß von drei Monaten als ein zu hohes. Aus demselben

Grunde ist aber auch schon eine weitere Einschränkung, ein Schlußsatz des Referenten-Antrages zu empfehlen. Diesen zu begründen vermag ich nicht mehr, da die Redezeit bereits abgelaufen ist — vielleicht wird Herr Prof. Merkel es übernehmen.

Prof. Dr. **Merkel** (Straßburg): M. H., unwilligen Hörern gegenüber ist es mißlich zu sprechen, und namentlich dann mißlich, wenn man neue Gesichtspunkte zu entwickeln und neue Anträge zu begründen hat: ich werde daher darauf verzichten. Ich begnüge mich damit, einen Theil meiner Anschauungen zum Ausdrucke gebracht zu haben in dem Antrage, der dem Herrn Präsidenten vorliegt.

Präsident: Der Antrag der Herren Friedmann und Merkel lautet:

> Die Einführung der bedingten Verurtheilung gegen Angeklagte, welche zur Zeit ihrer Aburtheilung eine Zuchthaus-, Gefängniß- oder Haftstrafe im Inlande weder ganz noch theilweise verbüßt haben, empfiehlt sich bei jugendlichen Personen für Vergehen und Uebertretungen. Ihre Anwendung im einzelnen Falle ist unter der Voraussetzung, daß die verwirkte Strafe in 6wöchentlicher Haft oder deren Aequivalent besteht, von dem in den Urtheilsgründen zu rechtfertigenden Ermessen des erkennenden Richters abhängig zu machen; doch bedarf dieser Theil des Erkenntnisses zu seiner Wirksamkeit der Bestätigung einer höheren Instanz.

Rechtsanwalt Dr. **Mumm** (Straßburg): M. H., ich werde Ihre werthe Aufmerksamkeit nicht 5, sondern nur 3 Minuten in Anspruch nehmen, da auch bei mir sich der innere Wunsch nach Abkürznng regt, und ich dasselbe bei Ihnen voraussetze.

Meiner Auffassung nach, m. H., hieße es Eulen nach Athen oder Störche nach Straßburg oder klares Rheinwasser in das heilige Köln tragen, wenn ich es als deus minorum gentium der „internationalen criminalistischen Vereinigung" versuchen wollte, Ihnen zu den vielen Gründen, die heute hier für die bedingte Verurtheilung in so beredter Weise vorgetragen worden sind, noch neue hinzuzufügen. Dazu bin ich nicht im Stande, dazu ist die Zeit zu kurz. Ich bedaure nur das Eine, m. H., daß wir, daß Deutschland in dieser Frage nicht mehr, wie mir scheint, „an der Spitze der Civilisation" steht, und daß rings um uns herum dieses segensreiche Institut seinen Siegeslauf um die Welt macht, den mein verehrter Strafrechtslehrer Prof. Berner in Berlin vorausgesetzt hat, während ihm bei uns von Seiten der Praktiker und einiger Theoretiker ein energisches „Halt“ entgegen gerufen worden ist. Die bedingte Verurtheilung besteht in Amerika, in England, Belgien und Frankreich; sie wird binnen Kurzem auch in Schweden und Norwegen eingeführt werden. Wir in Deutschland bilden die einsame Insel; hier ist noch nicht im Entferntesten ein Versuch gemacht worden; und, m. H., ich denke dabei immer an den Mephistopheles im Faust:

> „ein Kerl, der speculirt, ist wie ein Thier, auf dürrer Heide von einem bösen Geist im Kreis herumgeführt, und rings umher liegt schöne grüne Weide“.

Warum nicht einmal muthig den Versuch machen, wie andere Völker? Ich bedaure ferner, daß Herr Prof. Seuffert nicht in der Lage gewesen ist, Ihnen die statistischen Ziffern mitzutheilen über die günstigen Erfahrungen, welche man speciell in Belgien mit dem Institut der bedingten Verurtheilung gemacht hat.

Ich möchte nun ganz kurz noch die Specialfragen berühren, welche in der Debatte hervorgetreten sind, — dann sind meine 3 Minuten fast zu Ende. Zunächst den Namen „Bedingte Verurtheilung“! M. H., warum etwas anderes an dessen Stelle setzen? Wir Juristen wissen, was das ist, das Volk lernt es auch kennen, es ist dafür gesorgt, daß die Frage populär wird. Sodann ist für die Geldstrafe vorgeschlagen worden: keine bedingte Verurtheilnng. Das ist vollständig mein Standpunkt, ich freue mich, daß namentlich durch den ersten der Herren Referenten dieser Punkt in sehr überzeugender Weise im Gegensatze zu den Beschlüssen in Christiania, wo ich in dieser Beziehung der einzige Opponent war, klargestellt worden ist. Die Kritik des zweiten Herrn Referenten an diesen Beschlüssen, die gleichfalls in vielen Punkten meinen Beifall findet, enthält ebenso viele Gründe für die Einführung der bedingten Verurtheilung an Stelle der kurzzeitigen Gefängnißstrafen, die wir sonst nicht los werden, und für die anderweitige, dort vorgeschlagene Ersatzmittel schwerlich ausreichen dürften.

Endlich, m. H., soll bei den Antragsdelikten keine bedingte Verurtheilung eintreten, oder vielmehr, es soll da unbedingt dem Wunsche, dem Willen des Privatklägers entsprechend im Gegensatze zum Staatswillen, verfolgt und gestraft werden. Dafür bin ich durchaus nicht. Wenn Sie sich die Entwickelung des praktischen Strafrechts in diesem Verfahren vergegenwärtigen, so wissen Sie, wie viele Privatklagen heut zu Tage in die Welt gesetzt werden und wie kostspielig dieselben sind. Es hieße geradezu eine Prämie auf Erhebung von Privatanklagen setzen, wenn Sie in dieser Beziehung sich anderen Rücksichten beugen und sagen wollten: weil der Privatkläger zu seinem Rechte kommen will, deshalb keine bedingte Verurtheilung bei Antragsdelicten.

Aber das sind Modalitäten, die auf den Kern der Frage keinen Einfluß üben können. Im Princip sollte sich meines Erachtens der Deutsche Juristentag möglichst einhellig für Einführung der bedingten Verurtheilung in Deutschland aussprechen.

Prof. Dr. **von Liliental** (Marburg): M. H., ich werde mich sehr kurz fassen, ich möchte nur auf zwei Punkte Ihre Aufmerksamkeit lenken.

Ich stimme darin vollkommen mit Herrn Geheimrath Seuffert überein, daß es sich im Wesentlichen um eine Frage, wenn nicht der Weltanschauung, so doch wenigstens der Strafanschauung handelt, darum, ob die Strafe Vergeltungs- oder präventiven Zwecken zu dienen hat. Aber, m. H., wir dürfen diesen Gesichtspunkt nicht betonen, und das ist das erste der gegnerischen Argumente, gegen welches ich mich wenden möchte. Praktisch kommt der Gesichtspunkt der Vergeltung bei der Frage der bedingten Verurtheilung gar nicht in Betracht. Wenn man sagt: es wird dadurch die Selbsthilfe entfesselt, m. H., ja, ich bitte Sie: auf welche Strafthaten soll die bedingte Verurtheilung Anwendung finden? Soll etwa der Mörder bedingt verurtheilt werden? Der Nothzüchter? Derjenige, der eine schwere Körperverletzung, der einen Raub begangen hat? Nein, m. H.! Wenn man diesen Einwand hört, liegt der Gedanke nahe, daß die Vertreter der bedingten Verurtheilung denselben unter allen Umständen für alle ersten Strafthaten haben möchten. Aber darum handelt es sich gar nicht, m. H., es handelt sich hier darum, ein Institut einzuführen, das in erster Linie dazu bestimmt ist, die kurzzeitigen Freiheitsstrafen wenn nicht zu beseitigen, so doch wesentlich zu beschränken, d. h. diejenigen Strafen nicht vollziehen zu lassen, die dem Verletzten ganz und gar keine Genugthuung gewähren.

Das andere, m. H., ist der Gesichtspunkt, der von Herrn Ober-Staatsanwalt Hamm hervorgehoben wurde, es sei ein mechanisches Hilfsmittel. M. H., mechanisch ist das Hilfsmittel in dem Falle, daß wir es uns in der Hand eines geistlosen Richters denken. Dann ist aber jede Strafe ein mechanisches Hilfsmittel. Ist aber der Richter von dem Gedanken durchdrungen, der den zukünftigen Gesetzgeber bei der Einführung der bedingten Verurtheilung leiten soll, dann ist eine mechanische Handhabung viel weniger zu fürchten, als heute eine mechanische Handhabung der Strafarten.

Nur diese wenigen Worte, m. H., im Uebrigen kann ich mich vollkommen mit den Anträgen der Herren Referenten einverstanden erklären.

Präsident: Vorbehaltlich des Schlußwortes der Herren Referenten erkläre ich die Verhandlungen für geschlossen.

Ich setze Sie vorläufig in Kenntniß, daß nun, soweit es sich um den Antrag der Herren Referenten handelt, eigentlich nur ein Antrag vorliegt, da nach mir gewordenen Mittheilungen die Herren Katz und Jacobi ihre Anträge mit dem des Herrn Dr. Jaques vereinigt haben. Dieser Antrag lautet in der letzten Fassung also:

> Die bedingte Verurtheilung empfiehlt sich gegen Angeklagte, welche noch nicht wegen Verbrechens, Vergehens oder Uebertretung zu Freiheitsstrafe verurtheilt worden sind, für solche strafbare Handlungen, bezüglich deren auf Haft oder nicht längere als dreimonatliche Freiheitsstrafe erkannt wird, und ist von dem in den Urtheilsgründen zu rechtfertigenden Ermessen des erkennenden Richters abhängig zu machen.

Rechtsanwalt Dr. **Beckh** (Nürnberg) (zur Geschäftsordnung): Mein Antrag war gestellt zu dem Antrage der Herren Referenten; wenn diese ihren Antrag fallen lassen, fällt mein Antrag an sich weg. Ich würde mir aber erlauben den Antrag dahin aufrecht zu erhalten, daß in dem nunmehr vorliegenden Antrage Jaques die Worte „Vergehens oder Uebertretung" herausgelassen würden.

Präsident Dr. **Struckmann** (Cöln): Mein Antrag war gleichfalls zu dem Antrage der Herren Referenten gestellt, und zwar zum ersten Absatze. Nachdem dieser Antrag geändert ist, paßt mein Antrag nicht mehr, und ich bitte, denselben nun als selbständigen Antrag zu betrachten.

Präsident: Vorbehaltlich Ihrer Zustimmung, m. H., verkündige ich die Reihenfolge der Abstimmung dahin:

Antrag Schmölder: jede bedingte Verurtheilung abzulehnen,

Antrag Rubo: zur Tagesordnung überzugehen, weil die Frage eine Frage des Strafvollzugs sei,

Antrag Struckmann: bedingte Verurtheilung nur für jugendliche Personen,

Antrag Friedmann-Merkel: 6 wöchentlich,

Antrag Beckh: Verbrechen und Vergehen herauszulassen,

endlich

die Anträge der Herren Referenten, sowie der Herren Jaques, Katz, Jacobi.

Referent Reichsgerichtsrath **Loebell** (Leipzig): Wir erklären uns mit dem Antrage Jaques einverstanden, so daß dadurch unser Antrag wegfällt; ich erkläre mich auch mit der vom Herrn Präsidenten mitgetheilten Reihenfolge einverstanden.

Dies vorausgeschickt, gestatten Sie mir einige Bemerkungen, anknüpfend an die Redner, welche wir gehört haben. Es ist gesagt worden, ich habe nur aus dem Bedürfnisse des Ersatzes der kurzzeitigen Freiheitsstrafen das Institut der bedingten Verurtheilung begründet. Vorwiegend war das richtig; ich darf Sie aber daran erinnern, daß ich auch gesprochen habe von der Zunahme der Criminalität, von dem, was man Findigkeit der Staatsanwälte nennt; ich habe davon gesprochen, daß es Thaten giebt, für die ein Tag Gefängniß zu hoch ist.

Es ist ferner von mehreren Herren gesagt worden: ja, wenn wir die bedingte Verurtheilung auffassen als ein Glied in der ganzen Kette von Gesammtreformen, die in Frage stehen, könnten wir dafür stimmen. M. H., ich fasse das dahin auf — und wenn Sie also mit mir dieser Meinung sind, dann bitte ich Sie, dafür zu stimmen. Ganz sicher ist es ein Glied in der ganzen Kette, aber wir haben heute nicht über die ganze Kette zu verhandeln, sondern bloß über das Glied. Ich bin also nicht der Meinung, wie Herr Oberstaatsanwalt Hamm geäußert hat, daß wir damit auf die Reform verzichten, die so nothwendig ist; im Gegentheil, ich glaube, wenn wir heute dieses eine Glied bewilligen, erleichtern wir die Reform, namentlich in der Richtung, die Herr Oberstaatsanwalt Hamm vertreten hat, des Vollzugs der Strafen. Wenn so und so viele bedingt Verurtheilte, welche die Strafe nicht verbüßen, aus der fluctuirenden Bevölkerung der Gefängnisse ausscheiden, wird es leichter sein, für Andere gehörig zu sorgen, sowohl durch Erbauung geeigneter Strafanstalten, als auch durch Vermehrung und Besserstellung des Personals.

Es ist ferner gesagt worden, es könnte die bedingte Verurtheilung natürlich nur bei solchen Personen angewendet werden, welche die Garantie geben, nicht mehr gegen das Gesetz zu handeln. Gewiß. Aber die bedingte Verurtheilung hat gerade das in sich, daß sie die Correctur für den Irrthum in sich selbst trägt. Heutzutage wird es leicht vorkommen, daß in einer Strafkammer von den fünf Richtern ein paar sagen: der Mann wird doch bald wieder hier stehen. Wer Recht hat, wird sich zeigen.

Ferner ist von Herrn Collegen Appelius ausgeführt worden, die Verführung von außen werde stärker wirken, als etwa die Aussicht auf „drei Tage bedingt". Das kann wohl sein, m. H. Ich möchte aber nicht von „drei Tagen bedingt“ reden. Ich bin der Meinung, daß die Einführung einen günstigen Einfluß haben wird auf die Frage der Strafzumessung. Ich bin der Meinung, daß man sich sagen wird: in einem solchen Falle triffst du das Rechte, wenn der Mann einer ist, der die nöthigen Garantieen giebt, dann ist er der Strafe ledig; irrst du dich darin, so hat er eine stärkere Strafe verdient. Vierzehn Tage bedingt ist unter Umständen weniger als drei Tage unbedingt.

Hinsichtlich der gestellten Anträge sind die beiden, die nicht entschieden dem unsrigen entgegenstehen, erledigt; ich habe mich bloß noch auszusprechen über den Antrag Friedmann-Merkel, der aus den drei Monaten sechs Wochen machen will. Ueber solche Zahlen läßt sich streiten, und ich glaube nicht, daß es zweckmäßig ist, die Sache etwa an einer solchen Frage scheitern zu lassen. Im Uebrigen würde der Antrag das Verfahren sehr compliciren, indem er die bedingte Verurtheilung von dem Ausspruche der höheren Instanz abhängig machen will.

(Zuruf: Ist zurückgezogen, weil nicht begründet worden!)

Präsident: Ich mache darauf aufmerksam, daß die Herren Merkel und Friedmann erklärt haben, daß, soweit es sich um jugendliche Personen handelt, ihr Antrag mit dem Antrage Struckmann zusammenfällt, und sie nur noch aufrecht erhalten die sechswöchentliche Dauer, während der Satz:

> Doch bedarf dieser Theil zu seiner Wirksamkeit der Bestätigung einer höheren Instanz

nicht aufrecht erhalten wird, weil die Zeit nicht ausreichte, um diesen Theil des Antrags näher zu begründen.

Präsident Dr. **Struckmann** (Cöln): Ich glaube, ich kann meinen Antrag jetzt zu Gunsten des Antrags Merkel-Friedmann zurückziehen; denn wenn ich recht gehört habe, beschränkt letzterer sich auf die jugendlichen Personen.

Prof. Dr. **Rubo** (Berlin): Ich ziehe meinen Antrag zurück.

Präsident: Wir stehen jetzt nur vor folgenden Anträgen:

Antrag Schmölder: unbedingte Zurückweisung der bedingten Verurtheilung,

Antrag Struckmann: sie nur zuzulassen bei jugendlichen Personen,

Antrag Merkel-Friedmann: sechsmonatliche Freiheitsstrafe oder entsprechendes Aequivalent,

Antrag Beckh: die Verbrechen und Vergehen aus dem Antrage der Herren Referenten und des Herrn Dr. Jaques auszulassen,

und endlich:

Antrag der Herren Referenten und des Herrn Dr. Jaques.

Ich bringe zunächst den Antrag Schmölder zur Abstimmung.

Amtsgerichtsrath **Schmölder** (Cöln) [zur Geschäftsordnung]: Ich möchte nur ausdrücklich constatiren, daß mir zur Begründung dieses meines grundsätzlichen Antrages, welcher entgegengesetzt ist den Anträgen der beiden Herren Referenten und entgegengesetzt den beiden Gutachten, nur fünf Minuten, und zwar knapp, zugemessen gewesen sind.

Präsident: Es mag das insofern richtig sein, als der verehrte Herr Antragsteller noch sehr viel auf dem Herzen hatte und seinen Antrag noch näher begründen wollte; allein ich war nicht berechtigt, ihm das Wort länger zu gestatten. Uebrigens bemerke ich thatsächlich, daß ich die fünf Minuten bei ihm nicht anders bemessen habe, als bei anderen Herren Rednern. Dies zu meiner Rechtfertigung.

Der Antrag des Herrn Amtsgerichtsrath Schmölder geht dahin:

Die bedingte Verurtheilung eignet sich nicht zur Aufnahme in das deutsche Strafgesetzbuch.

Ich bitte, daß diejenigen Herren sich erheben, welche diesem Antrag zustimmen.

(Geschieht.)

Das ist die Minderheit.

Der Antrag Rubo ist zurückgezogen.

Wir kommen zum Antrage Struckmann, welcher lautet:

Die Einführung der bedingten Verurtheilung empfiehlt sich nur für jugendliche Personen.

Diejenigen Herren, welche mit diesem Antrage einverstanden sind, bitte ich, sich zu erheben.

(Geschieht.)

Ich bitte um die Gegenprobe.

(Erfolgt.)

Das ist entschieden die Mehrheit; der Antrag ist also abgelehnt.

Wir gehen über zu dem Antrage Beckh, welcher ein Unterantrag ist zu dem Antrage der Herren Referenten und des Herrn Dr. Jaques:

Abs. 1 des Antrages der Referenten so zu fassen:

Die Einführung der bedingten Verurtheilung gegen Angeklagte, welche zur Zeit ihrer Aburtheilung eine Zuchthausstrafe im Inlande weder ganz noch theilweise verbüßt haben, empfiehlt sich für Vergehen und Uebertretungen.

Diejenigen, welche diesen Unterantrag annehmen wollen, bitte ich, sich zu erheben.

(Geschieht.)

Das ist die Minderheit.

Der Hauptantrag der Herren Referenten und des Herrn Dr. Jaques lautet:

> Die bedingte Verurtheilung empfiehlt sich gegen Angeklagte, welche noch nicht wegen Verbrechens, Vergehens oder Uebertretung zu Freiheitsstrafe verurtheilt worden sind, für solche strafbare Handlungen, bezüglich deren auf Haft oder nicht längere als dreimonatliche Freiheitsstrafe erkannt wird, und ist von dem in den Urtheilsgründen zu rechtfertigenden Ermessen des erkennenden Richters abhängig zu machen.

Diejenigen Herren, welche mit diesem combinirten Antrage der Herren Referenten und des Herrn Dr. Jaques einverstanden sind, bitte ich, sich zu erheben.

(Geschieht.)

Das ist die erhebliche Mehrheit.

Zu Ihrer Aller Beruhigung bitte ich aber um die Gegenprobe.

(Dieselbe erfolgt.)

Das ist die Minderheit.

Geehrte Herren! Wir sind nun mit dieser Frage zu Ende gekommen. Es fragt sich, ob der Beschluß unserer Abtheilung nur zur Kenntniß oder zur weiteren Verhandlung an das Plenum gebracht werden soll. Ich würde meinerseits vorschlagen, die Sache dem Plenum nur zur Kenntnißnahme zu unterbreiten, vorbehaltlich natürlich des Rechts der übrigen Mitglieder im Plenum, nach Maßgabe der Satzungen doch die Verhandlung herbeizuführen.

Ich bitte diejenigen Herren, welche mit meinem Vorschlage einverstanden sind, sich zu erheben.

(Geschieht.)

Das ist die überwiegende Mehrheit.

Ich glaube in Ihrem Sinne zu handeln, wenn ich den verehrten Herrn Berichterstatter Reichsgerichtsrath Loebell bitte, der Vertreter der Abtheilung im Plenum zu sein. — Einverstanden.

Wir haben auf der Tagesordnung für heute noch einen weiteren

Gegenstand; ich glaube aber nicht zu irren, wenn ich annehme, daß Sie nicht geneigt sind, heute Nachmittag wieder zu verhandeln.

(Zustimmung.)

Sind Sie einverstanden, daß wir morgen Vormittag 9 Uhr unsere Sitzung wieder beginnen?

(Einverstanden.)

Diejenigen, welche der Ansicht sind, daß wir morgen zuerst die Trunksuchtsfrage behandeln wollen, bitte ich, sich zu erheben.

(Geschieht.)

Das ist die Mehrheit.

Ich schließe die Sitzung.

(Schluß der Sitzung 2 Uhr 20 Minuten.)

Zweite Sitzung der dritten Abtheilung
am Freitag, den 11. September 1891.

(Beginn: Vormittags 9 Uhr.)

Präsident **von Stößer:** Ich eröffne die Sitzung.

Sie wissen, m. H., daß wir aufgefordert sind, heute Vormittag uns über die Vertrauensmänner zu verständigen, welche berufen sind, die ständige Deputation für das nächste Jahr zu wählen. Von jeder Abtheilung sind zehn Mitglieder zu benennen, eigentlich aber nur neun, weil herkömmlicher Weise der Vorsitzende der Abtheilung in dieser Eigenschaft Mitglied der Vertrauensmänner ist. Ich habe nun mit mehreren verehrten Mitgliedern dieser Abtheilung gesprochen und habe den Vorschlag zu machen, folgende Herren als Vertrauensmänner zu benennen:

Rechtsanwalt Dr. Fuld (Mainz),
Oberstaatsanwalt Hamm,
Prof. Dr. Hiller (Czernowitz),
Hof- und Gerichts-Advokat Dr. Jaques (Wien),
Reichsgerichtsrath Loebell,
Prof. Dr. Merkel (Straßburg),
Prof. Dr. Rubo (Berlin),
Geh. Justizrath Prof. Dr. Seuffert (Bonn) und
Reichsgerichtsrath Stenglein.

Ich nenne einstweilen diese Namen und schlage Ihnen vor, daß, wenn bis zum Schlusse unserer ersten Berathung ein Widerspruch gegen diese Liste nicht erhoben wird, wir dieselbe dem Herrn Präsidenten des Plenums als die Liste der von uns gewählten Vertrauensmänner überreichen. Sind Sie damit einverstanden?

(Zustimmung.)

Ich bemerke hierbei übrigens, daß ein sehr verdienstvolles Mitglied dieser Abtheilung, Herr Präsident Dr. Struckmann, von uns als Vertrauensmann nicht bezeichnet werden kann, weil er einer der Vorsitzenden des Plenums ist und als solcher schon zu den Vertrauensmännern gehört.

Ich habe anzuzeigen, daß die Plenarsitzung morgen um 10 Uhr Vormittags beginnt, und daß ½10 Uhr in dem Saale, in welchem die erste Abtheilung tagt, die Vertrauensmänner sich behufs Vornahme der Wahl der ständigen Deputation versammeln werden.

Zu einer allgemeinen persönlichen Bemerkung hat sich Herr Amtsgerichtsrath Schmölder zum Worte gemeldet.

Amtsgerichtsrath **Schmölder** (Cöln): Bei der außerordentlichen Kürze der Zeit, welche ich gestern zur Vertretung meines gegnerischen Standpunktes hatte, mußte ich einsehen, daß es unmöglich war, meine Gegengründe auch nur andeutungsweise vorzubringen. Ich glaubte deshalb in erster Linie Ihnen sagen zu müssen, daß meiner Meinung nach die Begeisterung für das Institut der bedingten Verurtheilung seitens der ersten Vertreter desselben bereits im Nachlassen sei. Ich habe Bezug genommen auf den Herrn Referenten Stenglein und auf einen Brief des Herrn Prof. v. Liszt an mich. Es ist mir nun mitgetheilt worden, daß gestern, während ich abgerufen war, von einer Seite hervorgehoben worden ist, v. Liszt könne etwas Derartiges nicht geschrieben haben; ich müsse mich nicht präcise ausgedrückt haben. Ich habe nun den Brief hier, und möchte bemerken, daß es darin heißt:

> Es kommt im Augenblicke gar nicht auf die bedingte Verurtheilung und andere Kleinigkeiten an —

es ist dann als das Wichtigere hervorgehoben eine Reform des Strafvollzugs und eine Reorganisation der Geldstrafe.

Wenn angezweifelt werden sollte, daß das jetzt Referirte richtig ist, möchte ich den Herrn Präsidenten bitten, den Brief zur Verlesung zu bringen.

Präsident: Es wird nicht nöthig sein, ihn zu verlesen.

(Hof- und Gerichts-Advokat Jaques [Wien] übernimmt den Vorsitz.)

Vicepräsident **Jaques:** Wir haben nun zu behandeln die Frage 12:

Soll die Trunksucht als solche strafrechtlich verfolgt werden?

Gutachten liegen hierzu vor von Herrn Rechtsanwalt Dr. Fuld (Mainz) und von Herrn Regierungsrath Prof. Dr. Hiller (Czernowitz).

Ich bitte Herrn Präsident von Stößer, sein Referat zu erstatten.

Referent Senats-Präsident Dr. **von Stößer** (Carlsruhe): Soll die Trunksucht als solche strafrechtlich verfolgt werden?

Sie werden die Stellung dieser Frage an den Deutschen Juristentag, der es sich zur Aufgabe gemacht, die Lösung der wichtigsten Tagesfragen auf den Gebieten des bürgerlichen und Strafrechts durch eine gemeinsame deutsche Gesetzgebung vorzubereiten, gewiß für zeitgemäß und wohlbegründet halten. Sind doch die höchst verderblichen Folgen, welche die Trunksucht sowohl für den Einzelnen wie für die Familien und die Gesammtheit des dadurch in seiner Arbeitskraft und Wehrfähigkeit geschwächten Volkes und zwar nicht bloß in unserem Vaterlande, sondern auch in anderen vom Alkoholismus durchseuchten Ländern — für das physische und moralische Verhalten des Individuums und nicht minder des socialen Körpers hat, allenthalben bekannt Es herrscht eine weitgehende Meinungsübereinstimmung auf Grund von zahlreichen Erfahrungen namentlich auch darüber, daß der Trunksucht bezw. Trunkenheit ein wesentlicher Einfluß auf die Verübung und beklagenswerthe Vermehrung von Verbrechen und Vergehen insbesondere gegen Leib und Leben und Sittlichkeit der Person, durch Widerstand gegen die Staatsgewalt und durch Verletzung gegen die öffentliche Ordnung zuzuschreiben ist. Gleichwohl begegnet man auch wieder vielfach einer gewissen Gleichgiltigkeit und Beschönigung des Uebels. Nicht minder obwaltet eine Unklarheit über die begriffliche Feststellung des Thatbestands, welcher Ursache und Wirkung des vorliegenden Uebels ist, sowie über die geeigneten Mittel vorbeugender (polizeilicher) wie bürgerlicher und strafrechtlicher Art, um es thunlichst zu beseitigen.

Nachdem der Deutsche Juristentag sich 1888 zu Stettin durch die einstimmige Erklärung: „es empfehle sich eine Bestimmung etwa des Inhalts in dem B.G.B.:

> Eine Person, welche in Folge von Trunksucht sich oder Andere gefährdet, kann entmündigt werden. Hört dieser Zustand auf, so ist die Entmündigung wieder aufzuheben"

— welche Erklärung bekanntlich inzwischen sich eines wirksamen Erfolges erfreuen durfte — also durch Vorschlag dieser bürgerlich-rechtlichen Folge der Trunksucht auf deren Minderung bezw. auf die Minderung ihrer verderblichen Wirkung bedacht war, soll er jetzt darüber eine Erklärung abgeben, ob nicht auch deren strafrechtliche Ahndung als ein geeignetes Mittel zu erachten sei.

Es liegen Ihnen, geehrte Herren, hierüber zwei Gutachten vor, erstattet von den Herren Rechtsanwalt Dr. Ludw. Fuld in Mainz, einem altbewährten Kämpfer in dieser Sache — und Professor Dr. K. Hiller in Czernowitz, welcher namentlich über die Gesetzgebung und die Erfahrungen in Oesterreich-Ungarn ausführliche Mittheilungen gemacht hat.

Auf Grund dieser werthvollen Vorarbeiten und weiterer Ergänzungen habe ich nun die Ehre, zur Einleitung unserer weiteren Verhandlungen Ihnen, geehrte Herren, über die vorliegende Frage Bericht zu erstatten.

Wie zur Bekämpfung und allmählichen Minderung anderer socialer Mißstände von einem Heilmittel allein eine wesentlich bessernde Wirkung nicht erwartet, dieses vielmehr nur in Verbindung mit andern, als nützlich erkannten Unternehmungen und Anordnungen als mitwirkend empfohlen werden kann, so wäre es auch hier eine verblendete Ueberschätzung der Strafandrohung, wenn von ihr ausschließlich oder auch nur vorzugsweise, selbst bei ihrer strengen Anwendung, ein sicheres ausreichendes Mittel gegen die Trunksucht und Trunkenheit erhofft werden wollte. Deshalb wird, wie in der Wissenschaft und Praxis, so auch von den beiden Herren Berichterstattern darauf hingewiesen, wie es nothwendig sei, ja vorausgesetzt werde, daß — abgesehen davon, daß auch auf diesem Gebiete Kirche und Schule eine heilsame Aufgabe zu erfüllen haben — die heutige Gesellschaft und der Staat Recht und Pflicht haben, dem bestehenden Uebel, von seinen ersten Ursachen an bis zu seinen letzten verderblichen Wirkungen ernstlich zu begegnen.

Zunächst müssen allerdings von der bürgerlichen Gesellschaft selbst Belehrungen durch Schrift und Wort über die unheilvollen Folgen übermäßigen Genusses geistiger Getränke ausgehen, und in kräftiger That sich bewährende Unternehmungen ausgeführt werden durch Wohlfahrtseinrichtungen aller Art, wie Bildung von hierauf abzielenden Vereinen, Erziehung armer Kinder, Beschaffung von billigen, gesunden Wohnungen, Errichtung von Volksküchen und Kaffeebuden u. dgl., hauptsächlich auch durch Herstellung von Trinkerasylen, wozu Gemeinden und Staat im Bedürfnißfalle entsprechende Unterstützung gewähren mögen.

In noch wirksamerer Weise ist aber auch der Staat berufen und in der Lage, präventive und repressive Maßregeln zu gleichem Zwecke zu ergreifen. Auf allen Gebieten seiner Thätigkeit findet er hierzu Gelegenheit:

in Gewerbe- und Handelspolizei durch Anordnungen über Zubereitung gesundheitsunschädlicher Getränke, über Errichtung und Einrichtung der Wirthschaften und die darin einzuhaltende Ordnung, über Handel mit geistigen Getränken, ferner über die höhere Besteuerung des Branntweins wie über geringere Besteuerung anderer geistiger Getränke;

in der Strafpolizei durch Verbot des Besuches von Wirthschaften durch Trunkenbolde, durch ihre Unterbringung in Arbeitshäuser oder auch durch zwangsweise Pflege der an Trunksucht Leidenden in Trinkerasylen, sie mögen wegen Trunkenheit schon bestraft sein oder nicht, ferner durch Gebot, Betrunkene von öffentlichen Orten zu entfernen und bei ihrer Gefährdung der Sicherheit bis zu der zu erwartenden Abnüchterung in Gewahrsam zu nehmen u. s. w.;

nicht minder durch bürgerlich-rechtliche Vorschriften, insbesondere durch Entmündigung von Trunkenbolden, Entziehung der elterlichen (väterlichen) Gewalt, Beschränkung oder Versagung der gerichtlichen Geltendmachung (durch Klage oder Einrede) von Forderungen aus Zechschulden u. dgl., sowie von für diese bezw. statt deren anderweit eingegangenen Verbindlichkeiten.

Endlich kann auch die Trunksucht bezw. die Trunkenheit als gemeinschädliches Laster durch Entziehung von politischen Rechten gebrandmarkt werden. In Verbindung mit diesen unmittelbar gegen bezw. für die Trinker zu ergreifenden Maßregeln stehen die Ahndungen gegen dritte Personen, welche die Trunksucht fördern, insbesondere gegen die Wirthe, welche gewerbspolizeilichen oder gemeinen Strafen unterliegen, sowie gegen Personen, welche absichtlich Andere in Trunkenheit versetzen oder deren Trunksucht gewinnsüchtig ausbeuten.

Nach der herrschenden Ansicht, namentlich derjenigen Vereine, welche, ohne irgendwie Temperenzlerziele zu verfolgen, auch oder ausschließlich es sich zur Aufgabe machen, die Unmäßigkeit im Genuß geistiger Getränke zu bekämpfen, erscheinen aber jene Mittel, sei es einzeln oder in ihrer Gesammtwirkung, noch keineswegs als ausreichend; es wird überdies die strafrechtliche Verfolgung der Trunksucht bezw. Trunkenheit verlangt. Aus den mannigfachen, in dieser Richtung arbeitenden Vereinen erlaube ich mir deren nur zwei hervorzuheben und ihre Thätigkeit in Kürze darzustellen; nämlich den sich über ganz Deutschland ausbreitenden Deutschen Verein gegen den Mißbrauch geistiger Getränke und den alle Culturländer umfassenden internationalen Gefängnißcongreß.

Der Deutsche Verein hat von Anfang an mit aller Entschiedenheit neben andern Kampfmitteln gegen die Trunksucht auch die Bestrafung der Trunkenbolde für nothwendig erachtet und auf seiner Hauptversammlung im September 1887 zu Darmstadt auf den Vortrag des heutigen Berichterstatters einstimmig die Erklärung abgegeben: „es sei die Bestrafung von nicht unverschuldeter, öffentliches Aergerniß erregender Trunkenheit geboten". Damit beruhigte sich aber der Verein nicht, indem er nach wie vor die Sache auf seinen Hauptversammlungen verhandelte, sich mit entsprechenden Bittschriften an den Bundesrath und die Landesregierungen sowie an den Reichstag wandte und in dessen Schoße durch verdienstvolle Vereinsmitglieder theils in Commissionsarbeiten (Dr. v. Schwarze und Struckmann) theils in Anfragen (Struckmann und v. Keudell) an die Vertreter der verbündeten Regierungen bis in die neueste Zeit den endlichen Erfolg seiner Anträge betrieb und in den nächsten Tagen, auf seiner Versammlung zu Bremen, sein verdienstliches Wirken fortsetzen wird.

Der internationale Gefängnißcongreß, welcher im Juni 1890 zu St. Petersburg tagte, stellte u. a. die Frage:

Auf welche Weise kann die Trunkenheit (ivresse) in der Strafgesetzgebung betrachtet werden:

a) sei es als Uebertretung (infraction) an sich,

b) sei es als begleitender Umstand bei einer Uebertretung und geeignet, deren strafrechtlichen Charakter zu beseitigen, zu mildern oder zu erschweren?

Auf Grund der hierüber erhobenen, im Wesentlichen übereinstimmenden Gutachten der Herren Canonico (Rom), Dr. Fuld (Mainz), Heinze (Heidelberg), Lilienthal (Marburg), Molet (Paris), Roland (Dorpat) und des Vorstands des Badischen Landesvereins gegen Mißbrauch geistiger Getränke (Dr. K. v. Stößer, K. Baer und Dr. Fischer), sowie der Berichterstattung von Sliosberg (Petersburg) und nach wiederholten Verhandlungen in Section I erklärte der Congreß schließlich zu a: „Der Zustand der Trunkenheit, an sich betrachtet, bildet kein Vergehen (délit); er giebt Anlaß zur Ahndung (repression) nur in dem Falle, wo er sich öffentlich zeigt unter gefährdenden Voraussetzungen (conditions) gegen die Sicherheit oder durch Handlungen, geeignet, Aergerniß zu erregen, die Ruhe und die öffentliche Ordnung zu stören."

Die Beantwortung der Frage b berührt uns, wie noch gezeigt werden soll, heute nicht weiter.*)

*) Der Congreß hat in seiner Sitzung vom 7./19. Juni 1890, den schließlichen Anträgen der Section I entsprechend, die an ihn gestellte Frage — laut Journal officiel de la République française Nr. 246, 1890, S. 467 ff. u. Nr. 111, S. 61 — dahin beantwortet:

1. L'état d'ivresse, considéré en lui-même ne saurait constituer un délit; il ne donne lieu à la répression que dans le cas où il se manifeste publiquement dans des conditions dangereuses pour la sécurité ou par des actes de nature à produire un scandal, à troubler la tranquillité et l'ordre public.

Geehrte Herren! Wenn wir nun fragen, ob und inwieweit die Gesetzgebung diese Anschauungen über die nothwendige Bekämpfung der Trunksucht und Trunkenheit durch entsprechende Vorschriften gewürdigt hat, so begegnen wir einer ganz bunten Behandlung der Sache. Ein Ueberblick über den Stand der Gesetzgebung wird dies rechtfertigen.

Das Badische Polizei-St.G.B. vom 31. October 1863 läßt in § 76 gegen Betrunkene, welche öffentliches Aergerniß erregen oder Unfug treiben, deren Entfernung und, wenn sie die Sicherheit von Person und Eigenthum gefährden oder Ruhestörung verüben, zur Verhütung weiteren Unfugs deren polizeilichen Gewahrsam bis auf 24 Stunden zu und bedroht den Rückfall des letzt erwähnten Verhaltens binnen Jahresfrist mit Haft bis 8 Tagen.

Es werden ferner bestraft nach § 77 Wirthe, welche gegen das Verbot Schülern den Besuch ihrer Wirthschaft gestatten, an Geld bis 20 Mk., nach § 99 an Geld bis 50 Mk. oder Haft bis zu 8 Tagen, wer bei Verrichtungen, welche zur Verhütung von Gefahr für Leben und Gesundheit Dritter besondere Vorsicht erfordern, sich betrinkt, und wer betrunken solche Verrichtungen vornimmt, und

---

2. On ne saurait nier l'utilité de dispositions législatives, établissant des mesures coërcitives, telles que l'internement dans un hospice ou une maison de travail, à l'égard des individus habituellement adonnés à l'ivrognerie, qui viendraient à être à la charge de l'assistance ou bienfaisance publique, qui se livreraient à la mendicité ou qui deviendraient dangereux pour eux-mêmes ou pour autrui.

3. Il est urgent de rendre les propriétaires de débits de vin et de spiritueux pénalement responsables pour débit de liqueurs fortes à des individus manifestement ivres.

4. En cas d'infraction pénale commise en état d'ivresse:

1°. L'état d'ivresse non complète ne peut en aucun cas exclure la responsabilité; comme circonstance ayant influence sur la mesure de la peine, cet état ne peut être défini par le législateur ni comme circonstance atténuante, ni comme circonstance aggravante, mais son influence sur cette mesure dépend des circonstances de chaque cas particulier.

2°. L'état d'ivresse complète exclut la responsabilité en principe, à l'exception toutefois des cas suivants:

a. quand l'ivresse constitue par elle-même une infraction pénale,

b. des cas des actiones liberae in causa, quand l'auteur s'enivre sachant qu'en état d'ébriété il doit ou peut commettre une infraction criminelle, dans le premier cas, il se rend responsable d'un délit commis avec préméditation, dans le second, d'un délit commis par négligence.

nach § 123 Ziff. 5 an Geld bis 60 Mk. oder Haft bis 14 Tagen, wer bei Leitung eines Fuhrwerks durch Schlafen u. dgl. (also auch Betrunkenheit) sein Gespann nicht mehr zu leiten vermag.

Das Gesetz vom 7. Mai 1890 dient — abgesehen von seinem verschärften Vorgehen gegen die Wirthe — zur Ergänzung der Vorschrift in § 13 des Reichsgesetzes vom 22. Juli 1889, die Invaliditäts- und Altersversicherung betreffend, wonach den unter dem Verbot des Wirthschaftsbesuchs stehenden Trunkenbolden die Rente statt in baarem Gelde in Naturalleistungen zu gewähren ist. Nunmehr kann gewohnheitsmäßigen Trunkenbolden, deren Lebensweise öffentliches Aergerniß erregt oder die Befürchtung rechtfertigt, daß sie oder Angehörige derselben, zu deren Unterhaltung sie gesetzlich verpflichtet sind, verarmen, durch das Bezirksamt nach fruchtloser Warnung und nach Anhörung des Gemeinderaths, das Betreten öffentlicher Schankstätten und das Kaufen von Branntwein bei Kleinhändlern in ihrem Wohnorte und in benachbarten Gemeinden bis zur Dauer von zwei Jahren untersagt werden. Weitere Bestimmungen über Bestrafung der Trunkenheit sind mit Rücksicht auf das seit Jahren erwartete Reichsgesetz unterblieben.

Das Bayer'sche P.St.G.B. vom 26. December 1871 bedroht mit Gefängniß bis zu 14 Tagen denjenigen, welcher als Betrunkener die Sicherheit von Personen oder Eigenthum bedrohend oder die öffentliche Ruhe störend und deshalb von öffentlichen Straßen, Plätzen und Verkehrshäusern durch die Polizei entfernt, innerhalb eines Jahres mehr als 2mal zu solchem Einschreiten Anlaß gegeben hat, ferner (§ 55) den Betrunkenen, welcher öffentliches Aergerniß erregt oder Unfug und Störungen verursacht, sowie (§ 82) den Betrunkenen, welcher Handlungen, die wegen Gefährdung von Leben und Gesundheit Dritter besondere Vorsicht erfordern, ausführt.

Das Braunschweig'sche P.St.G.B. vom 22. December 1870 gestattet der Polizei die Verwahrung trunkener Personen, welche durch Lärmen und Geschrei Aergerniß erregen, auf 24 Stunden.

Nach dem Hannover'schen Gesetze über die Polizeiübertretungen vom 25. Mai 1847 (Art. 85) wurde Betrunkenheit, welche öffentliches Aergerniß erregt oder mit Unfug verbunden ist, als Uebertretung bestraft, und sind (Art. 86) Betrunkene von öffentlichen Wegen u. s. w. zu entfernen. Desgleichen bestraft das Großh. Hessische Gesetz vom 30. October 1855 bezw. 10. October 1871 (Art. 219) Trunkenbolde, welche im Zustande der Trunkenheit an öffentlichen Orten öffentliches Aergerniß erregen.

Von besonderer Wichtigkeit sind die in Oesterreich-Ungarn

hierüber in polizeilicher, bürgerlicher und strafrechtlicher Richtung erlassenen Vorschriften, aus welchen hier nur hervorgehoben werden soll:

Das Oesterreichische Strafgesetzbuch von 1852; es wiederholt die seit 1803 geltende Bedrohung der Trunkenheit mit einer Uebertretungsstrafe, welche verschärft werden kann, wenn dem Trunkenen aus Erfahrung bewußt war, daß er in der Berauschung heftigen Gemüthsbewegungen ausgesetzt sei, selbst bei Ausschluß der Zurechnungsfähigkeit bei Verübung eines in solchem Zustande begangenen Verbrechens, und behandelt insbesondere auch die „eingealterte Trunkenheit" der Arbeiter u. s. w. bei Vornahme gefährlicher Verrichtungen.

Das Gesetz vom 19. Juli 1877 für Galizien, Kroatien und Lodomerien, wonach derjenige, welcher sich in Gast- und Schankräumlichkeiten, auf der Straße u. s. w. im Zustande offenbarer, Aergerniß erregender Trunkenheit befindet, bis zu 50 fl. und mit Arrest bis zu 1 Monat bestraft wird, und demjenigen, welcher während eines Jahres 3 mal wegen Trunkenheit bestraft worden, von der politischen Bezirkspolizeibehörde bis zur Dauer eines Jahres der Besuch der Gast- und Schankräume seines Wohnsitzes und der nächsten Umgebung untersagt werden kann. Uebertretung dieses Verbotes zieht Arrest bis zu 1 Monat oder Geldstrafe bis zu 50 fl. nach sich.

Das Ungarische Gesetz vom 12. Juli 1879, das denjenigen mit Geld bis zu 25 fl. bestraft, welcher sich an einem öffentlichen Orte in betrunkenem Zustande befindet und Aergerniß erregt.

Gesetzentwürfe von 1879, 1887 und 1889 beabsichtigten im Wesentlichen diese Bestimmungen auf alle im Reichsrathe vertretenen Länder auszudehnen, verlangten aber nicht mehr die Erregung von Aergerniß; sie begnügten sich mit der offenbaren Trunkenheit an öffentlichen Orten.

Von der gleichen Anschauung geht auch der am 9. Juni d. J. dem Abgeordnetenhause vorgelegte Gesetzentwurf aus (§ 8 ffg.)

Das Preußische St.G.B. vom 14. April 1851 endlich hatte in § 119 mit Gefängniß von 1 Woche bis zu 3 Monaten bedroht denjenigen, welcher in Folge von Trunk für sich und seine Familie der fremden Hilfe anheimfällt, und in § 120 den Verurtheilten der Landespolizeibehörde zur Unterbringung in einem Arbeitshaus oder zur Verwendung gemeinnütziger Arbeiten zu überweisen gestattet; Vorschriften, welche in das R.Str.G.B. § 361 Ziff. 5 und 362 übergegangen sind.

Von außerdeutschen Gesetzgebungen verdienen besondere Erwähnung:

Das belgische Gesetz vom 16. August 1887; es bedroht mit 1 bis

15 fr. an Geld diejenigen, welche an öffentlichen Orten in einem solchen Zustand von Trunkenheit betroffen werden, daß sie Unordnung, Aergerniß oder Gefahr für sich selbst oder Andere verursachen, mit Gefängniß bis zu 4 Tagen oder Geld bis 15 fr. die Betrunkenen bei gefährlichen Arbeiten und die Rückfälle mit noch erhöhten Strafen.

Das englische Gesetz vom 10. August 1872; es belegt (Art. 12) mit Geldstrafe bis zu 10 sh. jede Person, welche im Zustande der Trunkenheit auf der Straße oder an einem öffentlichen Orte, insbesondere Schänke, betroffen wird, erhöht die Strafe bis 20 sh., wenn der Thäter innerhalb eines Jahres rückfällig wird und bis zu 40 sh., wenn er im Laufe des gleichen Zeitraumes mehr als 2 Verurtheilungen erhalten hat; bei darin verübter Ruhestörung tritt mit sofortiger Festnahme Geldstrafe bis zu 40 sh. oder Gefängnißstrafe ein — mit oder ohne Zwangsarbeit bis 1 Monat.

Das französische Gesetz vom 23. Januar 1873; es bedroht Personen, welche sich auf den Straßen, Plätzen u. s. w., in Wirthshäusern und an anderen öffentlichen Orten im Zustande offenbarer Trunkenheit befinden, mit Geldstrafe von 1—5 fr. und ev. Haft, verweist den wiederholten Rückfall an das Zuchtpolizeigericht und entzieht dem hier zum 2. Male Bestraften Wahlrecht und Wählbarkeit, die Fähigkeit zum Geschworenenamt und das Recht zum Tragen von Waffen; auch ist polizeilicher Gewahrsam der Betrunkenen zulässig.

Das italienische Strafgesetzbuch vom 30. Juni 1889; hiernach (Art. 488, 489) verfällt derjenige, welcher im Zustande der Volltrunkenheit an öffentlichen Orten betroffen wird, in eine Geld- oder in eine in einem Arbeitshause zu verbüßende Arreststrafe von 6—24 Tagen, welche Strafe gegen gewohnheitsmäßige Trunkenheit verschärft wird. Personen, welche solche fördern, unterliegen ähnlichen Strafen.

Das niederländische Gesetz vom 28. Juni 1881; es bedroht (Art. 22) denjenigen, welcher sich in offenbarem Zustande der Trunkenheit auf öffentlichen Wegen oder auf einem dem Publicum zugänglichen Platze befindet, mit Geld- von ½—15 fl., die Rückfälle mit erhöhten Geld- und Gefängnißstrafen und Verbringung in ein Reichsarbeitshaus, sowie (Art. 17) die die Trunkenheit fördernden Wirthe und (Art. 22) die Trunkenheit bei Vornahme von gefährlichen Arbeiten.

Das russische Strafgesetzbuch der Friedensrichter; es bestraft (Art. 42) denjenigen, welcher an einem öffentlichen Orte sinnlos betrunken oder in einem durch Trunkenheit herbeigeführten, Abscheu erregenden Zustande betroffen wird.

Das Gesetz für Schottland vom 7. Juli 1862; hiernach (§ 23) unterliegt der Strafe einer Uebertretung jede Person, welche auf einer Straße oder sonst öffentlich im Zustande des Rausches, unfähig, für sich selbst zu sorgen, und nicht unter der Sorge und dem Schutze eines geeigneten Dritten betroffen wird.

Die schwedische Gesetzgebung auf diesem Wirthschafts- und Rechtsgebiete ist in neuerer Zeit wegen des dort in vorgeschrittener Auffassung wie in aller Umsicht und Festigkeit unternommenen Kampfes gegen die Trunksucht ein Gegenstand allseitigen und eifrigen Studiums geworden. Hier kann nur hervorgehoben werden: Schon nach einer, frühere Verordnungen aus den Jahren 1813, 1824, 1825 und 1837 aufhebenden Verordnung vom 16. November 1841 ist (§ 1) an Geld mit 3 Thlr. 16 Schllg. strafbar, wer in einem augenscheinlich betrunkenen Zustande auf Straßen u. s. w. betroffen wird, und wird, wenn er zum vierten Male zur Verantwortung gezogen, für unfähig erklärt, an Wahlen theilzunehmen oder zu solchen Verrichtungen gewählt zu werden, zu denen ein bürgerliches Vertrauen erforderlich ist; auch (§ 7) ist Verwahrung des Betrunkenen bis zur Beseitigung dieses seines Zustandes zulässig.

Das Gesetz vom 16. October 1869 (Cap. 18 § 15) ahndet die öffentliche Trunkenheit mit Geldstrafe bis zu 20 Thlr.

Nahezu gleiche Bestimmungen gelten in Norwegen, wo auch die Förderer der Trunkenheit, Wirthe und dergl., besonderen Strafen unterliegen.

Auch mehrere Cantonalgesetzgebungen in der Schweiz behandeln die Trunkenheit, namentlich die von:

Appenzell vom 15. October 1859, welche (Art. 186) die Leute, die sich der Trunkenheit ergeben, mit 5—10 fr. an Geld, sowie den Rückfall bis zu 50 fr. oder Arrest bis acht Tagen bestraft, ferner diejenigen, welche an öffentlichen Orten betrunken sind oder dabei Lärmen und dergl. verüben, abführen und zur schärferen Strafe ziehen läßt, auch eigentliche Trunkenbolde der Bevogtung (Entmündigung) unterzieht.

Basel-Stadt vom 23. September 1872, wonach (II. § 55) Betrunkene, welche durch ihren Zustand öffentliches Aergerniß erregen, in polizeilichen Gewahrsam gebracht werden können, aus welchem sie, sobald die Gefahr von weiteren Störungen beseitigt ist, jedenfalls aber nach 24 Stunden, zu entlassen sind. Wer binnen Jahresfrist wiederholt in dieser Weise betreten wird, ist mit Haft bis 1 Woche, womit Schärfung verbunden werden kann, zu bestrafen. Der bei gefährlichen Verrichtungen Betrunkene wird (II § 90) mit Geldstrafe bis 50 fr. oder Haft, womit Schärfung zulässig, bestraft.

Luzern vom 6. Juni 1861; Art. 150 bedroht Jeden, welcher sich in Trunkenheit befindet und darin öffentliches Aergerniß erregt, mit Geldstrafe bis 10 fr. oder Gefängniß bis drei Tagen, und im Rückfall mit Gefängniß bis 14 Tagen; Betrunkene, an öffentliche Orten befindlich und Unfug treibend oder die öffentliche Sicherheit gefährdend, werden in Gewahrsam bis zu 24 Stunden genommen.

St. Gallen vom 10. December 1868; § 186 unterwirft Trunkenbolde nach fruchtloser polizeilicher Mahnung dem Verbote des Besuchs von Wirths- und Schankhäusern nebst Eingrenzung.

Aus dieser Uebersicht ergiebt sich, daß zur Bestrafung der Trunkenheit deren öffentliche Erscheinung allgemein — mit einziger Ausnahme des Appenzeller Gesetzes, welches dieses Merkmal als erschwerenden Umstand bezeichnet — vorausgesetzt wird, und ist man auch darüber einverstanden, daß die Trunkenheit eine selbst verschuldete — nicht durch Dritte herbeigeführt, ohne vorsätzliche oder fahrlässige Mitwirkung des Betrunkenen — sein muß;

daß die Gesetzgebungen in England, Frankreich, Italien, den Niederlanden, Oesterreich, Rußland, Schottland, Schweden und Norwegen sich mit dieser Oeffentlichkeit begnügen;

daß die Gesetzgebungen in Baden, Basel-Stadt, Bayern, Braunschweig, Galizien, Hannover, Hessen, Luzern und Rußland hier (alternativ mit Oeffentlichkeit) noch die Erregung von Aergerniß verlangen;

daß in einzelnen Gesetzgebungen (wie in Baden, Basel-Stadt, Bayern, Belgien und den Niederlanden) die Vornahme von gefährlichen Arbeiten in der Trunkenheit — ohne Rücksicht auf deren öffentliche Verrichtung — als besonders erschwerend geahndet wird;

daß ausdrücklich mit einer höheren Strafe der Rückfall bedroht ist in Appenzell, Baden, Basel-Stadt, Bayern, Belgien, England, Frankreich, Italien, Luzern, den Niederlanden und Oesterreich, während in St. Gallen erst der Rückfall (d. h. Begehung trotz Warnung) bestraft wird;

daß überall die Strafen (abgesehen von Entziehung bürgerlich- und öffentlich-rechtlicher Befugnisse) in Geld und in Haft bezw. Gefängniß bestehen, mit Ausnahme von Braunschweig und Hannover, wo eine Abführung in Gewahrsam gegen den Betrunkenen erfolgt, und

daß überdies das Verbot des Wirthschaftsbesuches erlassen wird in Baden, Galizien (Oestr. G.E. 1891) und einzelnen Cantonen der Schweiz, wie St. Gallen.

Diese Strafandrohungen erweisen sich — allerdings in Verbindung mit den vielfach sonst von Seiten der bürgerlichen Gesellschaft und des Staates geführten Kampfmitteln — gegen die Trunksucht als sehr heilsam, wie namentlich im Gutachten des Herrn Prof. Dr. Hiller des Näheren dargestellt ist.

Freilich werden die Strafandrohungen nur dann gerechtfertigt und wirksam erscheinen und sich bewähren, wenn sie in Stadt und Land, ohne Ansehen der Person, gerecht und streng sofort erkannt und möglichst bald vollzogen werden.

Geehrte Herren! Vergegenwärtigen wir uns nun, welche auf die Trunksucht und Trunkenheit bezügliche Vorschriften gegenüber den in- und ausländischen Gesetzgebungen die deutsche Reichsgesetzgebung bietet.

Abgesehen von der dehnbaren Uebertretung „grober Unfug" im St.G.B. § 361 Ziff. 11 und der oben — bei Baden — berührten Anordnung über Leistung der Unterhaltsrente in Naturalien statt in Geld gemäß § 13 des Invaliditäts- und Altersversicherungs-Gesetzes vom 22. Juni 1889 sind wir verwiesen auf folgende Bestimmungen in:

Strafgesetzbuch § 361 Ziff. 5 gegen denjenigen, der sich dem Trunk dergestalt hingiebt, daß zu seinem und seiner Angehörigen Unterhalt durch Vermittelung der Behörde fremde Hülfe in Anspruch genommen werden muß, eine Bestimmung, welche anerkanntermaßen als Strafandrohung kaum erheblich und ungenügend ist, zumal sie erst anwendbar, wenn mit Strafen gegen Trunksucht und ihre Folgen nichts mehr oder nicht viel noch auszurichten ist.

Strafgesetzbuch § 362 Abs. 2, wonach gegen einen solchen Trunkenbold zugleich erkannt werden kann, daß die Landespolizeibehörde befugt sei, ihn nach verbüßter Strafe bis zu zwei Jahren in einem Arbeitshause unterzubringen oder zu gemeinnützigen Arbeiten zu verwenden. Allein auch diese Bestimmung wird so lange als unzureichend erachtet, bis für die in jenen Zustand gerathenen Gewohnheitstrinker, die meist eher der Heilung als der Bestrafung bedürfen, besondere Anstalten zu ihrer Heilung und Wiedergewinnung der erforderlichen moralischen und körperlichen Kräfte errichtet sein werden, was heutzutage von Staatswegen kaum ausgeführt ist.

§ 305, welcher Uebersitzen über die sogenannte Polizeistunde — ohne Rücksicht auf etwaige Trunkenheit — bestraft.

Hierauf beschränkt sich — wie ehedem die preußische — auch die gemeine deutsche Strafgesetzgebung; sie ist ergänzt nur für den besonderen Stand des Reichsheeres, durch

Militär-Strafgesetzbuch vom 20. November 1872, wo in

§ 59 Abs. 2 die selbstverschuldete Trunkenheit des Thäters bei strafbaren Handlungen gegen die militärischen Unterordnungen und im Dienste als Strafmilderungsgrund ausgeschlossen wird;

§ 85, welcher mit der schweren Strafe der Feigheit denjenigen bedroht, welcher sich durch absichtlich veranlaßte Trunkenheit dem Gefechte oder vor dem Feinde einer sonstigen gefährlichen Dienstleistung entzieht;

§ 101, wonach derjenige, welcher in schuldhafter Weise (also auch in Folge von Trunkenheit) sich außer Stand setzt, seine Dienstpflichten zu versehen, mit Strafe belegt wird und

§ 151, desgleichen, wer sich im Dienste durch Trunkenheit zur Ausführung seiner Dienstverrichtungen unzulänglich macht, sowie durch die Seemannsordnung vom 27. December 1872, welche in § 84 die Trunkenheit im Schiffsdienste als Verletzung der Dienstpflicht eines Seemannes mit Geld (Monatsheuerbetrag) bestraft.

Hiernach besteht — abgesehen von den besonderen Vorschriften für das Reichsheer — eigentlich nur die in ihrer Art belanglose und unwirksame Strafandrohung gegen die Trunksucht, sofern diese die Nothwendigkeit öffentlicher Armenunterstützung nach sich zieht, und geht die Trunkenheit als solche straflos aus. Es ist deshalb durchaus erklärlich, daß Angesichts der weit verbreiteten und zu tiefem Bedauern aller Vaterlandsfreunde — welchen Sitte und Ordnung in der bürgerlichen Gesellschaft noch am Herzen liegt und welche die schlimmen, in den verschiedensten Richtungen sich kundgebenden Folgen des übermäßigen Genusses geistiger Getränke erkennen — sich stets noch vermehrenden Trunksucht und Trunkenheit, nicht minder auf Grund der Erfahrung, wie die außerhalb der Strafgesetzgebung hiergegen unternommenen Kampfmittel sich als unzureichend erweisen, während anderwärts die sie ergänzenden Strafvorschriften ihren wirksamen Einfluß nicht versagen, — daß Angesichts dieser Umstände das entschiedene Verlangen an die Reichsgesetzgebung gestellt wird, gleichfalls entsprechende strafrechtliche Bestimmungen als ein weiteres Kampfmittel gegen den bestehenden Uebelstand zu erlassen.

Der Versuch hierzu ist durch die im April 1881 erfolgte Vorlage eines Gesetzentwurfes, die Bestrafung der Trunkenheit betreffend, gemacht worden. Nach einer gründlichen Commissionsberathung erschien am 22. Mai 1881 der hierüber ausgezeichnet verfaßte Bericht des beim Deutschen Juristentage unvergeßlichen Geheimen Raths Dr. v. Schwarze. Hiernach soll derjenige, welcher in einem (vorsätzlich oder fahrlässig) selbstverschuldeten Zustande Aergerniß erregender (nicht bloß offenbarer) Trunkenheit an einem öffentlichen Orte betroffen wird, mit der Strafe einer Uebertretung belegt werden; zur Repression gegen die Trunksucht dient die Bestrafung des Rückfalls mit Geld oder Haft, während gewohnheitsmäßigen Trinkern nur Haftstrafe angedroht ist, ferner empfindlicher Vollzug der letzteren durch Schmälerung der Kost und, ähnlich wie im R.St.G.B. § 362 vorgesehen, Ueberweisung des Bestraften an die Landespolizeibehörde — jedoch nicht zur Unterbringung in ein Arbeitshaus, sondern in eine zur Heilung und Verwahrung Trunksüchtiger bestimmte Anstalt.

Ueberdies behandelte der Entwurf insbesondere noch die durch die Trunkenheit bewirkte Zurechnungsunfähigkeit des Thäters bei der Begehung einer rechtsverletzenden Handlung bezw. den Einfluß seiner Trunkenheit auf die Zurechenbarkeit solcher Handlungen.

Dieser Gesetzentwurf gelangte aber bei dem bevorstehenden Schlusse des Reichstages nicht mehr zur weiteren Verhandlung. Eine gleiche Erfolglosigkeit hatte der gediegene Petitionsbericht des Abgeordneten Struckmann im März 1885, und blieben seither die hieran sich knüpfenden Erwartungen unerfüllt.

Erst in neuester Zeit ist ein, hoffentlich erfolgreicher, Schritt vorwärts gemacht durch die Veröffentlichung (Deutscher Reichsanzeiger und Preußischer Staatsanzeiger vom 20. August 1891 Bl. 1 und 2) des Entwurfs eines Gesetzes, betr. die Bekämpfung des Mißbrauchs geistiger Getränke, dem eine ausführliche, werthvolle Begründung beigefügt ist.

Unter Hinweisung auf die durch jenen Mißbrauch hervorgerufenen moralischen, wirthschaftlichen und socialen Uebel wird in Uebereinstimmung mit den sie behandelnden Vereinen, mit der Presse und wissenschaftlichen Literatur offen anerkannt, daß die bestehenden gesetzlichen Bestimmungen nicht ausreichen, und wird bestätigt, wie die Ueberzeugung, daß den aus dem Uebel sich ergebenden Gefahren wirksamer als bisher entgegengetreten werden müsse, im Interesse der Moralität, der Steigerung der Leistungsfähigkeit des Einzelnen, sowie des ferneren wirthschaftlichen Aufschwungs und der geistigen Entwickelung der Nation, in den weitesten Kreisen verbreitet sei.

Möglichst sorgfältige, statistische Mittheilungen ergeben, wie der jährliche Verbrauch von Branntwein auf den Kopf der Bevölkerung in verschiedenen Ländern durchschnittlich verbreitet sei*), und welch wahrhaft

---

*) Es kommt auf den Kopf in:

Deutschland . . . . 4,64 Ltr.

(seit Branntweinsteuergesetz vom 1. October 1888, früher 6,58.)

schrecklichen Einfluß die Trunksucht auf die körperliche und geistige Gesundheit, sowie auf Verübung von Verbrechen und Vergehen, wozu die Gelegenheits- und Gewohnheitstrinker einen starken Procentsatz liefern, ausübe, wie sie auch eine Vermehrung von Unfällen bei gewerblichen Unternehmungen herbeiführe, während andererseits wieder da, wo eine Minderung des Genusses von alkoholischen Getränken sich zeige, auch eine Besserung der beklagten Mißstände eintrete.

Demgemäß wird im Gesetzentwurf zunächst unter I §§ 1—10 eine umfassende Aenderung und Ergänzung des § 33 der Gewerbe-Ordnung — Bestimmungen über die Ausübung der den Vertrieb geistiger Getränke bezweckenden Gewerbe, von Wirthschaften und Kleinhandel mit Branntwein — vorgeschlagen, in II §§ 11, 12 durch privatrechtliche Bestimmungen abzuhelfen gesucht, nämlich Verbot, geistige Getränke zum Genuß auf der Stelle gegen Borg zu verabreichen, und durch Versagung der gerichtlichen Geltendmachung solcher Schulden, sowie durch Entmündigung ev. auch Verbringung in eine Trinkerheilanstalt desjenigen, welcher in Folge von Trunksucht seine Angelegenheiten nicht zu besorgen vermag oder sich und seine Familie der Gefahr des Nothstandes aussetzt, oder die Sicherheit Anderer gefährdet. Unter III §§ 13—21 folgen Strafbestimmungen gegen Wirthe, Kleinhändler und dritte Förderer der Trunksucht, gegen Betrunkene und insbesondere Militärpersonen. Namentlich wird vorgeschlagen in:

§ 17. Die Bedrohung mit Geldstrafe bis zu 100 Mk. oder mit Haft bis zu 4 Wochen desjenigen, wer bei Verrichtungen, welche zur Verhütung von Gefahr für Leben oder Gesundheit Anderer oder von Feuersgefahr besondere Aufmerksamkeit erfordern, sich betrinkt oder wer betrunken in andern als in Nothfällen solche Verrichtungen vornimmt.

§ 18. Die gleiche Strafandrohung gegen den, wer in einem selbstverschuldeten Zustand ärgernißerregender Trunkenheit an einem öffentlichen Orte betroffen wird.

Dagegen in:

Italien	etwa 1,00	Ltr.
Norwegen	3,50	„
Frankreich	3,55	„
Großbritannien und Irland	4,72	„
Oesterreich-Ungarn	5,76	„
Schweden	6.90	„
(1829 noch 46,1.)		
Niederlanden	9,26	„
Schweiz	9,40	„
Belgien	13,10	„
Dänemark	18,90	„

Ist der Beschuldigte dem Trunke gewohnheitsmäßig ergeben, so tritt Haft ein.

§ 20. Daß auf diesen gewohnheitsmäßigen Trinker die Bestimmungen in St.G.B. § 362 Abs. 2 u. 3 mit der Maßgabe Anwendung finden, daß an Stelle der Unterbringung in ein Arbeitshaus und der Verwendung zu gemeinnützigen Arbeiten die Unterbringung in eine Trinkerheilanstalt tritt, und § 21, daß im Falle der Verurtheilung wegen Trunkes aus § 361 Ziff. 5 auch hier der der Landespolizeibehörde Ueberwiesene in eine Trinkerheilanstalt unterzubringen sei.

Die Schlußbestimmungen unter IV §§ 22 und 23 bieten hier kein Interesse.

Geehrte Herren! Zweifellos besteht zur Zeit in der deutschen Strafgesetzgebung gegenüber den in den meisten andern Culturländern geltenden Vorschriften in dieser Angelegenheit eine Lücke, und sind wir nun vor die Frage gestellt, ob wir unter Billigung des neuesten reichsgesetzlichen Versuchs es als gerechtfertigt erachten, daß jene durch eine weitere strafrechtliche Bestimmung ausgefüllt werde. Die Thatsache, daß dies anderwärts geschehen und endlich auch bei uns ernstlich beabsichtigt ist, enthebt uns um so weniger der Prüfung ihrer rechtlichen Zulässigkeit, als, wenn diese begründet und die noch obwaltenden Bedenken beseitigt sind, dann nicht nur das Recht, sondern auch die Pflicht des Staates zur bezeichneten Abhilfe nachgewiesen ist. Wenn auch im Allgemeinen die strafrechtliche Verfolgung und Ahndung von Handlungen voraussetzt, daß damit vom Staat geschützte Rechte Einzelner wie der ganzen bürgerlichen Gesellschaft oder bestimmter Theile derselben verletzt werden, und deshalb eine Grenze gegenüber solchen Handlungen, welche, wenn auch moralisch noch so verwerflich, doch in das Gebiet jenes Staatsschutzes nicht übergreifen, mit der Wirkung gezogen werden muß, daß sie außer der strafgerichtlichen Verfolgung bleiben müssen, so kann doch nicht bestritten werden, daß — zumal in gesittigten Ländern, mindestens in Ländern, wo auch der Staat es sich zur ernsten Aufgabe gestellt hat, die Gesittigung mehr und mehr zu heben und zu stärken, — Handlungen und dadurch herbeigeführte Zustände und Erscheinungen, wodurch die auf der Sittlichkeit beruhende gesellschaftliche Ordnung verletzt wird, neben den sonst hiergegen unternommenen, aber nicht ausreichenden Kampfmitteln, überdies zur strafrechtlichen Ahndung gezogen werden sollten. „Der Staat verurtheilt diese Handlungen nicht nur um der Gefahr willen, die sie für das Recht und die Sittlichkeit Aller bedeuten, sondern auch wegen der Gefährdung, die daraus für die Wohlfahrt der Gesellschaft entsteht.“ Wenn nun feststeht, daß die Trunksucht bezw. Trunkenheit jenes Recht der bürgerlichen Gesellschaft auf Wahrung von Sitte und Ordnung schwer gefährdet und verletzt, so hat der Staat auch das Recht und die Pflicht, wegen der bezeichneten Handlungen und Zustände strafend vorzugehen und zwar von dem doppelten Standpunkte aus: sowohl zur Wahrung des Interesses der öffentlichen Sittlichkeit, Sicherheit und Ordnung und der Fernhaltung von Verletzung oder Störung derselben durch Trunkenheit, als auch in Anwendung eines anerkannten Kampfmittels gegen die Trunksucht.

Die schon erhobenen Bedenken gegen solches strafrechtliches Vorgehen können als begründet nicht anerkannt werden.

Wenn behauptet wird, daß damit ohne hinreichenden Grund in die persönliche Freiheit der Staatsbürger eingegriffen und gegen diese eine ungebührliche Bevormundung herbeigeführt werde, so kommt hiergegen in Betracht, daß die Freiheit des Einzelnen nur so weit reicht, als derselbe nicht in die gleiche Freiheit der bürgerlichen Gesellschaft und deren Anspruch auf staatlichen Schutz in Wahrung von Sitte und Ordnung übergreift, und daß in Verhütung und Ahndung von Handlungen, womit diese Güter der bürgerlichen Gesellschaft beeinträchtigt werden, ebenso wenig eine Bevormundung erblickt werden kann, als in den gleichen staatlichen Maßregeln gegen Verletzung anderer Güter, sei es des Einzelnen — wie Leben, Gesundheit und Eigenthum — oder der Gesammtheit, wie staatliche Ordnung, Friede u. s. w. Wenn demgemäß der Gesetzgeber nicht nur unzüchtige Handlungen zwischen ganz selbständigen Personen (St.G.B. §§ 183, 361 Ziff. 6) oder die Verbreitung von unzüchtigen Abbildungen (St.G.B. § 184), sondern auch die Quälerei eines Thieres sogar durch dessen Eigenthümer bestraft (St.G.B. § 360 Ziff. 13, u. Bad. Plz. St.G.B. § 78), so geschieht dies nur in Ausübung jenes staatlichen Schutzes des allgemeinen Rechts auf Wahrung der Sitte, oder wenn er die Aufsichtslosigkeit von Thieren, womit die allgemeine Sicherheit und Ordnung gefährdet wird, ahndet (St.G.B. § 366 Ziff. 5), so ist dies gleichfalls nur ein Ausfluß jener staatlichen Schutzpflicht. Diese Grundsätze treffen folgeweise auch da zu, wo der Einzelne durch seine Handlungsweise an sich selbst, durch Versetzung von Leib und Seele in einen Zustand, daß dadurch das Recht der bürgerlichen Gesellschaft auf Wahrung von Sitte und Sicherheit gefährdet wird, dem Staate Veranlassung giebt, dieses Recht zu wahren und dessen Verletzung zu ahnden.

Ebenso wenig kann dem Einwand, daß durch die strafrechtliche Verfolgung von Trunksucht und Trunkenheit das allgemeine Rechtsbewußtsein über das selbst übermäßige Trinken, das nur als eine unschuldige Gewohnheit oder unerhebliche Ueberschreitung von Lust und Freude gelten könne und nicht so ernst genommen werden dürfe, verletzt werde, irgend wie Raum gegeben werden. Denn, abgesehen davon, daß, wie gezeigt, in der Gewohnheit des übermäßigen Genusses geistiger Getränke, die unmittelbar wirkende Ursache der verderblichen Wirkungen der Trunksucht auf den Einzelnen wie für die Familie und die Gesammtheit liegt, und daß deshalb das Uebel an der Wurzel zu fassen ist, und daß nirgends ein Grundrecht, sich einen Rausch anzutrinken, besteht, muß der Bestand jenes angeblichen Rechtsbewußtseins als nicht vorhanden bestritten, vielmehr als Thatsache festgestellt werden, daß mehr und mehr jene Anschauung schwindet, als eine unsittliche erkannt wird und hauptsächlich nur noch in Kreisen bezw. bei Einzelnen sich vorfindet, welche in einer der herrschenden Meinung entgegengesetzten Richtung sich bewegen. Ueberdies entspricht es einer würdigen Auffassung über Rechte und Pflichten des Staates, das allgemeine Bewußtsein über Recht und Sitte zu läutern und veraltete oder gar verderbliche Ansichten hierüber durch seine Gesetzgebung als solche zu bezeichnen, insbesondere auch durch die strafrechtliche Ahndung der aus ihr stammenden, rechtsverletzenden Handlung allmählich verschwinden zu machen.

Schwerer wiegt freilich die Befürchtung, es könne aus einer strafrechtlichen Bestimmung gegen das übermäßige Trinken bis zur Trunkenheit ein Klassengesetz werden, das sich nur gegen die Armen, nicht auch gegen die Reichen wende. Indeß ist dies durchaus nicht der Fall; schon aus dem Grunde, weil selbstverständlich die Art und der Preis des übermäßig genossenen, die Trunkenheit bewirkenden Getränkes keinen Unterschied unter den zu bestrafenden Personen macht und machen darf, und weil Jeder, welcher sich einer gesetzlichen Uebertretung schuldig macht, vor Gesetz und Richter gleichsteht; auch wird der Richter im Zweifel und bei Berücksichtigung aller aus Lage, Erziehung u. s. w. abzuleitenden Umstände und bei der hierauf beruhenden Abwägung der Strafe eher geneigt sein, dem Reichen eine höhere Strafe zuzumessen, als dem Armen. Aus dem gleichen Grunde könnte man die Strafandrohung auf den Diebstahl als Klassengesetz bezeichnen.

Hier darf insbesondere auch daran erinnert werden, daß Strafe nur ein Kampfmittel gegen die Trunksucht bezw. Trunkenheit ist, neben den mannigfach andern theils von der bürgerlichen Gesellschaft, theils vom Staate ausgehenden Kampfmitteln und daß bei deren Verbreitung wie einsichtsvollen Annahme auch die Versuchung und Gelegenheit, sich in den gefährlichen Zustand zu versetzen, sich mindern wird. Immerhin liegt es aber entschieden in der Aufgabe der Vollzugsorgane, gegen

Jeden, wer es auch sei, das Gesetz unerbittlich zur Anwendung zu bringen und damit diesem Achtung zu verschaffen, wie dessen Willen und Zweck thunlichst zu fördern. Dies soll gelten namentlich auch denjenigen gegenüber, welche aus geldlichen Beweggründen die Trunksucht zu fördern pflegen, wie Wirthe, und welche zu den eifrigen Gegnern der Trunksuchtsbestrafung gehören, ohne Zweifel aber, wie ihre Opfer, von ihr werden erreicht werden.

Schließlich wird, zwar unter Anerkennung der Trunksucht als einer unsittlichen Leidenschaft und der Trunkenheit als eines schlimmen Zustandes, geltend gemacht, daß hiergegen nicht eine Bestrafung, vielmehr eine Heilung angemessen erscheine. Hier gelangen wir, geehrte Herren, zu der nothwendigen Unterscheidung zwischen Trunksucht und Trunkenheit. Unter näherer Begründung machen auch die beiden Herren Berichterstatter, Dr. Fuld und Dr. Hiller, in Uebereinstimmung mit Wissenschaft und Gesetzgebung auf diesen Unterschied aufmerksam.

Die Trunksucht, hervorgerufen durch die gewohnheitsmäßige Unmäßigkeit im Genuß geistiger Getränke, bildet das Ergebniß einer Reihe von Handlungen, von welchen jede an und für sich zwar unsittlich, aber noch nicht schlechthin strafbar erscheint; sie ist als lasterhafte Gewohnheit und nicht selten als ein kaum überwindbarer Hang zum Trinken meist Veranlassung und Ursache zur Trunkenheit. Diese dagegen bildet den einzelnen Zustand, in welchem jene zur auffallend äußern Erscheinung kommt, mit der Wirkung, daß diese Erscheinung nicht nur einen häßlichen, Aergerniß erregenden Eindruck macht, sondern auch die geistigen Fähigkeiten und die Willenskraft des betrunkenen Menschen vorübergehend aufhebt oder beschränkt.

Schlimmer, unheilvoller Hang, mag er noch so unsittlich sein, ohne aus ihm zur That gewordene äußere Handlung oder Erscheinung, wodurch eine Rechtsverletzung bewirkt wird, kann aber nicht Grund zum strafrechtlichen Einschreiten bieten. Hieraus folgt zweierlei:

einmal, daß — soweit es sich nicht um andere, sociale, Kampfmittel gegen die Trunksucht oder die Entziehung von bürgerlich oder öffentlich rechtlichen Befugnissen gegen den körperlich und geistig verkommenen, zur Erfüllung der mit diesen Befugnissen verbundenen Pflichten nicht mehr fähigen Trunkenbold, sondern wo es sich um dessen strafgerichtliche Verfolgung handelt, — diese gegen ihn nicht eingeleitet werden kann, vielmehr hauptsächlich nur die zwangsweise Unterbringung in ein Arbeitshaus bezw. Trinkerasyl zum Zwecke seiner Heilung als gerechtfertigt erscheint, und daß somit die Trunksucht an sich — vorbehaltlich der Ausführung, wie sie mittelbar doch in Strafe fällt — nicht strafbar ist;

sodann, daß auch die Trunkenheit nur dann und insoweit der strafgerichtlichen Verfolgung unterliegt, als durch diesen Zustand die Verletzung eines Rechts verübt wird. Nach der Natur der Sache steht hier nur das Recht der bürgerlichen Gesellschaft auf Schutz und Wahrung der öffentlichen Sitte, der Sicherheit — und zwar sowohl der öffentlichen Sicherheit als der Sicherheit Einzelner, sowie der öffentlichen Ordnung in Frage. Demgemäß ist auch das strafrechtliche Einschreiten gegen die Trunkenheit dann ausgeschlossen, wenn durch sie ein solches Recht nicht gefährdet und verletzt wird. Dies trifft namentlich dann zu, wenn der Betrunkene in geschlossenen Räumen – sei es zu Haus oder auswärts — verweilt und seinen Zustand also nicht öffentlich kundgiebt. Damit widerlegt sich auch der Einwand, als ob durch die strafrechtliche Verfolgung der Trunkenheit das Hausrecht nicht beachtet und in Familienverhältnisse, die der Schonung bedürfen, ungebührlich eingegriffen würde.

Somit erscheint als wesentliches Merkmal der Strafbarkeit der Trunkenheit die Erscheinung dieses Zustandes in der Oeffentlichkeit. Auf Wahrung der Sitte, Sicherheit und Ordnung im öffentlichen Leben hat die bürgerliche Gesellschaft ein Recht; wird dieses durch die öffentliche Kundgebung der Trunkenheit verletzt, so muß auf diese Rechtsverletzung auch deren gesetzliche Ahndung folgen.

Geehrte Herren! Ueber Umfang und Art dieses Erfordernisses der Oeffentlichkeit herrscht nun allerdings — insbesondere auch in der Gesetzgebung — eine mannigfaltige Auffassung. Für uns hier wird es genügen, solche im Allgemeinen zu bezeichnen; wir dürfen — getreu unserer bewährten Ueberlieferung — Grundsätze nicht ins Einzelne verfolgen, uns darein nicht verlieren. Deshalb gehe auch ich hier auf alles Nähere nicht ein, zumal auch in § 18 des vorliegenden Gesetzentwurfs nur ein „öffentlicher Ort“ berücksichtigt, und in der Begründung erwähnt wird, daß dies den Commissionsbeschlüssen von 1881 entspreche.

Von diesem Erforderniß der öffentlichen Kundgebung der Trunkenheit kann und muß aber dann abgesehen werden, wenn nicht etwa die öffentliche Sicherheit erst gefährdet, sondern die bei gewissen, eine besondere Vorsicht gebietenden Verrichtungen bereits obwaltende Gefahr für Leben und Gesundheit Dritter — sei es Mehrerer oder auch nur eines Einzelnen — dadurch erhöht wird, daß derjenige, welcher jene Verrichtungen vollzieht, sich hierbei betrinkt oder betrunken sie vornimmt. Treten für Dritte nachtheilige Folgen solcher durch Trunkenheit veranlaßter Nichtbeachtung der zur Verhütung von Gefahr besonders erforderlichen Vorsicht wirklich ein, so verfällt der Betrunkene nicht mehr der auf die Trunkenheit, sondern der auf die fahrlässige Verübung der sonst bewirkten Gesetzesübertretung angedrohten Strafe. (Vgl. Bad. P.St.G.B. § 99.)

Da vom strafrechtlichen Standpunkte aus Leben und Gesundheit der Glieder der bürgerlichen Gesellschaft — als deren werthvollste Güter — des kräftigsten Schutzes bedürfen, so genügt auch hier deren besondere Fürsorge gegen Gefährdung durch Betrunkene, und sollte jener deshalb nicht auch auf die Gefährdung lediglich von Eigenthum ausgedehnt werden.

Ist jedoch mit den bezeichneten Verrichtungen eine Feuersgefahr verbunden, so verlangt der Schutz der allgemeinen Sicherheit, daß auch hier die Strafbarkeit der Trunkenheit eintrete, weil hier meist die Gefährdung sowohl durch erhebliche, weithin sich verbreitende Eigenthumsbeschädigung, als auch von Leib und Leben Dritter obwaltet.

Aus naheliegenden Gründen fällt aber die Strafbarkeit jeweils in Nothfällen aus.

Ueberdies ist die weitere Frage der Aergernißerregung von Wichtigkeit, insbesondere ob verlangt werden müsse,

> daß die Trunkenheit Aergerniß thatsächlich bewirkt habe, oder nur, daß sie geeignet gewesen, Aergerniß zu erregen, und daß dieses Geeignetsein als ein wesentliches Merkmal des Thatbestandes einer strafbaren Trunkenheit ausdrücklich im Gesetze zu bezeichnen sei.

Die beiden Herren Berichterstatter verwerfen mit allem Grunde das Erforderniß der wirklichen Aergernißerregung. Damit würde allerdings die Beurtheilung der Strafbarkeit der Trunkenheit nicht dem Richter verbleiben, sondern Dritten zugeschoben, welche nicht selten im gleichen Zustande sich befinden oder vermöge ihrer eigenen Verkommenheit nicht mehr fähig sind, gerade an solchem Zustande Aergerniß zu nehmen, oder welche wenigstens mit lässiger Gleichgültigkeit gegenüber der Völlerei sich verhalten, und müßte die Anwendung des Gesetzes gerade in den strafbarsten Fällen vereitelt werden.

Darüber jedoch, ob die Trunkenheit im Allgemeinen geeignet sein muß, Aergerniß zu erregen, und ob dies als Thatbestandsmerkmal ihrer Strafbarkeit auch in das Gesetz ausdrücklich aufzunehmen sei, gehen die Herren Berichterstatter auseinander. Während Herr Dr. Fuld der Ansicht ist, daß wenigstens für das Gebiet des deutschen Rechts von der Aufnahme jenes Merkmals nicht abgesehen werden könne, weil der Standpunkt insbesondere des österreichischen Gesetzgebers, welcher dieses Merkmal nicht verlangt, allgemeines Verständniß nicht finden, vielmehr das deutsche Volk in seinen Anschauungen hierüber verletzen werde, und weil ein solches, offenbar zu weit gehendes Gesetz bei der praktischen Anwendung und Durchführung auf unüberwindliche Schwierigkeiten stoßen dürfte, vertritt Herr Dr. Hiller entschieden seinen österreichischen Standpunkt, indem „die strafrechtliche Repression der Trunkenheit, wenn sie als eines der Mittel der Bekämpfung der Trunksucht aufgefaßt werde, eine solche Einschränkung nicht ertrage, und weil jede in die Oeffentlichkeit tretende Trunkenheit unter dieser Voraussetzung zur Strafbarkeit genüge. Die öffentliche Sittlichkeit und die öffentliche Sicherheit seien Interessen, welche gegen Verletzung und Gefährdung sich eines weitgehenden Schutzes erfreuen müßten. Die Trunkenheit, welche in die Oeffentlichkeit trete, verletze hierdurch allein schon das allgemeine Anstandsgefühl, und durch die Gefahren, welche ein sinnlos Trunkener für den öffentlichen Verkehr und zum Mindesten für die öffentliche Ruhe herbeiführen könne, auch die öffentliche Sicherheit".

Geehrte Herren! Wer von den Herren Berichterstattern hat nun Recht? Nach meiner Ansicht haben, um nicht mit Worten zu streiten, beide Recht! Jedoch mit der Maßgabe, daß die Frage der Aergernißerregung in dem gebilligten Sinne, d. h. daß die Trunkenheit nur geeignet zu sein brauche, Aergerniß zu erregen, den Thatbestand einer strafbaren (öffentlichen) Trunkenheit nicht erschöpft.

Wir verlangen, daß ein solcher Zustand, um strafbar zu werden, insbesondere die Grenzen einer bloßen Unsittlichkeit überschreite, in eine Rechtsverletzung ausarte. Nun hat aber die bürgerliche Gesellschaft nicht bloß ein Recht auf öffentliche Sitte und Anstand, sondern einen gleichen Anspruch auch auf Wahrung der öffentlichen Sicherheit und Ordnung, welche Güter durch einen Betrunkenen ebenso gefährdet und verletzt werden können, als das der Sitte.

Nach gemeinem Sprachgebrauch wird aber Aergerniß hauptsächlich nur durch schnöde Verstöße gegen Sitte und Zucht erregt.

Wenn ich nun auch die zarte Anschauung des Herrn Professor Dr. Hiller begreife und es bis zu einem gewissen Grade billige, daß öffentlich kundgegebene Trunkenheit an sich schon geeignet sei bezw. sein kann, Aergerniß zu erregen, und daß deshalb dieses Strafmerkmal des Näheren festzustellen sei, so deutet doch Herr Dr. Hiller selbst gleichzeitig darauf hin, daß er dabei einen hohen Grad von Trunkenheit — „Völlerei" — vor Augen habe. Nicht jede Trunkenheit, deren Begriff sehr dehnbar ist, da es ja so mannigfaltige Grade von der unschädlichen

Angetrunkenheit an bis zur wüsten oder ausgelassenen Völlerei giebt, ist geeignet, eines der bezeichneten Rechte der bürgerlichen Gesellschaft zu verletzen, und erscheint deshalb auch nicht ohne Weiteres als strafbar. Wie der Mensch, welcher wegen Trunkenheit einer Strafe sich aussetzen kann, bei dem Genusse geistiger Getränke wissen muß, bis zu welchem Maße er sich dies erlauben darf, ohne sich der Gefahr einer Bestrafung auszusetzen, so müssen auch dem Richter gewisse Anhaltspunkte gegeben werden zur richtigen, thatbeständlichen Feststellung darüber, daß und in welchem Grade eine Trunkenheit vorliegt, sowie daß ein und welches Recht der bürgerlichen Gesellschaft dadurch verletzt worden sei; andernfalls hätte der Richter nicht bloß nach seinem gewissenhaften Ermessen, vielmehr nach Willkür zu entscheiden. Ihn lediglich auf Sinn und Absicht des Gesetzes, ohne deren bestimmte Erkennbarkeit aus dessen Wortlaut zu verweisen, wäre gewiß bedenklich, zumal nicht jeder Richter in der Lage ist, die Motive des Gesetzes nach all seinen Bestimmungen und Folgerungen zu kennen. Selbst wenn also auch die Rechtsgründe der Strafbarkeit im Gesetze selbst nicht zum Ausdruck gelangt wären, so müßte der Richter doch den einen oder andern seinem Strafurtheile zu Grunde legen, und empfiehlt es sich deshalb gewiß, im Gesetze selbst das Thatbestandsmerkmal aufzunehmen, um so mehr, als es sich um eine, wenigstens im Rechtsgebiete des deutschen Strafrechts bisher unbekannte, erst neue Strafandrohung handelt.

Damit wird auch keinerlei Gefahr, als ob nun der Zweck des Gesetzes in Folge seiner engen Fassung durch eine allzu nachsichtige Anwendung minder sicher erreicht werden dürfte, herbeigeführt, da von einem gewissenhaften, seiner Verantwortlichkeit bewußten Richter erwartet werden darf, daß er jenes Ziel durch ebenso gerechte als strenge Ahndung der Trunkenheit verfolgen werde.

Von der gleichen Anschauung ist auch der nun vorliegende deutsche Gesetzentwurf ausgegangen, indem er zwar nur die an die Oeffentlichkeit tretende Trunkenheit unter Strafe stellen will, zugleich aber auch einräumt, daß selbst bei dieser Beschränkung sich Verhältnisse denken lassen, unter welchen ein strafrechtliches Einschreiten zu Härten und Unzuträglichkeiten führen würde. Um dem vorzubeugen, knüpft der Gesetzentwurf die Strafbarkeit noch an die weitere Voraussetzung, daß die Trunkenheit das allgemeine Anstands- und Sittlichkeitsgefühl zu kränken geeignet war. Hiernach verwirft der Gesetzentwurf zwar das Erforderniß, daß durch die Trunkenheit Aergerniß wirklich gegeben worden sei, eröffnet aber, wenigstens in seinem Wortlaut, die Möglichkeit der bekannten Streitfrage über den Begriff von „Aergerniß erregend“ und läßt die Ansicht zu, als ob nur die öffentliche Sittlichkeit, nicht auch die öffentliche Sicherheit und Ordnung gegen den Betrunkenen geschützt werden solle. Zur Beseitigung dieser Zweifel bezw. zur klaren Feststellung, daß der strafrechtliche Schutz der Wahrung dieser drei Rechte der bürgerlichen Gesellschaft durch das Gesetz verliehen werde, empfiehlt sich deshalb eher eine Fassung, welche sich an die Erklärung des IV. internationalen Congresses anschließt.

Der Gesetzentwurf scheint selbst jene dreierlei Rechte gegen Angriffe und Verletzungen von Seiten eines Betrunkenen schützen zu wollen, indem er außer der Oeffentlichkeit der Trunkenheit auch die Voraussetzung zur Strafbarkeit bezeichnet, daß durch die Trunkenheit Unordnung, Aergerniß oder Gefahr für den Betrunkenen oder für Andere verursacht wird.

Zu diesen objectiven Merkmalen einer strafbaren Trunkenheit — der Oeffentlichkeit und Rechtsverletzung — tritt noch ein subjectives hinzu: die Verschuldung des Thäters. Darüber ist, wie schon bemerkt, Wissenschaft und Gesetzgebung übereinstimmend. Die Bestrafung der Trunkenheit ist also ausgeschlossen, wenn sie nicht aus freiem Willen des Betrunkenen, sondern nur durch Zufall oder Dritte herbeigeführt worden; sie tritt aber auch ein nicht bloß, wenn der Betrunkene vorsätzlich, sondern auch wenn er nur fahrlässig, d. h. in der ihm nach allgemeinen Grundsätzen zurechenbaren Einsicht und Befürchtung, er werde oder könne bei fortgesetztem Trinken in Trunkenheit gerathen, gehandelt hat.

Liegt aber einmal eine Selbstverschuldung an dem Zustande der Trunkenheit vor, so ist sie auch ohne Weiteres für deren weitere möglichen Folgen bezw. Merkmale der Strafbarkeit anzunehmen.

Darüber, geehrte Herren, werde ich hier ein weiteres Wort nicht verlieren, ob die Trunkenheit eine nicht unverschuldete oder eine selbstverschuldete, sowie ob die Fahrlässigkeit eine grobe sein müsse oder eine auch nur leichte zu sein brauche; für uns genügt es meines Erachtens, im Allgemeinen den Grundsatz der Selbstverschuldung und Fahrlässigkeit auszusprechen.

Der Ausdruck „selbstverschuldet" ist im neuen Gesetzentwurf beibehalten.

Mit der Verschuldung des Betrunkenen hängt freilich die, insbesondere auch im deutschen Gesetzentwurf von 1881 und auf dem IV. internationlen Congreß behandelte Frage über die Zurechenbarkeit der im Zustande der Trunkenheit verübten strafbaren Handlungen zusammen. Auch sie ist eine sogenannte brennende Frage und bedarf dringend einer baldigen, das allgemeine Rechtsbewußtsein befriedigenden Lösung,- zumal dieses an Freisprechungen und Zulassungen von mildernden Umständen, die der Thäter sich angetrunken hat, vielfach Aergerniß nimmt.

Der neueste deutsche Gesetzentwurf, obwohl er es sich zur Aufgabe macht, ein die Materie erschöpfendes Reichsgesetz zu bilden, und sich nicht auf ein einzelnes abgegrenztes Gebiet, wie insbesondere dasjenige der (insbesondere Gewerbe-) Polizei zu beschränken, sondern auch dasjenige des Privat- und Strafrechts noch in Betracht zu ziehen, hat diese Frage der Zurechenbarkeit von in der Trunkenheit verübten strafbaren Handlungen nicht berührt, ohne Gründe für diese Unterlassung anzugeben.

Indeß steht dieser Gegenstand nicht auf unserer Tagesordnung und wird deshalb auch nicht weiter verfolgt.

Dagegen muß ich mir erlauben, Ihnen, geehrte Herren, noch einen weiteren Punkt zur Prüfung zu unterbreiten; er betrifft den Rückfall. Die wiederholte Begehung einer Gesetzesübertretung bietet im Allgemeinen nur einen Strafausmessungs-, und zwar Erhöhungsgrund innerhalb des gesetzlichen Strafrahmens dar — zumal bei Verübung der gleichen oder einer gleichartigen Uebertretung — und ist sogar an sich geeignet, eine erschwerende Strafe, mit Ueberschreitung jenes Rahmens, herbeizuführen. Dies ist jedoch — wie früher bei den meisten deutschen Strafgesetzgebungen, so jetzt im deutschen R.St.G.B. — nur bei gewissen, besonders dazu geeigenschafteten Gesetzesübertretungen — nach dem R.St.G.B. bei Diebstahl, Hehlerei, Raub und Betrug — ausdrücklich anerkennt. Es bedarf einer weiteren Ausführung nicht, daß die Trunkenheit, sofern deren Strafbarkeit überhaupt als gerechtfertigt erachtet wird, als eine solche Gesetzesübertretung erscheint, bei welcher auch die strengere Ahndung des Rückfalles den Zweck des Gesetzes fördern wird; dies wird auch in einzelnen Gesetzen über Bestrafung der Trunkenheit ausdrücklich bestimmt und von den beiden Herren Berichterstattern empfohlen.

Immerhin sollte ein angemessener Zeitraum, in welchen die erstmalige Bestrafung und die Wiederholung der That zu fallen hat, bezeichnet werden. Da die Trunkenheit nur als Uebertretung (im Sinne des R.St.G.B.) zu ahnden, darf aus selbstverständlichen Gründen jedoch jene Frist der hier bestimmten Verjährungsfrist von nur drei Monaten nicht gleichstehen; sie muß einen weiteren Zeitraum, etwa ein Jahr, umfassen.

Nach der Eigenthümlichkeit der Ursache und Wirkungen der Trunkenheit, wie des Zwecks ihrer Bestrafung genügt es keineswegs, die strengere Ahndung des Rückfalls nur durch Erhöhung innerhalb des gesetzlichen Strafrahmens, oder auch, zumal im Hinblick auf die verhältnißmäßige Werthlosigkeit kurzzeitiger Freiheitsstrafen, selbst mit dessen Ueberschreitung, aber unter Belassung der beiden Strafarten, mit Geld oder Haft, zur Geltung zu bringen. Hier erscheint es durchaus gerechtfertigt, ja unter Umständen nöthig, sich nicht auf jene einfachen Strafen mit Geld und Haft zu beschränken, vielmehr es für zulässig zu erklären, daß der Vollzug der Freiheitsstrafe mit Anweisung von Arbeit — die den Verhafteten allerdings auch zur Wohlthat gereicht! — und zeitweise in Dunkelzelle, durch Entziehung warmer Nahrung und der weichen Lagerstätte erfolge. Abgesehen ferner insbesondere von dem durch die polizeiliche Verwaltungsbehörde auszusprechenden, überall bewährten Verbote des Wirthschaftenbesuches, sollte überdies bei denjenigen rückfälligen Trunkenbolden, bei welchen sich nicht ein krankhafter, in einer Heilanstalt zu beseitigender Hang zum Trinken kundgiebt, welche vielmehr diesem Laster in sittlicher Verkommenheit und im Hohn gegen die bestehende Rechtsordnung fröhnen, das Gericht, ähnlich wie in St.G.B. § 362, in der Lage sein, bei Verurtheilung zur Haft zugleich zu erkennen, daß die verurtheilte Person nach verbüßter Strafe der Landespolizeibehörde zum Zwecke, sie in einem Arbeitshause unterzubringen oder zu gemeinnützigen Arbeiten zu verwenden, zu überweisen sei. Bei diesen Personen würde lediglich die Pflege in einer Heilanstalt ebenso Aergerniß erregen, als ihre Trunkenheit. Manche Diebe hätten auf ein ähnliches Asyl eher Anspruch, als jene Trunkenbolde.

Insoweit, als gegen solche rohe und muthwillige Gewohnheitstrinker in Folge ihrer Rückfälle in eine strafbare Trunkenheit strafrechtlich eingeschritten wird, kommt allerdings die Trunksucht als Ursache zu der herbeigeführten Erscheinung gleichfalls zur Ahndung. Indeß erleidet dadurch der allgemeine Grundsatz, daß dieses Laster an sich den Thatbestand einer strafrechtlich zu verfolgenden Handlung nicht bilde, keine Beschränkung.

Auch der vorliegende deutsche Gesetzentwurf gedenkt, wenn auch nicht im Wortlaute, so doch in der Sache, des Rückfalls, indem er in § 18 den dem Trunk gewohnheitsmäßig ergebenen Betrunkenen nur mit Haft, nicht auch mit Geldstrafe bedroht, und in §§ 20 und 21 den hierwegen, sowie den aus St.G.B. § 361 Ziff. 5 (wegen Anheimfalls an fremde Unterhaltung in Folge von Trunk) bestraften und je gemäß St.G.B. § 362 Abs. 3 der Landespolizeibehörde überwiesenen Trunkenbold nicht in ein Arbeitshaus verbringen oder zu gemeinnützigen Arbeiten verwenden, sondern lediglich in eine Trinkerheilanstalt unterbringen läßt.

Dies entspricht allerdings der, namentlich von Geistlichen, Aerzten und Strafanstaltsbeamten vielfach durch Schrift und Wort und — aber nur theilweise — der seiner Zeit von den Reichstags-Commissionen ververtretenen Ansicht, daß die Trunksucht nicht nur eine lasterhafte Gewohnheit, sondern auch eine Krankheit sein könne, und daß deshalb zur Beseitigung der letzteren und Besserung des an ihr leidenden Trunksüchtigen weniger dessen Unterbringung in ein für diese Zwecke nicht eingerichtetes Arbeitshaus, als vielmehr in eine hierzu bestimmte Heil- und Pflege-Anstalt als zweckmäßig erscheine.

Dies muß allerdings eingeräumt werden. Dagegen kommt aber auch in Betracht, daß nicht bei jedem aus Schwäche, Noth und dergl. gewohnheitsmäßig dem Trunke ergebenen und nicht selten bemitleidenswerthen, unglücklichen Menschen der allzu häufige, auch mitunter nur für seine Person übermäßige Genuß von geistigen Getränken jenen krankhaften und deshalb der Heilung zu unterziehenden Hang zum Trinken zum Grunde hat, sondern daß, vielleicht in der Mehrzahl, Rückfälle in strafbare Trunkenheit auf die oben bezeichnete Rohheit und Genußsucht zurückzuführen sind.

Es ist auch erklärlich, wie Geistliche, Aerzte und Strafanstaltsbeamte, welche vorwiegend gewohnheitsmäßige Trinker der ersteren Art zu behandeln haben, an ihnen in erster Reihe eine Heilung versuchen wollen, während doch die Beobachtung des täglichen Lebens und die Erfahrungen der Polizeibeamten, wie der mit Bestrafung von Uebertretungen betrauten Richter die Ueberzeugung aufdrängen müssen, daß auch die zweiterwähnte Classe der Trunkenbolde eine sehr verbreitete ist. Bei diesen wird die Strenge des Gesetzes, sicher auch in Uebereinstimmung mit dem allgemeinen Rechtsbewußtsein wirksamer sein, und letzteres mehr befriedigen, als ein wohl allzu humaner Versuch der Heilung einer bei ihnen unterstellten Krankheit.

Mit gutem Grunde war deshalb auch im Commissionsentwurfe von 1881 nur die alternative Unterbringung in ein Arbeitshaus oder in ein Trinkerasyl vorgeschlagen.

Hiernach geht schließlich mein Antrag — mit allem Vorbehalt der weiteren Kampfmittel gegen die Trunksucht und Trunkenheit, insbesondere auch der Verbringung der Trunksüchtigen in eine für sie bestimmte Heilanstalt, sie mögen wegen Trunkenheit schon bestraft sein oder nicht — an Sie, geehrte Herren, dahin:

Der Deutsche Juristentag erklärt:

1. Die Trunksucht als solche ist nicht strafbar.
2. Die strafrechtliche Verfolgung der Trunkenheit, welche

selbstverschuldet ist, an **öffentlichen** Orten sich kundgiebt und geeignet ist,

Aergerniß zu erregen oder die öffentliche Sicherheit und Ordnung zu gefährden,

ist geboten.

3. Die Trunkenheit bei Verrichtungen, welche zur Verhütung von Gefahr für Leben und Gesundheit Dritter oder von Feuersgefahr besondere Vorsicht erfordern, ist — abgesehen von Nothfällen — strafbar.

4. Auch der Rückfall in die Trunkenheit ist strafbar.

5. Es kann bei Bestrafung des wiederholten Rückfalles
   a) das auf die Trunkenheit (2) angedrohte Strafmaß überschritten,
   b) auf Schärfung der Haft, und
   c) auf Ueberweisung des Verurtheilten nach verbüßter Strafe an die Landespolizeibehörde zu dessen Unterbringung in in einem Arbeitshause oder zu dessen Verwendung zu gemeinnützigen Arbeiten erkannt werden, sofern nicht dessen Pflege in einer Heilanstalt geboten erscheint.

(Bravo!)

Geehrte Herren! Ich habe mit Grund gefürchtet, daß ich Ihre Geduld allzulange in Anspruch nehmen werde.

(Widerspruch.)

Als Referent bin ich fertig. Ich glaube aber sicher, daß Sie mit mir als Correferent zufriedener sein werden: er wird kürzer sein.

Zu unser Aller Bedauern ist nämlich der Correferent, Herr Bürgermeister Back (Straßburg) verhindert, das Correferat hier zu übernehmen. Selbstverständlich hatte ich, nachdem ich allerdings auch schon vor der Veröffentlichung des neuesten Gesetzentwurfes, der mich in meinen Ansichten nur bestärkte, mit dem Herrn Correferenten gesprochen, ihm meine Sätze mitgetheilt, damit wir uns womöglich mit einander verständigen. Hier in Köln habe ich einen Brief von ihm erhalten, worin er bedauert, nicht erscheinen zu können und weiter schreibt:

„Bei der Verhandlung der Frage in der Sitzung dürfte es vielleicht genügen, wenn Sie unter Entschuldigung meines Nichterscheinens in meinem Namen erklären, daß ich im Wesentlichen die in den aufgestellten Sätzen enthaltene Auffassung theile.“

Er sagt „im Wesentlichen", und theile ich, um Ihnen nichts zu verschweigen, noch Folgendes mit:

„Grundsätzlich nehme ich in der Frage mit Ihnen den gleichen Standpunkt ein, — denselben, auf dem auch die beiden Verfasser der dem Juristentage vorliegenden Gutachten stehen."

„Die von Ihnen aufgestellten Sätze anlangend, so stimme ich dem 1. und 3. vorbehaltslos zu. Satz 4 könnte, wie Sie mir in Ihrem Schreiben selbst andeuten, wegfallen."

— Ich habe bereits erklärt, daß er nur den Uebergang zu Satz 5 bilden soll. —

„Bei Satz 2 setze ich voraus, daß unter „„öffentlichen Orten"" auch Schanklokale jeder Art verstanden sind", und sollte dies nach dem Beispiele der französischen, englischen und norwegischen Gesetzgebung im Gesetze ausdrücklich genannt werden.

Was die Aergernißerregung betrifft, so hat Herr Back Bedenken gegen die Fassung des Satzes „und geeignet ist, Aergerniß zu erregen", indem dadurch dem „Ermessen des Richters kaum eine Schranke gesetzt sei."

Er bemerkt: es wäre sonderbar, wenn . . das Urtheil etwa so lautete: „daß zwar nach den Zeugenaussagen das Verhalten des Angeschuldigten bei Niemand Anstoß erregt hat, daß aber nach der Auffassung des Richters die von den Zeugen geschilderte Erscheinung und Haltung des Angeklagten wohl geeignet war, Aergerniß zu geben"; deshalb sei es für den Gesetzgeber vielleicht wichtiger, zu sagen: „welche Aergerniß erregt".

— Ich habe mich übrigens bereits darüber ausgesprochen. —

Ueberdies erklärt sich Herr Back bei Satz 5 mit der vorgeschlagenen Haftschärfung einverstanden, hegt jedoch Zweifel, ob es richtig ist, Personen, welche nicht Gewohnheitstrinker sind, dem Arbeitshause oder einer Heilanstalt zu überweisen.

Gegenüber diesen Bedenken des geehrten Herrn Correferenten verweise ich auf meine Ausführungen, womit sie meines Erachtens beseitigt sind.

Vicepräsident **Jaques** (Wien): Ich glaube, verehrte Herren, in Ihrem Namen sagen zu dürfen, daß wir dem Herrn Referenten zu dem allerwärmsten Danke verpflichtet sind.

Ich eröffne die Debatte; nachdem sich die gestrige Anordnung bezüglich der Dauer der einzelnen Reden, wie ich meine, sehr gut bewährt hat, glaube ich, die Versammlung werde beistimmen, daß wir dasselbe Princip der 5 Minuten langen und diesen Zeitraum nicht überschreitenden Reden auch heute festhalten. — Die Versammlung ist damit einverstanden.

Rechtsanwalt Dr. **Fuld** (Mainz): M. H.! Nachdem Herr Präsident von Stößer ein so treffliches Referat erstattet hat, ein Referat, das sich wesentlich mit den Anschauungen, die ich in meinem Gutachten vertreten habe, und mit den Anschauungen des Deutschen Vereins gegen Mißbrauch geistiger Getränke, deckt, kann ich mich sehr kurz fassen.

Es ist mir zunächst eine angenehme Pflicht, dem Juristentage Namens unseres Vereins gegen Mißbrauch geistiger Getränke den wärmsten Dank dafür aussprechen zu können, daß er mit richtigem Verständnisse für das, was unserer Zeit noth thut, die Frage des strafrechtlichen Einschreitens gegen die Trunksucht, auf die Tagesordnung gesetzt hat, und, m. H., wenn ich Ihre Stimmung nach dem trefflichen Referate des Herrn v. Stößer zu beurtheilen vermag, werden Sie heute in dieser wichtigen Frage ein Votum fällen, das sich dem Votum an die Seite stellen wird, welches Sie vor einigen Jahren in Stettin in der Entmündigungsfrage beschlossen haben.

M. H., Herr v. Stößer hat die Rechtfertigung der Pönalisirung der Trunkenheit so ausgezeichnet gegeben, daß ich darauf nicht weiter eingehen will: ich vermeide es deshalb, die heftigen Angriffe zu berücksichtigen, die ich wegen meines Gutachtens theilweise in der Presse erfahren habe, und die auch der neueste Entwurf der Reichsregierung erfahren hat, — Angriffe, die so weit gingen, daß mir ein bekanntes Berliner ziemlich radicales Blatt den Rath gegeben hat, ich hätte die mir gestellte Frage einfach dahin beantworten sollen: die Trunksucht als solche ist strafrechtlich nicht zu verfolgen — „aber die Getreidezölle sind aufzuheben".

M. H., der wesentlichste Punkt, auf den es bei der heutigen Verhandlung ankommt, wird der sein, ob Sie beschließen, daß die Trunkenheit nur dann strafbar ist, wenn sie geeignet ist, Aergerniß zu erregen, oder auch ohne dieses Moment und unabhängig davon.

M. H., ich habe in meinem Gutachten mich dafür ausgesprochen, daß die Trunkenheit nur dann strafbar sein soll, wenn sie in ärgernißerregender Weise an öffentlichen Orten kundgegeben wird. Ich habe damit nicht sagen wollen, daß es nothwendig ist, daß im concreten Falle Aergerniß erregt worden ist, im Gegentheil, ich will nicht, daß Hinz und Kunz, Paul und Peter mit ihrer vielleicht corrumpirten Anschauung darüber urtheilen, ob die Trunksucht im concreten Falle strafbar wäre.

Der Richter muß darüber urtheilen, ob sie geeignet war, Aergerniß zu erregen oder nicht, und ich stimme deshalb Herrn Präsident v. Stößer vollkommen bei.

Ich habe Verständniß für den Standpunkt, den mein Gegengutachter, mein verehrter Freund Prof. Hiller eingenommen hat, ich verstehe auch die österreichische Gesetzgebung zu würdigen, die die Trunkenheit, ohne auf dieses Moment Gewicht zu legen, bestraft. Ich weiß auch, m. H., daß man in Frankreich den entgegengesetzten Standpunkt einnimmt, und mir ist kürzlich erst bei meiner Anwesenheit in Frankreich von einem sehr hervorragenden französischen Verwaltungsbeamten versichert worden, daß man dort keinen Anlaß habe, ein weiteres Moment als das der Oeffentlichkeit in den Thatbestand aufzunehmen.

Aber, m. H., ich muß Sie daran erinnern: wir können in Deutschland unmöglich ein Gesetz geben, das unserer ganzen öffentlichen Meinung widerspricht, und da möchte ich — Herr Präsident v. Stößer wird mir die Richtigkeit des Citates bestätigen — ein Wort anführen, das Se. Excellenz der Herr Finanzminister Miquel vor ein paar Jahren einmal, als wir in Darmstadt die Frage erörterten, gesagt hat. Herr Miquel sagte damals ganz richtig: „Wenn Sie, m. H., einen Beschluß fassen, daß die Trunkenheit als solche zu bestrafen ist, so werden Sie damit von vornherein ein Odium bei dem deutschen Volke erregen, das unbesiegbar ist. Fassen Sie aber den Beschluß, daß die Trunkenheit nur dann strafbar ist, wenn sie geeignet ist, Aergerniß zu erregen, dann handeln Sie in Uebereinstimmung mit der deutschen Nation und der öffentlichen Meinung, und dann wird die Gesetzgebung Ihnen folgen."

M. H., ich glaube, meine Zeit ist fast schon um; ich muß mich deshalb sehr beschränken. Ich möchte also Ihnen empfehlen, dem Antrage des Herrn Referenten unter I zuzustimmen.

In zweiter Linie kommt es mir hauptsächlich darauf an, daß Sie dem Antrage des Herrn Referenten, soweit er sich auf die Bestrafung des Rückfalles bezieht, zustimmen, und zwar möglichst einstimmig. Namens unseres Vereins muß ich den Vorwurf gegen die Vorlage der verbündeten Regierungen erheben, daß sie es nicht verstanden hat, bei Bestrafung des Rückfalls dem nothwendigen Ernst der strafrechtlichen Repression Ausdruck zu geben. M. H., es ist unbedingt nothwendig, daß die Gewohnheitssäufer mit einer Haft bestraft werden, die Schärfungen der Art kennt, wie sie das Reichs-Militär-Strafgesetzbuch für strengen Arrest festsetzt, und es ist sehr zu bedauern, daß die Vorlage der verbündeten Regierungen sich mit Halbheiten begnügt, Halbheiten, die weder der einen noch der andern Partei gefallen, Halbheiten die überall Anstoß erregen, aber nichts nützen.

Ich glaube also, m. H., daß ich auch diesen Theil des Antrags des Herrn Referenten zur Annahme empfehlen kann, und ich möchte wünschen, daß Sie möglichst einstimmig den Antrag annehmen. Es wird das für die Vorlage der Reichsregierung bei der Einbringung im Reichstage eine nicht zu verkennende Unterstützung sein, und, m. H., ich glaube, Sie führen auch damit eine sociale That aus!

Vicepräsident **Jaques**: Ehe ich dem nächsten Redner das Wort gebe, möchte ich darauf aufmerksam machen, daß in dem uns vorliegenden Antrage des Herrn Referenten unter Nr. 5 c sich ein Druckfehler eingeschlichen hat; in der 2. und 3. Zeile muß es heißen: „zu dessen Unterbringung in ein Arbeitshaus“ statt „Verbringung“.

Privatdocent Dr. **Bornhak** (Berlin): M. H., nach den trefflichen Ausführungen des Herrn Referenten will ich bei der Kürze der Zeit mich auf einen einzien Punkt beschränken, auf die Frage des öffentlichen Aergernisses.

Ich stehe allerdings auf dem entgegengesetzten Standpunkte als der Herr Referent und der Herr Vorredner. Mit Recht haben beide Herren das rein subjective Moment, daß das Aergerniß thatsächlich erregt sein muß, zurückgewiesen. Es ist in denjenigen Strafrechtsparagraphen, wo wir das Erforderniß des öffentlichen Aergernisses haben, als eine öffentliche Calamität zu betrachten, daß man sich immer einen Mann aussuchen muß, der wirklich Aergerniß genommen hat. Fragt man einen Droschkenkutscher, ob er Aergerniß genommen hat, so wird er antworten: J wo werd' ich denn? — bis endlich ein pflichtgetreuer Schutzmann kommt, der regelmäßig Aergerniß genommen hat. Aber, m. H., wenn man dieses rein subjective Moment zurückweisen muß, so meine ich, giebt die Formulirung, daß die Trunkenheit geeignet sein muß, Aergerniß zu erregen, zu erheblichen Bedenken Anlaß. Bei dem heutigen Standpunkte unseres öffentlichen Gewissens kann man wohl behaupten, daß die öffentliche Trunkenheit nicht geeignet ist, Aergerniß zu erregen. Beobachten Sie einmal, wenn ein Betrunkener durch die Straße geht; macht das etwa den Eindruck, als ob ein Aergerniß erregt würde? Es laufen die Schuljungen und andere Leute hinterher und amüsiren sich. Wenn die Sache so liegt, m. H., dann ist es bedenklich, diese Formulirung aufzunehmen, denn dann ist die Möglichkeit vorhanden, daß der Richter in seinem Erkenntnisse ausführt: ja, unter den gegebenen Verhältnissen war das Verhalten des Angeklagten gar nicht geeignet, Aergerniß zu erregen. Das ist nicht eine rein akademische Frage. Ich habe erst vor Kurzem ein Erkenntniß über groben Unfug gelesen in einem Falle, wo also auch das Publikum erregt, beunruhigt sein muß. Da hatte ein Betrunkener einen Posten und einen Lieutenant beleidigt. Der Richter führte da aus, die Umstehenden hätten gelacht, und die Truppe wäre auch nicht geärgert worden, denn regelmäßig amüsire man sich, wenn ein Vorgesetzter getadelt würde. M. H., wenn so Etwas vorkommen kann, meine ich, muß man eine solche Möglichkeit abschneiden dadurch, daß man auch den Passus, daß die Trunkenheit geeignet sein muß, Aergerniß zu erregen, ablehnt. Meines Erachtens genügt es vollkommen, wenn man sagt: „Trunkenheit, die sich an öffentlichen Orten geltend gemacht hat", denn dann liegt eine öffentliche Calamität, ein Eingreifen in die öffentliche Ordnung, vor.

Ich kann nur wiederholen, daß nach der heutigen Volksanschauung die Trunkenheit an öffentlichen Orten nicht geeignet ist, Aergerniß zu erregen, sondern Aergerniß erregt die Trunkenheit bloß dann im Allgemeinen, wenn der Betrunkene nach Hause kommt und Frau und Kinder prügelt, also innerhalb der vier Wände. Das schließt sich aber gegenseitig aus, und deshalb möchte ich vorschlagen, in dem Antrage des Herrn Referenten die Worte „geeignet ist, Aergerniß zu erregen oder die öffentliche Sicherheit und Ordnung zu gefährden" zu streichen. Es genügt meines Erachtens die Oeffentlichkeit der Trunkenheit.

Regierungsrath Prof. Dr. **Hiller** (Czernowitz): M. H., ich hatte ursprünglich nicht die Absicht, das Wort zu ergreifen, da der hochverehrte Herr Referent die in meinem Gutachten niedergelegten Anschauungen in so trefflicher Weise Ihnen bereits vorgetragen hat. Da sich aber über das Moment der Aergernißerregung eine Polemik entspinnt, möchte ich doch meinen Standpunkt bezüglich dieser Frage nochmals präcisiren.

Die Frage der Aergernißerregung wird ganz gewiß in den Debatten des Reichstags eine Rolle spielen, und es ist mir nicht gerade eine angenehme Ueberraschung gewesen, daß in dem neuesten Entwurfe die ärgernißerregende Trunkenheit in dieser Form aufgenommen wurde, ich meine nämlich das Erforderniß, daß die Trunkenheit wirklich Aergerniß erregt habe; — so ist doch wohl diese Ausdrucksweise des Entwurfs aufzufassen. Dem gegenüber möchte ich nur hervorheben, daß der neueste österreichische Entwurf ganz und gar von der Aergernißerregung absieht und die Strafbestimmung so faßt: „Wer sich in Gast- und Schankräumlichkeiten u. s. w., auf der Straße, an öffentlichen Orten im Zustande offenbarer Trunkenheit befindet oder Andere in Trunkenheit versetzt, wird . . . . bestraft." — Es ist das so ziemlich der Standpunkt, den das französische Gesetz mit der ivresse manifeste einnimmt, womit, wie ich schon im Gutachten ausgeführt habe, nichts Anderes gemeint ist, als daß jede öffentliche Trunkenheit in sich selbst ein öffentliches Aergerniß bilde, indem die Acte, durch welche sie sich manifestire, die öffentliche Ruhe und Ordnung zu stören geeignet seien.

Der Herr Vorredner hat, wenn ich recht verstanden habe, sich geäußert, daß eigentlich die Trunkenheit nur dann Aergerniß erregt, wenn der Betrunkene nach Hause kommt und Frau und Kinder prügelt, bezw. daß dies wenigstens ein Hauptfall der Aergernißerregung sei. Ich glaube, es giebt in der Oeffentlichkeit, auf der Straße, noch eine ganze Reihe von Fällen, und diese Fälle bilden geradezu die Regel, wo eine Aergernißerregung bewirkt wird durch die öffentliche Trunkenheit selbst. Aber ich möchte nochmals unter Hinweis auf das, was früher bereits bemerkt worden ist, nachdrücklich betonen, daß dieses Moment der Aergernißerregung bei denjenigen Paragraphen des deutschen R.St.G.B., wo es sich findet, bekanntlich schon vielfach Anstoß erregt hat, und so, wie die bisherige Erfahrung zeigte, nun auch hier bei der neu zu schaffenden Uebertretung sicherlich eine ganze Reihe Mißlichkeiten und Anstöße hervorrufen wird, weshalb ich es nicht für opportun hielte, wenn dieses Moment stehen bleibt und darum dessen Eliminirung nochmals dringend empfehle.

Gegen die Bemerkungen des hochgeehrten Herrn Referenten möchte ich nur Eins noch hervorheben. Ich glaube nicht, daß wir es bei der in Frage stehenden Uebertretung mit einer Rechtsverletzung in eigentlichem Sinne zu thun haben. Es ist von der früheren Schule her üblich, die Bezeichnung Rechtsverletzung (wohl in dem Sinne der Rechtsgutverletzung) beizubehalten, während — wenn ich Sie mit dieser theoretischen Ausführung belästigen darf — man heutzutage die Interessen-Verletzung, und zwar mit Bezug auf das Rechtsgut und dessen Verletzung oder Gefährdung als das Wesen und den Inhalt des Delicts bezeichnet; bei dieser Uebertretung ist es nun gerade das Interesse an der Integrität der öffentlichen Sicherheit und Ordnung, die das Hauptmoment bildet und den wesentlichen Inhalt der strafbaren Handlung ausmacht.

Ich möchte noch einen anderen Punkt berühren. Es ist, seitdem der neue Entwurf vorgelegt worden ist, schon die bekannte Polemik auch in der Presse hervorgetreten, welche mit mehr oder minder ernsten und witzigen Bemerkungen die Sache abthun will, und welche mich lebhaft erinnert an Reden, welche im Jahre 1881 im deutschen Reichstage von hervorragenden Parlamentariern gehalten worden sind, und in langathmigen, theilweise humoristischen Ausführungen das Ganze ad absurdum zu führen versuchten. M. H., diejenigen, die das damals unternommen haben, haben wohl die ganze Frage gar nicht in ihrer Tiefe erfaßt, und heute ist wohl Niemand mehr im Zweifel, daß es sich bei diesem Gesetze vor Allem um die Bekämpfung des Alkoholismus, der Branntweinpest handelt, und diese Frage liegt in den verschiedenen Ländern ganz verschieden. Wie Jedem bekannt ist, kann in Süddeutschland, in vorwiegend Bier und Wein trinkenden Ländern, ebenso in den gesegneten Rheinlanden, von einer Branntweinpest vielleicht nur vereinzelt oder höchstens in einzelnen Landstrichen die Rede sein, während in Norddeutschland, wo der Bier- und Weingenuß für die ärmere Bevölkerung vielfach erschwert, ja fast unmöglich ist, die Sache ganz anders liegt, und wirklich die Erscheinungen des Alkoholismus, wie in Frankreich, Belgien und den Niederlanden hervorgetreten sind, ebenso wie in vielen Kronländern der österreichischen Monarchie. Da, m. H., noch von den bekannten Dingen zu reden und die alten Witze zu machen von dem vom Kaiseressen nach Hause wankenden Geheimrath und dergl., ist wohl nicht am Platze, und jedenfalls nicht der richtige Standpunkt zur Bekämpfung eines solchen bedeutsamen Gesetzes. Das ist richtig, daß das Gesetz seine Spitze gegen den Alkoholismus richtet, und daß übermäßiger Bier- und Weingenuß zunächst vom Gesetzgeber nicht ins Auge gefaßt ist; gilt aber das Gesetz einmal, dann wird natürlich auch der von Bier oder Wein Betrunkene, wenn er unter das Gesetz fällt, ebenso bestraft werden, wie derjenige, welcher Schnaps getrunken hat. Wir dürfen nicht eine Polemik zulassen, die uns mit solchen Bemerkungen lediglich die Berathung erschwert und den Standpunkt verschiebt.

Privatdocent Dr. **Friedmann** (Wien): M. H., auch ich habe mich nur zum Worte gemeldet, um die Frage des öffentlichen Aergernisses hervorzuheben, und habe nur Weniges zu dem hinzuzufügen, was die beiden Herren Vorredner gesagt haben. Ich möchte nur darauf hinweisen, daß die Analogie anderer Delicte, bei denen dieses Moment erfordert wird, für die Bestrafung der Trunkenheit absolut nicht zutrifft, insbesondere nicht die Analogie der Religions- oder Sittlichkeitsdelicte. Bei diesen handelt es sich darum, daß das Gefühl der Anderen geschont wird, und deshalb fordert man dieses Moment. Bei den Sittlichkeitsdelicten kommen außerdem auch in Betracht die schweren Folgen, welche durch das in der Oeffentlichkeit gegebene Beispiel hervorgerufen werden können, wodurch Andere depravirt werden, wenn das Beispiel geeignet ist, sie zu depraviren. Ist es aber ebenso bei der Trunkenheit? Der unästhetische Anblick, welchen ein Trunkenbold gewährt, wird gewiß Niemanden verleiten, das Gleiche zu thun. Das ist also nicht der ausschlaggebende

Gesichtspunkt, weswegen wir die Trunksucht bestrafen, und ebensowenig, glaube ich, ist es angemessen, wenn der Referenten-Antrag alternativ mit dem öffentlichen Aergerniß zur Bestrafung der Trunkenheit ein anderes Moment erfordert, nämlich deren Eignung, öffentliche Sicherheit und Ordnung zu gefährden. Diese Gefahr würde uns wohl nicht bestimmen können, eine allgemeine Strafsanction gegen die Trunkenheit zu erlassen, daß der Trunkene die Nachtruhe stören oder vielleicht ein paar Fensterscheiben einschlagen könnte — da genügt es doch gewiß, nur dann, wenn er eine solche Handlung wirklich ausführt, diese selbst zu bestrafen. Wollen wir hingegen die Trunkenheit auch ohne den wirklichen Eintritt solcher Folgen ahnden, so ist dies einzig und allein durch den Gesichtspunkt zu rechtfertigen, den auch der Herr Referent und Herr Regierungsrath Hiller hervorgehoben haben, durch den Gesichtspunkt nämlich, daß der Pest des Alkoholismus entgegengearbeitet werden soll, daß es gilt, die großen nationalökonomischen und ethischen Schäden der Trunksucht, die Degenerirung des Volkes durch Verbreitung jener Pest zu verhüten, und es hierzu nach der Lage der Dinge auch einer Strafandrohung bedarf. Diesem Gesichtspunkte würde es allerdings entsprechen, daß man die selbstverschuldete offenbare Trunkenheit überall bestraft. Die Ausscheidung des „stillen Suffes", die Einschränkung „an öffentlichen Orten" ist nur dadurch begründet, daß man eben nicht in die Privatkreise eindringen will, weil damit ein größeres Uebel zugefügt würde, als man zu vereiteln sucht. Die andere Beschränkung aber verschiebt den ganzen Gesichtspunkt, und wenn Sie mit diesem Gesetze erziehend auf das Volk wirken wollen, so dürfen Sie nicht Beschränkungen hineinnehmen, welche dem Volke diesen Gesichtspunkt verdunkeln; dann müssen Sie klar aussprechen, um was es sich handelt. Ich schließe mich dem Antrage an, diesen Zwischensatz zu streichen. Sollte man Bedenken haben, daß in Folge dessen auch ein geringerer Grad von Trunkenheit bestraft werden könnte, so würde es sich eher empfehlen, wie auch Heinze in seinem Gutachten für den Petersburger Congreß vorgeschlagen hat, nach dem Vorbilde der französischen Gesetzgebung das Wort „offenbar" vor Trunkenheit aufzunehmen. Ich stelle indessen keinen Antrag in dieser Richtung und schließe mich nur jenem auf Streichung des Zwischensatzes über Aergerniß, Sicherheit und Ordnung an.

Rechtsanwalt Dr. **Scherer** (Leipzig): M. H., von sämmtlichen Fragen, welche auf der Tagesordnung des Juristentages stehen, hat keine in einem solchen Maße die öffentliche Meinung, das öffentliche Interesse erregt, wie diejenige, die heute Ihrer Entscheidung unterbreitet ist. Seit Veröffentlichung des Entwurfes hat sich nicht nur unsere Presse, sondern auch diejenige des Auslandes, namentlich Englands, mit demselben beschäftigt; ich darf gewissermaßen sagen, die Presse Europas schaut mit Spannung auf das Votum des heutigen Tages.

Ich stehe nicht auf dem Standpunkte, welcher bis jetzt vertreten worden ist, sondern ich stehe auf dem Standpunkte: ohne Noth kein Strafparagraph gegen die Trunkenheit. Denn mit der Erlassung eines solchen Gesetzes erkennen wir an, daß es in Deutschland so viele Trunkenbolde giebt, daß ein solches Gesetz nothwendig ist; deshalb hat auch in Deutschland die öffentliche Meinung sich dagegen erhoben.

(Oho!)

Haben wir so viele Trunkenbolde, daß mit dem Strafgesetzbuche gegen die Trunkenheit eingeschritten werden muß? In Deutschland ist von jeher getrunken worden, — ich nehme hier Bezug auf Tacitus — aber nie und nimmer ist behauptet worden, daß Trunkenbolde in Deutschland seien. Zwischen „Trinken“ und „sich betrinken“ ist ein Unterschied. Die Italiener haben den Deutschen im Mittelalter ihre schlechten Eigenschaften sehr wohl abgelauscht; die italienischen Schriftsteller des Mittelalters hoben hervor, daß die Deutschen sehr starke Esser sind, sie haben das genau kennen gelernt, als die deuschen Soldaten nach Italien gekommen sind, — aber sie haben nicht hervorgehoben, daß die Deutschen Trunkenbolde sind.

Es wird auf die Nachbarländer Bezug genommen. Wie ist es denn mit den Nachbarländern? Da liegen doch die Verhältnisse ganz anders. In Deutschland hat die Volksbildung einen so hohen Grad erreicht und ist so weit in die breiten Massen gedrungen, wie in keinem andern Staate. Was in der deutschen Volksschule gelernt wird, berechtigt in Rußland zum einjährig-freiwilligen Dienste. Durch die Volksbildung unterscheiden wir uns ganz erheblich von allen Nachbarländern, und ich glaube, daß diese Bildung nicht allein den Erfolg hat, daß man sagen kann, die Deutschen haben eine gewisse Summe von Kenntnissen, sondern sie wirkt auch erzieherisch, und die Leute sind in der Lage, ihre Handlungen zu beurtheilen.

Nun wird es sich fragen: hat die Trunkenheit in Deutschland überhaupt zugenommen oder ist sie nicht in der Abnahme? Solche Gewohnheitstrinker, die sich in Wein betrinken, giebt es nicht. Jedenfalls sind sie sehr selten; Wein ist zu theuer. Solche, die sich in Bier betrinken, hat man gesehen, aber im Allgemeinen ist es auch zu theuer; das Einzige, was billig ist, ist der Alkohol, gegen welchen mittels einer höhen Besteuerung mit ganz anderem Erfolge eingeschritten werden wird, als mittels einer Strafbestimmung; wenn der Alkohol noch theurer ist, dann wird der Alkoholgenuß abnehmen.

Man sagt weiter: Wegen Trunkenheit erfolgen viele Freisprechungen. Das ist nicht der Fall. Alle Vertheidiger werden wissen, daß man mit dem Einwand der Trunkenheit kein Glück hat; es wird gesagt: Wenn der Mann vernünftig spricht, wenn er eine Beleidigung ausstoßen kann, wenn er das Messer ziehen oder auf jemand losgehen kann, hat er noch so viel freie Willensbestimmung, daß die Zurechnungsfähigkeit angenommen werden muß. Freisprechungen wegen Trunkenheit sind weiße Raben.

Gegen die Trunkenheit, welche sich öffentlich zeigt, wird heute bereits mittels der Paragraphen, betreffend öffentliche Ruhestörung und groben Unfug, vorgegangen.

Was die Entmündigung betrifft, so wird heute bereits nach Lage der Gesetzgebung der gewohnheitsmäßige Trinker als Verschwender erklärt, oder falls er das Delirium bekommt, entmündigt. In vielen Fällen schreitet man aber in dieser Weise überhaupt nicht ein, weil der Trinker nichts hat.

Die Erledigung dieser Frage ist kein brennendes Bedürfniß und kann daher im B.G.B., wohin sie gehört, erfolgen.

Was ist zu thun? Man hat das Gewerbe der Schankwirthschaft zu regeln. Hier ist einzuschreiten. Der Satz der freien Concurrenz, die wir seit 1867 haben, ist in vielen Beziehungen zu weit gegangen, also Ertheilung der Concession nur im Bedürfnißfall, gerichtliche Entziehung der Concession wegen Verabreichung von Getränken an Betrunkene, Verbot der weiblichen Bedienung, 8—14tägige Klagfrist für Zechschulden und solche Rechtsgeschäfte, welche dieselben verschleiern. Ferner dürfte in Erwägung zu ziehen sein, ob der Alkohol nicht bedeutend höher zu besteuern ist.

(Redner wird vom Präsidenten erinnert, daß die 5 Minuten abgelaufen seien.)

Im Uebrigen geht mein Antrag dahin: Keine Strafbestimmung gegen die Trunkenheit.

Reichsgerichtsrath **Stenglein** (Leipzig): M. H., ich war im Begriff aufs Wort zu verzichten, aber der Herr Vorredner hat mich veranlaßt, einige Worte zu sprechen. Es scheint mir, er hat doch nicht sehr viel Anhänger, wenn er behauptet, ein derartiges Gesetz sei nicht nothwendig. Die öffentliche Meinung, wie ich sie auffasse, hat sich entschieden dafür ausgesprochen. Ich möchte Sie aber vor Allem auf einen Umstand aufmerksam machen, und das ist der: der Alkoholiker kann nur durch eine sehr gewaltsame Kur seines Lasters entwöhnt werden, und in der Regel wird er rückfällig. Wir wollen bei Zeiten — und ich glaube, die Trunksucht ist im Steigen — eine Vorsorge treffen, damit wir nicht zu diesen gewaltsamen Mitteln gezwungen werden, wie sie nothwendig sind, wenn das Volk bereits unheilbar dem Alkoholismus verfallen ist. Ein vorbeugendes Mittel ist auch ganz richtig am Platze, und bei den Cautelen, unter denen bis jetzt ein Gesetz in Vorschlag gebracht ist, glaube ich durchaus nicht, daß das deutsche Volk sich damit die Vorwürfe zuzieht, welche der Herr Vorredner in Aussicht gestellt hat.

Ich möchte ferner noch einige Worte über die Controverse der Verletzung der Sittlichkeit anführen. Ich glaube doch, daß diese Frage eine ganz specielle Familienähnlichkeit mit dem § 183 und anderen hat. Wir haben formell wenigstens ganz genau dieselbe Controverse durchgeführt. Bekanntlich ist die Redaction des § 183 des Deutschen Strafgesetzbuchs so, daß man nothwendigerweise das Factum der Aergernißerregung als Voraussetzung darin finden muß. Trotzdem hat sich die Praxis lange Jahre veranlaßt gesehen, das bloße Geeignetsein darin zu finden, bis das Reichsgericht wieder dem Wortlaute des Gesetzes den Vorzug gegeben hat. Aber die Consequenzen, die das nach sich gezogen hat, waren wirklich nicht erfreulich. Ich könnte Ihnen Fälle nennen, wo entschieden unsittliche Aeußerungen und Handlungen nur deswegen nicht gestraft wurden, weil eben die Umgebung in einer solchen Sittlichkeitsatmosphäre sich bewegte, daß sie ganz ruhig erklärt hat: Wir haben keinen Anstoß daran genommen.

(Sehr richtig!)

Das kann nicht das Kriterium der Strafbarkeit sein, sondern man muß im Gesetze vorsehen, daß ein richtigeres ethisches, sittliches Kriterium für die Strafbarkeit angewendet wird.

(Bravo!)

Reichsgerichtsrath **Loebell** (Leipzig): M. H., ich bedaure, als dritter Leipziger Redner Ihre Geduld in Anspruch nehmen zu müssen. Der Zweite hat ja dem Ersten Einiges geantwortet, und wenn ich da noch einen einzigen Satz hinzufügen möchte, so ist es der: Wenn der Diebstahl heute nicht strafbar wäre, und es würde ein Gesetzesvorschlag eingebracht, den Diebstahl fortan zu bestrafen, würde man deshalb glauben, alle Deutsche seien Diebe?

(Sehr richtig!)

In der Sache selbst, m. H., bin ich mit dem Herrn Referenten vollständig einverstanden. Ich habe aber eine kleine Abschweifung vor, die ja durch die Zeit, die gewährt wird, begrenzt werden wird.

Der Herr Referent hat hervorgehoben, daß eine sehr wichtige Frage, wichtiger vielleicht, als die, die uns eigentlich beschäftigt, diese sei: welchen Einfluß hat die Trunkenheit als allgemeiner Strafausschließungs- oder Milderungsgrund? Diese Frage liegt aber abseits des heutigen Themas. Ich bin entfernt davon, eine derartige Abschweifung nach der andern Seite zu machen; indessen läßt sich doch vielleicht ein Gesichtspunkt finden, der nicht abseits des Themas liegt. Ich bin nämlich der Meinung, entgegengesetzt dem ersten Herrn Redner aus Leipzig, daß allerdings eine große Anzahl von Freisprechungen aus dem Grunde vorkommt, weil die Zurechnungsfähigkeit wegen selbstverschuldeter Trunkenheit ausgeschlossen war. M. H., solche Freisprechungen werden sich auch in Zukunft, — das Gesetz mag in seinem allgemeinen Theile gestaltet werden, wie es will, — nicht verhindern lassen; wenn die Zurechnungsfähigkeit wirklich ausgeschlossen wird, so kann jemand, der einen Menschen getödtet hat, nicht wegen Mordes bestraft werden, und ebenso natürlich bei kleineren Vergehen. Aber, m. H., das öffentliche Rechtsgefühl fordert da einen Ersatz. Diesen Ersatz würde ich darin finden, daß man in allen solchen Fällen eine Strafe wegen der Trunkenheit als solcher eintreten läßt. In dieser Fassung, m. H., liegt mein Vorschlag innerhalb unseres Themas, und wenn ich irgendwie auf Anklang in der Beziehung rechnen könnte, — ich möchte nicht ohne Noth die Abstimmung erschweren, — so würde ich einen Antrag in der Fassung stellen, die, wie mir scheint, sich der Nummer 3 der Anträge des Herrn Referenten vollständig anschließt: daß die allgemeine Trunkenheitsstrafe, die Strafe der Trunkenheit als solcher, die in diesen Fällen eintreten soll nach meiner Idee, — die ich wenigstens als Anregung hinstellen möchte, selbst wenn keine Abstimmung darüber stattfindet, — auch dann eintreten kann, wenn eine strafbare Handlung im Zustande selbstverschuldeter Trunkenheit verübt und der Thäter aus diesem Grunde freigesprochen wird.

Es wäre das eine Anweisung an den Richter, in Fällen der mangelnden Zurechnungsfähigkeit freizusprechen, dann aber die Trunkenheitsstrafe eintreten zu lassen.

(Bravo!)

Professor Dr. **Rubo** (Berlin): M. H., ich bin dem Herrn Referenten außerordentlich dankbar dafür, daß er den ersten Satz aufgestellt hat: „die Trunksucht als solche ist nicht strafbar". Ich denke dabei an jenen Menschen, der von sich gesagt hat, er trinke nur, wann er Durst habe, aber — er habe immer Durst!

Was die zweite und dritte These anlangt, so glaube ich, darüber eines Eingehenden nicht sprechen zu sollen; ich nehme an, daß der Herr Referent in ihnen selbständige Delicte hat aufstellen wollen. Es ist dies jedoch nicht erforderlich; das erste Delict würde eventuell in den Abschnitt über den groben Unfug gehören, und was die dritte These anlangt, so würde eventuell die Bestimmung bei den gemeingefährlichen Vergehen zu berücksichtigen sein, wie z. B. das Strafgesetzbuch in § 307 bereits bei der Brandstiftung Aehnliches gewürdigt hat.

Wenn Herr Reichsgerichtsrath Loebell vorhin die Frage aufgeworfen hat, ob in der Bedrohung des Diebstahls mit Strafe ein nothwendiger Hinweis darauf liege, daß wir alle in Deutschland Diebe seien, so glaube ich, ist diese Frage trotz der darauf folgenden Bravos! nicht im Ernste aufgeworfen worden.

(Bravo!)

Denn, m. H., das muß Herr Reichsgerichtsrath Loebell doch wissen, daß ein Strafgesetzbuch erst diejenigen Handlungen für strafbar erklärt, die das Bedürfniß einer Strafverfolgung hervorgerufen haben, und daß nicht jede Handlung, die hier und da als eine mißliebige sich offenbart, vielleicht auch sittlich verwerflich ist, darum schon Gegenstand des Strafrechts sein soll.

(Sehr richtig!)

M. H., was die Thesen 4 und 5 anlangt, so sind dieselben auch gesetzgeberischer Natur; ich glaube aber, sie sind nicht annehmbar. Denn eine so allgemeine Bestimmung: „Der Rückfall ist strafbar", ohne Definition, was als Rückfall gelten soll, nöthigt uns, auf die allgemeine strafrechtliche Definition des Rückfalles zurückzugehen. Sie wissen, noch innerhalb 10 Jahren nach Verbüßung der Strafe liegt der Rückfall vor. Und wollen Sie wirklich Jemanden, der vor 10 Jahren einmal sich betrunken gemacht hat und strafbar gewesen ist, nach 10 Jahren wegen eines gleichen Vorkommnisses wegen Rückfalls bestrafen?

(Heiterkeit.)

Und was den wiederholten Rückfall anlangt, ja, m. H., so liegt dieser — nimmt man die allgemeine strafrechtliche Definition desselben an — noch nach Jahre langer Zeit seit Begehung einer Missethat vor. Hat sich z. B. Jemand in der Jugend mal betrunken, ist er darob zur Strafe verurtheilt worden, hat er die Strafe verbüßt, betrinkt er sich nach langer, langer Zeit, z. B. nach 30 oder 40 Jahren wieder, wird er alsdann wieder zur Strafe verurtheilt und betrinkt er sich demnächst innerhalb 10 Jahren seit Verbüßung dieser letzteren Strafe noch einmal — — m. H.! dann ist der in der 5. These des Herrn Referenten — Mangels einer Definition — vorgesehene wiederholte Rückfall gegeben!

Ich glaube, wir können auch über diese These des Herrn Referenten hinweggehen. Im Uebrigen danke ich dem Herrn Referenten nochmals, daß er in These 1 erklärt hat: Die Trunkenheit als solche ist **nicht** strafbar!

(Bravo!)

Prof. Dr. **Frank** (Gießen): M. H., ich bekenne mich von vornherein als Anhänger eines Gesetzes gegen die Trunkenheit, aber als Gegner aller der Vorschläge, die bis jetzt gemacht worden sind.

Der Herr Referent hat versucht, die Strafbarkeit gerade der öffentlichen Trunkenheit durch eine juristische Construction zu stützen. Er sagt: wir können die Trunkenheit nur da strafrechtlich fassen, wo sie rechtsverletzend auftritt, und das thut sie, wenn sie öffentlich ist. Umgekehrt meint ein anderer Herr, daß regelmäßig öffentliche Trunkenheit nicht rechtsverletzend wirke, denn Anstoß nehme Niemand an ihr. Ich meine, wenn der letzte Herr Recht hat, — und ich glaube das, wenigstens habe ich für meine Persou kaum jemals Anstoß daran genommen, vermuthlich weil ich meistens in Universitätsstädten gelebt habe, — dann fällt jeder Grund weg, warum wir gerade an die Thatsache der öffentlichen Trunkenheit die Strafe knüpfen wollen. Es kommt weiter hinzu, daß die eigentliche Pest das Alkoholismus sich nicht öffentlich zeigt; nicht der ist der eigentliche Trinker, nicht der ist der eigentlich verderbliche Mensch, der sich öffentlich gelegentlich einmal in seiner Trunkenheit präsentirt, sondern der ist es, der geheim — um das vulgäre Wort zu gebrauchen — dem stillen Suffe fröhnt, der zu Hause seine Frau und Kinder schlägt und mißhandelt. Er ist es, den wir fassen müssen. Es kommt mir bei den vorgeschlagenen Formulirungen, die im Wesentlichen mit dem Gesetzentwurfe übereinstimmen, gerade so vor, als wollte man das Feuer löschen, indem man in den Rauch spritzt. Ich glaube, der eigentliche Punkt der Strafbarkeit muß an einer andern Ecke gesucht werden, und er findet sich meines Erachtens in dem trunkfälligen Lebenswandel, sobald dieser entweder Aergerniß erregt oder zur Vernachlässigung der persönlichen Verhältnisse führt.

Ich will auf die Formulirung kein Gewicht legen, — aber ich möchte doch die Frage zur Discussion stellen.

Gegen die gemachten Vorschläge kommt außerdem ein Punkt in Betracht, der allerdings vom Herrn Referenten hervorgehoben, aber nicht genügend gewürdigt worden ist, die Frage nämlich, ob wir nicht — zwar selbstverständlich nicht der Tendenz, aber doch vielleicht dem praktischen Ergebniß nach, vor einer Klassengesetzgebung stehen.

Wir kommen nicht darüber hinweg. Sehen Sie sich die Verhältnisse auf dem Lande an. Ich bringe einen großen Theil des Jahres auf dem Lande zu. Wenn ich etwas Strafbares begehe — und ich vergehe mich mal gegen das Feld-, Forst- und Fischereigesetz —, mich hat noch Niemand angezeigt; es würde mich auch Niemand anzeigen, wenn ich gelegentlich vielleicht einmal bekneipt aufträte. Aber der gewöhnliche Mann wird angezeigt! Außerdem ist zu beachten, daß wenigstens bei uns in Hessen sämmtliche Orte in zwei Parteien gespalten sind: die Partei des Bürgermeisters — und, daß man deren Anhänger ungeschoren läßt, dafür garantire ich, — und die Gegenpartei, — und die wird selbstverständlich angezeigt.

(Heiterkeit.)

Alle diese Bedenken, m. H., fallen weg, wenn wir nicht an das ganz äußerliche und durchaus nebensächliche, secundäre Merkmal der öffentlichen Trunkenheit anknüpfen, sondern an den eigentlichen Kern der Sache gehen, den trunkfälligen Lebenswandel!

(Bravo!)

Rechtsanwalt Dr. **Mirus** (Leipzig): Ich stelle den Antrag auf Schluß der Debatte.

Vicepräsident **Jaques**: Es ist nicht zweifelhaft, daß diejenigen Herren, welche sich bereits zum Worte gemeldet haben, dasselbe noch erhalten, auch wenn der Schlußantrag angenommen werden sollte; es handelt sich also nur um Schluß der Rednerliste.

Ich bitte diejenigen Herren, welche den Schlußantrag annehmen wollen, sich zu erheben.

(Geschieht.)

Der Antrag ist abgelehnt.

Rechtsanwalt Dr. **Bechh** (Nürnberg): M. H., ich bekenne mich zu dem Standpunkte des Herrn Professor Rubo. Ich bin sehr erfreut gewesen, daß unser verehrter Herr Referent als Satz 1 hingestellt hat: „Die Trunksucht als solche ist nicht strafbar", und damit ist eigentlich die dem Juristentage vorliegende Frage 12 verneint; das Andere, was daran geknüpft wurde, ist eigentlich Etwas, was unter die Frage nicht fällt, es sind andere Gesichtspunkte. Die Frage der Trunksucht gehört meines Erachtens, vorzüglich in Anwendung der Gesichtspunkte im Rechtsleben, nicht in das Strafrecht, sondern richtiger Weise ins Civilrecht. Wenn wir wegen der Trunksucht Entmündigung eintreten lassen, so ist die Frage richtig untergebracht, aber nicht im Strafrechte. Es fragt sich also nur, ob wir auch die von dem Herrn Referenten weiter daran geknüpften Erörterungen über die Trunkenheit zum Gegenstande unserer heutigen Beschlußfassung machen sollen und können, und dazu, sage ich, sind wir und ist die Sache nicht genügend vorbereitet, und wie die Sätze gefaßt sind, können wir sie nicht annehmen.

(Widerspruch.)

M. H., wir haben ja außer dem Referate noch den Gesetzentwurf, der dem Reichstage vorgelegt worden ist, ins Auge zu fassen, und ich muß sagen, ich habe nicht leicht einen Gesetzentwurf gelesen, der mehr polizeilich-büreaukratischer Natur ist, als dieser.

(Bravo! Widerspruch.)

Die Hauptsache ist dort eigentlich — einer der Herren Redner hat das gesagt —: ein Gesetz gegen die Schankwirthschaften, ein Gesetz, welches darauf hinausgehen soll, noch mehr Betriebe von polizeilicher Genehmigung abhängig zu machen; zünftlerische Bestrebungen haben darin ihren Ausdruck gefunden, und eine polizeiliche Maßregelung, gegen welche wir uns, ich glaube, im Norden ebenso wie im Süden, mit aller Macht wehren würden. Das läuft nun so nebenher. Fassen wir nun aber Beschlüsse in dem Sinne, wie sie der Herr Referent unter Nr. 2, 3, 4, 5 vorgelegt hat und zur Annahme empfiehlt, dann, m. H., sind wir bereits auf dem Wege, diesem Reichsgesetz entgegenzukommen, und das ist meines Erachtens nicht der richtige Weg.

Es hat einer der Herren Redner davon gesprochen, man wolle durch die Beantwortung dieser Frage und durch Annahme der Sätze des Herrn Referenten nur der Branntweinpest entgegenarbeiten, dem Alkoholismus. Ja, m. H., das ist dann gewissermaßen eine sociale Frage. Man wird die oberen Zehntausend nicht treffen wollen, sondern nur die unteren Klassen,

(Bravo!)

und das wird im deutschen Volke sehr richtig empfunden werden.

(Sehr richtig!)

Ich erinnere mich an ein Bild, das vor Jahren einmal in der Münchener Kunstausstellung war, von einem belgischen Maler, das große Sensation gemacht hat. Es behandelte den Gegenstand, wie aus einem öffentlichen Tanzlokale in früher Morgenstunde ein Elegant mit seiner Dame heruntersteigt, im Champagnerrausche, und unten gehen der Vater, die Mutter der „Dame" und die andere, brave Tochter vorbei, und die schämen sich der andern gefallenen Tochter und gehen gesenkten Hauptes vorüber. Das war ein Stück socialer Frage dargestellt, was große Sensation gemacht hat. Nun, m. H., wir werden vielleicht dann ein Bild bekommen, — wenn sich der Juristentag dafür ausspricht, — wie dieses Gesetz aussieht, bezüglich der bevorrechteten Klassen und auf der andern

Seite der niederen Klassen; wir werden dann vielleicht ein Bild sehen, wie ein betrunkener vornehmer Herr die Treppe hinunter nach dem Wagen getragen wird, und auf der andern Seite ein armer Teufel, der sonst nicht weiß, wie er sich einen vergnügten Tag machen soll, als damit, daß er ein paar Gläser Branntwein trinkt, bedusselt an der Ecke lehnt und von der Polizei nach Hause geschafft wird.

(Widerspruch.)

Derartige Bilder, m. H., werden Sie dann bekommen. Das ist für mich kein Zweifel. Das ist aber nicht unsere Aufgabe, zu Gunsten — ich muß das ganz entschieden behaupten — der bevorrechteten Klassen ein Gesetz in Vorschlag zu bringen, das die niederen Klassen aufs Empfindlichste trifft. Lassen Sie doch, m. H., wie ich Ihnen vorhin sagte, ein Gesetz im civilrechtlichen Wege gegen die Trunksucht, auf Entmündigung, vom Stapel, aber bringen Sie nicht ein neues strafbares Reat in die deutsche Strafgesetzgebung herein. Wie viele von den Herren mögen einmal in ihrem Leben in einem unbewachten Momente ein bischen zu viel gethan haben und sind nach Hause geführt worden. Es würde Ihnen dann nach Rechten geschehen, wenn Sie auch eingesperrt werden;

(Gewiß!)

aber nein, das wollen Sie nicht.

(Widerspruch.)

Das liegt nicht im deutschen Charakter, daß Einer criminell bestraft wird, wenn er einmal einen Rausch nach Hause bringt,

(Bravo! u. Oho!)

und ich bitte deshalb, nehmen Sie den Antrag 1 an.

Ich will nicht sagen, daß die übrigen Anträge jedes Anhalts entbehren, daß aus ihnen nach dem vortrefflichen Referate in irgend einer Weise nicht etwas gemacht werden könnte, aber wie sie vorliegen, bitte ich dringend, sie nicht anzunehmen, und sich vielmehr darauf zu beschränken, Nr. 1 anzunehmen und die übrigen zu verwerfen.

(Bravo! u. Widerspruch.)

Vicepräsident **Jaques:** Der von Herrn Reichsgerichtsrath Loebell eingebrachte Antrag lautet:

> Die Strafe der Trunksucht trifft auch denjenigen, der bei Begehung einer objectiv strafbaren Handlung sich in einem die Zurechnungsfähigkeit ausschließenden Zustande selbstverschuldeter Trunkenheit befunden hat und deshalb freigesprochen wird.

Geheimer Justizrath **Götz** (Cöln): Ich werde nur wenige Worte sprechen!

Ich genieße das flebile beneficium, ein alter Herr zu sein, aber, wenn das Gesetz durchginge, möchte ich mich fast freuen, fünfzig Jahre früher geboren zu sein.

Beim Vortrage eines der Herren Vorredner ist hervorgehoben worden, daß das Gesetz im Wesentlichen die Bekämpfung des Alkoholismus im Auge habe, daß aber dabei selbstredend nicht ausgeschlossen sei, daß die Trunkenheit im Allgemeinen nach Maßgabe des Gesetzes damit getroffen werde. Zu welchen Consequenzen müßte das führen?

Denken Sie sich, m. H., das Festessen im Zoologischen Garten. Dabei wäre es doch wohl nicht ausgeschlossen, daß der eine oder der andere der Festgenossen seiner guten Laune die Zügel etwas schießen ließ. Nun denken Sie sich dann ferner, in diesem Zoologischen Garten befinden sich zu derselben Zeit Hunderte von Personen. Meinen Sie nun nicht, daß viele derselben daran Aergerniß nehmen würden? Das ist so sicher wie Etwas! Das sind ruhige Leute, die still ihres Weges gehen, und nun kommt eine Anzahl angeheiterter Herren. Diese Anheiterung sehen sie schon für eine ärgerliche Belästigung an.

Es ist das Eine oder Andere gesagt worden, und es ist gewiß zu beherzigen, daß aus der Trunkenheit und Trunksucht Calamitäten entstehen. Ja, m. H., auf der ganzen Welt ist nichts vollkommen, und wo der Eine etwas Gutes findet, kann der Andere etwas Böses erkennen, so geht es auch hier bezüglich der Mittel; aber, m. H., eine ganze Nation unter Vormundschaft zu setzen wegen einiger Alkoholisten, jeden Deutschen den möglichen Belästigungen durch niedere Polizei-Organe auszusetzen, um die Trunksucht zu bekämpfen und die Trunkenheit zu strafen,

(Lebhaftes Bravo!)

das geht entschieden zu weit!

Ich verkenne nicht, daß das in Vorschlag gebrachte Amendement des Herrn Reichsgerichtsrath Loebell Berücksichtigung verdient. Da es aber nur ein Glied in der Kette ist, so muß es mit dieser fallen. Ich erhebe deswegen gegen den Gesetzentwurf meine Stimme und spreche mich gegen die strafrechtliche Verfolgung der Trunkenheit aus.

(Bravo!)

Rechtsanwalt Dr. **Edwin Katz** (Berlin): Nur wenige Worte! Sie haben aus den eben gehörten Worten entnommen, wie difficil es ist, in einer rheinischen Stadt, wo man so herrlichen Wein trinkt, über ein derartiges Gesetz zu berathen. Aber ich glaube, wenn auch der Juristentag in einer anderen Stadt versammelt wäre, würden wir — ich hoffe es wenigstens — zu demselben Resultate kommen, das Geheimrath Götz empfohlen hat, und das ich ganz unterstütze.

Als ich die Anträge gelesen hatte, die uns seitens des Herrn Referenten vorgelegt worden sind, hatte ich die Empfindung: ja, das, was der Herr Referent uns vorschlägt, das giebt ja die bestehende Gesetzgebung bereits; wozu noch neue gesetzliche Bestimmungen?

(Widerspruch.)

Das aber, was eigentlich gewollt ist, m. H., das haben wir gehört aus den Worten des Herrn Reichsgerichtsraths Loebell; es liegt zwar nicht in dem Antrage, den dieser Herr gestellt hat, aber in dem, was er gesagt hat: es soll die Trunkenheit an sich bestraft werden, und das, m. H., das ist eben kein Delict. Daß die Trunkenheit kein Delict ist, das hat bereits der Herr Referent ausgesprochen, und wir werden es gewiß bestätigen. Was aber ist Trunkenheit? Gegen wen wendet sich das Vergehen des Trunkenen? Gegen seine Familie? Ja, die wird bereits vom Staate beschützt. Da kommt die Vormundschaftsbehörde und nimmt die vom Betrunkenen verlassene und ins Elend gestürzte Familie in Schutz. Er wendet sich gegen sich selbst? Ja, da entmündige man ihn und bringe ihn in eine Heilanstalt.

In diesem Jahrhunderte wird es als ein Zeichen des Fortschritts, der Humanität angesehen, daß man Irre, Geisteskranke nicht mehr, wie früher, in Strafanstalten steckt, sondern in Heilanstalten giebt, um sie zu heilen. Daß die Trunksucht eine Krankheit ist, m. H., wird kein Mensch bezweifeln. Also heile man den Kranken, aber strafe ihn nicht!

Ich glaube, wenn dieser Entwurf überhaupt ein vernünftiges Gesetz werden soll, richtig berathen werden soll, legt man ihn besser einem Congresse von Aerzten vor, vor den Deutschen Juristentag gehört das nicht.

Präsident Dr. **Struckmann** (Cöln): M. H., einer der Herren Vorredner hat die Frage, die wir verhandeln, eine sociale Frage genannt, und mit vollem Rechte. Ich weiß aber nicht, weshalb der Juristentag nicht auch mit socialen Fragen sich befassen soll, insofern sie das Rechtsgebiet, sei es nun das civilrechtliche oder das strafrechtliche, berühren. Der Juristentag hat in Stettin diese Frage bereits behandelt, und meines Erachtens mit gutem Erfolge in Bezug auf das civilrechtliche Gebiet; heute sind wir auf das strafrechtliche übergegangen, und ich hoffe, auch heute werden wir denselben Erfolg haben, trotz der sehr heftigen Angriffe, die von verschiedenen Rednern gegen die Vorschläge des Herrn Referenten erhoben worden sind.

Namentlich tritt immer wieder der Einwand hervor: es handle sich hier um eine Klassengesetzgebung. Allerdings ist der Gesetzentwurf hauptsächlich gegen den Alkoholismus gerichtet, und die Verhältnisse bringen es mit sich, daß die ärmeren Klassen vornehmlich diejenigen sein werden, die der Bestrafung unterliegen. Aber weshalb? Eben weil in den gebildeteren Klassen die Fälle, in welchen die Trunkenheit öffentlich Aergerniß erregt oder zu erregen geeignet ist, seltener vorkommen. Ich muß es dagegen bestimmt in Abrede stellen, daß unsere Polizei und gar unsere Richter derartig gestaltet sind, daß sie Mitglieder der wohlhabenden Klassen, wenn sie wirklich in Aergerniß erregender Weise öffentlich betrunken sind, frei ausgehen lassen würden, sobald eine derartige Strafbestimmung besteht.

Der verehrte Herr Geheimer Justizrath Götz hat durchaus nicht Recht, wenn er exemplificirt auf Vorfälle, die möglicher Weise morgen sich ereignen könnten; ich glaube, wir würden kein öffentliches Aergerniß erregen,

(Oho!)

wenn Einer oder der Andere vielleicht etwas angeheitert wäre; wenn er in einem Zustande totaler Trunkenheit sich befinden würde, würde es sich freilich möglicher Weise anders verhalten, — aber ich glaube, das ist nicht zu besorgen.

Ich muß also in Abrede stellen, daß, wenn wir ein solches Gesetz haben, die Polizei und die Gerichte lediglich die Aermeren herausgreifen, die Wohlhabenderen dagegen frei auslaufen lassen würden.

Unter dieser Voraussetzung aber kann doch im Ernste von einer Klassengesetzgebung nicht die Rede sein. Die Natur der Verhältnisse bringt es häufig mit sich, daß einzelne Klassen besonders von angedrohten Strafen getroffen werden; mehr oder weniger ist dies bei allen Vergehen der Fall: das Wuchergesetz trifft der Natur der Sache nach hauptsächlich Handels- und Geldleute, die Vergehen gegen das sogenannte Trucksystem kommen bei Gewerbetreibenden und Industriellen vor, das Betteln wird bestraft an den Aermeren, — und trotzdem wird man doch nicht das Wuchergesetz, die Strafbestimmungen gegen das Trucksystem, die Strafbestimmungen gegen Landstreicherei und Bettelei als Klassengesetzgebung aufgeben wollen. Ich glaube daher, dieses Reden von einer Klassengesetzgebung ist mehr oder weniger eine Phrase,

(Sehr richtig!)

hinter der andere Gründe sich verstecken, die man gegen das Gesetz hat.

Meines Erachtens thun wir eine große That, und der Juristentag handelt im Sinne einer großen Mehrheit der Einsichtigen unseres Volkes, wenn wir an unserem Theile dazu beitragen, dem Alkoholismus und der Branntweinpest, die jetzt von einer Reihe trefflicher Vereine auf's Entschiedenste bekämpft wird, zu steuern.

(Bravo!)

Wir werden damit, ich bin dessen sicher, bei einem großen Theile des Volkes nicht Anstoß erregen, sondern Beifall finden.

Die Presse hat sich ja allerdings gegenüber dem Gesetzentwurf, der dem Bundesrathe jetzt vorgelegt ist, vielfach absprechend geäußert, aber ein großer Theil der Presse auch zustimmend, und die absprechenden Aeußerungen richten sich zum großen Theile gegen andere Theile des Gesetzentwurfes, mit denen wir es gar nicht zu thun haben. Für uns handelt es sich ja nur um die Bestrafung der Trunkenheit, und ich ersuche Sie, in dieser Beziehung die Grundsätze als richtig anzuerkennen im Wesentlichen in Uebereinstimmung mit den meines Erachtens durchaus mäßig gehaltenen Anträgen des Herrn Referenten.

Rechtsanwalt **Kassel** (Schweidnitz): M. H., ich bin für jede Maßregel, die auf civilrechtlichem Wege im Stande ist, die Trunksucht zu bekämpfen, aber gegen Strafbarmachung der Trunkenheit bin ich entschieden. M. H., wir können eine Sucht beobachten, die ich mindestens für ebenso schlimm halte, wie die Trunksucht, das ist die Strafsucht, und dieser Sucht hat Niemand treffender Ausdruck gegeben, als der hochverehrte Herr Reichsgerichtsrath Loebell am gestrigen Tage. Wenn er gestern ausgeführt hat, daß durch unsere Zeit auf dem Gebiete der Strafrechtspflege ein Bestreben geht, neue Thatbestände zu construiren, auf die sich die Strafgesetzbuch-Paragraphen anwenden lassen, so hat er dieses Bestreben so treffend charakterisirt, daß es nicht nöthig ist, noch ein Wort hinzuzufügen. Aber zu derselben Zeit, wo ein Mitglied des höchsten Reichsgerichts diesen Nothschrei — möchte ich sagen — hier an so hervorragender Stelle thut, zu derselben Zeit sollen Sie ein neues Strafgesetz empfehlen, eine neue strafbare Handlung einführen; — und es soll doch nur das unter das Strafgesetz gestellt werden, was wirklich im allgemeinen Rechtsbewußtsein als strafbar sich charakterisirt! Hat denn unsere Nation eine solche Sehnsucht nach neuen Strafgesetzen? Machen wir nicht die Erfahrung, daß die Sehnsucht sich eher nach Aufhebung gewisser überflüssiger Gesetze und nach einer Aenderung der praktischen Handhabung der vorhandenen kundgiebt? Und nun wollen Sie plötzlich eine Handlung, die, wie gesagt, nach dem allgemeinen Rechtsbewußtsein nicht als strafbar erkannt wird, zu einer strafbaren machen?

Wenn dieses Gesetz Anklang findet, dann wird man in kurzer Zeit, meine ich, nicht mehr von den oberen Zehntausend, sondern von den unbestraften Zehntausend sprechen können,

(Heiterkeit.)

und wir sehen auch aus dem Gutachten, welches Herr Prof. Hiller erstattet hat, in welchem namentlich eine zahlenmäßige Zusammenstellung einer neunjährigen Erfahrung des Gesetzes in Galizien sich befindet, daß das Gesetz dort eigentlich gar keinen Erfolg gehabt hat, denn die Höhe der Bestrafungsziffer ändert sich fast gar nicht, selbst nach einer neunjährigen Wirkung, — abgesehen davon, daß auch die Bevölkerung zunimmt. — Ich meine, nach den Erfahrungen, die in dem Gutachten selbst zugegeben sind, ist die Strafbarmachung der Trunksucht an der Beseitigung derselben in erheblichem Maße nicht betheiligt, sondern es haben wesentlich andere Factoren gewirkt, so daß es auch hier bei uns nicht nöthig erscheint, einen solchen Versuch zu machen.

Es ist gestern vor der Einführung einer amerikanischen Pflanze gewarnt worden, und gerade zur Begründung dieses Antrages wird heut Bezug genommen auf die Gesetzgebung anderer Länder. Ja, m. H., warum kümmern wir uns denn heut um andere Länder, die manche Gesetze nicht haben, die wir haben, und deren Beseitigung wir so gern möchten? Warum sehen wir z. B. auf dem Gebiete des Preßrechtes nicht nach anderen Ländern, wo viel größere Freiheit herrscht, als bei uns? Da wird nicht exemplificirt; aber zur Einführung eines neuen Strafgesetzes, das wir bisher nicht haben, und das jedenfalls im Rechtsbewußtsein des Volkes nicht wurzelt, wird diese Exemplification gemacht. Ich meine, das ist keine genügende Begründung, und soviel hier auch dagegen gesprochen wird, es ist und bleibt ein Gesetz, welches nicht gleichmäßig gehandhabt werden kann allen Bevölkerungsclassen gegenüber. Ein solches Gesetz muß aber unbedingt Unzufriedenheit hervorrufen, und ein Gesetz, das Unzufriedenheit hervorruft, kann natürlich nur die Autorität desjenigen schädigen, der es erläßt. Wenn das, was vorgeschlagen ist, Gesetz wird, dann wird eigentlich der Spruch wieder aufleben können mit einer kleinen Variante: Die Kleinen hängt man, und die Großen läßt man — — — trinken!

(Bravo!)

Vicepräsident **Jaques**: Die Debatte ist geschlossen, da kein Redner mehr eingetragen ist.

Es sind noch zwei Antrage eingebracht worden.

Der Antrag Scherer lautet:

1. Kein Trunksuchtsgesetz.
2. Ein Specialgesetz, betreffend die Schankwirthschaften.
3. Die Entmündigungsfrage gehört in das bürgerliche Gesetzbuch.

Herr Dr. Fuld beantragt:

Der Juristentag beschließt:

Die Entscheidung wird dem nächsten Juristentage überlassen.

Der Herr Referent hat das Schlußwort.

Referent Senatspräsident Dr. **von Stößer** (Karlsruhe): M. H., nachdem ich Sie durch meinen ersten Vortrag etwas länger in Anspruch genommen, ich aber doch erfahren habe, daß meine Ausführungen bei Ihnen eine nachsichtige Beurtheilung gefunden, auch bei den Herren, welche mit meinen Sätzen sich nicht befreunden können, so will ich meinen Dank dadurch beweisen, daß ich ganz kurz sein werde. Nur halte ich mich verpflichtet, auf wenige Gesichtspunkte aufmerksam zu machen.

Von vornherein muß ich bemerken, daß wir es nur mit der Bestrafung der Trunkenheit zu thun haben. Es sollen also alle Vorschläge, welche in dem neuesten Gesetzentwurf bezüglich der Handhabung der Gewerbepolizei durch Abänderung des § 33 der Gewerbeordnung, insbesondere durch verschärfte Vorschriften gegen Wirthe u. dgl. enthalten sind, aus dem Bereiche unsrer Verhandlung heraus. Soviel ich bis jetzt gelesen, scheinen viele Bedenken hauptsächlich gegen die Vorschläge, welche unter I des bezeichneten Entwurfs gemacht werden, weniger gegen die Vorschläge erhoben zu werden, welche sich mit unserem heutigen Berathungsgegenstand befassen. Wenn nun geltend gemacht wird, es sei kein Bedürfniß vorhanden, und man gehe ohne Grund mit neuen die Freiheit beschränkenden Strafen vor, so liegt hierin ein vollständiges Verkennen der obwaltenden Thatsachen. Wenn wir uns vergegenwärtigen, wie durch die möglichst sicheren statistischen Nachweisungen und durch die täglichen Erfahrungen festgestellt ist, daß auch bei uns in Deutschland das unheilvolle Uebel, Trunksucht und Trunkenheit, mit all seinen verderblichen Folgen weit verbreitet ist, und wenn wir wissen, daß fast in allen gesittigten Ländern auch Strafbestimmungen, wie jetzt vorgeschlagen bezw. beabsichtigt, bestehen, nur nicht in Deutschland, und wenn anerkannt werden muß, daß auch in jenen Ländern, namentlich in Englad, in Frankreich. in Italien, in Norwegen, in Schweden, in der Schweiz, wo man die Freiheit im öffentlichen Leben wie im Hause hoch hält, solche für nothwendig erachtet worden sind, so kann ich es wahrlich nicht begreifen, daß man gleichwohl, wenn jetzt auch in Deutschland im Interesse des Einzelnen wie der öffentlichen Sitte und der öffentlichen Zucht ähnliche Gesetze vorbereitet werden, dies für eine Ueberflüssigkeit halten will; m. H., ich spreche ganz offen und frank! — ich glaube, man wird es nicht begreifen, wenn der Deutsche Juristentag heute erklärt: das ist doch überflüssig, das ist eine ungebührliche Beschränkung unsrer Freiheit.

(Sehr richtig!)

Wenn eine solche Anschauung durchdringen sollte, so befürchte ich zu meinem entschiedenen Bedauern die hieran sich knüpfende Meinung, daß bei uns in Deutschland, selbst in Kreisen, welche Werth auf Sitte und Anstand im öffentlichen Leben legen, eine allzu nachsichtige Beurtheilung über die bedenkliche Eigenschaft der Deutschen — die des zu viel Trinkens! — immer noch herrsche, eine Eigenschaft von Alters her, die wir zwar noch nicht verloren haben, aber doch mehr und mehr zu unserer Ehre und eigenem Wohle ablegen sollten.

Nach meiner Ueberzeugung liegt es im wohlverstandenen Interesse des Deutschen Juristentages, wenn er sich in dieser Sache nicht ablehnend verhält.

Gegenüber dem Einwand, als ob nur ein Klassengesetz geschaffen werde, muß ich wiederholt mit aller Entschiedenheit erklären, daß, könnte man dieser Befürchtung irgend wie mit Grund Raum geben, ich selbst die beabsichtigte Strafverfolgung der Trunkenheit nicht billigen könnte, daß ich aber bei richtiger, gewissenhafter Anwendung des Gesetzes, die bei ernstem Willen der Vollzugsorgane in der That erreicht werden kann, es nicht für möglich halte, daß Unterschiede zwischen Klein und Groß, zwischen Arm und Reich gemacht werden. Ich habe unbedingt Werth darauf gelegt, daß das Gesetz gegen Jedermann angewendet werden soll, welcher die öffentliche Sitte verletzt. Diese Verletzung steht in Verbindung mit der wichtigen Frage der Aergernißerregung, und erlaube ich mir hierwegen die Behauptung eines der Herren Vorredner, als ob der neueste Reichsgesetzentwurf verlange, es müsse durch die Trunkenheit Aergerniß gegeben worden sein, dahin zu berichtigen, daß inhaltlich der Begründung der Gesetzentwurf sich damit begnügt, daß der Zustand des Betrunkenen nach allgemeiner Anschauung über öffentliche Sitte geeignet sei, Aergerniß zu erregen. Der erstere Standpunkt würde, wie heute von verschiedenen Seiten betont worden, zu Ergebnissen führen, die nach dem gesunden Urtheil eines gesittigten Volkes in sich selbst öffentliches Aergerniß enthalten.

Nun wurde auch darauf hingewiesen, es sei von mir selbst eingeräumt worden, daß man sich nicht viel Wirkung von der Bestrafung der Trunkenheit versprechen dürfe. Allerdings, wenn es sich allein um dieses Kampfmittel handeln würde, so würde ich mir von einer Strafandrohung nicht viel versprechen. Indeß soll solche nur hinzutreten zu den übrigen von der bürgerlichen Gesellschaft und dem Staate unternommenen verschiedenen Kampfesmitteln, da diese anerkanntermaßen nicht ausreichen und statistisch nachgewiesen ist, daß da, wo die Trunkenheit auch bestraft wird, auch der übermäßige Genuß geistiger Getränke nachgelassen hat, und zugleich die Zahl der meist im Zustande der Trunkenheit verübten schweren Verbrechen und Vergehen — es handelt sich nicht bloß um kleine Polizeiübertretungen — entschieden sich mindert.

Auf einen Punkt erlaube ich mir noch aufmerksam zu machen. Herr Reichsgerichtsrath Loebell hat den Antrag gestellt, daß die Trunkenheit als solche immerhin noch strafbar bleiben soll, wenn jemand wegen mangelnder Zurechnungsfähigkeit freigesprochen worden ist. Damit bin ich einverstanden, und steht dies in Uebereinstimmung mit mehreren ausländischen Gesetzen, die theilweise so weit gehen, daß, wie Sie alle wissen, die Trunkenheit als solche einen Milderungsgrund nicht bietet und bei gewissen Verbrechen auch nicht als Strafausschließungsgrund betrachtet wird.

Unter diesen Verhältnissen kann ich nicht anders, als Sie innigst zu bitten, ernstlich in Erwägung zu ziehen, ob Sie sich nicht mit den beantragten Sätzen befreunden können. Ich hätte Ihnen noch vieles vorzutragen; allein im Interesse der Zeit und da ich hoffe, daß der eine oder andere doch eines Besseren überzeugt worden, verzichte ich auf das Weitere.

Vicepräsident **Jaques:** M. H., wir schreiten zur Abstimmung. Ich glaube, die Reihenfolge der Abstimmung ist vollkommen klar gegeben: Nachdem der Vertagungsantrag zurückgezogen ist, kommt zuerst vorbehaltlich Ihrer Zustimmung der Antrag des Herrn Rechtsanwalt Dr. Scherer zur Abstimmung, weil er am weitesten geht. Sodann der Antrag des Herrn Referenten in seinen einzelnen Positionen. Bei der Position 2 ist der Antrag des Herrn Dr. Bornhak gestellt, der dahin geht, daß der Passus:

> und geeignet ist, Aergerniß zu erregen oder die öffentliche Sicherheit und Ordnung zu gefährden,

wegbleiben möge. Ich beabsichtige, diese eventuelle Streichung vor der Position 2 zur Abstimmung zu bringen, damit wir dann ein reines Abstimmungsresultat über die These selbst bekommen. Zu 3 ist ein Zusatzantrag des Herrn Reichsgerichtsrath Loebell gestellt. Es kommt danach zuerst der Antrag des Herrn Referenten und dann dieser Zusatzantrag Loebell zur Abstimmung. Ueber 4 und 5 ist weiter nichts zu sagen, als daß ich daran erinnere, daß es unter 5c statt „Verbringung in ein Arbeitshaus“ „Unterbringung“ heißen muß. Sind Sie mit diesem Abstimmungsmodus einverstanden?

Rechtsanwalt Dr. **Edwin Katz** (Berlin): Zur Geschäftsordnung! Ich möchte bitten, über die einzelnen Theile des Antrags des Herrn Dr. Scherer getrennt abstimmen zu lassen. Es ist doch wohl wünschenswerth, klar und deutlich zum Ausdruck zu bringen, ob Sie zum Trunksuchtsgesetz eine günstige oder ungünstige Stellung einnehmen. So weit ich mich des Antrages Scherer erinnere, spricht er sich in Absatz 1 principiell aus. Es sind dann aber zwei andere Nummern hinzugefügt, die Vorschläge enthalten, über die heute so wenig in der Verhandlung gesprochen worden ist, daß eine Abstimmung vielleicht nicht angezeigt ist, oder daß es mindestens vorbehalten bleiben muß, dagegen zu stimmen. Aber der erste Absatz des Antrages Scherer ist principiell, so daß ich mir erlaube, vorzuschlagen, ihn getrennt zur Abstimmung zu bringen.

Dann möchte ich mir erlauben, darauf hinzuweisen, daß Herr Geheimer Justizrath Götz, soviel ich verstanden habe, einen principiellen Antrag gestellt hat, zu sagen, daß ein Strafgesetz gegen Trunkenheit nicht empfohlen werden kann. Es war gestern seitens des Herrn Stenglein in meines Erachtens ausgezeichneter Weise vorgeschlagen worden, positive Anschauungen dadurch herbeizuführen, daß zuerst der Antrag entschieden wird: Sind wir für das Gesetz oder nicht. Wenn diese Frage entschieden ist, kann nachher über die Einzelheiten abgestimmt werden.

Vicepräsident Dr. **Jaques:** Ich erlaube mir darauf Folgendes zu bemerken. Der Antrag Scherer: „Kein Trunkenheitsgesetz!" stimmt wohl überein mit der ersten Position des Antrags des Herrn Referenten, welche lautet: „Die Trunksucht als solche ist nicht strafbar". Es ist aber der Antrag gestellt worden, den Antrag Scherer in seinen einzelnen Theilen zur Abstimmung zu bringen. Dagegen ist kein Bedenken zu erheben.

Regierungsrath Prof. Dr. **Hiller** (Czernowitz): Ich bitte, die Frage zu eruiren, ob mit dem Antrag „Kein Trunkenheitsgesetz!" dasselbe gemeint ist, wie Absatz 1 des Antrags des Herrn Referenten.

(Rufe: Nein!)

Vicepräsident: Es ist ja schon ausgesprochen, daß über jede Position des Antrags Scherer speciell abgestimmt wird.

Referent Senatspräsident Dr. **von Stößer** (Karlsruhe): Zur Geschäftsordnung! Diejenigen Herren, welche mit meinen Sätzen einverstanden sind, können unbedenklich gegen die weiteren Vorschläge stimmen. Ich glaube, wir müssen unterscheiden zwischen Trunksucht und Trunkenheit.

(Zustimmung.)

Der Antrag Götz und Scherer geht dahin, zu sagen, es liegt kein Grund vor, die Trunkenheit zu bestrafen. Wird dieser Antrag angenommen, so fallen alle weiteren Anträge; wird er aber abgelehnt, so kommen die anderen an die Reihe.

Rechtsanwalt Dr. **Edwin Katz** (Berlin): Es muß das klar gestellt werden: Der Ausdruck „Kein Trunkenheitsgesetz" ist zu kurz. Das, was der Herr College Scherer gewollt hat, ist: „Keine Bestrafung der Trunkenheit".

(Widerspruch.)

Vicepräsident: Ich kann nach Schluß der Debatte unmöglich noch Abänderungen zulassen. Ich bin an diejenigen Anträge gebunden, welche hier eingebracht sind.

(Zustimmung.)

Ich bitte diejenigen Herren nun, welche mit dem Absatz 1 des Antrages Scherer, welcher dahin geht:

„Kein Trunkenheitsgesetz!"

einverstanden sind, sich zu erheben.

(Geschieht.)

Wir bitten um die Gegenprobe.

(Geschieht. — Rufe: Auszählen!)

Reichsgerichtsrath **Stenglein:** Mir scheint die Abstimmung zweifelhaft zu sein, daß es nothwendig ist, sie abzuzählen.

Vicepräsident: Wir müssen abzählen.

(Die Auszählung erfolgt.)

Die erste Position des Antrags Scherer ist mit 97 gegen 86 Stimmen angenommen.

(Bravo!)

Es kommen nun die übrigen Theile des Antrags des Herrn Dr. Scherer zur Abstimmung.

(Werden zurückgezogen.)

Der Herr Antragsteller hat die weiteren Theile seines Antrags zurückgezogen. Die übrigen Anträge sind durch diese Abstimmung erledigt.

Rechtsanwalt Dr. **Fuld** (Mainz): Ich stelle den Antrag, diese Frage dem Plenum zur Berathung zu überweisen, weil die Frage zu wichtig ist, als daß man sie mit zehn Stimmen Mehrheit ein- für allemal entscheiden kann.

Vicepräsident: Es ist der Antrag gestellt, der nach den Statuten berechtigt ist, daß der Gegenstand morgen nicht bloß zur Kenntnißnahme, sondern zur Berathung an das Plenum gebracht werden soll. Wer dafür ist, den bitte ich, die Hand zu erheben.

(Geschieht.)

Das ist mit großer Majorität angenommen.

Ich glaube es als nicht zweifelhaft ansehen zu können, daß wir unseren Herrn Referenten bitten, im Plenum auch als Referent zu fungiren.

(Zustimmung.)

Damit ist dieser Gegenstand erledigt. Ich glaube, daß wir jetzt eine halbstündige Pause eintreten lassen müssen.

(Pause.)

Präsident Dr. **von Stößer** (Karlsruhe): Geehrte Herren, bevor wir in der Tagesordnung weitergehen, erlaube ich mir, Sie an die Wahl der Vertrauensmänner zu erinnern. Nach Rücksprache mit mehreren anderen Herren hatte ich mir am Anfang der Sitzung erlaubt, folgende neun Herren vorzuschlagen: Fuld, Hamm, Hiller, Jaques, Loebell, Merkel, Rubo, Seuffert, Stenglein, mit dem Anfügen, daß, wenn Widerspruch bis zum Schluß der ersten Verhandlung nicht erfolgt, diese Liste als angenommen betrachtet wird. Inzwischen ist ein Widerspruch nicht eingegangen. Ich darf also annehmen, daß die genannten neun Herren außer dem Vorsitzenden als Vertrauensmänner der Abtheilung bezeichnet sind.

(Zustimmung.)

Ich habe anzuzeigen, daß an den Vorstand von einem Herrn in Sachsen ein ausführlich ausgearbeiteter Gesetzentwurf über das Verfahren wegen Entmündigung der Geisteskranken eingereicht worden ist. Ich habe es übernommen, diese Sache hier zur Sprache zu bringen. Dieser Gegenstand steht nicht auf unserer Tagesordnung, und ich möchte deshalb vorschlagen, ihn der ständigen Commission zur weiteren geschäftsmäßigen Behandlung zu übergeben.

(Zustimmung.)

Wir gehen in unserer Tagesordnung weiter. Wir haben uns noch mit Frage 13 über das Verhältniß zwischen Geld- und Freiheitsstrafen und mit Frage 14 über die Rechtspflege in den Schutzgebieten zu beschäftigen. Da wir aber bereits in der Zeit bis 1 Uhr vorgeschritten sind, und es zweifelhaft ist, ob wir mit der Frage, welche uns voraussichtlich am längsten beschäftigen wird, die Geld- und Freiheitsstrafen betreffend, fertig würden, dürfte es vorzuziehen sein, heute Vormittag nur noch die kleinere Sache zu erledigen; wollen Sie die erstere Frage in einer Sitzung heute Nachmittag noch behandeln, oder diese Angelegenheit dem nächsten Juristentag überweisen?

Amtsrichter Dr. **Aschrott** (Berlin): Zur Geschäftsordnung! Ich habe eigentlich ein persönliches Interesse, daß die Sache diesmal zur

Verhandlung kommt, insbesondere um Herrn Reichsgerichtsrath Stenglein auf einzelne Ausführungen, die er gestern gegen die Beschlüsse über die Geldstrafe auf dem Internationalen criminalistischen Congreß in Christiania gemacht hat, antworten zu können. Ich glaube aber, daß dieses persönliche Interesse einem sachlichen Interesse weichen soll. Das sachliche Interesse besteht darin, daß die Frage der Geldstrafen, die eine so außerordentlich wichtige ist, gründlich und nach allen Richtungen hin erörtert werden muß,

(Sehr wahr!)

und ich glaube, daß eine solche Erörterung bei der vorgerückten Zeit in einer Nachmittagssitzung kaum mehr möglich sein wird. Dazu kommt noch als ein äußeres Moment, daß die Verhandlungen in Christiania, die sehr gründlich geführt worden sind und einen Zeitraum von etwa zehn Stunden in Anspruch genommen haben, noch nicht im Druck erschienen sind, sondern nur vorerst in höchst spärlichen Auszügen in der Tagespresse vorliegen, die vielfach nicht einmal richtig sind. Es wäre aber wünschenswerth, daß diese Berathungen dem Juristentag vollständig bekannt sind, damit er sie seinen Verhandlungen zu Grunde legen kann. Ich möchte deshalb bitten, diese Frage von der diesmaligen Tagesordnung abzusetzen, zugleich aber sie als erste Frage auf die Tagesordnung des nächsten Juristentages zu setzen.

Hof- und Gerichtsadvocat Dr. **Jaques** (Wien): Es ist gewiß für Niemand schmerzlicher, als für den Berichterstatter, wenn ein Gegenstand, dem er lange Arbeit gewidmet hat, nicht zur Verhandlung kommt. Dessen ungeachtet kann ich mich der Aeußerung des Herrn Vorredners nur unbedingt anschließen; es würde dem Juristentag nicht anstehen, in einer Frage von solcher Tragweite, wie die der Geldstrafe, einen überhasteten Beschluß zu fassen, einen Beschluß, welcher nicht mit der Ruhe und Gründlichkeit erwogen werden kann, wie es im Interesse der Sache und der Würde des Juristentages dringend nothwendig ist. Wir haben es gestern an der bedingten Verurtheilung, einer Frage, welcher kaum eine größere Wichtigkeit zukommt, gesehen, daß sie die ganze Zeit in Anspruch genommen hat. Heute, da die Versammlung schon ermüdet ist, so zu sagen in letzter Stunde, diesen Gegenstand erörtern, das würde fast soviel heißen, als die Sache compromittiren. Ich halte es für das einzig Entsprechende, daß die Frage auf die Tagesordnung des nächsten Juristentages gesetzt wird.

Präsident: Ich bitte diejenigen Herren, welche damit einverstanden sind, daß die Frage der Geldstrafe von der diesmaligen Tagesordnung abgesetzt und zur Verhandlung auf dem nächsten Deutschen Juristentage bestimmt werde, sich zu erheben.

(Geschieht.)

Das ist, glaube ich, einstimmig angenommen.

Wir kommen zur letzten Frage:

Wie ist die Rechtspflege in den Schutzgebieten zu ordnen:

a) für die Europäer?

b) für die Eingeborenen?

Referenten sind die Herren Oberstaatsanwalt Hamm und Dr. Preuß. Letzterer wird die Güte haben, Bericht zu erstatten. Ich bemerke, die Anträge der Herren Referenten sind heute Morgen ausgetheilt worden, und es liegt noch ein Antrag des Herrn Dr. Bornhak vor, der gleichfalls unter Sie vertheilt worden ist.

Referent Privatdocent Dr. **Preuß** (Berlin): Meine sehr geehrten Herren, die alte Feindin Vortragender, die vorgerückte Zeit, ist ausnahmsweise heute unsere Bundesgenossin geworden. Ihr verdanken wir es, daß wir überhaupt nur zum Worte kommen. Daß wir aber über dieses Glück nicht übermüthig werden, dafür haben die Verhandlungen, die eben vorangegangen sind, gesorgt. Wir kommen nur deshalb daran, weil die ermüdete Stimmung der hohen Versammlung für unseren Gegenstand ausreicht, für einen wichtigeren aber nicht. Nun, m. H., wir müssen zufrieden sein, daß wir überhaupt daran kommen, und ich hoffe, daß diese Begründung in den Kreisen unserer mehr oder weniger schwarzen Brüder in den Schutzgebieten, die natürlich mit Zuversicht und Hoffnung auf die Verhandlungen des 21. deutschen Juristentages sehen, keine Verstimmung erregen wird.

(Heiterkeit.)

Diese Resignation, m. H., ist ja für die Behandlung unseres Themas überhaupt von vornherein geboten. Von hervorragender und besonders sachkundiger Stelle sind mir bei einer Correspondenz über diesen Gegenstand die sehr treffenden Worte geschrieben worden: „Die Justiz ist für die Colonialpolitik das Dessert für einen Hungrigen. Erst müssen wir Fleisch haben, und daran fehlt es uns leider nur zu oft."

Aus dieser Erwägung, m. H., erklärt es sich, daß wir dieser Frage gegenüber eine gewisse Zurückhaltung bewahren müssen, und nicht auf alle Wünsche, die an sich wohl berechtigt wären, eingehen können. Was uns daran hindert, ist sogar nicht einmal in erster Linie die Geldfrage, die dabei in politischen Debatten sehr oft herangezogen wird. Eine Rechtspflege, so ausgebildet und reich ausgestattet, wie wir sie uns nur wünschen könnten, kostet z. B. in den englischen Colonieen Sierra Leone und Lagos je ca. 48 000 Mk. jährlich, für die Goldküste ca. 73 600 Mk.; in der französischen Colonie Senegal — ich nehme also solche, die den unsrigen möglichst nahe stehen — werden für Justiz und Cultus ca. 98 700 fr., d. h. 77 400 Mk. jährlich ausgegeben. Es ist also die Geldfrage nicht so von Erheblichkeit. Diese Ausgaben wären nicht schlimm, wenn sie sich auch summiren. Was aber einer weiteren Ausbreitung dieser Rechtspflege als wesentlich triftigeres Bedenken entgegensteht, das ist die geringe Actionsfähigkeit unserer Gerichte in den Schutzgebieten. Mir wurde darüber in der Colonialabtheilung des Auswärtigen Amtes gesagt, daß es in vielen unserer Schutzgebiete schwierig, überaus schwierig sei, die nothwendigen zwei oder vier unparteiischen Beisitzer für eine Sache zusammenzubringen; es müßten deshalb Processe vertagt werden, weil bei der dünnen Bevölkerung und der geringen Anzahl vertrauenswerther Leute die betreffende Anzahl der Beisitzer nicht aufzubringen sei. Dem entspricht auch die äußerst dürftige Thätigkeit, welche die Gerichte in den Schutzgebieten bisher entfaltet haben. Das Deutsche Colonialblatt hat in seinem zweiten Jahrgange Nr. 8 und 11 vom 15. April und 1. Juni d. J. eine Uebersicht der gerichtlichen Geschäfte in den Schutzgebietsbezirken der Marschall-Inseln, Neu-Guinea, Kamerun und Togo gebracht, die ich mir erlauben werde, in etwas zusammengezogener Fassung mitzutheilen. Danach sind während des Jahres 1890 an gerichtlichen Geschäften erledigt worden: Civilprocesse u. dergl. auf den Marschall-Inseln 5, in Neu-Guinea 7, Kamerun 2, Togo gar keine; Arreste, Zwangsvollstreckungen, einstweilige Verfügungen u. dergl. mehr: auf den Marschall-Inseln 5, in Neu-Guinea 5, Kamerun 1, Togo gar keine; Strafsachen: Marschall-Inseln 9 Strafbefehle und 4 Hauptverhandlungen, Neu-Guinea 6 Strafsachen, Kamerun 7, Togo 2. Dann kommen Acte der freiwilligen Gerichtsbarkeit; diese sind erheblich bedeutender: auf den Marschall-Inseln 207, in Neu-Guinea 46, Kamerun 152 und Togo 26. Sachen zweiter Instanz kamen überhaupt nur je eine Civil- und eine Strafsache in diesen vier Schutzgebieten vor, und zwar in Neu-Guinea. Sie sehen also, m. H., lediglich die freiwillige Gerichtsbarkeit ist von einiger Bedeutung bisher, und zwar ist das zurückzuführen hauptsächlich auf die Einführung des Grundbuchs in einigen Schutzgebieten und auf Testamentssachen. Ich werde am Schlusse auf einen Umstand insbesondere aus unseren ostafrikanischen Schutzgebieten hinzuweisen haben, der die geringe Thätigkeit der Gerichte in ihrer jetzigen Gestalt erklärt, und auf eine Maßregel, die Abhilfe schaffen kann.

Jedenfalls ist es bei dieser Lage der Verhältnisse natürlich, daß von den beiden Gutachten, die dem Juristentag in dieser Frage vorliegen, von Herrn Professor Freiherrn von Stengel und von Herrn Professor Georg Meyer, das letztere, durch welches ein Zug sanfter Resignation und Melancholie geht, in weiteren Kreisen mehr Anklang gefunden hat. Das Material im Einzelnen für diese Frage ist besonders in dem Stengel'schen Gutachten in so ausgezeichneter Weise gegeben, daß mir hier zu thun fast nichts mehr übrig bleibt, und ich mich im Wesentlichen auf das Material, welches im Stengel'schen Gutachten beigebracht ist, beziehen kann.

Ich gestatte mir hier zunächst nur drei Punkte hervorzuheben, in welchen die beiden Gutachten der Herren Professoren von Stengel und Meyer differiren, und in aller Kürze meinen Standpunkt dazu zu bezeichnen.

Der erste dieser Punkte wäre die Frage: Ist in das Schutzgebietsgesetz eine Bestimmung einzufügen, durch welche die Revision von dem Colonial- oder Consulargericht zweiter Instanz an das Reichsgericht wieder zugelassen wird? Ich will hierfür aus dem Material nur bemerken, daß dieser Zustand früher bestanden hat, nach der letzten Novelle zum Schutzgebietsgesetz aber beseitigt ist; und daß nunmehr ein Colonial- resp. ein Consulargericht als zweite und letzte Instanz fungirt. Ich möchte diese Frage nach der Wiederherstellung des früheren Zustandes im Anschluß an das Gutachten des Herrn Prof. Meyer verneinen. Herr Prof. von Stengel führt in seinem Gutachten aus, daß eigentlich nur durch einen Irrthum oder durch eine Nachlässigkeit die Revision an das Reichsgericht fortgefallen sei. Man habe nicht daran gedacht, daß durch Einführung des zweitinstanzlichen Gerichtshofes nun nicht nur die Berufung, sondern auch die Revision an das Reichsgericht abgeschnitten ist. Dem gegenüber sagt Meyer mit Recht:

> Die in dem von Stengel'schen Gutachten ausgesprochene Ansicht, man habe bei dem Erlaß des Schutzgebietsgesetzes nicht daran gedacht, die Frage der Revision zu regeln, weil es sich damals vorerst nur darum handelte, die Grundlagen der Rechtspflege zu legen, ist irrthümlich. Man hat mit vollem Bewußtsein und durchaus absichtlich eine Revision an das Reichsgericht nicht zugelassen.

Ich kann gleichfalls den Dolus, möchte ich sagen, der Regierung in dieser Beziehung bestätigen. Denn man hat mir auf meine Anfrage im Auswärtigen Amt gesagt: „Gott bewahre, wir haben das nicht versehen, sondern ganz geflissentlich gewollt; und wir würden einer Wiedereinführung der Revision an das Reichsgericht entschieden widerstreben.

M. H., ich kann mich keineswegs den Bedenken, die Herr Prof. von Stengel in seinem Gutachten gegen die Abschneidung der Revision an das Reichsgericht anführt, verschließen. Es ist durchaus anzuerkennen, einmal, daß ein gewisser Rechtszusammenhang zwischen Mutterland und Colonie mit der Revision an das Reichsgericht aufgehoben wird. Es ist ferner richtig, daß nach Lage der Verhältnisse das zweitinstanzliche Schutzgebiets- oder Consulargericht keinesfalls die Garantieen bietet, die das deutsche Reichsgericht bieten würde. Diese Erwägungen sind durchaus richtig und unbestreitbar; aber ich glaube, daß sie durch eine Erwägung geschlagen werden, die in dem Meyer'schen Gutachten hervortritt, durch die Forderung schneller Rechtspflege, die in den Schutzgebieten noch wichtiger ist, als im Mutterlande. Meyer führt an, daß in den zwei Jahren, während welcher eine Berufung resp. Revision an das Reichsgericht aus den Schutzgebieten zulässig war, ein einziger Fall an das Reichsgericht gekommen ist, eine Strafsache wegen Mißhandlung eines Kuli, ich glaube in Neu-Guinea, und daß dieser Proceß über 1½ Jahr gedauert hat in Folge der Revision an das Reichsgericht. Ich glaube, m. H., daß diese Erwägung gerade für die Verhältnisse der Schutzgebiete überwiegt, und daß die Schnelligkeit der Rechtspflege so maßgebend ist, daß wir von der Wiedereinführung der Revision an das Reichsgericht absehen könnten. Ich will gleich für die Debatte bemerken, daß dieser Punkt, da ich für die Aufrechterhaltung des jetzt bestehenden Zustandes eintrete, in der Resolution, die ich mir erlaube, den Herren vorzulegen, mit Stillschweigen übergangen ist.

Der zweite Punkt, der hier zunächst zu erörtern ist, betrifft die Frage: Ist die kaiserliche Verordnungsgewalt behufs eventueller Abänderung des bürgerlichen Rechts für die Schutzgebiete zu erweitern? Diese Frage bejaht Herr Prof. von Stengel in seinem Gutachten, indem er mit vollkommenem Recht darauf hinweist, daß die mannigfachen Reichsgesetze, das preußische Landrecht 2c., die nach dem Schutzgebietsgesetze in den Schutzgebieten gelten, nothwendig der Anpassung an die Verhältnisse in den Schutzgebieten bedürfen und bedürfen werden; ja, man kann, wie wir gleich sehen werden, noch weiter gehen, als Stengel thut, und der Ansicht sein, daß diese Nothwendigkeit in gewisser Beziehung auch für das Strafrecht vorliegt. Aber die Frage ist nur, wenn man auch die Nothwendigkeit der Anpassung unserer Gesetze an die Verhältnisse in den Schutzgebieten anerkennt, ob diese Anpassung nothwendig im Wege kaiserlicher Verordnung geschehen muß, oder ob sie nicht auch unmittelbar durch die Reichsgesetzgebung geschehen kann. Es läßt sich darüber in der That, wie in dem Meyer'schen Gutachten mit vollem

Recht ausgeführt wird, a priori und principiell nichts sagen. Das hängt von der Natur der gesetzlich zu ordnenden Materien ab; darin ist Meyer durchaus beizupflichten. Man kann im Allgemeinen über diese Frage weiter nichts sagen, als: soweit es sich um eine bleibende Abänderung des materiellen Rechts für die Schutzgebiete, um dauernde Rechtsinstitutionen handelt, würde sich der Weg der unmittelbaren Reichsgesetzgebung empfehlen; soweit es sich nur um Versuche oder Uebergangsmaßregeln handelt, würde es empfehlenswerth sein, daß für dieses Gebiet die Verordnungsgewalt des Kaisers von Fall zu Fall erweitert wird, um Gelegenheit zu geben, im Wege der Verordnung diese Experimente anzustellen. Jedenfalls ist die Initiative im Wesentlichen der Reichsregierung zu überlassen, die nach ihrer Erfahrung, nach den Berichten ihrer Beamten wissen muß, wann und in welchen Fällen weiter vorzugehen ist. Auch ist dem Meyer'schen Gutachten im Allgemeinen wohl darin beizutreten, daß sich ein bestimmtes, in Einzelheiten eingehendes gesetzgeberisches Programm für die künftige Gestaltung in den Schutzgebieten nicht wohl aufstellen läßt. Ich möchte von dieser principiellen Feststellung oder negativen Aussprache nur eine Ausnahme machen, auf die ich gleich nachher eingehen werde, und nur einen Punkt hervorheben, wo eine bestimmte Anregung nach reichen Erfahrungen und ausführlichen Berichten Sachverständiger, die mir zugänglich waren, schon jetzt gegeben werden kann; eine Anregung, die wohl Aufgabe des Juristentages sein dürfte. Darauf soll sofort eingegangen und nur noch vorher der dritte Differenzpunkt hervorgehoben werden, nämlich die Frage: Ist es nothwendig, die Rechtsgewohnheiten der Eingeborenen in den einzelnen Schutzgebieten officiell festzustellen, und ist zunächst die Gerichtsbarkeit über sie möglichst ihren eigenen Obrigkeiten zu überlassen?

M. H., auch für die Bejahung dieser Frage bringt Stengel in seinem Gutachten durchaus beherzigenswerthe Gründe bei; und man wird principiell die Tendenz von Stengel in dieser Richtung vollständig billigen müssen. Gewiß ist es sehr nothwendig, daß wir die Rechtsgewohnheiten der Eingeborenen kennen lernen; und es ist durchaus empfehlenswerth, soweit thunlich, die Gerichtsbarkeit über sie ihren eigenen Obrigkeiten zu überlassen. Aber auch hier wird man auf der anderen Seite wieder dem Meyer'schen Gutachten beitreten, indem man anerkennen muß, daß die Schwierigkeit der Aufzeichnung der Eingeborenenrechte nicht unterschätzt und der Nutzen einer solchen Aufzeichnung für die Judicatur auf der anderen Seite nicht überschätzt werden darf; sowie ferner, daß nicht überall eigene Obrigkeiten der Eingeborenen vorhanden sind, denen die Gerichtsbarkeit über sie überlassen werden könnte; und endlich, daß, falls Eingeborene direct die Judicatur deutscher Gerichte verlangen, wie das auch vorgekommen ist, es seine Schwierigkeiten hat, dieselbe zu versagen. Im Allgemeinen wird man daher auch hier die künftige Ausgestaltung und alles Nähere von der kaiserlichen Verordnungsgewalt erwarten dürfen, der diese Materie ja gesetzlich untersteht. Nur in einem Punkt scheint mir auch hier eine besondere Erwähnung nöthig, und dieser eine Punkt ist mit dem Vorbehalt identisch, den ich vorhin schon gemacht habe. Dieser eine auszunehmende Punkt verhindert mich auch, einfach mich der Resolution anzuschließen, welche Herr Prof. Meyer am Schlusse seines Gutachtens vorschlägt.

Dieser Vorbehalt, den ich machen möchte, bezieht sich zwar nicht principiell auf alle Schutzgebiete. Es wäre bei den durchaus verschiedenen Verhältnissen der einzelnen Schutzgebiete ungeheuer schwierig, solche generellen Sätze aufzustellen. Aber er bezieht sich auf das wichtigste, relativ aussichtsreichste und eigenartigste dieser Schutzgebiete, auf Deutsch-Ostafrika. Die Fragestellung, wie sie uns vorliegt: „Wie ist die Rechtspflege in den Schutzgebieten zu ordnen: a) für die Europäer, b) für die Eingeborenen?“ geht von der Idee aus, daß es eine dritte Kategorie von Menschen nicht geben kann, daß alle Menschen, um die es sich in den Schutzgebieten handelt, entweder Europäer oder Eingeborene sind. Nun mag das im Allgemeinen für die sonstigen Schutzgebiete zutreffen, es mögen da außer den beiden Kategorieen von Angehörigen europäischer Staaten und von den auf niedriger Culturstufe stehenden Eingeborenen keine erheblichen Bevölkerungselemente in Betracht kommen. In Ostafrika ist die Sache aber durchaus anders. Dort giebt es Gruppen der Bevölkerung, gerade für den Rechtsverkehr die wichtigsten, noch wichtiger als die Europäer und die Eingeborenen, welche weder Eingeborene noch Europäer sind; das ist das arabische und indische Element in Ostafrika. In den Händen der Inder und Araber liegt gerade in Ostafrika fast der ganze locale und theilweise auch der externe Handelsverkehr. Das wirthschaftliche Gedeihen der ostafrikanischen Colonie hängt in erster Linie davon ab, wie sich diese Klassen der Bevölkerung in die neuen Verhältnisse einleben. Ihr Rechtsverhältuiß ist, wie gesagt, praktisch von größerer Wichtigkeit, als das der wenigen Europäer, und hier, m. H., liegt nicht der Gegensatz so einfach, daß man nur entweder von Angehörigen europäischer Nationen zu sprechen brauchte, die ohne Schwierigkeit den deutschen Gesetzen, dem deutschen Gericht unterworfen werden können, oder auf der anderen Seite von Eingeborenen, denen man ihre Autonomie in gewissem Grade lassen kann; sondern zwischen diesen beiden Kategorieen steht hier das indisch-arabische Bevölkerungselement, bei dem weder das eine noch das andere der Natur der Sache nach möglich ist. Ferner müssen wir berücksichtigen, m. H., daß gerade diese beiden Elemente durch die neue Ordnung der Dinge, durch die deutsche Herrschaft über Ostafrika in ihrer Rechtslage beeinträchtigt worden sind. Der Araber an der ostafrikanischen Küste hat mit seinem Staat sein Recht verloren; und der Indier unterstand bisher dem englischen Consulargericht in Zanzibar, von dem er nach anglo-indischem Rechte beurtheilt wurde. Ich habe in Erfahrung gebracht, daß bei den Verhandlungen mit England über das deutsch-englische Abkommen im vorigen Jahre England zuerst annahm, daß es bei jenem Gerichtsstand der Indier sein Bewenden haben würde, daß die anglo-indischen Unterthanen auf dem ostafrikanischen Continent nach wie vor dem engischen Consulargericht in Zanzibar unterstehen würden. Das wurde von unserer Seite entschieden abgelehnt mit Berufung auf das Territorialitätsprincip, das in unseren Colonieen zum Durchbruch kommen soll. Um so nothwendiger ist aber in unserem eigensten Interesse eine billige Rücksicht auf die Rechtslage dieser Kategorie. Die kaiserliche Verordnung betreffend die Rechtsverhältnisse in Deutsch-Ostafrika vom 1. Januar 1891 bestimmt in § 2:

> „Der Gerichtsbarkeit (scil. der Schutzgebietsgerichte) unterliegen alle Personen, welche in dem Schutzgebiet wohnen oder sich aufhalten, oder bezüglich deren, hiervon abgesehen, cin Gerichtsstand innerhalb des Schutzgebietes nach den zur Geltung kommenden Gesetzen begründet ist; die Eingeborenen jedoch nur, insoweit sie nach der bisherigen Uebung der Gerichtsbarkeit des Reichskommissars unterstellt waren."

Also Sie sehen, von der einen Ausnahme der Eingeborenen abgesehen, führt § 2 das Territorialitätsprincip für Ostafrika in vollem Umfange durch. Der § 3 giebt dann dem Gouverneur das Recht, den nicht so einfachen Begriff des „Eingeborenen" authentisch zu interpretiren, und diese Eingeborenen ganz oder theilweise von der deutschen Gerichtsbarkeit auszuschließen. Eine solche authentische Interpretation des Begriffes „Eingeborener" hat der Gouverneur bisher noch nicht erlassen. Jedenfalls ist nach dieser kaiserlichen Verordnung für die Behörden nur die Wahl gegeben, die dort vorhandenen Bevölkerungselemente entweder als Europäer oder als Eingeborene zu betrachten, und gerade diese Alternative ist unzulänglich für diese beiden wichtigsten Bevölkerungselemente. Denn die Indier können keineswegs als Eingeborene betrachtet werden, sie sind englische Unterthanen und würden dadurch eine bedeutende capitis deminutio erleiden. Aber auch bezüglich der Araber ist die Sache nicht so einfach. Die meisten von ihnen stammen entweder aus Zanzibar oder Arabien, besonders ein großer Theil von ihnen aus Maskat, und durch zahlreiche Abstufungen geht es von dem arabischen Element zu den höher cultivirten Classen der Neger über, die durch mannigfache Vermischung wie durch den Islam mit ihnen verbunden sind. Andererseits ist es nicht möglich, auf die nicht eingeborenen Araber ohne Weiteres die deutschen Reichsgesetze und das preußische Landrecht 2c. anzuwenden. Vor allen Dingen zeigt sich diese Unmöglichkeit auf dem Gebiete des Strafrechts, des Familien- und Erbrechts. Man braucht nur auf die dort einmal berechtigten Eigenthümlichkeiten des Familienlebens hinzuweisen. Ebenso ist es sehr begreiflich, daß eine rein deusche Gerichtsbarkeit oder doch ausschließlich mit Europäern besetzte Gerichte hier sich das Vertrauen dieser Kreise unmöglich erwerben können, wie das in der Natur der Sache liegt. Das bisher angewendete Verfahren, wonach der deutsche Richter in solchen Fällen den Wali, den muhamedanischen Richter, gewissermaßen als Sachverständigen zuzieht, ist nach dem Urtheil praktischer Colonialpolitiker unzureichend und vollständig unanwendbar auf die Anglo-Indier. Hier empfiehlt es sich entschieden, dem Muster der französischen Colonie Senegal nachzuahmen, die für das muhamedanische Element zunächst bei den französischen Gerichten einen assesseur Musulman kennt, und außerdem noch muhamedanische Gerichte selbst. Gerade bei den Muhamedanern ist die Einwirkung des religiösen Elements auf das wirthschaftliche Leben und auf das Rechtsleben nicht hoch genug anzuschlagen. Insofern ist das, was Stengel in seinem Gutachten sagt: „Es besteht auch für die Colonialregierung aller Anlaß, die religiösen Gefühle der Muhamedaner möglichst zu schonen, und ihnen ihre Gesetze und ihre eigene Gerichtsbarkeit, soweit thunlich, zu belassen", vollkommen anzuerkennen. Was in dieser Allgemeinheit für alle Colonien gesagt ist, möchte ich in erster Linie auf Ostafrika anwenden und zwar hier mit specieller Berücksichtigung des anglo-indischen Elements.

Nun, m. H., die Details in diesem Vorgehen kann der Juristentag unmöglich bewältigen. Das Detail ist nicht Sache desselben, wohl aber ist es seine Sache, anregend zu wirken. Daher habe ich mir erlaubt, eine Resolution vorzuschlagen, welche diese Aufgabe, die Gesetzgebung nach einer ganz bestimmten Richtung hin anzuregen übernimmt, und eine gewisse Vermittelung zwischen dem Stengel'schen und Meyer'schen Gutachten darstellt, indem ich Sie bitte, folgendes anzunehmen:

> Für die Ordnung der Rechtspflege in den Schutzgebieten ist die jetzige Grundlage zunächst beizubehalten, unbeschadet ihrer Weiterbildung nach Maßgabe des durch die praktische Erfahrung sich ergebenden Bedürfnisses. Hierbei ist in erster Linie die

Rechtslage der Indier und Araber in Deutsch-Ostafrika zu berücksichtigen, und zwar sowohl durch Heranziehung dieser Bevölkerungselemente zur Gerichtsorganisation, als auch durch sachgemäß begrenzte Anwendung ihres materiellen Rechts.

Ich möchte nur noch bemerken, daß ich mich dem Antrage des Herrn Mitreferenten Oberstaatsanwalt Hamm,[1]) anschließe. Was den des Herrn Dr. Bornhak[2]) betrifft, so glaube ich, daß die erste Nummer ziemlich mit meiner Resolution zusammenfällt, nur daß der Begriff „Muhamedaner" mir nicht recht klappend erscheint, da derselbe die Indier, welche zum Theil nicht Muhamedaner sind, nicht trifft. Der zweite Punkt des Antrags Bornhak bezieht sich auf die Einführung einer Berufung resp. Revision von den Schutzgebietsgerichten an die deutschen Gerichte. Es ist gesagt, „ein Gericht im Mutterlande"; das wäre doch sachgemäß das Reichsgericht, da man wohl auf das Experiment mit dem hanseatischen Oberlandesgericht nicht zurückgreifen will; und ich habe schon ausgeführt, daß ich aus den von Meyer in seinem Gutachten ausgeführten Gründen gegen eine solche Berufung resp. Revision an das Reichsgericht bin. Ich empfehle also lediglich die Annahme der von mir und vom Herrn Mitreferenten Hamm eingebrachten Resolution.

Correferent Oberstaatsanwalt **Hamm** (Cöln): Ich bin im Wesentlichen mit dem einverstanden, was der Herr Referent gesagt hat. Es handelt sich für mich nur um eine Differenz, bezüglich deren der andere Antragsteller, Herr Dr. Bornhak, meiner Meinung ist, nämlich in Betreff der Zuständigkeit des Reichsgerichts. In dieser Frage sind die beiden Gutachter verschiedener Meinung. Freiherr von Stengel will wieder herstellen, daß das Reichsgericht für eine Revision aus den Schutzgebieten zuständig ist. Meyer ist dagegen, und dem hat sich der Herr Referent angeschlossen, aus dem Grunde, weil dadurch die Schnelligkeit der Rechtsprechung leide. Wir müssen aber festhalten, und darauf komme ich sogleich bei dem Hauptpunkte zurück, daß wir es bloß zu thun haben mit der Rechtsprechung gegen Europäer, die in die Colonieen gegangen sind, und bezüglich dieser trifft das angeführte Argument weniger zu.

---

[1]) Den eigentlichen Eingeborenen gegenüber ist von einer Ausdehnung des deutschen Rechts und des deutschen Gerichtsverfahrens auf dieselben für's Erste abzusehen, und sind, soweit nöthig, insbesondere was Strafrecht und Strafverfahren betrifft, besondere Gesetze für die Eingeborenen zu erlassen.

[2]) 1. Bezüglich des anzuwendenden Rechts empfiehlt sich das System der persönlichen Rechte, verschieden für Europäer, Muhamedaner und sonstige Eingeborene. 2. Die Gerichtsverfassung ist unbedingt so zu gestalten, daß in größeren Civil- und Strafsachen gegen Europäer ein Gericht im Mutterlande die oberste Instanz bildet.

Mit der Rechtsprechung gegenüber den Eingeborenen haben wir es noch nicht zu thun. Die Europäer bringen ihr Recht mit in die Colonieen hinüber, und es würde den engeren Zusammenhang zwischen uns und den Colonieen, zwischen uns und den Deutschen, die wir hinschicken, zerstören, wenn wir nicht die einheitliche Rechtsprechung bewahrten. Auch ist es richtig, daß gegenüber dem summarischen Verfahren, das wir gemacht haben, bei der Besetzung der Schutzgebiets- und Consulargerichte zum Theil mit Beisitzern aus dem Laienelement und mit Richtern, die nicht unabsetzbar sind, eine größere Garantie geboten ist. Ich glaube nicht, daß wir im Anfange der Colonialpolitik recht thun, die Colonieen in der Weise von uns zu lösen, daß wir die Deutschen, die dahin gehen, nicht unter der Rechtsprechung des Reichsgerichts festhalten. Ich möchte Sie bitten, ganz wie das Gutachten des Freiherrn von Stengel will und wie Herr Dr. Bornhak beantragt hat, das Gerichtsverfahren so zu gestalten, daß in größeren Civil- und Strafsachen das Reichsgericht die oberste Instanz bildet. Ich möchte aber lieber sehen, daß in dem Antrage Bornhak anstatt der Worte „ein Gericht im Mutterlande" gesagt wird: „das Reichsgericht".

Was die andere Frage betrifft, die ich erörtern möchte, die Frage, wie die Rechtspflege gegenüber den Eingeborenen zu gestalten ist, so stimme ich im Ganzen mit dem ersten Herrn Referenten überein. Principiell möchte ich aber die Frage erörtern, wie wir überhaupt den Eingeborenen gegenüber stehen. Bei Gründung der Colonieen ist an dem Gedanken festgehalten worden, daß der Europäer, der hingeht, sein persönliches Recht mit hinbringt, daß aber, weil die Colonieen, die wir bekommen haben, keine selbständigen Colonieen sind, sondern der Schutzgewalt, d. h. der Souveränität und gesetzgebenden Gewalt des Mutterlandes unterworfen bleiben, nun diese ganze Gesetzgebung auch für sie im Flusse bleibt, daß also, wenn wir Reichsgesetze bei uns ändern, diese Aenderung ohne Weiteres auch auf die in unseren Colonieen eingewanderten Deutschen Anwendung findet. Dagegen ist der Kaiser, der hiernach verpflichtet ist, die Reichsgesetze, was das bürgerliche Recht, das Strafrecht u. s. w. betrifft, auf die Europäer in den Colonieen auszudehnen, und diesen gegenüber nur bestimmte Aenderungen des Verfahrens vorschreiben kann, nicht verpflichtet, sondern nur berechtigt, auch die Eingeborenen unter die deutsche Gerichtsbarkeit und die deutschen Gesetze zu stellen. Ich bin der Meinung, daß die Eingeborenen zunächst ihr besonderes Recht haben müssen, daß es nicht möglich ist und daß der Kaiser von seiner Ermächtigung keinen Gebrauch machen sollte, auf die Eingeborenen deutsches Recht und deutsche Gerichtsbarkeit anzuwenden. Wir können nicht gegenüber Naturvölkern, und wir haben in unseren Colonieen im Wesentlichen nur Naturvölker, unser materielles und formelles Recht, selbst nicht unser Strafrecht, anwenden. Wir können den Eingeborenen gegenüber nicht mit den feinen Begriffen unseres Strafgesetzbuchs von Erpressung, Unterschlagung u. s. w. operiren, und ebensowenig auf dieselben unsere Strafarten — Gefängniß, Haft u. s. w. — anwenden. Aber andererseits wird, wenn wir gar nichts thun, die Folge die sein, daß, wie es ohne Zweifel jetzt dort zugeht, die Eingeborenen, wenn einer einen anderen todtschießt, einfach an einen Baum gehängt werden ohne Gerichtsverfahren. Das geht meines Erachtens nicht länger an. Wenn wir den Wilden Civilisation und Christenthum bringen wollen, müssen wir zunächst dafür sorgen, daß auch ihnen gegenüber nach Gesetzen gehandelt wird. Wir können nicht unsere Civil- und Strafgesetzgebung einführen, weil sie nicht paßt; aber ebensowenig schickt sich für uns ein willkürliches Verfahren. Es muß etwas eingeführt werden, und deshalb beantrage ich in meinem Zusatzantrage, die deutsche Gesetzgebung in den Colonieen nicht auch den Eingeborenen gegenüber einzuführen, so weit es aber nöthig ist, für diese besondere Gesetze zu geben, und sie nicht dem Rechte der Willkür zu überlassen. Das ist in dem Antrag Preuß nicht vorgesehen. Ich habe den Eingang zu meinem Antrag gegenüber der Ihnen gedruckt vorliegenden Fassung etwas abgeändert und auch die Worte: „Gesetze für die Eingeborenen" in die Worte: „Rechtsnormen für dieselben" umgewandelt; ich möchte das Wort „Gesetze" vermeiden, weil das Mißverständniß entstehen könnte, daß es im Wege der Reichsgesetzgebung geschehen müßte, während der Kaiser berechtigt ist, im Namen des Reichs für die Eingeborenen besondere Normen zu erlassen. Mein Zusatzantrag lautet:

> Von einer Ausdehnung des deutschen Rechts und des deutschen Gerichtsverfahrens auf die uncivilisirten Eingeborenen ist für's Erste abzusehen, und sind, soweit nöthig, insbesondere was Strafrecht und Strafverfahren betrifft, besondere Rechtsnormen für dieselben aufzustellen.

Weiterhin bin ich mit dem einverstanden, was Herr Dr. Preuß aufgestellt hat, daß wir von diesen uncivilisirten Eingeborenen die Muhamedaner, Araber und Indier unterscheiden müssen, die wir in Ostafrika haben. Diese besitzen schon große Cultur, und es giebt viele Besonderheiten namentlich des Muhamedanismus, die wir schonen müssen. Wir können z. B. für die Muhamedaner die Bigamie nicht ohne Weiteres abschaffen oder bestrafen.

Hiernach ist es meines Erachtens das Richtige, daß wir in den Colonieen

1. für die Europäer unser materielles und formelles Recht mit den nöthigen Modificationen einführen in der Art, daß die Europäer an den späteren Aenderungen, die an unseren Gesetzen stattfinden, von selbst Theil nehmen, auch ihnen dabei eigene Gerichte, jedoch mit Unterwerfung unter das Reichsgericht, geben,
2. daß die Muhamedaner, Araber und Indier in Deutsch-Ostafrika zunächst, soweit nöthig, ihre Gesetze behalten, dann aber
3. daß die uncivilisirten Eingeborenen einstweilen besondere Nothgesetze erhalten, insbesondere auf dem Gebiete des öffentlichen und des Strafrechts, zum Theil vielleicht auch auf dem Gebiete des Civilrechts, z. B. was die Regelung des Arbeitsverhältnisses betrifft; es muß dieser gegenüber eine gesetzliche Grundlage da sein; das ist eines civilisirten Volkes, wie wir es sind, würdig.

Was diese Unterscheidung zwischen civilisirten und uncivilisirten Eingeborenen betrifft, so handelt es sich dabei nicht bloß um Ostafrika. Wir haben auch in Südwestafrika Eingeborene, wie die Hereros, die unter dem Einfluß der christlichen Missionen Christen geworden und mehr oder weniger civilisirt sind; diese können nach und nach unter deutsche Gesetzgebung gebracht werden. Das ist aber durch die Fassung des Antrags Preuß nicht ausgeschlossen; denn es heißt da, es sei die jetzige Grundlage beizubehalten, „unbeschadet ihrer Weiterbildung nach Maßgabe des durch die praktische Erfahrung sich ergebenden Bedürfnisses“. Ich habe in meinem Antrage auch nur gesagt, von einer Ausdehnung gegenüber uncivilisirten Eingeborenen solle „zunächst“ abgesehen werden. Es wird vielleicht schon jetzt möglich sein, in Südwestafrika für die christlichen Eingeborenen die deutschen Gesetze einzuführen. Eine ähnliche große Verschiedenheit hat namentlich Holland in seinen Colonieen. Es unterscheidet vier verschiedene Kategorieen: die eingewanderten Europäer, die bei Einwanderung der Europäer vorgefundenen civilisirten Eingeborenen, dann die später Christen gewordenen Eingeborenen und die Uncivilisirten. Wir haben in unseren Colonieen ähnliche Unterschiede. Wir müssen daran festhalten, daß wir, weil wir so spät zu einem Colonialbesitz gekommen sind, im Wesentlichen nur Colonieen haben, in denen der Europäer nicht die Verwaltung ganz übernehmen, die er nicht besiedeln kann, in die er lediglich Arbeitsleitung und Capital hinbringt, während wir die eingeborene Bevölkerung als die Arbeiter erhalten und bei ihnen allmählich die Civilisation einführen müssen. Höchstens in Südwestafrika wird es vielleicht sehr bald möglich sein, einheitliches Recht einzuführen. Sonst glaube ich annehmen zu dürfen, daß wir noch auf lange in unseren Colonieen verschiedene persönliche Rechte neben einander haben werden, daß diese Naturvölker noch auf lange kein gemeinsames Recht mit uns haben können. Auf jeden Fall kann ich nur dringend davor warnen, daß man etwa schon jetzt dazu überginge, unsere deutsche Gesetzgebung auf sämmtliche Eingeborenen ausdehnen zu wollen.

(Bravo!)

Privatdocent Dr. **Bornhak** (Berlin): M. H., ich kann mich im Allgemeinen nur mit den trefflichen Ausführungen des Herrn Referenten und des Herrn Correferenten einverstanden erklären. Den ersten Theil meines Antrags habe ich lediglich deshalb gestellt, um das Thema vollständig zu erschöpfen, da gedruckte Anträge des Herrn Referenten noch nicht vorlagen; ich würde eventuell den ersten Theil meines Antrags zu Gunsten des Antrags des Herrn Referenten zurückziehen. Dagegen lege ich besonderen Werth auf den zweiten Theil meines Antrags, den ich eventuell auch dahin modificiren würde, daß an Stelle der Worte „ein Gericht im Mutterlande" dem Wunsche des Herrn Oberstaatsanwalts Hamm entsprechend die Worte „das Reichsgericht" gesetzt wird. M. H., ich glaube, es ist von ganz besonderer Wichtigkeit, daß die Einheit der Judicatur zwischen Colonieen und Mutterland festgehalten wird. Es ist weder wünschenswerth noch erforderlich, daß die inländische Judicatur auf die Eingeborenen ausgedehnt wird oder auf Völker, die weder zu den Eingeborenen noch zu den Europäern gehören, wie Indier und Araber. Einmal tritt diesen Völkern die deutsche Autorität schon an und für sich entgegen, auch ohne daß sie einen Instanzenzug nach dem Mutterlande haben. Die mutterländische Judicatur als höchste Instanz ist also für diese Bevölkerungskategorie überflüssig. Sie ist auch ein Ding der Unmöglichkeit; denn wenn das System der persönlichen Rechte angenommen wird, finden wir keinen geeigneten Richter, selbst ein Senat des Reichsgerichts würde schwerlich im Stande sein, muhamedanisches Recht oder das Recht der Zulukaffern anzuwenden. Dagegen erscheint meines Erachtens die Einheit der Judicatur für die Europäer unbedingt nothwendig, und es ist zu verwerfen, wenn, wie es nach dem heutigen Rechtszustande möglich ist, ein Gericht in der Colonie oder ein Consulargericht mit der Judicatur in oberster Instanz betraut wird. Es ist von dem Herrn Referenten als Gegengrund angeführt worden, daß bei einer kleinen Mißhandlung — ich glaube, ein Kuli hatte Prügel bekommen — der Instanzenzug 1 $^1/_2$ Jahr gedauert hatte. Ein solcher Zustand ist keineswegs wünschenswerth, aber in solchen Sachen soll der Instanzenzug nicht an das Reichsgericht gehen; für eine solche Prügelei giebt es in Deutschland acht Tage Gefängniß, und in den Marschall-Inseln oder auf Neu-Guinea wird es auch nicht viel mehr geben; die kann der Mann absitzen, wenn die Sache auch nicht vollständig klargestellt ist. Aber die Colonialgerichte sind zuständig auch in den größten Sachen, sie können über Leben und Tod entscheiden und über Vermögensansprüche, bei denen es sich um Objecte von Millionen handelt, und ich glaube, in diesem Falle ist die Verzögerung um ein oder ich will sagen zwei Jahre nicht allzu schlimm. Dadurch tritt den Europäern, die sich in den Colonieen aufhalten, die deutsche Autorität unmittelbar entgegen, sie können jeden Augenblick erkennen, daß der Zusammenhang mit dem Mutterlande nicht gelöst ist. M. H., ich glaube, eine Reform in dieser Richtung darf auch nicht verschoben werden. Denn sobald sich erst einheimische Interessentenkreise, Handlungshäuser in größerer Anzahl in den Colonieen niedergelassen haben, dann ist es zu spät; dann wird sich die Opposition in den Colonieen selbst regen, welche die Wiederherstellung jedes solchen Zusammenhanges unmöglich machen. Für diese oberste Judicatur des Mutterlandes spricht auch das Vorbild in anderen europäischen Staaten. Meines Wissens hat bisher kein anderer europäischer Colonialstaat es unternommen, die Judicatur zwischen Mutterland und Colonie so vollständig zu lösen, wie es das Deutsche Reich mit seinen eben erst begründeten Colonieen angefangen hat. Es kommt noch ein weiteres Moment dazu, das ebenfalls von dem Herrn Referenten, der sich gegen diesen Punkt aussprach, angedeutet worden ist, nämlich die mangelhafte Besetzung der Colonialgerichte. Eine solche läßt man sich allenfalls in Bagatellsachen und mittleren Civil- und Strafsachen gefallen, aber wenn über Leben und Tod entschieden wird, muß eine größere Garantie gewährt werden, als sie ein Gericht in den Colonieen überhaupt gewähren kann.

Ich möchte meine Ausführungen dahin zusammenfassen, daß ich den ersten Theil meines Antrags zurückziehe, aber Nr. 2 mit der Modification empfehle, daß an Stelle der Worte „ein Gericht im Mutterlande" gesetzt wird „das Reichsgericht".

Reichsgerichtsrath **Loebell** (Leipzig): Als eines der wenigen hier anwesenden Mitglieder des Reichsgerichts halte ich doch für angemessen, in dieser Sache auch noch das Wort zu ergreifen. Selbstverständlich hat eine Behörde wie das Reichsgericht, wie alle anderen Behörden auch, den Drang, seine Geschäfte zu vermehren, in nur geringem Grade.

(Heiterkeit.)

Sie werden es jedenfalls nicht als Herrschsucht auslegen, wenn ich mich dessen ungeachtet für den Antrag erkläre, der von Herrn Dr. Bornhak gestellt ist und von Herrn Oberstaatsanwalt Hamm auch vertreten wird, weniger im Interesse der Rechtseinheit, diesem mehr idealen Interesse, das hier betont worden ist, als von dem Standpunkte aus, daß der gleiche Rechtsschutz den Leuten, die von uns dorthin gezogen sind, in eben solchem Maße gebührt und vielleicht in höherem Maße als denen, die hier geblieben sind. Es kann sich dabei um so wichtige Objecte im Strafrecht und Civilrecht handeln, daß es Unrecht wäre, ihnen die letzten Rechtsmittel abzuschneiden, sie auf die mehr oder minder improvisirten Gerichte anzuweisen. Dadurch, daß in dem Antrag steht „in größeren Civil- und Strafsachen" ist meines Erachtens genügend angedeutet, daß derartige Fälle, die ja im gewöhnlichen Wege auch einmal zur Entscheidung des Reichsgerichts kommen können, wie die Mißhandlung jenes Kulis, nicht mitbegriffen sein sollen. Das wäre ein Mißbrauch. Ich möchte noch darauf aufmerksam machen, daß wir unter uns einen sehr viel sachverständigeren Mann haben, als, soviel ich übersehen kann, wir Alle sind, den Vicekanzler von Zanzibar, Herrn Assessor von Buri. Wenn derselbe uns vielleicht Einzelnes über die Art, wie jetzt die Rechtspflege gehandhabt wird, mittheilen wollte, so würde das jedenfalls von großem Interesse sein.

Viceconsul **von Buri** (Zanzibar): Herr Reichsgerichtsrath Loebell hat auf meine Sachkenntniß Bezug genommen. Ich muß aber bemerken, daß ich die Rechtsprechung in den Colonieen aus eigener Anschauung überhaupt nicht kenne. Auf Grund der von mir als Consularrichter gemachten Erfahrungen halte ich es allerdings für zweckmäßig, wenn für gewisse größere Rechtsstreitigkeiten aus den Colonieen eine letzte Instanz im Mutterlande eingeführt wird, und ich kann darum den entsprechenden Antrag des Correferenten nur befürworten.

Präsident: Wir können für diese Mittheilungen dem Herrn Assessor von Buri nur dankbar sein.

Wir schreiten zur Abstimmung. Es liegen drei Anträge vor, zunächst derjenige des Herrn Referenten Dr. Preuß; an denselben schließt sich der Antrag des Herrn Oberstaatsanwalts Hamm an, der eine weitere Erläuterung giebt, und zuletzt kommt der Antrag des Herrn Dr. Bornhak, von dem nur die Nr. 2 nach Zurückziehung von Nr. 1 aufrecht erhalten wird. Ich werde über diese drei sich aneinander anschließenden Anträge getrennt abstimmen lassen.

Oberstaatsanwalt **Hamm** (Cöln): Zur Geschäftsordnuug! Eigentlich hatte ich mir die Sache so gedacht, daß der Antrag Preuß und mein Antrag zusammen als gemeinschaftlicher Antrag gelten. Vielleicht empfiehlt es sich, darüber gemeinschaftlich abstimmen zu lassen.

Präsident: Wir kommen durch diesen Vorschlag um eine Abstimmung herum. Ich bringe also zunächst den Antrag Preuß-Hamm zur Abstimmung. Wer dafür ist, den bitte ich, sich gefälligst zu erheben.

(Geschieht.)

Das ist einstimmig angenommen.

Nun bitte ich diejenigen Herren, welche mit dem Antrag Bornhak einverstanden sind, sich zu erheben.

(Geschieht.)

Das ist, glaube ich, auch einstimmig angenommen.

Ich stelle fest, daß die Abtheilung die Anträge in folgender Fassung angenommen hat:

> Für die Ordnung der Rechtspflege in den Schutzgebieten ist die jetzige Grundlage zunächst beizubehalten, unbeschadet ihrer Weiterbildung nach Maßgabe des durch die praktische Erfahrung sich ergebenden Bedürfnisses.
>
> Hierbei ist in erster Linie die Rechtslage der Indier und Araber in Deutsch-Ostafrika zu berücksichtigen, und zwar sowohl durch Heranziehung dieser Bevölkerungselemente zur Gerichtsorganisation, als auch durch sachgemäß begrenzte Anwendung ihres materiellen Rechts.
>
> Von einer Ausdehnung des deutschen Rechts und des Gerichtsverfahrens auf die uncivilisirten Eingeborenen ist für's Erste abzusehen, und sind, soweit nöthig, insbesondere was Strafrecht und Strafverfahren betrifft, besondere Rechtsnormen für dieselben aufzustellen.
>
> Die Gerichtsverfassung ist unbedingt so zu gestalten, daß in größeren Civil- und Strafsachen gegen Europäer das Reichsgericht die oberste Instanz bildet.

Wir haben nur noch zu bestimmen, wie sich das Plenum mit der Sache beschäftigen soll.

(Rufe: Kenntnißnahme!)

Es soll also zur Kenntnißnahme vorgetragen werden.

(Zustimmung.)

Ich ersuche Herrn Dr. Preuß, die Berichterstattung im Plenum zu übernehmen.

Damit sind wir mit unseren Geschäften zum Schluß gekommen. Ich beschränke mich nur auf den wiederholten Dank für die ehrenvolle

Berufung auf diesen Sitz, für Ihre gütige Unterstützung in der Leitung und für die freundliche Beihülfe meiner Herren Collegen hier an diesem Tische. Ich hoffe, daß wir, so Gott uns Leben und Gesundheit schenkt, uns auf dem nächsten Juristentag wieder zusammenfinden werden.

Prof. Dr. **Rubo** (Berlin): Zur Geschäftsordnung! M. H., wir, die wir hier sind, sprechen für uns und Namens derer, die früher in der dritten Abtheilung waren, und jetzt nicht mehr gegenwärtig sind, überzeugungsvoll und aus vollem Herzen unserem Herrn Präsidenten sowie seinem Herrn Stellvertreter den innigsten Dank für die Geschäftsleitung aus.

(Bravo! — Die Versammlung erhebt sich.)

(Schluß der Sitzung nach 1/2 2 Uhr.)

Zweite Plenarsitzung
am 12. September 1891.

Reichsgerichts-Senatspräsident Dr. Drechsler eröffnet die Sitzung um 10 Uhr 8 Minuten.

Präsident: M. H.! Ich eröffne die zweite Plenarsitzung des 21. Deutschen Juristentags und ersuche zunächst die Herren Vicepräsidenten, Herrn Präsident Struckmann, Herrn Geheimrath Hüffer, Herrn Geheimrath Götz und Herrn Geheimrath Brunner, neben mir Platz zu nehmen. Dann bitte ich die Herren Professor Heck und Justizrath Rieth als Schriftführer zu fungiren. Meldungen zum Wort bitte ich an Herrn Justizrath Rieth zu richten. Herr Professor Heck wird die Güte haben, das Protokoll zu führen.

Der erste Gegenstand unserer Tagesordnung ist die

Berichterstattung über die einzelnen, von den Abtheilungen erörterten Fragen.

Die Tagesordnung ergiebt sich ohne Weiteres daraus, daß Sie die vorläufige Tagesordnung, die in der Festschrift abgedruckt ist, zur Hand nehmen und nun in der Reihenfolge der Berathungsgegenstände das Nöthige von den Herren Berichterstattern erfahren.

Es ist zunächst von der ersten Abtheilung über die Frage berathen worden:

Wie ist den Mißbräuchen, welche sich bei den Abzahlungsgeschäften herausgestellt haben, entgegenzuwirken?

Die Mittheilung über den Ausfall dieser Berathung hat Herr Justizrath Makower übernommen.

Justizrath **Makower** (Berlin): Meine geehrte Herren! Seit etwa einem halben Jahrhundert hat sich in wachsendem Umfange der Gebrauch eingeführt, daß Personen, welche einen zu erwerbenden Gegenstand nicht sogleich bezahlen können, ihn auf Abzahlung kaufen, d. h. gegen Empfang desselben eine Anzahlung leisten und sich zur ratenweisen Abtragung des Restkaufgeldes verpflichten. Die Verkäufer, welche die Sache gegen eine geringe Anzahlung dem Käufer zur sofortigen Benutzung ausliefern, suchen sich durch formularmäßig geschlossene Verträge zu sichern, in welchen sie in der Regel stipuliren, daß unpünktliche Zahlung einer Rate den Rest des Kaufgeldes sofort fällig macht, oder daß sie dann die Sache aus eigener Macht wegnehmen können, und die geleisteten Zahlungen verfallen sind, endlich daß das Eigenthum an der Sache erst nach völliger Bezahlung aller Raten auf den Käufer übergeht. Auch weitere für den Käufer lästige Clauseln finden sich vor.

Solange der Verkehr ein loyaler ist, und die Rechte des Verkäufers nach Billigkeit, mit Maß und Schonung zu dem Zwecke ausgeübt werden, um das verabredete Kaufgeld zu erlangen, ergiebt sich kein Anstand. Arme Leute erlangen auf diesem Wege die Möglichkeit, Gegenstände, die ihnen nothwendig oder nützlich sind, zum Theil durch deren Benutzung selbst, zu erwerben.

Indeß wenn jene Clauseln mit Härte ausgeübt werden oder der Leichtsinn capitalschwacher Leute benutzt wird, ihnen nutzlose oder schlechte Gegenstände durch die Verlockung der geringen Anzahlung aufzuhalsen, dann zeigen sich ernste Uebel. Es scheint, daß in Oesterreich jene Uebel sich in großem Umfange gezeigt haben, denn sie haben bereits zur Vorbereitung eines umfassenden verhütenden Gesetzes geführt.

Auch bei uns in Deutschland sind mannigfache Klagen erhoben worden, und daraus erklärt sich die von der ständigen Deputation formulirte Frage:

> Wie ist den Mißbräuchen, welche sich bei den Abzahlungsgeschäften herausgestellt haben, entgegenzuwirken?

In der Abtheilung, auf deren Verhandlungen ich verweisen muß und welche Ihnen gedruckt zugehen werden, zeigte sich, daß über das Maß des gebotenen Eingriffs in die Vertragsfreiheit und über die zulässigen und wirksamen Mittel noch keine allgemeine Meinung sich gebildet hat. Deshalb hat die Abtheilung die Sache zur nochmaligen Erörterung auf einem späteren Juristentage verwiesen.

Nur dies erlaube ich mir zu bemerken, daß einer der Referenten in der Abtheilung keine weitere Einschränkung der Abzahlungsgeschäfte empfahl, als daß der Verkäufer, wenn er nicht Zahlung des Restkaufgeldes fordert, sondern die Sache zurücknimmt, die über den Betrag einer angemessenen Miethsentschädigung hinausgehenden Ratenzahlungen zurückgeben muß.

Einer der Herren Gutachter wollte hingegen einen viel weitergehenden Eingriff, daß nämlich durch ein besonderes Gesetz die für selbständige Creditgeschäfte, insbesondere für die gewerbmäßige Pfandleihe bestehenden oder die sonst geeigneten Beschränkungen in sachgemäßer Auswahl und Ausgestaltung auf die Abzahlungsgeschäfte übertragen werden.

Die einzelnen Redner begründeten die von ihnen für das Abzahlungsgeschäft vorgeschlagenen Einschränkungen. Es ergab sich aber, daß die Ansichten zu weit auseinander gingen, als daß eine Einigung zur Zeit schon möglich war.

Präsident: M. H.! Sie haben vom Herrn Berichterstatter vernommen, daß man hofft, daß auf dem nächsten Juristentage sich ein positives Resultat ergeben wird.

Die 2. Frage, die die I. Abtheilung zu behandeln hatte, lautet:

> Empfiehlt es sich, im künftigen deutschen bürgerlichen Gesetzbuch die Anfechtbarkeit der Schenkungen aus dem vom Entwurf aufgestellten Gesichtspunkt des außerordentlichen Pflichttheils oder aus dem des Uebermaßes festzusetzen?

Herr Privatdocent Dr. von Tuhr ist von der Abtheilung beauftragt worden, den gefaßten Beschluß dem Plenum zur Kenntnißnahme mitzutheilen. Sie werden die Güte haben.

Referent Privatdocent Dr. **von Tuhr** (Heidelberg): M. H.! Es handelt sich in der 2. Frage um den Schutz, welcher den Pflichttheilsberechtigten zu gewähren ist gegen Schenkungen, durch die der Erblasser bei Lebzeiten sein Vermögen und damit auch den Pflichttheil vermindert. Die Nothwendigkeit eines solchen Schutzes ist nicht bezweifelt, denn in Ermangelung eines solchen Schutzes könnte der Anspruch der Pflichttheilsberechtigten gänzlich vereitelt werden. Es fragt sich nur, in welcher Weise und in welchem Maße soll die Schenkungsfreiheit des Erblassers zu Gunsten der Pflichtheilsberechtigten beschränkt werden?

In der Frage, welche zur Berathung der I. Abtheilung gestellt war, ist hingewiesen auf zwei Gesichtspunkte, welche bei der Regelung dieser Frage zu Grunde gelegt werden können: der Gesichtspunkt des Uebermaßes, der für das römische Recht und das gemeine Recht der entscheidende ist, und andererseits der Gesichtspunkt des außerordentlichen Pflichtheils, den der Entwurf wesentlich im Anschluß an das französische Recht gewählt hat. Das römische Recht gestattet die Anfechtung nur solcher Schenkungen, welche im Momente ihrer Vornahme wegen Uebermaßes als pflichtwidrig erscheinen, d. h. solcher Schenkungen, von denen man sagen kann, daß, wenn im Momente der Schenkung der Erblasser verstorben wäre, in der Schenkung unmittelbar eine Verletzung des Pflichttheils gelegen hätte. Ist dagegen die Schenkung einmal als nicht pflichtwidrig vorgenommen, so kann eine spätere Vermögensverminderung eine Anfechtbarkeit der Schenkung nicht mehr herbeiführen. Wenn daher ein reicher Mann bei Lebzeiten ein großes Geschenk gemacht hat, später in Vermögensverfall geräth und stirbt, so können seine Pflichttheilserben die Schenkung nach gemeinem Recht nicht anfechten, wenn ihnen auch aus dem Nachlaß sehr wenig oder garnichts zukommt.

Im Gegensatz dazu steht das französische Recht auf einem anderen Standpunkte und im Anschluß an dasselbe der Entwurf. Maßgebend ist für die Fälle der Anfechtung der Schenkungen der Moment des Erbfalles. Es werden zur Berechnung des Pflichttheils zusammengerechnet der Nachlaß und alle die Schenkungen, die der Erblasser bei Lebzeiten vorgenommen hat. Daraus ergiebt sich dann der Pflichttheil. Der Entwurf nennt diejenige Erhöhung des Pflichtheils, die dadurch eintritt, daß man den Pflichttheil nicht bloß vom Nachlasse, sondern auch von den Schenkungen berechnet, den außerordentlichen Pflichttheil.

Wenn nun dieser ordentliche und außerordentliche Pflichttheil aus dem Nachlasse selbst nicht erfüllt werden kann, so gestattet das französische Recht und ebenso der Entwurf eine Anfechtung der Schenkungen, und zwar beginnt die Anfechtung mit der zuletzt vorgenommenen Schenkung und schreitet vorwärts zu der nächst älteren Schenkung u. s. w., bis der Pflichttheilsanspruch vollständig befriedigt ist. Dieses System des französischen Rechts und des Entwurfs ermöglicht es, daß eine Schenkung, die der Erblasser unter günstigen Vermögensverhältnissen in angemessenem Maße vorgenommen hat, später bloß deswegen angefochten wird, weil nachträglich Vermögensverminderung eingetreten ist, und der Nachlaß sich als ein sehr geringer herausstellt.

Vom System des französischen Rechts und des Entwurfs aus betrachtet, erscheint die Anfechtung der Schenkungen nicht sowohl als eine Folge des Umstandes, daß der Erblasser pflichtwidrig gehandelt hat, sondern die Anfechtung der Schenkungen erscheint vielmehr als eine gesetzliche Vermittelung in dem Conflicte widerstreitender schwerwiegender Interessen. Einerseits steht das selbstverständliche Interesse, das der Beschenkte daran hat, die einmal eingetretene Vermögensvermehrung auch zu behalten, auf der anderen Seite aber steht das noch wichtigere Interesse, das der Gesetzgeber darin sieht, daß den nächsten Angehörigen des Erblassers, vor Allem, daß seinen Kindern ein gewisser Theil vom

Familienvermögen erhalten wird, und dieses letztere Interesse erkennt der Gesetzgeber so sehr als das vorwiegende an, daß er, um dieses Interesse zu befriedigen, einen Eingriff in das Interesse der Beschenkten, eine Anfechtung der Schenkungen bis zur Befriedigung des Pflichttheils gestattet.

Zwischen diesen beiden Systemen war gemäß der der Abtheilung gestellten Frage eine Wahl zu treffen. Es haben sich Vertreter gefunden für die eine und für die andere Alternative. Zu Gunsten des römischen Systems ist hervorgehoben worden, daß eigentlich eine Anfechtung rechtsgültig vorgenommener Schenkungen nur dann zulässig sei, wenn eine Absicht des schenkenden Erblassers vorliege, durch die Schenkung den Pflichttheil seiner nächsten Angehörigen zu schmälern. Eine solche pflichtwidrige Absicht sei zu präsumiren, wenn die Schenkung im Momente der Vornahme in einem außergewöhnlichen Verhältnisse zu dem sonstigen Vermögen des Erblassers gestanden habe, oder wenn die Schenkung in sehr kurzer Zeit vor dem Tode des Erblassers stattgefunden habe. Andererseits wurde in Vorschlag gebracht, bei der Anfechtung der Schenkungen wegen Pflichtwidrigkeit zu unterscheiden, an wen die anzufechtende Schenkung erfolgt sei: ob die Schenkung erfolgt sei an solche Personen, die selbst pflichttheilsberechtigt sind, also in der Regel an Geschwister des Anfechtungsklägers, oder ob die Schenkung erfolgt sei an extranei, an Personen, welche nicht zum Kreise der Pflichttheilsberechtigten gehören. Es wurde vorgeschlagen, für den letzteren Fall für Schenkungen an dritte Personen das römische Recht zu Grunde zu legen, also Anfechtung nur zu gestatten aus dem Momente der Pflichtwidrigkeit. Dagegen wurde vorgeschlagen, wenn die Schenkung erfolgt ist an eine Person, die selbst pflichttheilsberechtigt ist, den Standpunkt des Entwurfes anzunehmen. Es wurde behauptet, es sei angemessen, daß, wenn z. B. von unseren Geschwistern eins bei Lebzeiten des Vaters eine große Schenkung bekommen hat, dieser beschenkte Bruder oder diese Schwester, falls später das Vermögen des Vaters zur Zeit seines Todes sich sehr vermindert hat, den nicht beschenkten Geschwistern einen gewissen Ausgleich aus der vorempfangenen Schenkung, wenn sie über das Maß des Pflichttheils hinausgeht, gewährt. Zu Gunsten der im Entwurf angenommenen Regelung wurde vor Allem betont, daß die Continuität des Familienbestandes eine Sicherung des Pflichttheilanspruchs so gebieterisch erheische, daß gegenüber diesem socialen Interesse das im Uebrigen beachtenswerthe Interesse der Beschenkten an dem Behalten des ihnen zu Theil gewordenen Vermögensvortheils weichen müsse.

In diesem letzteren Sinne hat auch die Abtheilung, nachdem mehrere Anträge, welche Einzelheiten des Entwurfs betrafen, wegen zu großer Specialisirung zurückgezogen waren, folgenden Antrag in der Abstimmung angenommen. Der Antrag steht im Wesentlichen auf dem Boden des Standpunkts, den der Entwurf acceptirt hat, und lautet:

1. Abzulehnen ist der Standpunkt des gemeinen Rechts, die Anfechtung der Schenkungen aus der Verletzung eines angemessenen Verhältnisses zum damaligen Vermögen zu begründen.

2. Der Pflichttheil ist zu berechnen von dem Nachlaß, dem sämmtliche Schenkungen hinzugefügt werden.

Präsident: Die dritte Frage lautete:

Ueber die zweckmäßigste Regelung des Inventarrechts und die im Entwurf des B.G.B.'s versuchte Gestaltung desselben.

Ich ersuche Herrn Prof. Dr. Leonhard den Bericht zu geben.

Referent Prof. Dr. **R. Leonhard** (Marburg): Die dritte Frage, das Inventarrecht betreffend, war vorbereitet durch zwei gründliche und gedankenreiche Gutachten des Herrn Landgerichtsraths Munk in Berlin und des Herrn Landrichters Dove in Frankfurt a. M., sowie durch eine Reihe beachtenswerther Erörterungen in der neueren Literatur von Bähr, Kühnast, Gierke, Hoffmann, Baron, Eck, von Probst und Anderen.

Es handelt sich darum, bei Todesfällen die widerstreitenden Bedürfnisse der Nachlaßgläubiger und des Erben auszusöhnen, jenen die Sicherheit gegen Verdunklung der Nachlaßmasse zu geben, diesem das Recht des gefahrlosen Erbschaftserwerbs, welches der Entwurf „Inventarrecht" nennt, weil es verloren gehen kann, wenn nicht auf Wunsch der Gläubiger ein Inventar errichtet wird. Das Wort ergriffen nur die beiden Berichterstatter, von denen der erste, die ihm gebotene Gelegenheit benutzend, der in Berlin tagenden Commission zur Verbesserung des Entwurfs auf Grund ihrer bisherigen Beschlüsse die Versicherung des vollsten Vertrauens aussprach. Die Ausführungen und die ursprünglichen Anträge beider Redner deckten sich in einigen Punkten, während sie sich in anderen widersprachen. Der zweite Referent, Herr Justizrath Wilke aus Berlin, legte großes Gewicht darauf, es als Regel auszusprechen, daß der Erbe die Nachlaßschulden nicht aus seiner Tasche zu bezahlen braucht; ja, er wollte sogar dem Erben, welcher der Inventarisationspflicht ungetreu ist, nicht, wie bisher geschehen, die volle Schuldhaftung aufbürden, sondern nur eine Schadenersatzpflicht. Der erste Referent dagegen wollte es hier beim Alten belassen, während er in der Neigung, die Gläubiger zu beschützen, dem bisherigen Recht ferner stand, als der zweite Herr Referent. Dieser hielt die alte gesetzliche Inventarisationsfrist fest, der erstere dagegen wollte den Erben eine gefahrlose Einmischung in die Masse nur unter der Bedingung erlauben, daß von Amtswegen der Nachlaßbestand festgestellt wird. Diese Feststellung vertraute er mit dem Entwurfe nur einer Behörde an, damit nicht der Bock zum Gärtner gemacht werde, während Herr Justizrath Wilke das Privatinventar preußischen Rechtes als das minder kostspielige und umständliche vertheidigte. Darin waren jedoch beide einig, daß die Inventarisationspflicht in einem früheren Zeitpunkte beginnen müsse, als der Entwurf wünscht, d. h. nicht erst, nachdem die Gläubiger die Aufnahme des Verzeichnisses beantragt haben, damit nicht der Brunnen erst dann zugedeckt werde, wenn das Kind bereits hineingefallen sei. Einigkeit herrschte auch in dem Streben nach Vereinfachung des erwähnten Abschnittes des Entwurfes, insbesondere im Gebiete der Abzugseinrede, welche im Entwurfe so genannt ist, weil bei ihr der Erbe dem Gläubiger etwas von der Forderung wegen Unzulänglichkeit des Nachlasses abzieht. So stellte schließlich die Debatte eine Uebereinstimmung in den Hauptfragen fest. Dieser erfreulichen Thatsache gab der erste Referent durch erneuerte Anträge Ausdruck, zu deren Gunsten beide Redner die ursprünglichen Vorschläge zurückzogen. Diese Anträge lauteten: erstens, das Inventarrecht des Entwurfes muß vereinfacht werden. Zweitens der den Nachlaßgläubigern vom Entwurfe gewährte Schutz ist unzureichend. Drittens, für den Fall der Unzulänglichkeit des Nachlasses ist dem Entwurfe darin zuzustimmen, a) daß den Erben die Möglichkeit eines gefahrlosen Erwerbes gewahrt werden soll, b) daß die Nachlaßschulden nach den Regeln des Concursrechtes getilgt werden müssen, und c) darin, daß ein Nachlaßconcurs bei dieser Tilgung vermieden werden kann. Diese neuen Anträge wurden einstimmig angenommen, nur gegen den einzigen Punkt der concursrechtlichen Befriedigung der Nachlaßgläubiger erklärte sich eine einzige Stimme.

Präsident: Die erste Abtheilung hat die Frage unter Nr. 4 über die Aufrechnung der beiderseitigen Forderungen — Compensation — ausgesetzt zur Berathung auf dem nächsten Juristentage, weil die Zeit nicht ausreichte, diese wichtige und schwierige Frage noch zu erledigen. Ueber die Frage 5 aber ist Beschluß gefaßt worden.

Die Frage 5 lautet:

Welche Rechtswirkungen insbesondere hinsichtlich des Regresses sind an die Indossirung von Lagerscheinen (Warrants) zu knüpfen?

Herr Bankdirector Simon aus Berlin wird über die gefaßten Beschlüsse Bericht erstatten.

Rechtsanwalt und Bankdirector Dr. **Simon** (Berlin): M. H., bezüglich der Beantwortung der fünften Frage, welche der ersten Abtheilung zur Erledigung vorgelegt wurde, herrschte zum Theil Uebereinstimmung zwischen den beiden Berichterstattern, zum Theil Divergenz. Uebereinstimmung herrschte bezüglich der wesentlichen Grundlage, welche dem Lagerscheine und dem Indossament der Lagerscheine gegeben werden soll. In erster Reihe darüber, daß der Lagerschein auszubilden sei als Scripturobligation, als Creditpapier öffentlichen Glaubens, und daß in Folge dessen der gutgläubige Indossatar geschützt werden müsse in der Ausübung der Rechte aus dem Lagerscheine. In diesem Sinne hat die Abtheilung beschlossen, daß an die Indossirung der Lagerscheine der Uebergang aller Rechte aus dem indossirten Papier gegen das Lagerhaus zu knüpfen ist. — Es herrschte ferner Einigkeit darüber, daß entsprechend dem Verlangen des Handelsstandes und entsprechend der bereits jetzt in der Doctrin überwiegenden Meinung alle Wirkungen, welche an die Uebergabe der Güter selbst geknüpft werden, auch an das Indossament der Lagerscheine geknüpft werden sollen, wenigstens dann, wenn diese Lagerscheine über speciell eingelagerte Waaren lauten. Controvers war dagegen, ob gleichzeitig mit der Creirung von Lagerscheinen und mit der Durchführung der Bestimmungen über Lagerscheine in einem neuen deutschen Gesetz auch Lagerpfandscheine geschaffen werden sollen.

M. H.! Bei dem einfachen Lagerscheine, wie er in dem sogenannten Einscheinsystem zum Ausdruck kommt, stellt das Lagerhaus eine Bescheinigung darüber aus, daß bestimmte Waaren bei ihm eingelagert seien, und verpflichtet sich, dem Einleger oder seinem Rechtsnachfolger diese Waaren herauszugeben. Wenn Jemand das Eigenthum an der Waare übertragen will, so übergiebt er dem betreffenden Erwerber den Lagerschein mit dem Indossament; will er die Waare verpfänden, übergiebt er gleichfalls dem Pfandgläubiger den Lagerschein mit dem Indossament. — Beim Zweischeinsystem wird ein besonderer Lagerschein für die Zwecke der Verpfändung geschaffen. Der Lagerhausinhaber giebt entweder von vornherein oder auf Verlangen des Hinterlegers zwei Scheine aus. Einer ist bestimmt zur Uebertragung des vollen Verfügungsrechts, also insbesondere des Eigenthums an der Waare, und der zweite, der Lagerpfandschein, lediglich zur Begründung von Pfandrechten. Bei dem

Zweischeinsystem giebt derjenige, welcher ein Darlehn auf die Waare unter Benutzung des Lagerpfandscheins aufnehmen will, auf der Rückseite desselben in dem sogenannten trennenden Indossament die Erklärung ab, daß er für eine bestimmte Summe, die er dem N. N. oder an dessen Ordre an einem bestimmten Tage nebst Zinsen zu zahlen verpflichtet sei, mit den eingelagerten Waaren Pfand bestelle. Es wird dann eine Notiz hierüber auf dem ersten Lagerscheine gegeben und in dem Lagerbuche des Lagerhausinhabers vermerkt.

Die Abtheilung war der Ansicht, daß, bevor die Frage, welche Wirkungen das Indossament auf derartige Lagerpfandscheine haben soll, entschieden werde, man sich schlüssig machen müsse über die Frage, ob überhaupt Lagerpfandscheine eingeführt werden sollen. Die Frage wurde verneint. Man kam zu diesem Resultat trotz der augenscheinlichen Vortheile, welche das Zweischeinsystem theoretisch hat, und wurde hierbei von rein praktischen und thatsächlichen Gründen geleitet. Es wurde darauf hingewiesen, daß in den Ländern, in denen überhaupt sich Material über die Benutzung der Lagerpfandscheine nachweisen ließ, insbesondere in Oesterreich und in Belgien, von den Lagerpfandscheinen fast gar kein Gebrauch gemacht würde. Es wurde namentlich darauf hingewiesen, daß in Antwerpen in den letzten fünf Jahren bei etwa 66 000 ausgestellten Bestätigungen über Einlagerungen nur 222 Lagerpfandscheine benutzt worden sind. Es wurde aber dann weiter darauf hingewiesen, das namentlich der deutsche Handelsstand sich den Lagerpfandscheinen, soweit er dazu Gelegenheit hatte, vollständig ablehnend gegenüber gestellt hat. In Bremen existirt seit 1877 ein Warrantgesetz, bei welchem das Zweischeinsystem adoptirt worden ist. In den ersten Jahren nach dem Inkrafttreten des Gesetzes wurden Lagerpfandscheine einige Male creirt, seit acht Jahren ist überhaupt keine Benutzung eines Lagerpfandscheins in Bremen vorgekommen. Ebenso ist in Elsaß-Lothringen, wo noch die französische Gesetzgebung gilt, der Lagerpfandschein vollständig außer Gebrauch. Die Kaufmannschaft, besonders in Deutschland, hat somit gegen diese Lagerpfandscheine thatsächlich Stellung genommen.

Es sind auch die Gründe für diese Stellungnahme als stichhaltig angesehen worden. Diese Gründe sind theils darin zu suchen, daß die Kaufmannschaft überhaupt nicht gern öffentlich Geld gegen Pfand aufnimmt, und gewissermaßen öffentlich geschieht das hier, da die Verpfändung in die Lagerbücher eingetragen wird, und außerdem die Lagerpfandscheine weiter indossirt werden, also in die Hände vieler Personen gelangen können. Es ist ferner darauf hingewiesen worden, daß bei der Ausstellung von Lagerpfandscheinen die Pfandschuldner sehr häufig starke

Zinsverluste haben; die Darlehnssumme, für welche der Lagerpfandschein haftet, ist nämlich an einem bestimmten Termin, meist nach drei Monaten, zurückzuzahlen; wenn die Rückzahlung früher erfolgt, so verliert der Pfandschuldner die Differenz der Zinsen von dem Tage der Einlösung bis zum Tage der Fälligkeit der Schuld. Endlich ist darauf hingewiesen worden, daß thatsächlich solche Darlehen, wie sie der Lagerpfandschein zur Voraussetzung hat, jedenfalls in Deutschland nicht üblich sind. Wenn ein Kaufmann bei einer Bank ein Darlehen aufnehmen will, so sagt er nicht: auf diese Waare will ich eine bestimmte Summe auf drei oder sechs Monate als Vorschuß nehmen. Vielmehr erfolgt die Beleihung derartig, daß der Kaufmann zu der Bank sagt: beleihe mir die Waare zu einem bestimmten Procentsatze des jeweiligen Werthes. Wenn also die Waare im Werthe heruntergeht, so ist der Kaufmann verpflichtet, Nachschuß zu leisten. Das ist auch die einzige vom wirthschaftlichen Standpunkt empfehlenswerthe Handhabung der Sache, da andernfalls die Bank die drei oder sechs Monate bis zur Geltendmachung der Rechte gegen den Schuldner warten müßte, und inzwischen durch Herabgehen des Werthes des Pfandes die Sicherheit für die Darlehnsgeber verloren gehen könnte. Aus allen diesen Gründen hat sich der Kaufmannsstand thatsächlich, namentlich in Deutschland, der Benutzung der Lagerpfandscheine enthalten. Unter Berücksichtigung aller dieser Umstände, insbesondere im Hinblick darauf, daß die Kaufmannschaft aller Voraussicht nach auch in Zukunft nicht den Lagerpfandschein benutzen würde und daß die Benutzung des Lagerpfandscheins auch wirthschaftlich nicht angezeigt ist, ist es einerseits für nicht empfehlenswerth, andererseits für überflüssig erachtet worden, das Institut des Lagerpfandscheins bei Neuordnung des Lagerwesens einzuführen.

Präsident: Wir gehen über zu den Beschlüssen der zweiten Abtheilung. Von dieser ist zunächst die Frage unter 7 behandelt worden:

> Empfiehlt sich die Beibehaltung der Grundsätze des Entwurfs eines Bürgerlichen Gesetzbuchs über Verschollenheit und Todeserklärung?

Die Abtheilung hat den Herrn Geheimen Justizrath Dr. Brunner ersucht, ihren Beschluß dem Plenum zur Kenntnißnahme mitzutheilen.

Referent Geheimer Justizrath Professor Dr. **Brunner** (Berlin): In der Frage der Verschollenheit und der Todeserklärung hat der Entwurf erster Lesung durch die für die zweite Lesung eingesetzte Commission einschneidende Aenderungen erfahren, welche der Reichsanzeiger publicirt hat. Die Abtheilung hat nun, ohne sich auf alle Details dieser in den

Einzelheiten ziemlich verwickelten Materie einzulassen, drei Grundsätze ausgesprochen, welche jene von der Commission der zweiten Lesung beschlossenen Aenderungen durchaus billigen.

Die Abtheilung hat nämlich beschlossen:

„Es empfiehlt sich, im Einklang mit den Beschlüssen der zur zweiten Lesung eingesetzten Commission erstens, die Unfallverschollenheit unter die Anlässe der Todeserklärung aufzunehmen."

Der Entwurf erster Lesung kennt nämlich zwar eine Kriegs- und Seeverschollenheit, aber abgesehen davon keine Unfallverschollenheit. Daß eine solche neben der Kriegs- und Seeverschollenheit praktisches Bedürfniß sei, das haben uns vor Kurzem einzelne Massenverunglückungen in betrübende Erinnerung gebracht, Massenverunglückungen, bei denen es mitunter nicht möglich war, den Tod einzelner Personen zu constatiren. Man braucht da nur an das bekannte Eisenbahnunglück bei Mönchenstein und andere Ereignisse der jüngsten Zeit zu denken, die ja in der Presse vielfach besprochen worden sind.

Die Abtheilung hat ferner beschlossen:

Es empfiehlt sich zweitens, den Tod des Verschollenen von dem Zeitpunkte zu datiren, in welchem der gesetzliche Wahrscheinlichkeitsgrund des Todes eingetreten ist.

Der Entwurf erster Lesung giebt der gerichtlichen Todeserklärung sogenannte constitutive Wirkung. Es wird nämlich nach dem Entwurf erster Lesung hinsichtlich der Beerbung des Verschollenen vermuthet, daß er gestorben sei zur Zeit der gerichtlichen Todeserklärung, so daß also als Todesdatum vermuthet wird das Datum des Urtheils, welches die Todeserklärung ausspricht. Das führt im Einzelnen zu höchst unwahrscheinlichen Ergebnissen und hat auch sonst praktische Unzukömmlichkeiten im Gefolge. Die Abtheilung hat sich daher im Einklange mit den Beschlüssen der zweiten Lesung für die sogenannte declarative Todeserklärung ausgesprochen. Nach dieser bestimmt sich das Todesdatum durch den Zeitpunkt, in welchem der gesetzliche Wahrscheinlichkeitsgrund des Todes eingetreten ist, also durch den Ablauf der zehnjährigen Verschollenheitsfrist resp. der fünfjährigen bei Personen, welche das 70. Lebensjahr erreicht hatten; bezw. durch den Tag des nachgewiesenen oder vermutheten Unfalls, bezw. bei der Kriegsverschollenheit durch den Zeitpunkt des Friedensschlusses oder das Ende des Krieges.

Die Abtheilung hat dann drittens beschlossen:

Es empfiehlt sich, mit der Vermuthung des Todes die Vermuthung zu verknüpfen, daß der Verschollene bis zu jenem Zeitpunkte (d. h. dem Zeitpunkte, in welchem der gesetzliche Wahrscheinlichkeitsgrund des Todes eingetreten ist) gelebt habe.

Der Entwurf erster Lesung stellt eine von dem Institute der Verschollenheit und Todeserklärung unabhängige Vermuthung siebenzigjähriger Dauer des Lebens auf. Das führt zu dem Ergebnisse, daß unter Umständen eine Person in gewisser Beziehung als lebend und gleichzeitig in gewisser Beziehung als todt zu präsumiren ist. Die Beschlüsse der Revisionscommission haben die Lebensvermuthung in organische Verbindung gebracht mit der Todesvermuthung, wie sie dem Institute der Todeserklärung zu Grunde liegt. Es wird nämlich präsumirt, daß der Verschollene so lange gelebt habe, bis der gesetzliche Wahrscheinlichkeitsgrund des Todes eingetreten sei.

Die Debatte über das vorliegende Thema war in der Abtheilung ganz kurz; es wurde nur ein Gegenvorschlag gemacht, nämlich der Vorschlag, bei der zehnjährigen resp. bei der fünfjährigen Verschollenheit den Tod des Verschollenen zu datiren vom Ablaufe des ersten Jahres nach Beginn der Verschollenheit. Dem war zu entgegnen, es sei durchaus nicht wahrscheinlich, daß Jemand, der durch zehn Jahre verschollen war, schon am Schlusse des ersten Jahres nach Beginn der Verschollenheit gestorben sei. Wenn es aber wahrscheinlich wäre, was bestritten wurde, dann ist nicht recht abzusehen, warum man noch weitere neun Jahre mit der Todeserklärung warten solle.

Da ein Antrag im Sinne jenes Vorschlags nicht gestellt wurde, so hatte die Abtheilung auch keinen Anlaß, jenen Vorschlag abzulehnen, sie hat vielmehr die Ihnen eben verlesenen drei Thesen mit Einstimmigkeit beschlossen.

Präsident: Wir kommen nunmehr zur Frage 6:

Ist die vom Entwurfe des B.G.B.'s angenommene Stellung des Testamentsvollstreckers zu billigen, und wie ist sie nöthigenfalls anders zu regeln?

Referent ist Herr Geh. Justizrath Prof. Dr. Gierke.

Referent Geh. Justizrath Prof. Dr. **Gierke** (Berlin): M. H., in der Frage bezügl. der Testamentsvollstrecker ist die zweite Abtheilung zu nahezu einstimmigen und ziemlich eingehenden Beschlüssen gelangt, die sie Ihnen daher auch nur zur Kenntnißnahme mitzutheilen beschlossen hat.

Vor Allem herrschte völlige Einigkeit zwischen den beiden Gutachtern, den Herren Prof. Dr. Hartmann und Geh. Justizrath Prof. Dr. v. Cuny, den beiden Referenten und den Mitgliedern der Abtheilung darüber, daß die Regelung der Testamentsvollstreckung durch den Entwurf grundsätzlich nicht zu billigen sei. Dieses wichtige, in alten deutschen Rechtsgewohnheiten, im Institut der Salmänner und Treuhänder wurzelnde und im Leben in ganz Deutschland kräftig blühende Institut ist vom Entwurfe mit besonderer Sorgfalt behandelt worden, aber er hat es verkrüppelt, indem er eine verfehlte Construction zu Grunde gelegt hat. Der Entwurf faßt den Testamentsvollstrecker auf als gesetzlichen Vertreter des Erben; er spricht dies in einem Paragraphen ausdrücklich aus, und er zieht vor Allem hieraus die Consequenz. Der Entwurf behandelt also den Erben als den Geschäftsherrn des Testamentsvollstreckers und kommt zu dem Resultate, daß sein Wille dem des verstorbenen Erblassers vorgeht, daß er der Principal ist, der die Handlungen des Testamentsvollstreckers dirigirt. Der Entwurf ist nach dem Eingeständniß der Motive zu dieser Construction nur gekommen, weil er, wie leider oft, seine Auffassung nicht aus dem Leben, sondern aus dem Begriffe geschöpft hat, weil er hier Begriffsjurisprudenz schlimmster Art getrieben hat. Die Motive sagen, man habe diese Construction gewählt, weil sie zu dem Rechtssystem am besten passe, das dunkle Institut auf klare, einfache Begriffe zurückführe, d. h. mit anderen Worten, weil man nicht nöthig hatte, ein dem Institut und seiner Eigenthümlichkeit entsprechendes neues Gedankengebilde hier zu schaffen, wenn man sich an bereits vorhandene Kategorieen anderer Rechtstheile anlehnen konnte, wenn man also mit dem gesetzlichen Vertreter und mit den Rechtsverhältnissen unter Lebenden hier allein zu operiren hatte. Die Abtheilung hat daher zunächst einstimmig beschlossen, die vom Entwurf des B.G.B.'s angenommene Stellung des Testamentvollstreckers nicht zu billigen.

Aber auch über die bei der Umarbeitung maßgebenden Gesichtspunkte herrschte nun in der positiven Frage im Wesentlichen Einhelligkeit. Man war einig, daß der Testamentsvollstrecker im Gegensatz zu der Auffassung des Entwurfs vielmehr als ein vom Erblasser mit selbständiger Willensmacht bekleideter Vertrauensmann aufzufassen sei, daß ihm daher eine im Dienste dieser von der Rechtsordnung anerkannten ethischen Pietätspflicht gegen den Verstorbenen verliehene selbständige Befugniß erbrechtlicher Art gebühre.

Die Abtheilung war in ihrer Mehrheit der Ansicht, daß die nähere juristische Construction des Verhältnisses nicht in das Gesetzbuch gehöre, daß sie der Wissenschaft zu überlassen sei, daß aus dem allgemeinen Gedanken heraus nur Rechtssätze aufzustellen seien, daß man daher nicht zu entscheiden habe, ob der Testamentsvollstrecker zu denken sei, wie das

Gutachten von Hartmann will, als Träger einer Eigenberechtigung am Nachlaß oder, wie Beseler sagt, als Repräsentant des Erblassers in formeller Hinsicht, wie es der Erbe in materieller Hinsicht ist, oder ob ihm vielleicht ein sociales Amt beizulegen sei, wie einem Stiftungscurator und dergl.

Anderer Meinung war der Herr Correferent. Er meinte, die Praxis könne eine genaue Bestimmung darüber nicht entbehren, in wessen Namen denn der Testamentsvollstrecker vor Gericht zu klagen habe und verklagt werden müsse, und er schlug daher vor, zu sagen, der Testamentsvollstrecker sei gegenüber den Nachlaßinteressenten, Erben und Legataren aufzufassen als Träger einer vom Erblasser ihm verliehenen eignen Berechtigung, kraft deren er in eigner Person berechtigt und verpflichtet ist; er sei dagegen Dritten gegenüber hinzustellen als gesetzlicher Vertreter des Nachlasses, welcher Nachlaß zu diesem Behuf wieder zu construiren sei als ein parteifähiges Zweckvermögen.

Die Mehrheit der Abtheilung war indeß der Ansicht, daß eine derartige Construction, die noch dazu diesen bestrittenen Begriff des subjectlosen Zweckvermögens einführe, durchaus nicht in das Gesetzbuch gehöre, und sie meinte, daß ähnliche Verhältnisse auch sonst vorliegen bei Liquidationsmassen von Gesellschaften, bei Concursmassen u. s. w., und daß da sich die Gesetzgebung auch enthalten habe, eine juristische Construction des Verhältnisses aufzustellen, und die Praxis ganz gut damit auskomme.

Der erste Referent wollte an die Spitze der positiven Vorschläge nun eine Formulirung des allgemeinen Gedankens, von dem aus die Testamentsvollstreckung zu regeln sei, stellen. Ich wollte als erster Referent sagen: der Testamentsvollstrecker ist nicht als gesetzlicher Vertreter des Erben zu behandeln. Er ist vielmehr als Träger einer selbständigen erbrechtlichen Befugnißsphäre anzusehen, die im Dienste der Rechtsordnung gewährleistet ist, um den letzten Willen des Erblassers zn verwirklichen. Mit geringer Mehrheit aber wurde dieser Antrag abgelehnt, weil die Fassung vielen nicht bestimmt genug schien, und es wurde statt dessen nur beschlossen, in einem nächsten Satze die Clausel einzuschieben, der Testamentsvollstrecker habe eine freiere, selbständigere Stellung auf Grund einer den Erben gegenüber gegebenen selbständigen Vollmacht. Der erste Referent wendete ein, daß man damit doch eine juristische Construction in das Gesetzbuch tragen wolle, daß auch keine wirkliche Vollmacht vorliege. Aber nachdem der Antragsteller selbst erklärt hatte, daß er eine Vollmacht im technischen Sinne gar nicht meine, sondern nur eine uneigentliche Vollmacht, eine Willensmacht eigenthümlicher Art, schien, wie gesagt, die Mehrheit dieses Bedenken des Referenten nicht als durchschlagend gelten lassen zu wollen.

Somit komme ich nun noch — und da kann ich mich kürzer fassen, — zu den einzelnen Folgesätzen, die die Abtheilung aus ihrer Grundauffassung gezogen hat. Sie hielt es für nothwendig, da positive Gegenvorschläge zu machen, wo sie eben die einzelnen vom Entwurfe aus seinem Standpunkte hergeleiteten Rechtssätze verwirft. Es sind das also alles zugleich Negationen des Entwurfes und positive Gegenvorschläge. Zunächst heißt es: „Der Testamentsvollstrecker ist nicht als gesetzlicher Vertreter des Erben zu behandeln, vielmehr ist ihm auf Grund einer dem Erben gegenüber ertheilten selbständigen Vollmacht eine freiere und selbständigere, unabhängige Stellung einzuräumen. Insbesondere muß das dem Erben zugedachte Recht, durch seinen Widerspruch die Ausführung des Willens des Erblassers zu hemmen, beseitigt werden und der Erbe auf den Weg der Klage gegen den Testamentsvollstrecker verwiesen werden.“ Nach dem Entwurfe kann bei den meisten Handlungen des Testamentsvollstreckers der Erbe einfach kommen und sagen: als Principal verbiete ich dir das zu thun, du bist mein Geschäftsführer; und dann kann der Testamentsvollstrecker nicht einmal gegen ihn auf Gestattung dieser Handlung klagen, wie es ein anderer Mandatar ja auch nicht kann. Dies ist nun offenbar ein dem Erben eingeräumtes Recht, welches vollständig die Stellung des Testamentsvollstreckers vernichtet und zu einer unwürdigen macht. Kaum, daß sich dann noch ein anständiger Testamentsvollstrecker finden lassen wird. Weiter heißt es: „Dem Testamentsvollstrecker selbst gebührt in allen Fällen, in denen die Erreichung der vom Erblasser ihm anvertrauten Zwecke es fordert, ein selbständiges Klagerecht gegen den Erben.“ Ein sehr wichtiger Punkt. Neulich hat das Reichsgericht in seinen vereinigten Civilsenaten für das Gebiet des preußischen Rechtes, aber mit Gründen, die für das gemeine und das französische Recht genau so zutreffen, die Controverse in dem Sinne entschieden, in dem sie allein entschieden werden darf, daß der Testamentsvollstrecker in der That, wo ein schutzwürdiges, sei es ein materielles, sei es ein ideales Interesse, vorliegt, berechtigt ist, auch gegen den Widerspruch sämmtlicher Erben den Willen des Erblassers zur Geltung zu bringen. Es würde nun ein starker Rückschritt gegen dieses in der Praxis durch unseren höchsten Gerichtshof siegreich durchgekämpfte Princip bedeuten, wenn unser neues Gesetzbuch dieses Recht dem Testamentsvollstrecker versagen wollte. Weiter wird hinzugefügt: „Andrerseits ist der Testamentsvollstrecker nicht nur dem Erben, sondern allen Betheiligten gegenüber zur Ausführung des letzten Willens zu verpflichten und für die gehörige Erfüllung seines Amtes verantwortlich zu machen." Der Entwurf will dem Testamentsvollstrecker diese Verpflichtung nur gegenüber dem Erben beilegen. Er muß aber in gleicher Weise allen Betheiligten und insbesondere den Legataren gegenüber für die Ausführung des letzten Willens unmittelbar verhaftet sein.

Als zweiten Punkt hat dann die Abtheilung weiter beschlossen: „Die Bestimmung des Umfangs der rechtlichen Macht des Testamentsvollstreckers ist in erster Linie in den Willen des Erblassers zu stellen. Der Wille des Erblassers kann vorbehältlich gewisser Schranken die Befugnisse des Testamentsvollstreckers auch über den gesetzlich begrenzten Kreis erweitern." Der Entwurf hat mit dem im geltenden Rechte überall anerkannten Princip gebrochen, daß die Quelle der Befugnisse des Testamentsvollstreckers zunächst der Wille des Testators ist; gebrochen aus, glaube ich, wieder nur doctrinären Gründen. Die Abtheilung war einig, daß es hier bei dem geltenden Rechte bleiben muß.

Der Entwurf gestattet ferner die Ausdehnung der Befugnisse des Testamentsvollstreckers über den gesetzlichen Kreis durch den Testator nur in einem Punkte: Die Auseinandersetzung unter den Miterben kann ihm übertragen werden, während sie ihm im Zweifel nicht von selbst zusteht. Die Abtheilung meinte aber, es gebe auch andere Falle, in denen eine solche Ausdehnung erwünscht sei; beispielsweise könne die Verfügung über den literarischen Nachlaß, die Entscheidung, ob Briefe veröffentlicht, vernichtet, ein paar Jahre secretirt werden sollen u. s. w., einem Testamentsvollstrecker übertragen werden; es können ihm schiedsrichterliche Functionen beigelegt werden, was nach dem Entwurfe ganz unzuläßig ist, es könne ihm die Rechnungslegung zwar nicht überhaupt — das muß eine der Schranken sein, die hier gesetzt werden —, wohl aber die jährliche Rechnungslegung während der Verwaltung erlassen werden; und dergleichen mehr.

Drittens glaubte ferner die Abtheilung im Anschluß an Professor Hartmann bei den subsidiären gesetzlichen Regeln zwischen einer schwächeren und einer stärkeren Form der Testamentsvollstreckung unterscheiden und im Zweifel dann natürlich eine Vermuthung dafür aufstellen zu müssen, daß nur die schwächere Form gewollt ist. Sie sagt nämlich: „Im Zweifel ist er zur Verwaltung und Regulirung des Nachlasses nicht befugt." Wenn ihm die Verwaltung nicht übertragen ist, so hat er nur die nothwendige Function des Testamentsvollstreckers, nämlich die Ausführung des letzten Willens und Alles, was dazu gehört, die Sorge natürlich für die Sicherstellung des Nachlasses, für die

Eröffnung und Vertheidigung des Testaments, für die Erfüllung von Auflagen u. s. w. Ist ihm aber die Verwaltung des Nachlasses eingeräumt — was ja sehr häufig geschieht — so ist dieselbe vom Gesetz — so fahren unsere Beschlüsse fort — „im Sinne der freien Vertrauensstellung des Testamentsvollstreckers auszugestalten". „Dem Testamentsvollstrecker gebührt der Besitz des Nachlasses." Dies wurde hervorgehoben, weil der Entwurf ihm nur Inhabung giebt im Namen des Erben. Wie aber die Besitzlehre gestaltet werden möge, dem Testamentsvollstrecker gebührt jedenfalls echter Besitz. „Er ist nicht nur als rechter Kläger, sondern auch als rechter Beklagter in Ansehung des Nachlasses zu behandeln." Der Entwurf versagt ihm merkwürdigerweise die Passivlegitimation, während er ihm die Activlegitimation giebt. „Auch ist während der Dauer der Verwaltung die Zwangsvollstreckung in den Nachlaß nur auf Grund eines gegen ihn vollstreckbaren Titels zuzulassen." Der Entwurf verlangt bei gewissen Gegenständen zwei Titel, gegen ihn und gegen den Erben, bei anderen Gegenständen aber, z. B. bei Forderungen, begnügt er sich mit dem Titel gegen den Erben, und so kann es kommen, daß, ehe die Verwaltung beendigt ist, die Gläubiger eines überschuldeten Erben in die Nachlaßmasse zugreifen, während bis zur Beendigung der Verwaltung — wie das Gutachten von Cuny siegreich ausführt — diese Nachlaßmasse gegen den willkürlichen Zugriff von Gläubigern eines überschuldeten Erben geschützt sein muß.

Endlich hat die Abtheilung viertens noch zwei Dinge beschlossen, die nun nicht so innig mit der Grundauffassung zusammenhängen. „Wer sich dem Erblasser gegenüber zur Uebernahme der Testamentsvollstreckung bereit erklärt hat, darf nach dem Eintritte des Erbfalls mindestens die nächste Fürsorge für die Ausführung des letzten Willens nicht mehr ablehnen." Nach dem Entwurfe beginnt eine Pflicht erst dann, wenn man das Amt nach Eintritt des Erbfalles übernommen hat; hat man dagegen nur bei Lebzeiten des Testators feierlich zugesagt, man wolle Testamentsvollstrecker werden, so kann man Alles liegen lassen in der größten Unordnung und Verwirrung. Hier muß natürlich eine Pflicht anerkannt werden, das Amt wahrzunehmen, bis ein Anderer gefunden ist, der sich der Sache annimmt. Dann weiter: „Wer das Amt förmlich übernommen hat, darf es nicht einseitig, sondern nur aus erheblichen Gründen mit Bewilligung des Nachlaßgerichts niederlegen." Der Entwurf gestattet einseitige Kündigung wie beim Mandatar, während es richtig erscheint, daß der Testamentsvollstrecker gleich dem Vormunde nicht ohne Weiteres sein Amt aufgeben kann und auch hier eine Cognition des Nachlaßgerichts eintritt.

Das sind die Beschlüsse, welche die Abtheilung, wie gesagt, so gut wie einstimmig gefaßt hat und von denen sie hofft, daß sie bei der zweiten Lesung des Entwurfs Berücksichtigung finden mögen.

(Bravo!)

Präsident: Wir kommen zu der Frage, die unter Nr. 10 der Tagesordnung aufgeführt ist:

> In welcher Weise ist die Stellung des Gutsinventars zu den Rechten der Real- und Personalgläubiger und zu dem Pfandrecht des Verpächters zu regeln?

Herr Rechtsanwalt Mörschell aus Würzburg wolle die Güte haben, uns den Bericht zu erstatten.

Referent Rechtsanwalt **Mörschell** (Würzburg): Meine geehrten Herren! Die Frage 10 der vorläufigen Tagesordnung zerfällt von selbst in zwei Theile:

1. In welcher Weise ist die Stellung des Gutsinventars zu den Rechten der Real- und Personalgläubiger zu regeln?
2. In welcher Weise ist sie zu dem Pfandrecht des Verpächters zu regeln?

Die Abtheilung hat denn auch die beiden Fragen, die hier in eine zusammengefaßt sind, getrennt behandelt.

Zuerst wurde verhandelt über die Frage: in welcher Weise ist die Stellung des Gutsinventars zu den Rechten der Real- und Personalgläubiger zu regeln? Das staatliche Interesse an der Erhaltung und Förderung des landwirthschaftlichen Betriebes ist ja unbestritten. Ein unentbehrliches Mittel für den landwirthschaftlichen Betrieb ist das Gutsinventar. Ueber den Begriff des Gutsinventars bestand in der Abtheilung keine Differenz. Auch darüber bestand keine Meinungsverschiedenheit, daß der Staat, von diesem betonten Interesse geleitet, die Verpflichtung hat, die dauernde Verbindung des Inventars mit dem Gute soweit sicher zu stellen, als dies möglich ist, ohne den Eigenthümer in der Verfügung über die Inventarstücke in unwirthschaftlicher Weise zu beschränken, und daß er ferner die Verpflichtung hat, Vorsorge zu treffen, daß der bedeutende im Gutsinventar angelegte Theil des landwirthschaftlichen Capitals dem Credit des Besitzers nutzbar sein kann. Auch diese Sätze sind unbestritten. Aber über die Frage, welcher Art von Credit das Inventar dienstbar gemacht werden soll, zeigten sich erhebliche Meinungsverschiedenheiten in den Gutachten, die die Deputation über diese Frage erholt hatte. Soll das Inventar dem Real- oder dem Personalcredit dienen? Das war die Frage, die zu einer Debatte in der Abtheilung geführt hat. Das Gutachten des Geheimen Regierungsraths Dr. Hermes in Berlin stellt sich auf den Standpunkt, daß das Gutsinventar den Realgläubigern zu haften hat, das Gutachten des Herrn Amtsrichter Bunsen aus Rostock dagegen stellt sich auf den gerade entgegengesetzten Standpunkt, nämlich daß der Verkaufswerth des Inventars dem Personalcredit dienstbar zu machen sei. Der Referent Professor Enneccerus war mit dem Correferenten der Meinung, daß die Bestimmungen des Entwurfs eines B.G.B.'s, soweit sie hier in Frage kommen, in Verbindung mit einer solchen im § 2 des Entwurfs eines Gesetzes über die Zwangsvollstreckung in das unbewegliche Vermögen einen Mittelweg einschlagen, der allen gerechten Anforderungen in beiden Beziehungen diene, nämlich der Förderung des Real- und des Personalcredits. Die Bestimmungen des Entwurfs gehen im Ganzen genommen dahin: das Gutsinventar soll dem Hypothekargläubiger haften, dem Eigenthümer aber ist die freie Verfügung darüber gestattet, insbesondere aber kann auch eine Mobiliarexecution in das Gutsinventar stattfinden. Beginnt der Besitzer in unwirthschaftlicher Weise zu veräußern, so sind dem Hypothekargläubiger Rechte auf Sicherung seiner Ansprüche an das Gutsinventar wie an das Gut überhaupt gestattet. Die Referenten waren nämlich der Meinung, angesichts des Umstandes, daß dem Eigenthümer des Gutsinventars die Veräußerung und die sonstige Art der Verfügung nicht entzogen werden kann, weil es ja in der Natur der Sache liegt, daß gewisse Inventarstücke veräußert, daß z. B. verbrauchte Gegenstände durch andere ersetzt werden müssen, so sei es unzulässig, eine solche Beschränkung des Besitzers einzuführen, wie sie auf der Basis weitestgehender Haftung des Gutsinventars für den Hypothekengläubiger gefordert wird, nämlich daß nur im Falle der Veräußerung im wirthschaftlichen Betriebe die Haftung des veräußerten Inventars aufgehoben sein solle; die Referenten waren der Meinung, daß dadurch der Gutsbesitzer geradezu geschädigt werden könne, weil, wenn überhaupt die Möglichkeit bestehe, daß der Hypothekargläubiger nach veräußerten Sachen greife, dann der Grundbesitzer Gefahr laufe, daß er keinen Käufer finde, und weil er damit einer wesentlichen Grundlage für seinen Personalcredit verlustig gehe. Wer wird mit einem solchen Manne noch überhaupt Geschäfte abschließen, wer wird ihm insbesondere creditiren, wenn man der Gefahr ausgesetzt ist, daß man von dem Hypothekar auf Rückgabe der erworbenen Sache in Anspruch genommen werden oder daß man an das, was doch in der Regel das allein Greifbare des Gutsbesitzers ist, sich nicht halten kann, wenn man sich eine reale Sicherheit nicht schon vorher hat bestellen lassen.

Von der anderen Seite wurde dagegen geltend gemacht, es bestehe die Gefahr, daß der Gutsbesitzer zum Schaden des Hypothekargläubigers etwa unwirthschaftlich veräußere, und dieser Gefahr müsse vorgebeugt werden. Dieser Standpunkt fand in der Abtheilung seine Vertretung durch Anträge des Herrn Geheimen Justizrath Dr. Gierke und durch einen Antrag des Herrn Justizrath Levy (Berlin). Nach dem Antrage des ersteren sollte das Pfandrecht des Hypothekargläubigers nur erlöschen können, wenn in nicht unwirthschaftlicher Weise veräußert sei, vorbehaltlich der Rechte des gutgläubigen Erwerbers. Von Herrn Justizrath Levy wurde beantragt, es solle die Bestimmung des Entwurfs eines Gesetzes über die Zwangsvollstreckung in das unbewegliche Vermögen, wonach die Mobiliarpfändung an dem Gutsinventar gestattet ist, gestrichen werden, es solle also bei dem in einem großen Theile der deutschen Staaten bestehenden Rechte bleiben, wonach der Hypothekargläubiger berechtigt ist, gegen die Mobiliarpfändung seitens eines Personalgläubigers an dem Gutsinventar Widerspruch zu erheben.

Die Referenten sprachen sich dahin aus, daß diesen Anträgen nicht stattzugeben sei, und zwar gerade mit Rücksicht auf den vorhandenen, von mir schon hervorgehobenen Standpunkt der Rechtssicherheit des Erwerbers einmal, und der Erhaltung des Personalcredits des Gutsbesitzers, und sie waren ferner der Ansicht, daß durch die Bestimmungen der Civilproceß-Ordnung im § 715, 5 einerseits und andererseits durch die Bestimmungen des Entwurfs eines B.G.B. über die Möglichkeit, für den Gläubiger bei unwirthschaftlicher Veräußerung Sicherungsmaßregeln alsbald eintreten zu lassen, die Interessen des Hypothekargläubigers hinreichend gewahrt seien. Die Bestimmung in § 715, 5 der Civilproceß-Ordnung geht ja eben dahin, daß eine Pfändung des unentbehrlichen Inventariums nicht statthaft ist, und das rechtfertigt die Anschauung, daß man mehr nicht verlangen kann, als daß das unentbehrliche Inventar bei dem Gute erhalten bleibe, und daß der Hypothekargläubiger kein Recht habe, mehr zu verlangen, insbesondere nicht zu verlangen, daß auch solche Gegenstände dem Zugriff des Hypothekargläubigers noch unterliegen sollen, die entbehrlich sind.

Die Abtheilung hat mit erheblicher Mehrheit den Anträgen des Referenten Dr. Enneccerus beigestimmt, die dahin gingen, es seien die Bestimmungen des B.G.B. über die Stellung des Gutsinventars zu den Rechten des Hypothekar- und Personalgläubigers beizubehalten, jedoch mit einer Beschränkung. Der Entwurf macht nämlich das Erlöschen des Pfandrechts des Hypothekargläubigers davon abhängig, daß Inventarstücke von dem Gute entfernt sind, und sagt: damit ist der Zusammenhang thatsächlich aufgehoben. Der Referent glaubte nicht so weit gehen zu sollen; er vertrat die Meinung, daß nur dann das Recht des Pfandgläubigers an solchen von dem Besitzer entfernten Gegenständen aufgehoben sein soll, wenn eine Veräußerung der Sachen stattgefunden hat, da es doch ungerechtfertigt sei, etwa das Pfandrecht des Hypothekargläubigers deshalb erlöschen zu lassen, weil der Besitzer, bloß um das Pfandrecht illusorisch zu machen, vielleicht die Sachen von dem Gut weggebracht, etwa bei Verwandten versteckt hätte. Also die Veräußerung wäre das wesentliche Moment, welches hinzukommen muß, um die Haftung des Inventarstücks aufzuheben. Dieser Anschauung hat sich die Abtheilung, wie gesagt, angeschlossen.

Es kam dann zur Erörterung der zweiten Frage: In welcher Weise soll das Pfandrecht des Verpächters am Inventar geregelt werden? Der Entwurf des B.G.B.'s behandelte ganz gleich das Recht des Vermiethers an den von dem Miether eingebrachten Sachen und das Recht des Verpächters an den vom Pächter eingebrachten Sachen. Beide Gutachten sowohl als auch die Referenten und die Abtheilung waren darüber nicht im Zweifel, daß diese Gleichstellung eine ungerechtfertigte ist, weil das Gutsinventar, das der Pächter eingebracht hat, doch eine ganz andere wirthschaftliche Stellung einnimmt, als das Mobiliar, das der Miether in die gemiethete Wohnung einbringt. Man ging davon aus, daß der wesentliche Unterschied darin bestehe, daß das Mobiliar des Miethers einem fortgesetzten Interesse insofern dient, als man zum Wohnen, einem niemals aufhörenden Bedürfnisse des einzelnen Menschen, ja fortgesetzt auch das Mobiliar braucht, während das beim Gutsinventar sich anders verhält. Warum soll man z. B. in dem Augenblicke, wo etwa das Gutsinventar dem Gute, zu dessen Bewirthschaftung es gebraucht worden ist, nicht mehr zu dienen bestimmt ist, nicht das Pfandrecht des Verpächters zulassen? Sowie das Pachtverhältniß aufhört, braucht der Pächter das Inventar nicht mehr zur Bewirthschaftung dieses Gutes. Auch besteht der wesentliche Unterschied, daß eben der Betrieb der Landwirthschaft ein Beruf ist, der aufgegeben werden kann, ohne daß die wirthschaftliche Existenz, die Lebensbedingungen des Menschen damit aufzuhören brauchen. Die Concursordnung hat auch in dieser Beziehung bereits andere Bestimmungen getroffen, als sie der Entwurf des B.G.B.'s beabsichtigte, nämlich im § 1 Abs. 3, welcher besagt, daß im Concurse auch das Vieh- und Feld-Inventarium zu Gunsten der Gläubiger veräußert wird.

Der Grundsatz, daß dem Verpächter ein Pfandrecht an dem Inventar des Pächters zustehen soll, fand nur von einer Seite Widerspruch, indem vom Amtsrichter Levinsohn ein Antrag eingebracht wurde, daß der Verpächter sich nur an die unentbehrlichen, d. h. also von sonstiger Pfändung ausgeschlossenen Inventarstücke soll halten dürfen; er begründete dies damit, daß dies dem Verpächter nichts schade, weil er ja aus diesen unentbehrlichen Sachen seine Befriedigung erlangen könne, daß es dagegen den übrigen Gläubigern nütze, insofern als diese dann den Erlös aus anderen Sachen, die also nicht zu den unentbehrlichen gehören, vollständig für ihre Befriedigung verwenden könnten, während, wenn man die Concurrenz des Verpächters auf letztere Sachen auch zulasse, der Werth der vom Verpächter in Anspruch genommenen entbehrlichen Gegenstände dem Zugriff der Personalgläubiger entzogen werde. Dieser Antrag fand in der Abtheilung keine Unterstützung. Dagegen hat dieselbe einer vom Referenten beantragten Beschränkung hinsichtlich der Art und Zeit der Geltendmachnung des Rechtes des Verpächters am Inventar zugestimmt; von dem Gesichtspunkte aus, daß das Inventar für die Bewirthschaftung des Gutes erhalten bleiben muß, soll der Verpächter nicht befugt sein, sein Pfandrecht auszuüben, solange das Inventar zur Bewirthschaftung des Gutes nothwendig ist, er soll also nicht schon während der Dauer der Pacht etwa wegen des Pachtschillings dieses Inventar pfänden dürfen. Das ist, m. H., so selbstverständlich, daß eben darüber auch keine weitere Debatte veranlaßt wurde, und es hat deshalb die Abtheilung die Anträge des Referenten in dieser Beziehung einstimmig angenommen.

Den von mehreren Herren gestellten Antrag, den ersten Theil der Frage zur Berathung und Beschlußfassung vor das Plenum zu bringen, hat die Abtheilung abgelehnt mit Rücksicht auf die große Mehrheit, die sich für die Anträge des Referenten erklärt hatte.

Präsident: M. H., die zweite Abtheilung hat über die Frage Nr. 9 nicht berathen. Im Protocoll sind die Gründe nicht angegeben, weshalb die Berathung über diese Frage ausgesetzt wurde. Ich vermuthe, daß deshalb die Berathung nicht erfolgt ist, weil die beiden Referenten nicht an den Verhandlungen des diesjährigen Juristentages Theil genommen haben. So bleibt für die zweite Abtheilung bloß noch die Frage übrig, betreffend das System des gesetzlichen Güterstandes, in welcher Richtung Herr Justizrath Dr. Elven beauftragt ist, den von der Abtheilung gefaßten Beschluß der Versammlung mitzutheilen.

Justizrath Dr. **Elven** (Cöln): M. H., ich setze Ihr Einverständniß mit meiner Auffassung dahin voraus, daß die Kürze der Zeit mir die Verpflichtung auferlegt, meinem Vortrage die entsprechende Kürze zu Theil werden zu lassen.

(Bravo!)

Es ist nach den verschiedensten Richtungen uns die Aufgabe gestellt, unsere Kräfte nach Möglichkeit zu verwerthen. M. H., der Entwurf des bürgerlichen Gesetzbuches behandelt die schwierige Frage des ehelichen Güterrechtes in der Weise, daß er zunächst den Eheleuten vollständig freie Berechtigung anheimgiebt, ihre Vermögensverhältnisse für die Dauer der Ehe, sowohl unter sich, wie in Folge dessen Dritten gegenüber frei und ihrem Willen entsprechend zu behandeln. Die Eheleute sind berechtigt, dem ehelichen Güterrecht jedes System zu Grunde zu legen: Volle Gütertrennung neben unbedingter Gütergemeinschaft, Gütertrennnng in gewisser Beziehung neben Errungenschaft, kurz die Autonomie der Eheleute zur Gestaltung des ehelichen Vermögensrechts ist in keiner Weise beschränkt. Der Entwurf zu dem neuen Gesetzbuche stellt für den Fall, daß von diesem freien Verfügungsrechte seitens der Eheleute irgend ein Gebrauch nicht gemacht wird, die gesetzliche Disposition dahin: Alles, was die Frau in die Ehe einbringt, bleibt ihr volles Eigenthum, sie überträgt dem Manne die Verwaltungsmacht und in Verbindung mit dieser den ehemännlichen Nießbrauch. Das ist im Entwurfe die Stellung des gesetzlichen Güterstandes während der Ehe.

Dem Juristentage lag die Frage vor:

> Bedarf das System des gesetzlichen Güterstandes in dem Entwurfe des Bürgerlichen Gesetzbuchs einer grundsätzlichen Abänderung und in welcher Richtung?

Zur Beschlußfassung über diese Frage lagen zwei Gutachten vor, an die sich gestern die mündliche Verhandlung, die Mittheilungen und Auslassungen der Referenten anreihten. Es herrschte volle Einstimmigkeit, daß die Lösung dieser Frage in dem Entwurfe zum neuen Gesetzbuche eine vollständig verfehlte sei, und als Folge die Auffassung, daß diese Bestimmung des Gesetzbuchs einer gründlichen Remedur bedürfe. In diesen beiden Fragen herrschte Einstimmigkeit. Trotzdem erhob sich in der Verhandlung eine lebhafte Discussion darüber, wie die Aenderung zu treffen sei, und bei der Behandlung dieser an und für sich ganz gewiß recht schwierigen Materie trat eine Reihe von einzelnen Auffassungen an den Tag, die dahin gingen, daß überhaupt das System des Gesetzes, das Ehegut der Frau als Sondergut zu lassen und dem Manne nur eine Verwaltungsbefugniß und das ehemännliche Nutzungsrecht zu ertheilen, ein verfehltes sei. Es wurde zurückgegangen auf die den früheren Juristentagen schon vorgelegene Frage, ob überhaupt dem gesetzlichen Güterstande nicht das System einer engeren oder weiteren ehelichen Gütergemeinschaft zu Grunde zu legen sei. Diese Auffassung fand lebhafte Gegnerschaft aus dem Grunde, weil der Gesichtspunkt geltend gemacht wurde, daß der Juristentag bezüglich dieser Frage schon Stellung genommen habe, wenn auch allerdings nicht mit der größten Majorität, und daß es sich nicht empfehle, dem gegenwärtigen Juristentage die Frage nochmals zu unterbreiten. Aber auch diese Auffassung fand wiederum Gegner in der Richtung, daß man die an und für sich meines Erachtens auch berechtigte Auffassung entgegenstellte, der Juristentag sei bei seinen jedesmaligen Verhandlungen nicht absolut gebunden an die Beschlüsse früherer Juristentage, die ja auch bis heute noch keineswegs einen gesetzlichen Ausdruck gefunden haben. Die Debatte nach den verschiedenen Seiten hin, ob dem gesetzlichen Güterstande eine Gütergemeinschaft zu Grunde liege, sei es allgemein, sei es beschränkt, sei es Errungenschafts- oder Erwerbsgemeinschaft, sei es mit oder ohne Verbindung der Fahrnißgemeinschaft, führte zur Stellung einer Reihe von Zusatzanträgen, und meinem Versprechen getreu, möglichst kurz sein zu wollen, bemerke ich, daß diese sämmtlichen Amendements ihre Lösung in der Verwerfung fanden, und daß es sich deshalb nur um die Lösung der Hauptfrage handeln konnte: ist dem Ehemann die Verwaltungsmacht in Verbindung mit dem eheherrlichen Nutzungsrecht zu beschränken? Die Frage wurde im Allgemeinen dahin behandelt, daß das Bürgerliche Gesetzbuch im Entwurfe dem Ehemanne eine unwürdige, in ihren Folgen aber auch unhaltbare Stellung anweise, daß es wünschenswerth sei, die Rechte des Ehemannes auszudehnen, diese Nutznießung fallen zu lassen und ihm eine größere Machtbefugniß zu gestatten. Der Gang der Debatte in Beziehung auf die Frage, ob weitere oder engere Gütergemeinschaft während der Ehe zu stipuliren sei, fand dann den Abschluß dahin, daß beantragt wurde:

> „Das in dem Entwurf aufgestellte System des gesetzlichen Güterstandes bedarf, möge es nun gesetzliches Gütersystem bleiben oder nicht, einer grundsätzlichen Aenderung in der Richtung, daß das System des ehemännlichen Nießbrauchs in dem Sinne der deutschen ehelichen Verwaltungsgemeinschaft ausgestaltet werde.“

M. H., dieser Antrag hat schließlich nach meiner Auffassung eine geradezu einstimmige Zustimmung der zweiten Abtheilung gefunden. Sie finden in dem Antrage die Möglichkeit nicht ausgeschlossen, daß bei der Fixirung des gesetzlichen Güterstandes die Vorfrage, ob in dem gesetzlichen Güterstande die Sonderqualität des Vermögens der Ehefrau beizubehalten oder ob der ehelichen Gütergemeinschaft bezüglich des Güterrechts doch eine weitere oder engere Gemeinschaft zuzuschreiben sei, offen geblieben ist. Die zweite Abtheilung hat einstimmig diesen Antrag angenommen, und ich halte mit Rücksicht auf die Kürze der Zeit es für ausreichend, Ihnen das mitzutheilen, dessen Mittheilung meine Aufgabe war.

Präsident: Wir können nun übergehen zu den Verhandlungen der dritten Abtheilung.

Es wird sich empfehlen, zuerst entgegenzunehmen den Bericht über Frage 14:

Wie ist die Rechtspflege in den Schutzgebieten zu ordnen:
a) für die Europäer?
b) für die Eingeborenen?

Herr Privatdocent Dr. Preuß zu Berlin wolle die Güte haben.

Reichsgerichtsrath **Loebell** (Leipzig): Ich wollte bitten, in der Reihenfolge zu bleiben, wie sie in der vorläufigen Tagesordnung eingehalten worden ist.

Präsident: Die Reihenfolge der vorläufigen Tagesordnung ist in den Abtheilungen aus Zweckmäßigkeitsgründen auch nicht immer eingehalten werden.

Ich nehme an, daß, wenn wir die beiden noch übrigen Fragen jetzt vorausnehmen, Herr Dr. Preuß kaum noch zu Worte kommen würde.

Referent Privatdocent Dr. **Preuß** (Berlin): M. H., ich will die Versammlung mit der Rechtspflege in den Schutzgebieten nicht lange aufhalten. Auch in der Abtheilung hat diese Frage keine tiefgreifenden Erörterungen noch leidenschaftliche Gegensätze hervorgerufen. Gutachter und Referenten stimmten darin überein, daß man sich von den gegebenen Grundlagen im Allgemeinen nicht entfernen dürfe. Nur hat es die einstimmige Zustimmung der Abtheilung gefunden, daß in besonderer Rücksicht auf die Rechtsverhältnisse des indischen und arabischen Elements in Ostafrika, welches für die dortige wirthschaftliche Entwickelung und Rechtsgestaltung von größter Bedeutung ist, eine Heranziehung desselben zur Ausübung der Rechtspflege, sowie eine beschränkte Anwendung des betreffenden materiellen Rechts am Platze ist. Dem entsprechend geht der erste Theil der von der Abtheilung angenommenen Resolution dahin: für die Ordnung der Rechtspflege in den Schutzgebieten die jetzigen Grundlagen zunächst beizubehalten, unbeschadet ihrer Weiterbildung nach Maßgabe der praktischen Erfahrung und der sich ergebenden Bedürfnisse. Hierbei ist in erster Linie die Rechtslage der Indier und Araber in Ostafrika zu berücksichtigen, und zwar sowohl durch Heranziehung dieser Bevölkerungselemente zur deutschen Gerichtsorganisation, als auch durch sachgemäß begrenzte Anwendung ihres materiellen Rechts.

In zweiter Linie war die Abtheilung auch darin einstimmig, daß sie eine Ausdehnung des deutschen Rechtes auf die Eingeborenen, auf die wilden Stämme in unseren Schutzgebieten, wie sie nach der jetzigen Rechtslage durch einfache kaiserliche Verordnung möglich wäre, nicht billigt. Dem entsprechend lautet der zweite Theil des Beschlusses der Abtheilung:

„Von der Ausdehnung des deutschen Rechts und der deutschen Gerichtsverfassung auf die uncivilisirten Eingeborenen ist für's Erste abzusehen, und sind, soweit nöthig, insbesondere was Strafrecht und Strafverfahren betrifft, besondere Rechtsnormen für diese aufzustellen."

Eine kleine Meinungsverschiedenheit trat in der Abtheilung in Bezug auf den dritten Punkt hervor, ob nämlich der frühere Rechtszustand in gewisser Beziehung wieder herzustellen sei, indem von zweitinstanzlichen Entscheidungen der Schutzgebietsgerichte eine Revision an das Reichsgericht gegeben werden soll, was nach der letzten Novelle nicht mehr der Fall ist. Ihre Abtheilung hat sich dahin entschieden, im Interesse der Rechtseinheit zwischen Mutterland und Colonieen wenigstens für größere Rechtsstreitigkeiten der Europäer eine Revision an das Reichsgericht zuzulassen. Dem entsprechend lautet der dritte Theil des Beschlusses der Abtheilung:

„Das Gerichtsverfahren in den deutschen Schutzgebieten ist unbedingt so zu gestalten, daß in größeren Civil- und Strafsachen gegen Europäer das Reichsgericht die oberste Instanz bilde."

Präsident: Von der Berathung über die Ehescheidungsfrage, Nr. 15, hat abgesehen werden müssen wegen Abwesenheit der beiden Referenten.

Ueber Frage 13:

„Sind Aenderungen des geltenden Rechtes erwünscht in Betreff des Verhältnisses zwischen Geld- und Freiheitsstrafen?"

ist die Beschlußfassung bis zum nächsten Juristentage ausgesetzt, um die Drucklegung der Verhandlungen der internationalen kriminalistischen Vereinigung über den Gegenstand abzuwarten.

Es bleiben also nur noch übrig die Fragen 11 und 12 betreffend die bedingte Verurtheilung und die Trunksucht. Es ist in Bezug auf die Trunksuch teine Verhandlung und Berathung im Plenum vorzunehmen. Da die Abtheilung den Beschluß gefaßt hat, so würde ich vorschlagen, diese Berathung jetzt vorzunehmen, und zuletzt die Frage über die bedingte Verurtheilung zur Verhandlung stellen.

Reichsgerichtsrath **Loebell** (Leipzig): Aus dem Grunde, der vorhin schon von dem Herrn Präsidenten geltend gemacht wurde, daß diejenige Sache, die zurückgestellt wird, überhaupt Gefahr läuft, ins Wasser zu fallen, muß ich für die Sache, die ich als Referent habe, meinerseits den Vorrang wünschen. Dieser Vorrang wird gewährt durch die Reihenfolge auf der Tagesordnung und die Reihenfolge, in welcher die Abtheilung verhandelt hat. Darüber zu entscheiden, welche Frage die wichtigere ist, überlasse ich Ihnen, ich behaupte es von der meinigen. Aber meiner Meinung nach muß es in der Reihenfolge gehen, die von vornherein festgestellt ist.

Präsident: Darüber läßt sich streiten, da von Seiten der ständigen Deputation die Tagesordnung für die II. Plenarsitzung auf früheren Juristentagen sogar in Druck gelegt und den Herren mitgetheilt wurde. Hierbei wurde die Reihenfolge durch die ständige Deputation festgestellt. Diese Befugniß der ständigen Deputation konnte nicht ausgeübt werden, weil die Protocolle nicht zur rechten Zeit vorlagen. Also über die Reihenfolge haben die Verhandlungen der Abtheilungen gar nicht maßgebend zu sein; die ständige Deputation hat das freie Ermessen, diese Fragen nach der Zweckmäßigkeit zu entscheiden. Ich kann allerdings diese Ansicht nur für meine Person aussprechen, aber ich habe gar nichts dagegen — es sind Anträge sogar angekündigt —, die Frage der bedingten Verurtheilung v o r der Trunksuchtsfrage zu behandeln. Das Plenum wird darüber zu entscheiden haben.

Oberstaatsanwalt **Hamm** (Cöln): Zur Geschäftsordnung! Ich glaube, wir müssen doch formell zuerst uns darüber entscheiden, ob die bedingte Verurtheilung, die dem Plenum nur zur Kenntnißnahme vorgelegt ist, zur Verhandlung kommt. Wenn wir darüber abgestimmt haben, kommt die Frage zur Erledigung, welche Angelegenheit zuerst in Behandlung genommen werden soll.

Präsident: M. H., das ist auch nicht der Ordnung, die bisher auf den Juristentagen gehandhabt worden ist, gemäß, denn die ständige Deputation erhielt solche Anträge nicht; die ständige Deputation beurtheilte, welche Fragen gerade nach den Zeitumständen die wichtigeren waren. Aber da ein solcher Beschluß der ständigen Deputation nicht vorliegt, so habe ich für meine Person nichts dagegen, wenn Sie den eingereichten Antrag annehmen wollen, welcher also lautet:

> Die Plenarversammlung wolle beschließen, über den Beschluß, welchen die 3. Abtheilung bezügl. der Frage 11 gefaßt hat, eine Berathung und Entscheidung im Plenum vorzunehmen.

Ich kann darüber nur dem Herrn Antragsteller das Wort geben, eine weitere Berathung ist nicht zulässig.

Oberstaatsanwalt **Hamm** (Cöln): Und nach dem Statut würde auch der Herr Berichterstatter das Wort haben.

Die Antragsteller begründen den Antrag, daß die Frage, ob wir im Strafverfahren die bedingte Verurtheilung einführen wollen, und bejahendenfalls, in welcher Weise, im Plenum noch einmal zur Verhandlung kommen soll, ausschließlich mit der Wichtigkeit der Frage. Es ist diejenige Frage, die jetzt im Vordergrund der Reform des Strafrechts und des Strafverfahrens steht. Wir glauben, daß es angemessen ist, daß zu einer solchen wichtigen Frage, die das allgemeine Interesse in Anspruch nimmt, nicht bloß die Abtheilung Stellung nehme, sondern der ganze Juristentag, zumal die Frage zu den bestrittenen gehört, und die Frage eine solche ist, die nicht bloß einseitig von Criminalisten entschieden werden kann. Ich wünsche deshalb dringend die Verhandlung im Plenum unter Mitwirkung auch derjenigen Herren Mitglieder, welche weniger mit Criminalfragen sich beschäftigen und den Civilabtheilungen angehört haben.

Referent Reichsgerichtsrath **Loebell:** Ich bin nicht in der Lage, dem Antrage, den Herr Oberstaatsanwalt Hamm eben gestellt hat, zu widersprechen, weil ich die Wichtigkeit der Frage anerkenne. Wenn Sie aber diesem Antrage zustimmen und damit entscheiden, daß also die Frage dem Plenum zur Berathung unterbreitet werden soll, erkennen Sie die Wichtigkeit der Frage an. Deshalb beanspruche ich für sie das Vorrecht.

Präsident: Wir haben jetzt lediglich über die Frage zu entscheiden, ob eine Berathung über die Frage 11 im Plenum stattfinden soll. Ueber die Reihenfolge wird nachher abgestimmt werden.

Der Antrag lautet:

> Die Plenarversammlung wolle beschließen, daß über den Beschluß, welchen die dritte Abtheilung bezüglich der Frage 11 (bedingte Verurtheilung) der Tagesordnung gefaßt hat, eine Berathung und Entscheidung im Plenum stattfinde.

Ueber die Reihenfolge, ob eine Beschlußfassung über die Trunksucht vorgehen, oder ob die Frage der bedingten Verurtheilung zuerst berathen werden soll, bleibt die Beschlußfassung vorbehalten.

Diejenigen Herren, welche eine Berathung und Entscheidung der Frage über die bedingte Verurtheilung im Plenum wünschen, bitte ich sich zu erheben.

(Geschieht.)

Das ist zweifelhaft. Meine Herren, ich bitte um die Gegenprobe. (Geschieht.)

Das ist jetzt nach der Ansicht des Büreaus die Mehrheit.

Herr Reichsgerichtsrath Loebell würde danach nur kurz über diese Frage zu berichten haben.

Referent Reichsgerichtsrath **Loebell** (Leipzig): M. H., es liegt mir nun bloß ob, Ihnen über die Beschlüsse der dritten Abtheilung in der Frage der bedingten Verurtheilung in Kürze zu berichten. Es lag der dritten Abtheilung außer den schriftlichen Gutachten des Herrn Prof. Meyer und des Herrn Prof. Seuffert ein von beiden Referenten gemeinschaftlich gestellter Antrag vor, der gedruckt in Ihren Händen sich befindet. Dieser Antrag wurde mit dem Antrag Jaques-Wien vereinigt in der Abtheilung mit Majorität angenommen.

Es hatten sich verschiedene Meinungen insofern herausgestellt, als von einer Seite der Antrag gestellt wurde, klar auszusprechen, die bedingte Verurtheilung eignet sich nicht zur Aufnahme in das deutsche Strafgesetzbuch, und als von anderer Seite der Antrag gestellt wurde, zu sagen, die Einführung der bedingten Verurtheilung empfiehlt sich nur für jugendliche Personen, und damit im Uebrigen also durch das „Nur" die Einführung der bedingten Verurtheilung zu widerrathen. Die anderen Anträge, die gestellt wurden, bezogen sich auf Modalitäten. Ich glaube, es wird sich empfehlen, Ihnen darüber weiter nichts mitzutheilen; denn derartige Modalitäten, ob also die Strafe, die zur bedingten Verurtheilung noch zulässig sein kann, 3 Monate oder 6 Wochen oder so und so viel beträgt, das sind Ziffern, die sich in einer so großen Versammlung nicht erledigen lassen.

M. H., man hatte eine große, wenigstens verhältnißmäßig große Litteratur für die Frage vorliegen: Man hatte die beiden ausgezeichneten Gutachten, man hatte einige gesetzgeberische Versuche, d. h. einige schon gegebene Gesetze, deren Wirkung zu erproben war, vor sich. Es ist dabei abgesehen worden von den Gesetzen, die jenseits des Oceans und jenseits des Kanals in dieser Beziehung vorliegen, weil man anerkannte, daß diese sich auf einem ganz anderen Gebiete bewegen. Gesetze ähnlicher Art, welche die bedingte Verurtheilung in dem Sinne, um den es sich hier handelt, eingeführt haben, sind bis jetzt, soviel mir bekannt, bloß in Belgien am 31. Mai 1888 und in Frankreich am 27. März 1891 erlassen. Von letzterem Gesetz ist heute ganz abzusehen, da Erfahrungen nicht vorliegen können. Ueber die Ausführung des belgischen Gesetzes giebt es allerdings Berichte; indessen ist der Zeitraum, über den die Berichte sich verbreiten, doch ein so kurzer, daß man von einer Beweisfähigkeit dieser Erfahrungen wohl kaum wird sprechen können. Man mußte also anerkennen, daß Vorgänge und Erfahrungen in dieser Beziehung nicht vorliegen. Man hat sich aber nicht abhalten lassen wollen, einen materiellen Beschluß dessen ungeachtet zu fassen, weil man davon ausging, daß der deutschen Gesetzgebung nicht zukommt, anderen Staaten nachzuhinken, sondern daß, wenn sie etwas für recht erkennt, es auch ihre Pflicht ist, dabei voranzugehen.

M. H., in Deutschland hat vorzugsweise Prof. von Liszt, der leider seiner ursprünglichen Absicht zuwider, an dieser Versammlung des Juristentages nicht theilgenommen hat, in seinen criminal-politischen Schriften und in den Bestrebungen der internationalen criminalistischen Vereinigung die Frage der bedingten Verurtheilung vertreten, er hat sie vertreten, sage ich deshalb, weil in den Berathungen, wie ich Ihnen nicht vorenthalten darf, die Behauptung aufgestellt worden ist, daß er sich jetzt für dieselbe nicht mehr interessire. Es wurde dabei sogar auf einen Brief hingewiesen, den er an eines der Herren Mitglieder gerichtet hat, ich weiß nicht, ob zum Zwecke der Mittheilung oder zu irgend einem anderen Zwecke, einen Brief, in welchem er, wenn ich nicht irre, die Worte gebraucht, „die bedingte Verurtheilung und andere Kleinigkeiten". M. H., ich weiß nicht, ob es bloß an dem lebhaften Temperamente des Herrn Prof. von Liszt lag, wenn er sich so ausgedrückt hat. Ich habe aber keinen Grund zu der Annahme einer Meinungsänderung. Ich habe auch mit ihm correspondirt und nicht gefunden, daß er die bedingte Verurtheilung jetzt aufgegeben hätte. Wenn er es aber auch hätte, m. H., so bliebe ihm doch das Verdienst, die Sache in Deutschland lebhaft angeregt und vertheidigt zu haben. Ob er jetzt diese Ansicht noch hat oder nicht, ist für unsere Beschlüsse meines Erachtens nicht wesentlich. M. H., die bedingte Verurtheilung — ich spreche von ihr mit diesem Namen, obgleich dieser Name vielfach angegriffen worden ist und in Wahrheit auch das Wesen der Sache nicht bezeichnet, indessen haben wir nicht Definitionen zu geben, sondern die Frage ist nur gestellt über die Einführung der bedingten Verurtheilung. Sie setzt voraus, daß wir alle wissen, was wir darunter zu verstehen haben, und das darf ich in dieser hohen Versammlung auch voraussetzen. — Also, m. H., die bedingte Verurtheilung wurde zunächst gerechtfertigt aus ihrem Zusammenhange mit den Ersatzmitteln der kurzzeitigen Freiheitsstrafen. Es wurde das vorgestern noch lebhaft betont. Ich kann davon heute ganz absehen, denn es ist wohl Niemand in der dritten Abtheilung gewesen, auch nicht von denjenigen Herren, die jetzt entgegengesetzte Anträge stellen, es ist Niemand in der dritten

Abtheilung gewesen, der geleugnet hat den Mangel jedes guten Einflusses der kurzzeitigen Freiheitsstrafen und die mögliche, ja wahrscheinliche Schädlichkeit der kurzzeitigen Freiheitsstrafen. Es sind aber für die bedingte Verurtheilung noch andere Momente geltend gemacht worden. Obgleich unser Strafgesetzbuch in seinem Minimalstrafmaße in vielen Fällen bis auf einen Tag heruntergeht, giebt es doch Fälle, welche noch weniger strafwürdig erscheinen, als mit einer eintägigen Freiheitsstrafe. Man führt dafür an, eine Mutter, die etwa in der Nacht halbschlaftrunken fahrlässig ihr Kind tödtet, und schon schwer genug getroffen wird durch die öffentliche Verhandlung dieser Sache, ob sie nun noch einen Tag sitzen muß gegenüber dem Leide, was auf sie hereingebrochen ist, das erscheint fast gleichgiltig. Man führt hier an etwa einen Mann, der auf der Eisenbahn mit seinem Kinde fährt, das etwas über 4 Jahre alt ist, der aber letztere Thatsache unterdrückt, um das Kind frei fahren zu lassen. Nach der Auffassung des gemeinen Volkes hält man das nicht für strafbar. Und so werden die Minima vielfach noch zu hart treffen. Es ist dies auch in den Veröffentlichungen des preußischen Justizministerialblattes im nichtamtlichen Theile ausdrücklich anerkannt worden. M. H., es kommt weiter hinzu das Legalitätsprincip bei uns. Die Staatsanwaltschaft kann nicht ohne Weiteres die Verfolgung aufgeben. Einrichtungen, wie wir sie in England haben, wonach der Richter volle Macht hat, gewisse Fälle, die ihm zugewiesen werden und ihm nicht geeignet scheinen, nicht vor die Geschworenen zu bringen, haben wir nicht. Und ich glaube weiter, das muß man allerdings hinzufügen, der Boden für solche Bestimmungen ist in Deutschland nicht zu finden. Wir wollen uns nicht abhängig machen von dem beliebigen Ermessen eines einzelnen Beamten, sei es auch eines Staatsanwaltes. Die Staatsanwaltschaft ist also genöthigt, selbst in den kleinsten und unbedeutendsten Sachen, wenn sie zu ihrer Kenntniß gelangen, trotz ihrer Ueberzeugung, daß die Sache nach menschlichem Betracht kein großes Unrecht ist, zu verfolgen, und die Gerichte sind genöthigt, die Sachen zu erledigen und, wenn die Schuldfrage bejaht wird, die Betreffenden zu verurtheilen. M. H.! Es kommt ein Drittes hinzu. Und das ist, daß man in neuerer Zeit mit einer großen Sorgfalt darauf ausgeht, strafrechtliche Thatbestände zu construiren, wo man früher an deren Vorhandensein vielleicht nicht gedacht hat. In dieser Beziehung ist namentlich sehr wirksam gewesen die Lehre vom Eventualdolus. Dadurch sind eine Reihe von Verurtheilungen erzielt worden, die früher nie erzielt worden sind. Ich bin entfernt davon, dem Staatsanwalte einen Vorwurf zu machen aus dieser sogenannten Findigkeit, zumal, wenn einer gewissenhaft sich an das Legalitätsprincip hält. Ob das zweckmäßig ist, das ist ja eine andere Frage, aber wir haben es bekanntlich. Nun, m. H., wir kommen da dazu, daß wir schließlich in gewissen Fällen weitergehen, als das eigentliche Strafrecht nach dem gemeinen Verstande. Wir kommen zu einer Zuspitzung, die ich als einen ethischen Fortschritt bezeichnen will. Aber, m. H., wenn wir darüber hinauskommen, dann muß auch die Strafe eine geringere sein können als sie bisher für offenkundige Strafthaten gewesen ist. Diesem Allen kommt die Idee der bedingten Verurtheilung zu Hülfe, namentlich in Berücksichtigung dessen, daß gerade für solche Fälle die Schädlichkeit der Freiheitsstrafe für einen, der noch nie im Gefängniß gesessen hat, ganz besonders hervorzuheben ist, und daß ein ganz unverdorbener Mensch, der ein derartiges Vergehen begangen hat, in die Gemeinschaft von Verbrechern kommt. Natürlich kommt er nicht in die Gemeinschaft von solchen, die wegen schweren Diebstahls im Rückfalle zu Zuchthausstrafe verurtheilt sind und die Strafe verbüßen, wohl aber kann er in die Gemeinschaft von solchen kommen, die derartige Strafen schon mehrfach verbüßt haben und wegen anderer Delicte in Haft sind. Nun kommt die bedingte Verurtheilung. Nun sagt der Richter: Ja, wenn ich nur sicher wäre, daß das ein zuverlässiger Mensch ist, der nie wieder etwas begehen wird, dann möchte ich ihm am liebsten die Strafe ganz erlassen, dann möchte es mit dem Denkzettel hingehen, der ihm hiermit gegeben wird. Aber das weiß ich ja nicht. Da kann die bedingte Verurtheilung meines Erachtens eine vortreffliche Correctur geben, indem der Richter sagt: Wir gewähren ihm eine Probezeit. Da wird es sich herausstellen. Haben wir uns geirrt, so wird er nachher seine Strafe absitzen.

Ein Theil der Gegner sagt: Wir könnten wohl für die bedingte Verurtheilung stimmen, wenn wir sie betrachten nicht nach dem heutigen Stand unserer Gesetzgebung, sondern als ein Glied der großen Kette der Reformen, deren Nothwendigkeit wir anerkennen, namentlich der Reform des Strafvollzugs. Es wurde ihnen darauf damit begegnet, daß man sagte: Ja, wir betrachten das auch als ein Glied, aber wir können heute, weil das unter Nummer 11 auf unsere Tagesordnung gestellt ist, nicht sämmtliche Glieder der Kette durchsprechen, sondern haben uns an das Eine zu halten, welches uns in der Frage gestellt ist. Daß dieses Glied aber für den Zusammenschluß der Kette nicht schädlich ist, das erachtete man deshalb für klar, weil im Gegentheil dadurch, daß eine gewisse Zahl — es mögen viel oder wenig sein — durch Einführung der bedingten Verurtheilung von dem Eintritt in die Gefängnisse befreit werden, die Strafvollstreckung an den Uebrigen erleichtert wird.

Man hat es nicht mehr mit einer Menge von passirendem Publicum in den Gefängnissen zu thun, sondern man wird es immer zu thun haben mit solchen, die längere Strafen zu verbüßen haben, und man wird mit weniger Anstalten, für deren Errichtung es sonst im Deutschen Reiche vermuthlich noch lange an Geld fehlt, und mit weniger Personal auskommen können, Personal, das auch sehr schwer zu gewinnen ist, wenn wir nicht davon ausgehen, daß jeder ausgediente Unteroffizier zum Gefangenwärter und Gefangenerzieher geeignet ist.

Es sind dann Bedenken geäußert worden vor allen Dingen von denen, welche die Frage verneinen wollten. Es ist da an erster Stelle wiederum das Bedenken hervorgetreten, die bedingte Verurtheilung sei ein Eingriff ins Begnadigungsrecht. Diesem Angriff ist damit begegnet worden seitens des Referenten, daß man sagte: gewiß, das Resultat der bedingten Verurtheilung kann auch auf dem Wege der Begnadigung erzielt werden; so gut das Staatsoberhaupt in der Lage ist, einem, der zum Tode verurtheilt ist, die Strafe zu erlassen, so gut es eine Gefängnißstrafe mildern kann, so gut ist es denkbar, — es sollen auch schon Fälle vorgekommen sein — daß das Staatsoberhaupt sagt: ich gewähre zunächst einen Aufschub von so und so lange, und, wenn ihm dann nach einem Jahre wieder berichtet wird, die Strafe erläßt. Das wäre im Resultate die bedingte Verurtheilung. Ja, m. H., ähnliche Functionen aber, die die Richter üben, übt das Staatsoberhaupt auch in anderen Fällen. Wenn z. B. das Schöffengericht Jemanden zu 6 Wochen Gefängniß verurtheilt hat, und dieser die Berufung einlegt, so kann der Berufungsrichter die Strafe auf 14 Tage oder auf 4 Wochen ermäßigen, und dasselbe kann im Gnadenwege auch geschehen. Also dabei ist kein Unterschied, und doch hat noch Niemand gesagt, daß das ein Eingriff in das Begnadigungsrecht sei. Der Unterschied liegt darin, daß die Begnadigung ein souveräner Act des Staatsoberhauptes ist, das sich nicht nach bestimmten Gesetzen richtet. Alles das liegt bei der bedingten Verurtheilung nicht vor; es ist also auch keine Aehnlichkeit mit dem Begnadigungsrecht vorhanden.

Dann ist weiter eingewendet worden die Vergeltungstheorie, aber nicht mehr in dem Maße wie früher, daß man sich auf den Standpunkt der Geltung einer bestimmten Theorie stellt, ein Standpunkt, dem entgegengesetzt werden konnte und worden ist, daß das deutsche Strafgesetzbuch doch nicht ausgesprochenermaßen auf einer bestimmten Strafrechtstheorie beruhe. Aber man hat wenigstens, wie einer der Herren Redner sich ausdrückte, sich auf den Vergeltungs*gedanken* gestellt. M. H., dieser Vergeltungsgedanke, die Idee, daß dem Uebel, das der

Verbrecher anrichtet, die Strafe ebenfalls als Uebel entgegengesetzt werden müsse, — diese Idee ginge bei der bedingten Verurtheilung verloren. Es ist von anderer Seite darauf geantwortet worden, daß das auch in anderen Fällen geschehe, sonst könnte man nicht von Verjährung sprechen, sonst könnte nicht die Bestimmung bestehen, wonach bei gegenseitiger Körperletzung oder gegenseitiger Beleidigung Straffreiheit für beide Theile eintreten könne, während nach dem Gesetze jeder der beiden bestraft werden müßte. Es ist vor allen Dingen gesagt worden, daß das Uebel nicht immer ein materielles zu sein brauche, sondern daß das Uebel auch ein moralisches sein könne, und daß ein derartiges bereits in unserem Strafgesetzbuche in der Form des Verweises bestehe. Dann aber, sagte man, sei die bedingte Verurtheilung etwas weit schärferes als der Verweis, denn während der Verweis verrauscht, sobald er ertheilt ist, stellt die bedingte Verurtheilung eine bestimmte Strafe in Aussicht, die möglicherweise zur Vollstreckung kommt.

Es wurde gesagt, wenn sich die Einwendung auch objectiv nicht halten lasse nach dem geltenden Recht, so müsse man doch annehmen, daß in der Ueberzeugung des Volks die Sache so aufgefaßt werden würde, daß man sagen würde: einmal ist keinmal. Dem ist entgegenzuhalten, daß das bei der obligatorischen bedingten Verurtheilung, die Niemand wollte, vielleicht der Fall sein könnte, aber nicht bei der facultativen bedingten Verurtheilung, von der ja Niemand, der eine Strafthat begeht, wissen könnte, ob sie ihm zu Theil wird, ob seine Strafthat überhaupt in den Rahmen fällt, für welchen die bedingte Verurtheilung zulässig ist, und ob der Richter sie gegen ihn anwenden wird.

Man hat weiter Bedenken geäußert, indem man sagte: der Richter kommt aus seiner erhabenen Stellung, wo er nur das Gesetz anzuwenden hat, heraus, wenn er unter Berücksichtigung persönlicher Umstände den einen unbedingt, den anderen bedingt verurtheilen soll. Dem wurde entgegnet, daß die bedingte Verurtheilung sich charakterisirt als eine Art Strafzumessung, und so gut der Richter die persönlichen Verhältnisse berücksichtigen kann bei der Strafzumessung, eben so gut könne er sie auch berücksichtigen, indem er bedingt oder unbedingt verurtheilt.

Nicht beabsichtigt worden ist — das ist von allen Seiten, die dafür stimmten, zum Ausdruck gebracht worden — eine Begünstigung etwa der oberen Klassen, und es war deshalb im Antrage des Referenten zuerst zum Ausdruck gebracht worden, daß sich die bedingte Verurtheilung empfiehlt für die Vergehen der Körperverletzung, des Diebstahls und andere im Gesetz besonders bezeichnete Vergehen und Uebertretungen.

Auf Grund des Antrages Jaques ist dieser Passus weggefallen, weil von anderen Seiten Bedenken geäußert wurden, ob nicht vielmehr andere Vergehungen einzusetzen seien, aber Niemand hat daran gedacht, ein Privilegium der oberen Klassen damit zu schaffen.

Der Beschluß der Abtheilung erstreckt sich nicht auf die Geld-, sondern nur auf die Freiheitsstrafe und steht da direct im Widerspruch mit dem Beschlusse, den die internationale Vereinigung in Christiania gefaßt hat. Man ist davon ausgegangen, daß bei der Geldstrafe die Schädlichkeit der Freiheitsstrafe nicht vorliegt, und daß man unterscheiden muß: entweder kann der betreffende zahlen, und dann liegt kein Grund zu bedingter Verurtheilung vor . . ., oder er kann nicht zahlen, und da kommt es nicht zur Geldstrafe, sondern zur Freiheitsstrafe. Es könnte nun die Frage entstehen: wie wird es mit der substituirten Freiheitsstrafe, auch für den Fall, daß über die bedingte Verurtheilung nicht mit ausdrücklichen Worten entschieden worden ist? Es würde aber auch nach der Ansicht der Abtheilung nicht ausgesprochen werden können, daß es von dem erkennenden Richter geschehen soll; denn man kann füglich nicht sagen: du sollst unbedingt 100 Mark zahlen, wenn du aber nicht zahlen kannst, so sollst du bedingt 10 Tage sitzen.

Dies, m. H., sind die Gründe gewesen, die die Abtheilung bestimmt haben, schließlich den Antrag Jaques, dem beide Referenten beigetreten waren, anzunehmen. Die beiden Referenten haben sich dabei beschieden, daß im Interesse der Uebereinstimmung es wünschenswerth sei, von Einzelheiten, die der eine oder andere wahrnehmen wollte, abzusehen.

Der Beschluß der Abtheilung lautet folgendermaßen:

> Die bedingte Verurtheilung empfiehlt sich gegen Angeklagte, welche noch nicht wegen Verbrechens, Vergehens oder Uebertretung zu Freiheitsstrafe verurtheilt worden sind, für solche strafbare Handlungen, bezüglich deren auf Haft oder nicht längere als dreimonatliche Freiheitsstrafe erkannt wird, und ist von dem in den Urtheilsgründen zu rechtfertigenden Ermessen des erkennenden Richters abhängig zu machen.

Mit diesem letzten Passus soll in processualer Beziehung gesagt werden, daß die bedingte Verurtheilung allen Rechtsmitteln unterliegt, die überhaupt gegen eine Verurtheilung zulässig sind.

(Beifall.)

Präsident: M. H.! Es bleibt nun nur noch übrig die Beschlußfassung über die Frage 12:

„Soll die Trunksucht als solche strafrechtlich verfolgt werden?

Es ist nach dem Protocoll angenommen der Antrag: „Kein Trunksuchtsgesetz“ und beschlossen worden, daß dieses Votum dem Plenum zur Berathung und Beschlußfassung vorgelegt werde.

Herr Senatspräsident Dr. von Stößer ist als Referent bezeichnet; ich ersuche denselben, das Wort zu nehmen.

Referent Senatspräsident Dr. **von Stößer** (Karlsruhe): Geehrte Herren! Im Auftrage der Abtheilung III habe ich die Ehre, Ihnen Bericht zu erstatten über die Verhandlungen zur eben verlesenen Frage: „Soll die Trunksucht als solche strafrechtlich verfolgt werden?“

Ohne Zweifel werden wir alle darin einig sein, daß die Trunksucht eine lasterhafte Gewohnheit ist,

(Heiterkeit.)

welche in der Regel in den Zustand der Trunkenheit übergeht; beides wird als ein sehr schlimmes Uebel erkannt, denn auch darüber kann kein Zweifel obwalten, daß dieses Uebel die verderblichsten Folgen für den Einzelnen auf sein körperliches und geistiges Wohl ausübt, auf die Familie, welche zerrütteten Verhältnissen ausgesetzt wird, und auf das gesammte Volk in seiner Arbeitsfähigkeit und Wehrhaftigkeit. Nicht minder wird Ihnen Allen bekannt sein, daß gerade die Trunkenheit sehr häufig Anlaß giebt zur Verübung von Verbrechen und Vergehen, und es ist statistisch nachgewiesen, daß die Personen, welche zu Zuchthaus- und längeren Freiheitsstrafen verurtheilt sind, an schweren Leiden in Folge ihrer Trunksucht zu laboriren haben, ebenso daß die Insassen der Irrenanstalten einen wahrhaft erschreckend starken Procentsatz aus den Reihen der Trunkenbolde haben.

Diese schlimmen Folgen der Trunksucht hat auch der Deutsche Juristentag seit mehreren Jahren erkannt, und deshalb zunächst zur Berathung gebracht, ob nicht Trunkenbolde der Entmündigung unterworfen werden sollen, und der im Jahre 1888 in Stettin tagende Juristentag hat erklärt: eine Person, welche in Folge von Trunksucht sich oder andere gefährdet, kann entmündigt werden; hört dieser Zustand auf, dann ist die Entmündigung wieder aufzuheben.

Wir haben die große Befriedigung, daß diese Erklärung des Deutschen Juristentages die Billigung in der zweiten Lesung des Entwurfs des B.G.B. gefunden hat.

Wir sind nun heute vor die Frage gestellt, ob denn die Trunksucht bezw. die Trunkenheit auch einer strafgerichtlichen Verfolgung ausgesetzt werden soll? Hierüber liegen werthvolle Gutachten der Herren Rechtsanwalt Dr. Fuld und Prof. Dr. Hiller vor.

Der Berichterstatter hat dargestellt, daß allerdings schon mannigfache, mit der Zeit sich noch mehrende Kampfmittel gegen die Beseitigung dieses socialen Uebels unternommen werden. Zunächst kann der Kampf mit Erfolg geführt werden von Seiten der bürgerlichen Gesellschaft durch Schrift und Wort, durch verschiedene gemeinnützige Unternehmungen; er kann geführt werden auch durch den Staat, sei es durch Regelung der Gewerbepolizei, durch gewisse Bestimmungen im Privatrecht, insbesondere Entmündigung, Entziehung der gerichtlichen Geltendmachung von Zechschulden u. dergl., durch Entziehung von öffentlichen Rechten, durch das Verbot des Besuchs von Wirthschaften u. dergl. Es fragt sich nun, ob denn alle diese Kampfmittel die Erwartungen erfüllt haben, welche man an sie geknüpft hat. Nach einer weit verbreiteten Ansicht in unserem Vaterlande wird diese Frage verneint, insbesondere haben sich einzelne Vereine zur Aufgabe gemacht, noch dahin zu wirken, daß auch eine strafrechtliche Verfolgung der Trunksucht bezw. der Trunkenheit eintrete. Es ist das insbesondere der Verein gegen Mißbrauch geistiger Getränke, welcher im Jahre 1887 mit Einstimmigkeit erklärt hat, daß die selbstverschuldete oder nicht unverschuldete, Aergerniß erregende Trunkenheit bestraft werden solle. Der vierte internationale Congreß, der im Juni 1890 zu Petersburg getagt, hat unter anderen Fragen auch die Frage der Strafbarkeit der Trunkenheit auf seine Tagesordnung gesetzt und mit Einstimmigkeit ausgesprochen, es sei allerdings diese Frage zu bejahen in der Richtung, daß die Trunkenheit, welche sich öffentlich kundgiebt und geeignet ist, Aergerniß zu erregen, die öffentliche Sicherheit oder Ordnung zu stören, strafbar wird. Allerdings wurde dort auch die weitere wichtige Frage über den Einfluß der Trunkenheit bei Verübung im Zustande der Trunkenheit begangener Verbrechen und Vergehen behandelt, welche Frage uns hier nicht berührt.

Wenn wir hinblicken auf die Bestimmungen der einzelnen Landesgesetzgebungen in Deutschland und außerhalb desselben, so finden wir, daß in Baden, Bayern, Braunschweig, Hannover, Hessen und Oesterreich die Trunksucht bezw. die Trunkenheit unter Strafe gestellt ist, und daß das in ähnlicher Weise, theilweise mit erheblicher Schärfung, gleichfalls geschieht in Belgien, England, Frankreich, Italien, den Niederlanden, Rußland, Schottland, Schweden und Norwegen und mehreren Cantonen der Schweiz, so daß also Deutschland so ziemlich die berechtigte Eigenthümlichkeit hat, daß die Trunkenheit hier zur Zeit noch nicht Gegenstand der strafgerichtlichen Verfolgung ist.

(Bravo!)

In Dänemark besteht ein solches Gesetz nicht, allein ich darf Ihnen nicht verschweigen, daß, während der Procentsatz des Verbrauchs von Branntwein auf den Kopf in einzelnen Staaten außerordentlich gering ist, in Italien 1 Liter, in Norwegen 3,5 Liter, in Frankreich 3,55 Liter auf den Kopf, in Deutschland etwa 4,64 seit Bestand des neuen Branntweinsteuergesetzes vom 1. October 1889 — vorher jedoch 6,58 — ich sage also, daß in Dänemark, wo eine derartige Strafbestimmung nicht besteht, auf den Kopf 18,8 Liter kommen, ungefähr viermal so viel wie in Schweden, wo vor dem Jahre 1829, da man schon angefangen, sich mit diesem Gegenstand eifrig zu beschäftigen, 46 und etliche Zehntel Procent auf den Kopf gekommen sind.

Für das Deutsche Reich besteht also eine derartige Strafbestimmung noch nicht. Man hat zwar schon im Jahre 1881 einen Versuch hierzu gemacht; der Gesetzentwurf, worüber ein ausführlicher Bericht von dem in unserer Mitte unvergeßlichen Geheimrath von Schwarze erstattet worden, konnte aber nicht mehr zur Berathung kommen. Die Angelegenheit ruhte nun, bis vor einigen Tagen laut Reichsanzeigers am 26. August d. J. ein neuer Gesetzentwurf zur öffentlichen Kenntniß gebracht wurde. Derselbe zerfällt in vier Theile. In dem ersten Theile werden ausführliche Bestimmungen über die Gewerbepolizei, insbesondere über die Wirthschaftspolizei gegeben, in dem zweiten über die bürgerlich rechtlichen Folgen der Trunksucht, bezw. der Trunkenheit selbst. Der dritte Theil befaßt sich mit strafrechtlichen Bestimmungen; darin ist insbesondere vorgeschlagen, daß derjenige, welcher in einem selbstverschuldeten Zustande Aergerniß erregender Trunkenheit an einem öffentlichen Orte betroffen wird, mit Geld- bezw. Haftstrafe belegt werde. Gewohnheitsmäßige Trinker sollen nur mit Haft bestraft, und diejenigen, welche in Folge ihrer Trunksucht mit ihrer Familie der öffentlichen Armenunterstützung anheimfallen und deshalb aus St.G.B. § 361 Ziffer 5 bestraft, bei ihrer Ueberweisung an die Landespolizeibehörde gemäß St.G.B. § 362 nicht in ein Arbeitshaus, sondern in ein Trinkerasyl untergebracht werden.

Geehrte Herren! Obwohl in der Wissenschaft wie durch Gesetzgebung die Frage der Zulässigkeit einer Strafandrohung auf die Trunksucht bezw. Trunkenheit schon entschieden ist, so kann dies an und für sich uns doch nicht abhalten, der Prüfung dieser Zulässigkeit näher zu treten. Demgemäß wurde vom Berichterstatter nach Feststellung des Unterschiedes zwischen Trunksucht und Trunkenheit des Näheren ausgeführt, daß eine solche Strafandrohung zwar nicht gegen die Trunksucht, aber gegen die Trunkenheit allerdings gerechtfertigt sei, insbesondere von dem Standpunkte aus, daß die bürgerliche Gesellschaft ein Recht auf

Schutz habe in Wahrung der öffentlichen Sitte, Sicherheit und Ordnung, und daß folgeweise, wenn ein solches Recht nicht gefährdet wird — abgesehen von der Gemeingefährlichkeit der Feuersgefahr — wenn also der Betrunkene sich nur zu Hause aufhält, wenn er seine Trunkenheit nicht öffentlich kundgiebt, ein Anlaß zur Bestrafung nicht vorliegt.

Außer der öffentlichen Kundgebung der Trunkenheit wurden weiter als wesentliche Merkmale der Strafbarkeit das der Selbstverschuldung und der Aergernißerregung bezeichnet und darauf hingewiesen, daß die einfachen Strafen an Geld und kurzer Haft nicht ausreichen Personen gegenüber, die nicht etwa in Folge eines krankhaften Hanges zur Trunksucht — welche Personen nicht der Strafe, sondern der Heilung zu unterziehen — sondern in roher Genußsucht diesem Laster fröhnen, und daß deshalb diese Personen mit geschärften Rückfälligkeitsstrafen zu bedrohen sind.

Der Berichterstatter durfte sich auf die positive Begründung, daß ein Bedürfniß zur strafgerichtlichen Verfolgung der Trunkenheit vorhanden und daß dies rechtlich zulässig sei, nicht beschränken; er mußte auch die dagegen schon erhobenen Bedenken erwähnen und zu widerlegen suchen.

Zunächst wird vielfach erklärt, durch die Bestrafung der Trunkenheit werde eine ungebührliche Bevormundung der persönlichen Freiheit des Einzelnen herbeigeführt; das allgemeine Rechtsbewußtsein im deutschen Volke sei nicht derart, daß unbedingt und ohne Weiteres die Bestrafung der Trunkenheit eintreten solle. Dagegen wurde daran erinnert, daß der unmäßige, die öffentliche Sitte und Ordnung gefährdende Trinker sich über Beschränkung seiner Freiheit nicht beschweren könne, wenn er durch sein Verhalten das gewährleistete Recht seiner Mitbürger frech und muthwillig verletze, und daß es auch allerdings eine weit verbreitete, wahrlich nicht grundlose Ansicht sei, wie sehr das allgemeine Uebel der Trunksucht und Trunkenheit zu beklagen, und daß es auch Aufgabe des Staates sein müsse, geläuterte Anschauungen hierüber herbeizuführen. Der Einwand, dadurch schaffe man eigentlich nur ein Classengesetz, wurde durch die Ausführung zu widerlegen gesucht, daß es hier durchaus nicht auf die Art und den Preis des Getränkes ankomme, wodurch die Trunkenheit hervorgerufen werde, daß Jeder vor dem Gesetze gleich sei, und daß es die Aufgabe der Vollzugsorgane mit sich bringe, gegen Jeden, er mag sein, wer er wolle, in gleicher Weise einzuschreiten. Auch könne davon nicht die Rede sein, daß unbefugte Eingriffe in das Hausrecht der Einzelnen erfolgen, indem ja das Merkmal der öffentlichen Kundgebung erfordert werde. Geehrte Herren, auf Grund dieser Erwägungen hatte der Berichterstatter vorgeschlagen:

Der Deutsche Juristentag möge erklären:

1. Die Trunksucht als solche ist nicht strafbar.
2. Die strafrechtliche Verfolgung der Trunkenheit, welche selbstverschuldet ist, an öffentlichen Orten sich kundgiebt und geeignet ist, Aergerniß zu erregen oder die öffentliche Sicherheit und Ordnung zu gefährden, ist geboten.
3. Die Trunkenheit bei Verrichtungen, welche zur Verhütung von Gefahr für Leben und Gesundheit Dritter oder von Feuersgefahr besondere Vorsicht erfordern, ist, abgesehen von Nothfällen, strafbar.
4. Auch der Rückfall in die Trunkenheit ist strafbar.
5. Es kann bei Bestrafung des wiederholten Rückfalles
   a) das auf die Trunkenheit (2) gedrohte Strafmaß überschritten,
   b) auf Schärfung der Haft, und
   c) auf Ueberweisung des Verurtheilten nach verbüßter Strafe an die Landespolizeibehörde zu dessen Verbringung in ein Arbeitshaus oder zu dessen Verwendung zu gemeinnützigen Arbeiten erkannt werden, sofern nicht dessen Pflege in einer Heilanstalt geboten erscheint.

Während nun diese Vorschläge von verschiedenen Rednern der Abtheilung Billigung, wenigstens im Wesentlichen, gefunden haben, und auch von einem Vertreter dieser Ansicht, Herrn Reichsgerichtsrath Loebell noch ein Zusatz beantragt wurde, dahin, die Strafe der Trunkenheit trifft auch denjenigen, der bei Begehung einer objectiv strafbaren Handlung sich in einem die Zurechnungsfähigkeit ausschließenden Zustande befunden hat und deshalb freigesprochen wird; während also Anhänger für diese Ansicht sich gezeigt haben, ist es selbstverständlich, daß auch entschiedene Gegner gegen die gestellten Anträge aufgetreten sind, insbesondere wurde wiederholt mit aller Lebhaftigkeit darauf hingewiesen, daß darin eine ungebührliche Bevormundung des Einzelnen gelegen sei. Es handle sich hier um die Wahrung persönlicher Freiheit, welche auch hier zu beachten sei; auch müsse mit aller Entschiedenheit bestritten werden, daß ein Bedürfniß zur strafrechtlichen Verfolgung der Trunkenheit obwalte. Nicht in einer Regelung der Trunksucht befänden wir uns, man sei eigentlich in einer Straffucht befangen. Es sei nicht angemessen, noch zu weiteren Strafandrohungen zu schreiten.

Ferner wurde darauf hingewiesen: Wenn auch an und für sich Gründe dafür geltend gemacht werden können, daß es sich nicht um ein

Klassengesetz handle, so werde doch die Anwendung einer solchen Strafandrohung zu einer Unterscheidung zwischen Armen und Reichen, zwischen Leuten, welche in angesehenen Verhältnissen, namentlich auf dem Lande, sich befinden, führen; es können Parteirücksichten, einmal wieder auf dem Lande, obwalten, so daß diejenigen, die an der Herrschaft sind, straflos ausgehen, während andere, welche dieser herrschenden Partei nicht angehören, ungebührlich verfolgt werden können. Ich übergehe diejenigen Einwendungen, welche gegen die Annahme des Rückfalls gemacht worden sind, indem ich jetzt schon Ihnen anzeige, geehrte Herren, daß Sie heute wohl mit dieser Frage sich nicht weiter zu beschäftigen haben.

Unter diesen Verhältnissen wurde in erster Reihe von Herrn Rechtsanwalt Scherer, abgesehen von zwei weiteren Sätzen, die er zurückgezogen hat, der Antrag gestellt: Kein Trunkenheitsgesetz. Allgemein einverstanden war man mit dem ersten Vorschlage des Berichterstatters: Die Trunksucht als solche ist nicht strafbar; diese directe Antwort auf die an den Juristentag gestellte Frage gelangte nicht ausdrücklich zur Abstimmung. Dagegen der principielle Gegenantrag: „Kein Trunkenheitsgesetz“ wurde schließlich angenommen — nach wiederholten Versuchen, die Mehrheit oder Minderheit festzustellen — mit einer Mehrheit von 97 gegen 86. Die Herren, welche diesen Antrag gestellt bezw. unterstützt, haben ihn nachträglich in folgender Fassung Ihnen unterbreitet:

> Es empfiehlt sich nicht, die Trunkenheit strafrechtlich zu verfolgen;

(Bravo!)

während diejenigen, welche im Allgemeinen mit den Ansichten des Berichterstatters einverstanden gewesen sind, mit ihm nunmehr Ihnen die Erklärung unterbreiten:

> Die strafrechtliche Verfolgung der selbstverschuldeten, öffentlich kundgegebenen, Aergerniß erregenden Trunkenheit ist geboten.

(Bravo!)

Geehrte Herren! Die gestern Besiegten haben die Berufung an Sie ergriffen in der Hoffnung, daß Sie heute unsere Ansicht billigen, und in der Ueberzeugung, daß Sie dann auch ein weiteres, des Deutschen Juristentages würdiges Verdienst um unsere deutsche Reichsgesetzgebung sich erwerben.

(Bravo!)

Unsere ehrenwerthen Gegner erwarten von Ihnen, daß sie auch heute Recht behalten.

(Bravo!)

Ich habe, glaube ich, Ihre Geduld nicht zu lange in Anspruch genommen.

(Lebhafter Beifall.)

Präsident: Ich eröffne die Berathung. Ich bemerke, daß nach der Observanz des Juristentags einem Redner höchstens zehn Minuten zu Gebote stehen.

(Zuruf: Fünf!)

Nun, m. H., ich habe nichts dagegen, ich habe bloß gesagt, daß es bisher üblich gewesen ist, zehn Minuten zu gewähren; aber wenn kein Widerspruch erfolgt, so wollen wir, da schon acht Redner sich angemeldet haben, und vielleicht noch andere Lust und Neigung haben, sich hören zu lassen, mit fünf Minuten uns begnügen. Ich höre auch, daß gestern in der Abtheilung dieses Maß schon festgehalten worden ist.

(Zustimmung.)

Jeder Redner hat also fünf Minuten Zeit. Ich werde das streng zur Ausführung bringen. Und dann bitte ich, daß immer ein Redner für und ein Redner gegen abwechselnd das Wort nimmt, damit die eine Seite nicht zu sehr überwiegt. Ich bitte zunächst denjenigen, der für den Antrag der Abtheilung sprechen will, das Wort zu nehmen. Es ist zunächst angemeldet Herr Rechtsanwalt Beckh aus Nürnberg mit einem Antrage, dahingehend, der Juristentag möge aussprechen:

> Besondere strafgesetzliche Bestimmungen gegen Trunksucht und gegen Trunkenheit sind nicht geboten.

(Ruf: Deckt sich!)

Referent Senatspräsident Dr. **von Stößer:** Ich möchte bitten, gar keine weiteren Anträge zu stellen, sondern entweder für den gestrigen Beschluß in seiner heute Ihnen zur Kenntniß gebrachten Fassung oder für den heute von uns eingebrachten Antrag zn stimmen.

Rechtsanwalt Dr. **Beckh** (Nürnberg): Zur formellen Geschäftsbehandlung! Das ist ja ganz richtig; aber die Fassung, die gestern von der Abtheilung beliebt worden ist, ist von denjenigen, die dafür gestimmt haben, wenigstens von einer großen Mehrzahl, als eine nicht glückliche betrachtet worden, und der Gedanke ist in der Weise, wie ich den Antrag jetzt vorlege, richtiger gefaßt. Materiell deckt er sich vollständig mit dem gestrigen Beschlusse, er hat aber eine andere Fassung; ich beantrage, zu sagen:

> Besondere strafgesetzliche Bestimmungen gegen Trunksucht und Trunkenheit sind nicht geboten.

M. H., das ist eine Fassung, wie sie sonst in unseren Beschlüssen beliebt wird, während ein Beschluß in der Form, wie er gestern in der

Abtheilung gefaßt worden ist: „Kein Trunkenheitsgesetz!" den Gepflogenheiten des Juristentages nicht entspricht.

Dann erlaube ich mir, meinen Antrag zu begründen. M. H.! Ich stehe vollkommen auf dem Standpunkte des Herrn Berichterstatters, wenn er im Eingange seiner Worte gesagt hat, daß Trunksucht und Trunkenheit lasterhafte Gewohnheiten seien. Freunde und Bekannte von mir werden mir bestätigen können, daß ich nach meinen Gepflogenheiten mich, wenn solch ein Gesetz zur Einführung käme, der Uebertretung desselben niemals schuldig machen würde; nichtsdestoweniger spreche ich gegen den Herrn Referenten, wie er heute als Referent für seine Anschauung eingetreten ist. M. H., wir haben ja Temperenzvereine, wie wir heute gehört haben; solche Vereinsbestrebungen, welche dahin zu wirken haben, daß der Trunksucht und der Trunkenheit gesteuert werde, sind ja recht schön. Wir haben auch Bestimmungen in unserem Strafgesetzbuche über groben Unfug u. dergl., wonach eine Bestrafung dann eintreten kann, wenn Jemand in der Trunkenheit sich einer öffentlichen Aergernißerregung, einer Gefährdung der Sittlichkeit u. dergl. schuldig macht. Wir haben beim vorletzten Juristentage, wie wir auch heute gehört haben, den Antrag angenommen, daß bei Trunksucht eine Entmündigung stattfinden kann. Nun, m. H., sollen wir noch weiter gehen und sollen wir besondere strafgesetzliche Bestimmungen gegen Trunkenheit auch noch treffen? Ich glaube wirklich nicht, daß dies angezeigt ist. Was getroffen werden sollte, das ist bereits in unserer Gesetzgebung geschehen; gegen die Trunkenheit als solche aber gesetzliche Bestimmungen zu treffen, das widerstrebt mir durchaus, und ich bin der Ueberzeugung, wenn es auch ausgesprochen worden ist, daß ein großer Theil des deutschen Volkes entgegengesetzter Ansicht ist, daß die ungeheure Mehrzahl unseres deutschen Volkes der Ansicht ist, daß eine besondere strafrechtliche Bestimmung gegen Trunkenheit nicht am Platze sei.

(Beifall und Widerspruch.)

M. H., wir haben ja gestern auch gehört, daß die sittliche Verwahrlosung in einem Theile unseres Volkes so um sich greife, daß Einschreiten nothwendig sei. M. H., das mag sein; in einzelnen Theilen unseres Vaterlandes mag es sein, daß die Trunksucht, die Branntweinpest überhaupt, zugenommen hat; aber soll nun wegen einzelner kleiner Bezirke ein Gesetz gemacht werden, das für das ganze deutsche Vaterland gelten soll? Das ist doch nicht am Platze. Gönnen wir doch dem kleinen Mann, der manchmal in sehr schlechten Verhältnissen lebt, daß er sich einmal in eine Ecke hinsetzt und ein Gläschen Fusel trinkt;

(Oho!)

er vergißt darüber sein Elend. Sie müssen diese Verhältnisse sich genau ansehen; Sie werden sie vielleicht aus Zeitungen kennen, aber nicht aus eigener Anschauung, nun habe ich gestern schon das Bild gebraucht: wenn wir in dieser Sache mit gleichem Maße messen wollen, so wird das nur etwas Theoretisches bleiben; in der Praxis wird das nicht der Fall sein.

Aus der Praxis, m. H., habe ich gestern ein Beispiel gebraucht. Wenn der junge Sohn eines Fürsten oder vornehmen Herrn vielleicht in lustiger Gesellschaft, nicht bloß männlicher, eine Nacht zugebracht hat und kommt am frühen Morgen mit einem Champagnerrausch die Treppe herab und unten wartet der Wagen und er wird hineingehoben; das Publicum schaut zu und amüsirt sich, es wird ihm vielleicht auch noch vom Polizeidiener mit Rücksicht auf seinen vornehmen Stand in den Wagen hineingeholfen, glauben Sie, daß da eine Anzeige erfolgt? Ich bin der Ueberzeugung: nein.

Wenn aber ein armer Teufel im Wirthshause sitzt und, was er sich einmal in der Woche am Samstag bieten kann, mit einem Magen, der ohnedies nicht viel vertragen kann, ein oder zwei Glas Branntwein trinkt und die Polizei kommt herein, dann wird er fortgeführt und bestraft. M. H., das ist keine Gerechtigkeit, die man als eine gleiche für das ganze Volk beanspruchen darf.

M. H.! Noch einen Satz, wenn ich bitten darf. Es bedarf nur eines Hinweises auf den gestrigen Abend.

(Große Heiterkeit.)

Ich glaube, ein Trunkenheitsgesetz würde schon gestern Abend Anwendung gefunden haben.

(Heiterkeit und Widerspruch. Zuruf: Die fünf Minuten sind um!)

Nur noch ein Wort, wenn ich bitten darf.

(Unterbrechung durch den Präsidenten.)

Ich will nicht darauf bestehen, ich werde es noch bei einer anderen Gelegenheit anbringen.

Geheimer Justizrath Professor Dr. **Brunner** (Berlin): M. H., ich möchte mich zunächst aus einem ganz bestimmten Grunde gegen die Formulirung aussprechen, die der Beschluß der dritten Abtheilung gefunden hat: „Kein Trunkenheitsgesetz!" Ist damit gemeint, daß die Trunkenheit als solche nicht strafrechtlich verfolgt werden soll, so hätte ich formell gegen den Beschluß nichts einzuwenden. Allein in seinem Wortlaute geht er weiter. Es liegt jetzt ein Entwurf eines Trunkenheitsgesetzes vor, der nicht bloß strafrechtliche Folgen vorsieht, sondern auch Bestimmungen administrativer Natur enthält. Da könnte denn der Wortlaut des Beschlusses „Kein Trunkenheitsgesetz" in einer gewissen Presse sehr leicht dahin ausgelegt werden,

(Zuruf: Ist schon geschehen!)

daß die Abtheilung überhaupt jede rechtliche Regelung der Frage der Trunkenheit ablehne. Dagegen möchte ich von vornherein protestirt haben, gegen Mißdeutungen mich von vornherein verwahrt haben.

(Sehr richtig!)

Was die Sache selbst anbelangt, so ist es sehr leicht, sie ins Scherzhafte zu ziehen, sie ist aber ernsthaft genug.

(Bravo!)

M. H., man kann eine gute Kehle haben und beim Glase seinen Mann stehen, man kann aber auch die Courage haben — und Courage gehört dazu — zu sagen: daß in Deutschland im Allgemeinen viel zu viel getrunken wird.

(Bravo!)

Es ist geradezu eine nationale Lebensfrage, daß in der Beziehung Abhülfe getroffen werde, daß es dann anders werde, wenn das deutsche Volk auf geistigem Gebiete und im wirthschaftlichen Kampfe

(Oho! und Bravo!)

concurrenzfähig bleiben soll.

(Bravo!)

Aus diesem Grunde, m. H., und weil es in Deutschland viel zu viel Menschen giebt, die sich nicht etwa über das Elend hinwegtrinken, sondern sich ins Elend hineintrinken,

(Sehr richtig!)

empfehle ich Ihnen den Antrag Stößer und Genossen.

Justizrath Dr. **Jacobi** (Berlin): Meine geehrten Herren! Ich gehe sofort dazu über, Ihnen thatsächliche persönliche Erfahrungen mitzutheilen.

Es sind von dem Herrn Referenten in der gestrigen Verhandlung als ein Bekämpfungsmittel der Trunksucht unter anderen Bekämpfungsmitteln die Volksküchen erwähnt worden, und zwar mit vollem Rechte. Denn diese stellen für die große Masse des Volkes, welche sich in dürftigen Verhältnissen befindet, die möglichst günstigen Bedingungen der Ernährung dar. Diese Institute verfolgen den Zweck, zum Selbstkostenpreise Speisen, welche nach langjährigen Grundsätzen möglichst nahrhaft zubereitet sind, zu verabreichen, und es hat sich dabei in Berlin herausgestellt, daß von den Kunden der Volksküchen, von den armen Classen über 90 pCt. nicht im Stande sind, selbst unter diesen vorzugsweise günstigen Bedingungen sich genügend zu ernähren. Ich bin, beiläufig gesagt, zur Zeit Vorsitzender des Centralvorstandes der Berliner Volksküchen, und bekomme als solcher wöchentlich statistische Rapporte. Aus diesen ergiebt sich, daß die volle Portion von 25 Pf., die nach chemischer Analyse zur Ernährung eines erwachsenen Arbeiters etwa hinreicht, nur von höchstens 10 pCt. der Kunden, die halbe Portion, welche nur 15 Pf. kostet, von 90 pCt. beansprucht wurde. Es bedarf keiner Erläuterung, daß diese Leute, welche größtentheils anstrengende körperliche Arbeit zu verrichten haben, zur Aufrechterhaltung ihrer Arbeitsfähigkeit einer Ergänzung bedürfen für die nur halbe Ernährung, die sie in festen Speisen zu sich nehmen. Diese Ergänzung ist der Alkohol. Das ist der Gesichtspunkt, von dem aus nicht mit Unrecht gesagt worden ist, es handle sich um eine Classengesetzgebung. Das Hauptcontingent derjenigen, welche in Gefahr der strafrechtlichen Verfolgung unter dem proponirten Gesetze kommen würden, sind diese unbemittelten Leute, welche sich zu ihrer anstrengenden Arbeit durch die gewöhnliche Nahrung nicht kräftig erhalten können.

Ich gebe ja zu, daß noch drei andere Kategorieen von Trunkenheitsfällen vorkommen: erstens — leider Gottes — in Folge erblicher Anlage, auch in höheren Ständen, zweitens aus Verzweiflung über plötzliche Unglücksfälle, und drittens — aber nur ganz vereinzelt — eine allerdings verschuldete Trunkenheit in Folge freudiger Ereignisse, z. B. Freude über ein glücklich bestandenes Doctorexamen — ich habe einmal selbst einen solchen Glücklichen im Wagen nach Hause gebracht. — Immerhin müssen wir sagen: Dies sind seltene Ausnahmen. Im Hinblicke auf die große Masse ist der Schein einer Classengesetzgebung in der That nicht zu vermeiden. — Wenn Sie der Sache nähertreten, so müssen Sie entweder von Amtswegen — und das unterliegt doch finanziellen Bedenken — Jeden, der auf der Straße in einem solchen Zustande betroffen wird, in derselben Weise wie den Begüterten per Wagen nach Hause bringen, oder das Aergerniß ist da, aber nicht in Folge der Trunkenheit, sondern in Folge der Armuth des Betreffenden, der nicht über eine Equipage verfügen kann. Ich bin der Meinung, daß man die Trunksucht mit allen Mitteln bekämpfen soll, außer mit dem Strafgesetze, und daß man die Ursachen der Trunkenheit zu beseitigen suchen soll. Wir wollen die Trunkenen lieber sehen, um uns daran zu ärgern, um den Sporn zur Abhülfe zu haben, um nicht eher zu rasten, bis den Ursachen abgeholfen ist, — aber nicht vermittelst des Strafgesetzes.

(Bravo!)

Rechtsanwalt Dr. **Fuld** (Mainz): Es war mir ja von vornherein klar, daß unser gestriger Begrüßungsabend eine gewisse Rolle bei unseren

Debatten spielen würde. Aber, m. H., darauf war ich doch nicht gefaßt, daß man mit dem Hinweise auf unser fröhliches Zusammensein eine hochernste, in sittlicher Beziehung die weittragendste Bedeutung beanspruchende Frage in einer Versammlung, wie sie der Juristentag ist, bekämpfen würde. Herr Geheimrath Brunner hat schon gesagt: es ist leicht, über die Trunkenheitsfrage Witze zu machen — ob sie gelungen sind, überlasse ich Ihrem ästhetischen Tactgefühle — aber damit löst man keine gesetzgeberische That, und ich weiß nicht, m. H., ob das Niveau unserer Verhandlungen gerade dadurch besonders erhöht wird, daß man mit wohlfeilen Witzen, die im Kladderadatsch ihren Platz finden könnten,

(Oho!)

die Frage zu lösen versucht.

M. H., durch die Verhandlungen ziehen sich immer wie ein rother Faden zwei Vorwürfe: das berühmte Gläschen des armen Mannes, das heute wieder auf die Tafel gebracht wurde, und die Behauptung von der Classengesetzgebung. Das ist, gestatten Sie den Ausdruck, das *πρῶτον ψεῦδος*, das wohl in der Presse am Platze ist und Eindruck machen kann, aber nicht bei uns. Wenn das Trunksuchtsgesetz Classengesetz ist, dann ist unsere ganze Gesetzgebung Classengesetzgebung,

(Widerspruch.)

— Sie werden mir wohl Redefreiheit gestatten —; wenn der Arme mit den Strafgesetzen in häufigere Berührung kommt, als der Reiche, so liegt das in unseren socialen Verhältnissen, und solange Sie diese nicht zu ändern vermögen, wird es sich öfter ereignen, daß der Reiche nicht so sehr dem Strafrichter verfällt, als der Arme. Wie man deshalb von einer Classengesetzgebung reden kann, ist mir unverständlich.

Man hat sich gestern zu einem wahren Hymnus auf unser trunksuchtsfrohes Geschlecht aufgeschwungen. Es hat nur noch gefehlt, daß man das bekannte Gedicht von Kugeler citirt hat: Die alten Deutschen tranken immer noch eins! Wenn es so weit ist, daß man ein Laster, das in den verschiedensten socialen und wirthschaftlichen Beziehungen zum Ruin führt, preist und einen Hymnus darauf anstimmt, dann, m. H., ist der Juristentng nicht mehr auf der Höhe seiner Aufgabe.

(Widerspruch. Zuruf: Schiller!)

— M. H., Ihr Zuruf mit Schiller macht gar keinen Eindruck auf mich; Dichter haben in dieser Frage überhaupt nicht mitzusprechen. Wenn Herr Rechtsanwalt Beckh vorhin gesagt hat, daß die Trunksucht nur in einzelnen Theilen des deutschen Vaterlandes verbreitet sei, so ist das vollständig falsch. Die Criminalstatistik in seinem eigenen engeren Vaterlande könnte ihn eines Besseren belehren, und wenn er sich beispielsweise die Criminalstatistik in der bayrischen Pfalz, in Oberbayern und Niederbayern ansieht, dann wird er aus den Aeußerungen des bayrischen Justizministeriums über den Zusammenhang von Criminalität und Trunksucht Veranlassung nehmen, sich eines Anderen überzeugen zu lassen.

Man sagt immer, die Gesetzgebung wird parteiisch gehandhabt; wenn Sie das glauben, dann haben Sie gegen den deutschen Richterstand ein Mißtrauen, das ich nicht theilen kann. Entweder haben Sie Vertrauen zum Richter, daß er jedes Gesetz unparteiisch, ohne Ansehen der Person handhabt, oder Sie haben es nicht. Wenn der deutsche Richter

(Zuruf: Polizei!)

jedes andere Gesetz unparteiisch handhabt, dann wird er das Trunksuchtsgesetz auch unparteiisch handhaben können.

M. H., ich bin fertig; ich habe nur meine Ueberzeugung niedergelegt. Ob Sie dafür stimmen oder dagegen, die Bestrafung der Trunkenheit wird doch uns werden. Victrix causa diis placuit, sed victa Catoni!

Rechtsanwalt Dr. **Edwin Katz** (Berlin): Meine sehr geehrten Herren, bei aller Ehrerbietung, die ich vor meinem hochverehrten Lehrer, Herrn Geheimrath Brunner, habe, den wir Juristen als eine der geistigen Zierden der deutschen Nation für uns beanspruchen, kann ich mein Erstaunen darüber nicht zurückhalten, daß er gesagt hat, es leide die geistige Höhe der deutschen Nation, wenn wir der Trunksucht der Saufbolde nicht steuern. Diese hat mit der geistigen Höhe der deutschen Nation nichts zu thun, und ich glaube, damit kann man eine wirksame Vertheidigung für dieses Gesetz nicht einleiten. Ich meine, will man, wie die Sache es verdient, das Gesetz ernst anfassen, so muß man diejenigen Gesichtspunkte, die von Seiten der verschiedenen Herren gestern in der dritten Abtheilung und theilweise auch heute hier vorgetragen worden sind, in zwei Theile zerlegen, und diese beiden Gruppen, ernst betrachtet, geben meines Erachtens ein klares Bild darüber, daß die Vorlage, wie sie hier dem Juristentag gegeben ist, unbedingt zu verneinen ist.

Der erste Grund, der vorgetragen worden ist, ist der: es ist ein Classengesetz, das Ungerechtigkeiten schafft. Nun, m. H, das ist wahr. Der hochverehrte Herr Referent hat uns zwar gesagt und selbstverständlich optima fide gesagt, daß der Richter bei der Rechtsanwendung keinen Unterschied machen würde zwischen dem Vornehmen, dem Bessergestellten, der vor ihn gestellt wird, aus der Anklage wegen öffentlicher, Aergerniß erregender Trunkenheit, und dem armen Manne. Davon sind wir

Alle fest überzeugt. Aber der Bessergestellte kommt nicht vor den Richter.

(Sehr richtig!)

Denn die Anklage ist es, welche erst erhoben werden muß, ehe der Richter sprechen kann, und die Anklage wird erhoben auf die Anzeige der Polizeiorgane, und ich bin der festen Ueberzeugung — ich glaube, Sie werden diese Ueberzeugung mit mir theilen — daß aus der angeborenen Deferenz, die den Polizeiorganen vor der besseren Gesellschaft einmal innewohnt, sich ein Polizist außerordentlich lange überlegen wird, ob er einen Herrn, der aus einer Gesellschaft in trunkenem Zustande auf der Straße heimkehrt, obgleich er zweifellos ein ganz derbes öffentliches Aergerniß erregt, anzeigen wird, daß es ihm aber sehr leicht fallen wird, irgend einen Arbeiter, der aus der Kneipe kommt, nachdem er seinen Lohn empfangen hat und auf der Straße lärmt, zur Anzeige zu bringen.

Dieser Unterschied wird bestehen, und er wird eben nur hervorgerufen durch die Handhabung der Sache seitens der Anklagebehörde; werden derartige Fälle, wie sie angeführt worden sind, zur Entscheidung kommen, so werden sie entschieden immer nur den Armen treffen. Das ist ein schwerwiegender Grund, ein Grund, der bei der jetzigen ernsten Lage der socialen Frage besonders zu beachten ist. Der zweite Grund ist ein juristischer, die öffentliche Aergernißerregung des Trunkenboldes. Was wollen die Herren, die dafür plaidiren, strafen; sie sagen, die Trunksucht strafen wir nicht. Wir billigen das; die Gründe, die diese Herren haben, sind wahrscheinlich die, daß die Trunksucht kein acuter Zustand, keine Thatsache ist, die man strafrechtlich treffen kann. Sie strafen also die Trunkenheit; diese ist aber ein Uebel, das eine andere Behandlung verdient, als Strafe. Sie strafen die Trunkenheit, strafen sie aber nur dann, wenn sie ein öffentliches Aergerniß erregt. Die Gründe sind diese: die Trunkenheit in ihrer Verallgemeinerung sei die Vernichtung der Familie, die Vernichtung des Wohlstandes des Hauses und darüber hinausschreitend eine allgemeine Gefahr des Vaterlandes, oder desjenigen Theiles des Vaterlandes, in dem die Trunksucht grassirt; dort vernichte sie ganze Bevölkerungstheile und drücke diese auf ein niederes Gebiet der Sittlichkeit herunter. Ja, m. H., dann brauchen wir gar nicht die Erregung des öffentlichen Aergernisses. In dem Augenblicke, wo der Trinker aus der Kneipe kommt und ein öffentliches Aergerniß erregt, vernichtet er noch nicht die Familie, nicht den Wohlstand des Hauses. Es ist der stille Trunk im Hause, wo man den Mann nicht fassen kann, weil er nicht Anderen Aergerniß erregt, der aber seine Familie ruinirt.

Präsident: Die fünf Minuten sind abgelaufen.

(Bravo!)

Rechtsanwalt Dr. **Edwin Katz** (Berlin): Ich möchte nur den Herrn Präsidenten — ich spreche nicht mehr — wegen des Antrages fragen, den der Herr Referent verlesen hatte; er lautet so, wie ich ihn gefaßt hatte:

Es empfiehlt der Juristentag, die Trunkenheit nicht strafrechtlich zu verfolgen.

Präsident: Der Antrag ist fallen gelassen.

Rechtsanwalt Dr. **Edwin Katz** (Berlin): Dann nehme ich diesen Antrag wieder auf, und ich bitte, diesen Antrag als von mir gestellt zu betrachten.

Professor Dr. **von Lilienthal** (Marburg): Ich stimme mit dem Herrn Vorredner darin vollständig überein, daß es in der That die beiden Gesichtspunkte sind, die er hervorgehoben hat, nämlich einmal der Vorwurf der Classengesetzgebung, und zweitens der Vorwurf der Nichtübereinstimmung mit dem Volksbewußtsein, die hier im Ganzen das Entscheidende gewesen sind. Aber, m. H., ich stehe, was die Antwort auf diese beiden Vorwürfe anlangt, auf einem ganz anderen Standpunkte, wie der Herr Vorredner. Was zunächst den Vorwurf der Classengesetzgebung anlangt, so sind wir ja darüber einig, daß von einer anderen als allen Personenclassen gegenüber gleichmäßigen Handhabung durch die Gerichte nicht geredet werden kann. Es bleibt also die Polizei. Wenn ich nun auch gern die Möglichkeit zugeben will, daß die niederen Polizeibehörden in Folge der Scheu, die sie vor dem guten Rocke des Bessersituirten haben, möglicher Weise veranlaßt werden, ihn nicht zu arretiren, so ist dem doch leicht abgeholfen. Ja, m. H., dazu bedarf es nur einer energischen Anweisung der vorgesetzten Behörde, dazu bedarf es nur einiger dienstlicher Belobigungen für diejenigen Polizeibeamten, die ihre Pflicht ohne Ansehen der Person gethan haben, dann wird auch der Polizeidiener ein solches Gesetz mit der erforderlichen Gleichheit für Alle handhaben.

Wenn mein verehrter College und Freund Frank gestern bemerkte, daß er in seiner Heimath eine Stellung einnähme, die ihn thatsächlich vor jeder Anzeige auf Grund eines solchen Gesetze schützen würde, so will ich das keineswegs bezweifeln. Wohl aber bezweifle ich, daß die fragliche Polizeibehörde andere Gesetze, die noch kein Mensch als Classengesetze angesehen hat, mit größerer Energie dem Herrn Collegen gegenüber zur Anwendung bringen würde. Es läßt sich dann m. E. eine solche Erfahrung nicht gegen ein die Trunkenheit bestrafendes Gesetz verwenden, sondern es läßt sich daraus folgern: wenn die Gesetze von den Polizeiorganen ungleichmäßig gehandhabt werden, nun, dann sorgen wir dafür, daß wir eine gute Polizei bekommen, dann brauchen wir solche Befürchtungen nicht mehr zu hegen. Was aber das Andere anlangt, daß sich ganz entschieden das Volksbewußtsein einem solchen Gesetze entgegenstellen werde, m. H., so frage ich: was ist das Volksbewußtsein? Die vox populi können wir nicht fassen. Das Volksbewußtsein aber im Gegensatz zur Juristenweisheit, das Volksbewußtsein, wie es sich in den Beschlüssen von Männern ausdrückt, welche der Sache nahe stehen, ohne Juristen zu sein, m. H., wie sich das äußert, das wissen Sie Alle. Einstimmig, wenigstens mit sehr großer Majorität haben, soviel ich weiß, alle Vereine, die es sich zum Zweck gemacht haben, den Mißbrauch der geistigen Getränke zu bekämpfen, den Beschluß gefaßt: Es muß strafrechtlich eingeschritten werden. Und, m. H., es muß in der That strafrechtlich eingeschritten werden, und zwar aus dem einfachen Grunde, weil sonst alle Ihre anderen Maßregeln ohne jeden Nutzen bleiben.

(Bravo!)

Nicht deshalb, weil ein paar Tage Gefängniß oder ein paar Mark Geldstrafe auf den Einzelnen kommen, sondern deshalb allein, weil Sie den Alkoholmißbrauch nicht bekämpfen können, solange Sie sich auf den feucht-fröhlichen Trinkerstandpunkt stellen.

(Bravo!)

M. H.! Das geht nicht an. Es ist unsittlich, wenn man sich betrinkt.

(Bravo!)

Diesen Grundsatz muß der Gesetzgeber zum Ausdruck bringen, und in der Präventivkraft, welche darin liegt, daß der Gesetzgeber erklärt: Es ist eine unsittliche Handlung, sich zu betrinken, sehe ich die Bedeutung dieses Gesetzes. — Im Uebrigen würde ich dafür sein, die Strafe möglichst milde zu bestimmen: Nicht ins Zuchthaus, nicht ins Gefängniß hineinschicken; kleine Geldstrafen, Verweis, bedingte Verurtheilung, das ist hier am Platze. M. H.! Es kommt nicht darauf an, die große Zahl der kleinen Freiheitsstrafen noch zu vermehren, sondern es kommt darauf an, dem Manne, der sich zum ersten Male betrinkt, klar zu machen, daß er etwas thut, was ihn auf eine schiefe Bahn führt. Und weil doch auch hier wieder einmal das Glas des armen Mannes zum Vorschein gekommen ist — m. H., der Mann, der sich in eine Ecke setzt, um seinen Kummer zu vertrinken, der ist auf dem besten Wege, ein Trunkenbold zu werden, und wenn wir den einmal vor Gericht stellen und ihm klar machen, in welcher Lage er sich befindet, so retten wir ihn vielleicht.

(Bravo!)

Aus diesem Gesichtspunkte bitte ich Sie dringend, dem Antrage des Herrn Referenten beizustimmen.

(Bravo!)

Präsident: Herr Rechtsanwalt Dr. Strauß hat den Antrag auf Schluß der Debatte gestellt. Diejenigen Herren, welche diesem Antrage entsprechen wollen, bitte ich, sich zu erheben. — Der Antrag ist angenommen. M. H., es sind noch sechs Redner eingeschrieben, wollen Sie die sämmtlich hören?

(Nein! Der Schluß ist ja angenommen.)

Ehe wir zur Abstimmung schreiten, habe ich noch Folgendes zu erklären. Der Antrag: „Kein Trunkenheitsgesetz!" ist wohl nicht mehr aufrecht zu erhalten?

(Nein!)

Ich nehme an, daß der Antrag des Herrn Beckh: „Besondere strafrechtliche Bestimmungen gegen Trunksucht und Trunkenheit sind nicht geboten" dasselbe bedeuten soll, wie der Antrag: „Kein Trunkenheitsgesetz!"

(Zustimmung.)

Dagegen liegt vor der Antrag des Herrn von Stößer oder der Abtheilung, wenn ich mich so ausdrücken darf . . .

(Nein, nicht der Abtheilung!)

aber der Minorität der Abtheilung: „Die strafrechtliche Verfolgung der selbstverschuldeten, öffentlich kundgegebenen, Aergerniß erregenden Trunkenheit ist geboten." — Nun hat Herr Dr. Katz während der Verhandlung erklärt, daß er den Antrag, der in der Abtheilung fallen gelassen worden ist, und der so lautet: „Die Trunksucht als solche ist nicht strafbar" wieder aufnehme.

Rechtsanwalt Dr. **Edwin Katz** (Berlin): Nein, ich bin mißverstanden worden. Der Antrag ist auch gar nicht fallen gelassen worden. Der Antrag, den ich gestellt habe, ist nur eine Formulirung im Einverständniß mit dem Herrn Antragsteller.

Präsident: Ich bitte, ich habe jetzt die Verhandlung zu leiten. Ich habe gefragt, ob statt des Antrags: „Kein Trunkenheitsgesetz" der Beckh'sche Antrag substituirt werden soll, und das ist genehmigt, und dann liegt weiter kein Antrag daneben vor. Ehe ich zur Abstimmung schreite, ersuche ich diejenigen Herren, welche in dem Saale anwesend sind, aber nicht zu den Mitgliedern des Juristentages gehören, den Saal zu verlassen. Es ist mir gesagt worden, daß solche Personen vorhanden sind.

Will der Herr Berichterstatter noch einmal das Wort ergreifen?

Referent Senatspräsident Dr. **von Stößer:** Hätte ich Engelzungen, so würde ich meine Herren Gegner von einer anderen, meines Erachtens besseren Meinung doch nicht überzeugen, deshalb verzichte ich.

(Heiterkeit und Bravo!)

Präsident: Die beiden Anträge schließen einander aus: besondere Modificationen des Antrags Stößer sind auch nicht beantragt. Wir beginnen mit der Abstimmung über den Antrag der Abtheilung, der jetzt in der Form des Antrags Beckh vorliegt:

Besondere strafgesetzliche Bestimmungen gegen Trunksucht und Trunkenheit sind nicht geboten.

(Abstimmung und Gegenprobe.)

Nach Ansicht des Büreaus ist die entschiedene Mehrheit für den Antrag; es bleibt also bei dem Beschlusse der Abtheilung:

Besondere strafgesetzliche Bestimmungen gegen Trunksucht und Trunkenheit sind nicht geboten.

(Bravo!)

Nachdem die Berichterstattung über die von den Abtheilungen behandelten Fragen beendigt ist, schreiten wir zu dem weiteren Gegenstande der Tagesordnung:

Wahl der ständigen Deputation.

Sie haben Vertrauensmänner der einzelnen Abtheilungen gewählt, diese Vertrauensmänner sind zusammengetreten. Nach den seither befolgten Grundsätzen, die sich bewährt haben, ist immer davon ausgegangen worden, daß ein zu häufiger Wechsel in den Mitgliedern der ständigen Deputation des Juristentags nicht rathsam ist, daß aber daneben, um keine Stabilität in der Anschauung der ständigen Deputation zu erzeugen, jedesmal einzelne, drei bis vier Mitglieder auszuscheiden haben.

Diesem gemäß ist die Wahl erfolgt in der Versammlung der Vertrauensmänner durch Wahlzettel, und das Resultat ist folgendes gewesen:

Bevor ich Ihnen aber dieses mittheile, will ich die Frage stellen, ob Sie abweichen wollen von der bisherigen Uebung, die Wahl durch Acclamation des Vorschlags der Vertrauensmänner vorzunehmen.

(Nein!)

Wenn das nicht der Fall ist, so theile ich Ihnen das Resultat der Wahl mit, das mit einer einzigen Ausnahme ein einstimmiges war.

Dr. von Gneist, Wirklicher Geheimer Ober-Justizrath und Professor, Berlin;
Becker, Landgerichts-Präsident, Oldenburg;
Dr. Brunner, Geheimer Justizrath und Professor, Berlin;
Dr. Eck, Geheimer Justizrath und Professor, Berlin;
Dr. Enneccerus, Professor, Marburg;
Dr. Jaques, Hof- und Gerichts-Advokat, Wien;
v. Köstlin, Oberlandesgerichts-Senatspräsident, Stuttgart;
M. Levy, Justizrath, Berlin;
Makower, Justizrath, Berlin;
Dr. Merkel, Professor, Straßburg i. E.;
Mörschell, Rechtsanwalt, Würzburg:
Dr. Pfaff, Professor, Wien;
Dr. v. Stößer, Oberlandesgerichts-Senatspräsident, Karlsruhe;
Thomsen, Landgerichts-Präsident, Münster i. W.;
Dr. v. Wilmowski, Geheimer Justizrath, Berlin.

Das sind die Mitglieder der Deputation, die bisher schon dieses Amt bekleidet haben: Neugewählt sind:

Dr. Struckmann, Oberlandesgerichts-Präsident, Wirklicher Geheimer Ober-Justizrath, Cöln;
Hamm, Oberstaatsanwalt, Cöln;
Dr. Gierke, Geheimer Justizrath, Professor, Berlin;
Wilke, Justizrath, Berlin.

Zu den Mitgliedern der ständigen Deputation tritt nach dem Statut noch der Präsident des Plenums. — Damit haben Sie die Namen aller Mitglieder gehört. Nun ersuche ich diese sämmtlichen Herren, die wohl anwesend sind, nach Schluß der Plenarsitzung hier im Plenarsaale noch zu verweilen, damit wir die Constituirung der ständigen Deputation vornehmen können. Dazu sind nur wenige Augenblicke nöthig.

Nachdem dies erledigt ist, hätte ich noch einige andere geschäftliche Mittheilungen zu machen, nachdem Herr Justizrath Makower die Güte gehabt haben wird, uns den Cassenbericht zu erstatten.

Herr Makower ist anwesend, ich ersuche ihn, uns seinen Bericht zu erstatten.

Justizrath **Makower:** M. H.! Ich habe Ihnen die erfreuliche Thatsache mitzutheilen, daß wir ein Vermögen von ungefähr 30000 Mk.

haben, was in Pfandbriefen angelegt ist. Ich glaube, alle Details würden Sie nicht interessiren.

Der Bericht über unsere Ausgaben und Einnahmen wird jedes Jahr in der Deputation bei jeder Position sorgfältig geprüft, und das allgemeine Resultat, daß wir ein gut situirter Verein sind, wird Sie befriedigen.

(Bravo!)

Präsident: M. H.! Ich habe noch eine erfreuliche Mittheilung zu machen, nämlich von einem Schreiben des Bürgermeisters der Landeshauptstadt Gratz, worin er hervorhebt, daß es der Wunsch der Bürgerschaft von Gratz sei, daß der nächste oder zweitnächste Juristentag Gratz zum Ort seiner Versammlung erwähle. Gratz würde sich bemühen, in jeder Beziehung geschäftlich und außergeschäftlich allen billigen Wünschen zu entsprechen und es glaubt dazu auch im Stande zu sein.

Hof- und Gerichtsadvocat Dr. **Jaques** (Wien): M. H.! Ich bin vom Bürgermeister und Gemeinderath der Stadt Gratz, welche einstimmig beschlossen haben, diese Einladung an den verehrten Juristentag zu richten, beauftragt, die Herren zu bitten, sich mit dem Gedanken vertraut zu machen, daß Sie wieder einmal nach Oesterreich und speciell nach Gratz kommen, und womöglich dafür Ihre Sympathie aussprechen. Die Frage, an welchem Orte der nächste Juristentag seine Versammlung abhält, liegt in der Competenz der ständigen Deputation und Sie werden in dieselbe nicht eingreifen wollen, aber der Ausdruck Ihrer Sympathie ist auch für die ständige Deputation von großer Bedeutung, und da ich mit großer Ruhe sagen kann: Gratz ist eine kerndeutsche Stadt, die mit der größten Freude den Juristentag empfangen wird, da ferner der Juristentag seit 15 Jahren nicht auf österreichischem Boden getagt hat, so erlaube ich mir diesen Antrag der Stadt Gratz auf das Wärmste zu empfehlen.

(Beifall.)

Präsident: Ich bin überzeugt, daß die ständige Deputation, die ja die Bestimmung über den Ort der nächsten Zusammenkunft hat, den Wunsch von Gratz in reifliche Erwägung ziehen wird.

(Folgt die Verlesung der Adressen eingegangener Briefe.)

M. H., nachdem ich Ihnen diese geschäftlichen Mittheilungen gemacht habe, kann ich Ihnen anzeigen, daß weitere Angelegenheiten nicht vorliegen.

Es liegt mir zum Schlusse unserer Versammlung die angenehmste Aufgabe ob, nämlich unseren Dank auszusprechen zunächst den Mitgliedern des Ortsausschusses in allen seinen Sectionen, die uns in einer Weise unsere geschäftlichen und sonstigen Angelegenheiten leicht und angenehm gemacht haben, wie es nur möglich war. Wir sprechen diesen Dank aus, der schon durch die Thatsache dargelegt ist, daß sich zu diesem Cölner Juristentage über 600 Mitglieder eingefunden haben, während an den Juristentagen der letzten 10 Jahre wir es selten über 3—400 brachten.

Dann aber, m. H., haben wir noch insbesondere zu danken dem Herrn Oberbürgermeister Becker und der Gemeindevertretung für dasjenige, was sie zur Verherrlichung — so kann man geradezu sagen — der diesjährigen Versammlung uns geboten haben. Gedenken Sie des gestrigen Abends — und er wird gewiß noch lange in Ihrer Erinnerung bleiben, — so werden Sie nicht bloß über das schöne Lokal und die ganze Einrichtung sich gefreut haben, sondern insbesondere auch, was ich wohl die Krone des Abends nennen kann, über die wirklich hoch anzuschlagende Mitwirkung des Cölner Männergesangvereins.

(Bravo!)

M. H., wir danken allen Betheiligten aufs Herzlichste und wünschen, daß sie den Juristentag in gutem Gedächtnisse behalten möchten!

Wirklicher Geheimer Oberjustizrath Oberlandesgerichts-Präsident Dr. **Struckmann:** Unser allverehrter Herr Präsident hat die Güte gehabt, bei seinem Danke, den er soeben ausgesprochen hat, auch des Ortsausschusses und Derjenigen, die sich hier für die Vorbereitung des Juristentages bemüht haben, zu gedenken. Wir nehmen diesen Dank, und ich darf wohl im Namen der übrigen Ausschußmitglieder sprechen, mit großer Freude entgegen.

Im Namen aller Anwesenden aber glaube ich zu handeln, wenn ich Sie auffordere, unsererseits unseren Dank auszusprechen dem Herrn Präsidenten, der das mühevolle und schwierige Amt der Leitung einer so großen Versammlung mit solcher Auszeichnung und unter so allgemeiner Anerkennung hier verwaltet hat.

(Bravo!)

Wir haben mit Schmerz und Bedauern den bisherigen langjährigen Präsidenten der Juristentage, den allverehrten Geh. Rath Prof. Dr. v. Gneist hier vermißt, aber in der Leitung der Versammlung haben wir trefflichen Ersatz gefunden. Dieselbe ist von dem gegenwärtigen Herrn Präsidenten mit gleicher Vorzüglichkeit wie früher geleitet worden, und ich fordere die Anwesenden daher auf, sich zu erheben und damit anzuerkennen, daß sie meine Worte zu den ihrigen machen.

(Bravo! — Die Versammlung erhebt sich.)

Präsident: Ich nehme den Dank an; ob ich ihn ganz verdient habe, will ich dahingestellt sein lassen.

Nun bitte ich die gewählten Mitglieder der ständigen Deputation, indem ich die Sitzung des Plenums schließe, noch einen Augenblick hier zusammenzutreten.

(Schluß 1 Uhr 30 Minuten.)

Druck von Leonhard Simion in Berlin.

FSC
www.fsc.org
MIX
Papier | Fördert gute Waldnutzung
FSC® C083411

Kolibri 360 GmbH
Ferdinand-Jühlke-Straße 7
99095 Erfurt, Deutschland
produktsicherheit@kolibri360.de